PC - II - 654
(A1 - A - III)
(A1 - A - V)

ISSN 0584-603-X

Sozialwissenschaftliche Studien
zu internationalen Problemen

Social Science Studies
on International Problems

Herausgegeben von/Edited by
Prof. Dr. Diether Breitenbach und
Dr. Manfred Werth

Alois Krammer

Über die Verstädterung im tropischen Afrika und ihre kulturellen Grundlagen

Eine soziologische, kultur- und ideengeschichtliche Untersuchung vor dem Hintergrund des Kolonialismus

Band 207

Sozialwissenschaftliche Studien zu internationalen Problemen/Social Science Studies on International Problems

Herausgegeben von/Edited by
Prof. Dr. Diether Breitenbach und Dr. Manfred Werth

Verlag für Entwicklungspolitik Saarbrücken GmbH
Saarbrücken, 1998

Gedruckt mit Unterstützung des

Bundesministeriums für Wissenschaft und Verkehr in Wien.

Die Drucklegung wurde ebenso gefördert durch die

Österreichische
Entwicklungszusammenarbeit

Die Deutsche Bibliothek – CIP-Einheitsaufnahme

Krammer, Alois:
Über die Verstädterung im tropischen Afrika und ihre kulturellen Grundlagen : eine soziologische, kultur- und ideengeschichtliche Untersuchung vor dem Hintergrund des Kolonialismus. / Alois Krammer. – Saarbrücken : Verl. für Entwicklungspolitik, 1998

(Sozialwissenschaftliche Studien zu internationalen Problemen ; 207)
Zugl.: Graz, Univ., Diss., 1997
ISBN 3-88156-714-3

ISSN 0584-603-X

ISBN 3-88156-714-3

DM 60,–/ÖS 438,–/SF 54,50

© 1998 by Verlag für Entwicklungspolitik Saarbrücken GmbH
Auf der Adt 14 · D-66130 Saarbrücken/Germany
Tel. (0 68 93) 98 60 94 · Fax (0 68 93) 98 60 95 · eMail: vfesbr@aol.com
Der komplette Katalog im Internet: http://members.aol.com/vfesbr/index.html
Printed by TUK, Saarbrücken

„City life is tough." Paul Mwale, Arusha 1996
„The city - this is my place." Ruth Wakabi, Arusha 1996

„Eine Stadt, sagt man, sei eine Ansammlung von Menschen,
die zusammenkamen, weil sie hofften,
auf diese Weise besser und glücklicher leben zu können."
Giovanni Botero: Delle Cause della Grandezza delle Citá, 1588

VORWORT

Afrikanische Städte faszinierten mich seit meinem ersten Afrika-Aufenthalt - dieses pulsierende Leben, der Lärm und die Farben, die Gerüche, die Vielfalt an Menschen, der Erfindungsreichtum. Mein erster Eindruck wurde zugleich geprägt von den vielen augenscheinlichen Problemen: von Armut und Elend, von Gewalt und Gefahren, von Gestank und Abfall.

In den Medien werden Afrikas Städte meist ausschließlich als Problemfälle dargestellt. Diese Beurteilung hat eine wechselvolle Vergangenheit. Schon seit langem erfüllt die Verstädterung im tropischen Afrika manche Beobachter/innen mit Sorge und Skepsis. Zur Zeit des Kolonialismus beruhten die Vorbehalte gegenüber der Ansiedlung von Afrikaner/inne/n in Städten vielfach auf der Ideologie, wonach die Afrikaner/innen von ihrer Natur aus Landmenschen und für ein „modernes" städtisches Leben grundsätzlich nicht geeignet seien. Heutige Bedenken dagegen begründen sich meistens in der Kenntnis scheinbar ausufernder sozialer und ökonomischer Probleme in afrikanischen Großstädten. In dieser Arbeit wird sich zeigen, wie unschlüssig die Gedankenwelt und die Handlungsweisen der Kolonialist/inn/en waren, wenn sie die permanente Niederlassung von Afrikaner/inne/n in Städten in engen Grenzen zu halten wünschten. Untersucht man nämlich ihre Vorstellungen über den Rang afrikanischer Kulturen und Lebensweisen und bedenkt man ihre Aktionen, so wird deutlich, daß sie selber maßgeblich zum Städtewachstum beitrugen (in keiner Weise jedoch war die Verstädterung in Afrika eine Erfindung der Europäer/innen). Wesentliche Faktoren, die die Verstädterung forcierten, waren freilich auch ökonomische Notwendigkeiten eines möglichst gewinnbringenden Kolonialsystems. Darüber hinaus wird es im folgenden deutlich werden, daß viele Afrikaner/innen städtische Lebensweisen und Kulturen ausdrücklich höher als das Landleben bewerten, auch wenn sie selber in städtischen Verhältnissen leben, die aus ihrer eigenen Sicht eigentlich wenig erfreulich sind. Dabei geht es häufig nicht um die grundlegende Sicherung der Existenz, sondern eher um den Versuch, spezifisch definierten Vorstellungen von einem guten Leben näher zu kommen.

Ich verfolge in der vorliegenden Studie unmittelbar zwei Absichten: darzustellen bzw. zu beschreiben und ein Argument im Sinne einer verstehenden Soziologie zu entwickeln und zu verfolgen. Beide Intentionen sind miteinander verbunden, in manchen Teilen geht die Beschreibung jedoch über das hinaus, was für die Argumentation notwendig wäre, anderseits werden für das Argument Informationen aufbereitet, die vorderhand nicht zum eigentlichen Thema der Darstellung gehören. Ich werde also zum einen primär soziale und kulturelle Aspekte der Urbanität im tropischen Afrika beschreiben und erörtern, wobei diese Untersuchungen in erster Linie die Gegenwart bzw. die jüngste Vergangenheit betreffen. Ich gehe aber auch auf die Geschichte der Verstädterung in Afrika ein, um den historischen Rahmen des Phänomens abzustecken und bestimmte Aspekte heutiger Urbanität besser interpretieren zu können. Zum anderen versuche ich argumentativ, heutige Formen städtischer Lebensweisen im tropischen Afrika als auch den Verlauf der Verstädterung (seit dem ausgehenden 19. Jahrhundert) aus einem bestimmten Gesichtspunkt heraus verständlich zu machen: Mit Hilfe ideengeschichtlicher Erörterungen bzw. anhand von Hinweisen auf Konkretionen der entsprechenden Ideengeschichte in den Beispielen politischer Strategien und Schulbildung werde ich Zusammenhänge zwischen bestimmten Vorstellungen (vor allem) über Menschen und Kulturen von Afrikaner/inne/n mit der Verstädterung im tropischen Afrika herstellen. Ich werde einen ideengeschichtlichen und kultursoziologischen Bogen von heutigen Präferenzen für die Städte zurück zu Ideen der Kolonialist/inn/en spannen und diese beiden „Punkte" durch Untersuchungen der kulturellen Verortung führender Unabhängigkeitskämpfer/innen und nachkolonialer Politiker/innen sowie entsprechender Programme und Strategien vermitteln.

Um gleich vorweg zwei mögliche Mißverständnisse hinsichtlich der sozusagen wissenschaftsideologischen Verortung der Arbeit auszuräumen: Ich bin weder Idealist in dem Sinn, daß ich behaupten möchte, Ideen seien die weltgestaltenden Kräfte im Gegensatz zur Materie, noch bin ich der Ansicht, daß die vorgeführte Art, Züge der Urbanität verständlich zu machen, die allein sinnvolle sei. Allerdings erhebe ich den Anspruch, *einen* zweckmäßigen und bisher meines Wissens kaum verfolgten Zugang gewählt zu haben, der gewisse Aufschlüsse über das behandelte Phänomen gibt, und daß Ideen *auch* eine Rolle spielen, wobei ich es müßig fände, die Frage im Sinne des Henne-oder-Ei-Problems zu stellen: waren im gegenständlichen Fall Ideen zuerst oder bestimmte materielle Verhältnisse.

Wenn ich hier einen Zusammenhang zwischen dem Kolonialismus und der Verstädterung herstelle, soll die Verstädterung damit keineswegs in ein schiefes Licht gerückt werden, nach dem kurzschlüssigen Motto: da der Kolonialismus negativ zu bewerten ist, sind es auch seine Konsequenzen. (In meiner Arbeit versuche ich, den Kolonialismus möglichst wertfrei zu behandeln und das herauszuarbeiten, was für die Verstädterung im Sinne einer kultursoziologischen Untersuchung relevant ist; es geht mir also nicht um eine umfassende Darstellung des Kolonialismus, geschweige denn um eine Bewertung - dies ist höchstens die Angelegenheit einzelner Leser/innen.) Ich möchte jedoch auf der anderen Seite auch nicht von den Problemen in afrikanischen Städten ablenken (beispielsweise gehe ich relativ ausführlich auf Slums und Squatters ein). Die allgemeinen Daten und die Ergebnisse einer eigenen empirischen Studie weisen vielmehr sowohl auf Vorzüge heutiger afrikanischer Städte als auch auf deren Schwierigkeiten hin - meiner Meinung nach sollte man beide Seiten berücksichtigen, um eine adäquate Vorstellung afrikanischer Verstädterung zu gewinnen.

Meine Untersuchung beruht einerseits auf dem Studium von Literatur, sowohl im Sinne von primären als auch sekundären Quellen. Darüber hinaus führte ich eine eigene empirische Erhebung in Arusha, Tansania, durch. Zu diesem Zweck hielt ich mich von Oktober 1996 bis Dezember desselben Jahres in Ostafrika auf und besuchte neben Arusha einige weitere tansanische Städte. Zum Teil längere Aufenthalte haben mich schon zuvor aus diversen Gründen mehrmals nach Afrika geführt (für mehrere Monate nach Kenia und einige Wochen nach Nigeria). Während meiner Kenia-Aufenthalte befand ich mich meist in Nairobi und konnte dabei unmittelbare Eindrücke von einer afrikanischen Großstadt gewinnen. In Nigeria sammelte ich primär Erfahrungen über dörfliches Leben, für nur wenige Tage besuchte ich Lagos und Zaria, freilich ohne zu ahnen, daß ich mich jemals wissenschaftlich mit beiden Städten befassen sollte.

Daß ich auf meinen Afrika-Reisen und bei meinen Studienaufenthalten viele wertvolle Eindrücke und Erkenntnisse gewinnen konnte, verdanke ich zu einem großen Teil der Offenheit, Gastfreundschaft und Herzlichkeit unzähliger Menschen, denen ich begegnet bin. In diesem Zusammenhang denke ich vor allem an jene, die mich bei meinen Forschungen in Tansania wie selbstverständlich unterstützt haben, insbesondere durch die Bereitschaft, einem Fremden wie mir von ihrem Leben zu erzählen. Ich denke auch an jene Personen, die mir bei der Suche nach Daten behilflich waren. Nur einige wenige möchte ich hier nennen: Peter Lohay, Paul Manda, Charles Said, Ferdinand Batangwa, Zuhura M. Mosha, Abuu Salim, Mbaruku B., Fatuma J. Omary, Catilo A. Waita, Asina F. Sway, Elizabeth John, Edith Wawero, Fulgence Kitigwa, Waziri Rajabu, Sixbert A. Kilatumbwa, Agnes Mwaiselage, Selman Erguden, Simeon Mesaki, Elias Chijoriga, Prof. S. Maghimbi.

Bedanken möchte ich mich weiters bei den Afrika-Expertinnen Irene Stacher (sie hat mich in Österreich auf wichtige Literatur verwiesen, sie hat die gesamte Arbeit aufmerksam gelesen sowie mich in meinem Publikationsvorhaben unterstützt) und Stefanie Knauder (für die Lektüre einer ersten Rohfassung).

Das vorliegende Buch ist eine überarbeitete Fassung meiner Dissertation an der Karl-Franzens-Universität Graz. Meinen beiden Betreuern bzw. Gutachtern, Prof. Karl Acham und Prof. Gerald Angermann-Mozetic, danke ich für die Bereitschaft, dieses an der Grazer Universität unübliche Thema anzunehmen und meine Arbeit eingehend zu betreuen.

Meinen Eltern danke ich besonders für die Unterstützung meines gesamten Studiums. Ein Danke schließlich an Andrea sowie an alle meine Freundinnen und Freunde.

Zuletzt noch eine Anmerkung zu meinem Versuch einer unsexistischen Schreibweise: Bei Hauptwörtern, die in den jeweiligen Zusammenhängen beide Geschlechter bezeichnen sollen, verwende ich die Endungen „-/inn/en" oder „-/inne/n". Wenn das mir vorliegende Datenmaterial keine klare Einschätzung zuläßt, möglicherweise aber sowohl Männer als auch Frauen gemeint sind, verwende ich ebenso jene Endungen.

INHALTSVERZEICHNIS

Vorwort *7*

Inhaltsverzeichnis *11*

Verzeichnis der Tabellen, Graphiken, Karten und Abbildungen *15*

A. Einführung *17*

    I. Themenstellung, Inhalt und Methodologisches 17
       1. Zur Themenstellung und zum Inhalt 17
       2. Wissenschaftstheoretische Grundlagen der Arbeit 22
    II. Über den Stadtbegriff und die soziale und kulturelle
    Bedeutung der Stadt (mit Bezug auf europäische und nordamerikanische Städte) 26
       *1. Zum Begriff „Stadt" und seine Anwendung an Beispielen aus
       der weltweiten Verstädterungsgeschichte* 26
       Eine Umgrenzung des Stadtbegriffs 26
       Die Anwendung des skizzierten Stadtbegriffs
       an Beispielen aus der weltweiten Verstädterungsgeschichte 27
       *2. Über einige Aspekte der sozialen und kulturellen Bedeutung der
       Stadt und der Verstädterung - zwischen sozialem sowie kulturellem Verfall und sozialer und kultureller Neuschöpfung* 32

*B. Städte im tropischen Afrika - ihre Geschichte und Gegenwart
sowie Kultur und Lebensformen ihrer Bewohner/innen* *43*

    I. Anfänge der Verstädterung 43
       1. Nubien 44
       2. Äthiopien und Eritrea 50
       3. Westafrikanische Savanne 56
       4. Westafrikanische Wälder und ihre Ausläufer 64
       5. Ostafrikanische Küste 68
       6. Simbabwe 74
       7. Zusammenfassendes und Allgemeines 80
    II. Ein Zwischenstück: Die Geschichte der Verstädterung in Afrika
    im Überblick (Tabellen, Karten und Graphiken) 84
       1. Verlauf der Verstädterung in Afrika (absolute Zahlen) 85
       2. Bevölkerungsentwicklung in Afrika 86
       *3. Verlauf der Verstädterung in Afrika (prozentueller Anteil der
       städtischen Bevölkerung an der Gesamtbevölkerung) sowie
       das relative Ausmaß der Verstädterung in einzelnen Ländern* 88

Inhalt

4. Vergleich: Verlauf der Verstädterung in einzelnen Kontinenten
   und weltweit 92
III. Gegenwärtige Städte und ihre Geschichte 95
   1. Kumasi 96
      Nationaler Kontext: Ghana 96
      Umwelt, Klima Kumasis 104
      Geschichte (einschließlich Bevölkerungsentwicklung und -struktur) 104
      Räumliche Struktur 111
      Wirtschaft 112
      Gesundheitswesen, Ausbildung, Energieversorgung 113
      Wohnen 114
      Soziale Beziehungen 116
      Freizeit, Gesellschaftsleben, „Hochkultur" 117
   2. Lagos 118
      Nationaler Kontext: Nigeria 118
      Umwelt, Klima von Lagos 125
      Geschichte (einschließlich Bevölkerungsentwicklung und -struktur) 127
      Räumliche Struktur 137
      Wirtschaft, Erwerbstätigkeit 138
      Infrastruktur 140
      Architektur, Wohnraum, Wohnen 142
      Familie, Individuum, soziale Beziehungen 145
      Soziale und ökologische Probleme 146
      Freizeit, Gesellschaftsleben, „Hochkultur" 147
   3. Zaria: Zur Geschichte einer Hausastadt sowie über die Lebensver-
      hältnisse in der islamisch geprägten Altstadt (in den 70er Jahren) 148
      Geschichte Zarias (einschließlich Bevölkerungsentwicklung
      und räumliche Struktur) 148
      Wohn- und Lebensverhältnisse in der islamisch geprägten Altstadt 155
   4. Nairobi 158
      Nationaler Kontext: Kenia 158
      Umwelt, Klima Nairobis 168
      Geschichte 169
      Räumliche Struktur 174
      Wirtschaft, Erwerbstätigkeit 177
      Infrastruktur 179
      Wohnen (unter besonderer Berücksichtigung von Slums und Squatters) 181
      Soziale und ökologische Probleme 186
      Freizeit, Gesellschaftsleben, „Hochkultur" 187
   5. Grundzüge der jüngeren Verstädterungsgeschichte
      und städtischer Lebensweisen im tropischen Afrika 188
      Geschichtliches 188
      Bevölkerung 190

Inhalt 13

Nationale Städtestrukturen 193
Wirtschaft 193
Infrastruktur und Umweltprobleme 196
Wohnen 197
Soziale Beziehungen 199
Migration 200
Stadt-Land-Beziehungen 209
Kulturelle Orientierungen 211
IV. Städte im tropischen Afrika als Orte des
sozialen und kulturellen Wandels 215
   1. Landkulturen und Stadtkulturen 216
   2. Indigenität und Exogenität 224

**C. Kulturelle Grundlagen der jüngeren Verstädterungsgeschichte
im tropischen Afrika:
Vorstellungen über Menschen und Kulturen und ihr Niederschlag am Beispiel von politischen Strategien und Schulbildung 227**

I. Zur Einführung: Über Modernisierung und Urbanisierung
sowie einige weitere grundsätzliche Überlegungen 227
II. Der Kolonialismus und seine Voraussetzungen 232
   *1. Allgemeine Hinweise zu Vorstellungen über Afrika und
Afrikaner/innen in Europa im Mittelalter und in der frühen Neuzeit* 232
   *2. Ideelle Grundlagen des Kolonialismus
am Beispiel von Herder und Hegel* 235
      Johann Gottfried Herder 236
      Georg Wilhelm Friedrich Hegel 239
   3. Ideen und Praktiken eines Kolonialisten in Ostafrika: Carl Peters 242
   4. Ein kurzer Überblick über Kolonialismus und Kolonialpolitik in Afrika 246
III. Reaktionen von Afrikaner/inne/n auf den Kolonialismus 267
   1. Anfänglicher bewaffneter Widerstand 267
   *2. Einsatz um Rechte und Anliegen von Afrikaner/inne/n (innerhalb
des Kolonialsystems) und Unabhängigkeitsbestrebungen* 270
   3. Opportunistische Anpassung 287
   *4. Auf dem Weg zur Unabhängigkeit: Politiker/innen, politische
Parteien und ihre Ziele sowie kulturellen Orientierungen* 291
IV. Die nachkoloniale Zeit 296
   1. Allgemeine Charakteristika 296
   2. Tansania - von Ujamaa bis zu den Strukturanpassungsprogrammen 308
   3. Kenia - ein westlich orientierter marktwirtschaftlicher Weg 321
V. Ideen über Afrikaner/innen, Europäer/innen, Nordamerikaner/innen
und ihre Kulturen und die Verstädterung im tropischen Afrika 329

D. Kultursoziologische Fallstudien:
Über Leben und Lebensgeschichten einiger Bewohner/innen
einer „low-cost-housing-area" von Arusha, Tansania *331*

  I. Zum Kontext 332
    1. Tansania 332
      Geographie, Klima, Vegetation 332
      Bevölkerung 333
      Soziale und politische Geschichte 334
      Wirtschaft und Beschäftigung 338
      Verstädterung und Städtestruktur 341
    2. Arusha 345
      Lage, Umwelt, Klima 345
      Geschichte (einschließlich Bevölkerungsentwicklung und -struktur) 346
      Räumliche Struktur 351
      Wirtschaft und Beschäftigung 356
      Infrastruktur 359
      Haushalt, ehelicher Status 363
      Wohnen 364
      Soziale und ökologische Probleme 366
      Freizeit, Gesellschaftsleben, „Hochkultur" 368
  II. Die Fallstudien 370
    1. Zur Methode 370
      Einige methodologische Überlegungen 370
      Zur Auswahl: Kriterien und Vorgangsweise 374
      Die Interviews 377
    2. Einzeldarstellungen 382
      Ruth Wakabi 382
      Amina Siwale 386
      Latifa Shaidi 389
      Elizabeth Maloba 392
      Joseph Johne 394
      Paul Mwale 398
      Ali Othman 402
      Chamungu Bakari alias Mister Baker 406
    3. Kontextualisierungen, Interpretationen, Vergleiche 409

Zwischen materiellem Modernismus und Urbanismus -
Zusammenfassendes und Praxis-Bezogenes *419*

Literaturverzeichnis *423*

VERZEICHNIS DER TABELLEN, GRAPHIKEN, KARTEN UND ABBILDUNGEN

Tabelle 1: *Städtische Bevölkerung in ganz Afrika, 1920 bis 2000 (in Millionen)* 85

Tabelle 2: *Städtische Bevölkerung im tropischen Afrika, 1950 bis 2000 (in Millionen)* 85

Tabelle 3: *Gesamtbevölkerung in ganz Afrika, 1000 bis 2000 (in Millionen)* 86

Tabelle 4: *Prozentueller Anteil der städtischen Bevölkerung an der Gesamtbevölkerung in ganz Afrika, 1920 bis 2000* 88

Tabelle 5: *Städtische Bevölkerung in einzelnen Kontinenten und weltweit, 1920 bis 2000 (in Millionen und in Prozenten der Gesamtbevölkerung)* 92

Tabelle 6: *Regionale Verteilung der städtischen Weltbevölkerung, 1950 und 1990 (in Prozent)* 94

Tabelle 7: *Bevölkerung der 20 größten Städte Ghanas, 1960 bis 1984* 103

Tabelle 8: *Bevölkerungsentwicklung von Kumasi, erste Hälfte des 19. Jahrhunderts bis 1994* 110

Tabelle 9: *Altersstruktur und Geschlechterverhältnis der Bevölkerung Kumasis, 1921 bis 1984* 111

Tabelle 10: *Bevölkerung Nigerias (gesamt und städtisch), 1921 bis 1994* 118

Tabelle 11: *Anzahl von Städten in Nigeria nach Einwohner/innenzahl, 1921 bis 1984* 124

Tabelle 12: *Bevölkerung, Fläche und Bevölkerungsdichte von Lagos, 1800 bis 1990* 135

Tabelle 13: *Bevölkerung von Zaria, 1952 bis 90er Jahre* 154

Tabelle 14: *Anzahl von Städten in Kenia nach Einwohner/innenzahl, 1948 bis 1989* 167

Tabelle 15: *Fläche innerhalb der Stadtgrenzen Nairobis, 1900 bis heute* 172

Tabelle 16: *Bevölkerungsentwicklung von Nairobi, 1902 bis 1993* 172

Tabelle 17: *Ethnische Struktur Nairobis, 1969 bis 1989* 173

Tabelle 18: *Verteilung der Erwerbstätigen in Nairobi nach Branche und Geschlecht, 1994 (in Prozent)* 177

Tabelle 19: *Anzahl von Schüler/inne/n in Primarschulen und in Form I der Sekundarschulen in Tansania, 1961 bis 1981* 317

Tabelle 20: *Einige Daten zur Situation der Bildung in Tansania, 1991* 318

Tabelle 21: *Relativer Anteil der Schüler/innen an der den Schulen entsprechenden Altersgruppe in Kenia, 1960 bis 1983* 327

Verzeichnis der Tabellen, Graphiken, Karten und Abbildungen

Tabelle 22: *Einige Daten zur Situation der Bildung in Kenia, 1991* 327
Tabelle 23: *Bevölkerungsentwicklung von 20 Städten des Festlandes von Tansania, geordnet nach den geschätzten Einwohner/innenzahlen von 1996; 1948 bis 1996* 344
Tabelle 24: *Bevölkerungsentwicklung Arushas, 1948 bis 1996* 348
Tabelle 25: *Altersstruktur im Arusha District, 1988 (prozentuelle Verteilung der Bevölkerung nach Fünfjahres-Altersgruppen)* 349
Tabelle 26: *Größe und Bevölkerung der Wards im Arusha District, 1988* 353
Tabelle 27: *Anzahl der formellen Arbeitsplätze im Arusha District nach Art der Beschäftigung, 1977, 1980 und 1985* 357
Tabelle 28: *Daten zum Gesundheitswesen im Arusha District, 1995* 362
Tabelle 29: *Bevölkerung pro Haushaltsgröße (private Haushalte) im Arusha District, 1988* 363
Tabelle 30: *Ehelicher Status nach drei Altersgruppen und Geschlecht, Arusha District, 1988 (in Prozent der jeweiligen Altersgruppe)* 364

Graphik 1: *Gesamtbevölkerung und städtische Bevölkerung in Afrika, 1920 bis 2000* 87
Graphik 2: *Alterspyramide und Geschlechterverhältnis für Arusha District, 1988* 350

Karte 1: *Bevölkerungsdichten im tropischen Afrika, 1989* 87
Karte 2: *Anteil der städtischen Bevölkerung an der Gesamtbevölkerung in den Ländern des tropischen Afrika, 1980* 89
Karte 3: *Verteilung der größeren Städte im tropischen Afrika, 1980* 90
Karte 4: *Durchschnittliche jährliche Wachstumsraten der städtischen Bevölkerung in den Ländern des tropischen Afrika, 1960 bis 1990* 91
Karte 5: *Kumasi, 1817* 108
Karte 6: *Kumasi, 1939* 109
Karte 7: *Lagos* 126
Karte 8: *Zaria (Wachstumsphasen)* 153
Karte 9: *Nairobi* 169
Karte 10: *Arusha District (ist gleich Arusha Stadt)* 352

Abbildung 1: *Nairobi, Stadtzentrum, 1996* 176
Abbildung 2: *Nairobi, Mathare Valley, 1993* 176
Abbildung 3: *Arusha, im westlichen Stadtzentrum, 1996* 355
Abbildung 4: *Arusha, Unga Ltd., 1996* 355

A. EINFÜHRUNG

I. Themenstellung, Inhalt und Methodologisches

1. Zur Themenstellung und zum Inhalt

Die Verstädterung und das Leben in Städten Afrikas gewinnt zunehmend an Bedeutung allein aufgrund der simplen Tatsache, daß die Verstädterung immer größere Ausmaße annimmt, vorderhand zurückzuführen auf innerstädtische positive Wachstumsraten sowie auf Zuwanderung aus ländlichen Gebieten. Die Gründe für die Migration sind vielfältig; sie hängen im allgemeinen mit tristen Lebensaussichten am Land und der Hoffnung auf eine wirtschaftliche Besserstellung in der Stadt zusammen. Nicht zu übersehen ist der Umstand, daß verschiedene Aspekte heutiger städtischer Lebensweisen für viele, besonders junge Menschen und speziell für Frauen (die in indigenen Kulturen vielfach weit weniger Rechte und Freiheiten besitzen als Männer) weitaus anziehender sind als das traditionsgebundenere Leben am Land.

Hinter der zunehmenden Urbanisierung steht - so die These - als Ursache und Konsequenz zumindest zum Teil ein Wandel bzw. Umbruch von Werten, der insbesondere im Zuge der europäischen Kolonisation des 19. und 20. Jahrhunderts ausgelöst wurde.[1]

Man könnte das Phänomen der Verstädterung aus verschiedenen Gesichtspunkten heraus sinnvoll erörtern: aus ökonomischen, ökologischen, politischen, psychologischen, kulturellen, sozialen, geschichtlichen, ideengeschichtlichen etc. Die Perspektiven, die ich in meiner Dissertation aufnehmen werde, sind primär soziologische, kultursoziologische, ideengeschichtliche, historische. Ich interessiere mich für kulturelle und soziale Implikationen, Ursachen und Folgen der Verstädterung und für die Geschichte von Ideen, die damit zusammenhängen. Ich möchte kulturwissenschaftliche[2] und kulturwissenschaftlich relevante Interpretationen afrikanischer Städte von Wissenschaftler/inne/n und afrikanischen Bewohner/inne/n dieser Städte erörtern. Ich werde auf verschiedenen Abstraktionsniveaus untersuchen, welchen Einfluß bestimmte kulturelle Faktoren auf die Verstädterung in Afrika ausüben bzw. ausübten und durch wel-

---

[1] Ich möchte bereits an dieser Stelle darauf aufmerksam machen, daß ich mir im Klaren über den begrenzten Erklärungswert dieser These bin. Sie betrifft keineswegs alle Städter/innen und will auch nicht behaupten, daß es eine gewissermaßen unilineare Entwicklung der Verstädterung hin zu eindeutig europäischen bzw. nordamerikanischen Mustern im allgemeinen gäbe; daß also der Haupteinfluß aus dem Westen komme und afrikanische städtische und ländliche Traditionen nur von untergeordneter Bedeutung seien. (Zu solchen fehlerhaften Konzepten siehe Azuka A. Dike: Misconceptions of African Urbanism: Some Euro-American Notions, in: R. A. Obudho, Salah El-Shakhs (Hg.): Development of Urban Systems in Africa, New York: Praeger, 1979, 19-30.) Weiters sei unterstrichen, daß ich mit dieser These nicht geltend machen möchte, daß die Verstädterung ohne den Kolonialismus nicht zugenommen hätte.

[2] „Kulturwissenschaftlich" im Sinne Max Webers (siehe Max Weber: Die „Objektivität" sozialwissenschaftlicher und sozialpolitischer Erkenntnis (1904), in: ders.: Gesammelte Aufsätze zur Wissenschaftslehre, hg. v. J. Winckelmann, UTB für Wissenschaft, Tübingen: J. C. B. Mohr (Paul Siebeck), ⁷1988, 146-214, hier bes. 165).

che Kulturmuster das Leben in afrikanischen Städten geprägt wird sowie welche Lebensformen in jenen Städten entstehen.

Es sei nochmals ausdrücklich betont, daß meine Blickwinkel nur einige von vielen möglichen sind und daß ich nicht der Ansicht bin, kulturelle und soziale Faktoren bzw. Aspekte seien hier die allein wesentlichen. Dies kann ich nicht entscheiden, wenngleich ich natürlich annehme, daß jene Punkte, die generell in der Diskussion um „südliche Länder" (gemeint sind hier im wesentlichen jene Länder des Südens, die häufig noch als „Entwicklungsländer" oder „Dritte-Welt-Länder" bezeichnet werden) meinem Eindruck nach relativ wenig beachtet werden, *auch* relevant sind.[3]

Meine Untersuchungen sind nicht in dem Sinn angelegt, daß ich das Besondere an der Verstädterung Afrikas im Vergleich zu anderen Erdteilen herausarbeiten möchte. Ich will dagegen Züge erörtern, die in Afrika relevant sind, gleichgültig ob sie einmalig oder auch woanders anzutreffen sind. Wie ein Blick in die Literatur zeigt, gibt es Ansätze, die die Gemeinsamkeiten in der Verstädterung „südlicher Länder" hervorstreichen als auch solche, die auf das Besondere Wert legen. So spricht man einerseits ganz allgemein von der Verstädterung in der „Dritten Welt" oder in „Entwicklungsländern" und befaßt sich unter diesem Überbegriff mit lateinamerikanischen, asiatischen und afrikanischen Staaten, teils mit der Hypothese, daß wesentliche Gemeinsamkeiten bestünden.[4] Anthony O'Connor stellt demgegenüber fest, daß trotz bleibender Differenzen städtische Ausprägungen zwar innerhalb Afrikas zur Vereinheitlichung tendierten[5], daß es aber nur schwer möglich sei, afrikanische mit den übrigen „südlichen Ländern" hinsichtlich der Verstädterung in wesentlichen Punkten gleichzustellen. Er verweist insbesondere auf die relativ betrachtet engere Verbindung zwischen Stadt und Land bzw. Stadt- und Landbewohner/inne/n (letzteres oft in Personalunion), auf eine starke wirtschaftliche Orientierung nach Europa und zugleich einen relativ gering ausgeprägten industriellen Sektor, auf den im allgemeinen nach wie vor weitaus niedrigeren Grad der Urbanisierung, auf die zumeist kürzere Geschichte der Städte mit den sozialen und kulturellen Implikationen gering verwurzelter Stadtkulturen und städtischer Lebensformen, auf größere kulturelle Pluralität in den Städten, veranschaulicht im Nebeneinanderbestehen ausländischer und mehrerer einheimischer Sprachen, meist ohne eindeutige Dominanz.[6] Zudem ist der durchaus unterschiedliche Kontext der Verstädterung in den „südlichen Regionen" zu bedenken. Die heutige Urbanisierung etwa in Ostasien ist innerhalb rasch wachsender Volkswirtschaften zu lo-

---

[3] Zur grundsätzlichen Problematik der Auswahl von Gesichtspunkten und Fragestellungen in den Wissenschaften, besonders in den Sozialwissenschaften, vgl. Max Weber: Die „Objektivität" sozialwissenschaftlicher und sozialpolitischer Erkenntnis, a. a. O., bes. 165 ff; aus jüngerer Zeit vgl. z. B. Karl Acham: Philosophie der Sozialwissenschaften, Freiburg-München: Karl Alber, 1983, bes. 78-80.
[4] Siehe z. B. John Friedmann, Robert Wulf: The Urban Transition. Comparative Studies of Newly Industrializing Societies, London: Edward Arnold, 1976; Alan Gilbert, Josef Gugler: Cities, Poverty, and Development. Urbanization in the Third World, Oxford: Oxford University Press, 1987 (ELBS Edition; ^{1}1981); David Drakakis-Smith: The Third World City, London-New York: Routledge, ^{3}1992 (^{1}1987).
[5] Siehe Anthony O'Connor: The African City, London u. a.: Hutchinson, ^{2}1986 (1. Aufl. 1983), 310-313.
[6] Siehe ebd., 313-317.

kalisieren, während sich die ökonomische Situation in Afrika in den letzten Jahrzehnten generell verschlechtert hat.[7]

Um eine gewisse Einheitlichkeit in der Argumentation und Verallgemeinerungsmöglichkeiten zu gewährleisten, befasse ich mich im folgenden nur mit dem Afrika südlich der Sahara, ausschließlich Südafrika (im wesentlichen also mit dem tropischen Afrika zwischen den beiden Wendekreisen), ohne allerdings die Spezifika in den einzelnen Ländern oder Regionen des tropischen Afrika übersehen zu wollen. Diese Einschränkung erscheint mir notwendig, weil ganz beträchtliche Unterschiede zwischen Städten in der nordafrikanischen Region und solchen im Afrika südlich der Sahara vorherrschen und auch dort sich Südafrika stärker vom übrigen Sub-Sahara-Afrika unterscheidet als schon die Städte in letzterem Raum untereinander differieren.

Nach einigen Bemerkungen zu den wissenschaftstheoretischen Grundlagen der Arbeit werde ich kulturelle und soziale Aspekte der Urbanisierung und des Urbanismus[8] erörtern. Ich beginne diesen Teil mit einer Auseinandersetzung mit dem durchaus nicht leicht zu fassenden Begriff „Stadt", in deren Verlauf ich einige Beispiele aus der Geschichte der weltweiten Verstädterung nenne. Danach gehe ich auf allgemeine Aspekte der kulturellen und sozialen Bedeutung der Stadt ein, vor allem anhand zweier Arbeiten[9], die gemeinsam aufgrund ihrer je unterschiedlichen Ansätze ein großes Stück der Bandbreite in der Einschätzung der Stadt abdecken: von einem Ort kulturellen und sozialen Verfalls bis zu einem Lebensraum ebensolcher Innovation. Diese Ausführungen beziehen sich explizit auf nordamerikanische und europäische Städte. Damit soll ein erster Einblick in Ideen von der kulturellen und sozialen Bedeutung der Stadt gegeben werden, wobei es sich später herausstellen wird, inwiefern diese Erörterungen abweichen von denen, die afrikanische sowie nicht-afrikanische Wissenschaftler/innen, afrikanische Stadtbewohner/innen etc. hinsichtlich afrikanischer Städte liefern. Da sie zahlreiche Möglichkeiten der kulturellen und sozialen Bedeutung der Stadt aufzeigen, scheinen sie mir gut geeignet, erste Orientierungen zu bieten und ein Hauptthema der Arbeit zu skizzieren.[10]

Im zweiten Abschnitt (B.) gehe ich auf die Geschichte und Gegenwart der Verstädterung und des Lebens in Städten des tropischen Afrika ein, wobei ich zunächst die

---

[7] Zur jeweiligen wirtschaftlichen Lage siehe etwa das Einleitungskapitel von Jeffrey Herbst: The Politics of Reform in Ghana, 1982-1991, Berkeley u. a.: University of California Press, 1993, v. a. 1-7.

[8] Zum Begriff „Urbanismus" siehe Louis Wirth: Urbanism as a Way of Life, The American Journal of Sociology, 44/1 (1938), 1-24. Im folgenden werde ich den Begriff „Urbanismus" im Sinne von „städtischer Lebensweise" verwenden (manche Autor/inn/en benennen das mit dem Begriff „Urbanität"), ohne notwendig die genaue inhaltliche Besetzung von Wirth zu teilen.

[9] Wirth: Urbanism as a Way of Life, a. a. O. und Claude S. Fischer: To Dwell Among Friends. Personal Networks in Town and City, Chicago-London: University of Chicago Press, 1982.

[10] Darin, daß ich von „westlichen" Städten ausgehe, liegt im übrigen ein bewußter Ethnozentrismus. Ich wende mich zuerst dem zu, was den meisten der wahrscheinlichen Leser/innen (im übrigen auch dem Verfasser) der Arbeit nahe liegt, um daraufhin die Aufmerksamkeit auf das vermutlich eher Fremde zu richten. Ich meine, daß man dadurch die Bedeutung des eher Fremden leichter erfassen kann, nicht zuletzt weil man sich des Ausgangspunktes dieses Verstehens (der wohl immer das aus eigener Erfahrung Bekannte ist) zu einem relativ großen Ausmaß bewußt ist. Überdies ist der Westen der Schauplatz des größten weltweit einflußreichen Teils stadtsoziologischer Literatur.

Anfänge der Verstädterung beschreibe. Da es nicht Sinn und Zweck dieser Arbeit ist, die ganze Verstädterungsgeschichte genau darzustellen, zeige ich sodann in einem Zwischenstück das Verstädterungsausmaß historisch auf, und zwar anhand von Karten, Tabellen und Grafiken, um in der späteren Interpretation und Analyse nicht nur Qualitäten der Verstädterung, sondern ebenso die Quantität im geschichtlichen Verlauf berücksichtigen zu können. Dieser Teil soll vermitteln zwischen dem ersten und dem dritten, in welchem ich primär auf gegenwärtige Ausprägungen der Urbanisierung beispielhaft und allgemein eingehe. Ich schließe darin zugleich an den ersten insofern an, als ich bei den Beispielen, soweit es sich um entsprechend alte Städte handelt, bis in jenen Zeitraum zurückgehe, in dem ich im ersten Teil stehen geblieben bin. Bei diesen historischen und gegenwartsbezogenen Ausführungen werde ich, abgesehen von den quantitativen Beschreibungen im Zwischenstück, vor allem soziale und kulturelle Verhältnisse hervorheben und zugleich darstellen, welche Lebensformen in indigenen Städten, in islamisch und europäisch-westlichen sowie in kolonialen Stadtgründungen historisch und gegenwärtig vorherrsch(t)en, um danach sowohl Gemeinsamkeiten und Unterschiede herauszuarbeiten als auch auf Differenzen zwischen ländlichen und städtischen Lebensweisen einzugehen. Damit will ich kulturgeschichtliche und kultursoziologische Grundzüge der Verstädterung im tropischen Afrika darstellen sowie das Ausmaß der Verstädterung über die Zeit hin veranschaulichen. Ich werde kaum auf internationale Verflechtungen etwa im Sinne internationaler städtischer Machthierarchien eingehen, sondern mich auf den afrikanischen Schauplatz beschränken. Damit möchte ich natürlich keineswegs die Relevanz internationaler Beziehungen für die Verstädterung Afrikas in Abrede stellen.

Im dritten Abschnitt (C.) befasse ich mich mit kulturellen und ideellen Grundlagen der jüngeren Verstädterungsgeschichte im tropischen Afrika. Ich versuche, aus primär ideengeschichtlicher Perspektive verständlich zu machen, wie jene Lebensweisen, die heute in afrikanischen Städten vorherrschen, entstanden sind, weshalb die Verstädterung weiter zunimmt und die Attraktivität der Städte in den Augen so vieler Afrikaner/innen steigt oder zumindest erhalten bleibt. Ich gehe dabei auf koloniale Vorstellungen über Afrikaner/innen und ihre Kulturen ein, auf Reaktionen von Afrikaner/inne/n auf jene Vorstellungen sowie auf nachkoloniale ideelle Orientierungen, um schließlich explizit die Bezüge zwischen jenen Vorstellungen und der Verstädterung im tropischen Afrika herzustellen. Um diese Erörterungen nicht allzu abstrakt zu halten, zeige ich an den Beispielen politischer Strategien und Schulbildung Realisierungen dieser Vorstellungen auf.[11]

Diese Untersuchungen sind auf der Ebene der überlieferten Ideengeschichte angesiedelt und stützen sich außerdem auf vorliegende empirische Untersuchungen. Es ist heute nicht (oder kaum) mehr möglich, empirisch und repräsentativ zu erheben, wie

---

[11] Ich beschränke mich dabei neben den afrikanischen auf europäische und gegebenenfalls nordamerikanische Vorstellungen, wenngleich für das Thema natürlich auch entsprechende Vorstellungen anderer Kulturen, die mit Afrika Kontakt hatten/haben, insbesondere des Islam, von Bedeutung wären. Aus Platz- und Zeitgründen befasse ich mich jedoch nicht damit; ohnedies dürfte der Westen zumindest in letzter Zeit den größten Einfluß auf Afrika und seine Kulturen ausgeübt haben und noch immer ausüben.

die Mehrzahl der Afrikaner/innen etwa auf die Menschenbilder der Kolonisator/inn/en reagiert hat. Sehr wohl aber lassen sich jene Ideen nachzeichnen, die in Werken etwa der Wissenschaft, in Aktionen und Schriften von Kolonisator/inn/en und Missionar/inn/en, in Reden von afrikanischen Unabhängigkeitskämpfer/inne/n, in heutigen Proklamationen zur Modernisierung und „Entwicklung" Afrikas Niederschlag gefunden haben und finden. Zudem liegen Arbeiten vor, die die heutige Situation in bestimmten Städten schildern.

Mit diesen Abschnitten hoffe ich, Einsichten in die Verstädterung und das Leben in Städten Afrikas erörtern zu können, die wesentliche Aspekte des Themenbereichs erfassen und Aufschluß geben über die Frage nach dem Zusammenhang zwischen kulturellen sowie sozialen Faktoren und der Verstädterung.

Während ich das Thema der Urbanisierung und des Urbanismus im tropischen Afrika in den eben skizzierten Abschnitten primär anhand der Erkenntnisse von verschiedenen Wissenschaftler/inne/n und Wissenschaften bzw. von Intellektuellen und politischen Protagonist/inn/en bearbeite, versuche ich im vierten Hauptteil (D.), bestimmte Stadtbewohner/innen direkt zu Wort kommen zu lassen und Aspekte ihrer Weltsicht und Lebenswelt zu beschreiben sowie an ihren Beispielen die Thematik der Verstädterung und städtischer Lebensweisen zu konkretisieren. Es sind dies Menschen, die über ein relativ geringes Einkommen verfügen und die mit einem Wohnviertel (ihres Erachtens) niedrigen Standards vorlieb nehmen müssen. Sie, ihre Lebensgeschichten und Interpretationen der Stadt sind natürlich nicht repräsentativ für afrikanische Stadtbewohner/innen und deren Weltsichten. Folgt man allerdings einer Einschätzung, wie sie etwa Leonardo Benevolo bereits 1975 vorlegte, wonach „in naher Zukunft über die Hälfte der Weltbevölkerung in diesen irregulären „Randsiedlungen" (gemeint sind Squatters und slumähnliche Siedlungen, A. K.) leben wird"[12], dann wird die Beschäftigung mit solchen Lebensräumen und die Beachtung der Weltsichten und Bedürfnisse der Menschen, die dort wohnen, immer wichtiger. Jene Menschen bzw. Menschen, die zwar nicht in Slums oder Squatters im engeren Sinn, aber dennoch unter sehr schwierigen Verhältnissen leben und wohnen, zu befragen und ihr Leben zu beschreiben, erscheint mir im Zusammenhang meines Themas auch deshalb sinnvoll, weil bestimmte Problemlagen verdeutlicht werden und zum Teil neue Einsichten in die Bedeutung afrikanischer Städte zu erwarten sind.

Meine Erhebungen habe ich in einer „low-cost-housing-area" von Arusha, Tansania, durchgeführt. Mir ging es dabei insbesondere um die Untersuchung der kulturellen Positionierung dieser Stadtbewohner/innen sowie um die Beschreibung ihres Lebens. Ich wollte zum einen erfahren, welche Meinungen einzelne Bewohner/innen jenes Stadtgebietes über allgemeine Themen, vor allem über das Land und über die Stadt,

---

[12] Leonardo Benevolo: Die Geschichte der Stadt (ital. Orig. 1975), Frankfurt am Main: Campus, [4]1990, 1057. Nach Jorge E. Hardoy und David Satterthwaite: Squatter Citizen. Life in the Urban Third World, London: Earthscan, 1989, 12 leben zwischen 30 und 60 Prozent der städtischen Bevölkerung der meisten Städte der „südlichen Länder" in illegal errichteten Häusern oder Siedlungen, in den meisten dieser Städte werden von den neuen Häusern zwischen 70 und 95 Prozent illegal errichtet, wobei sich diese Illegalität zu einem großen Teil mit einem äußerst niedrigen Standard der Häuser deckt.

vertreten, zum anderen, was sie über ihr eigenes Leben denken, wie sie es gestalten und an welchen Werten sie sich orientieren.

Zum Schluß fasse ich die Ergebnisse in theoretischer Hinsicht zusammen. Darüber hinaus werde ich einige Überlegungen über mögliche praktische Folgerungen aus den Ergebnissen der Arbeit anstellen.

2. Wissenschaftstheoretische Grundlagen der Arbeit

Bereits die Ausführungen zur Themenstellung machen deutlich, daß ich im folgenden mehrere verschiedene Ansätze und Methoden zu verbinden suche: Ich arbeite historisch, ethnologisch, soziologisch, ideengeschichtlich, kulturwissenschaftlich; ich stütze meine Ausführungen auf Ergebnisse vorliegender empirischer Sozialforschungen und führe selber solche durch; ich versuche, die Themenstellung im allgemeinen und im besonderen, auf Makro- und auf Mikroebene zu bearbeiten. Ich halte es nun nicht für nötig, im einzelnen auf die entsprechenden Methoden einzugehen. Erläutern werde ich jedoch den von mir gewählten Ansatz einer empirischen Sozialforschung, und zwar in einem Vorspann zum empirischen Teil. Bereits an dieser Stelle möchte ich allgemeine wissenschaftstheoretische Grundlagen der Arbeit in aller Kürze erörtern.

„Die Sozialwissenschaft, die wir hier treiben wollen, ist eine *Wirklichkeitswissenschaft*. Wir wollen die uns umgebende Wirklichkeit des Lebens, in welches wir hineingestellt sind, *in ihrer Eigenart* verstehen - den Zusammenhang und die Kultur*bedeutung* ihrer einzelnen Erscheinungen in ihrer heutigen Gestaltung einerseits, die Gründe ihres geschichtlichen So-und-nicht-anders-Gewordenseins andererseits."[13] („Will man solche Disziplinen, welche die Vorgänge des menschlichen Lebens unter dem Gesichtspunkt ihrer *Kulturbedeutung* betrachten, „Kulturwissenschaften" nennen, so gehört die Sozialwissenschaft in unserem Sinne in diese Kategorie hinein."[14])

Wenngleich ich das Konzept einer Sozialwissenschaft als Wissenschaft über (die) „Wirklichkeit" in dieser Uneingeschränktheit durchaus für diskussionsbedürftig halte, möchte ich es als Ausgangspunkt meiner Überlegungen wählen. Auch mir geht es um „Wirklichkeit", um eine erkenntnismäßige Annäherung zumindest an Ausschnitte derselben, allein schon insofern, als ich als empirisch angenommene Gegenstände (Urbanisierung und Urbanismus in Afrika) und als empirisch feststellbar erachtete Zusammenhänge untersuche. Empirisch soll bei mir nicht nur Quantitatives oder Meßbares sein, sondern ebenso Qualitatives, wozu ich auch Ideen, Weltbilder und dergleichen mehr zählen will. „Wirklichkeitswissenschaft" betreibe ich weiters in dem Sinn, daß es mir primär um „wirkliche" Individualitäten geht und nicht um abstrakte Regelmäßigkeiten. Eben die *Eigenart* der Lebenswirklichkeit zu *verstehen* und ihre *Bedeutung* zu

---
[13] Weber: Die „Objektivität" sozialwissenschaftlicher und sozialpolitischer Erkenntnis, a. a. O., 170-171.
[14] Ebd., 165.

erfassen sowie das geschichtliche Gewordensein zu ergründen, sind Ziele, denen ich mich verschreiben möchte.[15]

Das Webersche Konzept einer Sozialwissenschaft als Kulturwissenschaft zieht einige weitreichende Fragen nach sich, die mit Werten und Wertbeziehungen zu tun haben (die Diskussion um Werte und Wertbeziehungen betrifft natürlich auch andere Wissenschaften). Es geht dabei insbesondere um Werte, die einem untersuchten sozialen Geschehen oder einer Struktur Sinn verleihen, um Deutungen von „Fakten" und um die Herstellung oder Rekonstruktion von Sinnzusammenhängen im Objektbereich; es dreht sich auch um Werte, die Voraussetzung jeder Wissenschaft sind und der (konkreten) wissenschaftlichen Arbeit Sinn und Bedeutung verleihen.

Wie Weber festhält, ist die aus unendlichen Teilen zu denkende Wirklichkeit weder vollständig beschreibbar noch erklärbar. „Alle denkende Erkenntnis der unendlichen Wirklichkeit durch den endlichen Menschengeist beruht daher auf der stillschweigenden Voraussetzung, daß jeweils nur ein endlicher *Teil* derselben den Gegenstand wissenschaftlicher Erfassung bilden, daß nur er „wesentlich" im Sinne von „wissenswert" sein solle."[16] Was aber dieses Wesentliche ist, läßt sich gerade im Falle einer Sozialwissenschaft als Kulturwissenschaft nicht empirisch der „Wirklichkeit" entnehmen oder aus Gesetzen ableiten. Denn „der Begriff der Kultur ist ein *Wertbegriff*. Die empirische Wirklichkeit *ist* für uns „Kultur", weil und sofern wir sie mit Wertideen in Beziehung setzen, sie umfaßt diejenigen Bestandteile der Wirklichkeit, welche durch jene Beziehung für uns *bedeutsam* werden, und *nur* diese. ... Nur weil und soweit dies der Fall (ist), ist er („ein winziger Teil der jeweils betrachteten individuellen Wirklichkeit"[17], Einf. v. A. K.) in seiner individuellen Eigenart für uns wissenswert."[18]

Nun gibt es jedoch nach Weber einen nicht rational lösbaren Konflikt zwischen den Werten, einen Polytheismus der Werte, einen Kampf der Götter der einzelnen Ordnungen und Werte, den man wissenschaftlich nicht beheben, entscheiden kann.[19] Nach Weber folgt daraus allerdings nicht die subjektive Beliebigkeit kulturwissenschaftlicher Ergebnisse in dem Sinne, „daß sie für den einen *gelten* und für den andern nicht. Was wechselt ist vielmehr der Grad, in dem sie den einen *interessieren* und den

---

[15] Gerade mit der Absicht, Individualitäten in verschiedenen Aspekten zu erfassen, verbindet sich die Skepsis gegenüber der Meinung, daß Gesetze das allein Wesentliche und Wissenswerte seien in und für die Wissenschaften im allgemeinen. Will man nämlich Eigenartigkeiten des „Wirklichen", in unserem Zusammenhang, des sozial „Wirklichen" verstehen, sind Gesetze oder Theorien in ihrer Allgemeinheit als Erkenntnismittel zwar notwendig, sie sind jedoch nicht Erkenntniszweck. (Siehe ebd., bes. 171-175.) Gesetze, und das streicht Tenbruck im Anschluß an Weber besonders prägnant hervor, repräsentieren bestimmte Reduktionen der menschlichen, sozialen Wirklichkeit, und es zeugte von Reduktionismus im abwertenden Sinn, wollte man nur diese als wissenswert oder, vielleicht besser, wissenschaftswert bestimmen. (Siehe Friedrich H. Tenbruck: Die unbewältigten Sozialwissenschaften oder Die Abschaffung des Menschen, Graz-Wien-Köln: Styria, 1984.)
[16] Weber: Die „Objektivität" sozialwissenschaftlicher und sozialpolitischer Erkenntnis, a. a. O., 171.
[17] Ebd., 175.
[18] Ebd., 175.
[19] Vgl. Weber: Wissenschaft als Beruf (1919), in: ders.: Gesammelte Aufsätze zur Wissenschaftslehre, a. a. O., 582-613, hier bes. 603-604.

andern nicht."²⁰ Beliebigkeit folgt besonders deshalb nicht, weil „der Forscher hier wie überall an die Normen unseres Denkens gebunden"²¹ ist. Die Bedeutsamkeit und damit der Gegenstand und die Art des Interesses hängen von den Wertbeziehungen ab, die der Subjektivität entspringen, ein anderes ist nach Weber aber die Gültigkeit von Erklärungen, die auf der Einhaltung von intersubjektiven Normen des Denkens beruhen. Folgt man allerdings der Weber-Analyse von Guy Oakes, ist eine diesbezügliche Trennung von Verstehen einer Kulturbedeutsamkeit und Erklärung des Gewordenseins in der Weberschen Argumentationslinie nicht folgerichtig. Oakes räumt zwar ein, „daß die Geltung von Kausalerklärungen - in ihrer Eigenschaft als allgemeines erkenntnistheoretisches bzw. wissenschaftstheoretisches Prinzip - mit dem Wertbeziehungsproblem nichts zu tun hat"²². Daraus kann aber nicht abgeleitet werden, „daß eine Erklärung kulturwissenschaftlicher Gegenstände unabhängig von Wertbeziehungen möglich ist"²³. Oakes verweist in diesem Zusammenhang auf zwei entscheidende Punkte: Erstens ist es eine Frage der Wertbeziehungen und damit der subjektiven Entscheidung, wo man eine Erklärung abbricht sowie welche man im Falle von konkurrierenden Erklärungen vorzieht²⁴; zweitens kann man, wenn man wie Weber einen rational nicht bewältigbaren „Polytheismus" der Werte annimmt, nicht bestimmen, „durch *welche* Normen unseres Denkens dem Forscher Grenzen gezogen sind"²⁵.

Damit steht man scheinbar doch vor dem Problem der Beliebigkeit kulturwissenschaftlicher Ergebnisse. Allerdings - auch wenn man an der Weberschen Konzeption einer Sozialwissenschaft als Kulturwissenschaft festhält und wenn man zugleich die Kritik Oakes berücksichtigt - dürfte sich dieses Problem entschärfen, wenn man Brückenkonstruktionen in der Differenz zwischen Sein und Sollen, zwischen Tatsachen und Werten zuläßt, mithin „die These von der fundamentalen Irrationalität aller Entscheidungen"²⁶ aufgibt und sich außerdem zum Postulat der Kritikoffenheit bekennt. Wie Hans Albert darlegt, rekurriert Weber in seiner Untersuchung der wissenschaftlichen Diskussionsmöglichkeit von Werten unter anderem auf jene Brückenkonstruktion, wonach Sollen Können impliziert.²⁷ Warum sollte man aber nicht auch andere Brückenprinzipien akzeptieren und nicht wie Weber daran festhalten, daß Werte letztendlich durch Erkenntnis unbeeinflußbar sind? Es besteht zwar auch nach Albert eine grundsätzliche Dichotomie zwischen Sein und Sollen, was aber, wenn man Brückenannahmen zuläßt, nicht heißt, daß Werte durch Erkenntnis nicht modifiziert, verworfen oder angenommen werden könnten, denn "...bestimmte Werturteile können sich durchaus *im Lichte einer revidierten sachlichen Überzeugung* als mit bestimmten Wertüberzeugungen, die wir bisher hatten, *unvereinbar* erweisen. Die kritische Verwendung der

---
[20] Weber: Die „Objektivität" sozialwissenschaftlicher und sozialpolitischer Erkenntnis, a. a. O., 184.
[21] Ebd., 184.
[22] Guy Oakes: Die Grenzen kulturwissenschaftlicher Begriffsbildung (Heidelberger Max Weber-Vorlesungen 1982), Frankfurt am Main: Suhrkamp, 1990, 143.
[23] Ebd., 143.
[24] Siehe ebd., 144.
[25] Ebd., 145.
[26] Hans Albert: Traktat über kritische Vernunft, Tübingen: J. C. B. Mohr (Paul Siebeck), ²1969, 60.
[27] Ebd., 76.

erwähnten Brücken-Prinzipien ist ein Mittel, solche Unvereinbarkeiten aufzudecken. ... Es ist also möglich, die positivistische Resignation in moralphilosophischen Fragen zu überwinden, ohne in den existentialistischen Kult des Engagements zu verfallen, der die rationale Diskussion solcher Probleme durch irrationale Entscheidungen ersetzt. Der Kritizismus, der uns diese Möglichkeit verschafft, hat im übrigen selbst moralischen Gehalt."[28] Albert behauptet nicht, daß selbst unter der Voraussetzung der Entscheidung für Kritikoffenheit rationale Diskurse und neue Tatsachen-Erkenntnisse Werte zwingend beeinflussen können oder immer eindeutig festzulegen imstande sind, welcher von zwei gegensätzlichen Werten vorzuziehen sei. Er argumentiert vielmehr dahingehend - und mir erscheint diese Argumentation sehr plausibel -, daß Werte unter bestimmten, bereits dargelegten Annahmen grundsätzlich und über die von Weber aufgezeigten Möglichkeiten hinausgehend diskutierbar sind und der Diskurs nicht vor bestimmten Werten halt machen muß. Damit kann und muß man folgerichtigerweise sogar wie Weber an der Auffassung eines ethischen Pluralismus festhalten[29], und trotzdem verfällt man nicht in die Beliebigkeit und in gewisser Hinsicht Gleichgültigkeit kulturwissenschaftlicher Erkenntnis. Zwar entscheidet nicht ein allgemeingültiges, im engeren Sinn methodisches Prinzip über die Gültigkeit der Resultate, die Ergebnisse sind jedoch, wenngleich mit Wertbeziehungen eng verflochten, rational kritisierbar.

In den folgenden Ausführungen versuche ich, eine kohärente und transparente Argumentationslinie zu entwickeln und dem Anspruch gerecht zu werden, *eine* sinnvolle Interpretation afrikanischer Verstädterung zu liefern. (Zugleich ist mir klar, daß die Sinnzusammenhänge, die ich herausarbeite, für die einen interessant, für die anderen belanglos sein mögen; auch das Datenmaterial, das ich heranziehe, kann als mehr oder weniger relevant erscheinen.) Abgesehen davon geht es mir, wie bereits oben erwähnt, um die Darstellung von „Individualitäten", einerseits um zu informieren, andererseits um die Grundlage für Deutungen zu schaffen.

---

[28] Ebd., 78-79.
[29] Vgl. ebd., 75.

II. Über den Stadtbegriff und die soziale und kulturelle Bedeutung der Stadt (mit Bezug auf europäische und nordamerikanische Städte)

1. Zum Begriff „Stadt" und seine Anwendung an Beispielen aus der weltweiten Verstädterungsgeschichte

Bevor ich nun versuche, einzelne Aspekte meiner Themenstellung(en) zu bearbeiten, muß ich kurz auf den Stadtbegriff eingehen, auch wenn es schwierig ist, diesen Begriff unter Berücksichtigung des allgemeinen Sprachgebrauchs einigermaßen akzeptabel zu definieren. Zudem muß man sich der ethnozentrischen Gefahren bewußt sein, die man mit einer Definition von „Stadt" heraufbeschwören könnte, insbesondere vor dem Hintergrund, daß mit der Stadt trotz mancher Kritik im allgemeinen kultureller Fortschritt verbunden wird. Es könnte der Fall eintreten, daß man „Stadt" bezüglich des europäischen Kontextes zweckmäßig definiert, daß es aber nach dieser Definition in Afrika (südlich der Sahara) keine oder nur ganz wenige Städte gab vor verschiedenen Phasen europäischer Kolonisation, was vor dem oben genannten Hintergrund gleichzeitig kulturelle Rückständigkeit implizierte.

Es liegt daher nahe, hier nur die allernötigsten Umrisse des Begriffes, so wie er im weiteren verwendet wird, darzulegen, ohne damit vielleicht gar eine *Real*definition zu explizieren. Ohnedies wird es der weitere Verlauf der Arbeit herausstellen, welche Bedeutungen dieser Begriff trägt (tragen kann), je nach historischem und sozialem Kontext bzw. je nach Blickwinkel der Interpret/inn/en.

Eine Umgrenzung des Stadtbegriffs

Nur einige eher vage Umrisse des Stadtbegriffs möchte ich hier also zeichnen, und zwar in Anlehnung an Max Webers einschlägige Erörterung[1] und im Sinne eines Weberschen Idealtypus.

Folgende Punkte sollen in meinem Zusammenhang für die „Stadt" wesentlich sein (wobei im Konkreten nicht immer alle Kriterien erfüllt sein müssen). Eine Siedlung soll als Stadt bezeichnet werden, wenn:
1. sie topographisch und administrativ relativ geschlossen ist[2], die Häuser also nicht verstreut angelegt sind und ein politisches bzw. administratives System besteht,

---

[1] Siehe Max Weber: Die Stadt, Erstabdruck im *Archiv für Sozialwissenschaft und Sozialpolitik*, 47 (1921), 621 ff, hier zit. n. ders.: Die nichtlegitime Herrschaft (Typologie der Städte), in: ders.: Wirtschaft und Gesellschaft. Grundriß der verstehenden Soziologie, Tübingen: J. C. B. Mohr (Paul Siebeck), ⁵1976, 727-814, bes. 727-741.

[2] Vgl. auch Frank Kolb: Die Stadt im Altertum, München: C. H. Beck, 1984, 15.

2. relativ viele Menschen in ihr wohnen (die Anzahl der Bewohner ist unter anderem eine Funktion des folgenden dritten Merkmals),
3. „deren Insassen zum überwiegenden Teil von dem Ertrag nicht landwirtschaftlichen, sondern gewerblichen oder händlerischen Erwerbs"[3] leben, wobei es eine „gewisse 'Vielseitigkeit' der betriebenen Gewerbe"[4] und damit Arbeitsteilung sowie soziale Differenzierung gibt;
4. die Siedlung ein Zentralort ist mit einem (teil)geregelten oder selbstregulativen Markt, auf dem die ortsansässige und die umliegende Bevölkerung Waren „austauschen". Hinzugefügt sei im Sinne Frank Kolbs
5. die „Mannigfaltigkeit der Bausubstanz"[5].

Die Anwendung des skizzierten Stadtbegriffs an Beispielen aus der weltweiten Verstädterungsgeschichte

Um den eher offen gefaßten Begriff zu konkretisieren und um gleichzeitig einen historischen Kontext meines Themas herzustellen, werfe ich im folgenden einige wenige Schlaglichter auf die weltweite Verstädterungsgeschichte (mit besonderem Augenmerk auf die Anfänge der Verstädterung in verschiedenen Kulturen sowie auf größere oder große Städte).[6]

Nachdem es bereits stadtähnliche, protourbane Siedlungen am Rand des „fruchtbaren Halbmondes" (z. B. Jericho - zwei Siedlungsschichten, zwischen 8000 und 6000 v. Chr.) gegeben hatte, entstanden die ersten Städte in Mesopotamien, im Zweistromland des Euphrat und Tigris, und zwar ab der Mitte des 4. Jahrtausends.[7] Die Ursachen dafür lassen sich nur schwer festmachen. Wie neuere Forschungen zeigen, hat so manches, was bisher als Ursache gegolten hat, jene Entwicklung zwar gefördert, aber nicht verursacht aufgrund der simplen Tatsache, daß es erst nach (oder im Zuge) der Entstehung städtischer Siedlungen aufgekommen war. Zu nennen wären hier die künstliche Bewässerung, wirtschaftliche und technische Entwicklungen wie der Pflug, das Wagenrad, die Metallurgie, Maße und Gewichte oder einfache Formen des Metallgeldes; weiters die Schrift und der Tempelbau. Auch agrarische Überschußproduktion kann die Entstehung für sich nicht erklären, da diese keineswegs immer zu städtischen Siedlungen führte.

Als eine jener weltweit ersten Städte sei hier das sumerische Uruk im südlichen Mesopotamien erwähnt, wo Mitte des 4. Jahrtausends ein wichtiges Kulturzentrum entstand, auf das insbesondere ein Zikkurat mit einem ca. 80 Meter langen Tempelbau verweist.

---

[3] Weber: Die Stadt, a. a. O., 727.
[4] Ebd., 727.
[5] Kolb: Die Stadt im Altertum, a. a. O., 15. Vgl. auch Spiro Kostof: Das Gesicht der Stadt. Geschichte städtischer Vielfalt, Fankfurt am Main-New York: Campus, 1992, 40 (engl. Orig. 1991).
[6] Allgemein zur Geschichte der Stadt, allerdings mit Konzentration auf Europa und den Orient, siehe Benevolo: Die Geschichte der Stadt, a. a. O.
[7] Über die ersten Städte in Mesopotamien siehe Kolb: Die Stadt im Altertum, a. a. O., 18-29.

Um 3000 v. Chr. lebten in dem etwa 400 Hektar großen und von einer Mauer begrenzten Siedlungsareal um den Tempel mindestens 50.000 Menschen. Von der Stadt Ur am Euphrat kennt man Teile des Stadtplans aus der Zeit um 2100 v. Chr. Die Stadt beherbergte nach einer vorsichtigen Schätzung etwa 20.000 Menschen, war Residenzstadt eines Herrschers und zugleich eine wichtige Handelsstadt mit Verbindungen bis Zentralanatolien im Westen und dem Industal im Osten. An einem zentralen Ort in der Stadt lag der Tempelbezirk, in dem es nicht nur Tempel gab, sondern auch Amts- und Lagerräume. Herrscher und Tempel hatten in diesen ersten Städten den größten Einfluß. Die gewöhnliche Bevölkerung lebte größtenteils in Häusern aus luftgetrockneten Lehmziegeln; diese Häuser waren unregelmäßig angeordnet, die sanitäre Ausstattung war sehr mangelhaft.[8]

Im Industal wurden Städte ab der ersten Hälfte des 3. Jahrtausends erbaut, bekannt sind Mohenjo-daro und Harappa.[9] Sie zeichnen sich aus durch genaue Planung nach dem Schachbrettprinzip, durch einen hohen Grad an Funktionalität bzw. durch Gliederung entsprechend den Berufsgruppen sowie durch nur wenige baulich hervorgehobene Anlagen. Die Wohnhäuser hatten keine Fenster und Türen zur Hauptstraße hin, sondern waren hofseitig offen. Sie bestanden zum Teil aus mehreren Stockwerken und waren an Abwässerkanäle angeschlossen. Bäder waren öffentlich zugänglich. Tempel oder ähnliche Sakralbauten wurden in diesen Städten nicht entdeckt. Die Wirtschaft war agrarisch orientiert und basierte zudem auf Binnen- und Fernhandel.

Die Ursprünge städtischer Siedlungen in China lassen sich bis in die Shang-Dynastie (ca. 18. bis 11. Jahrhundert v. Chr.[10]) zurückverfolgen. Bekannt sind Ao bei Ch'eng-chou (ab ca. 1500 v. Chr.) und Hsiao-t'ung bei An-yang (vermutl. aus dem 13. Jahrhundert v. Chr.), beide im Gebiet des unteren Huang Ho („Gelben Flusses"). Vor allem in der zuletzt genannten Stadt fand man Vorläufer von Charakteristiken, die spätere chinesische Städte prägen sollten; genannt sei die schachbrettartige Anordnung der Häuser und zwei von drei später kanonischen Gebäudeteilen, nämlich der Sockel und die tragenden Holzsäulen (der spätere dritte Teil ist das Kraggebälk, an welches das Dach anschließt). Während der Zhou-Dynastie (auch „Chou-Dynastie" geschrieben, 1122 bis 221 v. Chr.)[11] bildeten sich die städteplanerischen und architektonischen Regeln jedoch erst richtig heraus, bis sie am Ende dieser Dynastie auch schriftlich festgehalten wurden. Die Städte, die in enger Verbindung mit der Landwirtschaft der umliegenden Gebiete standen und für die Bauern der Umgebung ein Zufluchtsort, für die Führungsschicht ein fester Wohnsitz waren, sollten der Theorie nach als grundle-

---

[8] Vgl. Gideon Sjoberg: The Preindustrial City. Past and Present, New York: Free Press, 1960, 35-36.
[9] Über die ersten Städte im Industal siehe Mario Bussagli: Indien, Indonesien, Indochina; m. e. Beitr. v. Arcangelo Santoro, in der Reihe Weltgeschichte der Architektur, Stuttgart: Deutsche Verlags-Anstalt, 1985, 15-22 (ital. Orig. 1981).
[10] Dazu gibt es unterschiedliche Angaben in der Literatur. Ich halte mich hier an den Beitrag von Paola Mortari Vergara: China, in: Mario Bussagli: China, Japan, Korea, Himalaja; m. Beitr. v. Paola M. Vergara, Chiara S. Antonini, Adolfo Tamburello, in der Reihe Weltgeschichte der Architektur, Stuttgart: Deutsche Verlags-Anstalt, 1985, 45-138, hier 48-55 (ital. Orig. 1981).
[11] Hier wie im folgenden über China siehe Benevolo: Die Geschichte der Stadt, a. a. O., 59-79.

gende Maßeinheit den Li (etwa 530 Meter) aufweisen und aus entsprechenden quadratischen Einheiten bestehen. Zudem gab es Vorschriften bezüglich der Anordnung bestimmter Bauten, etwa der Kaiserpaläste, innerhalb der Stadt. Die größten Städte, Chang-an, Hangzhou und Beijing[12], die teils in späterer Zeit in Anlehnung an jene Vorschriften errichtet wurden, hatten bis zu einer Million oder sogar mehr Einwohner/innen.

Als nordafrikanisches[13] und zugleich griechisch geprägtes Beispiel einer frühen Großstadt möchte ich Alexandria erwähnen.[14]

Diese Stadt, die 332/331 von Alexander mit Hilfe des Architekten Deinokrates gegründet wurde, war vermutlich die größte hellenistische Stadt mit mehr als 100.000 Einwohner/inne/n bald nach Anfang des 3. Jahrhunderts und einer späteren mehrfachen Steigerung der Einwohner/innenzahl. Obwohl Alexandria ein gewisser Fremdkörper in seiner Umgebung war, war es als Königsresidenz das politische, wirtschaftliche und kulturelle Zentrum Ägyptens. In mehreren Manufakturen wurden Produkte auch für den Export erzeugt, besonders aufgrund des Hafens war es wichtiger Stützpunkt des Fernhandels, und kulturell überholte es Athen als geistiges Zentrum der hellenistischen Welt und hatte eine Art Universität, in deren Bibliothek sich 900.000 Papyrusrollen befanden.

Die Stadt wurde nach dem System des Hippodamos von Milet[15] geplant, welches sich vor allem auszeichnete durch die schachbrettartige Anordnung der Bauten und Straßen sowie durch die funktionsbezogene Gliederung der Stadt in einzelne Viertel. Allerdings sind in der Größe und Üppigkeit der Anlage ebenso Traditionen des Alten Orients eingeflossen.

Bezogen auf diese Stadt kann man früheste Äußerungen über ländliche Idylle im Kontrast zur Großstadt nachlesen, und zwar nicht wie schon früher, wo aufgrund moralischer oder politischer Maßstäbe das Land bzw. die Landwirtschaft teils höher bewertet wurden als Handwerk und Handel in der Stadt. Hier geht es nun um das persönliche Glück des/der Großstädter/-s/-in, der/die sich „nach grünen Wiesen, nach Bäumen und dem Plätschern eines Baches"[16] sehnt.

Spätestens im europäischen Mittelalter tritt explizit ein Aspekt von Urbanität auf, der in einer geänderten Bedeutung nach wie vor relevant ist, nämlich die Freiheit in der Stadt. Im 11. Jahrhundert kristallisierte sich in Teilen Europas ein Gegensatz zwischen Adel und Stadt heraus.[17] Viele Städte waren nun nicht mehr Herrschaftsmittelpunkt. Im Gegenzug wurden sie als wirtschaftliche Zentren immer wichtiger, insbesondere als Marktorte und als Produktionszentren. Dazu kam die Ausweitung des städtischen Bildungsangebotes. Vor diesem Hintergrund ist die Emanzipation des städtischen Bürger-

---

[12] Schreibweise nach Benevolo: Die Geschichte der Stadt, a. a. O., 65.
[13] Auf die Stadtgeschichte im tropischen Afrika gehe ich in einem späteren Kapitel ausführlich ein.
[14] Siehe Kolb: Die Stadt im Altertum, a. a. O., 123-126.
[15] Über Hippodamos, seine Eigenleistungen und Vorläufer vgl. ebd., 113-120.
[16] Ebd., 126.
[17] Hier und im folgenden siehe Karl Bosl: Die Grundlagen der modernen Gesellschaft im Mittelalter. Eine deutsche Gesellschaftsgeschichte des Mittelalters, Stuttgart: Anton Hiersemann, 1972 (Teil II), 220-233.

tums zu sehen sowie die Losung: „Stadtluft macht frei". Städte waren autonome Gemeinden innerhalb der adeligen Hochbezirkssprengel geworden. Dabei wurde die Freiheit der Stadtluft nur unter bestimmten Bedingungen gewährt. Der unfreie Migrant wurde zunächst der Leibeigenschaft des Stadtherren unterworfen; erst wenn eine bestimmte Zeit vergangen war (die Fristen waren nicht einheitlich, von einem Jahr bis zu zehn Jahren), ohne daß der frühere Leibherr einen Anspruch auf seinen Besitz, den unfreien Migranten, erhoben hatte, wurde dem Zugezogenen die Freiheit eingeräumt und die Leibeigenschaft aufgehoben. Die Freiheit der Stadt, die hier im rechtlichen Sinn bzw. im Kontext der Leibeigenschaft zu verstehen ist, wird in späteren soziologischen Theorien und empirischen Erhebungen in veränderter Form, insbesondere als soziale und kulturelle Freiheit, wiederzufinden sein. Noch heute dürfte es eine Parallele zu jener mittelalterlichen Freiheit der Stadtluft geben: In den Städten kann man sich, wenn man will, weitgehend den sozialen Normen einer ländlichen Gesellschaft bzw. ihren Sanktionsmöglichkeiten bei Mißachtung der Normen entziehen, sofern man städtische Potentiale der Anonymität und des Individualismus nützt/nutzen kann.

Um kurz auf moderne Ausprägungen der Großstadt einzugehen und um insbesondere auf soziale Probleme der Stadt zu verweisen, komme ich mit meinem vorletzten Beispiel zum London des 19. Jahrhunderts. Diese Stadt, deren Ursprung bis zur römischen Gründung Londinium aus der Mitte des ersten Jahrhunderts n. Chr. zurückgeht, wurde im 19. Jahrhundert immer öfter mit Babylon verglichen, wobei man es später gar als das schwarze Babylon im Vergleich zu Paris als dem leuchtenden Babylon bezeichnete.[18] Dieser Vergleich, so wenig er letztendlich berechtigt sein mag, hatte doch auch gute Gründe. Ein Indikator könnte das Bevölkerungswachstum sein. Hatte London (County of London, City und der Rest von Greater London) zu Beginn des 19. Jahrhunderts etwas mehr als eine Million Einwohner/innen, so hatte sich diese Zahl nach 100 Jahren in etwa versiebenfacht (1801: 1.114.000 Einwohner/innen, 1911: 7.251.000 Einwohner/innen).[19] Nun hatten aber keineswegs alle ein adäquates Einkommen, um sich etwa eine gute Wohnung leisten zu können. Wie man in Charles Booths mehrbändigen Werk „Life and Labour of the People of London" nachlesen kann, lebten gegen Ende des Jahrhunderts mehr als 30 Prozent der Londoner/innen unter der Armutsgrenze, wobei die Hauptgründe dafür im Arbeitsmarkt mit seinem unregelmäßigen und ungenügenden Arbeitskräftebedarf lagen; zusätzlich waren Familien mit Kleinkindern sowie alte Menschen besonders stark von Armut betroffen. Private und öffentliche Wohnbauprogramme erreichten die Mehrzahl der Betroffenen nicht, da die neuen Wohnungen zu teuer waren. Die Mehrzahl der Betriebe hatte ein eher kleines oder mittleres Ausmaß (1851 gab es nicht mehr als 17 Firmen mit mehr als 250 Beschäftigten, die übrigen waren kleiner).

---

[18] Siehe Mark Girouard: Die Stadt. Menschen, Häuser, Plätze. Eine Kulturgeschichte, Frankfurt am Main-New York: Campus, 1987, 343-348 (engl. Orig. 1985).
[19] Hier und im folgenden über London vgl. Hugh Clout (Hg.): The Times London History Atlas, London: Times Books (Harper Collins), ²1994, bes. 84-107.

London wurde zu dieser Zeit aber auch immer wichtiger als internationales Finanz- und Geschäftszentrum. Diese Stellung wurde unter anderem verdeutlicht bei der „Great Exhibition of the Works of Industry of all Nations" 1851 in Joseph Paxtons Kristallpalast. Und London erlebte revolutionäre Änderungen im öffentlichen Transportwesen. Erwähnt sei die Einführung von Pferde-Bussen 1829 und Pferde-Straßenbahnen ab den 70er Jahren (elektrische Straßenbahnen fuhren erst Anfang des 20. Jahrhunderts), der Ausbau des Eisenbahnnetzes und die Schaffung eines Untergrundbahnsystems in den frühen 60er Jahren.

Von den heutigen Städten gehört Mexiko City zu den größten der Welt.[20] Ebenfalls eine Großstadt war für die damaligen Verhältnisse sein örtlicher Vorläufer, Tenochtitlán, Hauptstadt des Aztek/inn/enreiches mit einer Einwohner/innenzahl zwischen 50.000 und 150.000 vor der Eroberung durch die Spanier. In günstiger klimatischer Lage war Tenochtitlán wirtschaftliches, politisches und religiöses Zentrum des Reiches.

1521 wurde es von den Spaniern fast gänzlich zerstört. An seiner Stelle ließ Hernán Cortés die Kolonialmetropole Mexiko errichten.

Nach einem eher klein- bis mittelstädtischen Dasein über mehr als vier Jahrhunderte verzeichnete Mexiko City ein rasantes Wachstum in Größe und Einwohner/innenzahl ab der zweiten Hälfte des 20. Jahrhunderts, insbesondere ausgelöst durch einen Industrialisierungsschub ab den 40er Jahren, der massiv gefördert wurde durch die mexikanische Regierung, die den Weg eines „hauptstadtzentrierten Industrie- und Wirtschaftswachstums"[21] verfolgte mit gleichzeitiger Vernachlässigung ländlicher Regionen. Dadurch wurden nicht nur äußerst große Disparitäten zwischen Stadt und Land hervorgerufen, sondern auch mächtige Migrationsbewegungen in die Stadt mit sozialer Not vor allem bei jenen, die keine bezahlte Arbeit finden konnten, sowie immer virulenteren ökologischen Problemen.

Seit 1982 befindet sich Mexiko City in einer offenkundig enormen Wirtschaftskrise, die eine Verschlimmerung der sozialen Lage mit sich brachte (erhöhte Arbeitslosigkeit, Ausdehnung der Slums etc.). Wenn auch die Bevölkerungszuwachsraten anscheinend die zu Beginn der 80er Jahre prognostizierten unterschreiten, so betrug die Einwohner/innenzahl der Hauptstadt 1990 immerhin etwa 15 Millionen[22] auf einem dichtverbauten Gebiet von etwa 1250 Quadratkilometern mit mehreren Subzentren und Subsystemen. Fast 40 Prozent aller Erwerbstätigen waren im Jahr 1987 im informellen Sektor[23] beschäftigt. Abgesehen von Zahlen über Arbeitslosigkeit verweisen alleine

---

[20] Über Mexiko siehe Peter Feldbauer, Patricia Mar Velasco: Megalopolis Mexiko, in: Peter Felbauer, Erich Pilz, Dieter Rünzler, Irene Stacher (Hg.): Megastädte. Zur Rolle von Metropolen in der Weltgesellschaft, Wien-Köln-Weimar: Böhlau, 1993, 239-264.

[21] Ebd., 244.

[22] Es sei betont, daß die Angaben zur Bevölkerung in der Literatur unterschiedlich ausfallen; die genannten Zahlen können nicht viel mehr als Richtwerte sein, und dies gilt nicht nur für Mexiko City.

[23] Unter „informell" wurden in der zugrunde liegenden Studie Wirtschaftsaktivitäten verstanden, die „keine oder nur geringe Kapitalinvestitionen erfordern, niedrige Produktivität aufweisen, nicht ins Netz gewerkschaftlich-kollektivvertraglicher Regelungen eingebunden sind und in der Regel sehr geringe, oft unter das Niveau des staatlichen Mindestlohnes sinkende Einkünfte einbringen" (ebd., 259-260).

diese Daten auf die soziale Not breiter Bevölkerungsschichten, die sehr lebhaft veranschaulicht wird in der bereits 1961 veröffentlichten Arbeit Oscar Lewis' über die Familie Sánchez[24]. Diese Stadt primär als Ort sozialer Probleme aufzufassen, wäre aber dennoch allzu einseitig.

Diese kurzen Ausführungen über einige Städte der Welt mögen genügen, um einerseits den historischen Rahmen des Phänomens Stadt in Erinnerung zu rufen, andererseits seine Mannigfaltigkeit und zugleich Gemeinsamkeiten in den konkreten Ausprägungen zu zeigen. Vor dem Hintergrund der begrifflichen und historischen Bestimmungsversuche von „Stadt" gehe ich im folgenden über zu Erörterungen kultureller und sozialer Bedeutungen der Stadt und der Verstädterung auf der Grundlage „westlicher" Autor/inn/en über hauptsächlich „westliche" Städte.

2. Über einige Aspekte der sozialen und kulturellen Bedeutung der Stadt und der Verstädterung - zwischen sozialem sowie kulturellem Verfall und sozialer und kultureller Neuschöpfung

Entsprechend der untergeordneten Rolle dieses Kapitels in der Gesamtanlage der Dissertation kann es hier lediglich darum gehen, einige grundlegende Theorien oder Gedankengänge und empirische Befunde zu erörtern. Dabei werde ich im folgenden nur auf wenige, meines Erachtens besonders prägnante Arbeiten ausführlich eingehen (mit einigen Verweisen auf und Vergleiche mit anderen Abhandlungen).

Zwei große, einander (zum Teil) widersprechende Stränge bezüglich der Einschätzung der kulturellen[25] und sozialen Bedeutung der Stadt lassen sich nachweisen: Zum einen Ansätze, wonach das städtische Leben geprägt sei durch soziale Desorganisation und Wertverfall, zum anderen Argumentationen, denen zufolge neue und keinesfalls weniger befriedigende soziale Beziehungen in den großen Städten ent- oder bestünden und die Stadt Ort kultureller und wertemäßiger Innovationen und Schöpfungen sei.[26] Im Sinne des letzteren sind manche sogar so weit gegangen, die Stadt als

---

[24] Oscar Lewis: Die Kinder von Sánchez: Selbstporträt einer mexikanischen Familie, Bornheim-Merten: Lamuv, ²1984 (amerik. Orig. 1961).
[25] Ich verwende hier einen weiten Kulturbegriff, der sowohl Formen sogenannter „Hochkultur" als auch Alltagskultur sowie durch bestimmte Werte und Normen geprägte Lebensformen einschließt. (Der Begriff des Sozialen ist im Verhältnis zu diesem Kulturbegriff enger, indem er dezidiert zwischenmenschliche oder Gruppenbeziehungen bzw. den interpersonellen Aspekt von Lebensformen erfaßt.)
[26] Im allgemeinen über die Einschätzung der Stadt zwischen „Jerusalem" und „Babylon", zwischen Ordnung und Chaos, Kulturträgerin und Kloake siehe Hermann Glaser: Die Kulturstadt und die Zukunft der Industriegesellschaft (aus der Reihe der „Wiener Vorlesungen im Rathaus", Bd. 9), Wien: Picus, 1991, 9-33. Auf die Entwicklung der wissenschaftlichen Analyse der Stadt mit besonderem Bezug auf deutsche Gelehrte geht Teuteberg ein: Hans Jürgen Teuteberg: Historische Aspekte der Urbanisierung: Forschungsstand und Probleme, in: ders. (Hg.): Urbanisierung im 19. und 20. Jahrhundert. Historische und geographische Aspekte, Köln-Wien: Böhlau, 1983, 2-34. Im Folgenden vgl. auch Robert E. Park: The City: Suggestions for the Investigation of Human Behavior in the Urban Environment, in: ders., Ernest W. Burgess, Roderick D. McKenzie: The City, Chicago-London: University of Chicago Press, 1984 (¹1925), 1-46, wo wesentliche

notwendige Bedingung jeder Hochkultur einzuschätzen und Hochkultur mit Stadtkultur gleichzusetzen.[27] Daß diese Einschätzung so nicht stimmen kann, belegt etwa das Beispiel Ägypten, das in einer Zeit, als es vorwiegend agrarisch orientiert war, nach allgemeiner Übereinstimmung besondere kulturelle Leistungen zustande brachte, wobei die Städte nicht die primäre Rolle spielten.[28] Abgesehen von historischen Befunden, die die generelle Gleichsetzung von Hochkultur und Stadtkultur nicht stützen, stellt sich hier die Frage, ob hervorragende kulturelle Leistungen (im Sinne von Hochkultur) notwendig waren, um Städte gründen zu können, oder ob diese erst in den Städten entstanden.[29]

Ich will mich hier nicht weiter mit dieser Frage und der Problematik des Zusammenhanges zwischen Hochkultur und Stadt befassen, sondern auf zwei Arbeiten zum städtischen sozialen und kulturellen Leben im allgemeineren näher eingehen, wobei ich schon vorweg anmerken möchte, daß die erste eher theoretisch ausgerichtet ist und einen Idealtypus konzipiert, die zweite zwar theoriegeleitet, aber eher empirisch angelegt ist. Daher sind sie nur bedingt zueinander in Beziehung zu setzen, und zwar insofern, als die empirische Arbeit die Zweckmäßigkeit und Fruchtbarkeit des Idealtypus überprüfen, ihn aber nicht widerlegen kann.

Louis Wirths Aufsatz *Urbanism as a Way of Life*[30], in dem wichtige Argumente zur sozialen und kulturellen Bedeutung der Stadt zusammengefaßt und (versuchsweise) systematisiert sind und der sich zugleich auf empirische Befunde besonders aus den USA stützt, gilt bis heute als ein Markstein in der sozialwissenschaftlichen Städteforschung.[31]

Eingangs weist Wirth darauf hin, daß die Städte, die er für soziologische Zwecke als „relatively large, dense, and permanent settlement(s) of socially heterogeneous individuals"[32] definiert, die moderne Zivilisation wesentlich charakterisieren und ihre ökonomischen, politischen und kulturellen Schöpfungen auch nicht-urbane Gebiete prägen, wenngleich natürlich Urbanismus im Sinne einer spezifisch städtischen Lebensweise am klarsten in Städten in Erscheinung tritt. Zugleich ist zu berücksichtigen, daß viele Stadtbewohner/innen aus dem Land zugewandert sind und daher ländliche

---

Aspekte städtischen Lebens angesprochen und viele der nun zu diskutierenden Gedankengänge vorweggenommen werden.

[27] So Alexander Rüstow: Ortsbestimmung der Gegenwart. Eine universalgeschichtliche Kulturkritik, Bd. 1, Erlenbach-Zürich: Eugen Rentsch, 1950, 262. Rüstow hat dabei offensichtlich Kleinstädte im Auge und nicht große Weltstädte (siehe Anmerkung 6 des vierten Kapitels).

[28] Vgl. Otto Brendel: Über Entstehung und Funktion der Stadt in den alten Hochkulturen, in: Haseloff (Hg.): Die Stadt als Lebensform, Berlin: Colloquium, 1970, 20-28, hier 25-26. Brendel verweist auf die große Bedeutung der Landgüter und die dortige Arbeitsteilung und Spezialisierung einzelner Zweige der Landwirtschaft, des Handwerkes und der Künste. Auch die Schrift war nicht so sehr an die Städte gebunden als an den Tempel und die Priesterschaft.

[29] Vgl. Bernhard Schäfers: Stadt und Kultur, in: Jürgen Friedrichs (Hg.): Soziologische Stadtforschung (Sonderheft 29 der *Kölner Zeitschrift für Soziologie und Sozialpsychologie*), Opladen: Westdeutscher Verlag, 1988, 95-110, hier 97.

[30] Wirth: Urbanism as a Way of Life, a. a. O.

[31] Vgl. z. B. Teuteberg: Historische Aspekte der Urbanisierung, a. a. O., 24.

[32] Wirth: Urbanism as a Way of Life, a. a. O., 8.

Lebensweisen auch die städtischen beeinflussen. Es erscheint mir wichtig zu betonen, daß, wenn in der Folge von der Stadt und von städtischen Lebensweisen gesprochen wird, dies - der ausdrücklichen Intention Wirths nach - im idealtypischen[33] und zugleich in einem nicht historisch oder geographisch gebundenen[34] Sinn zu verstehen ist. Was aber ist in diesem Sinn das Besondere an der städtischen Lebensweise?

Wirths Ausführungen beruhen auf der Annahme, daß drei Variablen und ihr Zusammenspiel die Art und Form des menschlichen sozialen Lebens prägen, und zwar die Anzahl von Menschen, die zusammenleben, die Bevölkerungsdichte und schließlich die Heterogenität der Bevölkerung. Ausgehend von der oben genannten soziologischen Definition der Stadt mit einer großen Zahl von Menschen, einer hohen Bevölkerungsdichte und ausgeprägter Heterogenität ergeben sich dadurch spezifisch städtische Lebensformen.[35]

Die große Zahl recht unterschiedlicher Individuen kann nach Wirth kaum mehr wie in traditionellen ländlichen Lebensweisen durch verwandtschaftliche, nachbarschaftliche und aufgrund langen Zusammenlebens gewachsene emotionelle Verbindungen zusammengehalten werden, nimmt doch in Städten die Bedeutung von Verwandtschaft, Familie, Nachbarschaft und traditionellen Grundlagen sozialer Solidarität ab. Dagegen prägen formale Kontrollmechanismen und Konkurrenzkämpfe das soziale Leben (die Uhr und die Verkehrsampel sind „Symbole" für die soziale Ordnung in den Städten). Die Kontakte sind unpersönlich, oberflächlich, partiell und meist zweckrational. Der/die Städter/in begegnet einer großen Anzahl von Menschen, von denen er/sie die meisten nicht kennt, und über diejenigen, die er/sie kennt, weiß er/sie nur relativ wenig, vielmehr hat man miteinander zu tun entsprechend der jeweiligen Bedürfnisse in bestimmten Rollen und nicht als volle Persönlichkeiten. Man stuft die Menschen, da man sie nicht kennt, nach ihrer äußeren Erscheinung ein, was wiederum das Bemühen fördert, sich durch Auffälligkeiten und Extravaganzen von der Masse abzuheben bzw. als Besonderheit (in der Fremd- und Selbsteinschätzung)[36] zu erscheinen und dadurch eher registriert zu werden.[37] Es besteht ein merkwürdiger Widerstreit zwischen ursprünglichen sowie bewußt akzentuierten Variationen und Nivelierungs- und Vermassungstendenzen, welch letztere unter anderem zusammenhängen mit Geldwirtschaft, Massenproduktion und kulturellen Einrichtungen wie Medien, die sich an die Masse

---

[33] Siehe ebd., 3.
[34] Siehe ebd., 7-8.
[35] Es sei bereits hier darauf hingewiesen, daß dieser Ansatz von Wirth insbesondere in zweierlei Hinsicht kritisiert worden ist: Erstens wurde gezeigt, daß der von Wirth entworfene Idealtypus nur von relativ begrenzter empirischer Fruchtbarkeit ist (darauf werde ich später anhand einer neueren Untersuchung noch zu sprechen kommen). Zum anderen wurde nachgewiesen, daß die obengenannten drei Variablen nicht notwendigerweise die skizzierte Lebensform determinieren, sondern daß andere Faktoren zum Teil größeren Erklärungswert besitzen. (Vgl. Peter Saunders: Social Theory and the Urban Question (2nd ed.), London u. a.: Hutchinson Education Ltd, 1986, 104-113.) Damit wird nicht jegliche Fruchtbarkeit und jeglicher Erklärungswert bestritten, allerdings aber eingeschränkt.
[36] Zusatz nach Georg Simmel: Die Gross-Städte und das Geistesleben, in: ders.: Das Individuum und die Freiheit. Essais, Frankfurt am Main: Fischer, 1993, 192-204, 202 (Orig. 1903). Dieser Zusatz sei gestattet, weil Wirths Aufsatz explizit auch an Simmel anschließt.
[37] Wirth bezieht sich hier ausdrücklich auf Simmel.

richten. Die Oberflächlichkeit und Partialität der Beziehungen wird gefördert durch Arbeitsteilung, Spezialisierung und eben genannte Geldwirtschaft sowie durch Delegation von Interessenswahrnehmungen an Repräsentant/inn/en. Notwendig wird diese Spezialisierung insbesondere deshalb, weil die Bevölkerungsdichte relativ hoch ist und dies die Variation zwischen den Individuen erfordert, weil nur durch erhöhte Spezialisierung und Differenzierung eine gleiche Fläche eine steigende Anzahl an Individuen erhalten kann.[38] Als Folge davon wird die Sozialstruktur komplexer.

Der/die recht mobile und relativ kosmopolitische Städter/in ist Mitglied sehr unterschiedlicher Gruppen, in denen je nur ein bestimmtes Segment seiner/ihrer Persönlichkeit zum Tragen kommt. Diese Mitgliedschaften wiederum sind im allgemeinen recht temporär, und daher ist es schwierig, zwischen den Mitgliedern enge Beziehungen zu pflegen und Organisationen aufrecht zu erhalten, und gleichzeitig ist das Individuum in seiner Ohnmächtigkeit angewiesen auf Gruppen, um bestimmte Ziele zu erreichen, was wiederum die Entstehung unterschiedlichster Organisationen unterstützt. Durch diese Angewiesenheit auf andere, um eigene Ziele zu erreichen, sowie durch die Instrumentalisierbarkeit von Kommunikationsmedien durch mächtige Personen oder Gruppen ist der/die einzelne der Manipulation ausgeliefert.

Die Blasiertheit und Reserviertheit sowie Indifferenz[39], die bei Städter/inne/n so offensichtlich ist, dürften Immunisierungsstrategien sein gegenüber der Unzahl an Reizen und den persönlichen Wünschen und Ansprüchen der vielen Menschen, denen man begegnet, Antwort auf den und Ausdruck des Gegensatz(es) zwischen physischer Nähe und sozialer Distanz.

Einerseits gewinnt das großstädtische Individuum im Vergleich zum Individuum in integrierten Gesellschaften zwar an Freiheit von Gruppenzwängen, zugleich aber verliert es an Spontaneität und Mitgefühl und ist eher der Einsamkeit, psychischen Störungen und sozialer Devianz ausgesetzt.

Verschiedene Bevölkerungsgruppen leben aus freiem Willen oder aus Zwang in separaten Vierteln, und dies umso eher, je mehr sie sich in ihren Bedürfnissen und Lebensweisen voneinander unterscheiden und je antagonistischer sie sind. Das Nebeneinander unterschiedlicher Lebensweisen fördert relativistische Auffassungen und Toleranz, Vorbedingungen für Rationalität (der sozialen Beziehungen) und Säkularisierung des Lebens.

In jüngerer Zeit ist Claude S. Fischer[40] ausdrücklich auf jenen zum Teil bei Wirth nachlesbaren Ansatz eingegangen, dem zufolge das Stadtleben gekennzeichnet sei durch oberflächliche, partielle Beziehungen und das moderne Leben die Gemeinschaft zerstört habe, wobei die Stadt eine Schlüsselrolle einnehme. Fischer bezieht sich auf die Diskussion des 19. und vor allem beginnenden 20. Jahrhunderts bei Durkheim, Tönnies, Simmel, Park, Wirth, R. Redfield, S. Milgram (zweite Hälfte des 20. Jahr-

---

[38] Wirth bezieht sich explizit auf Darwin und Durkheim.
[39] Zu Blasiertheit, Reserviertheit und Indifferenz vgl. Georg Simmel: Die Gross-Städte und das Geistesleben, a. a. O., 192-204.
[40] Siehe vor allem Fischer: To Dwell Among Friends, a. a. O.

hunderts!) und anderen und setzt ihr seine These entgegen (nicht bezüglich aller genannten Autoren im Sinne eines Widerspruchs, teils geht er nur über sie hinaus), wonach die Stadt (und er meint hier vor allem ihr Spezifikum einer hohen Bevölkerungsdichte) zwar einen Einfluß auf das persönliche Leben hat, aber nicht einen solchen, wie ihn jene Tradition größtenteils behauptet. Mit seiner „subcultural theory of urbanism"[41] versucht er das Besondere des städtischen Lebens zu erfassen und zu erklären. Dieser Theorie zufolge führt eine große Bevölkerungszahl und -dichte zu einer Mannigfaltigkeit unterschiedlicher und intensiv erlebbarer sozialer Welten. „The very numbers of people in any social location means that they are more likely to reach the „critical mass" it takes to become worlds unto themselves: to support institutions such as clubs, stores, and newspapers; to provide the entirety of an individual's social needs so that relations with outsiders are unnecessary; to enforce cultural norms; and to provide clear identity. Moreover, so many distinct subcultures compressed into a small geographical area inevitably means contact, confrontation, and conflict between people with differing styles of behavior and belief. ... In these encounters, fealty to one's own way of life is usually reaffirmed and subcultural boundaries are buttressed. Thus cites, as cites, make themselves into those pluralistic mosaics of „little worlds"."[42] Das Leben in großen Städten führt so im allgemeinen nicht zu unbefriedigenden sozialen Beziehungen oder psychischen Problemen, sondern ermöglicht vielmehr die Gestaltung sozialer Beziehungen je nach Bedürfnis. Sowohl in kleineren Ansiedlungen als auch in größeren kann man gehaltvolle und befriedigende Beziehungen pflegen, der typische Lebens*stil* aber differiert zwischen beiden.

Fischer vertritt nicht die These, daß die Bevölkerungsdichte den Haupteinfluß auf die persönlichen Beziehungsgeflechte ausübt (man denke nur an Alter, ehelichen Status, Arbeit, Einkommen, Gesundheit). „Nevertheless, urbanism does affect personal relations, indirectly by affecting the economic, housing, and other social structures the individual confronts, thereby influencing self-selection, and directly by concentrating potential associates. The effects we find will be small and subtle, but nonetheless real and meaningful."[43]

In einer von Mitte 1977 bis Anfang 1978 durchgeführten empirischen Studie in Städten in der Größe von San Francisco bis zu Städten mit wenigstens 2500 Einwohner/inne/n im nördlichen Kalifornien testete er seine Theorie und überprüfte er oben angeführte Ansätze anderer Autor/inn/en.[44] Dabei wurden mittels standardisiertem Fragebogen

---

[41] Siehe Fischer: Toward a Subcultural Theory of Urbanism, *Amercian Journal of Sociology*, 80 (1975), 1319-41, aber auch Fischer: To Dwell Among Friends, a. a. O. Unter „urbanism" versteht Fischer „loosley, the concentration of population in and around a community" (Fischer: To Dwell Among Friends, a. a. O., 9). „Urbanism" bezieht sich bei ihm also auf Bevölkerungsdichte, andere Charakteristika von Städten seien Bedingungen, Folgen oder Korrelate davon (siehe ebd., 21-22).
[42] Fischer: To Dwell Among Friends, a. a. O., 12. Man beachte, daß eine Subkultur im Verständnis Fischers von einer sehr großen Zahl von Menschen getragen wird („thousands or more", Fischer ebd., 195), also nicht zu verwechseln ist mit dem, was man etwa unter den Umgangformen und Werten einer herkömmlichen kleineren Gruppe verstehen würde.
[43] Ebd., 12
[44] Zum Design der Studie siehe ebd., v. a. 17-26 sowie Anhang A.

1050 Erwachsene interviewt, die in 50 überwiegend von Weißen bewohnten (in vornehmlich von Schwarzen bewohnten Gebieten würden allzu spezifische Umstände bestehen, sodaß eine eigene Studie notwendig wäre)[45] städtischen Ansiedlungen lebten, wobei in größeren Städten mehrere Siedlungseinheiten konstruiert wurden, sodaß manche Städte mehrmals vertreten waren. In jeder Untersuchungseinheit wurden zwei Nachbarschaften mit je zwischen 50 und 200 Haushalten nach dem Zufallsprinzip gewählt, von denen je eine Person („adult, competent, noninstitutionalized, english-speaking, permanent residents"[46]) nach Zufallsprinzip ausgewählt wurde. Es wurden also größere mit kleineren Städten verglichen. Man kann jedoch wohl berechtigterweise annehmen, daß die Trends bei Einschluß kleinerer Ansiedlungen (in der Region, in der die Untersuchung durchgeführt wurde, lebten damals nur rund 13 Prozent der Bevölkerung in Ansiedlungen unter 2500 Einwohner/inne/n) noch verstärkt worden wären.[47]

Was nun die Überprüfung oben erwähnter, vielfach doch eher pessimistisch anmutender Ausführungen betrifft, kann man festhalten, daß in dieser Studie kein signifikanter Zusammenhang zwischen psychischer Belastung und „urbanism", Vereinsamung und „urbanism" festgestellt werden konnte, sehr wohl aber zwischen der Ablehnung traditioneller Werte und „urbanism".[48]

Bezüglich der Frage nach den psychischen Belastungen faßt Fischer zusammen: „The results imply that, were all our respondents average in income, education, probability of being married, number of life changes, and so on, there would have been no observable difference in the psychological states we measured - and thus that there is no causal effect of urbanism."[49] Zwar sind Fragen anzubringen an der Art, wie psychische Ausprägungen gemessen wurden[50] (auch der Autor ist sich der Problematik der Meßbarkeit bewußt[51]), man kann jedoch mit gewissen Vorbehalten resümieren, daß kein eindeutiger Zusammenhang besteht. Gestützt wird dieses Ergebnis auch durch andere Untersuchungen.[52]

---

[45] Siehe ebd., 274.
[46] Ebd., 276.
[47] Siehe ebd., 273.
[48] Siehe ebd., 45-76.
[49] Ebd., 52.
[50] Analysiert wurden hier 11 Fragen des standardisierten Fragebogens, Fragen, die erkunden sollten, wie oft die befragte Person glücklich oder leicht niedergeschlagen ist, wie oft sie nervös ist, zornig, besorgt und ähnliches, mit Antwortmöglichkeiten von häufig bis nie. (Siehe ebd., 46 und Fragen 106-116, Anhang B)
[51] Siehe ebd., 52.
[52] Zu einem ähnlichen Ergebnis kommt Krupat nach einer Erörterung von diesbezüglichen Studien: Hohe Bevölkerungsdichte führt nicht notwendigerweise zu psychischen Belastungen. Wohl aber besteht ein recht eindeutiger positiver Zusammenhang zwischen einer großen Anzahl von Menschen pro Fläche einer Wohnung und psychischen Belastungen. Entscheidend ist nicht die Dichte für sich, sondern ob die Dichte (sowie auch andere mögliche Streßfaktoren) zu einem subjektiv empfundenen und/oder objektiv gegebenen Unvermögen führt, die Umwelt einschließlich sozialer Beziehungen zu kontrollieren. (Vgl. Edward Krupat: People in Cities. The Urban Environment and Its Effects, Cambridge-New York u. a.: Cambridge University Press, ⁴1989 (1. Aufl. 1985), 95-127.) Ähnlich Dennis J. Walmsley: Urban Living. The Individual in the City, Harlow, Essex: Longman Scientific & Technical, 1988, 127-139.

Etwas ausführlicher möchte ich auf die Problematik der Vereinsamung bzw. Oberflächlichkeit sozialer Beziehungen eingehen. Fischer fand in seiner Untersuchung heraus, daß, gemessen an der Zahl der für die Befragten relevanten Beziehungen, am wenigsten Vereinsamung in moderat urbanisierten Gebieten besteht (durchschnittlich 17,3 Beziehungen) und am meisten in großstädtischen Zentren (durchschnittlich 15,2 Beziehungen, beide Zahlen bei Ausschaltung von Unterschieden zwischen den Personen wie Alter, Beruf, ehelichem Status etc.; nach den ursprünglichen Werten: am wenigsten Beziehungen in ländlichen Städten, am meisten in metropolitanen Gebieten, in den großstädtischen Zentren, und damit in den am meisten urbanen Gebieten, am zweitwenigsten). Einen gravierenden Unterschied gibt es hinsichtlich der Beziehungen zu Verwandten und Nicht-Verwandten: Je urbaner der Siedlungsraum, umso weniger Verwandte wurden genannt, in großstädtischen Zentren in etwa um die Hälfte weniger als in ländlichen Gebieten. Bei Ausschaltung von akzidentellen Unterschieden zwischen den Befragten findet man keine wesentliche Differenz in der Zahl der Nicht-Verwandten, eine große jedoch in der Zahl der Verwandten (d. h. viel weniger Verwandtschaftsbeziehungen in den Zentren). Die Zahlen verweisen nach Fischer eindeutig auf einen negativen Zusammenhang zwischen Familie und „urbanism"[53], aber trotz etwas weniger Sozialbeziehungen kaum auf soziale Isolation in Städten. Einen schwachen Anhaltspunkt gibt es dafür, daß die Qualität der Beziehungen in größeren Städten geringer ist als in kleineren, insofern mit der Zunahme des Verstädterungsgrades die Häufigkeit der Kontakte zu den Freund/inn/en und Bekannten abnimmt. Andere Merkmalsausprägungen, die die Qualität der Beziehungen anzeigen sollten, wie Antworten auf die Frage nach der psychischen Nähe zu den Menschen, zu denen die Befragten Beziehungen unterhalten, nach dem Vertrauen zu ihnen oder nach der Dauer der Beziehungen, deuten im allgemeinen darauf hin, daß die Beziehungen in großstädtischen Räumen von gleicher Qualität wie die in ländlicheren Gebieten sind. Die wichtigen Sozialkontakte (d. h. Kontakte zu Freund/inn/en und Vertrauenspersonen) der Großstädter/innen sind demzufolge nicht zu charakterisieren durch Oberflächlichkeit oder Schnellebigkeit. In diesem Zusammenhang ist auf den Unterschied zwischen öffentlichem und privatem Verhalten hinzuweisen, um die vielfach festgestellte Indifferenz und Reserviertheit von Städter/inne/n in ein entsprechendes Licht zu rücken[54]: In der Öffentlichkeit sind viele Kontakte unpersönlich, oberflächlich, gefühlskühl etc., eben weil man die meisten Personen, denen man begegnet, nicht kennt, man ordnet sie lediglich bestimmten Kategorien und Stereotypen zu. In der privaten Welt der Städter/innen allerdings verlaufen die Beziehungen grundsätzlich nicht oberflächlicher, unpersönlicher etc. als bei Bewohner/inne/n ländlicher Regionen.

---

[53] Er hält jedoch gleichzeitig fest, daß die Familie in bestimmten Notlagen nach wie vor von zentraler Bedeutung ist. Die noch immer bestehende Relevanz von Verwandten im sozialen Netzwerk von Städter(inne)n betont Ulfert Herlyn in einem Resümee einer diesbezüglichen Literaturanalyse (Ulfert Herlyn: Individualisierungsprozesse im Lebenslauf und städtische Lebenswelt, in: Friedrichs (Hg.): Soziologische Stadtforschung, a. a. O., 111-131, hier bes. 127).

[54] Siehe Fischer: To Dwell Among Friends, a. a. O., 233-235.

Was nun den Zusammenhang zwischen dem Verfall von traditionellen Werten und Verstädterung betrifft, stellt Fischer eine signifikant positive Relation fest. Das hängt nach Fischer mit dem Umstand zusammen, „that new ideas, behaviors, and values are created in urban centers, created in innovative subcultures. If so, they must necessarily be „nontradtional" and must be so all the time, because, even as this new idea becomes the tradition - over ten, fifty, or a hundred years - deviations from it, sometimes for better and sometimes for worse, are arising in the urban centers."[55] In Städten bestehen eher geistige Klimata mit liberaleren Ideologien als in kleineren Städten (was nicht gleichbedeutend ist mit Wertbeliebigkeit). Fischer betont, daß es keinen ersatzlosen Verfall von Werten gibt: „My argument is that cities generate alternative subcultures that promote nontraditional values. ... In sum, rather than breaking down social ties and releasing people's deviant instincts, urbanism encourages social ties in the small sector of society and thereby breeds styles of life that mainstream society considers aberrant."[56]
In den größeren Städten herrscht keine klar zu definierende Einheitskultur, vielmehr ordnen sich die Individuen bestimmten Subkulturen zu, in denen sie ihre sozialen Beziehungen pflegen mit Menschen gleicher Wertbasis und gleichen Interessen. Die Ergebnisse der empirischen Untersuchung[57] bestätigen, wenn auch teils nur schwach und mit Ausnahmen, diese Theorie, Modifikationen erscheinen allerdings nötig. Die Daten zeigen, daß die Involvierung in Subkulturen in der Regel bereits ein bestimmtes, durch die aktive Zugehörigkeit zur Subkultur gefördertes, aber nicht von ihr erzeugtes Bewußtsein voraussetzt. „What is apt to increase by virtue of the move (from small town to big city, von oben eingefügt, A. K.) alone, albeit slightly, is involvement with fellow ethnics, *if* the person is an ethnic; involvement with co-religionists, *if* the person is a Catholic[58] or cares much about religion (church attendance and orthodoxy, however, are likely to drop); and involvement with co-hobbyists *if* the person cares strongly for that. Relations based on interests this experimental individual cares less about are likely to be fewer in the city."[59] Die Vorteile großstädtischer Subkulturen werden also nicht von allen und gleichsam automatisch genützt, sondern nur von jenen, die bestimmten, für sie sehr wichtigen Interessen nachgehen wollen.
Fischers soziologische Einschätzung der Großstadt in der Gegenüberstellung zu ländlichen Siedlungen oder Kleinstädten fällt recht positiv aus und setzt einen Kontrapunkt zu jener Diskussion, die in der Stadt primär problematische Aspekte sah/sieht. Er meint, daß diese Gegenüberstellung sogar noch viel günstiger für die Großstadt ausfiele, gäbe es nicht so viele historisch einmalige Widrigkeiten für die Stadt. „I am arguing, then, that we have contrasted city and countryside at a historical moment especially unfavorable to the city. A study such as this done just twenty-five years ago (and, perhaps, twenty-five years hence) would probably have shown stronger psy-

---

[55] Ebd., 76.
[56] Ebd., 65.
[57] Siehe ebd., 191-249.
[58] In dieser Region sind Katholik/inn/en in der Minderheit.
[59] Ebd., 232.

chological, and even social, advantages to the city than shown here. This study may represent the worst case." [60]

Heute wissen wir, daß Fischer sich jedenfalls hinsichtlich seiner Prognose geirrt hat bzw. sein Wunsch für die Zukunft nicht erfüllt wurde. Eine heutige Studie würde wohl eher zuungunsten der Großstadt ausfallen.[61] Dennoch erscheinen mir seine Ergebnisse für die Diskussion um die soziale Bedeutung der Stadt sehr wertvoll, nicht zuletzt deshalb, weil er manche herkömmliche Vorstellungen empirisch zumindest relativiert[62], aber auch weil er eine neue Perspektive in der Untersuchung der Stadt vorführt. Oder wie Schwab die Ergebnisse bzw. den Ansatz Fischers auf den Punkt bringt: „...that's the point - the community is different, not better or worse."[63]

Fischer selbst hat auf die Notwendigkeit der Modifikation seiner Subkulturentheorie hingewiesen und spezifizierende Bedingungen angegeben, unter denen Subkulturen entstehen oder unter denen ein Mensch wahrscheinlich einer Subkultur angehört. Auch eine neuere Untersuchung von François Dubet und Didier Lapeyronnie über französische Vorstädte (mit Konzentration auf Jugendliche und Immigrant/inn/en) zeigt die Grenzen einer Subkulturentheorie auf.[64] Insbesondere die *galère* bzw. das Leben der *galériens*[65] repräsentieren Beispiele, wo keine Subkultur als Ersatz für die die *galériens* ausschließende oder für die überkommene Kultur entsteht bzw. geschaffen wird. Die *galériens*, seien sie Einwander/-er/-innen bzw. Kinder von Einwander/-ern/-innen oder gebürtige Franzosen/Französinnen mit französischen Eltern, kennzeichnet kulturelle Assimilation bei gleichzeitiger sozialer Segregation. Man gehört weitgehend der Kultur der Mehrheit an und trägt viele ihrer Werte mit oder läuft ihren Standards etwa in bezug auf Konsum nach, ist aber gleichzeitig ein/e sozial Ausgeschlossene/r, insbesondere weil man entweder arbeitslos ist oder über nur sehr geringes Einkommen verfügt. „Trotz der Armut hat sich keine Kultur der Armut herauskristal-

---

[60] Ebd., 264.
[61] Vgl. z. B. Enzo Mingione: The New Urban Poverty and the Underclass: Introduction, *International Journal of Urban and Regional Research*, 17 (1993), 324-326 sowie die diesbezügliche Diskussion in diesem Heft.
[62] Ich formuliere hier bewußt vorsichtig im Sinne des Relativierens, denn man muß sich grundsätzlich der historischen Bedingtheit der Ergebnisse bewußt sein. Die empirischen Befunde Fischers ließen auch eine Argumentation zu, wonach zwar zur Zeit der Untersuchung kein relevanter Unterschied zwischen ländlicheren und großstädtischen sozialen Gegebenheiten bestand, daß dies aber die Folge der Ausbreitung städtischer Lebensweisen auf ländlichere Gebiete sei und nicht dafür spreche, daß es diesen Unterschied auch zu früheren Zeiten nicht gegeben hätte bzw. die Stadt nicht wirklich einen primär destruktiven Einfluß auf ihre Bewohner/innen ausübe.
[63] William A. Schwab: The Sociology of Cities, Englewood Cliffs, New Jersey: Prentice Hall, 1992, 361. In diesem Zusammenhang ist überhaupt darauf zu verweisen, daß sich eine Beurteilung einer Situation nicht nur grundsätzlich, sondern auch entsprechend der Alltagserfahrungen nicht aus Tatbeständen alleine ableiten läßt, zumal scheinbar Positives wie Freiheit negative Kehrseiten haben kann, etwa Einsamkeit oder Unsicherheit.
[64] François Dubet, Didier Lapeyronnie: Im Aus der Vorstädte. Der Zerfall der demokratischen Gesellschaft, Stuttgart: Klett-Cotta, 1994 (franz. Orig. 1992).
[65] „*Galère* bedeutet ursprünglich 'Galeere'. Wer in einer Galeere sitzt, ist gefangen und muß rudern. ... Die Jugendlichen in den Vorstädten bezeichnen mit *galère* ihre aussichtslose Lage zwischen Herumhängen, Kleinkriminalität und Dealen. ... Von *galère* abgeleitet ist *galérien*: der in der *galère* sitzt." (Ebd., 12-13, Anm. der Übersetzer.)

lisiert, denn die Wünsche, die vermittelt über die Medien, die Schule und die Freizeitangebote sozialer Einrichtungen auch dort als normal gelten, richten sich auf die gleichen Ziele wie überall: Arbeit, Auto, Eigenheim."[66] Aufgrund der sozialen (und ökonomischen) Ausgegrenztheit entsteht zwar ein gewisses Gefühl von Solidarität, jedoch ohne weitreichendes Identitätsstiftungspotential, will man doch der Kultur der Mehrheit angehören. Daher bilden sich im allgemeinen keine Subkulturen heraus, sondern vielmehr ein „devianter Konformismus"[67], der sich in (klein)kriminellen Abweichungen von der Mehrheit bei gleichzeitiger Akzeptanz der Kultur der Mehrheit äußert (Abweichung in den Mitteln, Konformität bezüglich der Ziele). Die *galériens* sind nicht Träger/innen einer eigenen Kultur, sondern geprägt durch soziale Haltlosigkeit und diffuse Wut, deren Zerstörungskraft sich gegen alles richtet, gegen 'die anderen', gegen das eigene Umfeld und gegen sich selbst.

Mit dem Hinweis auf diese Studie soll nicht nahegelegt werden, daß die Großstadt eben doch eher durch jene pessimistischeren Ausführungen zu kennzeichnen sei als durch die optimistischeren, etwa die von Fischer. Empirisch und theoretisch angezeigt erscheint es mir allerdings, sowohl vor romantischen Verklärungen des Landlebens mit gleichzeitiger Verunglimpfung der Stadt Abstand zu nehmen[68] als auch sich zu hüten, im Fahrwasser bestimmter anderer theoretischer Ansätze soziale (und psychische) Probleme in Großstädten zu übersehen. Um den Vergleich und die Gegenüberstellung der Ansätze und Ausführungen von Wirth und Fischer zu resümieren und abzuschließen, möchte ich festhalten, daß die empirischen Untersuchungen Fischers zum Teil die beschränkte Fruchtbarkeit des von Wirth entworfenen Idealtypus gezeigt haben. Es ist offensichtlich, daß es Ausprägungen städtischen Lebens gibt in der Art, wie sie Wirth beschrieben hat, daß seine Konzeption realiter aber nicht die städtische Lebensweise schlechthin darstellt. Nicht zuletzt scheint mir in diesem Zusammenhang die Unterscheidung zwischen Handlungen und Verhaltensweisen in einer anonymen Öffentlichkeit und jenen in der Privatsphäre der Städter/innen sehr wichtig zu sein. So stellt sich mir nach der Lektüre entsprechender Abhandlungen - ich weiß, daß folgende Einschätzung sehr unbestimmt ist - städtisches Leben insbesondere als je spezifisch gestaltete Möglichkeitsform dar, mit der städtischen Besonderheit, daß die Möglichkeiten innerhalb eines Rahmens liegen, der im allgemeinen weit größer ist als der für Bewohner/innen ländlicher Regionen.

---

[66] Ebd., 108.
[67] Ebd., 110.
[68] Vgl. auch mit dem Aufsatz von Hans Paul Bahrdt: Die moderne Großstadt, in: Otto Walter Haseloff (Hg.): Die Stadt als Lebensform, a. a. O., 142-152. Interessant erscheint mir u. a. die dort vorgetragene Vermutung, daß die romantisierende Großstadtkritik insbesondere im bildungsbürgerlichen gehobenen Mittelstand zu lokalisieren sei, der in eben der Zeit, als das großstädtische Wachstum stark zunahm, an Einfluß und Macht verlor. Man sah in den Großstädten vornehmlich Vermassungserscheinungen, Entseelung und Materialismus und bedauerte den Verlust (der Realisierung) idealistischer Konzepte, ohne die neuen Errungenschaften in Wirtschaft, Technik und Industrie „auch als bewundernswerte Produkte des Menschengeistes" (ebd., 144) anzusehen sowie die neu sich formierenden und keineswegs notwendigerweise unbefriedigenderen sozialen Beziehungen entsprechend zu berücksichtigen.

Es wird sich im weiteren Verlauf dieser Arbeit (mit bestimmten Einschränkungen) zeigen, welche dieser Möglichkeiten in Städten Afrikas primär zum Tragen kommen, welche es aufgrund von afrikanischen Spezifika nicht gibt und welche Freiräume vielleicht zusätzlich zu den erörterten vorhanden sind.

B. STÄDTE IM TROPISCHEN AFRIKA -
ihre Geschichte und Gegenwart sowie Kultur und
Lebensformen ihrer Bewohner/innen

I. Anfänge der Verstädterung

Wenn ich im folgenden versuche, die frühe Verstädterung im tropischen Afrika darzustellen, wird die Diskussion zeitlich nicht in allen Regionen gleich begrenzt sein - zum Teil wird sie sich bis weit in das zweite Jahrtausend erstrecken. Anstelle einer gesamtafrikanischen geschichtlichen Periodisierung zu folgen, gehe ich regional vor, da eine hieb- und stichfeste überregionale Periodisierung für das ganze Afrika vergangener Jahrhunderte und Jahrtausende kaum zu konzipieren und konsequent durchzuhalten ist[1]. Ich erhebe nicht den Anspruch, alle wichtigen frühen städtischen Siedlungsgebiete zu erwähnen, sondern versuche anhand von wesentlichen Beispielen, ein Bild von frühen städtischen Lebensweisen zu gestalten.

Nach heutigem Stand der Forschung beginnt die Geschichte der Stadt in Schwarzafrika durch Einflüsse von außen, wobei exogene Muster mit endogenen verschmolzen wurden.[2] Andererseits dürften manche Städte in Afrika in späterer Zeit endogen entstanden sein, also ohne unmittelbaren Einfluß von außen.[3]
Bei dieser Frage nach den Anfängen spielt allerdings sowohl der Wissensstand als auch die Definition des Stadtbegriffes eine wesentliche Rolle. Was letzteres betrifft, halte ich mich an den oben vage skizzierten Umriß dieses Begriffes und verwende ihn als idealtypischen Hintergrundraster, auf dem Abweichungen bestimmt werden können. Der begrenzte Wissensstand ist ein besonderer Faktor, der zur Vorsicht in der Festlegung der Anfänge der Verstädterung in Afrika mahnt.[4] Es kann klarerweise nicht ausgeschlossen werden, daß künftige Forschungen die Anfänge früher festsetzen oder eventuell auch später, falls sich bisherige Schätzungen und Interpretationen aufgrund neuer Kenntnisse als überzogen herausstellen.[5]

---

[1] Zur Problematik der Periodisierung vgl. z. B. Leonhard Harding: Einführung in das Studium der Afrikanischen Geschichte, Münster-Hamburg: Lit, 1994, 86-93.

[2] Vgl. Graham Connah: African Civilizations. Precolonial Cities and States in Tropical Africa: An Archaeological Perspective, Cambridge u. a.: Cambridge University Press, 1987, 24-25 u. 64.

[3] Die Frage nach der Eigenständigkeit afrikanischer Kulturleistungen ist eine sehr alte; sie wurde je nach ideologischem Hintergrund und Wissensstand unterschiedlich beantwortet (vgl. Teil C). Die heutige Forschung nimmt allerdings großenteils ihre Eigenständigkeit in vielen Bereichen an, die Gründung von Städten ist ein Beispiel dafür. (Vgl. Connah: African Civilizations, a. a. O., 65-66.)

[4] Zur Begrenztheit des archäologisch gesicherten Wissensstandes vgl. Connah: African Civilizations, a. a. O., 17-20.

[5] Bezüglich einer kurzen Einführung in den jüngeren Stand der archäologischen Stadtforschung in Afrika siehe Paul J. J. Sinclair, Thurstan Shaw, Bassey Andah: Introduction, in: dies. u. Alex Okpoko (Hg.): The Archaeology of Africa. Food, Metals and Towns, London-New York: Routledge, 1993, 1-31, hier 21-31.
Eine Karte mit frühen Städten im Afrika südlich der Sahara ist z. B. zu finden in: Margaret Peil, Pius O. Sada: African Urban Society, Chichester u. a.: John Wiley & Sons, 1984, Fig. 1.1, S. 8-9.

1. Nubien

Soweit man es heute sagen kann, sind die ersten Städte in Schwarzafrika in Nubien, im Bereich des mittleren Nil (gemeint ist hier der Abschnitt zwischen dem ersten Katarakt des Nil bei Assuan und dem Gebiet, wo sich der Weiße und der Blaue Nil vereinigen, nahe Khartum), in einem engen, meist fruchtbaren „Korridor" entstanden, der sich klimatisch auszeichnet durch stark ausgeprägte Temperaturschwankungen, wenig Niederschlag (gegen Süden hin zunehmend) und teils heftigen Wind von Norden (was im übrigen bis auf den Abschnitt, wo der Nil nordwärts fließt, Segelschiffahrt gegen den Strom erlaubt).[6] Die Ufergebiete variieren zwischen unfruchtbaren Zonen und fruchtbarem Schwemmland, wobei der schwankende Stand des Nil Diskontinuitäten auch über die Zeit hin verursacht. Die Landwirtschaft[7] konnte die Bevölkerung unter Nutzung von Schwemmland oder künstlicher Bewässerung mit verschiedenen Getreidesorten und Gemüsearten ernähren; zudem wurden Tiere gezüchtet und gehalten, wie zum Beispiel Rinder, Schafe, Ziegen, Esel, Hühner, Tauben, Enten, selten auch Kamele und Pferde sowie Schweine. Der Bestand an Tieren zu Land und zu Wasser dürfte zunächst sehr umfangreich gewesen sein, bis er durch eine intensive Ausbeutung stark dezimiert wurde. Wirtschaftliche Ressourcen, die anhaltend wichtig waren, waren Kupfer und vor allem Gold[8], Elfenbein sowie Sklav/inn/en. Mehr als von eigenen Ressourcen lebte Nubien jedoch von seiner Stellung als Handelszentrum.[9]
Der Nil selbst ist und war nicht nur eine Hauptbedingung für die Bewohnbarkeit dieser Region, sondern ist auch Lebensraum von gefährlichen Krankheitserregern, die unter anderem die sogenannte Flußblindheit verursachen oder zu Malaria führen können.[10]
Die Bewohner/innen Nubiens hatten sich zudem gegen menschliche Bedrohungen zu schützen, nämlich gegen kriegerische Einfälle von technologisch überlegenen Völkern im Norden und gegen Angriffe von benachbarten Wüsten-Nomad/inn/en.[11]
    Es erübrigt sich festzuhalten, daß jene Nubier/innen, über deren Städte und Kultur ich im folgenden schreiben werde, seßhaft waren. Ihre Ernährung wurde großteils durch landwirtschaftliche Produkte gesichert. Die Bewohner/innen der umliegenden Gebiete jedoch führten im allgemeinen ein nomadisierendes Dasein, sie lebten primär von ihren Viehherden und wilden Tieren sowie Früchten.[12]

---

[6] Zu Geographie, Klima und Vegetation siehe besonders Connah: African Civilizations, a. a. O., 24-27. Im folgenden siehe grundsätzlich das Überblickswerk von Connah: African Civilizations, a. a. O., 24-66 sowie die umfangreiche Spezialuntersuchung von William Y. Adams: Nubia. Corridor to Africa, Princeton: Princeton University Press, 1977; vgl. auch William Y. Adams: The First Colonial Empire: Egypt in Nubia, 3200-1200 B. C., *Comparative Studies in Society and History,* 26/1 (1984), 36-71.
[7] Siehe Connah: African Civilizations, a. a. O., 29.
[8] Auf altägyptisch heißt Gold übrigens „nub". (Siehe Basil Davidson: The Lost Cities of Africa, Boston-Toronto: Little, Brown & Company, 1959, 65.)
[9] Siehe Connah: African Civilizations, a. a. O., 30.
[10] Siehe ebd., 31.
[11] Siehe ebd., 31.
[12] Siehe Adams: Nubia, a. a. O., bes. 56-60.

Erste Ansätze von Städten gehen zumindest zurück auf ägyptische Kolonialbestrebungen der zwölften Dynastie im ersten Viertel des zweiten Jahrtausends v. Chr., wovon das befestigte Buhen nahe der ägyptisch-sudanesischen Grenze im heutigen Sudan zu den am besten erforschten Städten gehört.[13] Die Mauern schützten eine kleine Stadt mit Wohnhäusern, Werkstätten, einem Tempel und einem Regierungspalast. Vermutlich bestand hier schon um die Mitte des dritten Jahrtausends eine städtische ägyptische Ansiedlung, in der unter anderem Kupfer ausgeschmolzen wurde. Nach einer Zwischenphase eines teilweise erfolgten ägyptischen Machtverlustes dehnten die Ägypter/innen ab ungefähr der zweiten Hälfte des zweiten Jahrtausends ihren Herrschaftsbereich weiter nilaufwärts aus bis mindestens zum vierten Katarakt nordöstlich des heutigen Kareima mit Städten, die ihren anfänglich dominant militärischen Charakter mehr und mehr verloren; statt mächtige Festungen zu errichten, wurden Tempel erbaut. Als ein Beispiel sei Sesebi genannt. Gegen Ende des zweiten Jahrtausends nahmen die ägyptischen Kolonialbestrebungen in Nubien mit ihren wirtschaftlichen und machtpolitischen Intentionen vorläufig ihr Ende.

Bereits im 16. Jahrhundert v. Chr. befand sich ein indigenes nubisches Königreich, und zwar das von Kerma, auf dem Höhepunkt seiner Entwicklung; entfaltet hat es sich vermutlich in einer Zeit ägyptischer Schwäche (seine Ursprünge lassen sich gleichwohl bis ins dritte Jahrtausend zurückverfolgen) und ist bald wieder verschwunden, als Ägypten zu einer erneuten Kolonisation ab der zweiten Hälfte des zweiten Jahrtausends ansetzte.[14] Kerma lag im Schwemmlandgebiet zwischen dem dritten und vierten Katarakt (der einzige Abschnitt des mittleren Nil mit jährlichen Überschwemmungen wie in Ägypten), genauer am Ostufer des Nil nahe dem dritten Katarakt im fruchtbarsten Gebiet des mittleren Nil überhaupt.
Die Anlage der Stadt war von einer Gliederung entlang zentraler Achsen geprägt, die Häuser waren geradlinig gebaut und bestanden meist aus Lehmziegeln.[15]
Bei Ausgrabungen zu Beginn des 20. Jahrhunderts konzentrierte man sich auf eine große nubische Bestattungsanlage, in der es schätzungsweise mehrere tausend Gräber gab. Eine gute Zahl davon war von Grabhügeln bedeckt, wovon einige sehr groß waren (der größte hatte einen Durchmesser von ca. 91 Metern). In einigen dieser Gräber entdeckte man neben materiellen Grabbeigaben eine große Anzahl von Überresten von Menschen, die vermutlich für die Bestattung eines hochrangigen Verstorbenen geopfert worden waren. Man untersuchte ebenso die Reste zweier Anlagen (man nimmt an, es waren große Türme - ihre Funktion ist nicht ganz geklärt) aus Lehmziegeln, die vermutlich von ägyptischen Architekten geplant worden waren und deren Wände innen zum Teil in ägyptischem Stil bemalt sind. Auch weitere Überreste bezeugen ägyptischen Einfluß und verweisen auf Handelsverbindungen mit Ägypten. Im wesentlichen jedoch war die Kultur von Kerma und Kerma selbst nubisch bestimmt. Zu Beginn der

---

[13] Siehe Connah: African Civilizations, a. a. O., 35-37 und Adams: Nubia, a. a. O., 170-174, 180-181.
[14] Siehe allgemein Connah: African Civilizations, a. a. O., 37-40 und Adams: Nubia, a. a. O., 195-216.
[15] Siehe David O´Connor: Urbanism in Bronze Age Egypt and Northern Africa, in: Sinclair; Shaw; Andah; Okpoko (Hg.): The Archaeology of Africa, a. a. O., 570-586, hier 584.

80er Jahre wurde in einem Areal neben dem westlichen der beiden Türme ein Teil einer befestigten Niederlassung ausgegraben, deren Ursprünge auf das dritte Jahrtausend datiert werden, sodaß man zumindest Ansätze einer Verstädterung in Kerma annehmen kann.

Wenig weiß man über Ansiedlungen im Königreich von Napata, dessen Zentrum, flußaufwärts betrachtet, vor dem vierten Katarakt lag und das üblicherweise ebenso wie sein Nachfolger in Meroë als Königreich von Kusch bezeichnet wird.[16] Man nimmt an, daß in diesem Reich Städte keine so große Rolle spielten wie im späteren meroitischen mit dem Zentrum Meroë[17] (zwischen dem Zufluß des Atbara und dem sechsten Katarakt gelegen; ca. zwischen dem vierten Jahrhundert v. Chr.[18] und dem vierten Jahrhundert n. Chr., mit der größten Bedeutung im ersten Jahrhundert n. Chr.; erste Bauten vermutlich bereits im siebten Jahrhundert v. Chr.). Diese Stadt lag im übrigen nahe einer Landverbindung, die nordwestwärts durch Napata führt. Aber nicht nur diese Route verband beide Reiche, es scheint vielmehr Meroë Nachfolger von Napata als kuschitisches Zentrum gewesen zu sein, in welch letzterem meroitische Könige gekrönt und manchmal auch begraben wurden, noch lange nachdem Napata seine ursprüngliche Bedeutung verloren hatte. Dieses an sich indigene nubische Meroë war nicht nur von ägyptischer Kultur beeinflußt, sondern über das ptolemäische und römische Ägypten indirekt auch von der griechischen und römischen Kultur.

Die wichtigste einer Reihe von meroitischen Städten war Meroë selbst, eine Stadt, die einer Schätzung Jacques Houdailles zufolge von etwa 30.000 Menschen bewohnt wurde[19], etwa dreiviertel Mal einen Kilometer maß und einen steinummauerten Bezirk hatte, in dem sich vor allem monumentale Gebäude aus Lehmziegeln befanden (vermutlich Palastanlagen, Empfangsräume, Lagerhäuser, Wohnungen für die Angestellten des Palastes, ein kleiner Tempel; weiters ein sogenanntes „römisches Bad", das vermutlich der Erholung und zum Schwimmen diente). Außerhalb dieser Mauern grub man Reste von Lehmziegelbauten aus, die öffentliche, private und gewerbliche Funktionen hatten. Sehr bedeutsam sind Funde umfangreicher Reste von Eisenerzeugung. Besonderes Augenmerk wurde bei Ausgrabungen auf Tempel gelegt, wovon der etwa 150 Meter lange Tempel des Amon und der kleinere der Isis sowie der ebenfalls kleinere Löwen- und der Sonnentempel genannt seien sowie ein Heiligtum des Apis. Diese Anlagen befanden sich teils in unmittelbarer Nähe des ummauerten Bezirkes, teils bis zu mehr als zwei Kilometer entfernt davon. Auch große Friedhöfe und Grabanlagen untersuchte man; manche dieser Gräber haben die Form von kleinen Pyramiden aus Stein.

---

[16] Siehe Connah: African Civilizations, a. a. O., 40-41.
[17] Siehe ebd., 41-43 und Adams: Nubia. a. a. O., 294-332; zusätzlich Davidson: The Lost Cities of Africa, a. a. O., 36-38 und 42-46.
[18] Nach David W. Phillipson: African Archaeology, Cambridge: Cambridge University Press, ²1993, 166 mehr als 200 Jahre früher.
[19] Hier nach Tertius Chandler: Urbanization in Ancient Africa, in: James D. Tarver (Hg.): Urbanization in Africa. A Handbook, Westport, Connecticut-London: Greenwood Press, 1994, 3-14, hier 10.

Der meroitische Einflußbereich erstreckte sich zeitweise über das ganze Gebiet des mittleren Nil, mit mehreren städtischen Niederlassungen.

Lange Zeit war das untere Nubien kaum bewohnt (man nimmt an, daß die ursprüngliche Besiedlung aufgrund des Sinkens des Nilwasserstandes aufgegeben wurde), bis es in meroitischer Zeit im zweiten und dritten Jahrhundert n. Chr. wieder stärker besiedelt wurde, nachdem eine technische Innovation von Ägypten übernommen worden war: Mit dem nunmehr von Ochsen angetriebenen Wasserrad konnte die notwendige Bewässerung um vieles gegenüber dem von Menschen angetriebenen verbessert werden. In diesem Gebiet lag eine Stadt, die als Ansiedlung eine mehr als 3000-jährige Geschichte aufwies: Qasr Ibrim.[20] Die Reste der Stadt, deren Ursprünge möglicherweise bis vor 1500 v. Chr. zurückgehen und deren Untergang nicht vor dem frühen 19. Jahrhundert anzusetzen ist, liegen heute auf einer ägyptischen Insel am Rande des Nasser Sees. Diese Stadt war Zeugin mehrerer Kulturen, so auch der christlich geprägten nubischen, die seit Konversionen im sechsten Jahrhundert dominierte und mehrere städtische Zentren aufwies. Den Einzug des Christentums in Qasr Ibrim kann man trotz der baulichen Kontinuität erkennen in der Umwandlung meroitischer Tempel in Kirchen sowie in der Errichtung einer Kathedrale und eines Klosters. In der Zeit ca. von 800 bis 1200 war die Stadt vor allem ein Pilgerzentrum, danach (ca. 1200 bis 1500) nahm sie wieder an wirtschaftlicher Bedeutung zu und war zudem ein administratives Zentrum.

Die Kulturen in der Region des mittleren Nil waren stets von äußeren Einflüssen, in erster Linie solchen aus Ägypten, mitgeprägt. Im technologischen Bereich[21] ist dieser Einfluß insbesondere in der Architektur offensichtlich (siehe den Amon-Tempel und die Pyramiden in Meroë, die Türme in Kerma, andererseits christliche Kirchen in ganz Nubien), allerdings wurden die meisten Fertigkeiten nicht ohne Änderung übernommen, sodaß die Bauten ein Gepräge erhielten, das sie zu spezifisch nubischen machte. Auch in anderen Bereichen, wie etwa der Bildhauerei oder der Malerei, erkennt man sowohl Einflüsse als auch eigenständige Ansätze in Kombination. Ohne die schwer zu entscheidende Frage nach dem Ausmaß von Eigenständigkeit und Nachahmung oder Einfluß weiter zu verfolgen, möchte ich weitere Technologien, die in dieser Region eingesetzt wurden, nennen: Eisenerzeugung und -bearbeitung, Töpferei (von besonders hoher Qualität, Verwendung einer Töpferscheibe, Tonwaren wurden gebrannt und oft bemalt), Textil- und Lederherstellung (Textilien konnten aus Baumwolle hergestellt werden, die in der Region selbst, spätestens ab meroitischer Zeit, gepflanzt wurde), Holzbearbeitung (ihr Aufkommen ist wegen hierfür ungünstiger Vegetation schwer erklärbar).

Für den Handel[22] war die Schiffahrt am Nil natürlich äußerst wichtig, mindestens ebenso bedeutsam war das Verkehrswesen durch die Wüste, insbesondere mit dem Kamel. Ich habe bereits erwähnt, daß der Handel für Nubien eine hervorragende Rolle

---

[20] Siehe Connah: African Civilizations, a. a. O., 46 ff und Adams: Nubia, a. a. O., bes. 444, 448, 474.
[21] Siehe Connah: African Civilizations, a. a. O., 54-57.
[22] Siehe ebd., 61-64.

spielte. Nubien profitierte sozusagen von seiner Korridorstellung: Durch bzw. nach Nubien führte der zunächst einzige Handelsweg zwischen dem Mittelmeer- sowie südwestasiatischen Raum und Schwarzafrika. Die Tauschgeschäfte mit Nubien basierten auf dem noch heute allzu bekannten Muster: Schwarzafrika exportierte primär Rohstoffe (Gold und andere Erze, Elfenbein sowie „Exotika", beispielsweise Straußeneier, Tierhäute und lebendige Tiere) inklusive Sklav/inn/en und importierte vor allem verarbeitete Produkte (darunter Glaserzeugnisse, kostbaren Schmuck, Perlen aus Glas und Stein in überaus großen Mengen, Metallwaren; zudem Güter für den unmittelbaren Genuß, wie Honig und Wein), wobei der Handel erst allmählich von Nubier/inne/n selbst statt von Ägypter/inne/n beherrscht wurde.

Die Verkehrs- und Produktionstechnologien setzen wenigstens eine gewisse Spezialisierung voraus und hiermit soziale Komplexität[23]. Ausdruck der Komplexität der Gesellschaften sind darüber hinaus die Herrschaftssysteme dieser Kulturen. Die Macht der Herrscher und Herrscherinnen (Frauen dürften manchmal sogar Alleinherrscherinnen gewesen sein) bzw. die gesellschaftlichen Hierarchien bezeugen etwa die Menschenopfer in Kerma, die Darstellungen von Herrscher/inne/n in den Reliefs an meroitischen Bauten oder die Palastanlagen, die ohne diese Strukturen nicht möglich gewesen wären. Gleichzeitig drückt sich darin das Bestehen einer Unterschicht aus, die sich vermutlich primär aus freien Bauern mit ihren Familien und Sklav/inn/en zusammensetzte. Vor allem für die städtischen Siedlungen kann man zumindest Ansätze einer Mittelklasse vermuten, gebildet aus Händler/inne/n, Handwerker/inne/n, Beamt/-en/-innen, Künstler/inne/n und Tempel- bzw. Kirchendiener/inne/n (Priester/innen sind wohl der Oberschicht zuzuordnen). Es ist somit sowohl eine soziale Schichtung sowie eine funktionale Differenzierung bzw. Spezialisierung in diesen (städtischen) Gesellschaften offensichtlich.

Die soziale Schichtung kann auch im Zusammenhang mit den Religionen[24] in Nubien gesehen werden, welche, von Ausnahmen abgesehen, von außen übernommen, jedoch teils modifiziert wurden, sodaß sie eine spezifisch nubische Färbung erhielten.[25] Bis in die Mitte des ersten Jahrtausends dominierten wohl ägyptische Glaubensvorstellungen und Göttinnen/Götter (ganz besonders Isis und Amon) die religiösen Vorstellungen der (städtischen) Nubier/innen. Von etwa der Mitte des ersten Jahrtausends bis fast zur Mitte des zweiten war das Christentum vorherrschend, bis der Islam an dessen Stelle trat[26]. Insbesondere bevor das Christentum von offizieller Seite angenommen wurde, bestand eine enge Verknüpfung zwischen religiösen und politischen

---

[23] Siehe ebd., 57-58.
[24] Siehe ebd., 60.
[25] Nachdem die Religionen in Nubien hauptsächlich aus erhaltenen Monumenten erschlossen werden müssen, diese Monumente aber wohl großteils der Kultur der Oberschicht zugeordnet werden müssen, ist mit der Verallgemeinerung, daß diese Religionen vom ganzen Volk vertreten wurden, mit großer Vorsicht umzugehen. (Vgl. Adams: Nubia, a. a. O., 325.)
[26] Siehe auch Richard Olaniyan: Islamic Penetration of Africa, in: ders. (Hg.): African History and Culture, Lagos: Longman, 1982, 38-55, hier 45. Nach Olaniyan faßte der Islam schon im zweiten Jahrzehnt des 14. Jahrhunderts unter den früheren Christ/inn/en Nubiens Fuß. So auch I. M. Lewis, Introduction, in: ders. (Hg.): Islam in Tropical Africa, London: Oxford University Press, 1966, 1-96, hier 4.

Autoritäten, sodaß die Religionen direkt die Politik und damit auch die Stadtentwicklung mitbestimmten. Die Herrscher/innen konnten ihre manchmal fast unumschränkte Macht mit ihrem hervorragenden religiösen Status legitimieren (teils dürften sie den Status eine/-s/-r personifizierten Gottes/Göttin beansprucht haben). Diese Machtfülle und Machtkonzentration wiederum und die damit verbundene Hierarchisierung begünstigten die Verstädterung. Mit dem Christentum verloren die Herrscher/innen zwar ihren Anspruch der Personifizierung eine/-s/-r Gottes/Göttin, ihre Macht verstand man dennoch als göttlich sanktioniert; die religiöse und politische Autorität traten nicht mehr in Personalunion auf, was nicht heißt, daß sie sich nicht gegenseitig stützen konnten.

Als eine Ursache für die Entstehung von Städten in dieser Region kann man mit ziemlicher Sicherheit eine Bevölkerungszahl annehmen, die relativ zum vorhandenen kultivierbaren Land so groß war, daß, so die These Connahs[27], die Kontrolle des nunmehr knappen Landes eine Machtbasis für eine aufkommende Elite darstellte, die wiederum sowohl die Staats- als auch Stadtgründungen mitverursachte; zugleich forcierte dieser Bevölkerungsdruck eine dichte Besiedlung. Andererseits war das fruchtbare Land in bestimmten Regionen ertragreich genug, sodaß es unter teilweise erfolgter Ausnützung vor allem von Bewässerungstechnologien mehr Menschen ernähren konnte als zur Bearbeitung nötig waren.

Ein weiterer entscheidender Faktor dürfte der Handel bzw. Fernhandel gewesen sein mit nubischen Städten als Knotenpunkten (siehe oben). Connah nimmt an, daß es ohne den Fernhandel zu den beschriebenen Entwicklungen in dieser Form nicht gekommen wäre.[28] Dieser Handel ist jedoch, so Connah, nur ein Aspekt eines langdauernden Kulturkontaktes zwischen der Region des mittleren Nil und dem Norden, eines Kulturkontaktes, der sicherlich ein wichtiger Faktor für die Entstehung von Städten war.

Wenn die ersten Städte Schwarzafrikas in ihrer Entstehung in Nubien extern bedingt waren, stellt sich die bedeutende Frage, ob Nubien ein kultureller Korridor war oder doch nur eine Sackgasse. Hat sich der Einfluß primär aus dem Mittelmeerraum über ganz Afrika südlich der Sahara ausgedehnt, sodaß alle späteren Stadtgründungen zumindest indirekt von außerschwarzafrikanischen Kulturen verursacht sind bzw. in wesentlichen Punkten externe kulturelle Muster die Städte prägten? In der weiteren Untersuchung werde ich mich unter anderem damit beschäftigen, vorerst kann aber mit Connah folgende Antwort gegeben werden: „For the Nubians, their valley was perhaps a corridor of exciting cultural interaction but for Africa, as a whole, archaeologists suspect that it was a cul-de-sac."[29] Es gibt keine relevanten archäologischen Hinweise dafür, daß sich die Entwicklungen in Nubien über ganz Afrika verbreiteten, man muß, so Connah, gegen bisher teils vertretene Einschätzungen vielmehr an-

---

[27] Siehe Connah: African Civilizations, a. a. O., 58-60, bes. 60.
[28] Siehe ebd., 64.
[29] Ebd., 66.

nehmen, daß Nubien eher eine Sackgasse war und manche spätere Städte in anderen Regionen Schwarzafrikas indigen entstanden sind.[30]

2. Äthiopien und Eritrea

Die Lage Äthiopiens und Eritreas mag auf den ersten Blick nicht günstig erscheinen für die Entstehung von Städten: Man könnte den Eindruck gewinnen, daß das Hochland durch die Gebirge sowie durch die Wüste in Nordost-Kenia vom übrigen Afrika allzusehr abgeschieden sei. Dennoch, das Gebiet des heutigen Äthiopien und Eritrea war zu bestimmten Zeiten ein Knotenpunkt verschiedener Kulturen sowie ein wichtiges Verbindungsstück zwischen Asien und Afrika.[31] Es spielte in der Geschichte der Verstädterung in Afrika eine besondere Rolle, wobei sich auch hier wie in Nubien Einflüsse von außen, insbesondere aus dem südarabischen bzw. dem asiatischen Raum, auswirkten. Connah sieht in der geographischen Besonderheit Äthiopiens und Eritreas[32] einen Vorteil, der analog zum Vorteil einer Festung zu verstehen ist: In Friedenszeiten ist die Festung offen und Ort des Austausches, zu Kriegszeiten aber schützt sie ihre Bewohner/innen durch die Mauern.[33]

Das nördliche Ende des Rift Valley teilt das vormalige Äthiopien in zwei Hälften, wobei nur die nördliche, früher Abessinien genannte Hälfte unmittelbar für den Zusammenhang der Entstehung der ersten Städte relevant ist, und dies nicht zuletzt deshalb, weil der Norden aus historischen und geographischen Gründen Anknüpfungspunkt zur asiatischen Welt war und profitieren konnte vom Schiffsverkehr am Roten Meer, der ein wichtiges Glied in der Verbindung zwischen dem Mittelmeer und dem Indischen Ozean war (und ist). Die Region ist geprägt von einer großen klimatischen Vielfalt, die mit unterschiedlichen Höhen zusammenhängt: Die Danakil Wüste liegt nur 250 Kilometer von den Semien Bergen, wo es manchmal heftig schneit; selbst innerhalb des Hochlandes bestehen relativ große Höhenunterschiede.[34] Die Vegetation hat sich seit den Zeiten der ersten Städte bis heute zum Teil durch menschliche Eingriffe, die zu Erosion geführt haben, wesentlich verändert. Der Boden selbst ist im allgemeinen viel fruchtbarer als der durchschnittliche afrikanische; begünstigt durch klimatische Verhältnisse kann in manchen Gebieten zu allen Zeiten gesät und/oder geerntet werden. Die Landwirtschaft, deren archäologisch nachgewiesene Ursprünge vielleicht bis ins vierte Jahrtausend v. Chr. zurückgehen, war wohl schon in der sogenannten

---

[30] Oliver vertritt 1991 allerdings die Korridorthese, wobei er sich auf die Arbeit von Adams: Nubia, a. a. O. stützt, der ja die Korridorthese formuliert. (Siehe Roland Oliver: The African Experience, London: Pimlico, 1993 (^{1}1991), 63.)
[31] Siehe Connah: African Civilizations, a. a. O., 67. Im folgenden siehe generell ebd., 67-96. Allgemein vgl. auch Harold G. Marcus: A History of Ethiopia, Berkeley u. a.: University of California Press, 1994, 3-13.
[32] Connah spricht, da seine Arbeit vor der 1993 erlangten Unbahängigkeit Eritreas verfaßt wurde, immer nur von Äthiopien, wenn er auch das Gebiet beider heutiger Staaten meint.
[33] Siehe Connah: African Civilizations, a. a. O., 68.
[34] Zu Geographie, Klima und Vegetation siehe ebd., 68-73, zur Landwirtschaft ebd., 71-72; 84-85.

voraxumitischen (fünftes Jahrhundert v. Chr. bis erstes Jahrhundert n. Chr.) und in der axumitischen (erstes Jahrhundert n. Chr. bis zehntes Jahrhundert) Zeit weit entwickelt. Eine große Palette an Nahrungsmitteln (Getreide, Gemüse, Obst verschiedener Sorten) wurde/wird angebaut, unter Nutzung von künstlich angelegten Terrassen und Bewässerungssystemen schon zur klassischen axumitischen Zeit; zudem Kaffee, Baumwolle. Daneben war die Viehzucht eine wichtige Ressource für Nahrungsmittel (Rinder, Schafe, Ziegen) und erleichterte die Kultivierung (Ochsen für Pfluggespanne, damals einzigartig im tropischen Afrika) und den Transport (Pferde, Esel, Maultiere). Fischerei und Jagd ergänzten das Nahrungsangebot, das Wild (Elefanten, Rhinozerosse, Krokodile, Löwen, Giraffen usw.) war außerdem wertvolles Handelsgut. Man beutete Erze aus (speziell Gold und Eisenerz) und nutzte den Stein, der sich gut für den Bau eignete. Schließlich sei der Sklav/inn/enhandel erwähnt. Viele der nicht-landwirtschaftlichen Güter waren im Mittelmeerraum sehr begehrt, sodaß der Handel über große Entfernungen betrieben wurde.

Als hemmende Faktoren für die menschliche Bewohnbarkeit[35] müssen die landwirtschaftliche Unbrauchbarkeit weiter Landstriche genannt werden, weil die Gebiete teils zu hoch liegen oder zu felsig sind; weiters die Kommunikationshindernisse durch die gebirgige und zerklüftete Landschaft und, trotz relativer Vorteile gegenüber anderen Teilen Afrikas, Epidemien, verschiedene Würmer und andere Krankheiten; in besonderem Ausmaß immer wiederkehrende Hungersnöte, von denen man ab dem neunten Jahrhundert weiß und die verursacht wurden durch Ernteausfall, vor allem wegen zu geringer oder zu heftiger Regenfälle, zu niedriger Temperaturen oder Mäuse- und Heuschreckenplagen.

Aus der sogenannten voraxumitischen Phase[36] sei als frühes urbanes Zentrum Yeha erwähnt, das am nördlichen Rand des äthiopischen Hochlandes lag.[37] Von dort sind Reste eines Tempels aus Quadersteinen, vermutlich aus dem fünften oder vierten Jahrhundert v. Chr., erhalten, der Ähnlichkeiten mit südarabischen Bauten gleicher Zeit aufgewiesen haben dürfte. Den südarabischen Einfluß in Yeha kann man (sogar im wörtlichen Sinn) zudem ablesen von südarabischen Inschriften.[38] Bekannt sind weiters Teile einer unterirdischen Grabstätte, in der man Kunstwerke (unter anderem Bronzeobjekte) fand, und die Überbleibsel vielleicht eines Palastes, der von einem heftigen Feuer zerstört worden war. In Yeha verwendete man bereits um das fünfte Jahrhundert v. Chr. Bronze und Eisen.

Im Lauf der Zeit wurde der südarabische Einfluß zunehmend geringer und die voraxumitische Kultur immer eigenständiger.[39] Man kann dies speziell an den Inschriften

---

[35] Siehe ebd., 72-73.
[36] Zur voraxumitischen Phase vgl. auch Stuart Munro-Hay: State Development and Urbanism in Northern Ethiopia, in: Sinclair; Shaw; Andah; Okpoko (Hg.): The Archaeology of Africa, a. a. O., 609-621, hier 609-614.
[37] Siehe Connah: African Civilizations, a. a. O., 75.
[38] Zum südarabischen Einfluß in Yeha siehe auch Joseph W. Michels: Axumite Archaeology: An Introductory Essay, in: Yuri M. Kobishchanov: Axum, London: Pennsylvania State University Press, 1979, 1-34, hier 26-27.
[39] Siehe Connah: African Civilizations, a. a. O., 76.

nachvollziehen, die sich in ihrer Sprache immer mehr vom Südarabischen entfernten und dem Geʿez, einem Vorläufer dreier heutiger äthiopischer Sprachen annäherten. Die Kultur der voraxumitischen Zeit hatte nicht nur Verbindungen zu Südarabien, sondern vermutlich ebenso zur Kultur Kermas und Meroës, sodaß die Entwicklungen zu voraxumitischer Zeit bei aller Eigenständigkeit nicht isoliert zu sehen sind.[40]

Eigenständiger als die voraxumitische Kultur war die axumitische, die angesetzt wird in der Zeit vom ersten Jahrhundert n. Chr. bis zum zehnten Jahrhundert.[41] Von mehreren städtischen Zentren (u. a. Matara - Funde von einem bemerkenswerten Schatz an Goldarbeiten römischer und byzantinischer Herkunft -, Kohaito[42] (Qohayto) - mit einem 67 Meter langen und drei Meter hohen Damm als künstlichem Wasserreservoir -, Adulis[43] - Hafenstadt mit Handelsverbindungen nach Arabien, Persien, Indien, Ceylon (Sri Lanka) und dem Mittelmeerraum) war Axum selbst das wichtigste (gegründet vermutlich zu Beginn des ersten Jahrhunderts n. Chr. oder kurz zuvor)[44]. Von dieser Stadt sind unter anderem die großen, bis über 30 Meter hohen, dünnen Steinstelen, die zum Schein als mehrstöckige Türme dekoriert waren, überaus bekannt. Bei Ausgrabungen am Aufstellungsort einer großen Gruppe dieser Stelen wurden umfangreiche unterirdische Grabanlagen mit vielen Grabkammern entdeckt, sodaß ein Zusammenhang zwischen den Stelen und der Bestattungskultur bzw. einem Ahnenkult angenommen werden kann. Auf die Untersuchung von Grabanlagen wurde auch in dieser Stadt großes Augenmerk gelegt. Darunter befanden sich Steingrüfte, wovon eine in Verbindung stand mit einer Fassade, die vermutlich einen Tempel oder Palast darstellen sollte.

Man entdeckte die Reste dreier monumentaler Bauten mit vielen Räumen und mehreren Stockwerken; man vermutet, daß dies ehemals Paläste waren. Einer dieser Paläste wurde als viertürmige, vierstöckige[45] burgartige Anlage rekonstruiert.

Diese und weitere bekannte Bauten zeichnen sich durch gemeinsame stilistische bzw. architektonische Merkmale aus: durch eine massive Mauerbasis mit Stufen an den Seiten (voraxumitschen bzw. südarabischen Ursprungs); abwechselnd vorspringende und zurückgesetzte Teile in der Basis und der Mauerfassade; durch ein Gebälk, das an den Ecken der Fenster und Türen sowie an den Mauern in bestimmten Abständen hervorspringt und vor allem in den oberen Stockwerken in Verbindung mit dem Mauerwerk als Konstruktionselement eingesetzt wurde.

Die sogenannte „Dongur Villa" ist ein weiterer Beweis dafür, daß es in Axum Großbauten gab. Diese „Villa", vermutlich aus dem siebten Jahrhundert, umfaßte 40 Räume auf einer Fläche von ungefähr 3000 Quadratmetern, wobei die Überreste an manchen

---

[40] Siehe Stuart Munro-Hay: State Development and Urbanism in Northern Ethiopia, a. a. O., 609.
[41] Zur axumitischen Kultur und zu Axum siehe Connah: African Civilizations, a. a. O., 76-83, Kobishchanov: Axum, a. a. O. und Munro-Hay: State Development and Urbanism in Northern Ethiopia, a. a. O., 614-621.
[42] Siehe auch Kobishchanov: Axum, a. a. O., 129.
[43] Siehe auch ebd., 73-78 u. a.
[44] Siehe Munro-Hay: State Development and Urbanism in Northern Ethiopia, a. a. O., 616.
[45] Über die allein aus technischen Gründen mögliche Anzahl an Stockwerken herrscht Uneinigkeit unter den Expert/inn/en.

Stellen noch heute eine Höhe von fünf Metern aufweisen. Von zusammenhängenden Räumen und Höfen war ein nicht ganz zentral gelegenes großes Gebäude umgeben. Diese Anlage dürfte die Villa eines Mitgliedes der Elite, nicht jedoch des Königs, gewesen sein.

Archäologische Funde weisen auf weitere Steinbauten, wenngleich kleineren und bescheideneren Ausmaßes, in Axum hin, sodaß man annehmen kann, daß Axum im ersten Jahrtausend n. Chr. eine Stadt von gewisser Bedeutung war. Für die Vegetation der unmittelbaren Umgebung dürfte das Wachstum von Axum sozusagen wenig erfreulich gewesen sein. Zunächst, noch vor axumitischer Zeit, wurde der Waldbestand eines nahen Hügels stark dezimiert; danach wurde der Hügel landwirtschaftlich und zur Errichtung von Häusern genutzt, bis es zu umfangreichen Erosionen kam, sodaß sich dieser untersuchte Hügel heute felsig oder mit nur geringer Erdschicht zeigt.[46] Diese Übernutzung des Bodens dürfte eine Ursache für den Verfall Axums gewesen sein.[47]

Ab dem achten Jahrhundert, und zwar mit der Ausweitung der Macht und des Einflusses des Islam und nachdem die axumitische Vorherrschaft schon zuvor aus dem südarabischen Raum (unter anderem war eine Provinz des heutigen Saudi Arabien gegenüber Axum tributpflichtig[48]) zurückgedrängt worden war, nahm der Einflußbereich des axumitischen Reiches und seine finanzielle Kraft stetig ab. Bald verlor das Reich die Kontrolle über den Handel ins Landesinnere. Schon in der ersten Hälfte des siebten Jahrhunderts[49] dürfte man das Zentrum des Reiches südwärts verlegt haben, womit die Bedeutung der Stadt Axum massiv schrumpfte.[50] Im späten zehnten Jahrhundert wurde der axumitische Staat von den Agew, dem Mehrheitsvolk, zu dessen Gebiet sich das Zentrum des axumitischen Reiches verlagert hatte, bis auf kleine Reste kriegerisch zerstört und an dessen Stelle die Herrschaft unter einem Nachfolgegeschlecht der Agew errichtet. Der äthiopische Staat überlebte zwar, in Modifikationen natürlich, bis heute, die Stadt Axum allerdings verlor zu Anfang des zweiten Jahrtausends den urbanen Charakter[51]. Statt einen beständigen Regierungssitz in einer Stadt zu haben, wanderten die Herrscher/innen[52] vielmals weiter und verlegten häufig ihre Hauptstädte, wobei diese Wanderungen notwendig gewesen sein düften, da man das Land zu schnell durch Feuerholzgewinnung und Nahrungsmittelproduktion und/oder -konsumation ausbeutete.[53] Axum blieb dabei das spirituelle Zentrum des Reiches, wo-

---

[46] Siehe Connah: African Civilizations, a. a. O., 82.
[47] Siehe Munro-Hay: State Development and Urbanism in Northern Ethiopia, a. a. O., 619.
[48] Siehe Marcus: A History of Ethiopia, a. a. O., 5-6.
[49] Zur Datierung der Verlegung des Zentrums siehe Munro-Hay: State Development and Urbanism in Northern Ethiopia, a. a. O., 620.
[50] Siehe Marcus: A History of Ethiopia, a. a. O., 10-11.
[51] Siehe Connah: African Civilizations, a. a. O., 83.
[52] Wie ich bereits im Vorwort erläutert habe, nenne ich im Zweifelsfall beide Geschlechter; hier wie in vielen weiteren Fällen sind mir keine spezifischen Daten bekannt, die Herrscherinnen ausschließen.
[53] Siehe ebd., 83-84. Bezüglich Allgemeinem zur „wandernden Hauptstadt" vgl. auch Richard Pankhurst: History of Ethiopian Towns. From the Middle Ages to the Early Nineteenth Century, Wiesbaden: Franz Steiner, 1982, 317-318.

von unter anderem große Kirchenbauten zeugten sowie die häufige Praxis der Krönung von Herrscher/inne/n in dieser Stadt.[54] Zeitgenossen bezeichneten Axum im frühen 16. Jahrhundert als sehr große bzw. als eine der größten Städte des Reiches, kurz darauf freilich (1535) wurde es durch einen kriegerischen Einfall verwüstet, der einen nochmaligen Niedergang der Stadt und die Schrumpfung der Bevölkerung auf einen Bruchteil früherer Zeiten zur Folge hatte.[55]

Wegen der häufigen Übersiedlungen dürfte man nur wenige feste Bauten errichtet haben, abgesehen von den Kirchen. Das Christentum, das bereits ab dem vierten Jahrhundert allmählich angenommen worden war[56], gedieh nämlich in dieser Zeit.[57] Man baute Kirchen, häufiger aber haute man sie in Felsen (zwischen ungefähr dem 10. und dem 15. oder frühen 16. Jahrhundert), wovon die bekanntesten jene von Lalibela, einem politischen Zentrum weiter im Landesinneren, sind. Ab der zweiten Hälfte des zweiten Jahrtausends errichtete man wieder häufiger feste Regierungssitze, wobei Burgen meist den Kern der Ansiedlungen darstellten.

Der technologische Entwicklungsstand[58] vor allem der axumitischen Zeit ist vermutlich zu den ausgereiftesten im vorkolonialen Afrika zu rechnen. Abzulesen ist sein Niveau indirekt an den großen Stelen, zu deren Bearbeitung, Transport und Aufstellung besondere technische und organisatorische Fähigkeiten notwendig waren (die größte der bekannten wog schließlich 750 Tonnen und war 33 Meter hoch). Die Errichtung des schon erwähnten Wasserdammes bei Kohaito zeigt, daß derlei Fähigkeiten auch zur Lösung ganz praktischer Probleme herangezogen wurden. Erinnert sei hier zudem nochmals an die künstlichen Terrassen und die künstliche Bewässerung, weiters an den von Ochsen gezogenen Pflug, landwirtschaftliche Techniken, die für die äthiopische Gesellschaft wohl äußerst bedeutsam waren.

Die Steinbearbeitung dürfte zu den herausragendsten Fertigkeiten gehört haben, mit einer Tradition, die zumindest zurückreicht bis zur Aushebung unterirdischer Grabanlagen in voraxumitischer Zeit und sich fortsetzt bis zu den Kirchen der ersten Hälfte des zweiten Jahrtausends, die aus Felsen herausgehauen wurden. Den Bau monumentaler Anlagen ermöglichte ein Verfahren, bei dem Holzkonstruktionen die Festigkeit der mit Mörtel verbundenen Steine erhöhte. Hier könnten die Axumit/inn/en zwar über Syrien von Rom beeinflußt worden sein, man nimmt aber an, daß die Ausführung in einheimischen Händen lag. Unter anderem bei der Errichtung von Bögen und Gewölben setzte man gebrannte Ziegel ein.

Die Metallurgie war schon in Yeha um das fünfte Jahrhundert v. Chr. bekannt (siehe oben), wobei diese Kenntnis wohl zurückzuführen ist entweder auf südarabische Ein-

---

[54] Siehe Pankhurst: History of Ethiopian Towns, a. a. O., 75.
[55] Siehe ebd., 77-79.
[56] Nach Marcus hatte die hellenisierte Elite von Axum bereits im dritten Jahrhundert, wenn nicht schon vorher, vom christlichen Glauben Kenntnis erhalten. Weiters sei ergänzend angemerkt, daß die Masse längere Zeit ihrem traditionellen Glauben treu blieb als die Elite. Zudem nahmen die Städter/innen gegenüber den Landbewohner/inne/n eine diesbezügliche Vorreiterrolle ein, auch die Menschen an den Haupthandelsrouten zählten zu den zunächst Konvertierten. (Siehe Marcus: A Hirstory of Ethiopia, a. a. O., 7.)
[57] Siehe Connah: African Civilizations, a. a. O., 83-84.
[58] Siehe ebd., 85-88.

flüsse (im südarabischen Raum hatte man Eisen bereits um 1000 v. Chr. gewonnen) oder auf Kontakte mit den Bewohner/inne/n des Niltales. Nicht nur Bronze und Eisen wurden kunsthandwerklich genutzt, zu axumitischer Zeit wurden auch Töpferwaren hergestellt. Man bearbeitete Leder und erzeugte Textilien. Zu axumitischer Zeit wurden Münzen geprägt, außerdem waren eingeführte Münzen in Umlauf. Das Geldsystem ähnelte hinsichtlich des Gewichtes, des Wertes und der Form der Zahlungsmittel im übrigen dem damaligen byzantinischen. (Mit dem Rückgang des Fernhandels stellte man die Herausgabe von Münzen ein, was wohl die enge Verbindung zwischen Fernhandel und dem Geldwesen in Axum anzeigt.)

Es ist vielfach belegt, daß Axum Handelskontakte[59] mit römischen Provinzen des östlichen Mittelmeerraumes, mit Südarabien, Somalia, Meroë und Indien pflegte, wobei diese Kontakte nach ähnlichem Muster wie schon für Nubien dargestellt abliefen: Wertvolle Rohmaterialien und afrikanische Exotika als Exportwaren standen bearbeiteten Gütern und Luxusartikeln auf der Importseite gegenüber. Die ausgedehnten Handelsverbindungen des axumitischen Reiches dürften eine gewisse Konkurrenz zum Niltal dargestellt haben, sodaß Grund zur Vermutung besteht, daß der Untergang von Meroë unter anderem mit dem wirtschaftlichen Aufblühen von Axum zusammenhing[60]. Die Bedeutung des Handels für Axum läßt sich auch an der Lage der Zentren des Reiches ablesen: Sie lagen in oder in unmittelbarer Reichweite von internationalen Handelsrouten (Rotes Meer, Landverbindungen ins Niltal und zum Horn von Afrika).

Die Gesellschaftsstruktur[61] ist vermutlich spätestens seit axumitischer Zeit als komplex zu bezeichnen, mit einem König (einer Königin?) an der hierarchischen Spitze und einer relativ mächtigen und wohlhabenden Elite am oberen Niveau der sozialen Schichtung. Andererseits gab es eine Masse an Bauern/Bäuerinnen und Sklav/inn/en, die unter anderem für die Errichtung erwähnter monumentaler Anlagen verpflichtet wurde. Dazwischen lag vermutlich eine Mittelschicht, zumindest zu axumitischer Zeit, die sich wohl zusammensetzte aus Beamt/inn/en, Kleriker/inne/n, Händler/inne/n und eventuell hervorragenden Handwerker/inne/n sowie Ausländer/inne/n mit besonderen Aufgaben.

Neben einer sozialen Schichtung kann man auf funktionale Spezialisierung[62] schließen, mit diversen Aufgabenbereichen wie Herrschaft, Verwaltung (Beamtentum), Kunst, Landwirtschaft und Viehzucht, Baugewerbe, Holzverarbeitung, Bergbau, Eisenerzeugung und- verarbeitung.

Archäologische Funde weisen darauf hin, daß Religion[63] sowohl für die Staats- als auch Stadtentwicklung förderlich war. Zu voraxumitischer und früher axumitischer Zeit herrschte ein Polytheismus vor, der wahrscheinlich beeinflußt war von südarabischen Traditionen und in dem Almouqah, der Mondgott, und Mahrem, der Gott des Krieges und der Monarchie, zu den wichtigsten Göttern zählten. Ab dem vierten Jahr-

---

[59] Siehe ebd., 92-95.
[60] So etwa Adams: Nubia, a. a. O., 385-388, Phillipson: African Archaeology, a. a. O., 167-168.
[61] Siehe Connah: African Civilizations, a. a. O., 88-90.
[62] Siehe ebd., 89-90.
[63] Siehe ebd., 91-92 und Kobishchanov: Axum, a. a. O., 224-240.

hundert etablierte sich, wie schon erwähnt, das Christentum, welches durch den Einfluß mehrerer Kulturen, die in Äthiopien präsent waren (vgl. unter anderem die Handelskontakte), eine spezifisch äthiopische Prägung erfuhr. Zeugnis von der besonderen Rolle der Religion geben sowohl die Tempel als auch die Kirchen, die herausragende Bauwerke in ihrer jeweiligen Zeit repräsentieren und mit solchem Aufwand errichtet wurden, daß man als treibende Kraft dahinter die Herrscher/innen bzw. die Elite annehmen muß, die mit diesen Bauten wiederum wohl unter anderem eine Legitimationsstrategie ihrer Macht verfolgten. Tempel und Kirchen hatten meist eine gewisse Zentralortfunktion, sodaß sie indirekt die Entwicklung von Städten begünstigten; andererseits kann man annehmen, daß in großen Ansiedlungen religiöse Einrichtungen geschaffen wurden.

3. Westafrikanische Savanne

Wie neuere archäologische Untersuchungen zeigen, gab es in manchen Gebieten der heutigen Sahelstaaten komplexe Gesellschaften mit großräumigen Handelsverbindungen ab der Mitte des ersten Jahrtausends n. Chr. und damit vor islamischen Einflüssen.[64] Ein Teil dieser Staaten liegt in der westafrikanischen Savanne, die von Graham Connah als eine „optimale Zone"[65] charakterisiert wird, entgegen den heute vielfach bedrängenden Probleme in dieser Region.

Die Savanne spielte in der Menscheitsgeschichte eine bedeutende Rolle, denn in ihr gab es einen reichen Bestand an Fauna und Flora, sie war geeignet für Landwirtschaft und Viehzucht und stellte der Kommunikation und dem Austausch von Gütern relativ geringe Hürden in den Weg.[66]

Im folgenden werde ich mich mit jenem Gebiet der afrikanischen Savanne befassen, das vom atlantischen Ozean bis zum Tschad-See reicht und zwischen dem tropischen Regenwald im Süden und der Sahara im Norden liegt.[67] Die natürliche Vegetation wird geprägt durch Grasland, Busch und Bäume unterschiedlicher Dichte. Diese Region war von der Mittelmeerwelt durch eine schwer überwindbare Wüste geschieden, jenseits des ebenfalls wenig einladenden tropischen Regenwaldes wiederum lag der Atlantik mit einer Küstenregion, die bis zur Mitte des zweiten Jahrtausends n. Chr. vom Rest der Welt isoliert war, nicht zuletzt weil sie für die Schiffahrt lange Zeit insbesondere wegen der ungünstigen Winde entlang der Sahara-Küste unzugänglich war: Die vorherrschenden Winde wehen nämlich stets vom Norden, sodaß bei der Schiffahrtstechnik des Altertums und des Mittelalters eine Rückkehr von jenseits des

---

[64] Siehe Susan Keech McIntosh, Roderick J. McIntosh: Recent Archaeological Research and Dates from West Africa, *Journal of African History,* 27 (1986), 413-442, hier 427.
[65] Connah: African Civilizations, a. a. O., 97. Im allgemeinen zur westafrikanischen Savannenregion vgl. ebd., 97-120.
[66] Siehe ebd., 98.
[67] Zu Geographie, Vegetation, Klima siehe ebd., 98-101; zur Landwirtschaft zusätzlich ebd., 111-113.

Anfänge der Verstädterung 57

Kap Bojador auf ungefähr 26° nördlicher Breite unmöglich gewesen wäre.[68] Während also die westafrikanische Savanne vom Süden her für die Mittelmeerwelt unerreichbar war, konnte die Sahara schon vor der Einführung der domestizierten Kamele aus Arabien bzw. Ägypten (in den ersten Jahrhunderten n. Chr.[69]) durchquert werden, unter anderem mit Hilfe von Pferden und Ochsen und beräderten Fahrzeugen; mit den Kamelen allerdings und im Gefolge der arabischen Einwanderung in Nordafrika erlebte der Kamel-Trans-Sahara-Verkehr im siebten Jahrhundert seinen eigentlichen Aufschwung.[70]

Weder kulturell noch von ihrer Umwelt her ist die westafrikanische Savanne als einheitlicher Block zu verstehen.[71] Klimatisch läßt sich eine Savannenzone mit relativ feuchtem Waldland von einer mit trockenem Waldland unterscheiden, an die Zonen mit bewaldeter sowie Wüstensteppe anschließen (vom Süden nach Norden genannt, primär west-östlich verlaufend). Da diese Zonen relativ schmal sind, war ein Austausch von Gütern zwischen den Zonen ohne Überwindung weiter Strecken möglich und aufgrund des wechselseitigen Bedarfs auch zweckmäßig, sodaß womöglich schon vor 3000 Jahren ein regionales Handelsnetz bestand. Dieser Austausch bezog die angrenzende Wüste und die Region des Regenwaldes mit ein, wodurch die Savanne auch Umschlagplatz und Zwischenhandelszone war. Die wichtigsten Ressourcen der westafrikanischen Savanne waren agrarische Produkte (zum Teil, wie Hirse, ab dem zweiten Jahrtausend v. Chr. nachzuweisen, Viehzucht hatte sich im ersten Jahrtausend v. Chr. etabliert), zudem Wild und Fische; Elfenbein; daneben Eisenerz, alluviales Gold, für Schleif- und Mühlsteine geeignetes Gestein, Ton. Schließlich handelte man mit Sklav/inn/en, noch lange bevor die ersten Europäer in Westafrika landeten.[72] Von jenseits der Sahara wurden unter anderem Töpfereiwaren, Öllampen, Glasgefäße, Kupfer- und Goldbarren, Grabsteine (teils mit arabischen Inschriften) eingeführt. Insbesondere aufgrund des Trans-Sahara-Handels ist die Lage einiger Städte am Rand der Wüste im Sinne von „Wüstenhäfen" aufzufassen. Einen besonderen Stellenwert hatte der Handel mit Salz, welches man primär entweder aus der Sahara oder von der Atlantikküste einführte, und zwar noch vor dem arabischen Trans-Sahara-Handel.

Probleme für die menschliche Besiedlung der westafrikanischen Savanne hängen primär mit Wasserknappheit zusammen, die umso gravierender wird, je weiter nördlich man sich befindet, und die verstärkt wird durch die gegen Norden hin zunehmende Hitze. So hatten Flüsse wegen der allgemeinen Trockenheit eine besondere Bedeutung; in manchen Regionen (u. a. im Inlanddelta des Niger in Mali und am südlichen Rand des Tschadsees) nutzt/e man speziell jene Uferzonen, die bei hohem Wasserstand überflutet wurden/werden und bei niedrigem feuchte und fruchtbare Erde anbo-

---

[68] Siehe ebd., 98-99.
[69] Vgl. auch Nehemia Levtzion: Ancient Ghana and Mali, London: Methuen & Co, 1973, 6. Levtzion setzt die Einführung von Kamelen in der Sahara anhand römischer Dokumente in etwa mit dem Beginn des ersten Jahrhundets n. Chr. an.
[70] Siehe Connah: African Civilizations, a. a. O., 99.
[71] Zu Klima und Vegetation siehe ebd., 99-101, zu Landwirtschaft und Viehzucht ebd., 101 und 111-112.
[72] Zum Handel siehe v. a. ebd., 116-119.

ten/anbieten (vgl. mit dem Niltal!). Wo es allerdings genügend Wasser gäbe, bedrohen mehr als andernorts Krankheiten und Seuchen Mensch und Tier (menschliche und tierische Schlafkrankheit, Malaria, Flußblindheit, Parasiten in den Eingeweiden).[73]

Die ersten Beispiele städtischer oder stadtähnlicher Niederlassungen in Westafrika werden im Tichitt-Tal im südlichen Mauretanien lokalisiert, wo man befestigte Siedlungen fand, deren Mauern bis zu einem Quadratkilometer umfaßten und vermutlich einige tausend Bewohner/innen vor äußeren Feinden (sei es fremden Völkern oder Nachbarsiedlungen) schützten.[74] Die relativ hohe Bevölkerungszahl dürfte nicht zuletzt durch den Zustrom von Menschen zu erklären sein, die südwestliche Regionen der Sahara vor deren Austrocknung bewohnt hatten. Die Bewohner/innen von Tichitt gehörten wahrscheinlich den Soninke an, einem Mande-sprechenden Volk, und lebten vor allem von Viehherden und zunehmend von der Landwirtschaft. Datiert werden die Niederlassungen im Tichitt-Tal in die Zeit von 1100 bis 300 v. Chr.[75] Schon um 1100 v. Chr. wurden aus Stein gemauerte Dörfer errichtet. Man lebte zu dieser Zeit von Vieh- und Ziegenhaltung, von wilden Tieren und zum Teil von Fischen sowie von gesammelten Früchten. Auch erste Ansätze einer Landwirtschaft dürfte es gegeben haben. Um 1000 v. Chr. begann man, Dörfer zu ummauern. Im weiteren Verlauf wurde die Landwirtschaft intensiviert bei gleichzeitiger Zunahme der Bevölkerungsdichte. Ab 600 v. Chr. setzte der Niedergang der Siedlungen ein, was vermutlich auf kriegerische Einfälle[76] und klimatische Veränderungen (Ausweitung der Wüste)[77] zurückzuführen ist.

Während man über lange Zeit den Fernhandel und externe Stimuli (insbesondere von islamischen Kulturen) für die Entstehung von Städten in dieser Region verantwortlich machte, ergeben neuere archäologische Untersuchungen ein modifiziertes Bild. Funde von Jenne-jeno („Alt-Jenné") etwa haben gezeigt, daß diese im Inlanddelta des Niger im heutigen Mali gelegene Ansiedlung zwar dem Fern- sowie regionalen Handel ihre Ausweitung zu einem urbanen Zentrum um 750 n. Chr. verdankt, nicht jedoch auf islamische Einflüsse zurückgeht.[78] Diese Ansiedlung, die ab 250 v. Chr. nachgewiesen werden kann, wurde in ihrer Frühzeit von einem eingewanderten Volk bewohnt, das Eisen verwendete. In der Zeit der größten Ausdehnung der Stadt (in der Phase zwischen 300 und 800 n. Chr., ein Areal von mindestens 33 Hektar umfassend)

---

[73] Siehe ebd., 101.
[74] Siehe Oliver: The African Experience, a. a. O., 91.
[75] Siehe Levtzion: Ancient Ghana and Mali, a. a. O., 12-13. Nach Phillipson: African Archaeology, a. a. O., 127 reicht die Besiedlung bis in die Mitte des dritten Jahrtausends zurück.
[76] Siehe ebd., 12-13.
[77] Siehe Catherine Coquery-Vidrovitch: The Process of Urbanization in Africa (From the Origins to the Beginning of Independence), *African Studies Review*, 34/1 (1991), 1-98, hier 22.
[78] Hier und im folgenden über Jenne-jeno siehe grundsätzlich McIntosh; McIntosh: Recent Archaeological Research and Dates from West Africa, a. a. O., 427-429 und dies.: Cities without Citadels: Understanding Urban Origins Along the Middle Niger, in: Sinclair; Shaw; Andah; Okpoko (Hg.): The Archaeology of Africa, a. a. O., 622-641.

Anfänge der Verstädterung 59

wurde eine Stadtmauer errichtet.[79] Ab 400 n. Chr. läßt sich Kupfer nachweisen und Gold ab 800, was vermutlich auf Fernhandelsverbindungen hinweist, da weder Kupfererz- noch Goldvorkommen in der Nähe Jenne-jenos nachweisbar sind[80]. Um 1000 n. Chr. begann die Bedeutung der Stadt abzunehmen, bis sie um 1400 ihren früheren Stellenwert gänzlich verlor, den sie an die islamisch geprägte Stadt Jenne (ab dem 12. Jahrhundert, ca. drei Kilometer nord-westlich von Jenne-jeno[81]) abtreten mußte[82], welche insbesondere als Bindeglied im Handel zwischen dem westlichen Sudan und den südlicheren Waldregionen fungierte und damit ein bedeutendes Handelszentrum war[83].

Jenne-jeno dürfte funktional gegliedert gewesen sein, mit Vierteln primär zum Wohnen und solchen zum Arbeiten. Man fand Bestattungszonen und Abfalldeponien.[84] Die Häuser waren zur Zeit des Höhepunktes von Jenne-jeno sehr nahe aneinandergebaut, mit schmalen Gassen dazwischen ohne eine klar erkenntliche Stadtplanung, vielmehr war ein enges Straßengewirr entstanden. Es wurden runde und eckige Häuser errichtet, die durch Mauern zu Höfen zusammengeschlossen wurden. Unter Umständen befand sich an einem zentralen Ort ein Marktplatz.[85]

Es gab schon in der Frühzeit der Stadt Spezialist/inn/en, die es verstanden, Eisen zu schmelzen und zu bearbeiten, andere wiederum widmeten sich der Beschaffung des Rohmaterials, das mindestens fünfzig Kilometer entfernt war. Die Töpferei befand sich bereits in der ersten Phase der Stadtentwicklung auf einem sehr hohen Niveau, sodaß auch für diese Tätigkeiten wenigstens „Teilzeit"-Spezialist/inn/en angenommen werden den müssen. Etwas später traten Maurer/innen auf, die Häuser aus Lehm sowie Lehmziegeln errichteten.[86]

Die Stadtbewohner/innen, deren Zahl auf 7000 bis 13.000 geschätzt wird[87], ernährten sich vornehmlich von Rindern, Fischen und Reis[88].

Die Sozialstruktur war trotz der funktionalen Spezialisierung relativ homogen, es gab vemutlich keine ausgeprägte einheitliche Hierarchie, sondern eher mehrere Institutionen in der Art etwa von Interessensvertretungen.[89]

---

[79] Es wurden bislang keine Hinweise gefunden, daß die Stadtmauer der Abwehr von Feinden diente. Sie könnte eher zum Schutz vor Wasser errichtet worden sein oder zur besseren Kontrolle des Zuganges zum Markt. (Siehe McIntosh; McIntosh: Cities without Citadels, a. a. O., 632.)
[80] Siehe ebd., 638-640.
[81] Zur Lage siehe ebd., 628.
[82] Siehe ebd., 631. Vgl. auch Coquery-Vidrovitch: The Process of Urbanization in Africa, a. a. O., 23.
[83] Siehe Basil Davidson (in Zusammenarbeit mit F. K. Buah und der Beratung von J. F. Ade Ajayi): The Growth of African Civilisation. A History of West Africa 1000-1800, London: Longman, ^{4}1976 (^{1}1965), 77.
[84] Siehe McIntosh; McIntosh: Cities without Citadels, a. a. O., 629.
[85] Siehe ebd., 632.
[86] Siehe ebd., 631-632.
[87] Siehe ebd., 633. Mit den in unmittelbarer Nähe liegenden Ansiedlungen, die wohl zum erweiterten Stadtkomplex zu rechnen sind, kann man die Einwohner/innenzahl auf nicht ganz 27.000 beziffern. (Siehe ebd., 633.)
[88] Siehe ebd., 631.
[89] Siehe ebd., 632.

Jenne-jeno befand sich an der Spitze einer Hierarchie von Siedlungen, die in der Region der Stadt lagen.[90]

Die Hauptstadt des berühmten Reiches von Ghana (nicht zu verwechseln mit dem heutigen Staat Ghana, welcher hunderte Kilometer vom alten Reich selben Namens liegt und keine wesentlichen historischen Verbindungen zum alten Ghana vorweisen kann[91]) dürfte (zumindest) in der letzten Zeit seines Bestandes Koumbi Saleh (oder „Kumbi Saleh") im heutigen Mauretanien gewesen sein.[92] Wann Koumbi Saleh entstand, ist nach wie vor unklar, jedenfalls war jener Ort ab dem sechsten Jahrhundert n. Chr. bewohnt.[93] Die Stadt (bzw. der erforschte Rest von ihr) belegte eine Fläche von etwa zweieinhalb Quadratkilometern und bestand aus zwei unterscheidbaren Teilen, einem Teil, in dem man Steinbauten mit teils zwei Etagen fand und der vermutlich von reichen Kaufleuten aus dem Maghreb bewohnt wurde, und einem zweiten Teil, möglicherweise dem Viertel der einheimischen Soninke, in dem einige Steinbauten und weniger beständige Häuser errichtet worden waren.[94] Neben großen profanen Bauten (etwa zwei Villen, in denen man Objekte wie Lanzen und Messer, landwirtschaftliche Werkzeuge, Glasgewichte, mediterrane Töpfereiwaren entdeckte[95]), fand man eine Moschee (von denen es mehrere gab), und zwar im Zentrum der Stadt, mit angenommenen Maßen von etwa 46 Mal 23 Metern.[96] Die Bevölkerungsdichte dürfte recht hoch gewesen sein, einer Schätzung zufolge haben zwischen 15.000 und 20.000 Menschen die Stadt bewohnt.[97] Der Reichtum Ghanas, der sich unter anderem wie im Fall Malis (siehe unten) im königlichen Besitz großer Mengen an Gold äußerte, beruhte vor allem auf Handel bzw. Zwischenhandel, insbesondere von Salz aus dem Norden und Gold aus dem Süden.[98] Religiös dürfte es eine Mischung von vor allem zugezogenen Moslems und Einheimischen, die primär ihrer indigenen Religion folgten, gegeben haben.[99] Der König des Reiches, der in Koumbi Saleh residierte, dürfte sehr große Macht besessen haben (siehe beispielsweise Bestattungsriten, die beim Tod des Königs Untertanen oder Angehörige als Grabbeigaben vorsahen) und vielleicht von göttlichem Status gewesen sein.[100] Mit dem Eindringen der Almoraviden ab dem Jahr 1054[101] und ihrer islamischen Missionierung sowie ihrer Erbeutung von Gütern und ihrem Streben nach Reichtum begann der Untergang des Reiches von Ghana, bis im 13. Jahrhundert nicht viel vom ursprünglichen Glanz übrig geblieben war. Das Reich hatte

---

[90] Siehe ebd., v. a. 635-636.
[91] Siehe Levtzion: Ancient Ghana and Mali, a. a. O., 218-219.
[92] Siehe Davidson: The Lost Cities of Africa, a. a. O., v. a. 86-89 und Levtzion: Ancient Ghana and Mali, a. a. O., 22-26.
[93] Siehe Phillipson: African Archaeology, a. a. O., 181.
[94] Siehe Levtzion: Ancient Ghana and Mali, a. a. O., 23-24.
[95] Siehe ebd., 24 und Davidson: The Lost Cities of Africa, a. a. O., 86-87.
[96] Siehe Levtzion: Ancient Ghana and Mali, a. a. O., 24-25.
[97] Siehe ebd., 24.
[98] Siehe ebd., 115-116 und Davidson: The Lost Cities of Africa, a. a. O., 87.
[99] Siehe v. a. Levtzion: Ancient Ghana and Mali, a. a. O., 25.
[100] Siehe ebd., 25-26.
[101] So Davidson: The Lost Cities of Africa, a. a. O., 88. Nach Levtzion eroberten die Almoraviden Ghana 1076/1077. (Siehe Levtzion: Ancient Ghana and Mali, a. a. O., 25, 45.)

Anfänge der Verstädterung

sich, entgegen anderen Königreichen im Sudan, die mit der Übernahme des Islam gestärkt wurden, in mehrere kleine Reiche der Soninke aufgelöst. Koumbi Saleh allerdings florierte als islamische Stadt noch im zwölften Jahrhundert.[102]

Nachdem Ghana seinen ursprünglichen Einfluß und seine Macht verloren hatte und das Reich der Soso, einer südlichen Gruppe der Soninke, welches vorübergehend eine Vormachtstellung beanspruchen konnte und im frühen 13. Jahrhundert das Gebiet des alten Reiches von Ghana und der Malinke (des Volkes von Mali)[103] beherrschte, unter der Führung des legendären Sundjata, des Gründers des Großreiches von Mali, besiegt worden war[104], eroberte sich das Reich von Mali die Vorherrschaft im nigerischen Sudan. In der Zeit der größten Ausdehnung (im 14. Jahrhundert) erstreckte sich das Reich vom unteren Senegalfluß und dem Gambia im Westen bis einschließlich zum Reich der Songhai am Niger im Osten; vom Oberlauf des Niger im Süden bis zu den Grenzen der Sahara im Norden.[105] Wenngleich, wie schon in Ghana, der Handel eine bedeutende wirtschaftliche Grundlage darstellte, war der Großteil der Leute in der Landwirtschaft und Viehzucht sowie in der Fischerei tätig.[106] Niani war vermutlich vom zwölften bis zum 16. Jahrhundert die (einzige) Hauptstadt dieses Reiches.[107] Die Stadt lag an den Routen mehrerer wichtiger Verkehrsverbindungen. Das fruchtbare Umland konnte die Nahrungsmittelversorgung sicherstellen, und geographische Gegebenheiten begünstigten die Verteidigung der Stadt im Kriegsfall. Zudem konnte man das örtliche Eisenerz nutzen.

Um 1100 n. Chr. entstand am Niger (genauer gesagt unweit des Niger am Rand der Überschwemmungszone) eine Stadt, die insbesondere in der europäischen Wahrnehmung vor allem wegen ihrer Größe, ihrer Lage am Rand der Wüste sowie ihrer relativ stark ausgeprägten politischen Autonomie lange Zeit als geheimnisvoll galt und von vielen Sagen umwoben war: gemeint ist Timbuktu.[108] Die Ursache für die Entstehung der Stadt dürfte im lokalen Handel, speziell zwischen den Bewohner/inne/n des mittleren Niger Deltas und den Hirt/inn/en in der Sahara liegen. Zum Aufschwung der Stadt trug später der Trans-Sahara-Handel bei (nicht jedoch zu ihrer Entstehung). So wurde Timbuktu als Hafenstadt der Wüste bezeichnet (im Mittelalter war bei den Araber/inne/n das Bild von der Wüste als Meer gängig, die Sahelzonen nördlich und südlich der Sahara erhielten in Anlehnung an jenes Bild den Namen „Sahel" - aus dem Arabischen übersetzt „Küste"[109]). Ihre Blüte verdankt diese Stadt weiters ihrer Lage

---

[102] Siehe Davidson: The Lost Cities of Africa, a. a. O., 88 und Levtzion: Ancient Ghana and Mali, a. a. O., 47.
[103] Im Reich von Mali lebten, insbesondere in Expansionszeiten, naturgemäß nicht nur Malinke.
[104] Siehe Levtzion: Ancient Ghana and Mali, a. a. O., 51. Nach Bertaux fand die entscheidende Schlacht im Jahr 1235 statt. (Siehe Pierre Bertaux: Afrika. Von der Vorgeschichte bis zu den Staaten der Gegenwart, Frankfurt am Main: Fischer, 1993 (^{1}1966), 57.)
[105] Siehe Levtzion: Ancient Ghana and Mali, a. a. O., 73.
[106] Siehe ebd., 116.
[107] Siehe ebd., 61-62.
[108] Siehe Elias N. Saad: Social History of Timbuktu: The Role of Muslim Scholars and Notables 1400-1900, Cambridge u. a.: Cambridge University Press, 1983, hier v. a. 1-4. Allgemein zu Timbuktu vgl. auch Levtzion: Ancient Ghana and Mali, a. a. O., 157-160.
[109] Vgl. auch Levtzion: Ancient Ghana and Mali, a. a. O., 10.

am Rand der fruchtbaren Überschwemmungszone des Niger sowie ihrer Stellung als Bindeglied im Handel in der Region des Nigerbogens (bei Kabara lag der Hafen, durch den Timbuktu Zugang zum Niger hatte); Timbuktu war zudem Vermittler und Verbindung zwischen den schwarzen bäuerlichen Völkern der westafrikanischen Savanne und den Hirtennomad/inn/en der südlichen Sahara.[110]

Ethnisch war Timbuktu stark gemischt, was nicht verwunderlich ist, wenn man bedenkt, daß die Region um Timbuktu zu den ethnisch diversifiziertesten Gebieten Afrikas zählt. Zu seinen Bewohner/inne/n gehörten die Songhai, Ruma, Fulani, Wangara, Soninke, Malinke, Sanhaja, Tuareg, Hassani, Araber/innen, nordafrikanische Berber/innen. Zur Zeit ihrer Blüte im 16. Jahrhundert dürften 30.000 bis 50.000 Menschen die Stadt bewohnt haben.[111] Diese Vielvölkerstadt wurde vermutlich insbesondere durch ein gemeinsames Rechtswesen bzw. eine ausgereifte Gerichtsbarkeit zusammengehalten.[112]

In den ersten beiden Jahrhunderten seines Bestehens wurde Timbuktu selbständig regiert, vermutlich unter der Führung angesehener Familien bzw. ihrer gelehrten Söhne, und war keinem Großreich untergeordnet oder in es politisch bzw. administrativ integriert. Zwischen 1325 und 1433 war Timbuktu bei relativ großer Autonomie Teil des Reiches von Mali; darauf folgten einige Jahrzehnte von Autonomie, die jedoch durch die Oberhoheit der Führung der Maghsharen eingeschränkt wurde. 1468 wurde die Stadt von den Songhai erobert, was zunächst zu massiven Konflikten führte, die später durch eine neue Form der Beziehungen zwischen den Songhai und Timbuktu ausgeräumt wurden, sodaß in die Zeit, als Timbuktu Teil des Songhai-Reiches war, die größte Blüte der Stadt fällt.[113] (Auf die weitere Geschichte der Stadt, die noch heute besteht, möchte ich hier nicht eingehen; diese Geschichte selbst im Detail nachzuzeichnen, ist wegen mehrerer arabischer Chroniken („tarikhs") von Timbuktu, die ab dem späten 16. Jahrhundert verfaßt wurden, verhältnismäßig leicht möglich, verglichen mit der Geschichtsschreibung anderer Städte in dieser Zeit.)

Religiös dürfte Timbuktu von Anfang an islamisch bestimmt gewesen sein. Islamische Gelehrte spielten in Timbuktu eine besonders einflußreiche Rolle; Saad bezeichnet die Stadt als „city of scholars"[114], wenngleich er festhält, daß letztendlich wohl eine Schicht von Händler/inne/n und Kaufleuten das soziale Leben von Timbuktu am nachhaltigsten prägte. Wie auch immer, islamische Gelehrsamkeit war unmittelbar verknüpft mit sozialem Rang bzw. umgekehrt, sozialer Rang mit Gelehrsamkeit, sodaß sich die wohlhabenden Kaufleute darum bemühten, sich selbst sowie ihren Kindern eine entsprechende Ausbildung zukommen zu lassen, die nicht nur den Status anhob, sondern wegen des zusätzlichen, in ihrer Gesellschaft relevanten Wissens auch ihre

---

[110] Siehe Saad: Social History of Timbuktu, a. a. O., 4-6. Vgl. auch Horace Miner: The Primitive City of Timbuctoo, Princeton: Princeton University Press, 1953, 3-4: Anm. 1.
[111] Siehe Saad: Social History of Timbuktu, a. a. O., 8-9 und 27.
[112] Siehe ebd., 34.
[113] Siehe ebd., 34-35 und 11.
[114] Ebd., u. a. 18.

Macht vermehrte.[115] Moscheen gehörten bereits in der hier besprochenen Zeit zu den besonderen Bauten (die erste - die Hauptmoschee, Jingerebir - wurde vermutlich durch die Initiative des Herrschers von Mali, Mansa Mussa (auch „Kankan Mussa"), nach seiner Rückkehr von der Pilgerfahrt nach Mekka (1324/5) errichtet)[116]. Heute hat man allerdings keine genaue Vorstellung von der Bauweise bzw. vom Aussehen dieser frühen Moscheen, da sie nicht aus beständigem Material erbaut worden sind und daher keine entsprechenden Spuren hinterlassen haben. Aus dem gleichen Grund weiß man wenig über die Wohnhäuser der Frühzeit; offenbar verwendete man auch dafür keine überdauernden Materialen, was unter anderem damit zu erklären ist, daß derartige Materialien wie etwa Stein nicht ausreichend vorhanden bzw. nicht zu vernünftigen Kosten beschaffbar waren.[117] Das Gebiet rund um die Hauptmoschee dürfte anfangs das dichtest besiedelte in der Stadt gewesen sein.[118]

In Westafrika wurde Eisen spätestens seit der Mitte des ersten Jahrtausends v. Chr. verwendet, seit dem ersten Jahrtausend n. Chr. wurde es mit Sicherheit für unterschiedlichste Zwecke eingesetzt, von Waffen und Werkzeugen bis zu Schmuck, wobei diese Produkte aus einheimischer Erzeugung stammten.[119] Kupferbearbeitung wurde in Jenne-jeno noch vor der Mitte des ersten Jahrtausends n. Chr. nachgewiesen. Die einheimische Anwendung der Technik des Wachsausschmelzverfahrens (Guß mit verlorener Form) für Gegenstände aus Kupfer und Kupferlegierungen ist ab dem Ende des elften, Anfang des zwölften Jahrhunderts datierbar. Es wurde Gold abgebaut, wofür ebenso Spezialist/inn/en eingesetzt wurden wie vermutlich für die Errichtung großer Gebäude (Lehmarchitektur wurde u. a. in Jenne ab dem frühen ersten Jahrtausend n. Chr. errichtet). Die Töpferei befand sich am Anfang des ersten Jahrtausends n. Chr. auf hohem technischem Niveau, Tonarbeiten wurden zum Teil sorgfältig dekoriert, manchmal mit Malereien. Spinnerei und Weberei wurden wohl erst gegen Ende des ersten Jahrtausends n. Chr. entwickelt.

Das Sozialsystem war, wie oben ersichtlich wurde, in den einzelnen Städten meist recht komplex mit verschiedenen Schichten und Spezialist/inn/en.

Trotz vorislamischer Anfänge der Verstädterung trug der Islam wesentlich zum Verlauf der Urbanisierung bei.[120] Dieser hatte in Westafrika ab dem neunten Jahrhundert vom Norden aus allmählich Verbreitung gefunden[121], Herrscher/innendynastien konvertierten ab dem Ende des zehnten Jahrhunderts zum Islam[122]. Reste früher Moscheen wurden unter anderem in Koumbi Saleh, Tegdaoust und Kidal gefunden, manche alte Moscheen werden noch heute benutzt (etwa in Jenne). Eine große Zahl der

---

[115] Siehe ebd., 24-25 und 227-229.
[116] Siehe ebd., 37.
[117] Siehe ebd., 136-137.
[118] Siehe ebd., 34.
[119] Zur Technologie siehe im allgemeinen Connah: African Civilizations, a. a. O., 113-114.
[120] Siehe ebd., 115-116.
[121] Siehe Olaniyan: Islamic Penetration of Africa, a. a. O., 41.
[122] Siehe Lewis: Introduction, a. a. O., 16. Es ist hier zu beachten, daß die konvertierten Herrscher/innenhäuser sich üblicherweise nicht ganz von traditionellen Glaubensvorstellungen lösten, das „einfache" Volk übernahm noch zögernder die neue Religion. (Siehe Olaniyan: Islamic Penetration of Africa, a. a. O., 42.)

Muslime lebte in Städten, und man versuchte, die Andersgläubigen nicht nur zur eigenen Religion, sondern auch zur eigenen Lebensweise zu bekehren. Andererseits deuten archäologische Funde, insbesondere solche in Zusammenhang mit Bestattungsformen, darauf hin, daß die ersten Bewohner/innen der westafrikanischen Städte nicht Muslime waren, sondern unterschiedlichen einheimischen Religionen angehörten.[123]

4. Westafrikanische Wälder und ihre Ausläufer

Der westafrikanische Teil des äquatorialen Regenwaldes (von Kamerun bis Sierra Leone) umfaßt wegen seiner geringen nord-südlichen Ausdehnung und seiner Unterbrechung zwischen der westlichen Grenze von Nigeria und dem östlichen Ghana eine eher kleine Fläche.[124] Südlich grenzt er in der Regel an Mangrovensümpfe oder direkt an das Meer, nördlich an die Savanne. Der Regenwald selber ist sehr dicht bewachsen, mit teils mächtigen Bäumen und dichtem Gebüsch. Es ist allerdings möglich, daß das niedrige Gebüsch zu früheren Zeiten weniger dicht war, sodaß eine Durchquerung leichter möglich war. Überdies nimmt man an, daß der Wald auch zu der Zeit, als die ersten Städte entstanden, unterschiedlich dicht war, sodaß eine landwirtschaftliche Nutzung nicht allzu schwierig und die Kommunikation leichter möglich war, als es zunächst scheinen mag, gleichwohl man Hindernisse für Kommunikation und Verkehr als wesentliches Problem im Regenwald einstufen muß.

Ein großer Vorteil des Regenwaldes ist seine ausreichende Versorgung mit Wasser (jedoch war die Wasserversorgung in Trockenperioden in bestimmten Regionen durchaus mangelhaft), was unter anderem ein prächtiges pflanzliches Wachstum bewirkt. Allerdings ist die Erde meist nicht sehr fruchtbar, sodaß der landwirtschaftlichen Nutzung der Felder lange Brachephasen zu folgen haben.

Schon in der Zeit vor zwei- bis dreitausend Jahren dürfte die pflanzliche Nahrung am wichtigsten gewesen sein. Tierische Nahrung hingegen dürfte seltener gewesen sein, was einerseits auf die Tsetse-Fliege zurückzuführen ist, die bis auf geringe Ausnahmen Viehzucht unmöglich machte, zum anderen war der Bestand an erlegbarem Wild nicht allzu umfangreich. Der Baumbestand wurde als Feuerholz, zum Haus- und Kanubau, teils zum Brennen von Holzkohle, Salz und Asche für eine Art Seife verwendet. Man nutzte Elfenbein und Gold, Eisenerz, als Schleif- und Mühlsteine taugliches Gestein, Ton. Auch beutete man Menschen als Sklav/inn/en aus.

Die menschliche Gesundheit war/ist im tropischen Regenwald unter anderem durch folgende Krankheiten und Seuchen gefährdet: Malaria, Gelbfieber, Dengue-Fieber, Würmer und Parasiten (vor allem im Magen- und Darmtrakt).[125]

---

[123] Siehe Connah: African Civilizations, a. a. O., 116. Vgl. auch Levtzion: Ancient Ghana and Mali, a. a. O., 10.
[124] Hier und allgemein im folgenden siehe Connah: African Civilizations, a. a. O., 121-149. Zu Geographie, Klima, Vegetation siehe ebd., 123-128, zur Landwirtschaft zudem ebd., 138-141.
[125] Siehe ebd., 127.

In dieser Region, die wohl nicht allzugünstig für menschliche Besiedlung war, brachten es die Menschen dennoch zu Wege, Städte oder stadtähnliche Ansiedlungen zu entwickeln, und das vermutlich ohne Einfluß von außen, zunächst wohl auch ohne gewichtige Einwirkung von Kulturen, die in der Savanne bereits bestanden[126]. Später allerdings trug der Austausch mit der Savanne und noch später mit Regionen, mit denen man über die Schiffahrt Kontakt hatte, zur Ausweitung der Verstädterung in großem Ausmaß bei.

Die Niederlassungen der Akan-Staaten im heutigen Ghana, deren Tradition zumindest bis zu den Asante-Staaten des 18. und 19. Jahrhunderts heraufreicht, zählen zu den archäologisch am besten erforschten.[127] Zu einem der frühesten Akan-Staaten gehört Begho, eine Markt-Stadt, von der man vier separate „Viertel" in einer Entfernung von jeweils ca. ein bis zwei Kilometern voneinander bei Ausgrabungen entdeckte. Überlieferungen zufolge wurden diese Viertel von einer jeweils anderen Gruppe beherrscht (Akan sprechende Brong, Kramo - moslemische Kaufleute vermutlich aus Mali -, Tumfor, Nyaho - eine gemischte Gruppe), deren Häuser in der Regel durch Erdwälle geschützt waren. Die Ursprünge dieser Niederlassung können bis ins elfte oder zwölfte Jahrhundert n. Chr. zurückverfolgt werden, ihr Höhepunkt wird zu Beginn des 17. Jahrhunderts angenommen; zu Anfang des 18. Jahrhunderts löste sich die Stadt auf.

Archäologisch gut untersucht sind ebenso Niederlassungen der Yoruba im Südwesten Nigerias, einem Volk, das zu den am frühesten relativ stark urbanisierten Völkern gerechnet wird.[128] Am nördlichen Teil des Regenwaldes liegt Ife, eine Stadt, die bis heute religiöse Bedeutung für die Yoruba besitzt (hier soll nach Yoruba-Vorstellungen die Welt erschaffen worden sein) und bekannt ist vor allem wegen ihrer Bronze- und Stein-Skulpturen. Die Besiedlung begann vermutlich im späten ersten Jahrtausend n. Chr.; wann ihr Höhepunkt zu datieren ist, darüber besteht Unklarheit (die Blüte der Kunst von Ife immerhin kann man für die Zeit des späten 14., frühen 15. Jahrhunderts annehmen). Von der Stadt kennt man eine Reihe von Wällen, in deren Zentrum sich der Herrscher/innenpalast befand, wobei die jeweiligen Wälle nicht entsprechend datiert sind, um das Ausmaß der Stadt zu verschiedenen Zeiten feststellen zu können. Es gibt Hinweise, daß diese Ansiedlung eine städtische Dichte aufwies (wobei die zeitliche Bestimmung dessen anscheinend noch nicht möglich ist). Ife dürfte eine wichtige Rolle im Handel gespielt haben.

Genannt sei weiters Benin City in der Regenwaldzone in Nigeria.[129] Seine Ursprünge sind noch immer nicht geklärt, nachgewiesen wurde die Besiedlung bis zurück

---

[126] Dies ist jedoch eine These, die bis dato nicht eindeutig belegbar ist, genauso wenig wie die These vom externen Einfluß auf die Gründung der ersten Städte bewiesen werden kann. Laut Connah gibt es aber genügend Hinweise, die die Endogenität der ersten Städte zumindest als möglich und naheliegender erscheinen lassen als ihre externe Bedingtheit. (Siehe Connah: African Civilizations, a. a. O., bes. 149.)

[127] Siehe Connah: African Civilizations, a. a. O., 129-130; Phillipson: African Archaeology, a. a. O., 213.

[128] Siehe Connah: African Civilizations, a. a. O., 130-134; Phillipson: African Archaeology, a. a. O., 214-215.

[129] Siehe grundsätzlich Connah: African Civilizations, a. a. O., 134-137, Andrew Godwin Onokerhoraye: Urbanism as an Organ of Traditional African Civilization: The Example of Benin, Nigeria, *Civilisations*, 25/3-4 (1975), 294-306.

zum 13. Jahrhundert. In dieser Stadt fand man unter anderem eine tiefe, enge Grube, in der in mehr als zehn Metern Tiefe die Überreste von mindestens 41 jungen Frauen lagen. Diese Frauen, die bekleidet waren und Schmuck trugen, wurden wahrscheinlich im 13. Jahrhundert im Zuge einer Bestattung geopfert und in die Grube geworfen, was wiederum auf eine mächtige Autorität verweist. (Derartige oder ähnliche Opferriten wurden nachgewiesenermaßen noch am Ende des 19. Jahrhunderts praktiziert.) Ausgegraben wurden weiters befestigte Wege aus dem 14. Jahrhundert und davor. Wie ein holländischer Augenzeuge von einem Besuch in Benin 1602 berichtet, waren manche Straßen als breite Zeremonialstraßen angelegt.[130] Relativ bekannt sind die sogenannten „Benin City Mauern", deren innerste vermutlich Mitte des 15. Jahrhunderts vor dem Kontakt mit Europäer/inne/n errichtet wurde. Sie bestand aus einem Erdwall mit einem Graben und mißt eine Höhe von über 17 Metern (nur ihre Überreste) und hat einen Umfang von mehr als elf Kilometern. Ihr Bau war folglich mit Anstrengungen verbunden, die wohl nur in einer Gesellschaft mit starker Zentralgewalt möglich sind. In der Umgebung von Benin City fand man noch eine Reihe weiterer zusammenhängender Erdwälle mit einer Länge von insgesamt vermutlich mehr als 16.000 Kilometern auf einer Fläche von etwa 6500 Quadratkilometern. Schätzungen zufolge waren für deren Bau, der sich über mehrere Jahrhunderte ersteckt haben dürfte, mindestens 150 Millionen Arbeitsstunden notwendig. Jahrhundertelang war die Stadt, die zum überwiegenden Ausmaß von einer Volksgruppe, den Edo, bewohnt wurde, nach Berufsgruppen räumlich gegliedert.[131] Die soziale Hierarchie führte der Oba, ein gottköniglicher Herrscher, an, gefolgt von Trägern erblicher und erworbener (sekundärer Herrschafts-) Ämter.[132] Der Großteil der Bevölkerung dürfte landwirtschaftlich beschäftigt gewesen sein. Es konnte nachgewiesen werden, daß Legierungen auf Kupferbasis bereits im 13. Jahrhundert n. Chr. für künstlerische Zwecke verwendet wurden, einige der berühmten Bronzegusse dürften vor dem Kontakt mit Europäer/inne/n hergestellt worden sein[133].

Die Verwendung von Eisen war wohl nicht die Voraussetzung für die Landwirtschaft im Regenwald, sie erhöhte jedoch zweifellos ihre Intensität und ermöglichte eine Produktivitätssteigerung, wodurch die größer werdende Gesellschaft erhalten werden konnte.[134] Eisen wurde etwas nördlich des Regenwaldes bereits um das zweite Jahrhundert n. Chr. geschmolzen, sodaß angenommen werden kann, daß diese Technik bald auch von Waldbewohner/inne/n angewandt wurde. Außer Eisen wurden Kupfer und Legierungen auf Kupferbasis eingesetzt und gegen Ende des ersten Jahrtausends n. Chr. bereits mit großer Fertigkeit bearbeitet. In Ife stellten die Metallbearbeiter/innen im zweiten Viertel des zweiten Jahrtausends technisch feine und künstlerisch nach wie vor hochgeschätzte Arbeiten her. Etwas später kann man ähnliche Fertigkeiten auch in Benin City feststellen.

---

[130] Siehe Richard W. Hull: African Cities and Towns before the European Conquest, New York: W. W. Norton & Company, 1976, 42.
[131] Siehe ebd., 78.
[132] Siehe ebd., 78-79.
[133] Siehe Onokerhoraye: Urbanism as an Organ of Traditional African Civilization, a. a. O., 303.
[134] Zur Technologie siehe Connah: African Civilizations, a. a. O., 141-142.

Technische Fähigkeiten beschränkten sich natürlich nicht nur auf die Metallbearbeitung, sie zeigen sich zudem unter anderem in der Lehmarchitektur, in der Holzbearbeitung, Töpferei, Lederbearbeitung, Weberei. Interesse haben weiters Funde geweckt, die, wenn nicht Glaserzeugung, so zumindest Glasbearbeitung in Ife anzunehmen nahelegen (entsprechende untersuchte Funde werden auf den Zeitraum zwischen dem späten elften und dem 14. Jahrhundert datiert). Schließlich soll der Goldabbau in den Akan-Wäldern erwähnt werden, der bis in Tiefen von 46 Metern geführt haben soll.

Der Interpretation archäologischer Funde zufolge gab es im Regenwald gegen Ende des ersten Jahrtausends bzw. zu Anfang des zweiten bereits Gesellschaften mit sozialer Schichtung, die auf der Kontrolle des Handels und der landwirtschaftlichen Überproduktion beruht haben dürfte.[135] Weiterentwicklungen dieser Schichtungen dürften in manchen Gebieten zu zentralen Autoritäten mit großer Macht geführt haben, vielleicht repräsentiert im Gottkönig (man nimmt dies vor allem für Benin und Ife an). Insbesondere die Spezialiserung, wie sie aus oben erwähnten Technologien, aber auch dem Handel, zu schließen ist, muß vermutlich in den Zusammenhang mit der Entstehung von Städten gebracht werden.

Der Außen- und Fernhandel[136] dürfte durch den Urwald zwar behindert, nicht aber verhindert worden sein. Der Export dürfte Nahrungsmittel (Yam, pflanzliche Öle, Palmwein, getrockneten Fisch, Salz, Melegueta Pfeffer, Kolanüsse etc.) als auch anorganische Rohstoffe (Elfenbein und Gold), verarbeitete Produkte (Holzkohle, Stoffe, Kanus) sowie Sklav/inn/en umfaßt haben; einige dieser Güter wurden bereits gegen Ende des ersten Jahrtausends durch die Sahara transportiert, ab der Mitte des zweiten Jahrtausends auch von der westafrikanischen Küste weg. Eingeführt wurden unter anderem Güter mit hohem Statuswert, vermutlich auch Schlachtvieh und Salz und insbesondere Legierungen auf Kupferbasis; außerdem Kaurimuscheln, die als Zahlungsmittel und Schmuckstücke großen Wert hatten.

Die Religionen[137] der Völker im Regenwald vor dem Kontakt mit Christ/inn/en und Moslems bzw. auch danach in Fällen, wo sich die fremden Religionen nicht durchsetzen konnten[138], sind unter anderem zu charakterisieren durch den Glauben an viele Götter und die Verehrung von Vorfahren. Der Vorsteher der Volksgruppe war oft zugleich hohe religiöse Autorität. So war etwa der Oba von Benin City zugleich weltlicher Herrscher als auch wichtiger religiöser „Funktionär". Ähnliches galt für den Oni von Ife und den Akan-Herrscher. Die Religion dürfte eine bedeutende Rolle in der Zentralisierung der Gesellschaften gespielt und somit zur Gründung von Städten beigetragen haben.

---

[135] Siehe ebd., 142-144.
[136] Siehe ebd., 146-148.
[137] Siehe ebd., 145-146.
[138] Weder Islam noch Christentum beeinflußten unmittelbar den Beginn und die Frühzeit der Verstädterung in den westafrikanischen Wäldern.

5. Ostafrikanische Küste

Wie kaum anders zu erwarten, nahm man auch für die ostafrikanischen Küstenstädte externe (primär islamische) Einflüsse als Ursache für ihre Entstehung an. Connah zeigt allerdings auf, daß es noch vor diesen Einflüssen für die Entwicklung von Städten eine beachtenswerte Grundlage gegeben hat, welche indigenen Ursprungs war.[139]

Geographisch konzentriert sich die folgende Diskussion auf einen Küstenstreifen, der nicht breiter als zehn Kilometer ist und eine Küstenlänge von 2400 Kilometern aufweist (vom südlichen Teil der Republik Somalia im Norden bis zum nördlichen von Mosambik im Süden).[140] Im Gegensatz zu Westafrika spielte hier die Küste eine besondere Rolle in der Entwicklung von Städten und nicht das Hinterland, was vor allem mit den für die Schiffahrt günstigeren Bedingungen zusammenhängt. Speziell die Schiffahrt zwischen Süd- sowie Westasien und Ostafrika war ungleich einfacher als die zwischen Westeuropa und Westafrika. So wechseln etwa die Winde im Indischen Ozean alle sechs Monate ihre Richtung, sodaß Hin- und Rückfahrten relativ leicht zu bewerkstelligen waren, auch die Strömungen begünstigen diese Schiffahrt. Daher reichen die Verbindungen zu Ostafrika über das Meer mindestens 1000 Jahre zurück, vermutlich aber bis um die Zeitenwende.

Besonders günstig für die Schiffahrt war wegen einer großen Zahl natürlicher Häfen und einer durch Riffe und Inseln geschützten Küstenzone der Bereich zwischen der somalisch-kenianischen Grenze und dem nördlichen Mosambik, doch auch nördlich und südlich davon entstanden Küstenstädte. Auf den Inseln entlang der Küste konnte man Trinkwasser aus gegrabenen Brunnen entnehmen. Die Küstenzone in diesem Bereich war durchaus günstig für menschliche Besiedlungen: Größtenteils regnete es ausreichend, das tropische Klima unterstützte landwirtschaftliche Anstrengungen in Gebieten, wo der Boden dazu geeignet war. Das Hinterland hingegen war wohl weniger attraktiv. Hinter der schmalen, küstennahen Ebene erstreckte sich eine leicht ansteigende, trockene Buschsavanne, in der unter anderem die Tsetse-Fliege vorkam. Daher nahm man an, daß es im allgemeinen nur wenig Kontakt zwischen den Küstenbewohner/inne/n bzw. vielleicht ausländischen Händler/inne/n und den Bewohner/inne/n des Hinterlandes gab, abgesehen von den Verbindungen zwischen der Küste bei Sofala und dem Simbabwe-Plateau. Tatsächlich dürfte es aber weit mehr Kontakte gegeben haben als ursprünglich angenommen, auch war das Hinterland nicht überall gleich „unwirtlich".[141]

---

[139] Siehe allgemein Connah: African Civilizations, a. a. O., 150-182.
[140] Zu Geographie, Klima, Vegetation im allgemeinen siehe ebd., 152-158; vgl. auch H. Neville Chittick, Robert I. Rotberg: Introduction, in: dies. (Hg.): East Africa and the Orient. Cultural Synthesis in Pre-Colonial Times, New York-London: Africana Publishing Company, 1975, 1-15, hier 1-4.
[141] Siehe Connah: African Civilizations, a. a. O., 152-155 und George H. O. Abungu, Henry W. Mutoro: Coast-Interior Settlements and Social Relations in the Kenya Coastal Hinterland, in: Sinclair; Shaw; Andah; Okpoko (Hg.): The Archaeology of Africa, a. a. O., 694-704.

In manchen Regionen war die Landwirtschaft weit gediehen, man züchtete und hielt Vieh, fischte im Meer und befaßte sich mit Bienenzucht.[142] Einige landwirtschaftliche Produkte wurden innerhalb der Küstenregion gehandelt, zum Teil wurden sie in fernere Regionen verkauft (Aden soll etwa aus Kilwa Reis importiert haben, welcher aber möglicherweise nicht aus der Region um Kilwa, sondern aus Madagaskar stammte).[143]

Der Exporthandel basierte jedoch hauptsächlich auf anderen Gütern. Zu allererst ist Elfenbein zu nennen, welches bereits im Periplus Maris Erithraei[144] erwähnt wurde und noch im 19. Jahrhundert wichtiges Handelsgut war. In denselben Aufzeichnungen werden zudem das Horn des Nashornes und Muschelperlen angeführt. In der ersten Hälfte des zweiten Jahrtausends kamen weitere Handelsgüter hinzu, so aus dem Hinterland von Sofala Gold und Kupfer, vom Horn von Afrika Weihrauch und Myrrhe und teils sehr begehrter aromatischer Gummiharz, aus zentraleren Regionen der Küste Hölzer, Eisen und Ambra. Sklav/inn/en wurden wahrscheinlich primär an der nördlichen Küstenregion verkauft, allerdings bis spät ins 18. Jahrhundert in keinem allzu großen Ausmaß. Die Exportgüter waren vermutlich auch für den einheimischen Gebrauch wichtig, zusätzlich zu jenen Gütern, die nicht ausgeführt wurden[145] (Steine und Kalk für Mörtel und Gips; Baumwolle und einheimische Baumwollstoffe, Seide; künstlich gewonnenes Salz). Von Palmen nutzte man neben anderem die Kokosnüsse, man stellte Palmwein und Seile her. Zu den bei Ausgrabungen entdeckten Importen gehören Tonwaren, die aus dem Gebiet des Persischen Golfes, seit dem 13. Jahrhundert auch aus China (Porzellan) stammten, Glasbehälter und Glasperlen, Halbedelsteine. Vermutlich wurden Stoffe eingeführt, von denen aber keine Reste gefunden werden konnten.[146] Ein Teil der Exportprodukte stammte aus dem Landesinneren, gegen die man wohl nur einen eher geringen Teil der Importprodukte, zu einem größeren Teil aber an der Küste hergestellte oder von der Küste stammende Waren eintauschte. Außer den landwirtschaftlichen Produkten, die an der Küste gehandelt wurden, wurden noch weitere Produkte intern ge- und verkauft bzw. zwischengehandelt (Steingefäße vermutlich aus Madagaskar wurden in Kilwa gefunden; Kilwa profitierte vom Export von Gold vom Simbabwe-Plateau, das von Sofala aus verschifft wurde, vermutlich weil es als Zwischenhandelsstation diente), sodaß man ein lokales Handelsnetz an der Küste und mit dem Hinterland annehmen kann.

---

[142] Siehe Connah: African Civilizations, a. a. O., 171.
[143] Siehe Connah: African Civilizations, a. a. O., 156. Zum Handel allgemein siehe ebd., 156-157, 178-180 und H. T. Wright: Trade and Politics on the Eastern Littoral of Africa, AD 800-1300, in: Sinclair; Shaw; Andah; Okpoko (Hg.): The Archaeology of Africa, a. a. O., 658-672, hier 664-665 u. 670.
[144] Nach Mathew ist die Datierung dieser vermutlich von einem einzigen Autor in postklassischem Griechisch verfaßten Schrift nicht ganz geklärt. Datierungen reichen ihm zufolge vom dritten Viertel des ersten Jahrhunderts n.Chr. bis zur Mitte des dritten Jahrhunderts, wobei die späteren Datierungen seltener vertreten werden. (Siehe Gervase Mathew: The Dating and Significance of the *Periplus of the Erythrean Sea*, in: Chittick; Rotberg (Hg.): East Africa and the Orient, a. a. O., 147-163.) Nach G. W. B. Huntingford (Hg. und Übers.): The Periplus of The Erythraean Sea, London: The Hakluyt Society, 1980 soll diese Schrift zwischen 130 und 95 v. Chr. verfaßt worden sein.
[145] Siehe Connah: African Civilizations, a. a. O., 157.
[146] Wichtig war vermutlich auch der Handel mit Indien (im wesentlichen Import von Eisenwaren, Perlen). (Siehe Chittik, Rotberg: Introduction, a. a. O., 12.)

Trotz im allgemeinen guter Wasserversorgung stellte ein Hauptproblem für die Küstenbewohner/innen doch das Wasser dar. So befand sich das beste Wasser etwa des Gebietes der Lamu-Inselgruppe in äußerster Nähe zum Meer in Brunnen, in denen das Süßwasser oberhalb des schwereren Salzwassers schwamm. Bei zu intensiver Nutzung oder zu tiefer Grabung der Brunnen konnte das Trinkwasser versalzt und somit unbrauchbar werden. Auch war der Boden in manchen Küstengebieten nicht sehr fruchtbar oder konnte leicht ausgelaugt werden. Nicht zu vergessen ist die relative Schutzlosigkeit der Niederlassungen an der Küste sowohl gegenüber Angriffen vom Inland aus als auch vom Meer aus.[147]

Die Küste und das Hinterland waren zunächst von Jäger/inne/n und Sammler/innen bewohnt worden.[148] Im Gebiet des Rift Valley bis hinunter nach Nord-Tansania und westlich davon lebten im ersten Jahrtausend v. Chr. vermutlich Hirtennomad/inn/en, im Hinterland der Küste sowie an der Küste fand man allerdings keine Spuren davon. Man nimmt an, daß die Khoisan sprechenden Jäger/innen und Sammler/innen von Bantu sprechenden Völkern verdrängt wurden.[149] Es gilt als gesichert, daß jedenfalls im 14. Jahrhundert die einheimische Bevölkerung der südlichen ostafrikanischen Küste von Bantu sprechenden Völkern gebildet wurde. Frühen arabischen Quellen zufolge (ab dem neunten Jahrhundert) wurden die Völker an oder nahe der Küste von anscheinend gewählten Königen regiert, die einander mit ihren Truppen bekämpften. Die Gesellschaften waren von indigenen Religionen geprägt. In arabischen Texten wird überliefert, daß Prediger, zum Teil unter Anwesenheit des Königs, auftraten, um ihre Botschaften entsprechend ihrer indigenen Religion in ihrer eigenen Sprache vorzutragen.[150]

Überseeische Einwanderungen sind seit den Anfängen des ersten Jahrtausends aus historischen Quellen bekannt. Im Periplus wird berichtet, daß arabische Händler aus Südwest-Arabien Frauen aus Ostafrika heirateten und ihre Sprache kannten. Die arabischen Einwanderungen dürften über lange Zeit jedoch nicht sehr umfangreich gewesen sein und ihr Einfluß auf die Kultur der Küstenbewohner/innen eher gering (erst ab dem späten 13. Jahrhundert setzt man die Haupteinwanderungszeiten an[151]).[152] Die Einwander/-er/-innen aus dem Gebiet des Persischen Golfs stellten vermutlich den größten Teil der frühen Immigrant/inn/en. Mit Indien stand die Küste Ostafrikas zwar in Handelsverbindung (als die Portugiesen nach Ostafrika kamen, war der Umfang dieses Handels beträchtlich), es hatten sich aber nur sehr wenige Inder/innen vor 1500 in Ostafrika niedergelassen. Die Beziehungen zwischen Einwander/-ern/-innen und Einheimischen werden als solche gegenseitigen Nutzens beschrieben, und die zugewanderten

---

[147] Siehe Connah: African Civilizations, a. a. O., 157-158.
[148] Siehe Neville Chittick: The Peopling of the East African Coast, in: ders. und Robert I. Rotberg (Hg.): East Africa and the Orient, a. a. O., 16-43, hier 17.
[149] Vgl. auch Phillipson: African Archaeology, a. a. O., 7.
[150] Siehe ebd., 17 und 23-26.
[151] Siehe ebd., 42. Nach Hull begann um die Mitte des zwölften Jahrhunderts eine größere Anzahl von Araber/inne/n und Perser/inne/n, der Ostküste entlang Richtung Süden einzuwandern. (Hull: African Cities and Towns before the European Conquest, a. a. O., 9.
[152] Siehe Chittick: The Peopling of the East African Coast, a. a. O., 30-31.

Männer (es waren kaum Frauen unter den Immigrant/inn/en) gingen Verbindungen mit einheimischen Frauen ein, sodaß ein Teil der Bevölkerung bald ethnisch gemischt war.[153]
Als eine der ersten Städte wurde Gedi in Kenia archäologisch untersucht.[154] Die Rekonstruktion von Teilen des Stadtplanes weist zwei Stadtmauern auf, wobei die ältere ein Areal von 18 Hektar umfaßte, die jüngere nur sieben Hektar. Innerhalb der Stadt lokalisierte man einen „Palast", Häuser, Moscheen und Grabstätten. Aufgrund archäologischer Hinweise nimmt man als Entstehungszeit das 13. Jahrhundert n. Chr. an, zu Beginn des frühen 16. Jahrhunderts dürfte sie verlassen worden sein, um sie im späten 16. Jahrhundert kurz wieder zu besiedeln, im Zuge dessen man die zweite, kleinere Stadtmauer errichtete. Ein Großteil der ausgegrabenen Gebäudereste stammt aus dem 15. Jahrhundert. Von einigen Häusern, die aus Korallenkalkstein errichtet worden waren, konnte man ihren Grundriß rekonstruieren. Sie hatten mehrere schmale, rechteckige Räume, mit einer maximalen Breite von etwa 2,4 Metern. Die meisten Steinhäuser nicht nur in Gedi, sondern auch in anderen Niederlassungen an der Küste, bestanden standardmäßig aus zwei schmalen hintereinanderliegenden Räumen (mit der längeren Seite an der längeren Seite), deren vorderer in einen umgrenzten Hof, deren hinterer in zwei oder drei kleinere Räume führte. Keiner dieser Räume hatte Fensteröffnungen nach außen. Die Hausmauern waren verputzt, im Haus befanden sich Toiletten, Waschgelegenheiten mit Bidets und Abwasserleitungen. Die Dächer bestanden aus einer tragenden Holzkonstruktion und Kalkmörtel. Vermutlich lebte in diesen Häusern jeweils eine Familie, wobei vielleicht mehrere Familien derselben Abstammung ihre Häuser in zusammenhängenden Gruppen errichteten. Diese Steinhäuser gehörten wahrscheinlich einer wohlhabenden Schicht von Städter/inne/n, die sich das Privileg sicherten, steinerne Häuser zu bauen. Es ist anzunehmen, daß der Großteil der Bevölkerung in Häusern aus Lehm, Holz und mit Strohdächern lebte.

Etwas weiter nördlich, an der Mündung des Tana River in den Indischen Ozean, wurden Reste der von einer Mauer umgebenen Stadt Ungwana[155] mit einer Fläche von ca. 18 Hektar ausgegraben; entstanden war die Stadt nach neueren Erkenntnissen[156] bereits im zehnten Jahrhundert, im frühen 17. wurde sie verlassen. Man fand Moscheenmauern, Grabstätten und Wohnhäuser, einen „Palast", wobei auch hier wieder die Vermutung nahe liegt, daß ein großer Teil der Häuser aus Lehm und Holz mit einem Strohdach bestand, wovon allerdings keine Überreste gefunden werden konnten. Ungwana dürfte eine Schlüsselstellung im Handel zwischen dem Landesinneren und der Küste bzw. Übersee eingenommen haben.

---

[153] Siehe ebd., 40-42.
[154] Siehe Connah: African Civilizations, a. a. O., 160-163 und James Kirkman: Some Conclusions from Archaeological Excavations on the Coast of Kenya, 1948-1966, in: Chittick, Rotberg (Hg.): East Africa and the Orient, a. a. O., 226-247, hier 237-239.
[155] Siehe Connah: African Civilizations, a. a. O., 163 und Abungu; Mutoro: Coast-Interior Settlements and Social Relations in the Kenya Coastal Hinterland, a. a. O., 699-702; vgl. auch Krikman: Some Conclusions from Archaeological Excavations on the Coast of Kenya, a. a. O., 241-243.
[156] Siehe Abungu; Mutoro: Coast-Interior Settlements and Social Relations in the Kenya Coastal Hinterland, a. a. O., 700.

Manche Niederlassungen wiederum waren fast zur Gänze mit steinernen Gebäuden bebaut, so etwa das ummauerte ca. fünf Hektar große Shanga an der Küste der Pate Insel in seiner letzten Phase (die Stadt wurde im 15. Jahrhundert aufgegeben). In ihr befanden sich nachgewiesenermaßen drei Moscheen[157], Häuser sowie Grabmäler, alle aus Stein errichtet. Nur wenig Platz kann daher Bauten aus anderen Materialien geblieben sein.[158] In der Regel dürften allerdings unbeständige Häuser aus Lehm und Holz in indigener Bauweise einen nicht geringen Teil der Städte ausgemacht haben. Die indigenen Bauten der frühen Städte sind allerdings nicht mehr erhalten, sodaß die Archäologie diese indigenen Beiträge zu den ersten Städten an der ostafrikanischen Küste kaum entsprechend berücksichtigen kann.[159]

Waren jedoch die Steinbauten allesamt externen Ursprungs? Auch hier ist die Antwort nicht mehr so sicher wie vor einiger Zeit (damals wurde diese Frage mit Ja beantwortet). Es zeichnet sich in der Frage nach den indigenen und externen Ursprüngen der Städte die Tendenz ab, die Steinbauten, von denen manche zweifellos ferne Wurzeln besitzen, manche jedoch indigen einzuschätzen sind, als einen Teil der Städte, nicht aber als ihren einzig bedeutsamen zu sehen. Zudem ist das Gewicht des Einflusses von außen deshalb zu relativieren, weil ca. 30 Prozent der Niederlassungen vom südlichen Somalia bis nach Tansania gar nicht oder nur an ungünstigen Häfen gelegen sind; die Kontakte über das Meer dürften hier wohl zweitrangig gewesen sein. Das alles spricht für eine größere Bedeutung indigener Ansätze für die Stadtentwicklung als bisher angenommen.[160]

Was nun archäologisch gesicherte Kenntnisse über die Anfänge der Verstädterung in Ostafrika betrifft, gelten die Funde in Kilwa[161] als besonders zuverlässig, weshalb sie für die Frage nach den kulturellen Wurzeln der beginnenden Verstädterung in Ostafrika sehr wertvoll sind. Man nimmt an, daß die Besiedlung an diesem Ort um 800 n. Chr. eingesetzt hat, wobei Kilwa von Anfang an überseeische Kontakte gepflegt haben dürfte. In einem Zeitraum ab vielleicht dem beginnenden neunten Jahrhundert bis ins späte zwölfte Jahrhundert n. Chr. wurden die ganz unbeständigen Häuser allmählich ersetzt durch Gebäude großteils aus Lehm mit Strohdächern unter zusätzlicher Verwendung kleiner Korallensteine und Lehmmörtel. Aus dem späten zwölften Jahrhundert lassen sich größere Gebäude aus Stein und Kalkmörtel nachweisen, zu einem bedeutenden Ausmaß aber erst aus dem späten 13. Jahrhundert. Es wird angenommen, daß Kilwa sich erst ab etwa 1000 n. Chr. von einem einheimischen Fischerdorf mit überseeischen Verbindungen zu einer islamisch geprägten Stadt entwickelte. Während des elften Jahrhunderts erreichte Kilwa ein Ausmaß von etwa 30 Hektar.[162] Daß mehrere Niederlassungen an der Küste zu früher Zeit gegründet wurden, und zwar auf

---

[157] Siehe Connah: African Civilizations, a. a. O., 139. Eine kleine Moschee wurde schon vor dem zehnten Jahrhundert errichtet. (Siehe Wright: Trade and Politics on the Eastern Littoral of Africa, a. a. O., 663-664.)
[158] Siehe Connah: African Civilizations, a. a. O., 164.
[159] Siehe ebd., 160-167.
[160] Siehe ebd., 167.
[161] Siehe Connah: African Civilizations, a. a. O., 169.
[162] Siehe Wright: Trade and Politics on the Eastern Littoral of Africa, a. a. O., 667.

Anfänge der Verstädterung

weite Strecken der Küste verteilt (Mombasa ab ca. 1000, Pate ab ca. 900, Chibuene an der südlichen Küste von Mosambik vermutlich ab dem späten achten oder frühen neunten Jahrhundert; Connah nimmt an, daß es noch viele mehr gibt) hält Connah für ein Indiz, daß sie zu einem großen Teil indigenen Ursprungs sind, da er eine so massive Einwanderung aus Südasien, die dafür notwendig gewesen wäre, für nicht sehr wahrscheinlich hält. Zudem legen weitere Funde, wie überwiegend einheimische Töpfereiwaren, eine zumindest anfängliche indigene Prägung nahe, wenngleich auch er der Ansicht ist, daß der überseeische Einfluß von Anfang an eine große Rolle (jedoch eben nicht die einzige) spielte.[163]

Was von den technologischen Fertigkeiten externen und was internen Ursprungs ist, läßt sich schwer feststellen (der Einfluß von außen war sicherlich beträchtlich). Es ist nachweisbar, daß Eisen in Kilwa und in Manda (an der Insel Manda in der Lamu-Inselgruppe, eine florierende Stadt schon im neunten Jahrhundert)[164] bereits zu deren Entstehungszeit geschmolzen und geschmiedet wurde, etwas später wurden Kupferlegierungen bearbeitet. Kupfer wurde insbesondere zur Prägung von Münzen in Kilwa, auf Sansibar und in Mogadischu verwendet. Sehr bedeutsam waren Technologien im Zusammenhang mit der Errichtung von Gebäuden, welche zwar großteils von außen übernommen, jedoch von Einheimischen angewandt wurden. Einige Techniken und Konstruktionen, die für den Hausbau eingesetzt wurden, habe ich bereits erwähnt (Hausbau mit Stein und Mörtel, Verputzen von Wänden, Abwasserleitungen), verweisen möchte ich zudem auf Dachkonstruktionen, die gewöhnlich aus Mangrovedachsparren, Stein und Mörtel bestanden, manchmal gestützt von Säulen oder gestaltet in Form von Kuppeln oder Gewölben. Die Ausführung dieser Arbeiten (Steinbrechen, Kalkbrennen, Mauern, Stuckieren, Holzbearbeiten) erforderte Fachleute veschiedener Sparten. Weiters dürften das Bootsbauen von den Anfängen der Küstenbesiedlung an wichtig gewesen sein. Auch das Weben und Spinnen muß genannt werden. Man gewann Salz aus Meerwasser. Mit dem beginnenden zweiten Jahrtausend wurden bereits vorhandene und praktizierte Techniken verfeinert und durch neue erweitert.[165]

Aus den bisherigen Ausführungen läßt sich ein gewisses Ausmaß sowohl an sozialer Schichtung (zum Beispiel relativ luxuriöse Steinhäuser versus einfache Lehmbauten) als auch an funktionaler Differenzierung (Händler/innen und Kaufleute, Handwerker/innen, Bauern/Bäuerinnen) ableiten. Bauten zu religiösen Zwecken, vor allem Moscheen, indizieren weiters eine Gruppe mit besonderen religiösen Aufgaben und Privilegien.[166]

---

[163] Siehe Connah: African Civilizations, a. a. O., 170.
[164] Siehe Connah: African Civilizations, a. a. O., 169; vgl. auch H. T. Wright: Trade and Politics on the Eastern Littoral of Africa, a. a. O., 663.
[165] Siehe Connah: African Civilizations, a. a. O., 172-174.
[166] Siehe ebd., 175.

Die dominante Religion an der Küste war schon in frühen Phasen der Verstädterung der Islam mit starken Einschlägen einer Stadt- und Handelskultur.[167] Durch die Träger dieser Religion in Ostafrika wurde die Entwicklung von Städten direkt gefördert, und indirekt durch die Handelsverbindungen, die sich dadurch mit Teilen Asiens ergaben; sie wurde gefördert, aber nicht notwendigerweise unmittelbar ausgelöst, denn noch vor dem Islam dürfte es indigene Ansätze einer Verstädterung gegeben haben, die sich die islamisch geprägte Kultur zunutze machen konnte. So berichtet etwa Al Masudi, der die ostafrikanische Küste im zehnten Jahrhundert besuchte, daß die Menschen Pflanzen, Tiere oder anorganische Stoffe anbeteten.[168] Der Islam war also zu dieser Zeit, in der städtische Siedlungen bereits nachweisbar sind, keineswegs allgemein akzeptierte Religion. Aber auch Bestattungsarten in der Stadt Kilwa weisen darauf hin, daß der Islam in der Frühzeit noch nicht maßgeblich war.[169] Es ist allerdings festzuhalten, daß die diesbezüglich relevanten Kenntnisse bisher sehr bruchstückhaft sind, sodaß kein eindeutiges Resultat zu ermitteln ist in der Frage nach dem möglichen Zusammenhang zwischen Islam und der Entstehung erster Städte an der ostafrikanischen Küste. Vorläufig gesichert ist es jedoch, daß es indigene Grundlagen für die Verstädterung gab.

6. Simbabwe

Die berühmten Steinruinen von Simbabwe galten lange Zeit als ein Rätsel, da man es sich kaum erklären konnte, wie diese mächtigen Bauten mitten in Afrika entstanden sein sollen, zumal man es schwer für möglich hielt, daß sie von Afrikaner/inne/n selbst errichtet worden seien.[170]

Auf dem großteils über 1000 Meter hohen Simbabwe-Plateau (zwischen 16° und 22° südlicher Breite, umgrenzt vom Sambesi-Tal im Norden, dem Limpopo-Tal im Süden, gegen den Indischen Ozean hin durch ein großes Gefälle; gegen Westen geht es langsam in die Kalahari-Wüste über) liegen die meisten der bekannten Ansiedlungen des Simbabwe-Typs.[171] Dieses Plateau war physisch nicht so sehr abgegrenzt, daß

---

[167] Die ersten moslemischen Handelsniederlassungen wurden spätestens im zehnten Jahrhundert gegründet. (Siehe Chittik; Rotberg: Introduction, a. a. O., 2; vgl. auch Olaniyan: Islamic Penetration of Africa, a. a. O., 48.)

[168] Siehe Connah: African Civilizations, a. a. O., 177.

[169] Siehe Wright: Trade and Politics on the Eastern Littoral of Africa, a. a. O., 663.

[170] Siehe Connah: African Civilizations, a. a. O., 183; im folgenden allgemein ebd., 183-213. Allgemein vgl. auch Peter Garlake: The Kingdoms of Africa, Oxford: Elsevier-Phaidon, 1978, 76-92; Paul J. J. Sinclair, Innocent Pikirayi, Gilbert Pwiti, Robert Soper: Urban Trajectories on the Zimbabwean Plateau, in: Sinclair; Shaw; Andah; Okpoko (Hg.): The Archaeology of Africa, a. a. O., 705-731 und David Beach: The Shona and their Neighbours, Oxford-Cambridge, Mass.: Blackwell, 1994. Über die verschiedenen, teils rassistisch motivierten Ursprungstheorien von Simbabwe siehe z. B. Davidson: The Lost Cities of Africa, a. a. O., 250-256 oder Garlake: The Kingdoms of Africa, a. a. O., 32-36.

[171] Zu Geographie, Klima und Vegetation siehe David N. Beach: The Shona and Zimbabwe 900-1850. An Outline of Shona History, Gwelo: Mambo Press (London: Heinemann), 1980, 1-3 und Connah: African Civilizations, a. a. O., 185-188.

Kontakte zu benachbarten Regionen sowie zum Indischen Ozean verhindert worden wären; über den Indischen Ozean bestanden (indirekte) Verbindungen zum Persischen Golf und zu China bereits in frühen Zeiten (Perlen aus Asien oder der Mittelmeerwelt sind für das dritte Viertel des ersten Jahrtausends n. Chr. nachweisbar)[172], später auch zu Westeuropa. Klimatisch lassen sich zwei Jahreszeiten unterscheiden: Ca. von November bis März eine Regenzeit, von April bis Oktober eine Trockenzeit mit den höchsten Temperaturen in der späten Trockenzeit, mit den niedrigsten (teils unter dem Gefrierpunkt) in den Wintermonaten der Trockenzeit; die durchschnittlichen Temperaturen sind relativ niedrig. Das gesamte Plateau ist recht gut mit Wasser versorgt, wobei der Regenfall im allgemeinen im Norden und Osten des Plateaus am stärksten ist. Der Boden ist in seiner Fruchtbarkeit durchaus unterschiedlich (wirklich fruchtbarer Boden könnte knapp gewesen sein). Die natürliche Vegetation besteht trotz Variationen wegen der Bodenbeschaffenheit und der Höhenlage großteils aus einer Baumsavanne (savanna-woodland) mit meist lockerem Baumbestand. Die Region eignete sich grundsätzlich sowohl für Ackerbau als auch für Viehzucht mit seasonalen Ausweichmöglichkeiten wegen der Höhenunterschiede. Die natürliche Fauna ergänzte die Nahrungsmittelversorgung und stellte in Form von Elfenbein eine zusätzliche Handelsressource dar.

Unter den anorganischen Rohstoffen dürfte Gold wohl der wichtigste gewesen sein, welches die Grundlage des Fernhandels während der ersten Hälfte des zweiten Jahrtausends n. Chr. wurde und zum Teil in Groß-Simbabwe auch bearbeitet wurde[173]. (Allerdings lagen nicht alle Zentren von Simbabwe unmittelbar bei den Goldvorkommen.[174]) Daneben wurde Eisen, Kupfer und Zinn gewonnen sowie der Granit genutzt, der sich wegen seiner regelmäßigen Brechbarkeit besonders gut zum Bauen eignete. Dieser Granit war eine wesentliche physische Voraussetzung für die berühmten Bauten von Simbabwe. Ein besonders hochwertiger Lehm, hier „daga" genannt, wurde ebenfalls im Bau eingesetzt. Es war Ton vorhanden, der sich zum Töpfern eignete, sowie Speckstein für die Bildhauerei (als hervorragende Beispiele dieser Steinarbeiten seien die stilisierten Vögel von Simbabwe genannt[175]).[176]

Zu kämpfen hatten die Bewohner/innen des Plateaus mit der Tsetse-Fliege, da zumindest saisonale, wenn nicht gar langfristige klimatische Schwankungen das Überleben der Fliege in Teilen des Plateaus, das normalerweise von Tsetse-Fliegen frei ist, ermöglichte. Von dieser Bedrohung war die Siedlungsverteilung unmittelbar betroffen. Klimatische Schwankungen verursachten zudem Ernteausfälle, sei es durch zu wenig oder zu viel Regen, sei es durch Heuschrecken oder andere Plagen, die mit den Klimaveränderungen zusammenhingen.[177]

---

[172] Vgl. Beach: The Shona and Zimbabwe 900-1850, a. a. O., 24.
[173] Siehe Garlake: The Kingdoms of Africa, a. a. O., 78.
[174] Siehe Beach: The Shona and their Neighbours, a. a. O., 90.
[175] Siehe auch Garlake: The Kingdoms of Africa, a. a. O., 78.
[176] Siehe Connah: African Civilizations, a. a. O., 187.
[177] Siehe ebd., 188.

Etwa zweieinhalb Jahrhunderte vor der Errichtung jener berühmten Steinbauten von Simbabwe, auf die ich später eingehen werde, wird für die Region von Simbabwe die spätere Eisenzeit angesetzt (ab ca. 1000 n. Chr.)[178], die sich von der früheren insbesondere durch die nunmehr umfangreiche Haltung von Rindern unterscheidet, durch die klare Bevorzugung von Hügeln bei der Anlage von Dörfern (ein Trend in diese Richtung läßt sich weiter zurückverfolgen) und die Ausweitung des Außenhandels. Einen weiteren Unterschied markieren neuartige Gestaltungen von Töpfereiwaren und neue Formen der Darstellung von Rindern aus Ton sowie kleine Skulpturen von Frauen aus Ton oder Speckstein.[179] Wenngleich man vieles von der frühen Eisenzeit weiterführte (Art von Hütten, Eisenbearbeitung, Landwirtschaft, Schaf- und Ziegenhaltung, Jagen und Sammeln) und somit eine gewisse Kontinuität zwischen der füheren und der späteren Eisenzeit besteht, legen die Unterschiede nahe, daß die spätere Eisenzeit eingeführt wurde von zugewanderten Volksgruppen, welche mit der vorher ansässigen Volksgruppe allerdings verwandt gewesen sein dürften.[180] Woher und von wie weit entfernt diese Immigrant/inn/en stammten, darüber herrscht Uneinigkeit; als wahrscheinlich gilt es, daß sie sich mit Shona-Dialekten aus der Bantu-Sprachfamilie verständigten.[181] Obwohl das Volk, das heute „Shona" genannt wird und deren Vorfahren die berühmten Steinbauten von Simbabwe errichteten, sich erst seit diesem Jahrhundert als Shona bezeichnet, verwendet man dieses Wort üblicherweise auch zur Benennung ihrer frühen Vorfahren.[182]

Der Ort, der als „Great Zimbabwe" bzw. „Groß-Simbabwe" bezeichnet wird[183], hinterließ die umfangreichsten Ruinen auf dem Plateau. Insgesamt dürfte es auf dem Plateau etwa 150 Ruinen im Groß-Simbabwe-Stil bzw. im späteren Kame-Stil[184] (früher „Khami")[185] geben, etwa 50 weitere dürften seit den 1890er Jahren zerstört worden sein. Zudem wurden außerhalb dieses Gebietes viele weitere derartige Ruinen gefunden, in Mosambik, Botswana und im nördlichen Transvaal.[186] (In welchem politischen Verhältnis diese Siedlungen zueinander standen, ist nicht ganz klar, die bekannten Fakten schließen ein Großreich weder aus noch legen sie es zwingend nahe.[187]) Das Besondere an den Niederlassungen im Groß-Simbabwe-Stil sind einzelne

---

[178] Siehe Beach: The Shona and Zimbabwe 900-1850, a. a. O., 6.
[179] Siehe ebd., 14-15 und Beach: The Shona and their Neighbours, a. a. O., 40.
[180] Siehe Beach: The Shona and Zimbabwe 900-1850, a. a. O., 15.
[181] Siehe Beach: The Shona and their Neighbours, a. a. O., 41-42.
[182] Vgl. ebd., 1.
[183] Das Wort „Zimbabwe" geht auf die Shona, das heutige Mehrheitsvolk am Plateau, zurück und dürfte entgegen der vielfach geäußerten Annahme, es bedeute so viel wie „Steinhäuser" (so etwa Beach: The Shona and Zimbabwe 900-1850, a. a. O., 41) oder „verehrte bzw. bewunderte Häuser", je nachdem von welchen Wortstämmen man „zimbabwe" ableite, tatsächlich Hof, Heim oder Grab eines Chiefs, von „dzimbahwe"; vom Namen der berühmten Steinbauten bezog der heutige Staat Simbabwe seinen Namen. (Siehe Connah: African Civilizations, a. a. O., 192.)
[184] Dieser Kame-Stil unterscheidet sich vom Groß-Simbabwe-Stil primär dadurch, daß die Mauern in der Regel nicht frei standen, sondern Erdterrassen stützten, auf denen Hütten errichtet worden waren. (Siehe Garlake: The Kingdoms of Africa, a. a. O., 80.)
[185] Siehe Beach: The Shona and their Neighbours, a. a. O., xi.
[186] Siehe Connah: African Civilizations, a. a. O., 190.
[187] Siehe Beach: The Shona and their Neighbours, a. a. O., 90.

oder mehrere freistehende, meist rund oder rundlich dickummauerte Anlagen. Die Mauern bestehen teils aus regelmäßigen, behauenen Steinen (meist Granit) in gleichmäßiger Anordnung, teils sind sie recht unregelmäßig, und das häufig an derselben Ansiedlung. Gelegentlich sind die Mauern mit Hilfe verschiedenfarbener Steine oder durch spezielle Anordnungen dekorativ gestaltet. Sie umgaben runde Lehmhütten mit Strohdächern[188], manchmal statt dessen Getreidespeicher oder religiöse Symbole.[189] In Groß-Simbabwe[190] sind die Reste solcher Anlagen in zwei beieinanderliegenden Arealen erhalten. Die eine Gruppe von Ummauerungen liegt auf einem felsigen Hügel, die andere auf einem Hang nicht weit entfernt vom Hügel. Die Anlage am Hügel besteht aus kleinen Ummauerungen, zwischen denen enge Gassen durchführen. Im westlichen Rand der Siedlung hebt sich eine große Anlage heraus, die von über neun Meter hohen Mauern mit kleinen Türmen umgeben ist. Innerhalb der Mauern war Platz für ca. 14 Hütten. Ihr liegt eine kleinere Ummauerung im Osten gegenüber, deren Mauern teilweise von zwei dekorativen Steinreihen abgeschlossen waren. Aus der Anlage am leichten Abhang des Hügels sticht eine Ummauerung hervor, die im Maximum einen Durchmesser von 89 Metern und eine Länge von 244 Metern hat sowie eine Stärke bis zu 5 Metern und eine Höhe von bis zu 10 Metern. Teile der Mauer bestehen aus äußerst regelmäßigen Steinen, oben abgeschlossen von sehr großen Steinblöcken und einem dekorativen Fries. Der Platz innerhalb der Mauern ist weiter untergliedert durch Mauern, die zum Teil älter sind als die Außenmauern. Dort befindet sich ein kegelförmiger Turm mit einem Durchmesser von ca. fünfeinhalb Metern und einer Höhe von über neun Metern; Funktion und Bedeutung dieses Turms sind nicht bekannt[191]. In Teilen des ummauerten Areals standen Lehmhütten. Außer dieser großen Ummauerung sind eine Reihe weiterer kleinerer an der Niederlassung am Hang erhalten geblieben.

Der Innenbereich der steinernen Anlagen diente vor allem zu Wohnzwecken, als Ort, in dem gearbeitet und in dem Vieh gehalten wurde. Die Mauern hatten prinzipiell nicht die Funktion von Wehrbauten.[192]

Zeitlich werden die Steinbauten in den Zeitraum von 1250 n. Chr. bis vielleicht 1550 eingeordnet, ihren Höhepunkt dürfte die Stadt zwischen 1300 und 1400 erreicht haben.[193] Als Beginn der Besiedlung des späteren Groß-Simbabwe läßt sich allerdings schon die Zeit um das vierte Jahrhundert nachweisen, die Shona, die diese Steinbauten errichteten, dürften aber erst später zugewandert sein.[194]

Bautechnisch ist in Groß-Simbabwe und an anderen Orten eine indigene Entwicklung zu großer Regelmäßigkeit im Steinmauerwerk festzustellen, welche schließlich

---

[188] Das Ausmaß solcher Lehmhütten konnte teils beträchtlich sein. Zwei derartige „Hütten" kennt man, die einen Durchmesser von zehn Metern und eine Höhe von vermutlich etwa sechs Metern hatten. (Siehe Beach: The Shona and their Neighbours, a. a. O., 85.)
[189] Siehe Connah: African Civilizations, a. a. O., 190 und 192.
[190] Siehe ebd., 192-194.
[191] Siehe Beach: The Shona and their Neighbours, a. a. O., 91-93.
[192] Siehe Garlake: The Kingdoms of Africa, a. a. O., 77.
[193] Siehe Beach: The Shona and their Neighbours, a. a. O., 88-89.
[194] Siehe Connah: African Civilizations, a. a. O., 195.

wieder von mehr Unregelmäßigkeit abgelöst wurde. Die weniger regelmäßigen frühen Mauern wurden häufig auf Felsblöcken und sie integrierend errichtet, im Gegensatz zu den späteren regelmäßigeren. Die Eingänge der späteren Ummauerungen waren mit abgerundeten Seiten und hohen Schwellen mit Stufen gestaltet.[195]

Man nimmt an, daß die Steinbauten Zeichen des elitären Status ihrer Bewohner/innen waren, sodaß mit dem Einsetzen dieser Bauten wohl ein gewisser kultureller und politischer Wandel einhergegangen sein dürfte, insofern es nun eine Schicht gegeben haben dürfte, die sich dieser Statussymbole bedienen konnte. Es ist bei gegebenem Stand der Forschung allerdings schwer, Aussagen über die unteren Schichten der Gesellschaft zu machen, wodurch alleine die Bedeutung der Elite entsprechend erfaßt werden könnte. Man beschäftigte sich bei den Ausgrabungen zu sehr mit den Steinruinen und vernachlässigte eventuelle Reste der wohl weitaus überwiegenden Zahl von einfacheren Bauten.[196] Bisherige Ergebnisse von Untersuchungen der Flächen zwischen den Steinbauten in Groß-Simbabwe legen jedenfalls nahe, daß die Steinbauten nur zentrale Anlagen innerhalb eines größeren Gebietes waren, das mit Lehmhütten verbaut war. Diese Erkenntnisse ziehen neue Bevölkerungsschätzungen nach sich: Statt bisher angenommener 1000 bis 2500 Erwachsener nimmt man jetzt eine Bevölkerungszahl von vielleicht 5000 Erwachsenen an und eine Gesamtbevölkerung zwischen 10.000 und 18.000 (je nach Einschätzung der Autor/inn/en) auf einer bebauten Fläche von etwa 0,6 Quadratkilometern bzw. einer Gesamtfläche der Niederlassung von etwa drei Quadratkilometern.[197]

Das Leben in einer solchen Stadt dürfte wohl auch von so manchen Unannehmlichkeiten geprägt worden sein, man denke an den Lärm, schlechte Luft besonders bei bestimmten Wetterverhältnissen wegen der vielen Feuerstellen, Probleme durch Fäkalien.[198]

Auch aus anderen untersuchten Orten geht hervor, daß die Mauern wohl eine Elite umgaben und daß die große Mehrzahl der Bevölkerung außerhalb der Mauern in einfachen Hütten lebte.[199] In Manekweni, einer Niederlassung nach Simbabwe-Art in Mosambik (erbaut ca. im 12., bewohnt bis zum 16. oder 17. Jahrhundert[200]), fand man heraus, daß in der Umgebung der Ummauerung Hütten standen und, was vielleicht besonders interessant ist, daß die tierische Nahrung innerhalb und in der unmittelbaren Umgebung der Mauern vermutlich primär aus Rindfleisch bestand, während man weiter entfernt davon Schaf- und Ziegenfleisch sowie Wild aß (man muß wohl sagen: sich damit begnügen mußte).[201]

Nachdem Groß-Simbabwe seine Bedeutung eingebüßt hatte, überlebte und entwickelte sich die Simbabwe-Tradition des Steinbauens weiter im südwestlichen Teil

---

[195] Siehe ebd., 194.
[196] Siehe ebd., 195.
[197] Siehe ebd., 197-198 und Beach: The Shona and their Neighbours, a. a. O., 85.
[198] Siehe Beach: The Shona and Zimbabwe 900-1850, a. a. O., 46.
[199] Siehe Connah: African Civilizations, a. a. O., 198-199.
[200] Siehe Garlake: The Kingdoms of Africa, a. a. O., 82.
[201] Siehe Connah: African Civilizations, a. a. O., 199.

Anfänge der Verstädterung 79

des Plateaus mit Kame, Dhlo Dhlo und Naletale als bekannteste Orte, welche dem Zeitraum vom späten 15. bis zum 18. Jahrhundert zuzuordnen sind. In Kame wurden Reste von Anlagen einer Elite mit teilweise unterirdischen Zugängen und vielfach mit Abwasserkanälen gefunden. Auch hier bestand ein Großteil der Häuser bzw. Hütten aus Lehm, die Steinbauten waren einer Elite vorbehalten.[202]

Vermutungen zufolge dürfte der Aufschwung (jedoch nicht der Ursprung[203]) von Groß-Simbabwe bzw. des Reiches um Groß-Simbabwe durch die Gewinnung und vor allem den Handel von Gold forciert worden sein (der Anfang des Goldabbaus wird frühestens im elften Jahrhundert angesetzt).[204] Goldgewinnung und -handel kann jedoch nicht als Primär-Ursache angenommen werden. So dürfte etwa die geschickte Ausnutzung des Weidelandes bei weitestgehender Ausschaltung der Tsetse-Fliege-Gefahr äußerst wichtig als Basis für die Entwicklung gewesen sein, noch wichtiger als Grundlage war vielleicht der Anbau von Getreide und Gemüse.[205] Gleichzeitig dürfte unter anderem die Überbeanspruchung des Bodens und der natürlichen Ressourcen, wie des Waldes, zum Untergang von Groß-Simbabwe geführt haben. Anscheinend war die Bevölkerung zu zahlreich und ihr Verbrauch an Ressourcen zu groß geworden. Was eine Bedingung für die Entstehung einer städtischen Ansiedlung gewesen war, nämlich eine hohe Bevölkerungskonzentration an besonders günstigen Orten, dürfte sich im Lauf der Zeit zu ihrem Gegenteil verkehrt haben.[206] Daneben nimmt man als Ursache für den Niedergang eine merkliche Verminderung des Goldhandels, vermutlich wegen sinkender Weltmarktpreise und der Erschöpfung der leichter zugänglichen Goldvorkommen, an, was den Reichtum Simbabwes bzw. seiner Elite stark dezimierte.[207] Außerdem werden innenpolitische Auseinandersetzungen als Erklärungen herangezogen.[208]

Der Handel[209] im allgemeinen hatte sicherlich eine förderliche Wirkung auf die Stadtentwicklung von Simbabwe. Ein Großteil des Fernhandels dürfte über Sofala an der Küste abgelaufen sein, wobei man über diesen Hafen vor allem Stoffe, Perlen und glasierte Keramik aus der islamischen Welt, aus Indien und China importierte und im Gegenzug in erster Linie Gold, Elfenbein und vermutlich Kupfer exportierte. Es ist nachweisbar, daß die Bauaktivitäten in Groß-Simbabwe einen plötzlichen und raschen Aufschwung erlebten gerade zu der Zeit, als Städte an der Küste, insbesondere Kilwa und andere südlichere Städte, sich erweiterten (nämlich im 14. Jahrhundert). Auch der Niedergang der Küstenstädte und von Groß-Simbabwe ereignete sich etwa zur selben

---

[202] Siehe ebd., 200.
[203] Siehe ebd., 212.
[204] Zur Goldgewinnung und zum Handel siehe ebd., 200-202; vgl. auch Beach: The Shona and Zimbabwe 900-1850, a. a. O., 23-28.
[205] Siehe Connah: African Civilizations, a. a. O., 203.
[206] Siehe Connah: African Civilizations, a. a. O., 209 und Beach: The Shona and Zimbabwe 900-1850, a. a. O., 50-51.
[207] Siehe Connah: African Civilizations, a. a. O., 213.
[208] Siehe Garlake: The Kingdoms of Africa, a. a. O., 82.
[209] Siehe Connah: African Civilizations, a. a. O., 210-212 und Beach: The Shona and their Neighbours, a. a. O., 73-74.

Zeit (im Laufe des 15. Jahrhunderts), sodaß ein wirtschaftlicher Zusammenhang zwischen beiden Regionen wahrscheinlich ist. Außer Gold, Elfenbein und Kupfer wurden zu geringeren Anteilen Leopardenfelle, Eisen, Wachs exportiert. Interessanterweise wurden im alten Simbabwe kaum Sklav/inn/en verkauft oder für eigene Zwecke gehalten. Neben bzw. vor dem Außenhandel dürfte auf lokaler Ebene gehandelt worden sein. Funde weisen auf Handel zwischen Regionen im Landesinneren hin, so etwa mit Ingombe Ilede in Sambia (sambisches Kupfer und vermutlich Salz gegen simbabwesche Goldwaren sowie Eisenwerkzeuge und -waffen).

Der Beitrag der Religion zur Entstehung von Städten in Simbabwe läßt sich auf der Grundlage archäologischer Funde nur schwer abschätzen, ethnographischen Schlüssen zufolge dürfte jedoch die Religion der Shona zumindest eine gewisse fördernde Funktion erfüllt haben, indem sie die Autorität der Herrscher festigte.[210] Groß-Simbabwe dürfte immer auch ein religiöses Zentrum gewesen sein, in dem man unter anderem den obersten Gott der Shona, Mwari, sowie Geister, die im Zusammenhang mit der herrschenden Dynastie standen, verehrte.[211]

Die Errichtung der Steinbauten, die Erzgewinnung und -bearbeitung, die Töpferei sowie die Landwirtschaft und Viehzucht benötigten eine Reihe von Fachleuten, sodaß eine gewisse funktionale Spezialisierung der Gesellschaft zumindest ab dem zweiten Viertel des zweiten Jahrtausends angenommen werden kann. Daneben muß die Gesellschaft hierarchisch gegliedert gewesen sein; schon mehrmals wurde darauf hingewiesen, daß die steinernen Anlagen wohl einer Elite vorbehalten waren und auch als Zeichen von Macht zu verstehen sind. Die Anlagen hatten keine physische Schutzfunktion im herkömmlichen Sinn, sondern dienten der oberen Schicht als Abgrenzung ihrer Wohnbereiche sowie der zeremoniellen Orte gegenüber dem gewöhnlichen, agrarisch orientierten[212] Volk. So fand man innerhalb der Mauern verschiedene Luxusgüter, wie etwa Gegenstände aus Gold, Kupfer, Bronze und Speckstein, Glasperlen, Glasbehälter sowie islamische und chinesische Keramik. Zusätzlich fällt auf, daß es innerhalb der Mauern kaum Reste gibt, die auf die Erledigung grundlegender Haushaltsaufgaben schließen lassen, was als Hinweis bewertet wurde, daß derlei Arbeiten, die immerhin mit Rauch und Gestank verbunden waren, vor den Mauern verrichtet wurden.[213]

7. Zusammenfassendes und Allgemeines

Wie die Ausführungen über die Anfänge der Verstädterung in Afrika gezeigt haben, blicken manche Regionen Afrikas auf eine lange Verstädterungsgeschichte zurück, auf

---

[210] Beach nimmt an, daß der Zusammenhang zwischen Religion und Macht im Falle Simbabwes sehr gering war. (Siehe Beach: The Shona and Zimbabwe 900-1850, a. a. O., 45.)
[211] Siehe Connah: African Civilizations, a. a. O., 209. Hull spricht davon, daß Groß-Simbabwe gar als spirituelles Zentrum des Mwari-Kultes entstanden sei (siehe Hull: African Cities and Towns before the European Conquest, a. a. O., 3).
[212] Siehe Beach: The Shona and Zimbabwe 900-1850, a. a. O., 47.
[213] Siehe Connah: African Civilizations, a. a. O., 205-206.

Anfänge der Verstädterung

eine Geschichte, in der einmal exogene Faktoren maßgeblich waren, ein andermal endogene, in der an manchen Orten die Züge städtischer Lebensweisen stark von äußeren Einflüssen, an anderen Orten zunächst indigen bestimmt waren. Im Lauf der Zeit entstanden überall Mischformen aus endogenen und exogenen Lebensformen, mit je unterschiedlichem Anteil der einen oder anderen. Wo Einflüsse von außen die Entwicklung von Städten maßgeblich initiierten, fielen sie fast überall auf einen Boden, der durch indigene Vorarbeiten fruchtbar gemacht worden war. Andererseits waren an manchen Orten bereits Städte entstanden, bevor es zu wesentlichen Beeinflussungen kam.

Wenngleich frühe Städte einander in manchen Aspekten ähnlich sind, ist es wohl allzu vereinfachend, würde man verallgemeinernd etwa von *der* traditionellen afrikanischen Stadt sprechen wollen[214] und damit die ersten Städte benennen wollen. Verallgemeinerungen, einschließlich der folgenden, sind stets mit gewissen Vorbehalten zu betrachten.[215]

Zunächst sei der Blick auf jene Merkmale geworfen, die ich in den Ausführungen über den Stadtbegriff im allgemeinen angeführt habe. Es fällt dabei auf, daß in den meisten Ansiedlungen, die die Kriterien der relativen topographischen und administrativen Geschlossenheit, der relativ hohen Bevölkerungszahl, der sozialen Differenzierung, einer gewissen Zentralortfunktion und einer zumindest in Ansätzen diversifizierten Bausubstanz erfüllen, die Mehrzahl der Menschen nicht gewerblichen, händlerischen oder anderen nicht-landwirtschaftlichen Tätigkeiten nachging, sondern in der Landwirtschaft beschäftigt war und von dort maßgeblich ihren Lebensunterhalt bezog. Die meisten Städte hatten einen beträchtlichen landwirtschaftlichen Sektor[216], sodaß hinsichtlich der Tätigkeiten vieler Menschen keine allzu große Differenz zwischen Stadt und Land bestand. In den vielen heißen und feuchten Regionen des tropischen Afrika, in denen die Lagerung von Nahrungsmitteln schwierig und der Transport relativ aufwendig war, war eine möglichst große Selbständigkeit in der Nahrungsmittelerzeugung umso sinnvoller.[217] Mit der städtischen Landwirtschaft hängt die relativ geringe Siedlungsdichte solcher Städte zusammen.[218]

Handel, zum Teil Fernhandel, war für viele Städte eine Ursache ihrer Entstehung bzw. ihrer Entfaltung. Indigener Handel war dabei üblicherweise zunächst wesentlich, mit häufig islamischen Händler/inne/n weitete sich in vielen Fällen sowohl der Umfang des Handels als auch die Größe des Handelsnetzes aus, was für manche städtische Zentren eine Ertragssteigerung mit sich brachte und ihre Entwicklung förderte. Mit dem Einfluß islamischer Händler/innen veränderte sich die Lebensweise der Stadtbe-

---

[214] Vgl. Christopher Winters: The Classification of Traditional African Cities, *Journal of Urban History*, 10/1 (1983), 3-31, hier 23.
[215] Im folgenden siehe auch Peil; Sada: African Urban Society, a. a. O., 16-17.
[216] Siehe auch Winters: The Classification of Traditional African Cities, a. a. O., 14; Hull: African Cities and Towns before the European Conquest, a. a. O., 42-48.
[217] Siehe Winters: The Classification of Traditional African Cities, a. a. O., 15.
[218] Siehe ebd., 14; Hull: African Cities and Towns before the European Conquest, a. a. O., 48.

wohner/innen, wobei der Wandel in die Dominanz islamischer Religion und Kultur münden konnte und selbst die physische Form der Städte betraf.[219]

Die architektonische Form der Städte wies vor allem aufgrund einiger Bauten für die Elite bzw. für sakrale Zwecke eine gewisse Mannigfaltigkeit auf, abgesehen davon bestanden jedoch kaum Unterschiede in der Bausubstanz. Der Großteil der Stadtbewohner/innen lebte in Häusern, wie man sie am Land auch errichtete (meist aus Lehm, unter Umständen mit einer Holzkonstruktion, und einem Strohdach). Die Struktur der Städte im Grundriß war gewöhnlich geprägt von ungeraden Straßen und Gassen, die keiner geometrischen Form folgten, wohl aber vielfach um ein Zentrum herum angelegt waren.[220]

In der Regel fand man in den frühen Städten sowohl eine gewisse funktionale Spezialisierung in Form beruflicher Spezialist/inn/en als auch soziale Differenzierung vor. Letztere drückte sich unter anderem in den Bauten aus. So waren die Häuser der Elite nicht nur aus besserem Material oder geräumiger, sondern bestimmte Bauweisen waren teils der Führungsschicht vorbehalten (um ein weiteres, noch nicht genanntes Beispiel zu nennen: in Kumasi, Benin und Abomey durfte nur der Herrscher zweistöckige Bauten errichten lassen[221]).

Soweit man es generalisierend sagen kann, spielte die Großfamilie bzw. die Volksgruppe eine wesentliche Rolle auch im Leben der Städter/innen[222], wovon etwa Siedlungsstrukturen Zeugnis geben, die häufig von verwandtschaftlichen Verbindungen geprägt waren[223]. Anonymität und Individualismus kann im Leben jener Stadtbewohner/innen kaum vorgeherrscht haben, wodurch vermutlich eine gewisse soziale Stabilität und Ordnung sichergestellt wurde, zugleich ebenso Freiheiten eingeschränkt wurden.

In manchen Regionen, wo es kaum religiöse und ethnische Differenzen zwischen Städter/inne/n und Landbewohner/inne/n gab, waren die Stadt-Land-Beziehungen relativ unproblematisch, im Gegensatz zu Gebieten, wo derartige Unterschiede stark ausgeprägt waren, beispielsweise in islamischen städtischen Zentren, wobei viele islamisierte Städter/innen mit gewisser Geringschätzung auf die Landbewohner/innen, die indigenen Traditionen folgten, herabgeblickt haben sollen.[224] Wenngleich Unterschiede in der Übernahme des Islam durch afrikanische Gesellschaften bestanden[225] und vielfach für die jeweiligen Gesellschaften wichtige Einrichtungen beibehalten oder nur leicht modifiziert wurden[226] sowie die Befolgung einer Art islamischer Minimaltheologie genügte, ist verallgemeinernd darauf hinzuweisen, daß der Islam nicht nur die Gottesvorstellungen veränderte, sondern auch soziale und kulturelle Aspekte,

---

[219] Vgl. Winters: The Classification of Traditional African Cities, a. a. O., 16-18.
[220] Siehe ebd., 12-13.
[221] Siehe Hull: African Cities and Towns before the European Conquest, a. a. O., 86.
[222] Siehe ebd., 92.
[223] Siehe Winters: The Classification of Traditional African Cities, a. a. O., 11-12.
[224] Siehe Hull: African Cities and Towns before the European Conquest, a. a. O., 85.
[225] Siehe J. S. Trimingham: The Phases of Islamic Expansion and Islamic Culture Zones in Africa, in: Lewis (Hg.): Islam in Tropical Africa, a. a. O., 127-139.
[226] Siehe Olaniyan: Islamic Penetration of Africa, a. a. O., 51-52.

wie rechtliche Ordnung und Rechtssprechung, das Geschlechterverhältnis, soziale Hierarchien, Heiratsregelungen, modifizierte.[227] Man kann wohl überhaupt annehmen, daß Städte, die besonders innovative bzw. Einflüsse relativ offen aufnehmende Zentren waren - egal in welcher Hinsicht, ob in religiösen, technologischen etc. Bereichen -, sich besonders von ländlicher Kultur abhoben, und dies mit allen sozialen Konsequenzen. Wie meine Übersicht gezeigt hat, verfolgten die Bewohner/innen des weiteren Umlandes der Städte zum Teil nomadische, zum Teil seßhafte landwirtschaftliche Lebensweisen, während in den Städten trotz eines vielfach großen landwirtschaftlichen Sektors handwerkliche Spezialist/inn/en, Händler/innen und Kaufleute, Gelehrte, besondere „Kleriker/innen" zu einem weitaus größeren Teil vertreten waren als am Land, sodaß sich die städtischen Lebensweisen im einzelnen, aber vermutlich nicht generell, doch stark von ländlichen unterschieden haben dürften. Soziale Unterschiede zwischen Stadt und Land wurden natürlich nicht nur zum Teil durch den Islam forciert, sondern ebenso vom Christentum bzw. von anderen „importierten" Religionen, die in der Regel in den Städten früher ihre Anhänger/innen fanden als am Land.

---

[227] Siehe Lewis: Introduction, a. a. O., 45-75.

II. Ein Zwischenstück: Die Geschichte der Verstädterung in Afrika im Überblick (Tabellen, Karten und Graphiken)

Im vorangegangenen Kapitel, in dem ich die Anfänge der Verstädterung im tropischen Afrika dargestellt habe, hat es sich gezeigt, daß es eine lange Stadtgeschichte in Afrika gibt und daß diese Stadtgeschichte vielfache Verwebungen von indigenen und exogenen Faktoren aufweist. Um die gegenwärtige Lage der Städte im Afrika südlich der Sahara soziologisch und kulturwissenschaftlich zu verstehen, ist es meines Erachtens nicht unbedingt nötig, nun die ganze weitere Geschichte der Verstädterung in Details nachzuzeichnen. Aufschlußreich dürfte es allerdings sein, sich einen kurzen Überblick davon zu verschaffen. So werde ich im folgenden Karten, Graphiken und Tabellen präsentieren, die den Verlauf und das Ausmaß der Verstädterung in Afrika anzeigen. Um Kontexte herstellen zu können, werde ich zudem Daten zur allgemeinen Bevölkerungsentwicklung in Afrika präsentieren sowie einige Vergleiche mit anderen Kontinenten herstellen.

Das vorliegende Kapitel soll zwischen dem ersten und dem dritten Kapitel, in dem ich detailliert auf die gegenwärtige Situation und die Geschichte einiger ausgewählter Städte eingehe, vermitteln.

Ich werde im folgenden fast ausschließlich mit anscheinend „harten" Daten operieren, was den Anschein von großer Genauigkeit und Objektivität erwecken könnte. Hierzu ist allerdings einschränkend auf die Problematik der Gültigkeit und Verfügbarkeit der Daten insbesondere bezüglich Afrikas hinzuweisen. Erwähnt seien Mängel bei den Volkszählungen, die auf zu wenig gut geschultes Personal zurückzuführen sind, auf ungenügende kartografische Erfassung sowie fehlende Straßennamen, zeitliche Probleme (die den Zeitraum der Erhebung zu sehr ausdehnen), die relativ hohen Kosten, teils fehlende Akzeptanz oder gar Widerstand in der Bevölkerung (was unter anderem mit politischen Faktoren zusammenhängen kann).[1] Teilweise muß man bei Bevölkerungszahlen auf verschiedene Arten von Schätzungen[2] zurückgreifen, was die Genauigkeit nochmals vermindert. Dazu kommen, was das Ausmaß der Verstädterung betrifft, definitorische Probleme (was eine Stadt ist, wird nicht einheitlich in den verschiedenen Statistiken definiert). Demzufolge ist es nicht überraschend, in der Literatur zum Teil deutlich voneinander abweichende Daten zu finden (ich halte mich hier weitgehend an Daten der Vereinten Nationen). Wichtig zu bedenken ist weiters, daß man in Ansiedlungen, die gerade die 2000 Einwohner/innengrenze überschreiten und daher vielfach als städtisch eingestuft werden, in der Regel keine spezifisch städtischen Lebensformen, wenigstens nicht in deutlicher Ausprägung, erwarten kann. Wenn eine Statistik ein Land als zu 40 Prozent verstädtert ausweist, heißt das noch lange nicht, daß in diesem Land 40 Prozent der Bevölkerung eine Lebensweise verfolgen, die sich

---

[1] Vgl. William A. Hance: Population, Migration, and Urbanization in Africa, New York-London: Columbia University Press, 1970, 5-11.
[2] Vgl. G. M. K. Kpedekpo: Sources and Uses of Population Data, in: Reuben K. Udo (Hg.): Population Education Source Book for Sub-Saharan Africa, Nairobi: Heinemann Educational Books, 1979, 12-23.

insbesondere im kulturellen und sozialen Bereich wesentlich von ländlichen Lebensformen unterscheidet. Wenn also die präsentierten Daten mit einem kritischen Auge gelesen werden sollten, so können sie doch zumindest Tendenzen in groben Zügen angemessen darstellen, und darauf kommt es mir hier im wesentlichen an.

1. Verlauf der Verstädterung (absolute Zahlen)

Daten zur gesamten städtischen Bevölkerung Afrikas für die vorkoloniale Zeit sind meines Wissens nicht verfügbar. Die Untersuchungen zur frühen Verstädterung weisen jedoch eindeutig darauf hin, daß die Stadtbevölkerung im allgemeinen, verglichen mit der Gesamtbevölkerung, quantitativ unbedeutend war. Erst in der Kolonialzeit setzt ein merkliches Städtewachstum ein.

Tabelle 1: *Städtische Bevölkerung in ganz Afrika, 1920 bis 2000 (in Millionen)*

Jahr	Bevölkerung	*Jahr*	Bevölkerung
1920	10	*1970*	84
1930	15	*1980*	130
1940	20	*1990*	201
1950	33	*2000*	310
1960	52		

Quellen: Für 1920 bis 1940: United Nations: Growth of the World's Urban and Rural Population, 1920-2000, New York: United Nations, 1969, Tab. 23, S. 48 (die Bevölkerungszahlen wurden von UN auf die nächsten 5 Millionen gerundet); für 1950 bis 2000: United Nations: World Urbanization Prospects: The 1994 Revision, New York: United Nations, 1995, Tab. A.3, S. 86. (Nach unterschiedlichen Stadtdefinitionen, je nach Land verschieden; Entsprechendes gilt auch für die weiteren Tabellen zur städtischen Bevölkerung.)

Geschätzte jährliche Wachstumsrate 1995 bis 2000: 4,29 Prozent.[3]

Tabelle 2: *Städtische Bevölkerung im tropischen Afrika[a], 1950 bis 2000 (in Mill.)*

Jahr	Bevölkerung	*Jahr*	Bevölkerung	[a] Afrika, ausgen. Algerien, Ägypten,
1950	14	*1980*	74	Lybien, Marokko, Tunesien,
1960	25	*1990*	124	Westsahara, Botswana, Lesotho,
1970	44	*2000*	206	Namibia, Südafrika, Swaziland

Quelle: United Nations: World Urbanization Prospects: The 1994 Revision, a. a. O., Tab. A.3, S. 86-87.

---

[3] Siehe United Nations: World Urbanization Prospects: The 1994 Revision, New York: United Nations, 1995, Tab. A.6, S. 110.

2. Bevölkerungsentwicklung in Afrika

Tabelle 3: *Gesamtbevölkerung in ganz Afrika, 1000 bis 2000 (in Millionen)*

Jahr	Bevölkerung	Jahr	Bevölkerung	Jahr	Bevölkerung
1000	50	1800	90-100	1950	224
1200	61	1850	95-100	1960	282
1400	74	1900	120-150	1970	364
1600	90	1920	140	1980	476
1650	100	1930	164	1990	633
1750	95-100	1940	191	2000	832

Quellen: Bis 1940: Hance: Population, Migration, and Urbanization in Africa, a. a. O., Tab. 1, S. 16 (vgl. auch James H. Vaughan: Population and Social Organization, in: Phyllis M. Martin, Patrick O'Meara (Hg.): Africa, Bloomington: Indiana University Press, [2]1986, 159-180, hier 164 und Anm. 9; dort leichte Korrekturen von Hance); 1950 bis 2000: United Nations: World Urbanization Prospects: The 1994 Revision, a. a. O., Tab. A.5, S. 102-103.

Während also die Bevölkerung bis zum 17. Jahrhundert stetig zugenommen hatte, war zwischen 1650 und 1850 vor allem aufgrund des Sklav/inn/enhandels ein Bevölkerungsrückgang zu verzeichnen.[4] Der rasante Anstieg seit dem ausgehenden 19. Jahrhundert ist eine Folge insbesondere medizinischer und technologischer Erkenntnisse und Erfindungen, die im Zuge des Kolonialismus auch in Afrika Anwendung fanden. Andererseits soll nicht vergessen werden, daß koloniale Eroberung und Repression viele Afrikaner/innen das Leben kostete.

Die Bevölkerung im tropischen Afrika alleine und ohne Berücksichtigung der Inseln betrug 1989 etwa 465 Millionen.[5]

Es scheint mir wichtig zu betonen, daß die Bevölkerungsentwicklung in Afrika nicht über den ganzen Kontinent gleichmäßig verlief und verläuft, sodaß sehr unterschiedliche Verteilungen zu beobachten sind, wie Karte 1 für das tropische Afrika nach Zahlen von 1989 zeigt (Analoges gilt für die Verstädterung - siehe unten). Zudem ist zu berücksichtigen, daß auch innerhalb der einzelnen Länder erhebliche Unterschiede hinsichtlich der Bevölkerungsdichte bestehen und die Anzahl von Bewohner/inne/n pro Quadratkilometer natürlich nicht die durchschnittliche Verfügbarkeit an bewohnbarem Lebensraum pro Einwohner/in angibt (man denke zum Beispiel an Wüsten). (Wegen der in diesem Fall relativ geringen Aussagekraft von Bevölkerungsdichten habe ich es hier unterlassen, genauere Zahlen anzugeben.)

---

[4] Siehe etwa James H. Vaughan: Population and Social Organization, in: Phyllis M. Martin, Patrick O'Meara (Hg.): Africa, Bloomington: Indiana University Press, [2]1986, 159-180, hier 164.
[5] Schätzung nach Tony Binns: Tropical Africa, London-New York: Routledge, 1994, Tab. 2.1, S. 26-27.

Karte 1: *Bevölkerungsdichten im tropischen Afrika, 1989*

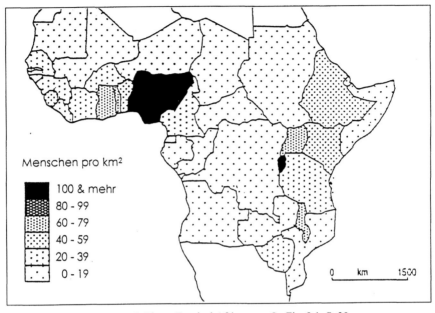

Quelle: Alois Krammer, nach Binns: Tropical Africa, a. a. O., Fig. 2.1, S. 30.

Graphik 1: *Gesamtbevölkerung und städtische Bevölkerung in Afrika, 1920 bis 2000*

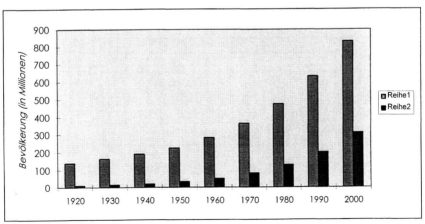

Reihe 1: Gesamtbevölkerung, *Reihe 2:* Städtische Bevölkerung

Quelle: Alois Krammer, nach oben genannten Daten

Im Vergleich zum Zuwachs der Gesamtbevölkerung nahm in den letzten Jahrzehnten die städtische Bevölkerung um einiges stärker zu, das heißt der städtische Anteil an der Gesamtbevölkerung stieg (siehe auch die nächsten Tabellen).

3. Verlauf der Verstädterung (prozentueller Anteil der städtischen Bevölkerung an der Gesamtbevölkerung) sowie das relative Ausmaß der Verstädterung in einzelnen Ländern

Tabelle 4: *Prozentueller Anteil der städtischen Bevölkerung an der Gesamtbevölkerung in ganz Afrika, 1920 bis 2000*

Jahr	Bevölkerung	Jahr	Bevölkerung
1920	7	1970	23
1930	9	1980	27
1940	11	1990	32
1950	15	2000	37
1960	18		

Quelle: Für 1920 bis 1940: United Nations: Growth of the World's Urban and Rural Population, 1920-2000, a. a. O., Tab. 24, S. 49; für 1950 bis 2000: United Nations: World Urbanization Prospects: The 1994 Revision, a. a. O., Tab. A.2, S. 78-79.

Für 1995 schätzte man Ruanda und Burundi als die beiden am wenigsten verstädterten Länder ein (mit deutlich weniger als 10 Prozent der Bevölkerung in Städten - schwierig dürfte es hier freilich sein, die Effekte des Bürgerkrieges genau abzuschätzen). Danach folgen Uganda (12,5 Prozent), Äthiopien (13,4 Prozent) und Malawi (13,5 Prozent). Regional war Ostafrika um diese Zeit am wenigsten urbanisiert (21,7 Prozent). Das mit Abstand am stärksten urbanisierte Land des tropischen Afrika war 1995 nach Schätzungen der Vereinten Nationen Djibouti (82,8 Prozent). Kongo wies einen städtischen Bevölkerungsanteil von 58,8 Prozent auf, Mauretanien 53,8 Prozent, Liberia 45 Prozent, Kamerun 44,9 Prozent, Elfenbeinküste 43,6 Prozent, Sambia 43,1 Prozent.[6]

Im Jahr 2000 dürfte Lagos die größte Stadt des tropischen Afrika sein (geschätzte Bevölkerung: 13,5 Millionen, damit die neuntgrößte Stadt der Welt).[7] Kinshasa hätte nach derselben Schätzung 5,1 Millionen Einwohner/innen.[8]

---

[6] Siehe United Nations: World Urbanization Prospects: The 1994 Revision, a. a. O., Tab. A.2, S. 78-79.
[7] Siehe ebd., Tab. A.11, S. 131.
[8] Siehe ebd., Tab. A.12, S. 139.

Karte 2: *Anteil der städtischen Bevölkerung an der Gesamtbevölkerung in den Ländern des tropischen Afrika, 1980*

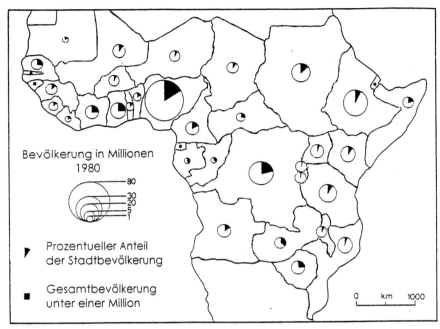

Quelle: Alois Krammer, nach O'Connor: The African City, a. a. O., Fig. 7, S. 44.

Wie Karte 3 im Vergleich zu den oben angeführten Daten zeigt, fällt der Grad der Verstädterung, gemessen am Anteil der Stadtbevölkerung an der Gesamtbevölkerung, nicht unbedingt mit der Anzahl der größeren Städte in einem Land zusammen. Aus der Karte geht eindeutig hervor, daß sich die meisten größeren Städte in Westafrika befinden, vor allem in Nigeria.

Die Mehrheit der afrikanischen Stadtbevölkerung lebt nach wie vor - allerdings in sinkender Tendenz - in Städten, die weniger als 500.000 Einwohner/innen zählen (1950: 81,3 Prozent oder 27 Millionen; 1990: 60,1 Prozent oder 121 Millionen; 2015 schätzungsweise 54 Prozent oder 306 Millionen Menschen).[9]

---

[9] Siehe ebd., Tab. 5, S. 12.

Karte 3: *Verteilung der größeren Städte im tropischen Afrika, 1980*

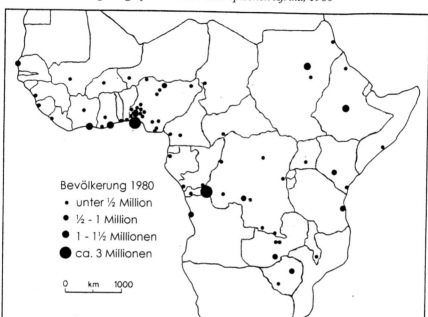

Quelle: Alois Krammer, nach O´Connor: The African City, a. a. O., Fig. 6, S. 42.

Nicht nur die Verteilung der Verstädterung im tropischen Afrika ist sehr unterschiedlich, auch die Wachstumsraten zeigen große regionale Differenzen. Nach einer Schätzung der Vereinten Nationen wuchs die städtische Bevölkerung im östlichen Afrika im Zeitraum von 1990 bis 1995 jährlich um 5,44 Prozent, im mittleren Afrika um 4,46 Prozent, im westlichen um 5,24 Prozent jährlich. Viel deutlicher sind die Unterschiede zwischen einzelnen Ländern. Die höchste Wachstumsrate im tropischen Afrika verzeichnete man in Burkina Faso mit 11,2 Prozent jährlich, gefolgt von Mosambik mit 7,35 Prozent (immer im Zeitraum zwischen 1990 und 1995; Schätzungen). Die niedrigsten Raten am Festland des tropischen Afrika errechnete man für Somalia mit 2,51 Prozent und Djibouti mit 2,72 Prozent. In ganz Afrika betrug das Wachstum 4,38 Prozent jährlich. Im allgemeinen vermindert sich die Wachstumsrate der Verstädterung im tropischen Afrika in den letzten Jahren (die höchste Wachstumsrate erlebte man im östlichen Afrika zwischen 1975 und 1980 mit 6,52 Prozent, im mittleren Afrika zwischen 1965 und 1970 mit 5,67 Prozent und im westlichen zwischen 1955 und 1960 mit 5,9 Prozent - berücksichtigt wird hier der Zeitraum ab 1950).[10]

---

[10] Siehe ebd., Tab. A.6, S. 110.

Von den 33 Städten des tropischen Afrika, die im Jahr 2000 vermutlich die Ein-Millionen-Einwohner/innen-Grenze überschritten haben werden, dürfte Dar es Salaam die umfangreichste Steigerung erleben (Wachstum von 1970 bis 2000: 1239 Prozent), die geringste Ibadan (239 Prozent).[11] Im wesentlichen zeigen alle diese 33 Städte ein kontinuierliches Wachstum, die Geschwindigkeit des Wachstums bremst sich aber ein, womit sie dem allgemeinen Verstädterungstrend folgen.[12]

Karte 4: *Durchschnittliche jährliche Wachstumsraten der städtischen Bevölkerung in den Ländern des tropischen Afrika, 1960 bis 1990*

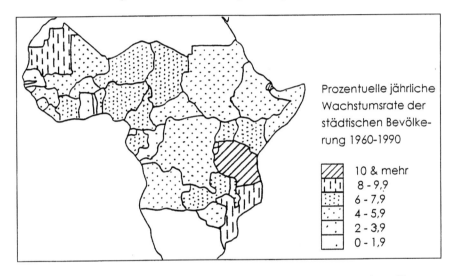

Quelle: Alois Krammer, nach Binns: Tropical Africa, a. a. O., Fig. 5.1, S. 116, letzte Karte.

---

[11] Siehe Guy Ankerl: Urbanization Overspeed in Tropical Africa, 1970-2000. Facts, Social Problems, and Policy, Geneva: INU Press, 1986, Tab. 4, S. 20.
[12] Siehe ebd., 20 u. Tab. 4, S. 20.

4. Vergleich:
Verlauf der Verstädterung in einzelnen Kontinenten und weltweit

Tabelle 5: *Städtische Bevölkerung in einzelnen Kontinenten und weltweit, 1920 bis 2000 (in Millionen und in Prozenten der Gesamtbevölkerung)*

	Afrika	O-Asien	S-Asien	UdSSR	N-Am.	Lat.-am	Europa	Ozean.	Welt
1920	10	50	40	25	60	20	150	5	**360**
%	7	9	9	15	52	22	46	47	*19*
1930	15	65	50	35	75	30	175	5	**450**
%	9	11	10	19	56	28	49	50	*22*
1940	20	85	75	60	85	40	200	5	**570**
%	11	13	12	32	59	31	53	53	*25*

O-Asien = Ostasien, S-Asien = Südasien, N-Am. = Nordamerika, Ozean. = Ozeanien
Die Bevölkerungszahlen wurden von UN auf die nächsten 5 Millionen gerundet.

Quelle: United Nations: Growth of the World's Urban and Rural Population, 1920-2000, a. a. O., Tab. 23, S. 48 u. Tab. 24, S. 49.

Fortsetzung der Tabelle 5:

	Afrika	Asien	Nordam.	Lat.-am.[a]	Europa	Ozeanien	Welt
1950 abs.[b]	33	236	106	69	286	8	**738**
%[c]	14,7	16,8	63,9	41,6	52,2	61,6	*29,3*
1960 abs.	52	374	139	107	350	10	**1033**[d]
%	18,4	22,0	69,9	49,5	57,8	66,4	*34,2*
1970 abs.	84	503	167	163	423	14	**1353**[d]
%	23,0	23,4	73,8	57,4	64,4	70,8	*36,6*
1980 abs.	130	706	187	233	479	16	**1752**[d]
%	27,3	26,7	73,9	65,1	69,2	71,2	*39,4*
1990 abs.	201	1014	209	314	520	19	**2277**
%	31,8	31,8	75,4	71,4	72,0	70,6	*43,1*
2000 abs.	310	1408	237	401	548	22	**2926**
%	37,3	37,7	77,4	76,6	75,1	70,2	*47,5*

[a] Lateinamerika und Karibik
[b] In Millionen
[c] Prozentueller Anteil der Stadtbevölkerung an der Gesamtbevölkerung
[d] Stimmt aufgrund von Rundungen nicht mit der Zeilensumme überein.

Quelle: United Nations: World Urbanization Prospects: The 1994 Revision, a. a. O., Tab. A.2, S. 78-85 u. Tab. A.3, S. 86-93.

Für den Zeitraum zwischen 1995 und 2000 schätzte die UNO das jährliche städtische Bevölkerungswachstum weltweit und in einzelnen Regionen wie folgt ein:
Welt: 2,8 Prozent; „weniger entwickelte Länder": 3,7 Prozent, „weiter entwickelte Länder": 0,8 Prozent; Afrika: 4,7 Prozent; Lateinamerika: 2,4 Prozent; Ostasien: 3,5 Prozent; Südasien: 4 Prozent.[13] Damit weist Afrika weltweit die größten Zuwachsraten auf.

Die „nördlichen Länder" erleben heute ein sehr geringes städtisches Wachstum, ein Befund der in krassem Gegensatz zu Verstädterungstendenzen in diesen Regionen zur Zeit der Industrialisierung im 19. und frühen 20. Jahrhundert steht. Zwei Beispiele sollen das belegen. Verweisen möchte ich auf das enorme Wachstum einzelner Städte in Großbritannien zwischen 1800 und 1851, die allerdings selbst für Großbritannien in dieser Zeit überdurchschnittliche Wachstumsraten verzeichneten: Liverpool: von 78.000 auf 375.955 Einwohner/innen; Manchester-Salford: von 84.000 auf 367.233; Birmingham: von 74.000 auf 232.841; Bradford: von 29.000 auf 103.310.[14] (Zu London siehe weiter oben!)

Als zweites Beispiel möchte ich Deutschland bzw. das Deutsche Reich nennen, in dem der Anteil der Bevölkerung, der in größeren Städten lebte, im Vergleich zur Bevölkerung in kleinen Orten in der Zeit zwischen 1871 und 1925 deutlich zunahm. (Ländliche Gemeinden unter 2000 Einwohner/innen: 1871: 62,6 Prozent der Gesamtbevölkerung, 1925: 35,6 Prozent; Städte über 100.000 Einwohner/innen: 1871: 5,5 Prozent, 1925: 26,8 Prozent der Bevölkerung.)[15]

Im Laufe der letzten Jahrzehnte verschob sich der Anteil der einzelnen Weltregionen an der städtischen Weltbevölkerung in Richtung „südliche Länder", wie Tabelle 6 auf der nächsten Seite zeigt. Im kontinentalen Vergleich ist der Anteil Afrikas prozentuell am meisten gestiegen, den prozentuell höchsten Rückgang verzeichnete man in Europa.

---

[13] Siehe A. S. Oberai: Population Growth, Employment and Poverty in Third-World Mega-Cities. Analytical and Policy Issues, London: Macmillan, 1993, Tab. 2.2, S. 21.
[14] Siehe Walter Kieß: Urbanismus im Industriezeitalter. Von der klassizistischen Stadt zur Garden City, Berlin: Ernst & Sohn, 1991, 27.
[15] Siehe Karl Martin Bolte, Dieter Kappe, Josef Schmid: Bevölkerung. Statistik, Theorie, Geschichte und Politik des Bevölkerungsprozesses, Opladen: Leske Verlag + Budrich GmbH, ^{4}1980, Tab. 22, S. 176; siehe auch Josef Schmid: Einführung in die Bevölkerungssoziologie (unter Mitarb. v. Helmut Bauer u. Bettina Schattat), Reinbek bei Hamburg: Rowohlt, 1976, 118-119.

Tabelle 6: *Regionale Verteilung der städtischen Weltbevölkerung, 1950 und 1990 (in Prozent)*

	1950	1990
Afrika	4,5	8,8
östliches	0,5	1,7
mittleres	0,5	1,0
nördliches	1,8	2,8
südliches	0,8	0,9
westliches	0,9	2,6
Amerika	23,7	23,0
Karibik	0,8	0,9
Zentralamerika	2,0	3,3
Nordamerika	14,4	9,2
Südamerika	6,5	9,7
Asien	32,0	44,5
östliches	15,2	19,7
süd-östliches	3,7	5,8
südlich-zentrales	11,2	14,8
westliches	1,8	4,1
Europa	38,8	22,8
östliches	11,8	9,3
nördliches	7,7	3,4
südliches	6,5	4,0
westliches	12,8	6,2
Ozeanien	1,1	0,8
	100,1	99,9

Quelle: UNCHS (Habitat): An Urbanizing World.
Global Report on Human Settlements 1996, Nairobi:
UNCHS, 1996, Tab. 1.6, S. 1-20.

III. Gegenwärtige Städte und ihre Geschichte

Im folgenden werde ich anhand von vier Beispielen sowie allgemeiner Erörterungen auf die gegenwärtige Urbanität und auf ihre Geschichte eingehen und dabei soziale und kulturelle Aspekte in den Vordergrund stellen.
Die Beispiele repräsentieren Städte mit vorkolonialen Traditionen (Kumasi, Zaria, Lagos), eine koloniale Gründung (Nairobi) sowie eine Stadt, die eine vorkoloniale Geschichte hat, während des Kolonialismus jedoch zerstört und neu aufgebaut wurde (Kumasi); Städte mit starkem islamischen Einfluß (vor allem Zaria) sowie Städte mit bedeutendem westlichen Kultureinfluß (insbesondere Nairobi); Großstädte (Lagos, Nairobi) und Städte mittlerer Größe (Kumasi, Zaria); Städte in Westafrika (Kumasi, Zaria und Lagos) sowie eine Stadt in Ostafrika (Nairobi). Alle Städte haben eine britische Kolonialgeschichte, auf Städte, die unter dem Einfluß anderer Kolonialmächte standen, werde ich im allgemeinen Teil verweisen.
Bei der Beschreibung der vier Städte werde ich jeweils einen anderen thematischen Akzent setzen, um einige für die afrikanische Verstädterung relevante Themen speziell zu beleuchten. Bei Kumasi wird ein Akzent auf der Phase des radikalen Eingriffs durch Europäer/innen liegen, Lagos soll insbesondere als Megastadt beschrieben werden - unter besonderer Berücksichtigung seiner Geschichte -, Zaria als Hausastadt mit einer islamisch geprägten Altstadt, und bei Nairobi werde ich speziell auf die Situation in Slums und Squatters hinweisen.
Die Beispiele sind nicht nur wegen ihrer Kolonialgeschichte nicht im strengen Sinn repräsentativ für die Städte im tropischen Afrika, Abweichungen vom Durchschnitt liegen ebenso etwa in der Größe (die meisten Städte sind natürlich kleiner), in ihrem Alter (ein großer Teil heutiger Städte ist jünger als der Durchschnitt der vier Beispiele) etc. Würde man andere Auswahlkriterien[1] heranziehen als die meinigen, etwa wirtschaftliche oder geographische, wäre die Selektion anders erfolgt und die Frage nach der Repräsentativität der Beispiele wiederum anders zu beantworten. Da eine streng repräsentative Auswahl bei nur so wenigen Beispielen ohnehin unmöglich ist und sehr unterschiedliche Selektionskriterien angewandt werden könnten, soll mit den vorliegenden Beschreibungen nur eine gewisse Bandbreite abgedeckt werden und das Phänomen der Urbanität, des Urbanismus und der Urbanisierung exemplarisch veranschaulicht werden. Danach werde ich die Diskussion auf eine breitere und allgemeinere Basis stellen, womit auch eine genauere „Lokalisierung" der Beispiele möglich sein wird.
Bereits an dieser Stelle möchte ich darauf verweisen, daß ich weiter unten mit Arusha eine Stadt beschreiben werde, die deutlich kleiner ist als die hier genannten und in einem anderen Kontext steht (bis in die 80er Jahre klar sozialistisch orientiertes Land; Verdörflichungsprogramme).

---

[1] Eine Diskussion von Klassifizierungen afrikanischer Städte sowie ein vielfach rezipierter Vorschlag finden sich bei O´Connor: The African City, a. a. O., v. a. 25-41.

1. Kumasi

Nationaler Kontext: Ghana

Um die Stellung der Städte innerhalb des jeweiligen Landes abschätzen zu können und bestimmte Phänomene verständlicher zu machen, gehe ich vorweg jeweils auf den nationalen Kontext überblicksmäßig ein. Wo es für das Verständnis der Entwicklung oder der gegenwärtigen Situation einer Stadt notwendig sein wird, genauer auf den nationalen Zusammenhang einzugehen, werde ich das an entsprechender Stelle unmittelbar bei der Beschreibung und Analyse der Städte nachholen.

Bevölkerung Ghanas[2]: 15.400.000 (Mitte 1991 nach offiziellen Schätzungen) Jährliche Wachstumsrate: 3,2 Prozent (von der Weltbank geschätzter Durchschnitt in den Jahren zwischen 1985 und 1993); Dichte (1991): 64,6 Personen/Quadratkilometer. Rund 40 Prozent der Bevölkerung leben in den und um die wichtigsten städtischen Zentren. Die jährliche städtische Wachstumsrate betrug in den Jahren von 1980 bis 1985 durchschnittlich 5,5 Prozent (im selben Zeitraum wuchs die Gesamtbevölkerung um 3,4 Prozent).[3]

1990 nahm man folgende Bevölkerungsverteilung nach Altersgruppen an: bis 14 Jahre: 45 Prozent, 15 bis 29 Jahre: 26,4 Prozent, 30 bis 44 Jahre: 14,6 Prozent, 45 bis 59 Jahre: 8,1, 60 bis 74 Jahre: 4,1 Prozent, 75 Jahre und älter: 1,8 Prozent.[4]

Mindestens 75 verschiedene Sprachen und Dialekte, denen etwa ebensoviele verschiedene Volksgruppen zugeordnet werden können, die größten Volksgruppen (mit relativem Anteil an der Gesamtbevölkerung, geschätzt für 1991): Akan (52,4 Prozent), Mossi (15,8 Prozent), Ewe und Guan (je 11,9 Prozent), Ga-Adangme (7,8 Prozent). Schätzungsweise sind zwei Fünftel der Ghanaer/innen Christ/inn/en, ein Fünftel Muslime.[5] Die Volkszählung von 1960 registrierte 42,8 Prozent Christ/inn/en, 38,2 Prozent Anhänger/innen indigener Religionen, 12 Prozent Muslime; 7 Prozent konnten nicht zugeordnet werden.[6]

Amtssprache: Englisch
Hauptstadt: Accra
Fläche: 238.537 km²
Geographie, Klima, Vegetation[7]: Ghana umfaßt ein Gebiet, das großteils flach gelegen ist, mit einer einzigen wesentlichen Ausnahme, einem niedrigen Gebirgszug

---

[2] Hinsichtlich der allgemeinen Daten zur Bevölkerung halte ich mich, falls nicht anders angegeben, an: E. A. Boateng: Ghana. Physical and Social Geography, in: Africa South of the Sahara 1996, London: Europa Publications, 1995, 435 sowie Africa South of the Sahara 1996, Ghana: Statistical Survey, London: Europa Publications, 1995, 448-452, hier 448.
[3] Siehe Richard Synge: Ghana. Economy, in: Africa South of the Sahara 1996, London: Europa Publications, 1995, 441-447, hier 443.
[4] Siehe Dieter Bloch: Fakten-Zahlen-Übersichten, in: Einhard Schmidt-Kallert: Ghana (unter Mitarbeit von Erhard Hofmann), Gotha: Justus Perthes, 1994, 215-232, hier Tab. A 5, S. 224.
[5] Siehe Nukunya: Tradition and Change in Ghana, a. a. O., 134.
[6] Siehe Africa South of the Sahara 1996, Ghana: Directory, a. a. O., 454.
[7] Siehe generell Boateng: Ghana. Physical and Social Geography, a. a. O., 435.

(höchste Erhebung: Mount Afadjuto, 886 Meter über dem Meeresspiegel), der vom südlichen Togo bis nach Kintampo, etwa auf dem halben Weg zwischen Kumasi und Tamale, reicht. Diese Erhebung scheidet die nördliche Savanne vom südlichen fruchtbaren Waldland.[8] Unterbrochen wird der Zug vom Volta-Fluß der einschließlich der Volta-Seen und der zur Stromgewinnung errichteten Staudämme die Entwässerung bestimmt. Dazu kommen mehrere kleinere Flüsse und Ströme wie Pra, Birim, Densu, Ayensu und Ankobra.

Das Klima ist geprägt von zwei Hauptluftströmen, einerseits dem tropischen, heißen und trockenen kontinentalen (von Nordosten), andererseits dem kühleren und feuchten Luftstrom vom Meer (von Südwesten). Dementsprechend ist das Klima im Süden feuchter, mit zwei Regenzeiten und einem durchschnittlichen jährlichen Regenfall zwischen 1270 und 2100 Millimeter, während es im Norden nur eine Regenzeit gibt und die durchschnittliche Jahresniederschlagsmenge zwischen 1100 und 1270 Millimeter beträgt. Die mittleren Temperaturen erreichen landesweit zwischen 26° C und 29° C, die Luftfeuchtigkeit ist im allgemeinen relativ hoch.

Vor allem in südlicheren Landesteilen findet man immergrüne Wälder und eine dichte Vegetation bzw. intensive Landwirtschaft, während nördlich sowie im Gebiet rund um Accra Savannen und Buschvegetation überwiegen.

Soziale und politische Geschichte:[9] Das heutige Staatsgebiet von Ghana, das geographisch nichts mit dem alten Reich von Ghana zu tun hat (siehe auch oben - Anfänge der Verstädterung) wurde im 11. Jahrhundert von kleinen, verstreut lebenden Volksgruppen der Kwa und Gur besiedelt, wobei die Kwa im Übergangsgebiet zum Feuchtwald im Süden, die Gur in der nördlichen Savanne beheimatet waren. In den folgenden fünf Jahrhunderten wurden sie schrittweise von Akan-Ethnien vom Norden her weitgehend verdrängt. Die Akan begannen bald, kleine Fürstentümer zu gründen, wobei der Handel, insbesondere mit Gold, eine wichtige ökonomische Grundlage dieser Zentralisierungen bildete. Eines der später entstandenen Reiche war das der Asante mit dem Zentrum in Kumasi (siehe dazu weiter unten).[10]

Menschen im Gebiet des heutigen Ghana machten bereits gegen Ende des 15. Jahrhunderts die ersten Erfahrungen mit Europäern, beginnend mit Portugiesen, die im Bestreben, Afrika zu umsegeln, 1471 die Küste des heutigen Ghana erreicht hatten. Wirtschaftliche Motive, missionarischer Eifer sowie Wissensdrang dürften die Hauptgründe für ihre Unternehmungen gewesen sein. Ghana war für sie vor allem des Goldes wegen interessant.[11] Bereits in der Mitte des 16. Jahrhunderts kamen Engländer hinzu und etwas später Holländer, bis sich die Portugiesen schließlich wieder zurückziehen mußten; zu erwähnen sind weiters die Dänen.[12] Während die Europäer/innen zunächst insbesondere Gold, Baumwolle, Gummi und etwas Elfenbein eintauschten, wurde der

---

[8] Siehe F. K. Buah: A History of Ghana, London-Basingstoke, Macmillan, 1980, 2.
[9] Allgemein zur Geschichte Ghanas siehe auch Stefan von Gnielinski: Ghana. Tropisches Entwicklungsland an der Oberguineaküste, Darmstadt: Wissenschaftliche Buchgesellschaft, 1986, 69-88.
[10] Siehe ebd., 71-73.
[11] Siehe Buah: A History of Ghana, a. a. O., 65.
[12] Siehe ebd., 68-69.

Handel ab dem ausgehenden 17. Jahrhundert immer mehr durch den Export von Sklav/inn/en nach Amerika dominiert.[13] Bis zum 19. Jahrhundert wurden Millionen von Sklav/inn/en Opfer dieses Handels, an dem vor allem die Europäer/innen profitierten, aber auch einige Einheimische. Abgesehen von den menschlichen Tragödien, verursachte der Sklav/inn/enhandel einen enormen Verlust für die einheimische Wirtschaft, Kultur, etc.[14]

Bis 1874 hatten die Brit/inn/en die anderen europäischen Mächte so weit verdrängt bzw. ausgekauft, daß sie, ohne europäische Mitstreiter/innen fürchten zu müssen, die Staaten südlich der Asante zur Kronkolonie bzw. zur Gold Coast Colony erklären konnten. 1920 schließlich wurden unter den Brit/inn/en die Grenzen Ghanas, wie wir sie heute vorfinden, festgelegt, unter Einschluß des vormaligen deutschen Togolandes.[15] Wenngleich die Briten keine europäischen Konkurrent/inn/en besiegen mußten, hatten sie doch gegen teils erbitterten Widerstand zu kämpfen, nämlich von Seiten der einheimischen Afrikaner/innen, die allerdings die Fremdherrschaft vorläufig nicht verhindern konnten.[16]

Wie auch in den anderen Kolonien hatten die Afrikaner/innen in der Gestaltung der Politik wenig bis gar nichts mitzureden. Nur wenige Einheimische hatten einen Sitz in maßgeblichen Gremien, und nur ein verschwindender Teil der Bevölkerung besaß ein Wahlrecht, und auch das nur für zweitrangige Posten. Selbst indigene Herrscher/innen, die ihr Amt im Sinne der Indirect Rule auszuführen hatten, verfügten nur über relativ wenig Macht, insbesondere wenn man ihre koloniale Position mit der vorkolonialen vergleicht.[17] Die Wirtschaft wurde ebenso nach europäischen Vorstellungen und zum primären Nutzen der Europäer/innen umgestaltet.[18] In Ghana produzierte man vor allem Palmöl, Kakao, Nutzholz, Rohgummi, Kopra und Kaffee als land- und forstwirtschaftliche Ausfuhrgüter.[19] Zu den wichtigsten Exportgütern zählten zudem Gold und andere Mineralien wie Mangan, Bauxit und Diamanten.[20] Dem standen auf der Einfuhrseite zunehmend Maschinen, Autos, Fahrräder, Produkte, die im Bereich der Eisenbahnen nötig waren, Treibstoff, Baumaterialien, Textilien und selbst Dosennahrung gegenüber[21]: verarbeitete Importwaren also, die offensichtlich nur einem kleinen Bevölkerungsteil und nicht zuletzt den ansässigen Europäer/inne/n zugänglich waren. Das einheimische Tauschsystem bzw. einheimische „Währungen" wie Cowriemuscheln und Goldstaub wurden zusehends durch eine Währung europäischer Art bzw. durch Münzen und später zusätzlich durch Banknoten ersetzt.[22] Vor allem die Wirtschaft profitierte von neu errichteten und ausgebauten Verkehrswegen (in erster Linie Eisen-

---

[13] Siehe ebd., 69-71.
[14] Siehe ebd., 71-73.
[15] Siehe ebd., 76.
[16] Siehe ebd., 88-99.
[17] Siehe ebd., 100-109.
[18] Siehe etwa ebd., 122-124.
[19] Siehe ebd., 117-120.
[20] Siehe ebd., 120-122.
[21] Siehe ebd., 117.
[22] Siehe ebd., 124-127.

bahn, Straßen, Häfen) und Kommunikationssystemen (Post, Telekommunikation).[23] Unter anderem um solche Projekte (mit) zu finanzieren, mußten die Afrikaner/innen Steuerabgaben leisten, wobei sie selber vielfach nur geringen Nutzen aus jenen Projekten ziehen konnten. Einige wenige Einheimische konnten sich in den neu errichteten Gesundheitszentren (kirchlichen und staatlichen) betreuen lassen, ebenso nur für einen kleinen und privilegierten Teil der Bevölkerung standen westliche Bildungseinrichtungen offen, welche vor allem anfangs zu einem großen Teil von christlichen Missionsgesellschaften, später vermehrt von der Kolonialregierung unterhalten wurden.[24]
Gegen Ende des Zweiten Welkrieges war der Widerstand gerade der jungen afrikanischen Elite so groß geworden, daß die Dauerhaftigkeit der Kolonialisierung bereits ernsthaft in Frage gestellt werden mußte.[25] Der Kampf um die Unabhängigkeit, der nach dem Zweiten Weltkrieg maßgeblich von Kwame Nkrumah angeführt wurde, erreichte schließlich noch in den 50er Jahren sein Ziel. (Zu dieser Phase der Geschichte Ghanas siehe ausführlich weiter unten: Reaktionen von Afrikaner/inne/n auf den Kolonialismus - Auf dem Weg zur Unabhängigkeit![26])
Im Jahr 1957 erlangte Ghana die völkerrechtliche Unabhängigkeit, blieb jedoch Mitglied des Commonwealth.[27] Nkrumah wurde Premierminister und schlug den Weg eines afrikanischen Sozialismus ein, mit engen Verbindungen zum Ostblock bei gleichzeitiger Öffnung gegenüber westlichem Kapital bzw. ökonomischer Abhängigkeit vom Westen. Nkrumah ließ die Modernisierung des Landes sowohl im Bereich der Landwirtschaft und Industrie als auch der Dienstleistungen mit viel Schwung und großem finanziellem Einsatz in Angriff nehmen, wobei er zunächst in eine gefüllte Staatskassa greifen konnte und vom relativ hohen Preis für Kakao, dem wichtigsten Devisenbringer, profitierte; zudem liefen die Geschäfte mit Ghanas wertvollen Mineralien weiter gut[28]. Zu den ehrgeizigen Projekten zählte die Realisierung des Volta-Staudammes zur Gewinnung elektrischer Energie, die ein wesentlicher Faktor in der Modernisierung des Landes sein sollte[29], als auch die Ausweitung der Schulbildung (in den Jahren von 1951, als Nkrumah erstmals mit den Regierungsgeschäften betraut wurde, bis 1966, seinem Sturz, verachtfachte sich die Zahl der Primarschulen beinahe) und der medizinischen Versorgung[30]. Bald ging die Regierung unter Nkrumah repressiv gegen die Opposition vor, 1964 wurden Oppositionsparteien überhaupt verboten und Ghana zu einem sozialistischen Ein-Parteien-Staat erklärt (mit der Convention People's Party (CPP) als einziger Partei). 1966 wurde Nkrumah von Militärs sowie

---

[23] Siehe ebd., 127-131.
[24] Siehe ebd., u. a. 112-114 u. 140-142.
[25] Siehe ebd., 144-150.
[26] Vgl. auch ebd., 152-167.
[27] Die folgenden Fakten zur jüngeren Geschichte Ghanas sind, falls nicht anders angegeben, entnommen von T. C. McCaskie: Ghana. Recent History, in: Africa South of the Sahara 1996, London: Europa Publications, 1995, 436-441.
[28] Siehe Buah: A History of Ghana, a. a. O., 168-181. Zur Modernisierung siehe auch Kwame Nkrumah: Africa Must Unite, London: Panaf, 1985 ([1]1963), u. a. 100; 105; 119-120.
[29] Siehe Buah: A History of Ghana, a. a. O., 172; Kwame Nkrumah: Africa Must Unite, a. a. O., 114-116.
[30] Siehe Buah: A History of Ghana, a. a. O., 176-180.

Polizeioffizieren entmachtet, angesichts ökonomischer Probleme und mit dem Argument, der Korruption durch die Mitglieder der CPP Nkrumahs ein Ende zu bereiten[31]. Zwei Mal wurden in der Folge zivile Regierungen gewählt oder eingesetzt. Diese konnten sich jedoch nie lange halten, da sie von Militärs gestürzt wurden. Gegenputsche zwangen einige militärische Machthaber zur Aufgabe. Bereits 1979 erlangte der Leutnant der Luftwaffe, Jerry Rawlings, durch einen Coup erstmals für kurze Zeit die Staatsführung. Ende 1981 riß der populäre Rawlings das zweite Mal die Macht an sich. Er hob die Verfassung auf, löste das Parlament auf und verbot zivile politische Parteien. Politische Unruhen, Umsturzversuche und ethnische Konflikte sowie wirtschaftliche Probleme prägten weiterhin das Land. 1992 wurden langsam wieder Oppositionsparteien zugelassen, die für die Wahlen Ende 1992 kandidieren konnten. Rawlings, der mittlerweile aus formalen Gründen aus dem Militär ausgeschieden war, gewann die Präsidentschaftswahlen mit absoluter Mehrheit. Sowohl die Präsidentschaftwahlen als auch die Wahlen zur gesetzgebenden Nationalversammlung, ebenfalls Ende 1992, wurden von gewaltsamen Zusammenstößen begleitet und standen unter dem Verdacht des Wahlbetrugs seitens der Regierung. Anfang 1993 wurde Rawlings als Präsident der Vierten Republik angelobt und das neue Parlament vereidigt. Im Zuge des neuen Haushaltsplanes wurden 1993 rigorose Sparmaßnahmen ergriffen, die zu einer Erhöhung unter anderem der Transport- und Nahrungsmittelkosten führten. Anfang 1994 kam es zu schweren ethnischen Auseinandersetzungen in der Nordregion, bei denen um die 1000 Menschen getötet wurden und etwa 150.000 Menschen ihre Häuser und Unterkünfte verloren. Auch im darauffolgenden Jahr eskalierten in der Nordregion ethnische Rivalitäten, mit weiteren etwa 100 Todesopfern.

Wirtschaft und Beschäftigung:[32] Die Grundlage der ghanaischen Ökonomie bildet die Landwirtschaft; bezüglich der Außenwirtschaft kommt traditioneller Weise der Bergbau hinzu. Das wichtigste landwirtschaftliche Produkt ist Kakao, dessen intensiver Anbau bereits im späteren 19. Jahrhundert einsetzte. In den späten 50er Jahren war Ghana weltweit der Hauptexporteur von Kakao. Als weitere Cash Crops sind unter anderem zu nennen: Kaffee, Bananen, Palmkerne und Kopra. Vor allem von der heimischen Industrie werden ghanaische Baumwolle, Gummi und Palmöl verarbeitet bzw. hergestellt. Als Nahrungsmittel für den inländischen Markt werden Mais, Hirse, Sorghum, Reis, Cassava, Yam und Pisang angebaut.[33] Die Nahrungmittelpalette wird durch die Viehzucht (Geflügel, Ziegen, Schafe, Rinder) und den Fischfang ergänzt.[34] Zu den Exporten zählen außer den landwirtschaftlichen Gütern insbesondere Gold und Nutzholz.[35] Neben der Nahrungsmittelverarbeitung und der Textilproduktion und -verarbeitung umfaßt die ghanaische Industrie erdölverarbeitende Zweige, die Erzeugung

---

[31] Vgl. auch ebd.,189-190.
[32] Vgl. allgemein Gnielinski: Ghana, a. a. O., 132-222.
[33] Siehe Synge: Ghana. Economy, a. a. O., 441.
[34] Siehe Gnielinski: Ghana, a. a. O., 178-194.
[35] Siehe Synge: Ghana, a. a. O., 441.

von Automobilen, Zement, Papier, Chemikalien, Schuhen sowie eine große Aluminiumschmelzanlage.[36]
Während Ghanas Wirtschaft im Jahr der Unabhängigkeit zu den stärksten in Afrika zählte, sank ihre Leistung in den folgenden 25 Jahren deutlich ab (auch relativ zu anderen afrikanischen Staaten), wobei dieser Niedergang nicht zuletzt durch die äußerst instabile politische Lage, durch übermäßig hohe Staatsausgaben sowie durch massive (und zugleich ineffiziente) staatliche Eingriffe in die Ökonomie (etwa umfangreiche Preiskontrollen) bedingt wurde.[37] Weitere Faktoren waren Großprojekte unter Nkrumah (etwa Volta-Staudamm), die die Staatsfinanzen schwer belasteten, sowie umfangreiche Verstaatlichungen, die sich offenbar negativ auf die Wirtschaftsleistung auswirkten.[38] Mehrere Regierungen nach Nkrumah verfolgten eine marktwirtschaftlichere Wirtschaftspolitik und führten zum Teil Sparprogramme durch, die allerdings kaum das gewünschte Resultat erbrachten, wie folgende Zahlen veranschaulichen[39]: Zwischen 1976 und 1982 sank das reale BIP pro Kopf um 3,4 Prozent jährlich, im Gegensatz dazu stiegen die Preise pro Jahr um durchschnittlich 66,8 Prozent. Die wirtschaftliche Krise reichte so weit, daß grundlegende Güter und Nahrungsmittel knapp wurden, während die Arbeitslosigkeit zunahm.[40] In den 80er Jahren wurden einschneidende Stabilisierungsprogramme und Reformmaßnahmen durchgeführt, die in enger Kooperation mit der Weltbank und dem Weltwährungsfonds ausgearbeitet worden waren. In den frühen 90er Jahren wurden weitere Sparmaßnahmen ergriffen, die wie die Erhöhung der Treibstoffpreise zu umfangreichen Protesten unter anderem seitens der Gewerkschaften führten. Rawlings setzte in den beginnenden 90ern bei seinem Bemühen, das Wirtschaftswachstum zu beschleunigen und die Armut zu mindern, insbesondere auf den privaten Sektor. Noch in den 80er Jahren begann man Entstaatlichungen und liberalisierte man die Preisbildung. Die Währung wurde gezielt abgewertet, was unter anderem den Kakaoexporteur/inn/en zu Gute kam. Zugleich wurden staatliche Importrestriktionen gemindert. Erzeuger/innenpreise in der Landwirtschaft stiegen aufgrund einer zunehmend marktwirtschaftlichen Preisgestaltung; die Abkehr von Preiskontrollen führte dazu, daß bestimmte Güter nun eher erhältlich waren, allerdings war aufgrund desselben Mechanismus die Kaufkraft bestimmter Bevölkerungsschichten merklich gesunken. Besonders negativ betrafen diese Maßnahmen die städtische Bevölkerung, da vorherige Preiskontrollen und staatliche Stützungen vor allem sie begünstigt hatten. Dazu kam, daß das Arbeitsplatzangebot vor allem aufgrund von Planstellenreduktionen im öffentlichen Dienst deutlich zurückging.[41] Gemessen am BIP, können die Reformmaßnahmen als Erfolg eingestuft werden. So lag das jährliche

---

[36] Siehe ebd., 444-445.
[37] Siehe Jeffrey Herbst: The Politics of Reform in Ghana, 1982-1991, Berkeley u. a.: University of California Press, 1993, 13-14 u. v. a. 17-29; Synge: Ghana. Economy, a. a. O., 441.
[38] Siehe Synge: Ghana. Economy, a. a. O. 441.
[39] Siehe ebd., 441-442.
[40] Siehe Herbst: The Politics of Reform in Ghana, 1982-1991, a. a. O., 14.
[41] Siehe Synge: Ghana. Economy, a. a. O., 442; Herbst: The Politics of Reform in Ghana, 1982-1991, a. a. O., v. a. 29-75, 81-86.

Wachstum des BIP im gegenständlichen Zeitraum zwischen 5 und etwas mehr als 3 Prozent (1994: 3,8 Prozent). Zwischen 1984 und 1991 trug der Dienstleistungssektor überproportional viel zum Wirtschaftswachstum bei (rund 77 Prozent), aus dem Bergbau und der Industrie stammten 19 Prozent und aus der Landwirtschaft 5 Prozent. Der größte Beitrag zum BIP stammte im Jahr 1993 vom Agrarsektor (47,3 Prozent), der Anteil des industriellen Sektor betrug 16 Prozent (ohne den Bergbau). Die Inflationsrate sank im Zeitraum von 1983 bis 1991 von 122,8 Prozent auf 10,3 Prozent; zu Beginn der 90er Jahre war allerdings wieder eine deutliche Steigerung feststellbar (der Wert von 1994 betrug 34,2 Prozent).[42]

1984 gab es nach amtlichen Daten 5,6 Millionen Arbeitskräfte, wovon ungefähr 41 Prozent in der Landwirtschaft[43] und 23 Prozent in Dienstleistungsbetrieben beschäftigt waren. Offiziell waren 1983 zwischen 12 und 15 Prozent der Erwerbsfähigen arbeitslos. 1993 beschäftigte der Landwirtschaftssektor 48,1 Prozent der Erwerbstätigen.[44]

Ein Überblick über die ghanaische Wirtschaft wäre höchst unvollständig, würde man nicht auf den informellen Sektor eingehen, der sich in Ghana besonders gut etablieren konnte. Da dieser Sektor naturgemäß statistisch schwer erfaßbar ist, lassen sich hier auch keine generellen Daten vorlegen, er dürfte aber einen bedeutenden Beitrag zur ghanaischen Wirtschaft leisten, im wesentlichen in allen großen Wirtschaftssektoren.[45]

Verstädterung und Städtestruktur:[46] Die städtische Struktur Ghanas weist ein markantes Übergewicht des Südens gegenüber dem Norden auf. Während der Kolonialzeit wuchsen vor allem südliche Städte, nicht zuletzt aufgrund einer Wirtschaft, die exportorientiert war, nördliche Städte hingegen verloren ihre ehemalige Bedeutung.[47] In vorkolonialer Zeit war ja der Norden begünstigt gewesen, da der Trans-Sahara-Handel einen wesentlichen Einfluß auf die Verstädterung ausgeübt hatte.[48] In den 1970er und frühen 80er Jahren fand man die höchsten Wachstumsraten in mittleren Städten des Nordens, während einige größere Städte im Süden Wachstumsraten verzeichneten, die deutlich unter dem landesweiten städtischen Mittel lagen.[49]

---

[42] Siehe Synge: Ghana. Economy, a. a. O., 443-445.
[43] Gnielinski: Ghana, a. a. O., 136 gibt den Anteil der landwirtschaftlich Beschäftigten an den gesamten Erwerbstätigen für Mitte der 80er Jahre mit 60 bis 65 Prozent an.
[44] Siehe Synge: Ghana. Economy, a. a. O., 443.
[45] Siehe dazu Einhard Schmidt-Kallert: Ghana (unter Mitarbeit von Erhard Hofmann), Gotha: Justus Perthes, 1994, 152-153; 156-163.
[46] Siehe allgemein auch Joachim Lühring: Urbanisierung und Entwicklungsplanung in Ghana. Eine wirtschafts- und sozialräumliche Untersuchung unter besonderer Berücksichtigung der Entstehung, Problematik und Überwindung innerstädtischer und regionaler Ungleichgewichte, Hamburg: Institut für Afrika-Kunde, 1976, 38-48.
[47] Siehe Sally Burrows: The Role of Indigenous NGOs in the Development of Small Town Enterprises in Ghana, in: Jonathan Baker, Poul Ove Pedersen (Hg.): The Rural-Urban Interface in Africa. Expansion and Adaptation, Uppsala: Nordiska Afrikainstitutet (The Scandinavian Institute of African Studies), 1992, 187-199, hier 187.
[48] Siehe Erhard Hofmann: Stadtfunktionen und Stadtentwicklung, in: Einhard Schmidt-Kallert: Ghana (unter Mitarbeit von Erhard Hofmann), Gotha: Justus Perthes, 1994, 127-140, hier 127.
[49] Siehe Burrows: The Role of Indigenous NGOs in the Development of Small Town Enterprises in Ghana, a. a. O., 189.

Nach den Volkszählungsdaten von 1984 gab es zu dieser Zeit 189 städtische Siedlungen (Ansiedlungen mit mindestens 5000 Einwohner/inne/n), deren Bewohner/innen 31,3 Prozent der Gesamtbevölkerung Ghanas konstituierten. Die 20 größten Städte von 1984 hatten insgesamt eine Bevölkerung von 2336.449 und stellten damit rund die Hälfte der städtischen Bevölkerung Ghanas.[50]

Tabelle 7: *Bevölkerung der 20 größten Städte Ghanas, 1960 bis 1984*

	1960	1970	1984
1. Accra	364 719	617 415	953 505
2. Kumasi	191 551	293 947	399 312
3. Tema	25 534	96 492	180 606
4. Tamale	40 443	83 653	136 828
5. Sekondi-Takoradi	85 617	112 656	116 498
6. Obuasi	22 818	31 005	60 100
7. Cape Coast	41 230	51 653	57 700
8. Koforidua	34 856	46 235	54 400
9. Ho	14 519	24 199	37 200
10. Sunyani	12 160	23 780	36 100
11. Wa	14 342	21 374	36 000
12. Nkawkwa	15 627	23 219	34 100
13. Bawku	12 719	20 567	33 900
14. Nsawam	20 240	25 518	31 900
15. Bolgatanga	5 515	18 896	31 500
16. Yendi	16 096	22 072	30 700
17. Agona Swedru	18 293	21 522	30 300
18. Winneba	25 376	30 778	26 200
19. Techiman	8 755	12 608	25 200
20. Akim Oda	19 666	20 957	24 400
			2 336 449

Quelle: G. K. Nukunya: Tradition and Change in Ghana. An Introduction to Sociology, Accra: Ghana University Press, 1992, Tab. 1, S. 148 (nach Zensusdaten).

In der Hauptstadt Accra, der mit Abstand bevölkerungsreichsten Stadt Ghanas, befindet sich ein Großteil der Verwaltung, hier sind mehr wirtschaftliche und industrielle Betriebe lokalisiert als in jeder anderen Stadt. Kumasi und Tamale sind nicht nur wichtige regionale wirtschaftliche und administrative Zentren, sondern zudem kulturelle Zentren. Sekondi-Takoradis Bedeutung liegt insbesondere im Hafen von Takoradi;

---

[50] Siehe Nukunya: Tradition and Change in Ghana, a. a. O., 148; Burrows: The Role of Indigenous NGOs in the Development of Small Town Enterprises in Ghana, a. a. O., 187.

der Hafen zeichnet ebenso Tema aus. Die beiden letztgenannten Städte sind zudem wie Accra, Tamale und Kumasi wichtige wirtschaftliche und administrative Zentren.[51]

Umwelt, Klima Kumasis

Kumasi liegt ungefähr 250 Kilometer von der Küste entfernt auf einer Seehöhe von 287 Metern.[52] Die ersten Niederlassungen wurden auf einer niedrigen Hügelkette errichtet. Das angrenzende Gebiet war aufgrund der Sümpfe des Subin-Flusses bis zu deren Trockenlegung kaum für Ansiedlungen geeignet. Die Stadt liegt Mitten im Feuchtwaldgürtel Oberguineas.[53] Die mittleren Höchsttemperaturen betragen im Jänner 34° C, die tiefsten 13° C; im Juli 30 bzw. 20° C. Durchschnittlich fallen jährlich 1481 Millimeter Regen.[54]

Geschichte (einschließlich Bevölkerungsentwicklung und -struktur)

Kumasi gilt als die Hauptstadt der Asante, einer von mehreren Volksgruppen der Akan[55]. Nach Hull gehen die Ursprünge der Stadt auf einen Marktort zur Zeit des Obiri Yeboa Manu, um 1633, zurück.[56] Nach Buah regierte Obiri Yeboa von 1669 bis 1695, und zwar von Kwaaman aus.[57] Unter der Herrschaft des Asantehene Osei Tutu (ca. 1695 bis ca. 1717[58]) jedenfalls wurde Kumasi das Zentrum des Asante-Reiches und zugleich ein weithin bedeutsamer Marktort.[59] Um 1699 erhielt Kumasi zusätzlich eine religiöse bzw. politische Bedeutung, indem dort der Goldene Stuhl der Asante aufgestellt wurde, welcher Geist und Sele des Reiches repräsentieren sollte. Der Freund und Berater des Asantehene, der Priester Okomfo Anokye, hatte der Überlieferung nach in einer Zeremonie jenen mit Blattgold überzogenen Holzstuhl unter dich-

---

[51] Siehe Nukunya: Tradition and Change in Ghana, a. a. O., 149; vgl. auch O'Connor: The African City, a. a. O., 249-250.
[52] Siehe Jörg-Peter Schmitter: Wohnungsbau in Westafrika. Untersuchungen zur Verbesserung des offiziellen Wohnungsbaus in Kamerun und Ghana, Darmstadt: Verlag für wissenschaftliche Publikationen, 1984, 61.
[53] Siehe Walther Manshard: Die Städte des tropischen Afrika, Berlin-Stuttgart: Gebrüder Borntraeger, 1977, 80.
[54] Siehe Bloch: Fakten-Zahlen-Übersichten, a. a. O., Tab. A 2, S. 219.
[55] Siehe Buah: A History of Ghana, a. a. O., 8. Statt „Asante" findet man auch die Schreibweisen „Ashanti" oder „Asanti"; nach Buah: A History of Ghana, a. a. O., vii ist „Asante" die ursprüngliche Form.
[56] Siehe Hull: African Cities and Towns before the European Conquest, a. a. O., 4.
[57] Siehe Buah: A History of Ghana, a. a. O., 23. Zur Geschichte Kumasis siehe generell auch Erhard Hofmann: Moderne Migrationsstrukturen in Kumasi/Ghana. Eine empirische Studie über den Zusammenhang zwischen Wanderungsverhalten und Zugang zu städtischen Ressourcen, Düsseldorfer Geographische Schriften, Bd. 33, Düsseldorf: Geographisches Institut der Heinrich-Heine-Universität Düsseldorf, 1994, 13-26.
[58] Siehe Buah: A History of Ghana, a. a. O., 23.
[59] Siehe Kwamina B. Dickson: A Historical Geography of Ghana, Cambridge: Cambridge University Press, 1969, 70; Buah: A History of Ghana, a. a. O., 24.

tem Rauch vom Himmel herabbeschworen.[60] Die Bedeutung Kumasis als Handelszentrum wurde gegen Ende des 17. Jahrhunderts unter anderem dadurch gesichert und erweitert, daß Händler/innen unterworfener Reiche normalerweise Kumasi passieren mußten, wenn sie das Land in Richtung Küste oder nach Norden durchqueren wollten.[61] Noch in der Mitte des 19. Jahrhunderts führten alle wichtigen Handelsrouten durch Kumasi.[62] Diese Handelsrouten waren weiter eingebunden in ein internationales Handelsnetz.[63]

Zu Beginn des 19. Jahrhunderts war Kumasi die Hauptstadt eines Reiches (eben das der Asante), das mehr als 70 Prozent des Landesgebietes des heutigen Ghana umfaßte.[64] Gerade diese Funktion als Regierungssitz zeichnete Kumasi im 19. Jahrhundert aus; im Vergleich dazu waren der Handel und die Wirtschaft zweitrangig.[65] Viele karrierebewußte Männer strebten in die Stadt, um unterstützt vom Asantehene voranzukommen. Herausragende Persönlichkeiten und Provinz-Herrscher/innen wurden dazu angehalten, sich in Kumasi einen Zweitwohnsitz zu errichten.[66] Der Wohlstand des Asantehene bzw. der führenden Asante beruhte in erster Linie auf den Goldvorkommen in ihrem Herrschaftsgebiet sowie den Tributleistungen der unterworfenen Territorien, die großteils ebenso umfangreiche Gold- und andere Mineralvorkommen ausbeuten konnten.[67]

Die Bedeutung der Stadt ist auch an den Bevölkerungszahlen zu messen. So haben einer Schätzung des beginnenden 19. Jahrhunderts zufolge 1817 zwischen 12.000 und 15.000 Menschen die Stadt bewohnt, unter Einbeziehung der Vorstädte und angrenzenden Dörfer kam man auf über 100.000. Eine andere frühe Schätzung noch für die vorkoloniale Zeit setzt die Einwohner/innenzahl auf 200.000.[68] Nach Wilks dürfte die Bevölkerung von Kumasi Stadt in der ersten Hälfte des 19. Jahrhunderts zwischen 15.000 und 25.000 betragen haben, für den Kumasi District, der das nähere Umland einschließt, gibt er für das frühe 19. Jahrhundert eine Höchstzahl von 155.000 an.[69]

Mit Bewunderung und einem gewissen Staunen berichteten europäische Besucher der ersten Hälfte des 19. Jahrhunderts vom Reichtum des Asantehene. Ein europäischer Besucher beschrieb die Straßen der Stadt 1816 als sehr sauber und gerade, die Häuser als exzellent gebaut, groß und mehrheitlich einstöckig.[70] In Kumasi befanden sich neben den einfachen Wohnvierteln (ein Stadtteil konnte als Ausländer/innen-

---

[60] Siehe Buah: A History of Ghana, a. a. O., 24; Hull: African Cities and Towns before the European Conquest, a. a. O., 5.
[61] Siehe Dickson: A Historical Geography of Ghana, a. a. O., 132.
[62] Siehe ebd., 214 und Fig. 30, S. 215. Ausführlich geht Wilks auf diese Verkehrswege und ihre Bedeutung vor allem in politischer Hinsicht ein: Ivor Wilks: Asante in the Nineteenth Century. The Structure and Evolution of a Political Order, London: Cambridge University Press, 1975, 1-42.
[63] Siehe Wilks: Asante in the Nineteenth Century, a. a. O., v. a. 1.
[64] Siehe Buah: A History of Ghana, a. a. O., 22.
[65] Siehe Wilks: Asante in the Nineteenth Century, a. a. O., 386-387.
[66] Siehe ebd., 374.
[67] Siehe Buah: A History of Ghana, a. a. O., 27.
[68] Siehe Dickson: A Historical Geography of Ghana, a. a. O., 247.
[69] Siehe Wilks: Asante in the Nineteenth Century, a. a. O., 89 u. 93-94.
[70] Siehe ebd., 375.

viertel identifiziert werden) ein Herrscher/innenpalast, Tempel und Märkte.[71] Der Palast des Asantehene bestand aus einer größeren Anzahl an Räumen, die um mehrere Innenhöfe angelegt waren. Der ganze Palastkomplex umfaßte rund zwei Hektar.[72] Ein Kulturpalast, Aban genannt, der im Auftrag des Asantehene Osei Bonsu (1800 bis 1823[73]) im Jahr 1822 als das einzige Bauwerk aus Stein fertiggestellt wurde, beherbergte neben einem Weinlager vor allem eine Kollektion von Kunst und Kunsthandwerk aus dem Besitz des Asantehene.[74] Osei Bonsu ließ nicht nur diesen Prestigebau errichten, sondern auch Straßen anlegen sowie neue Häuser bauen.[75] Neben dem Herrscher/innenpalast und dem Aban sind als herausragende Bauwerke die sogenannten „adampan" - „leere Häuser" - bzw. „Dampan" zu nennen. Es waren dies zur Straße hin offene Räume, die zur Abwicklung von Geschäften, zum Empfang wichtiger Gäste sowie zur Erholung dienten. Die Mauern waren bemalt und mit ornamentalen Reliefs versehen. Erst dahinter, durch ein Tor seitlich der Dampan zugänglich, lagen die Wohnräume jener Privilegierten, deren Vorrecht es war, solche Dampans zu besitzen bzw. zu benutzen.[76]

Im 19. Jahrhundert (vor allem in der zweiten Hälfte) bestanden ausgeprägte Unterschiede zwischen mehreren sozialen Schichten. Neben der führenden Oberschicht bestand eine Schicht aus Sklav/inn/en und Unterprivilegierten, die hauptsächlich landwirtschaftlich beschäftigt waren und zudem gerne zum Kriegsdienst eingezogen wurden. Die unfreien Bewohner/innen der Stadt waren zum größeren Teil keine Asante; einige wurden auf Märkten „erworben", andere waren Teil der Tributleistungen nördlicher Provinzen, wieder andere wurden als Kriegsgefangene nach Kumasi verschleppt. Manchen Angehörigen der unteren Schicht gelang ein sozialer Aufstieg, insbesondere durch eine Art Adoption oder durch Einheiratung.[77] Dazwischen stand eine Mittelschicht, die sich aus reichen Männern und Frauen zusammensetzte, die nicht der Führungschicht angehörten und zu ihrem Vermögen zum Beispiel durch den Handel gekommen waren.[78] Die Lebensweise von Kumasi war noch zu Beginn der zweiten Hälfte des 19. Jahrhunderts wenig durch das Christentum oder Züge europäischer Kulturen beeinflußt.[79] Zur kleinen islamischen Glaubensgemeinschaft unterhielt das Herrscher/innenhaus, das im wesentlichen indigenen Glaubensvorstellungen folgte, gute Beziehungen, einige gelehrte Muslime wurden sogar vom Asantehene in wichtigen Belangen zu Rate gezogen.[80] Zugleich waren manche europäische Statussysmbole übernommen worden, wenn etwa der Asantehene in europäischer Kleidung mit seinen Gästen dinierte und dabei von einer Band unterhalten wurde, die von holländischen

---

[71] Siehe Dickson: A Historical Geography of Ghana, a. a. O., 247.
[72] Siehe Wilks: Asante in the Nineteenth Century, a. a. O., 376-377.
[73] Siehe ebd., Tab. 16, S. 372.
[74] Siehe ebd., 200-201 u. 376-377.
[75] Siehe ebd., 375.
[76] Siehe ebd., 381-383.
[77] Siehe ebd., 705-710.
[78] Siehe ebd., 692-705.
[79] Siehe Dickson: A Historical Geography of Ghana, a. a. O., 247.
[80] Siehe Wilks: Asante in the Nineteenth Century, a. a. O., 256-259.

Musikern ausgebildet worden war und zum Teil europäische Musikinstrumente spielte.[81]

Das Jahr 1874 markiert einen gravierenden Einschnitt: Die Stadt wurde unter der Führung eines britischen Generals geplündert und niedergebrannt und dabei fast zur Gänze zerstört, einschließlich des Kulturpalastes. Wenn auch Kumasi bei diesem ersten Anlauf nicht eingenommen wurde, konnten die Briten immerhin ihre Vorherrschaft über die ehemaligen südlichen Provinzen der Asante erzwingen.[82] Nur langsam konnte der Wiederaufbau in Angriff genommen werden.[83] Mit der Auflösung des Asante-Reiches nach 1874 wurden Handelsrouten, die nicht durch Kumasi führten, wichtiger bzw. neu geschaffen. Die britische Verwaltung forcierte auch aus politischen Gründen die Neugestaltung der Handelswege, die nun, um die Bedeutung Kumasis zu minimieren, nicht mehr generell über Kumasi führen und zudem einer möglichst kurzen Verbindung zu den Seehäfen folgen sollten.[84] Mittlerweilen schien es, als könnte Großbritannien seine Macht auch ohne kriegerische Auseinandersetzung in Asante sichern. Es zeichnete sich ab, daß die Asante-Führung vom Nutzen einer Modernisierung des Landes unter den Brit/inn/en überzeugt wurde, wobei insbesondere einige Nachkommen des Osei Bonsu eine Vermittlerrolle eingenommen hatten.[85] Schließlich faßte die britische Regierung doch den Entschluß, daß eine Sicherung ihrer Interessen in Asante nur militärisch erfolgen könnte. 1896 marschierten britische Soldaten abermals in Kumasi ein und zwangen die Herrscher/innen, die keinen militärischen Widerstand leisteten, zur Kapitulation. Bald darauf wurde der Asantehene Prempe I deportiert.[86] Bei dieser Machtergreifung kamen den Brit/inn/en ausgeprägte Friktionen und Unruhen innerhalb der Asante zugute.[87] 1901 wurden die Asante endgültig von den Briten im Yaa Asantewaa Krieg besiegt, sodaß Anfang 1902 das Asante-Reich in die britische Gold Coast Colony einverleibt wurde.[88] Die Stadt Kumasi wurde bei diesem Überfall fast vollständig zerstört, was den Brit/inn/en eine weitgehende städtebauliche Freiheit beim Wiederaufbau einräumte.[89] Als sich die Brit/inn/en nun die Herrschaft über die Asante gesichert hatten, gingen sie daran, die Stadt nach ihren Vorstellungen wiederzuerrichten. Sie legten dabei den innerstädtischen Grundriß im wesentlichen so fest, wie er noch heute vorzufinden ist.[90] Als neues symbolisches und geographisches Zentrum wurde ein Fort errichtet. Neben neuen je eigenen Wohnvierteln für Einheimische und Zugewanderte legte man ein großzügig geplantes Europäer/innenviertel an.[91]

---

[81] Siehe ebd., 200.
[82] Siehe ebd., 238-242; Dickson: A Historical Geography of Ghana, a. a. O., 247.
[83] Siehe Dickson: A Historical Geography of Ghana, a. a. O., 248.
[84] Siehe ebd., 214-218.
[85] Siehe Wilks: Asante in the Nineteenth Century, a. a. O., v. a. 647-654.
[86] Siehe ebd., 655-657.
[87] Siehe ebd., 527-588.
[88] Siehe Buah: A History of Ghana, a. a. O., 86.
[89] Siehe Hofmann: Moderne Migrationsstrukturen in Kumasi/Ghana, a. a. O., 17; Lühring: Urbanisierung und Entwicklungsplanung in Ghana, a. a. O., 130.
[90] Siehe Dickson: A Historical Geography of Ghana, a. a. O., 249; Hofmann: Stadtfunktionen und Stadtentwicklung, a. a. O., 131-133.
[91] Siehe Hofmann: Moderne Migrationsstrukturen in Kumasi/Ghana, a. a. O., 17.

Zugleich wurde Kumasi wieder Knotenpunkt des Handels, gefördert unter anderem durch die neu errichtete Bahnverbindung nach Sekondi an der Küste. Zusätzlichen Reichtum brachten ab 1902 die Kakaoplantagen in der Umgebung von Kumasi. Verloren hatte Kumasi freilich jenen hervorragenden Status, der ihr durch den Sitz des mächtigen Asantehene verliehen worden war, und was vermutlich noch wichtiger war, den Asante wurde die Möglichkeit einer kontinuierlichen Veränderung ihrer Kultur und Lebensformen genommen.[92] Die bauliche Zerstörung der Stadt und ihre Wiedererrichtung auf der Grundlage eines neuen Stadtplanes und mit neuen „Symbolen" der Macht (Fort), konzipiert von der fremden Kolonialmacht, sind ein beredter Aspekt dieses soziokulturellen Bruchs.

Karte 5: *Kumasi, 1817*

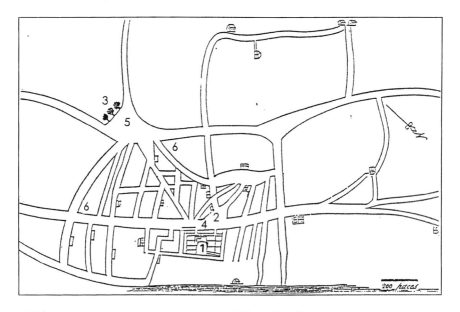

1 Palast
2 Fetischtempel des Königs
3 Spiritueller Hain

4 Exekutionsplatz
5 Großer Marktplatz
6 Kleiner Markt

Quelle: Krammer, nach T. E. Bodwichs Stadtplan, wiedergegeben in Wilks: Asante in the Nineteenth Century, a. a. O., Karte vi, S. 376.

---

[92] Siehe Basil Davidson: The Black Man's Burden. Africa and the Curse of the Nation-State, London: James Currey, 1992, 71; Dickson: A Historical Geography of Ghana, a. a. O., 249.

Karte 6: *Kumasi, 1939*

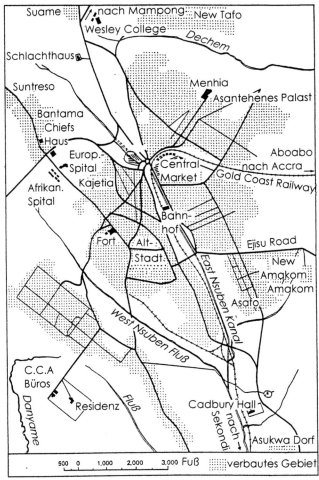

Quelle: Krammer, nach Dickson: A Historical Geography of Ghana, a. a. O., Karte 48, S. 294.

Die Bevölkerung, die im Zuge der militärischen Überfälle durch die Briten stark reduziert worden war, nahm noch in den ersten Jahren des 20. Jahrhunderts leicht zu (1906:

6250 Einwohner/innen), 1911 betrug sie nach einer hohen Schätzung fast 19.000)[93], wobei diese Angaben zu niedrig sein dürften[94]. Zwischen 1921 und 1931 stieg die Bevölkerungszahl von Kumasi von über 26.000[95] auf fast 36.000, eine Entwicklung, die neben anderem mit der Ausweitung der Kakao-Produktion zusammenhing. Zu Beginn des Zweiten Weltkrieges war Kumasi die zweitgrößte Stadt Ghanas. Aufgrund des raschen und wenig geleiteten Wachstums der Stadt war bald ein Stadtplanungsprogramm notwendig geworden, das die bisherigen Mängel wie Übervölkerung bestimmter Stadtteile unter anderem dadurch minderte, daß durch die Trockenlegung von Feuchtgebieten neuer Wohn-, Dienstleistungs- und Wirtschaftsraum gewonnen wurde.[96] 1948 erreichte Kumasi eine Einwohner/innen/zahl von über 70.000, 1966 schon über 249.000.[97] 1970 lag einer anderen Angabe zufolge die Zahl bei 345.000[98] (eine tatsächliche Steigerung um fast 100.000 Einwohner/innen in nur vier Jahren ist allerdings sehr unwahrscheinlich). Die Bevölkerungszahl um 1994 betrug nach Binns etwa 500.000[99], nach O'Connor lag sie aber schon 1980 bei 550.000.[100] Für das Jahr 2000 wird die Bevölkerung auf 730.376 geschätzt.[101]

Tabelle 8: *Bevölkerungsentwicklung von Kumasi, erste Hälfte des 19. Jahrhunderts bis 1994*

Jahr	Bevölkerung	*Jahr*	Bevölkerung
erste Hälfte 19. Jh.	15 000 bis 25 000	*1931*	36 000
1860	40 000	*1948*	70 000
1898	5 500	*1960*	191 551
1906	6 250	*1970*	293 947
1911	19 000	*1984*	399 312
1921	26 000	*1994*	500 000

Quellen: (Falls nicht anders angegeben: Schätzungen!) Erste Hälfte des 19. Jahrhunderts und 1860: Ivor Wilks: Asante in the Nineteenth Century, a. a. O., 93 u. 374; 1898 bis 1911 und 1948: Imoagene: Some Sociological Aspects of Modern Migration in Western Africa, a. a. O., 345; 1921 und 1931: Dickson: A Historical Geography of Ghana, a. a. O., 293; 1960 bis 1984:

---

[93] Siehe Oshomha Imoagene: Some Sociological Aspects of Modern Migration in Western Africa, in: Samir Amin (Hg.): Modern Migrations in Western Africa, London: Oxford University Press, 1974, 343-356, hier 345.
[94] Vgl. Wilks: Asante in the Nineteenth Century, a. a. O., 92-93.
[95] Nach Imoagene: Some Sociological Aspects of Modern Migration in Western Africa, a. a. O., 345 etwas weniger als 24.000 Einwohner/innen.
[96] Siehe Dickson: A Historical Geography of Ghana, a. a. O., 293-295.
[97] Siehe Imoagene: Some Sociological Aspects of Modern Migration in Western Africa, a. a. O., 345.
[98] Siehe Schmitter: Wohnungsbau in Westafrika, a. a. O., 61.
[99] Siehe Binns: Tropical Africa, a. a. O., 141.
[100] Siehe O'Connor: The African City, a. a. O., Tab. 2, S. 43.
[101] Siehe Kwame Arhin, Kwadwo Afari-Gyan (Hg.): The City of Kumasi Handbook. Past, Present and Future, Legon: Institute of African Studies, University of Ghana, 1992, Tab. 1, S. 23. Dort finden sich Daten zur Bevölkerungsentwicklung Kumasis, die teilweise klar von den Daten der folgenden Tabelle abweichen.

Nukunya: Tradition and Change in Ghana, a. a. O., Tab. 1, S. 148 (nach Zensusdaten); 1994: Binns: Tropical Africa, a. a. O., 141. Siehe auch oben, wo die hier angeführten Angaben zum Teil durch andere Schätzungen relativiert werden.

Tabelle 9: *Altersstruktur und Geschlechterverhältnis der Bevölkerung Kumasis, 1921 bis 1984*

	bis 15 Jahre[a]	16-45 Jahre[a]	46 Jahre und älter[a]	Geschlechter-verhältnis[b]
1921	32	54	14	147
1948	39	53	8	114
1960	42	51	7	112
1970	47	46	8	97
1984	42	48	11	94

[a] Prozente
[b] Männer zu 100 Frauen

Quelle: Nach Arhin; Afari-Gyan (Hg.): The City of Kumasi Handbook, a. a. O., Tab. 2, S. 24.

Kommentierungsbedürftig an diesen Zahlen ist vor allem die Entwicklung des Geschlechterverhältnisses. Während sich die Überzahl der Männer bis 1960 daraus erklären läßt, daß in die Stadt mehr Männer als Frauen zugewandert waren, ist die heutige Dominanz der Frauen nicht zuletzt im Zusammenhang mit dem nationalen Geschlechterverhältnis zu sehen, das 1984 96 Männer zu 100 Frauen betrug.[102]

Ungefähr die Hälfte der Bevölkerung zu Beginn der 1970er Jahre gehörte nicht den Asante an; ein Großteil der Nicht-Asante-Bevölkerung war aus benachbarten Regionen sowie vom Ausland zugewandert. Ein wesentlicher Teil der Immigrant/inn/en stammt aus nördlichen Landesteilen, ein geringerer aus dem Süden sowie aus dem Ausland.[103]

Räumliche Struktur

Die Fläche der Stadt beträgt etwa 150 Quadratkilometer.[104]
Ein Stadtplan, der die Landnutzung in den einzelnen Vierteln ausweist, zeigt den überwiegenden Teil als Wohngebiet an. Das Stadtzentrum erfüllt primär kommerzielle

---

[102] Siehe Arhin; Afari-Gyan (Hg.): The City of Kumasi Handbook, a. a. O., 24.
[103] Siehe Enid Schildkrout: Ethnicity, Kinship, and Joking Among Urban Immigrants in Ghana, in: Brian M. Du Toit, Helen I. Safa (Hg.): Migration and Urbanization. Models and Adaptive Strategies, The Hague-Paris: Mouton, 1975, 245-263, hier 247.
[104] Siehe Schmitter: Wohnungsbau in Westafrika, a. a. O., 61. Eine Karte, die die Hauptnutzung einzelner Stadtteile im Jahr 1975 zeigt, ist zu finden bei: Gnielinski: Ghana, a. a. O., Karte 26, S. 246.

Funktionen.[105] Den Kern des Zentrums bildet der Hauptmarkt.[106] Der Großteil der Häuser der Innenstadt war Ende der 80er Jahre zwei- bis dreistöckig, das höchste Gebäude hatte acht Stockwerke.[107] Die meisten Verwaltungseinrichtungen befinden sich unweit des alten Forts, westlich des Zentrums.[108] Im Zongo, östlich des Stadtkerns, hat sich vor allem die aus dem Norden zugewanderte Bevölkerung niedergelassen. Der Standard dieser Siedlung wird als sehr niedrig eingestuft.[109] Ein Oberschichtenviertel (der Stadtteil Ridge) liegt südwestlich; während der Kolonialzeit wurde es von Europäer/inne/n bewohnt.[110] Südlich des Zentrums, im Stadtteil Asokwa-Ahinsan (auch „Asukwa") konzentriert sich der (formelle) industrielle Sektor, der ebenso nördlich untergebracht ist (im Stadtteil Makro). Sowohl im Westen, vor allem aber im Osten steht jeweils ein großes Areal der Ausbildung zur Verfügung.[111]

Wirtschaft

Kumasi gilt als der wichtigste Wirtschaftsstandort im Landesinneren von Ghana, insbesondere was den Handel und die Industrie betrifft. Wirtschaftlich begünstigt wird Kumasi durch die Eisenbahnverbindung an die Küste und durch seine Lage in einem großen Kakaoanbaugebiet und einer Zone mit wirtschaftlich nutzbaren tropischen Wäldern sowie durch seine Nähe zu Goldminen.[112]

Der Hauptmarkt von Kumasi ist der größte einzelne Markt in Ghana und nimmt eine Zentralstellung in der nationalen Nahrungsmittelverteilung ein.[113] Der Nahrungsmittelmarkt wird von Asante-Frauen dominiert, die großteils in der Stadt geboren wurden oder in ihr aufgewachsen sind und enge Verbindungen zu den Kleinproduzent/inn/en geknüpft haben, welche in der Regel ebenfalls Frauen sind.[114]

Um 1990 gab es in Kumasi 249 industrielle Betriebe mit jeweils mindestens 10 Beschäftigten. Die meisten Betriebe (81 an der Zahl) waren den Branchen Textil, Kleidung und Leder zugeordnet, gefolgt von der Holzverarbeitung mit 78 Betrieben. 30 Firmen waren im Bereich der Metallbe- und -verarbeitung tätig, 15 in der Nahrungsmittelverarbeitung. Als weitere Industriezweige sind zu nennen: Papier und Druck, Chemie, Elektrizität, Gas und Wasser, Bergbau.[115]

---

[105] Siehe Arhin; Afari-Gyan (Hg.): The City of Kumasi Handbook, a. a. O., 28 u. 34.
[106] Siehe Gnielinski: Ghana, a. a. O., 247.
[107] Siehe Hofmann: Moderne Migrationsstrukturen in Kumasi/Ghana, a. a. O., 31.
[108] Siehe Gnielinski: Ghana, a. a. O., 247.
[109] Siehe Gnielinski: Ghana, a. a. O., 247; Hofmann: Stadtfunktionen und Stadtentwicklung, a. a. O., 133.
[110] Siehe Gnielinski: Ghana, a. a. O., 247.
[111] Siehe Arhin; Afari-Gyan (Hg.): The City of Kumasi Handbook, a. a. O., 28 u. 34.
[112] Siehe Schmitter: Wohnungsbau in Westafrika, a. a. O., 61.
[113] Siehe Binns: Tropical Africa, a. a. O., 143; Arhin; Afari-Gyan (Hg.): The City of Kumasi Handbook, a. a. O., 27.
[114] Siehe Binns: Tropical Africa, a. a. O., 143-144.
[115] Siehe Arhin; Afari-Gyan (Hg.): The City of Kumasi Handbook, a. a. O., 28.

Gegenwärtige Städte und ihre Geschichte 113

Nach den Angaben der Volkszählung von 1984 waren 70 Prozent der Beschäftigten im Handel und der Güterverteilung tätig.[116] Gegen Ende der 70er Jahre waren rund 30.000, vielfach zugewanderte Menschen in der Herstellung und Reparatur von Waren beschäftigt, der Großteil davon im informellen Sektor.[117] Jene Arbeiter/innen bzw. Unternehmer/innen waren relativ gut ausgebildet: etwa 60 Prozent hatten eine mehr als zehnjährige Schulbildung absolviert, und 90 Prozent hatten (zusätzlich) eine Lehre hinter sich. In diesen Firmen arbeiteten durchschnittlich 4,5 Personen, wobei die größeren in den Bereichen der Kraftwagenreparatur oder Zimmerei zu finden waren und entsprechend mehr Leute beschäftigten.[118]

Eine Erhebung in den Jahren 1987/88 ergab folgendes Bild der Erwerbsstruktur: 42,6 Prozent der Beschäftigten übten Verkaufstätigkeiten aus; 17,5 Prozent arbeiteten in handwerklichen Berufen, wobei diese Kategorie die 2,8 Prozent in der Manufaktur und die 5,5 Prozent in der Nahrungsmittelverarbeitung nicht miteinbezog; 10,9 Prozent wurden der Kategorie „Dienstleistungen" und 12,5 Prozent der Sparte „Verwaltungstätigkeiten" zugeordnet; 5,1 Prozent waren landwirtschaftlich beschäftigt, 2,9 Prozent verdienten ihren Lebensunterhalt als Freiberufler/innen sowie leitende Angestellte.[119]

Wie in ganz Ghana spielt auch in Kumasi der informelle Sektor eine bedeutende Rolle. Ein sehr bekanntes Beispiel für diesen Sektor repräsentiert das sogenannte „Suame Magazine" nördlich des Stadtzentrums.[120] Hier sind schätzungsweise bis zu 40.000 Menschen beschäftigt, überwiegend in Klein- bzw. informellen Betrieben. Das hauptsächliche Tätigkeitsfeld sind die Reparatur und der Umbau von Kraftfahrzeugen.

Gesundheitswesen, Ausbildung, Energieversorgung

In Kumasi werden ein staatliches Spital, fünf staatliche Kliniken sowie 57 private Spitäler bzw. Kliniken betrieben. Darunter befindet sich das zweitgrößte Spital des Landes; in jeder Klinik arbeitet zumindest ein Arzt permanent.[121] Auf einen Arzt kamen 1990 schätzungsweise 2720 Menschen.[122]

Um 1990 wurden 252 staatliche und private Primarschulen geführt, 238 Sekundarschulen, 21 berufsbildende Schulen und eine Universität. Die Alphabet/inn/enrate betrug 1970 etwa 60 Prozent.[123]

---

[116] Siehe ebd., 37.
[117] Siehe Binns: Tropical Africa, a. a. O., 143.
[118] Siehe ebd., 144-145.
[119] Siehe Hofmann: Moderne Migrationsstrukturen in Kumasi/Ghana, a. a. O., Tab. 17, S. 59.
[120] Die Bezeichnung „Magazine" rührt daher, daß an dem Ort, wo sich jene Betriebe zunächst niedergelassen hatten, zuvor ein Heeresdepot befand; als die Betriebe in den 60er Jahren an ihren jetzigen Standort übersiedelten, nahmen sie die Bezeichnung „Magazine" mit. (Siehe Arhin; Afari-Gyan (Hg.): The City of Kumasi Handbook, a. a. O., 33.) Siehe im folgenden Schmidt-Kallert: Ghana, a. a. O., 157-160.
[121] Siehe Arhin; Afari-Gyan (Hg.): The City of Kumasi Handbook, a. a. O., 43.
[122] Siehe ebd., 44.
[123] Siehe ebd., 45-46.

Das elektrische Energiesystem scheint gut ausgebaut zu sein: Beinahe alle Haushalte Kumasis waren 1989 mit elektrischer Energie versorgt.[124]

Wohnen

Zwei zu einem Low-Cost-Housing Programm der jeweiligen Regierung gehörenden Wohngebiete Kumasis, South Suntresu, vier Kilometer vom Stadtzentrum entfernt im Westen mit etwa 5500 Einwohner/innen 1978, und Chirapatre, acht Kilometer vom Stadtzentrum im Südwesten liegend mit etwa 1600 Einwohner/innen im Jahr 1978, wurden 1978 in erster Linie hinsichtlich des Wohnbaus untersucht. In dieser natürlich für Kumasi nicht repräsentativen Studie sind eine Reihe wesentlicher Faktoren für die Wohnqualität in diesen Siedlungen angeführt (allgemeine Daten werden etwas weiter unten genannt).[125] South Suntresu wurde noch vor der Unabhängigkeit Ghanas, nämlich 1954, auf Initiative der Regierung unter Kwame Nkrumah errichtet, Chirapatre wurde fast 20 Jahre später unter der Regierung von General Acheampong (1972 bis 1978) gebaut.[126] Fast alle Bewohner/innen sowohl von South Suntresu als auch von Chirapatre gehen einer Erwerbsarbeit nach, die meisten Familien verfügen über mehr als eine Einkommensquelle. Unter Berücksichtigung mehrerer Dimensionen kann man sie wahrscheinlich am ehesten in die untere Mittelschicht bzw. in die Mittelschicht allgemein einordnen.[127] Die durchschnittlichen Familienhaushalte umfaßten in South Suntresu 12 Personen, zuzüglich meist zweier Mieter/innen; die Familienhaushalte in Chirapatre waren merklich kleiner.[128] Die Bevölkerungsdichte in South Suntresu betrug 1978 etwa 210 Einwohner/innen pro Hektar, was eine Steigerung um 172 Prozent gegenüber 1954 darstellt, als bereits alle Häuser bewohnt waren. Man konnte sich dabei jedoch damit behelfen, daß man eigenständig Zubauten errichtete (1979 waren 90 Prozent der Häuser im Eigentum der Bewohner/innen), sodaß die Wohndichte pro Raum zwischen 1954 und 1978 sogar von 2,1 Personen pro Raum auf 1,6 Personen sank.[129] Die durchschnittliche Bevölkerungsdichte in Chirapatre betrug 1978 61,6 Personen pro Hektar, im Schnitt standen jeder fünfköpfigen Familie zwei Räume zur Ver-

---

[124] Siehe Dale Whittington, Donald Lauria, Kyeongae Choe, Jeffrey Hughes, Venkateswarlu Swarna, Albert Wright: Household Sanitation in Kumasi, Ghana: A Description of Current Practices, Attitudes, and Perceptions, *World Development*, 21/5 (1993), 733-748, hier 735.
[125] Siehe Schmitter: Wohnungsbau in Westafrika, a. a. O., 59-130. Bezüglich genannter Zahlen und Daten zu den Wohngebieten siehe ebd., 61-62. Vgl. auch Charles C. T. Blankson: Housing Estates in Ghana: A Case Study of Middle- and Low-Income Residential Areas in Accra and Kumasi, in: R. A. Obudho, Constance C. Mhlanga (Hg.): Slum and Squatter Settlements in Sub-Saharan Africa. Toward a Planning Strategy, New York-Westport-London: Praeger, 1988, 53-70; dort werden zum Teil ähnliche Befunde von einigen weiteren Siedlungen dargestellt, die im Zuge öffentlicher Wohnbauprogramme entstanden sind.
[126] Siehe Schmitter: Wohnungsbau in Westafrika, a. a. O., 62 u. 95.
[127] Siehe ebd., 77-78 u. 115-116.
[128] Siehe ebd., 75 u. 115.
[129] Siehe ebd., 74-75.

fügung. Private Erweiterungen der Wohnanlagen waren im wesentlichen nicht erlaubt.[130]
In beiden Siedlungen gab es Probleme mit der Wasserversorgung. Während in South Suntresu etwas mehr als die Hälfte der Hausbewohner/innen einen eigenen Wasseranschluß hatte, war gründsätzlich in jedem Haus Chirapatres mindestens ein Wasserhahn vorhanden, auch die Toiletten wurden in der Regel mit Wasser betrieben. Das Problem im ersten Fall lag in der krassen Unterdimensionierung der Hauptwasserleitung, sodaß zeitweise auch die drei öffentlichen Wasserstellen kein Wasser mehr boten; in Chirapatre wurden häufige Wasserausfälle, teils über mehrere Tage hin, bemängelt. Die Wohnungen beider Siedlungen waren mit elektrischem Strom versorgt. Abwässer wurden zum Teil in Sickergruben geleitet, zum Teil nur notdürftig beseitigt. Müll wurde entweder hinter dem eigenen Haus oder auf öffentlichen Müllhalden deponiert, von öffentlicher Seite her war die Müllentsorgung nicht geregelt.[131]

Zu Beginn der 80er Jahre bewohnten 70 Prozent der Haushalte Kumasis einen einzigen Raum, bei einer durchschnittlichen Haushaltsgröße von 4,8 Personen. Im gesamtstädtischen Schnitt teilten sich 3,5 Personen einen Raum.[132]
1989 lebten 95 Prozent aller Haushalte in Mehr-Familienhäusern, die überwiegend einstöckig sind (nur Erdgeschoß), etwa ein Viertel der Haushalte lebte in mehrstöckigen Gebäuden. 90 Prozent aller Haushalte, die durchschnittlich 4,6 Personen umfaßten, bewohnten einen einzigen Raum. Koch-, Wasch-, Badegelegenheiten waren in dem einen Raum in der Regel nicht vorhanden, sodaß man damit zu einem großen Teil in den Hof oder an die Straße ging.[133]
89 Prozent aller Haushalte waren 1989 Mieter. Die meisten Häuser bestanden aus Zementziegeln und einem Blechdach; viele Häuser befanden sich allerdings in einem baufälligen Zustand.[134]
Etwa 58 Prozent aller Haushalte verfügten über einen Fließwasseranschluß in ihrer Unterkunft bzw. im Haus, die meisten davon teilten diese Einrichtung mit anderen Haushalten (im Schnitt mit 10 weiteren Familien). Rund ein Drittel erwarb sich das Wasser im Nachbarhaus. Vier Prozent lebten in einem Einfamilienhaus mit einem Fließwasseranschluß ausschließlich für den Eigengebrauch. Etwa 80 Prozent der Haushalte mit Zugang zu einem „privaten" Wasseranschluß wurden für mehr als acht Stunden täglich mit Fließwasser versorgt.[135]
Fast 40 Prozent aller Haushalte benützten 1989 eine der öffentlichen und stark frequentierten Toiletten, für deren Benützung sie teilweise bezahlen mußten. Etwa 25 Prozent hatten Zugang zu einem meist von mehreren Parteien in Anspruch genomme-

---

[130] Siehe ebd., 114 u. 118.
[131] Siehe ebd., 72 u. 110-111.
[132] Siehe A. Graham Tipple: Upgrading and Culture in Kumasi: Problems and Possibilities, in: R. A. Obudho, Constance C. Mhlanga (Hg.): Slum and Squatter Settlements in Sub-Saharan Africa. Toward a Planning Strategy, New York-Westport-London: Praeger, 1988, 71-87, hier 77.
[133] Siehe Whittington; Lauria; Choe; Hughes; Swarna; Wright: Household Sanitation in Kumasi, Ghana, a. a. O., 734-735.
[134] Siehe ebd., 735.
[135] Siehe ebd., 735-736.

nen Wasserklosett in dem Haus, in dem sie wohnten. Weitere 25 Prozent verwendeten Grubenkloletts, die etwa zwei Mal wöchentlich zu entleeren waren.[136]

Soziale Beziehungen

Um 1990 betrug das durchschnittliche Heiratsalter der Frauen rund 21,5 Jahre, im Alter von 39 Jahren waren fast 100 Prozent der Frauen verheiratet.[137] (Entsprechende Daten für Männer sind mir nicht bekannt.) Diese wenigen Zahlen reichen jedoch schon als Beleg für die hohe Bedeutung der Familie im Sinne einer institutionalisierten Lebensform (damit wird allerdings nichts über die emotionale Tiefe ehelicher Beziehungen gesagt, auch nichts darüber, wie sehr und in welcher Hinsicht Väter an der Erziehung ihrer Kinder beteiligt sind etc.).

1986 waren etwa 13 Prozent der Haushalte Ein-Personenhaushalte, 1970 waren es noch 27 Prozent gewesen. Um diese Zahlen adäquat interpretieren zu können, muß man bedenken, daß die Asante-Eheleute traditioneller Weise nicht unter einem Dach lebten. Der Mann lebte in der Regel ohne seine Familie in einem eigenen Haus, wo er von seiner/seinen Frau/en versorgt wurde. Die oben angegebenen Zahlen sind also nicht gleichzusetzen mit der Anzahl von Haushalten unverheirateter, geschiedener oder verwitweter Personen. Der Rückgang in den Ein-Personenhaushalten deutet auf eine Modifikation der Lebensweise hin, die vermutlich zu einem nicht geringen Teil aus dem Mangel an Wohnungen resultiert und nicht nur oder nicht sosehr aus veränderten Überzeugungen.[138]

Verwandtschaftliche Beziehungen dürften bei bestimmten Hilfeleistungen nach wie vor wichtiger sein als Freundschaften außerhalb der Großfamilie. Bei einer Befragung von zugewanderten Haushaltsvorständen, die in den Jahren 1987/88 durchgeführt wurde und die Relevanz von Verwandten und Freund/inn/en beim Zugang zum Arbeitsplatz zu erheben versuchte, gab zwar die Mehrheit an, ohne Hilfe den Job gefunden zu haben, sofern sie aber unterstützt worden waren, dominierte die Hilfe seitens der Verwandten. Dabei waren deutliche Differenzen je nach Sparte festzustellen. Eine besondere Rolle spielten die Verwandten in den Branchen Landwirtschaft und Handwerk, im verarbeitenden Gewerbe dagegen waren die Freund/-e/-innen bei der Arbeitsplatzsuche relevanter als die Verwandten.[139] Der Vorrang von Verwandten gegenüber Freund/inn/en geht auch aus einer Untersuchung aus den ausgehenden 60er Jahren hervor, wobei hier Hilfestellungen in finanziellen und sozialen Belangen sowie Beratungshilfe berücksichtigt wurden.[140]

---

[136] Siehe ebd., 736-737.
[137] Siehe Arhin; Afari-Gyan (Hg.): The City of Kumasi Handbook, a. a. O., 25.
[138] Siehe Stephen Malpezzi, A. Graham Tipple, Kenneth G. Willis: Cost and Benefits of Rent Control in Kumasi, Ghana (INU Report 51), Washington, D. C.: World Bank, 1989, 51.
[139] Siehe Hofmann: Moderne Migrationsstrukturen in Kumasi/Ghana, a. a. O., Tab. 25, S. 70.
[140] Siehe Lühring: Urbanisierung und Entwicklungsplanung in Ghana, a. a. O., Tab. 27, S. 110.

Eine Erhebung in den Jahren 1987/88 machte deutlich, wie sehr die ethnische Zugehörigkeit für die sozialen Beziehungen relevant ist. Die Angehörigen aller Ethnien pflegten deutlich mehr freundschaftliche Beziehungen zu Menschen ihrer eigenen Ethnie als zu anderen Volksgruppen. Besonders markant zeigte sich dies bei dem Mehrheitsvolk, den Asanti: 88,6 Prozent ihrer Freundschaften hatten sie mit anderen Asanti geknüpft, weitere 8,2 Prozent mit anderen Akan.[141] Diese Präferenzen haben nicht nur mit ethnischen Aspekten, sondern ebenso mit religiösen zu tun. Das bedeutet, daß die Bevorzugung der eigenen Volksgruppe zugleich eine Vorliebe für jene religiöse Gemeinschaft darstellt, der man selber angehört (die wesentlichste Rolle spielen hier das Christentum und der Islam, wobei unter den nördlichen Volksgruppen der Islam, unter den südlichen, einschließlich der Asante, das Christentum dominiert).[142] Das Gewicht der religiösen Komponente äußert sich bis hinein in Bereiche der räumlichen Struktur der Stadt, ganz besonders deutlich im Zongo, jenem Viertel, das fast ausschließlich von nördlichen Muslimen bewohnt wird und im gesamtstädtischen Kontext fast so etwas wie ein Ghetto darstellt.[143] Diese räumliche Segregation kann als Ausdruck ethnischer und religiöser Abschottungstendenzen aufgefaßt werden, andererseits forciert sie die weitgehende Limitierung sozialer Interaktionen innerhalb der eigenen kulturellen Gruppe.

Freizeit, Gesellschaftsleben, „Hochkultur"

Generelle Daten zum Freizeitverhalten der Bevölkerung Kumasis liegen mir leider nicht vor. Die Einrichtungen, die ich im folgenden erwähnen werde, sind mit großer Wahrscheinlichkeit nur für einen relativ kleinen Teil der Bevölkerung interessant oder zugänglich.

Zu nennen ist zunächst das Centre for National Culture, Kumasi, das unter anderem in folgende Abteilungen untergliedert ist: Volkskundliches bzw. ethnologisches Museum, Galerie für zeitgenössische Kunst, Freilufttheater, Tanz-Arena, Kunsthandwerksgalerie und -basar, Kunsthandwerksstätten, nachgebautes Dorf.[144]
Das Militärmuseum zeigt vor allem Relikte aus dem Ersten und dem Zweiten Weltkrieg.
1958 wurde ein großes Sportstadion errichtet, das heute 100.000 Zuschauer/innen aufnehmen kann. Dieses Stadion kann ebenso für Konzerte und andere Großveranstaltungen verwendet werden. An der Universität gibt es ein großes Schwimmbad, das an Wochenenden und Feiertagen üblicherweise öffentlich zugänglich ist. Der Golfplatz von Kumasi ist angeblich einer der besten des Landes.
Unweit des Centre for National Culture ist ein Tiergarten eingerichtet.[145]

---

[141] Siehe Hofmann: Moderne Migrationsstrukturen in Kumasi/Ghana, a. a. O., Tab. 10, S. 46.
[142] Siehe ebd., 46.
[143] Siehe ebd., 46-47.
[144] Siehe Arhin; Afari-Gyan (Hg.): The City of Kumasi Handbook, a. a. O., 48-49.
[145] Siehe ebd., 50-51.

Lagos

Nationaler Kontext: Nigeria

Bevölkerung: zwischen 110 und 118 Millionen (Schätzung für 1990), nach den Zensusdaten von 1991 88,5 Millionen; davon 45 Prozent unter 15 Jahre alt. Etwas mehr als ein Drittel der Gesamtbevölkerung sind Städter/innen auf weniger als 10 Prozent der Landfläche. Die städtische Wachstumsrate betrug um 1990 zwischen 5 und 6,5 Prozent jährlich (ca. doppelt so hoch wie die ländliche Bevölkerungswachstumsrate).[146]

Tabelle 10: *Bevölkerung Nigerias (gesamt und städtisch), 1921 bis 1994*

Jahr	Gesamtbevölkerung (in Millionen)	städtische Bevölkerung (in Prozent der Gesamtbev.)
1921[a]	18,7	5
1931[a]	20,1	7
1952[b]	30,4	10
1963[b]	55,7	19
1972[a]	78,9	25
1984[a]	96,7	33
1994[c]	107,9	39

[a] Schätzungen
[b] Volkszählung
[c] Schätzung, vgl. auch Angaben oben!

Quellen: 1921 bis 1984: Adepoju G. Onibokun: Urban Growth and Urban Management in Nigeria, in: Richard E. Stren, Rodney R. White (Hg.): African Cities in Crisis. Managing Rapid Urban Growth, Boulder u. a.: Westview Press, 1989, 69-111, hier Tab. 4.1, S. 70 (die Bevölkerungszahlen wurden von mir weiter gerundet; bei S. I. Abumere: Nigeria, in: James D. Tarver (Hg.): Urbanization in Africa. A Handbook, Westport, Connecticut-London: Greenwood Press, 1994, 262-278, hier Tab. 16.3, S. 268 finden sich für 1921 bis 1963 leicht abweichende Daten); für 1994: Fischer Weltalmanach 1997, Frankfurt am Main: Fischer, 1996, 467-468.

Über 250 Ethnien werden in Nigeria voneinander unterschieden, davon zählten nicht ganz 80 Prozent zu folgenden zehn Volksgruppen: Hausa, Fulani, Yoruba, Ibo, Kanuri, Tiv, Edo, Nupe, Ibibio und Ijaw.[147]

---

[146] Siehe Robert W. Taylor: Introduction, in: ders. (Hg.): Urban Development in Nigeria. Planning, Housing and Land Policy, Aldershot u. a.: Avebury, 1993, 5-9, hier 5 u. 7.
[147] Siehe Akin L. Mabogunje: Nigeria: Physical and Social Geography, in: Africa South of the Sahara 1996, London: Europa Publications, 1995, 705-706, hier 706. (Nach dem Fischer Weltalmanach gab es 434 Ethnien: Fischer Weltalmanach 1997, a. a. O., 467.)

Für 1992 schätzte man die Verteilung der Bevölkerung nach Religionen folgendermaßen ein: 45 Prozent Muslime (vor allem im Norden), 49 Prozent Christ/inn/en (Protestant/inn/en, Katholik/inn/en, afrikanische Kirchen - vor allem im Süden), der Rest gehörte indigenen Religionsgemeinschaften oder anderen Religionen an.[148]

Amtssprache: Englisch
Hauptstadt: Abuja (seit 1991), zuvor Lagos
Fläche: 923.768 km^2

Geographie, Klima, Vegetation: Die höchste Erhebung Nigerias ist der Vogel Peak im Osten (nahe der Grenze zu Kamerun) mit 2040 Metern über dem Meeresspiegel. Das Jos-Plateau im Zentrum des Landes erreicht eine Maximalhöhe von 1780 Metern. Nach Norden hin fällt das Plateau ab zu den sogenannten „High Plains of Hausaland". Im Südwesten liegen die „Yoruba Highlands". In den übrigen Landesteilen überwiegen Tiefebenen mit weniger als 300 Metern über dem Meer, die sich über mehr als 250 Kilometer von der Küste am Golf von Guinea landeinwärts ziehen und sich weiter entlang der Flußbecken des Niger in Richtung Nordosten und des Benue in Richtung Nordwesten erstrecken. Von geringer Höhe ist darüber hinaus das Gebiet rund um den Tschad-See, der im Nordosten in das Staatsgebiet Nigerias reicht. Die über das Jahr gemittelten Höchsttemperaturen betragen im Norden 35° C, im Süden 31° C, das Minimum 18° C im Norden und 23° C im Süden. An der Küste werden jährliche Niederschlagsmengen von mehr als 3800 Millimetern gemessen, bei Maiduguri im Nordosten weniger als 650 Millimeter. Im Schnitt ist das Land relativ fruchtbar, freilich mit Unterschieden je nach klimatischer Zone, Bodenbeschaffenheit und Höhenlage. Im Süden finden sich ausgedehnte Mangroven- und Regenwälder, die etwa 20 Prozent des Landes beanspruchen, während der Rest von Grasland bzw. Savannen diverser Art geprägt wird, wobei nach Norden hin die Vegetationsdichte abnimmt.[149]

Soziale und politische Geschichte: In Nigeria hatten sich in den letzten Jahrhunderten unterschiedliche Lebensformen herausgebildet, von den weniger zentralisierten etwa im Südosten des Landes bis hin zu den städtischen Lebensweisen vieler Yoruba im Westen oder den Hausa-Reichen im Norden.[150]
Noch bevor die Kolonialisierung des 19. und 20. Jahrhunderts das Leben in Westafrika nachhaltig veränderte, bewirkte der atlantische Sklav/inn/enhandel ab dem ausgehenden 15. Jahrhundert eine deutliche Modifikation westafrikanischer Gesellschaften, insofern sie bedeutende Teile ihrer Bevölkerung verloren und der Menschenhandel die

---

[148] Siehe Fischer Weltalmanach 1997, a. a. O., 468.
[149] Siehe Mabogunje: Nigeria: Physical and Social Geography, a. a. O., 705.
[150] Siehe Nwanna Nzewunwa: Pre-Colonial Nigeria: East of the Niger, in: Richard Olaniyan (Hg.): Nigerian History and Culture, Harlow: Longman, 1985, 20-34; I. A. Akinjogbin, Biodun Adediran: Pre-Colonial Nigeria: West of the Niger, in: Olaniyan (Hg.): Nigerian History and Culture, a. a. O., 35-55; Toyin Falola, Akanmn Adebayo: Pre-Colonial Nigeria: North of the Niger-Benue, in: Olaniyan (Hg.): Nigerian History and Culture, a. a. O., 56-96. Ich werde hier nicht näher auf die vorkoloniale Geschichte Nigerias eingehen, sondern bei der Präsentation von Lagos und Zaria die jeweilige vorkoloniale Geschichte erörtern. Vgl. auch weiter oben: Anfänge der Verstädterung - v. a. Westafrikanische Wälder und ihre Ausläufer!

Wirtschaftsstruktur umgestaltete. Nicht nur Weiße profitierten davon, sondern ebenso eine dünne Schicht von Einheimischen.[151]

Ausgenommen Teile des ehemaligen deutschen Kamerun, das seit 1961 zu Nigeria zählt, wurde das heutige Nigeria schrittweise von den Briten seit der zweiten Hälfte des 19. Jahrhunderts okkupiert, bis Großbritannien sich im ersten Jahrzehnt des 20. Jahrhunderts die Herrschaft über das gesamte Territorium gesichert hatte. Die zunächst getrennt verwalteten Gebiete Nord- und Südnigerias wurden 1914 zu einer übergeordneten Verwaltungseinheit zusammengefaßt. Regiert wurde das Land im wesentlichen im Sinne der Indirect Rule von indigenen Autoritäten bzw. innerhalb indigener Strukturen, freilich aber entlang der Vorgaben der Kolonialist/inn/en und unter deren Oberhoheit.[152] Zunächst wurde der Süden einer viel direkteren kolonialen Kontrolle und Verwaltung unterstellt, als dies im Norden der Fall war, wo man von Anfang an indigene Machtstrukturen gezielt zu nutzen suchte.[153] Der Süden war auch viel massiver von spezifischen kolonialen Einflüssen betroffen, die den sozialen Wandel forcierten. Zu nennen ist hier insbesondere die christliche Missionierung sowie die Einrichtung westlicher Schulen. 1926 wurden im Süden 3828 Primar- und 18 Sekundarschulen geführt, während es im Norden 125 Primar- und keine Sekundarschulen gab.[154] Die Wirtschaft wurde so zu gestalten versucht, daß sie den Interessen des „Mutterlands" entsprach. Man forcierte den Anbau von Cash Crops und schaffte im Gegenzug einen Markt für britische verarbeitete Produkte. Um diesen Austausch von Waren zu ermöglichen, wurden neue Verkehrswege errichtet (insbesondere die Eisenbahn) und Häfen ausgebaut. Auf die Industrialisierung dagegen wurde wenig Wert gelegt, zeitweise versuchte man sogar die industrielle Produktion einzuschränken, um den Absatz für britische Produkte zu sichern.[155]

1954 wurde erstmals eine formell unabhängige Föderationsregierung gebildet. In den Wahlen für die gesetzgebende Versammlung, durch die die künftige unabhängige Regierung bestimmt werden sollte, erreichte keine der drei größeren Parteien eine absolute Mehrheit, die meisten Stimmen konnte der Northern People's Congress (NPC) verbuchen, eine Partei, die, wie ihr Name schon verrät, ihre Basis im Norden des Landes hatte. 1960 erlangte Nigeria die Unabhängigkeit mit Tafawa Balewa von der NPC als Premierminister, der jedoch noch im selben Jahr von Nnamdi Azikiwe abgelöst wurde, der dem National Council for Nigeria and the Cameroons (NCNC) angehörte und vor

---

[151] Siehe Richard Olaniyan: The Atlantic Slave Trade, in: ders. (Hg.): Nigerian History and Culture, a. a. O., 113-122.
[152] Siehe T. C. McCaskie: Nigeria: Recent History, in: Africa South of the Sahara 1996, London: Europa Publications, 1995, 706-717, hier 706; Fola Soremekun: The British Penetration and Conquest, in: Olaniyan (Hg.): Nigerian History and Culture, a. a. O., 138-158; Ibrahim A. Gambari: British Colonial Administration, in: Olaniyan (Hg.): Nigerian History and Culture, a. a. O., 159-175.
[153] Siehe Gambari: British Colonial Administration, a. a. O., 161. Zur Indirect Rule siehe auch ebd., 165-167.
[154] Siehe ebd. 162.
[155] Siehe ebd., 163-165; Elizabeth Isichei: A History of Nigeria, London: Longman, 1984 ([1]1983), 431-432.

allem vom Osten des Landes unterstützt wurde.[156] Als 1963 die Verfassung geändert und Nigeria eine Bundesrepublik wurde, zugleich aber ein Mitglied des Commonwealth blieb, übernahm Azikiwe als erster das Amt des Präsidenten.[157]
Anfang 1966 wurde bereits der erste erfolgreiche Militärputsch durchgeführt, im Zuge dessen unter anderem der Premierminister getötet wurde. Seither gab es mehrere Coups und Gegencoups sowie eine zivile Regierung zwischen 1979 und 1983.[158] Im Gefolge der Ereignisse von 1966 und als Resultat verschärfter ethnischer und religiöser Spannungen wurde 1967 im christlich dominierten Osten des Landes die Republik Biafra ausgerufen. Als sich 1970 die Truppen von Biafra ergaben, waren schätzungsweise bis zu zwei Millionen Zivilist/inn/en gestorben, hauptsächlich an Hunger, da Nahrungsmittellieferungen von Regierungstruppen des Bundesstaates blockiert worden waren.[159]
Vielfach berechtigte Korruptions- und Wahlbetrugsvorwürfe waren neben religiösen und ethnischen Auseinandersetzungen sowie der Unterdrückung der Meinungsfreiheit immer wiederkehrende Themen der weiteren Geschichte. Obwohl Nigeria über umfangreiche Erdölvorkommen verfügt und die Staatseinnahmen durch die Erdölexporte relativ reichhaltig waren, traten verstärkt ökonomische und soziale Schwierigkeiten auf, die freilich durch schwankende Rohölpreise forciert wurden. 1984 etwa befand sich das Gesundheitswesen in einem so problematischen Zustand, daß Ärzte zu streiken begannen, um eine Verbesserung zu erzwingen. 1983 sah sich die Regierung veranlaßt, ein restriktives Reformprogramm durchzuführen, um weiterhin von der Weltbank bzw. dem IMF unterstützt zu werden. Dieses wurde 1985 durch ein staatsinterventionistisches Programm in Abkehr von IMF-Richtlinien ersetzt. Seither wurden mehrere Reformen in unterschiedlicher Nähe zu den Vorstellungen des IMF zumindest konzipiert.[160]
Wenngleich Nigeria zunächst einen pro-westlichen Kurs verfolgte, verschlechterten sich seit den 80er Jahren die Beziehungen zu Großbritannien und den USA deutlich, bis Nigerias Politik insbesondere in Sachen Menschenrechte und Demokratie in den 90er Jahren unter anderem von westlichen Staaten mit wirtschaftlichen Sanktionen quittiert wurde. Innerhalb Afrikas nahm Nigeria eine aktive Rolle ein, so etwa in der Economic Community of West African States (ECOWAS) oder in der Bekämpfung der Rebellen in Liberia.[161]

Wirtschaft: Trotz turbulenter politischer Verhältnisse verzeichnete man in Nigeria bis in die frühen 90er Jahre einen deutlichen Anstieg des realen BNP pro Kopf (1985

---

[156] Siehe McCaskie: Nigeria: Recent History, a. a. O., 706. Zur Politik unmittelbar vor sowie nach der Erlangung der Unabhängigkeit siehe auch Leo Dare: Politics since Independence, in: Olaniyan (Hg.): Nigerian History and Culture, a. a. O., 189-210.
[157] Siehe McCaskie: Nigeria: Recent History, a. a. O., 707.
[158] Siehe ebd., 707-716. Zur Problematik ziviler und militärischer Regierungen in Nigeria siehe Charles Jarmon: Nigeria. Reorganization and Development Since the Mid-Twentieth Century, Leiden u. a.: E. J. Brill, 1988, 44-76.
[159] Siehe McCaskie: Nigeria: Recent History, a. a. O., 707.
[160] Siehe ebd., 707-716.
[161] Siehe ebd. 716-717.

bis 1993: 3,2 Prozent jährlich), das reale BIP erhöhte sich zwischen 1980 und 1993 um jährlich durchschnittlich 2,7 Prozent. Nach Angaben der Central Bank of Nigeria (CBN) trug die Landwirtschaft gemeinsam mit der Viehzucht 1992 35,3 Prozent zum gesamten BIP bei (ausgenommen jedoch der inoffizielle Handel), Rohöl 12,9 Prozent, der Handel 12,5 Prozent, der öffentliche Dienst 9 Prozent, die Finanz- und Versicherungsbranche 8,7 und die Manufaktur 8,6 Prozent.[162] Einer anderen Quelle zufolge machte der Anteil der Landwirtschaft 1994 43 Prozent aus, der der Industrie 32 Prozent und der der Dienstleistungen 25 Prozent.[163] Für 1986 errechnete die ILO folgende Verteilung der potentiell wirtschaftlich aktiven Bevölkerung nach Sparten: Landwirtschaft und verwandte Bereiche: 43 Prozent, Handel und Gastgewerbe: 24 Prozent, Dienstleistungen: 16 Prozent, 4 Prozent jeweils in der Manufaktur sowie im Bereich Transport und Kommunikation; 4 Prozent wurden als arbeitslos eingestuft.[164] Ein wichtiges Merkmal der nigerianischen Wirtschaft nach der Unabhängigkeit war der große Anteil des Staates nicht nur am Dienstleistungssektor, sondern ebenso am industriellen Sektor. Nachdem in letzterem zunächst privates Kapital ausschlaggebend gewesen war, erhöhten sich die staatlichen Investitionen in der Industrie seit den 70er Jahren deutlich, die vor allem mit den gestiegenen Einkünften aus dem Erdölgeschäft finanziert wurden.[165]

Aufgrund einer entwickelten Erdölindustrie, die vor allem in den späten 60er Jahren ausgebaut wurde, verschob sich die Basis der nigerianischen Wirtschaft zunehmend von der Landwirtschaft zum Erdöl. Als erdölexportierendes Land wurde Nigeria in den 70er Jahren führende Wirtschaftsmacht im Afrika südlich der Sahara. Nachdem die Rohölpreise nach 1981 deutlich gesunken waren, kam es zu einer kritischen Devisenknappheit und darauf folgenden Engpässen wichtiger Importgüter etwa für die Industrie, sodaß im weiteren die Wirtschaftsleistung deutlich sank und die Schulden stiegen. Die Regierungen antworteten darauf mit Strukturanpassungsprogrammen, die die Ausgaben reduzieren, die Nicht-Öl-Exporte steigern und die wirtschaftliche Unabhängigkeit auch im Bereich der Nahrungsmittel forcieren sollten. Der private Sektor wurde gefördert und der Außenhandel liberalisiert; Staatsbetriebe wurden privatisiert, darunter die Telekommunikationsgesellschaft und Banken. 1994 ging man wieder vom Strukturanpassungsprogramm ab, nachdem sich sowohl die politischen als auch wirtschaftlichen Verhältnisse weiter verschlechtert hatten. Die Staatsschuld war gestiegen ebenso wie die Inflation (1993 erreichte sie 57,2 Prozent, 1994 gar 70 Prozent).[166]

Als Nahrungsmittel werden Hirse, Mais, Taro, Yam, Cassava, Reis kultiviert, als Cash Crops Palmen für Palmöl, Kaffee, Baumwolle, Kakao, Erdnüsse; daneben wird Gummi

---

[162] Siehe Richard Synge: Nigeria: Economy, in: Africa South of the Sahara 1996, London: Europa Publications, 1995, 717-725, hier 717.
[163] Siehe Fischer Weltalmanach 1997, a. a. O., 468.
[164] Nach Africa South of the Sahara 1996: Nigeria: Statistical Survey, London: Europa Publications, 1995, 725-730, hier 726.
[165] Siehe Jarmon: Nigeria, a. a. O., 82-84.
[166] Siehe Synge: Nigeria: Economy, a. a. O., 717-718.

gewonnen und Nutzholz geschlagen.[167] Viehzucht ist ein weiterer wichtiger Wirtschaftszweig. Gehalten werden vor allem Rinder, Ziegen und zu einem geringeren Ausmaß Schafe; daneben Geflügel und Schweine. Darüberhinaus ist der Fischfang an der Küste, am Tschadsee und an Flüssen zu nennen.[168] Neben dem Rohöl sind folgende Mineralien relevant, die in Nigeria gefördert oder abgebaut werden: Kohle, Zinn, Eisenerz, Erdgas.[169] In der Manufaktur liegt der Schwerpunkt auf der Importsubstitution von Konsumgütern. Hauptsächlich werden Textilien, Getränke, Zigaretten, Seifen und Waschmittel produziert; zu nennen ist auch die Automontage.[170]

Verstädterung und Städtestruktur: Das heutige Nigeria umfaßt ein Gebiet, in dem schon früh Städte entstanden sind, man denke etwa an die Yoruba-Stadt Ife (vgl. mit dem Kapitel „Anfänge der Verstädterung") oder an die Hausastädte (siehe weiter unten).[171] Während zunächst vor allem der Norden des Landes stärker urbanisiert war, verlagerte sich der Schwerpunkt der Urbanisierung mit dem Aufkommen und der Ausweitung des transatlantischen Handels in Richtung Süden bzw. Südwesten. War der Norden durch den Trans-Sahara-Handel begünstigt gewesen, so war der Süden nun durch den transatlantischen Handel, der an Bedeutung den Trans-Sahara-Handel zusehends übertraf, im Vorteil, was sich bis heute in wirtschaftlichen Niveaus beider Regionen widerspiegelt.[172] Im Laufe der Kolonialzeit entstanden einige neue Städte (etwa die Bergbaustadt Jos, die Hafenstadt Port Harcourt), manche ältere Städte, wie Kano oder Zaria, wurden in das neue Verkehrssystem (insbesondere Eisenbahn) eingebunden, wodurch ihre Bedeutung stieg; andere Städte hingegen, wie Sokoto oder Katsina, lagen im Abseits und verloren an Gewicht.[173] Im wesentlichen wurden neben jenen Orten, die an wichtigen Verkehrswegen lagen, vor allem die Ansiedlungen im Süden weiterhin begünstigt.[174] In den ersten drei Jahrzehnten des 20. Jahrhunderts betrug das städtische Wachstum für jene Städte, die statistisch erfaßt wurden, zusammengenommen deutlich weniger als ein Prozent pro Jahr, teilweise schrumpfte das städtische Bevölkerungsausmaß sogar. Die 45 Städte, von denen es Volkszählungsdaten seit 1931 gibt, weisen insgesamt nach den Zensusdaten in der Zeit zwischen 1931 und 1952 durchschnittliche jährliche Wachstumsraten von vier Prozent auf, zwischen 1952 und 1963 stieg die Rate auf 9,3 Prozent.[175] Insbesondere jene afrikanischen Stadtbewohner/innen, die zugezogen waren, hatten eine sehr unsichere Existenz in der Stadt, insofern etwa das Recht, Land zu pachten und sich dort niederzulassen, meist

---

[167] Siehe ebd., 718-719.
[168] Siehe Mabogunje: Nigeria: Physical and Social Geography, a. a. O., 705.
[169] Siehe Synge: Nigeria: Economy, a. a. O., 721.
[170] Siehe ebd., 721-722.
[171] Im folgenden vgl. auch Jarmon: Nigeria, a. a. O., 122-138.
[172] Siehe S. I. Abumere: Nigeria, in: James D. Tarver (Hg.): Urbanization in Africa. A Handbook, Westport, Connecticut-London: Greenwood Press, 1994, 262-278, hier 263; siehe auch R. K. Home: Urban Growth and Urban Government: Contradictions in the Colonial Political Economy, in: Gavin Williams (Hg.): Nigeria. Economy and Society, London: Rex Collings, 1976, 55-75, hier 57-58.
[173] Siehe Robert W. Taylor: The Historical Context, in: ders. (Hg.): Urban Development in Nigeria. Planning, Housing and Land Policy, Aldershot u. a.: Avebury, 1993, 25-43, hier 26.
[174] Siehe Abumere: Nigeria, a. a. O., 264-265.
[175] Siehe Home: Urban Growth and Urban Government, a. a. O., 57-58.

mit der zeitlich begrenzten Arbeitserlaubnis gekoppelt war. Die Europäer/innen ließen sich bis auf wenige Ausnahmen in eigenen Vierteln nieder, in der Regel mit einer unbebauten Zone zwischen ihrem Stadtteil und den Vierteln der Afrikaner/innen, um sich einerseits vor Krankheiten und dem Lärm der Afrikaner/innen abzuschirmen, andererseits um die Lebensverhältnisse und Gewohnheiten der Afrikaner/innen im Sinne der Indirect Rule nicht zu stören (was freilich kein schlüssiges Argument sein kann, da man in vielfacher Weise ihr Leben veränderte).[176]

Nach der Unabhängigkeit wurde die erwähnte regionale Unausgewogenheit weiter verstärkt.[177] Mit der politischen Gliederung in Bundesstaaten (1991 wurde deren Zahl von 19 aus dem Jahr 1976 auf 30 erhöht) erhielten einige der älteren Städte, wie Sokoto und Katsina, als Hauptstädte von Bundesstaaten neue Wachstumsimpulse.[178]

Die städtischen Wachstumsraten der letzten Jahrzehnte gehen einerseits und größernteils auf umfangreiche Migration (zum Teil auch von Ausländer/inne/n) in die Städte zurück - gefördert durch die Investition eines beträchtlichen Anteils des Geldes aus den umfangreichen Erdölgeschäften in Städten, was die Attraktivität der Städte erhöhte -, andererseits auf innerstädtische Wachstumsraten.[179]

Tabelle 11: *Anzahl von Städten in Nigeria nach Einwohner/innenzahl, 1921-1984*

Jahr	*Städte mit 20 000 Ew. oder mehr*	*Städte mit 100 000 Ew. oder mehr*	*Städte mit 500 000 Ew. oder mehr*
1921	10	-	-
1931	24	2	-
1952	54	7	-
1963	183	24	2
1972	302	38	3
1984	356	62	14

Quelle: 1921-1984: Onibokun: Urban Growth and Urban Management in Nigeria, Tab. 4.1, S. 70.

Die größte Stadt ist Lagos mit etwa 6 Millionen Einwohner/inne/n 1990 nach Taylor bzw. mehr als 7,7 Millionen Einwohner/innen nach Miller und Singh, dahinter folgen Ibadan (5.668.977 Einwohner/innen 1990), Kano (2.216.266 Einwohner/innen); sechs Städte weisen eine Bevölkerungszahl zwischen 1 und 1,6 Millionen auf, 13 Städte eine

---

[176] Siehe ebd., 66-67.
[177] Siehe Abumere: Nigeria, a. a. O., 267-268.
[178] Siehe Taylor: The Historical Context, a. a. O., 26.
[179] Siehe ebd., 26; Louis C. Umeh: Urbanization Trends and Housing, in: Robert W. Taylor (Hg.): Urban Development in Nigeria. Planning, Housing and Land Policy, Aldershot u. a.: Avebury, 1993, 103-116, hier 104.

Gegenwärtige Städte und ihre Geschichte 125

Bevölkerungszahl zwischen 500.000 und 1 Million.[180] Im Gegensatz zu vielen anderen afrikanischen Ländern folgt der größten Stadt die zweitgrößte ohne allzugroßen Abstand.[181]
Zur Zeit werden in Lagos über 50 Prozent der in Nigeria eingesetzten Elektrizität verbraucht, in dieser Stadt ist mehr als die Hälfte aller Autos Nigerias registriert. Über 60 Prozent der nigerianischen industriellen Tätigkeiten spielen sich in Lagos ab. Afrikaweit befinden sich hier einige der teuersten Liegenschaften und zugleich der schrecklichsten Slums.[182] Schätzungsweise lebten 1981 58 Prozent der Bevölkerung in Slums und informellen Siedlungen.[183] Dennoch meint Taylor: „As Nigeria is recognized as the giant of Africa, Lagos is its heart and soul."[184]
Die politische Hauptstadt Nigerias ist seit 1991 Abuja[185]. Man gründete die neue Hauptstadt an einem relativ zentralen Ort des Landes, der von keiner Volksgruppe dominiert wird, der in einer günstigen klimatischen Region liegt und genügend Raum für eine städtische Expansion bietet. Lagos kann keinen dieser genannten Vorzüge aufweisen. Durch die Übersiedlung des Regierungssitzes wollte man außerdem den Zuwanderungsdruck auf Lagos zumindest teilweise mindern und auf der anderen Seite dem „Middle Belt" Nigerias einen Wachstumsimpuls geben.

Umwelt, Klima von Lagos

Lagos liegt bekanntlich am Meer auf mehreren Inseln, Halbinseln sowie an der Festlandküste.[186] Die Metropolitan Area, in physischer Hinsicht primärer Gegenstand folgender Ausführungen, umfaßt 264,18 Quadratkilometer der 3577 Quadratkilometer von Lagos State. Das Klima ist sehr feucht und warm mit durchschnittlichen Tempera-

---

[180] Siehe Taylor: Introduction, a. a. O., 5 und Tab. 1, S. 6; H. Max Miller, Ram N. Singh: Urbanization during the Postcolonial Days, in: James D. Tarver (Hg.): Urbanization in Africa. A Handbook, Westport, Connecticut-London: Greenwood Press, 1994, 65-79, hier Tab. 5.2, S. 68.
[181] Vgl. z. B. Abumere: Nigeria, a. a. O., 270-271.
[182] Siehe Taylor: The Historical Context, a. a. O., 40.
[183] Siehe Oberai: Population Growth, Employment and Poverty in Third-World Mega-Cities, a. a. O., Tab. 1.1, S. 2.
[184] Taylor: The Historical Context, a. a. O., 40.
[185] Zu Abuja siehe Louis C. Umeh: The Building of a New Capital City: The Abuja Experience, in: Robert W. Taylor (Hg.): Urban Development in Nigeria. Planning, Housing and Land Policy, Aldershot u. a.: Avebury, 1993, 215-228.
[186] Lagos heißt übrigens so viel wie Seen oder Lagunen, eine Bezeichnung, die die Stadt von den Portugies/inn/en erhielt. (Siehe Pauline H. Baker: Urbanization and Political Change. The Politics of Lagos, 1917-1967, Berkeley u. a.: University of California Press, 1974, 17.) Die Lage am Meer gemeinsam mit einer Bebauung von Zonen, die schwer vor übermäßigen Fluten zu schützen sind, führen immer wieder zu Überschwemmungskatastrophen. (Siehe Taylor: The Historical Context, a. a. O., 41.)
Zu Umwelt und Klima siehe Margaret Peil: Lagos. The City is the People, London: Belhaven Press, 1991, 16-18; Jörg Maier, Andreas Huber (unter Mitarb. v. P. O. Adeniyi u. H. Baer): Lagos. Stadtentwicklung einer afrikanischen Metropole zwischen hoher Dynamik und Chaos, Köln: Aulis-Verlag Deubner, 1989, 6; M. A. A. Abegunde: Aspects of the Physical Environment of Lagos, in: Ade Adefuye, Babatunde A. Agiri, Jide Osuntokun (Hg.): History of the Peoples of Lagos State, Lagos: Lantern Books, 1987, 6-15.

turen zwischen 23 bis 26° C in den kühleren Monaten (meist Mai bis Juli) und 28 bis 31° in den wärmeren (Jahresdurchschnitt: 29,6° C) sowie einer morgentlichen relativen Luftfeuchtigkeit von 75 bis 84 Prozent und nur etwas geringerer tagsüber bzw. nachmittags. Die meisten Regenfälle sind von Mai bis Juni und September bis Oktober zu erwarten, die wenigsten von Dezember bis Jänner. (Die durchschnittliche Regenmenge zwischen 1985 und 1986 betrug 1532 Millimeter.) Tagsüber ist der Himmel die meiste Zeit bedeckt (sechs bis sieben Stunden täglich), klaren Sonnenschein gibt es im Schnitt drei bis fünf Stunden lang.

Karte 7: *Lagos*

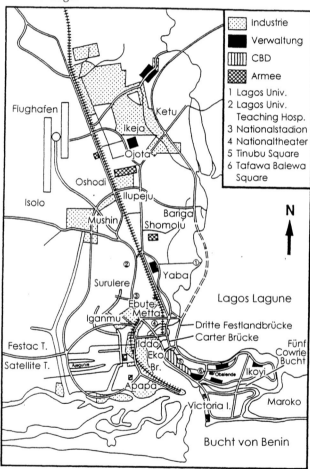

Quelle: Alois Krammer, nach Peil: Lagos, a. a. O., 23.

Geschichte (einschließlich Bevölkerungsentwicklung und -struktur)

Wann Lagos entstanden ist, läßt sich heute nicht genau sagen, da für einen großen Teil der frühen Geschichte der Stadt entsprechende Quellen fehlen.[187] Nachdem es bereits mehrere Siedlungen am Festland gegenüber Lagos Island gab, ließen sich die ersten Menschen vermutlich ab dem 15. Jahrhundert[188] auf der eher unwirtlichen Insel (Sümpfe, trockene Gebiete, dichter Mangrovenwaldgürtel, andererseits aber günstig gelegen für den Handel) nieder, die zunächst „Oko" (landwirtschaftliches Anwesen) hieß, von den Binis (siehe unten) „Eko" (Lager) und von den Portugies/inn/en zuerst „Onim", dann „Lagos" genannt wurde.[189]

Aufgrund der erwähnten Lückenhaftigkeit historischer Quellen für die Anfänge von Lagos sind folgende Ausführungen zu den ersten Bewohner/inne/n des heutigen Stadtgebietes nicht viel mehr als einigermaßen gut untermauerte Vermutungen. Sehr wahrscheinlich bewohnten von Anfang an Menschen unterschiedlicher lokaler und kultureller Herkunft jenes Gebiet, wobei ihre Lebensweise vor allem geprägt war vom Meer (Fischen, Salzgewinnung, Bootsbau etc.)[190] sowie offenbar auch von landwirtschaftlicher Tätigkeit (siehe oben genannte Ortsbezeichnung).

Die ersten Bewohner/innen von Lagos gehörten wohl dem Volk der Yoruba an, die unter anderem das Hinterland von Lagos besiedelt hatten.[191] Die Yoruba stellten immer den größten Teil der Bewohner/innen von Lagos, auch die Zuwand/-er/-innen waren in der Mehrzahl Yoruba. Wie vielfach dargestellt wurde, empfanden sich die Yoruba allerdings zunächst nicht als homogene Gruppe; erst eine schriftliche Fassung der Yoruba-Sprache durch Missionare sowie politische Faktoren im Unabhängigkeitskampf forcierten eine einheitliche Yoruba-Identität. Die Bezeichnung für dieses Volk stammt übrigens von den Hausa. Lagos gilt als eines der Heimatgebiete der Yoruba.[192]
Ein kultureller Zug der Yoruba, der im Zusammenhang dieser Arbeit besonders relevant ist, ist ihre Präferenz, in Städten zu leben, wobei die Yoruba-Städte im allgemeinen ethnisch relativ homogen waren und zum größeren Teil auch noch sind (Ausnahmen primär Lagos und Ibadan). Ein klassisches Kriterium für Städte, nämlich das Überwiegen nicht-landwirtschaftlicher Sektoren, traf für die vorkolonialen Städte der Yoruba kaum zu. Die meisten Stadtbewohner/innen bewirtschafteten in der Regenzeit ihre Felder, nur während der Trockenzeit gingen sie handwerklichen oder händle-

---

[187] Siehe A. B. Aderibigbe: Early History of Lagos to About 1850, in: ders. (Hg.): Lagos: The Development of an African City, London: Longman, 1975, 1-26, hier Anm. 1, S. 1. Allgemein zur Geschichte von Lagos vgl. Akin L. Mabogunje: Urbanization in Nigeria, London: University of London Press, 1968, 238-273.
[188] Siehe Peil: Lagos, a, a, O., 33 spricht allerdings davon, daß die Awori (zu den Yoruba gehörend) als erste Bewohner/innen der Insel im 17. Jahrhundert zugezogen waren.
[189] Siehe Aderibigbe: Early History of Lagos to About 1850, a. a. O., 3-5.
[190] Siehe Babatunde A. Agiri, Sandra Barnes: Lagos Before 1603, in: Ade Adefuye, Babatunde A. Agiri, Jide Osuntokun (Hg.): History of the Peoples of Lagos State, Lagos: Lantern Books, 1987, 18-32, hier 30.
[191] Siehe Robert W. Morgan: Migration into Lagos, Nigeria, in: Reuben K. Udo (Hg.): Population Education Source Book for Sub-Saharan Africa, Nairobi: Heinemann Educational Books, 1979, 256-270, hier 257.
[192] Siehe Peil: Lagos, a. a. O., 30-31.

rischen Tätigkeiten nach. Zu den größten Yoruba-Gruppen von Lagos zählen die Egba aus Abeokuta und Badagry, die Oyo, deren „Hauptstadt" Ibadan ist, und die Ijebu.[193] Die Awori, eine Yoruba-Volksgruppe, waren wahrscheinlich die ersten Bewohner/innen von Lagos.[194] Sie sollen von ihrer Heimat Ile-Ife weggezogen sein und sich zunächst im Norden und Osten des heutigen Stadtgebietes angesiedelt haben. Viele ehemalige Awori-Dörfer sind mittlerweilen ein Teil der Stadt geworden. Wenngleich die Awori ihre Macht nie ganz einbüßten und ein hohes Maß integrativen Potentials besaßen[195], wurde immerhin ihre Vorherrschaft vermutlich bereits ab dem 16. Jahrhundert von Benin aus gebrochen.[196] Wie sich der Einflußbereich Benins auf Lagos ausweitete, darüber besteht Unklarheit. Nach Cole gibt es gute Gründe zur Annahme, daß diese Vorherrschaft nicht durch eine Eroberung gesichert wurde. Babatunde und Barnes allerdings weisen auf Überlieferungen militärischer Inbesitznahme hin[197]. Jedenfalls war Lagos gegenüber Benin tributpflichtig, in unterschiedlichem Ausmaß und unterschiedlicher Realisierung allerdings. Die Führung unter einem Oba, einer Institution, die von Benin übertragen wurde, war bald ein fester und mehr oder weniger indigenisierter und von Benin zusehends unabhängiger Bestandteil der Politik und Machtverteilung in Lagos. Um 1800 erlangte die Obaschaft die Vorherrschaft über die anderen Chiefs, jedoch keineswegs unangefochten und unumschränkt.[198]
Die Ijebu waren traditionellerweise stark im Handel involviert, sodaß es nicht verwunderlich ist, daß diese Volksgruppe zunehmend in das nunmehrige kommerzielle Zentrum Lagos zog. Die ursprünglich wichtigste Stadt der Ijebu war Ijebu Ode, etwa hundert Kilometer nördlich von Lagos. Die christliche Mission und westliche Schulerziehung hatten bereits in den ersten Jahrzehnten dieses Jahrhunderts einen großen Einfluß, einen größeren als auf andere Volksgruppen der Region. Der Islam fand besonders bei den städtischen Ijebu und den Händler/inne/n weite Verbreitung.
Die Egba gehören zu den frühesten Immigrant/inn/en von Lagos. Etwa die Hälfte der Egba sind Moslems. Zugleich waren die ersten Yoruba-Christ/inn/en Egba. Üblicherweise pflegen sie sehr enge Verbindungen zwischen Stadt und Land.[199]

Eine zweite und dritte Gruppe von Bewohner/inne/n von Lagos bildeten im wesentlichen ab dem 19. Jahrhundert Yoruba, die Sklav/inn/en gewesen waren und von Übersee zurückkehren konnten und hier gemeinsam mit ihren Nachfahren einen Teil

---

[193] Siehe ebd., 31 u. 33.
[194] Siehe Baker: Urbanization and Political Change, a. a. O., 17; Peil: Lagos, a. a. O., 33; eine relativ differenzierte Darstellung des Einflusses der Awori in Lagos, ihrer Herkunft und Identität sowie des Verhältnisses der Awori insbesondere zu Einwander-/ern/-innen aus Benin findet sich bei Agiri; Barnes: Lagos Before 1603, a. a. O., 20-30.
[195] Siehe Kehinde Faluyi: The Awori Factor in the History of Lagos, in: Ade Adefuye, Babatunde A. Agiri, Jide Osuntokun (Hg.): History of the Peoples of Lagos State, Lagos: Lantern Books, 1987, 229-239.
[196] Siehe Aderibigbe: Early History of Lagos to About 1850, a. a. O., 5-9; P. D. Cole: Lagos Society in the Nineteenth Century, in: A. B. Aderibgbe (Hg.): Lagos: The Development of an African City, London: Longman, 1975, 27-58, hier 30; Agiri; Barnes: Lagos Before 1603, a. a. O., 18-19.
[197] Siehe Agiri; Barnes: Lagos Before 1603, a. a. O., 18-20.
[198] Siehe Cole: Lagos Society in the Nineteenth Century, a. a. O., 29-30 u. 34-38 (dort auch mehr zur Institution der Obaschaft).
[199] Siehe Peil: Lagos, a. a. O., 34 u. 36.

der Führungsschicht stellten.²⁰⁰ Es ist hier allerdings zu unterscheiden zwischen den Ex-Sklav/inn/en, die von Brasilien und Kuba zurückgekehrt waren (gemeinhin unter anderem als „Brasilians" bezeichnet), und andererseits den „Sierra Leoneans" (kurz „Saros" genannt), Ex-Sklav/inn/en, die aber nie nach Amerika gelangten, sondern am Atlantik von Brit/inn/en befreit und in Freetown, Sierra Leone, angesiedelt wurden, wo sie von Missionar/inn/en aus-, um- oder weitergebildet (darüber läßt sich wohl streiten) wurden.²⁰¹ Um 1865 stellten sie etwa 20 Prozent der Bewohner/innen von Lagos. Die Ex-Brasilianer/innen und Ex-Kubaner/innen waren 1857 in etwa gleich stark vertreten wie die Sierra Leoneans, zu Beginn der 1880er Jahre war der Anteil der Saros an der Gesamtbevölkerung von Lagos etwa vier Prozent, der der Brasilians nicht ganz neun Prozent.²⁰²

Die meisten Saros nahmen relativ hohe gesellschaftliche Positionen ein, aus ihren Reihen stammte die erste moderne afrikanische Elite von Lagos. Ein großer Teil der Saros war westlich gebildet, bekannte sich zum Christentum und lehnte sich gegen traditionelle Autoritäten auf, zugleich standen viele Saros mit Yoruba-Abstammung zu ihrer Herkunft und pflegten manche Aspekte der Yoruba-Kultur (zum Teil etwa lebten sie polygyn). Sie verloren bei traditionellen Yoruba allerdings zusehends an Vertrauen und wurden wegen ihres westlich beeinflußten Auftretens von einheimischen Lagosianer/inne/n als Weiße bzw. „daddies" bezeichnet und nicht ohne Argwohn und zum Teil feindliche Gesinnung beobachtet.²⁰³ Daß diese Gruppe keineswegs homogen war, zeigt die scharfe Auseinandersetzung zu Beginn der 1880er Jahre zwischen neotraditionellen, nationalistischen Saros und primär westlich orientierten Saros um die verpflichtende Einführung von Englisch in den Schulen, ohne daß ein Unterricht in Yoruba vorgesehen war. Während erstere heftig dagegen opponierten und sich zwar als Untergebene Großbritanniens, zugleich aber als Afrikaner/innen und Yoruba verstanden und daher die Förderung der Yoruba-Sprache in den Schulen forderten, neben dem Unterricht afrikanischer Geographie, Geschichte, Literatur, und die Abwegigkeit der Imitation „weißer" Kultur durch die Schwarzen, die doch über ein eigenes kulturelles Erbe verfügten, hervorstrichen, bezeichneten Teile der zweiteren erstere als Verrückte, ihr Anliegen als ein Mischmasch aus Unsinnigkeiten und betonten die Notwendigkeit des Englisch für die Afrikaner/innen, um zu Zivilisation zu gelangen. Einer der Radikalsten schwarzen Assimilanten ging sogar so weit zu behaupten, daß die Schwarzen von Natur aus grausam, wild und „roh" seien und sie des weißen Mannes bedürften, um sich den Sinn für Recht und Gerechtigkeit und soziale und sittliche Werte aneignen

---

[200] Siehe Morgan: Migration into Lagos, Nigeria, a. a. O., 257-258; Baker: Urbanization and Political Change, a. a. O., 21-22; Michael J. C. Echeruo: Victorian Lagos. Aspects of Nineteenth Century Lagos, London-Basingstoke: Macmillan, 1977, 109.
[201] Siehe Morgan: Migration into Lagos, Nigeria, a. a. O., 258.
[202] Siehe Baker: Urbanization and Political Change, a. a. O., 21-22; Cole: Modern and Traditional Elites in the Politics of Lagos, a. a. O., 45.
[203] Siehe Baker: Urbanization and Political Change, a. a. O., 21-22 u. 26-27; Cole: Lagos Society in the Nineteenth Century, a. a. O., 45-46; Morgan: Migration into Lagos, Nigeria, a. a. O., 258.

zu können.[204] Im allgemeinen herrschte eine deutliche westliche Ausrichtung vor, und wo nicht westliche Kulturmuster primär verfolgt wurden, berief sich ein Teil der schwarzen Elite von Lagos (in erster Linie also die Saros) in dieser Zeit eher auf eine Identität als „Schwarze/r" in einer Gemeinschaft von Schwarzen, die nicht auf Afrika beschränkt war, als auf eine ethnische oder afrikanische nationale Identität.[205] Auch die portugiesisch sprechenden Ex-Sklav/inn/en waren teilweise westlich orientiert (portugiesische Sprache, Katholizismus), waren aber viel weniger wohlhabend als die Saros und politisch weniger aktiv und einflußreich. Sie glichen eher den indigenen Yoruba, die nie das Land verlassen mußten, und waren bei den ursprünglichen Bewohner/inne/n von Lagos beliebter als die Saros. Trotz gewisser westlicher Orientierung behielten sie viele Elemente ihrer traditionellen afrikanischen Kultur bei. Einen nachhaltigen Einfluß übten sie mit ihrem brasilianischen Stil auf die Architektur der Stadt aus, und das umso mehr, als viele von ihnen als Maurer und Baumeister arbeiteten.[206]

Als vierte Gruppe nennt Morgan Europäer/innen, für die die Stadt vor allem zu Beginn des 20. Jahrhunderts attraktiver wurde, als ernsthafte Anstrengungen unternommen wurden, frühere enorme Gesundheitsgefährdungen (u. a. Malaria, Schwarzwasserfieber) zu minimieren. Zuvor schon hatte Lagos als wichtiger Hafen auch Europäer/innen angezogen, wobei ihre Zahl in einem Zensus im Jahr 1881 mit 111 Personen angegeben wurde, noch 1901 lebten offiziell nicht mehr als 308 Europäer/innen in Lagos.[207]

Der Handel[208] spielte schon in der frühen Geschichte von Lagos eine wesentliche Rolle. Im 18. Jahrhundert waren Märkte eine Selbstverständlichkeit. Ab etwa der zweiten Hälfte des 18. Jahrhunderts wurde der Sklav/inn/enhandel einer der wichtigsten Wirtschaftszweige der Insel, wobei allerdings der Handel mit (anderen) Waren nie ganz seine Stellung verlor. Dieser Sklav/inn/enhandel diente nicht nur den europäischen Händler/inne/n sowie ihren Kund/inn/en, sondern auch den oberen Schichten von Lagos.[209] Weitere Bevölkerungkreise waren in wirtschaftliche Aktivitäten eingebunden, insofern sie etwa Rohmaterialien oder angefertigte Produkte auf den Markt brachten, die Europäer/innen gegen ihre Produkte eintauschten.[210]

Mit der Annexion Lagos' durch die Brit/inn/en 1861, der die britische Bombardierung von Lagos 1951, die erzwungene Flucht des amtierenden Obas, Kosoko, und die

---

[204] Siehe Cole: Modern and Traditional Elites in the Politics of Lagos, a. a. O., 51-53; Cole: Lagos Society in the Nineteenth Century, a. a. O., 49-50. Vgl. auch Echeruo: Victorian Lagos, a. a. O., 109-110.
[205] Siehe Echeruo: Victorian Lagos, a. a. O., 110.
[206] Siehe Baker: Urbanization and Political Change, a. a. O., 27-29; Cole: Lagos Society in the Nineteenth Century, a. a. O., 46; Morgan: Migration into Lagos, Nigeria, a. a. O., 257-258.
[207] Siehe Morgan: Migration into Lagos, Nigeria, a. a. O., 258-259; Baker: Urbanization and Political Change, a. a. O., 22.
[208] Siehe Aderibigbe: Early History of Lagos to About 1850, a. a. O., 9-16; Cole: Lagos Society in the Nineteenth Century, a. a. O., 30-31.
[209] Siehe auch Ade Adefuye, Babatunde A. Agiri, Jide Osuntokun: Introduction: Towards a Comprehensive History of the Peoples of Lagos State, in: dies. (Hg.): History of the Peoples of Lagos State, Lagos: Lantern Books, 1987, 1-5, hier 3.
[210] Siehe Ade Adefuye: Oba Akinsemoyin and the Emergence of Modern Lagos, in: ders., Babatunde A. Agiri, Jide Osuntokun (Hg.): History of the Peoples of Lagos State, Lagos: Lantern Books, 1987, 33-46, hier 40.

Gegenwärtige Städte und ihre Geschichte 131

Einsetzung eines neuen Obas, Akitoye, durch die Brit/inn/en vorausgegangen war, ist ein Einschnitt in der Geschichte von Lagos zu markieren, der für viele Bewohner/innen von Lagos wohl als katastrophal erlebt worden sein muß und mit dem sich eine neue beherrschende Kultur niederließ. Ausdruck davon geben in den 1860er Jahren die umfangreiche Zerstörung von Häusern von Einheimischen, um eine weitläufige Promenade in Strandnähe und breite Straßenzüge für die Zufuhr frischer Luft errichten zu können und Platz unter anderem für komfortable Häuser zu schaffen; die Aufstellung einer Soldaten- und Polizeitruppe; die Errichtung einer Rennbahn, mehrerer Schulen, Kirchen und Gerichtshöfe, eines Regierungsgebäudes und eines Friedhofes.[211] Von 1866 bis 1886 war Lagos nicht mehr selbständig wie noch in den fünf Jahren zuvor, sondern einer britischen Kolonie zugeordnet (zuerst den „West African Colonies", dann, nach deren Teilung, der „Gold Coast"), von 1886 bis 1906 wieder eine selbständige Kolonie, von 1906 bis 1914 Teil der Kolonie und des Protektorates Südnigeria, danach - mit der Vereinigung Nord- und Südnigerias - Hauptstadt der Kolonie und des Protektorates Nigeria.[212] Naturgemäß verloren die indigenen Führer/innen und politischen Systeme unter der Herrschaft der Brit/inn/en ihr ursprüngliches Ausmaß an Macht. Um die Jahrhundertwende hatte selbst der Oba rechtlich nicht mehr oder weniger Macht als alle übrigen Schwarzen in Lagos auch. Andererseits bestanden indigene Machtstrukturen parallel zu den kolonialen weiter, und traditionelle Institutionen gewannen bei der Mehrheit der Lagoser Bevölkerung eher an Respekt, als daß sie ihre Bedeutung gänzlich eingebüßt hätten.[213] Die Altstadt im Nordwesten der Insel, in der gegen Ende des 19. Jahrhunderts der Großteil der Bevölkerung lebte, war trotz der Kolonialherrschaft im wesentlichen eine traditionelle Yoruba-Stadt geblieben. Der Rest der Bevölkerung verteilte sich auf Saro Town, Amaro bzw. „Brasilianer/innen"- oder „Portugies/inn/en-"Viertel, sowie auf Wohngebiete der Europäer/innen, die kein klar umgrenzbares Viertel bevölkerten.[214]
Weniger als 20 Prozent der Bevölkerung machten die „Brasilians", „Saros" und Europäer/innen aus.[215]
Die Europäer/innen als koloniale Herrscher/innen legten Grundsteine für die räumliche Struktur von Lagos, man ließ Sümpfe trocken legen, den Kanal graben, der Lagos Island von Ikoyi trennt, Brücken bauen, große Straßenzüge errichten; zudem eine telegraphische Verbindung zu London herstellen (1886) und bereits 1898 Straßen mit Hilfe elektrischen Stroms beleuchten (elektrischer Strom war ab 1896 in Lagos vorhanden[216]), während man dafür in Großbritannien noch primär Gas oder Paraffin verwendete. Auch wirtschaftlich stand Lagos gut da. Zu Beginn des Jahrhunderts legte man

---

[211] Siehe Cole: Modern and Traditional Elites in the Politics of Lagos, a. a. O., 10; Cole: Lagos Society in the Nineteenth Century, a. a. O., 33.
[212] Siehe Cole: Modern and Traditional Elites in the Politics of Lagos, a. a. O., 11; B. A. Williams: The Federal Capital: Changing Constitutional Status and Intergovernmental Relations, in: A. B. Aderibigbe (Hg.): Lagos: The Development of an African City, London: Longman, 1975, 59-78, hier 60.
[213] Siehe auch Cole: Lagos Society in the Nineteenth Century, a. a. O., 40-41.
[214] Siehe Baker: Urbanization and Political Change, a. a. O., 24.
[215] Siehe Cole: Lagos Society in the Nineteenth Century, a. a. O., 42.
[216] Siehe Abumere: Nigeria, a. a. O., 267.

im Ausbau des Hafens einen äußerst wichtigen Grundstein für die weitere Expansion von Lagos. Außerdem erschloß man das Hinterland mit der Eisenbahn weiter bis über Kano hinauf (1912). Man ließ eine dampfbetriebene Straßenbahnlinie, ein Hauptpostamt, ein Krankenhaus, das King's College und anderes errichten.[217] Festzuhalten ist freilich, daß die meisten dieser Einrichtungen primär für die Eröffnung und Erweiterung wirtschaftlicher Möglichkeiten zum Nutzen der Kolonialmacht gedacht waren, infrastrukturelle Verbesserungen weit mehr den Europäer/inne/n dienten als den Einheimischen, die Kosten aber hauptsächlich zu Lasten der Einheimischen gingen (etwa aufgrund steuerlicher Regelungen).[218]

Um die Jahrhundertwende war Lagos zu einer Stadt mit einer Vielzahl an Kulturen und einer Einwoher/innenzahl von bereits etwa 40.000 geworden.[219]

Während zu Anfang des Jahrhunderts die Industrie nur eine relativ geringe Rolle spielte, wurde in Lagos neben Handel, Verwaltung und Dienstleistung später die Industrie immer wichtiger, langsam beginnend ab 1945 und mit einem rapiden Zuwachs ab Mitte der 50er Jahre.[220] In den Jahren nach der Unabhängigkeit nahm die Industrialisierung im Gebiet von Lagos weiter stark zu, im Vergleich mit anderen Regionen des Landes zeigt sich eine deutliche Übergewichtung von Lagos insbesondere hinsichtlich der Arbeitsplätze sowie des Produktionswertes (beispielsweise 1963: 23,4 Prozent, 1980: 52,5 Prozent an Arbeitsplätzen des Landes im Gebiet von Lagos).[221]

In der zweiten Hälfte der 50er Jahre war Lagos Schauplatz einer umfangreichen (Zwangs-) Umsiedlung von Menschen, die in der Regel gesetzeskonform und teils auf eigenen Grundstücken in einem zentralen, mehr als 28 Hektar großen Viertel auf Lagos Island mit relativ niedrigem allgemeinen Standard lebten.[222] Alles in allem sollte die Umsiedlungsaktion etwa 200.000 Menschen in einem Zeitraum von fünf bis sieben Jahren betreffen, tatsächlich jedoch waren bis 1959 nicht mehr als 6000 Menschen umgesiedelt worden. Die Umsiedlung war Teil eines „slum clearance scheme", mit dem man die sanitäre Situation in diesem Viertel verbessern, den Verkehr erleichtern, die Wasser- und Stromversorgung ausbauen oder überhaupt erst ermöglichen wollte,

---

[217] Siehe Baker: Urbanization and Political Change, a. a. O., 29-32.
[218] Siehe A. A. Lawal: Trade and Finance of the Lagos Colony 1861-1906, in: Ade Adefuye, Babatunde A. Agiri, Jide Osuntokun (Hg.): History of the Peoples of Lagos State, Lagos: Lantern Books, 1987, 65-84, hier 82. Lawals schlüssiger Kommentar dazu: „This was exploitation *per excellence*." (Ebd., 82.)
[219] Siehe Baker: Urbanization and Political Change, a. a. O., 24.
[220] Siehe Maier; Huber: Lagos, a. a. O., 9-10; J. O. Akintola-Arikawe: The Rise of Industrialism in the Lagos Area, in: Ade Adefuye, Babatunde A. Agiri, Jide Osuntokun (Hg.): History of the Peoples of Lagos State, Lagos: Lantern Books, 1987, 104-127, hier 109-111.
[221] Siehe Akintola-Arikawe: The Rise of Industrialism in the Lagos Area, a. a. O., 111-112. Der Autor meint, wenn er von der „Lagos region" spricht, kein klar definiertes Gebiet in und um Lagos. (Siehe ebd., 104.)
[222] Siehe Peter Marris: Family and Social Change in an African City. A Study of Rehousing in Lagos, London: Routledge & Kegan Paul, ²1966 (¹1961), v. a. 11 u. 84-95. Dieser Fall aus Lagos ist keinesfalls das einzige Beispiel (nicht nur aus Afrika), in dem eine Regierung durch Bulldozer-Maßnahmen das Problem von Armut mitten in der Stadt beseitigen wollte. Vielfach handelt es sich dabei zwar um die Zerstörung von Häusern, die illegal und teils auf fremdem Grund errichtet wurden, die Grundintentionen und Probleme unterscheiden sich jedoch nicht wesentlich von diesem Fall in Lagos, außer daß illegal Siedelnde in der Regel noch schlechter aussteigen (z. B. keine Kompensationen) als legal Siedelnde (die z. T. wenigstens einen Ersatz angeboten bekommen). (Vgl. Hardoy; Satterthwaite: Squatter Citizen, a. a. O., 41-51.)

kurz um, man ging daran, jenes Gebiet mitten in der Stadt zu einem attraktiven Platz zum Wohnen und für die Wirtschaft aufzuwerten. Im Hintergrund stand die Aussicht, daß Lagos Hauptstadt des wohl bald unabhängigen Nigeria werden würde, mitten in der Hauptstadt aber sollte es keine so offensichtlichen Zeichen von „Unterentwicklung" geben. Die Regierung bot den Besitzer/inne/n zwar Kompensationen für ihre Häuser und Grundstücke an und räumte die Möglichkeit des Rückkaufes von Grundflächen ein, allerdings unter solchen Bedingungen, daß sich nur wenige tatsächlich wieder im angestammten Viertel ansiedeln konnten. Das Viertel, das eigentlich nur eine Zwischenstation sein sollte, bis die Betroffenen wieder in ihr altes Gebiet zurückkehren würden, lag am Festland am Stadtrand von Lagos und damit weit entfernt vom ursprünglichen Lebensraum. Dieses Viertel, Suru Lere, wurde für viele wegen fehlender besserer Alternativen trotzdem permanenter Lebensraum, obwohl die Wohnanlagen zumeist nicht den (sozialen und psychologischen) Bedürfnissen der nunmehrigen Bewohner/innen entsprachen und sie aufgrund der großen Entfernung zu ihrem vorherigen Lebensmittelpunkt größte Schwierigkeiten hatten, ihre sozialen Beziehungen aufrecht zu erhalten und ihre wirtschaftlichen Aktivitäten weiter zu verfolgen. Das „slum clearance scheme" hatte neben finanziellen Verlusten vor allem soziale Brüche zur Folge. Soziale Beziehungen wurde gestört oder gar unterbrochen, und die neuen Siedlungen erschwerten die Bewahrung bisheriger Lebensweisen, förderten neue Lebensformen und wurden ganz in diesem Sinn primär von den Jungen, die sich gewisser sozialer Kontrollen entziehen konnten, und nicht-indigenen Lagosianer/inne/n, die nun in ihrer Lebensweise weniger eingeschränkt waren, als adäquat eingeschätzt, während sich indigene Bevölkerungsgruppen sowie ältere Menschen schwer an die neuen Verhältnisse anpassen konnten und/oder wollten. Das Projekt der Entwicklung jenes Viertels auf Lagos Island selbst blieb zumindest bis in die Mitte der 80er Jahre unvollendet[223].

Die heutige Bevölkerung von Lagos setzt sich primär aus Yoruba zusammen, etwa 15 Prozent der Bewohner/innen von Lagos sind Afrikaner/innen, die nicht den Yoruba angehören, ein bis zwei Prozent sind keine Afrikaner/innen[224], insgesamt leben in Lagos über 200 ethnische Gruppen[225].

Einen großen Teil der Afrikaner/innen, die nicht Yoruba sind, stellen die Hausa, die jedoch in ihrer Bedeutung von den Igbo verdrängt wurden, sodaß 1950 bereits fast die Hälfte der Nicht-Yoruba-Afrikaner/innen von Lagos Igbo[226] waren. Aufgrund des

---

[223] Siehe Harold Chike Mba: Public Housing Policies and Programs: An Analysis, in: Robert W. Taylor (Hg.): Urban Development in Nigeria. Planning, Housing and Land Policy, Aldershot u. a.: Avebury, 1993, 117-129, hier 120.
[224] Siehe Peil: Lagos, a. a. O., 36.
[225] Siehe Taylor: The Historical Context, a. a. O., 40.
[226] Das Heimatland der Igbo liegt beidseitig des Niger im Südosten Nigerias. Auch sie entwickelten erst in diesem Jahrhundert eine gemeinsame Identität. Ihre Lebensform war/ist primär ländlich geprägt ohne große übergeordnete politische Strukturen, vielmehr wird das politische und soziale Geschehen auf Dorfebene geregelt. Noch heute gibt es vielfach eine große Affinität zum Heimatland, sodaß Igbo vorzugsweise nur zwischenzeitig wegziehen. Da es keine so großen übergeordneten traditionellen sozialen Strukturen und Hierarchien gibt, ist die Kultur der Igbo zulässiger für sozialen Aufstieg durch Leistung, was ihnen einen Startvor-

Biafra-Krieges von 1967 bis 1970 (siehe dazu weiter oben) zog die Mehrzahl der Igbo von Lagos weg, nach dem Ende des Krieges siedelten sich Igbo aber erneut in Lagos an. Eine weitere größere Gruppe von Nicht-Yoruba bilden die Edo, und das trotz ihres geringen Anteils an der Gesamtbevölkerung Nigerias (weniger als 1,5 Prozent).[227]
Die Hausa-Bevölkerung von Lagos ist in letzter Zeit relativ gering geworden. Viele halten sich nur vorübergehend in dieser Stadt auf. Sehr aktiv sind Hausa im Handel und in der Politik. Islam ist ein gewichtiger Faktor in der Kultur der Hausa.[228]
Von den afrikanischen Ausländer/inne/n in Lagos, deren Anteil an der Gesamtbevölkerung 1963 etwa 1,6 Prozent ausmachte[229], kommen sehr viele aus Ghana, Benin und Togo. Vor allem während des Ölbooms der 70er Jahre waren ausländische Arbeitskräfte sehr willkommen. Zu Beginn der 80er Jahre, als die wirtschaftlichen Probleme Nigerias wuchsen und es politische Spannungen zwischen den Regierungen von Ghana und Nigeria gb, setzte eine Ausweisungswelle ein, die vor allem Ghanaer/innen betraf.[230]
Die sogenannten „Expatriates", Ausländer/innen primär europäischer und amerikanischer Herkunft, aber auch Libanes/inn/en, Inder/innen und Japaner/innen (insgesamt 1963 etwa 1,6 Prozent der Lagosianer/innen[231]), zählen in der Regel zur Oberschicht und Elite des Landes mit großer inoffizieller Macht.[232]
Die Bevölkerung war im wesentlichen von Anfang an entsprechend ethnischen Zugehörigkeiten räumlich verteilt, sodaß es relativ leicht möglich war, die eigene Kultur weiter zu pflegen.[233]

Sowohl die Größe als auch die Bevölkerungszahl nahmen in letzter Zeit enorm zu. Zunächst (bis 1850) konzentrierte sich die Bevölkerung auf den Norden von Lagos Island sowie auf Iddo. Die Ausdehnung des Areals verlief aufgrund dafür hinderlicher Umweltbedingungen (Sümpfe, Buchten, Kanäle) nicht regelmäßig. Nachdem die Inseln und das nähere Festland immer stärker besiedelt worden waren (zum Teil nach Trockenlegung von Sümpfen), weitete sich die Stadt vor allem nordwärts aus und schloß nahe liegende, vormals eigenständige Dörfer in das Stadtareal ein. Umsiedlungs- bzw. „Slum Clearance"-Aktionen veränderten ebenso das Stadtbild und trugen zur Ausweitung der Stadt bei.[234]

---

teil in der modernen nigerianischen Gesellschaft bietet. Daneben besteht in Form gegenseitiger sozialer Verpflichtungen eine Art Versicherung in Notfällen. Das Christentum wurde von den Igbo zu einem relativ großen Anteil angenommen. Ein Grund für die große Zahl von Igbos in Lagos dürfte im Bevölkerungsdruck im Heimatland liegen. (Peil: Lagos, a. a. O., 37-38.)

[227] Siehe Peil: Lagos, a. a. O., 36-37.
[228] Siehe ebd., 38-39.
[229] Siehe Olanrewaju J. Fapohunda, Harold Lubell (unter Mitarb. v. Jaap Reijmerink, Meine Pieter van Dijk): Lagos. Urban Development and Employment, Geneva: International Labour Office, 1978, 27.
[230] Siehe Peil: Lagos, a. a. O., 40-41.
[231] Siehe Fapohunda; Lubell: Lagos, a. a. O., 27.
[232] Siehe Peil: Lagos, a. a. O., 42.
[233] Siehe ebd., 22.
[234] Siehe ebd., Map 2, S. 17 u. 16-18.

Tabelle 12: *Bevölkerung, Fläche und Bevölkerungsdichte von Lagos, 1800 bis 1990*

Jahr	Bevölkerung	Fläche (km²)	Dichte/km²
1800	5 000	3,97	1 259
1866	25 083	3,97	6 318
1891	32 508	3,97	8 188
1911	73 766	46,08	1 601
1921	99 690	51,64	1 930
1931	126 108	65,51	1 925
1952	267 407	69,68	3 838
1963	665 246	69,68	9 547
1974[a]	2 437 335	178,36	13 665
1990	7 710 000	264,18	29 184

[a] Die Zählung von 1974 wurde für ungültig erklärt, angeführt ist eine Schätzung des Lagos State Government (siehe Peil: Lagos, a. a. O., 18-19).
Ab 1952 beziehen sich die Zahlen auf die Metropolitan Area von Lagos. (Siehe Peil: Lagos, a. a. O., 19.)

Quellen: Schätzung für 1800: Capt. John Adams (1823) - zit. n. Patrick Cole: Modern and Traditional Elites in the Politics of Lagos, London: Cambridge University Press, 1975, 8 - diese Angabe findet sich mehrfach in der Literatur; für 1990: H. Max Miller, Ram N. Singh: Urbanization during the Postcolonial Days, in: James D. Tarver (Hg.): Urbanization in Africa. A Handbook, Westport, Connecticut-London: Greenwood Press, 1994, 65-79, hier Tab. 5.2, S. 68 (nach UN-Angaben; die Fläche ist übernommen von Peil: Lagos, a. a. O., Tab. 1.1, S. 19, dort angeführt für 1988); ansonsten Peil: Lagos, a. a. O., Tab. 1.1, S. 19 (Dichte z. T. vom Autor korrigiert). Für 1866 bis 1963 vgl. auch Baker: Urbanization and Political Change, a. a. O., Tab. 1, S. 33, dort vernachlässigbare Differenzen zu den hier angeführten Daten.

Relativ genaue Bevölkerungszahlen sind seit 1866 vorhanden, als die erste Volkszählung durchgeführt wurde. Obiger Tabelle ist das stetige, in letzter Zeit rasante Wachstum der Stadt zu entnehmen. Noch in den 20er Jahren war Lagos nur eine von mehreren größeren Yoruba-Städten, selbst in den frühen 1960er Jahren war Ibadan größer als Lagos.[235] Während die Bevölkerungszahl zunächst nur langsam stieg (zwischenzeitig sank sie sogar; beachte auch die Zahlen zur Bevölkerungsdichte!), zog Lagos bereits während des sowie nach dem Zweiten Weltkrieg(s) immer mehr Menschen an, die man allerdings zunächst durch rechtliche Maßnahmen mit mäßigem Erfolg teilweise abzuwehren versuchte. Ab den 50er Jahren nimmt die Bevölkerung rasant zu.[236] Die höchsten Wachstumsraten waren zwischen 1950 und 1975 zu verzeichnen (beinahe 10 Prozent jährlich); die Zuwachsraten liegen seither bei rund fünfeinhalb Prozent (für den

---

[235] Siehe ebd., 18.
[236] Siehe Peil: Lagos, a. a. O., 19-20.

Zeitraum von 1995 bis 2000 werden sie auf 5,37 Prozent geschätzt).[237] Neue wirtschaftliche Möglichkeiten, die durch den Ölboom in den 70er Jahren noch zunahmen, zogen sehr viele Menschen aus dem In- und Ausland an. Zu einem großen Teil ist das Wachstum der Stadt auf Einwanderung zurückzuführen, in letzter Zeit immer mehr auch auf natürliches Wachstum, zumal die Bevölkerung von Lagos sehr jung ist.[238] In den 50er Jahren begann sich das Bevölkerungswachstum auf das Festland von Lagos zu konzentrieren.[239]

Das zahlenmäßige Geschlechterverhältnis[240] war nie so unausgewogen, wie man es in anderen afrikanischen Städten findet. Während 1891 die Männer in der Minderzahl waren (90 Männer auf 100 Frauen), vor allem weil sie an Kämpfen im Landesinneren teilnahmen, gleichte es sich um die Jahrhundertwende aus, bis 1921 mehr Männer als Frauen die Stadt bewohnten (135 zu 100). Trotz Schwankungen blieben die Männer bis Anfang der 70er Jahre in der Überzahl. 1972 jedoch überwogen bereits die Frauen (100 Frauen auf 98 Männer).

Die Alterspyramide[241] wurde immer flacher (Bevölkerung unter 30 Jahren: 1921: 62 Prozent, 1950: 67 Prozent, 1972: 78 Prozent; Bevölkerung unter 15 Jahren: 1952: 31 Prozent der Gesamtbevölkerung, 1972: 50 Prozent - Hinweis auf steigende Geburtenrate in Lagos; Bevölkerung über 60 Jahren: 1972: 1,9 Prozent - im Vergleich dazu diese Bevölkerungsgruppe landesweit: 3,4 Prozent).

Der Großteil der Bevölkerung gehörte zunächst indigenen Religionen an, ab dem Beginn des 20. Jahrhunderts dominierte in der Statistik bei weitem der Islam, eingeführt im späten 18. Jahrhundert durch Hausa-Händler/innen[242] sowie von Sklav/inn/en des Oba[243].[244] Die ersten christlichen Missionsgesellschaften, die sich in Lagos niederließen, und zwar bereits in den ersten Jahren der britischen Okkupation, waren die „Church Missionary Society" und die „Wesleyan Mission", 1862 folgte eine römischkatholische Missionsgesellschaft.[245] Da die Missionar/-e/-innen vielfach als Verbündete der britischen Kolonialmacht galten, begegnete man ihnen vielfach mit Argwohn, wohingegen der Islam bereits in der Gesellschaft integriert war.[246] Ihren größten Zuspruch fanden die Missionar/-e/-innen bei Ex-Sklav/inn/en, die schon zuvor Kontakt

---

[237] Siehe United Nations: World Urbanization Prospects: The 1994 Revision, a. a. O., Tab. A.14, S. 147.
[238] Siehe Peil: Lagos, a. a. O., 20; Maier; Huber: Lagos, a. a. O., 12-14.
[239] Siehe P. O. Sada, A. A. Adefolalu: Urbanisation and Problems of Urban Development, in: A. B. Aderibigbe (Hg.): Lagos: The Development of an African City, London: Longman, 1975, 79-107, hier 81.
[240] Siehe Peil: Lagos, a. a. O., 22.
[241] Siehe Peil: Lagos, a. a. O., 22; Fapohunda; Lubell: Lagos, a. a. O., Tab. 2.2, S. 28; Maier; Huber: Lagos, a. a. O., 14.
[242] Siehe Baker: Urbanization and Political Change, a. a. O., 39.
[243] Siehe Cole: Lagos Society in the Nineteenth Century, a. a. O., 54.
[244] Siehe Baker: Urbanization and Political Change, a. a. O., Tab. 8, S. 39 u. 39. Allgemein zur Religionsgeschichte von Lagos siehe auch G. O. Gbadamosi: Patterns and Developments in Lagos Religious History, in: A. B. Aderibigbe (Hg.): Lagos: The Development of an African City, London: Longman, 1975, 173-196; Jide Osuntokun: Introduction of Christianity and Islam in Lagos State, in: Ade Adefuye, Babatunde A. Agiri, Jide Osuntokun (Hg.): History of the Peoples of Lagos State, Lagos: Lantern Books, 1987, 128-141.
[245] Siehe Baker: Urbanization and Political Change, a. a. O., 23-24.
[246] Siehe Peil: Lagos, a. a. O., 115.

zum Christentum gehabt hatten. Um 1950 lag das Christentum erstmals vor dem Islam, wobei vor allem die indigenen Religionen in der Relation zu anderen Religionen in starkem Ausmaß Gläubige verloren hatten. Die Zunahme von Christ/inn/en hing vor allem mit dem Zuzug von Ibos und anderen östlichen Volksgruppenangehörigen zusammen.[247]

1977 waren insgesamt 38 Prozent der Bevölkerung Moslems, 60 Prozent Christ/inn/en diverser Kirchen, darunter auch unabhängige Kirchen, und zwei Prozent folgten traditionellen Religionen oder gehörten keiner Religionsgemeinschaft an.[248]

Die Bedeutung der Religionen erstreckt sich nicht nur auf das religiöse und spirituelle Leben, mit der Zugehörigkeit zu einer bestimmten Religion ist klarerweise auch die Annahme bestimmter Werthaltungen und Lebensweisen impliziert, was nicht zuletzt durch Schulen der Religionsgemeinschaften bzw. religiös gefärbte öffentliche Schulen forciert wird.[249]

Räumliche Struktur

Seit 1989 ist Lagos administrativ achtgeteilt.[250]

Das städtische Zentrum befindet sich auf Lagos Island. Hier sind wesentliche wirtschaftliche und administrative Aktivitäten lokalisiert als auch Wohnviertel mit geringer Qualität und Kleinhandel. Im westlichen Teil der Insel befindet sich der Central Business District (CBD), weiter im Zentrum die Finanzwelt mit Banken und Versicherungen, östlich unter anderem administrative und Bildungseinrichtungen nebst Kathedralen und Kirchen. Auch auf Victoria Island sind unter anderem wichtige Verwaltungs- und Bildungseinrichtungen zu finden.[251]

Der industrielle Sektor ist auf mehrere Gebiete verteilt, vor allem auf Ikeja-Industriezone, Apapa-Kai, Iganmu-West, Oregun, Ilupeju, Isolo-Industriezone.[252]

Die Wohnviertel sind im allgemeinen hinsichtlich des Einkommens bzw. des Status' der Bewohner/innen nicht homogen, was zum Teil historisch bedingt ist (man hatte schon vor längerer Zeit Land oder ein Haus an bestimmten Orten erworben) oder von wirtschaftlichen Interessen abhängt (Nähe zum Arbeitsplatz) oder vom Wunsch, nahe von Angehörigen zu wohnen. Dennoch gibt es teurere und weniger dicht besiedelte Gegenden, die naturgemäß primär von Wohlhabendenden bewohnt werden

---

[247] Siehe Baker: Urbanization and Political Change, a. a. O., 24. u. Tab. 8, S. 39 u. 39.
[248] Siehe Peil: Lagos, a. a. O., 116.
[249] Zum Komplex Religion und Schule (vor allem westlicher Prägung) in Lagos geschichtlich siehe Segun Adesina: The Development of Western Education, in: A. B. Aderibigbe (Hg.): Lagos: The Development of an African City, London: Longman, 1975, 124-143, hier 126-131.
[250] Siehe Peil: Lagos, a. a. O., 22.
[251] Siehe Peil: Lagos, a. a. O., 24-25; Maier; Huber: Lagos, a. a. O., u. a. 6 u.11; vgl. auch Olajide Ola Balogun: Road Congestion and Traffic Composition in Lagos Metropolitan Area of Nigeria: Analysis and Solutions, Diss., Wien 1993, 36 und 38.
[252] Siehe Qualitative Landuse Survey 1976 (nach Balogun: Road Congestion and Traffic Composition in Lagos Metropolitan Area of Nigeria, a. a. O., Tab. 3.2, S. 38); Peil: Lagos, a. a. O., 25.

(Gebiete in Apapa, Ikoyi, Victoria Island, Ikeja, westliche Peripherie u. a.). Entsprechend der Schicht, der die Bewohner/innen in der Regel angehören, sind die Infrastruktur und Häuser relativ gut ausgestattet.[253]
Von mittlerer Dichte sind Wohnviertel in Ebute Metta, Igbobi, Surulere, Yaba.[254]
Wohnviertel mit sehr hoher Bevölkerungsdichte findet man in fast allen Gebieten der Stadt, primär aber in Mushin und Randsiedlungen bei Agege, Ajegunle, Bariga, Isolo, Oshodi, Shogunle, Shomolu. Die Wohnverhältnisse in diesen Vierteln sind relativ schlecht.[255]

Wirtschaft, Erwerbstätigkeit

Peil versteht Lagos ganz wesentlich als Wirtschaftsstadt. Wiewohl Politik eine wichtige Rolle im Leben vieler Bewohner/innen von Lagos spielt (zumal Lagos die politische Hauptstadt des Landes war), ist das Wirtschaftsleben doch die bestimmende Kraft von Lagos. Dies spiegelt sich in der wirtschaftlichen Vorrangstellung von Lagos innerhalb Nigerias wider. 1975 wurden etwa 70 Prozent aller industriellen Investitionen in Lagos getätigt und über 20 Prozent des Bruttonationalproduktes erwirtschaftet.
In Lagos befinden sich Hauptniederlassungen sowohl nationaler als auch internationaler Großkonzerne und Banken.[256]
Einer Erhebung zufolge, die in den Jahren von 1984 bis 1985 durchgeführt wurde, war zu dieser Zeit fast ein Drittel der Bewohner/innen von Lagos selbständig beschäftigt, ein großer Teil davon waren Frauen. Von den unselbständig Beschäftigten waren mehr als die Hälfte Büroangestellte, Verkäufer/innen, Händler/innen oder in anderen Bereichen des Dienstleistungssektors tätig, (zusätzlich) etwas mehr als ein Viertel in höheren Positionen bzw. im Management und nur 14 Prozent in handwerklichen Berufen. Der Rest suchte noch den ersten Job. Die Selbständigen sind zu einem bedeutenden Ausmaß im Kleinhandel tätig, aber auch im Handwerk. Manche selbständig Beschäftigte gehen zudem einer unselbständigen Arbeit nach.[257] Nach Branchen gegliedert, waren 1983 die meisten Industriebeschäftigten, deren erfaßte Gesamtzahl 150.736 betrug, im Bereich der Textil-, Bekleidungs- und Schuhproduktion tätig, gefolgt von der Nahrungs- und Genußmittelindustrie, der Eisen- und Stahlbranche, dem Chemie- und Kunststoffzweig sowie in der Papierherstellung und -be- und -verarbeitung inklusive Druckereibetriebe; weitere Sektoren folgten mit markantem Abstand.[258]

---

[253] Siehe Peil: Lagos, 26-27; vgl. auch Balogun: Road Congestion and Traffic Composition in Lagos Metropolitan Area of Nigeria, a. a. O., 36.
[254] Siehe Peil: Lagos, a. a. O., 27.
[255] Siehe ebd., 28; vgl. auch Balogun: Road Congestion and Traffic Composition in Lagos Metropolitan Area of Nigeria, a. a. O., 38.
[256] Siehe Peil: Lagos, a. a. O., 45-67.
[257] Siehe ebd., 77 u. 80.
[258] Siehe Maier; Huber: Lagos, a. a. O., Tab. 2.5.5/1, S. 32.

Im informellen Sektor, der einen Großteil der Straßen- und Kleinhändler/innen, handwerkliche Kleinbetriebe, kleinlandwirtschaftliche Aktivitäten etc. umfaßt, finden nach manchen Schätzungen über die Hälfte aller Erwerbstätigen Lagosianer/innen Arbeit und Einkommen.[259] Eine wichtige Rolle spielt der informelle Sektor außer im Handel im Bereich handwerklicher Tätigkeiten. Wieder zunehmend, seit die wirtschaftlichen Probleme Nigerias größer werden, sind die Leistungen von Handwerker/inne/n gefragt, die nicht nur die Kund/inn/enwünsche individueller berücksichtigen, sondern in der Regel auch billiger arbeiten als die formell Beschäftigten. Tätigkeiten in diesem Bereich umfassen Schusterarbeiten, Tischlerei, Schneiderei, Kraftfahrzeugreparatur etc.[260]

Das Wirtschaftstreiben beschränkt sich nicht auf einige wenige Viertel, sondern ist beinahe in allen Stadtteilen zu finden, sei es in Form von Kleinhandel auf der Straße, in Form von Kleinwerkstätten, großen Industrieanlagen, Handelsbetrieben. In letzter Zeit allerdings zeichnet sich eine zunehmende räumliche Trennung zwischen Großhandel und Industrie ab. In der Regel befindet sich der Großhandel nach wie vor auf Lagos Island oder in der Nähe davon, während sich die Großindustrie zunehmend an der Peripherie ansiedelt, wo die Grundstückspreise niedriger sind, die notwendige Infrastruktur aber dennoch vorhanden ist.[261]

Der Großteil der Firmen gehört Nigerianer/inne/n, die Firmen im Besitz von Europäer/inne/n, Amerikaner/inne/n oder Asiat/inn/en sind in der Regel Großkonzerne mit hohem Kapitaleinsatz. In vielen der nigerianischen Großkonzerne arbeiten Ausländer/innen in Spitzenpositionen.[262]

Viele Großbetriebe stehen unter der Leitung der Regierung bzw. des Staates, insbesondere solche öffentlichen Interesses, wie eine Elektrizitätsgesellschaft, die Hafenverwaltung, Eisenbahn, Telephongesellschaft, ein Transportunternehmen. Der Hafen, der sich in öffentlicher Hand befindet, ist einer der größten in Westafrika. Obwohl die Leitung dieser Betriebe häufig kritisiert und des Fehlmanagements oder der Korruption bezichtigt wird, kommt die Privatisierung nur langsam in Gang.[263]

Die offenen Märkte, wovon Lagos in den späten 60er Jahren mindestens 30 größere hatte, und die insgesamt etwa 100 Hektar Land beanspruchten, befinden sich heute zum Teil in einem eher schlechten Zustand. Die Marktstände sind teilweise desolat, und das Gedränge ist überaus groß. Andererseits wurden neue Märkte eingerichtet, die etwas geräumiger sind. In diesen Märkten kann man fast alles kaufen, von Lebensmitteln über Kleidung bis zu Autoersatzteilen und elektrischen Geräten, wobei es Spezialisierungen einzelner Märkte bzw. Marktteile gibt. Neuerdings wurden auch Nacht- und Sonntagsmärkte (Nachtmärkte von 18 bis 22 Uhr) zugelassen, die jedoch kein so großes Sortiment wie die herkömmlichen Märkte führen. Die Stände werden an bestimmten Straßen an den Gehsteigen aufgestellt und bieten den von der Arbeit nach

---

[259] Siehe ebd., 28-29.
[260] Siehe Peil: Lagos, a. a. O., 89-90.
[261] Siehe ebd., 68.
[262] Siehe ebd., 73.
[263] Siehe ebd., 74.

Hause Fahrenden eine Einkaufsmöglichkeit. Die Nachtmärkte sind allerdings hinsichtlich der Sicherheit als auch der Arbeitszeiten (vielfach müssen Kinder mitarbeiten) durchaus problematisch. Die Sonntagsmärkte sollen speziell der ländlichen Bevölkerung zusätzliche Möglichkeiten bieten, ihre landwirtschaftlichen Produkte an die Frau und den Mann zu bringen. Andererseits sollen die Städter/innen eine besonders günstige Einkaufsgelegenheit dadurch haben, da die Preise üblicherweise unter den Preisen an Wochentagen liegen.[264]

Wenngleich es mittlerweilen eine größere Anzahl moderner Einkaufshäuser und Shopping Centres gibt, zieht es die Mehrzahl der Bevölkerung vor, auf den Märkten einzukaufen, wo die Preise wegen der hohen Konkurrenz allgemein niedriger sind. Gefährdet sind die Kleinhändler/innen eher durch staatliche Regelungen als durch eine geänderte Nachfrage seitens der Kund/inn/en.[265]

Handel und Verkauf in Märkten und Geschäften ist nicht die einzige Möglichkeit, Waren an die Kund/inn/en zu bringen. Trotz rechtlicher Verbote verdienen nicht wenige Menschen zumindest einen Teil ihres Lebensunterhaltes als teils mobile Straßenhändler/innen. Diese Händler/innen setzen sich aus beinahe allen Altersgruppen zusammen, von Kindern bis zu alten Menschen, auch Behinderte versuchen auf diese Weise, etwas Geld zu verdienen.[266]

Arbeitslosigkeit und Unterbeschäftigung ist für eine Stadt wie Lagos, die sehr viele Menschen anzieht, ein besonderes Problem, das nicht nur Menschen mit geringer Ausbildung, sondern zusehends auch gut Ausgebildete betrifft. Genaue Zahlen darüber gibt es jedoch nicht, nicht zuletzt weil es unklar ist, wer als arbeitslos einzustufen ist (siehe beispielsweise verdeckte Arbeitslosigkeit in Teilen des informellen Sektors).[267]

Infrastruktur

Lagos ist trotz aller Probleme nicht nur wegen beruflicher Möglichkeiten attraktiv, in Lagos sind zudem am ehesten öffentliche Einrichtungen etwa im Bereich des Gesundheitswesens oder der Schulbildung zugänglich, wenngleich nicht immer kostenlos. Die Wohlhabenden finden hier außerdem Gelegenheiten, ihre Kinder in besonders gute Privatschulen zu schicken oder sich von Privatärzten betreuen zu lassen.[268]

1989 gab es in der Metropolitan Area von Lagos dem Erziehungsministerium zufolge 877 staatliche Primary Schools, in denen 15.430 Lehrer/innen unterrichteten, und 342 Secondary Schools mit 11.956 Lehrer/inne/n. Zusätzlich stehen etwa 260 genehmigte und etwa 8000 nicht-genehmigte private Primary und Nursery Schools zur Verfügung, die mindestens 23.000 Schüler/innen besuchen. Nur neun angemeldete private Secondary Schools stehen dem breiten Angebot an privaten Primary und Nursery Schools

---

[264] Siehe ebd., 83-87.
[265] Siehe ebd., 86-87.
[266] Siehe ebd., 88-89; Maier; Huber: Lagos, a. a. O., 26-28.
[267] Siehe Maier; Huber: Lagos, a. a. O., 38; Peil: Lagos, a. a. O., 92-93.
[268] Siehe Peil: Lagos, a. a. O., 96.

gegenüber.[269] 1987 betrug das Schüler/innen-Lehrer/innenverhältnis in den Primarschulen 51,2, in den Sekundarschulen 29,7 und in den höheren Schulen 18,3.[270] Zu Beginn der 70er Jahre besuchten 5,7 Prozent aller nigerianischen „Primary"-Schüler/innen eine Schule in Lagos und 15,6 Prozent aller „Secondary"-Schüler/innen; 9,7 Prozent aller nigerianischen Lehrer/innen unterrichteten in Lagos. Im Vergleich dazu betrug die geschätzte Bevölkerung von Lagos nur 1,3 Prozent der ebenfalls geschätzten nigerianischen Gesamtbevölkerung.[271] Das heißt (auch unter Berücksichtigung etwa ungleichmäßiger Altersstrukturen landesweit), daß die Versorgung mit jenen Bildungseinrichtungen in Lagos um einiges umfangreicher war als Nigeria-weit. 1983/84 hatte fast die Hälfte der (städtischen) Lagoser Bevölkerung (also nicht bezogen auf ganz „Lagos State") eine Sekundarschule besucht, dazu kommen etwa zehn Prozent, die ihre Ausbildung nach der Sekundarschule fortsetzten. Keine Schulausbildung hatte etwa ein Sechstel der Bevölkerung absolviert. Die Analphabet/inn/enrate lag bei Frauen merklich höher als bei Männern.[272] Insgesamt lag sie im Jahr 1981 bei 39 Prozent.[273]

1979 arbeiteten in Lagos State 924 Ärzt/-e/-innen. 1984 gab es im Lagos State acht staatliche allgemeine Krankenhäuser und sechs Spezialkliniken, das größte davon hatte 720 Betten; insgesamt standen den Patient/inn/en im Jahr 1979 10.240 Spitalsbetten zur Verfügung. Die Anzahl an Privatspitälern nimmt in letzter Zeit stark zu. Seit 1988 müssen die Patient/inn/en auch der staatlichen Spitäler für ihre Behandlung bezahlen, was einen beträchtlichen Rückgang an Behandlungen zur Folge hatte. Aus Überzeugung oder wegen finanzieller Probleme werden nach wie vor auch in Lagos traditionelle Heiler/innen statt Ärzt/-e/-innen mit „westlicher" Medizin aufgesucht.[274]

Weite Teile von Lagos sind nicht ausreichend mit Elektrizität versorgt, was primär am mangelhaften Verteilungssystem liegt. Die Folgen sind Stromausfälle von bis zu mehreren Tagen sowie häufige Spannungsschwankungen.[275]

Selbst jede/-m/-r flüchtigen Besucher/in von Lagos fällt das Verkehrsproblem in der Stadt auf.[276] Riesenstaus und chaotische Fahrweisen sind beinahe die Regel. Wenngleich man Straßen verbreiterte, Überführungen baute, den öffentlichen Verkehr förderte (einschließlich den Zugsverkehr), konnten die Probleme kaum eingedämmt werden; diese Maßnahmen hielten mit dem raschen Anwachsen des Verkehrs nicht

---

[269] Siehe ebd., 105-107.
[270] Siehe Oberai: Population Growth, Employment and Poverty in Third-World Mega-Cities, a. a. O., Tab. 5.10, S. 140.
[271] Siehe Adesina: The Development of Western Education, a. a. O., 125.
[272] Siehe Maier; Huber: Lagos, a. a. O., 15.
[273] Siehe Oberai: Population Growth, Employment and Poverty in Third-World Mega-Cities, a. a. O., Tab. 5.10, S. 140.
[274] Siehe Peil: Lagos, a. a. O., 109-110.
[275] Siehe Maier; Huber: Lagos, a. a. O., 41. Man vergesse jedoch nicht, daß Lagos verglichen mit ländlichen Regionen natürlich relativ gut mit elektrischem Strom versorgt ist.
[276] Zum Verkehr siehe Peil: Lagos, a. a. O., 172-178; Balogun: Road Congestion and Traffic Composition in Lagos Metropolitan Area of Nigeria, a. a. O.; Maier; Huber: Lagos, a. a. O., 41-43; vgl. auch Charles M. Becker, Andrew M. Hamer, Andrew R. Morrison: Beyond Urban Bias in Africa. Urbanization in an Era of Structural Adjustment, Portsmouth: Heinemann, London: James Currey, 1994, 40.

Schritt. Es scheint nicht gelungen zu sein, die Straßen in gutem Zustand zu erhalten bzw. die Qualität der Fahrbahnen auf ein zufriedenstellendes Niveau zu bringen. (Um 1990 waren rund 45 Prozent aller Straßenkilometer in der Metropolitan Area unbefestigt und in schlechtem Zustand.)[277] Das Verkehrsmanagement und die Verkehrsplanung sind äußerst verbesserungsbedürftig.[278] Ein wesentlicher Faktor, der den Verkehr oft fast zum Erliegen bringt, ist die Art der Straßenbenutzung: Angefangen von herkömmlichen Autos und Bussen, über Handkarren, parkende und nicht mehr fahrtüchtige Autos bis zu Fußgänger/inne/n findet man eine solche Bandbreite von heterogenen und sich nicht immer unbedingt rücksichtsvoll verhaltenden Verkehrsteilnehmer/inne/n, daß Staus umso wahrscheinlicher sind. Händler/innen mit ihren Ständen und Waren an den Straßen hemmen ebenso den Verkehrsfluß wie Abfallberge. Vor allem westlichen Besucher/inne/n dürfte die Seltenheit von Verkehrsampeln in Lagos auffallen; an ihrer Stelle setzt man (zum Teil) spezielle Verkehrspolizist/inn/en ein. Einige Großbrücken verbinden die Inseln mit dem Festland, zudem werden (in geringem Ausmaß) Fähren eingesetzt, um zwischen Festland und Insel zu verkehren.

Die Verkehrsüberlastungen und Staus, im Verein mit der Notwendigkeit, das Wohnviertel verlassen zu müssen, um zur Arbeit zu gelangen, bringen es mit sich, daß ein/e durchschnittliche/r Stadtbewohner/in von Lagos täglich bis zu mehreren Stunden unterwegs ist.

Architektur, Wohnraum, Wohnen

Die ursprünglichen Häuser in Lagos bestanden vermutlich großteils aus Bambusstangen, Bambusblättern, Rinden und hatten einen rechtwinkeligen Grundriß, einen Eingang und keine Fenster. Andere Häuser bestanden aus einer Holzkonstruktion, Lehm, Palmblättern.[279] Häuser dieser oder ähnlicher Art sind noch vereinzelt am ehesten an den Stadträndern zu finden. Selten zu sehen ist die Art der Anlage traditioneller Höfe der Yoruba: Um einen zentralen Hof waren die Räume angeordnet.[280]
Reiche eingewanderte Schwarze aus Brasilien sowie Ex-Slav/inn/en aus Sierra Leone errichteten sich häufig Häuser mit zwei bis drei Etagen, Giebeln und Stuckfassaden. Ein großer Teil dieser Bauten wurde im Zuge von Stadterneuerungen abgerissen.[281] Kolonialhäuser imitierten üblicherweise Baustile aus dem Herkunftsland der Eigentümer/innen. Sofern diese Häuser Wohn- und Arbeitsraum kombinierten, befanden sich

---

[277] Siehe Balogun: Road Congestion and Traffic Composition in Lagos Metropolitan Area of Nigeria, a. a. O., 54.
[278] Siehe ebd., 87 und 91.
[279] Siehe Babatunde A. Agiri: Architecture as a Source of History: The Lagos Example, in: Ade Adefuye, Babatunde A. Agiri, Jide Osuntokun (Hg.): History of the Peoples of Lagos State, Lagos: Lantern Books, 1987, 341-350, hier 342.
[280] Siehe Peil: Lagos, a. a. O., 140; Agiri: Architecture as a Source of History: The Lagos Example, a. a. O., 343-344.
[281] Siehe Peil: Lagos, a. a. O., 140; Agiri: Architecture as a Source of History, a. a. O., 346-348.

die Wohnräume meist im ersten Stock, während die Arbeits- bzw. Geschäftsräume im Erdgeschoß eingerichtet wurden.[282] Die heutigen Großbauten unterscheiden sich kaum oder gar nicht von europäischen oder amerikanischen Vorbildern. Daneben werden für einkommensschwache Bewohner/innen vielfach billige Häuser errichtet, teils mehrstöckig, und unter bestmöglicher Ausnutzung des Platzes, sodaß die Bewohner/innendichte sehr hoch ist.[283]

Beinahe alle Häuser befinden sich in privatem Eigentum, sodaß die Wohnungsvergabe über den privaten Markt abgewickelt wird.[284]

Das schnelle Bevölkerungswachstum vor allem in den letzten Jahrzehnten brachte als ein Hauptproblem die Steigerung der Bevölkerungsdichte mit sich. Die Errichtung von erschwinglichen Unterkünften hielt nicht mit der Zunahme der Bevölkerung Schritt, sodaß ein großer Teil der Bevölkerung in überfüllten Wohnungen leben mußte/muß.[285] Nur ein sehr kleiner Teil der Haushalte (etwa ein bis zwei Prozent) können ein Haus für sich alleine bewohnen, etwa fünf Prozent leben in Etagenwohnungen, die überwiegende Mehrzahl der Haushalte wohnt in nur einem Raum (gegen Ende der 70er Jahre bewohnten um die 74 Prozent aller Haushalte einen einzigen Raum; im Durchschnitt lebten in ganz Lagos etwas mehr als vier Menschen in einem Raum[286]). 1976 standen drei Viertel aller Wohnungen von Lagos Menschen mit niedrigem Einkommen zur Verfügung, wobei die Wohndichte sehr hoch war; 20 Prozent der Wohnmöglichkeiten wiesen eine mittlere Dichte auf, fünf Prozent eine geringe Dichte. Wenngleich, wie schon oben erwähnt, die Wohndichten innerhalb von Stadtvierteln stark variieren, ergeben die Durchschnittswerte doch markante Unterschiede. So betrug die Wohndichte 1977 in Ikoyi 100 Menschen pro Hektar, 607 pro Hektar in Agege, 1200 in Mushin, 2150 im Norden von Lagos Island; die Anzahl von Menschen pro Raum bezifferte sich im Norden von Lagos Island, in Agege, in Mushin - um nur einige zu nennen - auf dreieinhalb bis fünf, wobei viele Räume weniger als acht Quadratmeter, wenige mehr als dreizehneinhalb Quadratmeter maßen. Einer anderen Quelle zufolge lag um die Mitte der 70er Jahre die Anzahl von Menschen pro Raum auf Victoria Island bei 1,6, in Ikoyi bei 2 und Ikeja bei 2,7, in Ebute Metta bei 7,4, in Mushin bei 8,2 und in Obalende bei 8,7.[287] Die Räume sind überfüllt mit verschiedenen Haushaltsutensilien bzw. Dingen des täglichen Bedarfs, vielfach gibt es nur ein Bett, sodaß manche Haushaltsangehörige am Boden auf Matten oder auf der Veranda bzw. in Hausgängen schlafen, wo zu Tageszeiten auch gekocht wird.[288]

---

[282] Siehe Peil: Lagos, a. a. O., 140.
[283] Siehe ebd., 140 u. 142.
[284] Siehe ebd., 145; UNCHS: National Trends in Housing-Production Practices, Vol. 4: Nigeria, Nairobi, 1993, 46.
[285] Siehe Maier; Huber: Lagos, a. a. O., 19; Peil: Lagos, a. a. O., 20; UNCHS: National Trends in Housing-Production Practices, a. a. O., 46-49.
[286] Siehe Umeh: Urbanization Trends and Housing, a. a. O., Tab. 2, S. 107.
[287] Siehe ebd., Tab. 3, S. 107.
[288] Siehe Peil: Lagos, a. a. O., 151.

Wasser, mit dem die Stadt insgesamt (inklusive etwa für den gewerblichen Gebrauch) weit unterversorgt ist[289], ist für viele Haushalte Mangelware. Selbst neuere Bauten sind häufig nicht mit Fließwasser und Spülklosetts ausgestattet, zu schweigen von den älteren Gebäuden. Hierbei sind klarerweise deutliche Unterschiede je nach Gebiet zu verzeichnen. So hatten einer Untersuchung von 1972 zufolge 100 Prozent aller Haushalte in Ikoyi und Ikeja sowohl Leitungswasser, eigene Bäder bzw. Waschgelegenheiten und Spülklosetts, in Agege hingegen bezogen 82 Prozent der Haushalte ihr Wasser aus Brunnen, teilten 83 Prozent die Waschgelegenheit mit anderen Haushalten und war für 93 Prozent kein Spülklosett zugänglich, wohl aber eine andere Form der Toiletten. In allen städtischen Gebieten von Lagos State zusammen waren 1984 47 Prozent der Haushalte mit Leitungswasser versorgt, 49 entnahmen es aus Brunnen, 88 hatten eine eigene Waschgelegenheit, 12 teilten sie, 19 Prozent hatten Spülklosetts, der Rest andere Anlagen. Abgesehen von möglichen Ungenauigkeiten bei diesen Zahlen sind sie insofern zu relativieren, als sie nicht zeigen, wieviele Menschen, vor allem wenn sie bestimmte Einrichtungen mit anderen Haushalten teilen müssen, Zugang zu denselben Anlagen haben und inweiweit sie sie angesichts der vielen Menschen, die sie benutzen (können), auch tatsächlich in Anspruch nehmen. Das Wasser aus den Brunnen (sowie aus Bächen oder aus der Lagune, das zum Teil ebenso verwendet wird) ist häufig verschmutzt und verunreinigt. Aber auch Leitungswasser muß nicht unbedingt gesundheitsverträglich sein. Zum Teil kaufen sich die Bewohner/innen das Wasser von privaten Wasserverkäufer/inne/n und transportieren und bewahren es auf in Kanistern oder Kübeln. Manchmal ist dieses Wasser bereits an der Verkaufsstelle verunreinigt, zum Teil wird es gesundheitsschädigend während der Aufbewahrung.[290]
Das von Wasserverkäufer/inne/n bzw. an Wasserverkaufsstellen erworbene Wasser (auf das primär die Ärmsten zurückgreifen müssen) war in Lagos nach einem Weltbank-Bericht von 1988 vier bis zehn Mal so teuer wie Wasser, das vom öffentlichen Wasserversorgungssystem zu beziehen war.[291]
Ausreichende Frischluftzufuhr ist in den Wohnräumen vielfach nicht möglich. Die Böden fast aller Häuser sind betoniert und die Wände gemauert. Zwei Drittel aller Häuser sind mit Wellblech gedeckt, der Rest hat meist ein betoniertes Dach oder eines aus Asbest.
1984 waren 93 Prozent der Häuser in den städtischen Gebieten des Lagos State mit elektrischem Strom versorgt.[292]
Der zumeist verwendete Brennstoff zum Kochen ist Kerosin. Der größte Teil der Haushalte hat keine eigene Küche, sondern muß sie mit anderen teilen (1984 in den

---

[289] Siehe Maier; Huber: Lagos, a. a. O., 38-39. Nach offiziellen Berechnungen bestand 1980 in der „Metropolitan Area" ein täglicher Bedarf von 486,9 Megaliter Wasser, gedeckt wurden davon jedoch nur 267 Megaliter. (Siehe ebd., 39.)
[290] Siehe Peil: Lagos, a. a. O., 155-156; 187 u. Tab. 7.1, S. 156. Vgl. auch Becker; Hamer; Morrison: Beyond Urban Bias in Africa, a. a. O., 40.
[291] Siehe Jorge E. Hardoy, Diana Mitlin, David Satterthwaite: Environmental Problems in Third World Cities, London: Earthscan, ²1993, 42-43.
[292] Siehe Peil: Lagos, a. a. O., 155.

städtischen Gebieten von Lagos State: 13 Prozent hatten eine eigene Küche, 83 Prozent teilten sie).[293]

Familie, Individuum, soziale Beziehungen

Die Familie ist nach wie vor ein sehr zentraler Faktor im Leben der meisten Stadtbewohner/innen von Lagos. In der Familie werden nicht nur kulturelle Werte weitergegeben und kulturelle Identitäten aufrechterhalten, die Familie ist zugleich das Rückgrad in Notfällen und eine Absicherung im Alter.[294]

Die Haushalte setzen sich meist aus Familienangehörigen und Nicht-Familienmitgliedern zusammen, nur wenige leben alleine. In manchen Häusern leben die Mitglieder von Großfamilien zusammen bzw. mehrere Generationen. In polygynen Ehen, deren relativer Anteil jedoch nicht allzu hoch ist (vielleicht etwas mehr als fünf Prozent - genaue Zahlen sind hierzu nicht verfügbar), leben zwei oder mehrere Frauen mit ihren Kindern in einem Haushalt. Eine Vielzahl unterschiedlicher Zusammensetzungen ist also zu finden.[295]

In der Regel jedoch scheinen sehr große Haushalte nicht zu überwiegen. So wurden Mitte der 80er Jahre durchschnittlich 3,5 Personen pro Haushalt[296] in den städtischen Gebieten von Lagos State gezählt, was um 1,3 Personen unter dem Durchschnittswert städtischer Gebiete landesweit lag. Das durchschnittliche Monatseinkommen pro Haushalt lag bei 244 N (Naira, der nigerianischen Währung), was um 30 Prozent über dem nigerianischen Durchschnitt, jedoch zugleich nicht an der landesweiten Spitze lag. Kinder stellen den größten Anteil an der Haushaltsgröße, obwohl Frauen in Lagos am allgemeinen weniger Kinder gebären als Frauen am Land. Zugleich ist festzuhalten, daß der Unterschied in der aktuellen Kinderzahl dadurch verringert wird, daß in der Stadt mehr Kinder überleben als am Land, was mit dem besseren städtischen Gesundheitswesen und der Ernährung zusammenhängt.[297]

Von den Alleinstehenden sind viele sehr jung und unverheiratet (also auch keine Ehefrau am Land), manche von ihnen sind alte Menschen, die nicht bei Angehörigen wohnen.[298]

Bezüglich der Ehen ist eine zunehmende Instabilität festzustellen, die sich auch in den Scheidungsraten niederschlägt, wiewohl diese Raten im Vergleich zu westlichen Standards relativ niedrig sein dürften. Genaues statistisches Material liegt auch hier nicht vor, unter anderem weil keineswegs alle Ehen vor einer staatlichen Behörde geschlossen werden. Was Scheidungen betrifft, so sind die Ursachen teilweise in einem Kon-

---

[293] Siehe ebd., 156.
[294] Siehe ebd., 96.
[295] Siehe ebd., 97 u. 99.
[296] Unter einen „Haushalt" subsumierte man dabei jene Menschen, die ihre Hauptmahlzeiten gemeinsam einnehmen und normalerweise unter demselben Dach leben. (Siehe Peil: Lagos, a. a. O., 97.)
[297] Siehe ebd., 97-98.
[298] Siehe ebd., 98.

flikt zwischen traditionellen und modernen Wertvorstellungen zu finden. Während Männer ungern angestammte Rechte aufgeben, werden immer mehr Frauen der ungleichen Behandlung und ungleich verteilter Rechte und Pflichten überdrüssig. Immer mehr Frauen sind finanziell sebständig genug, um auf den Mann als Versorger ohne weiteres verzichten zu können.[299]
Etwa in sechs Prozent der Haushalte in Lagos arbeiten Hausangestellte, üblicherweise ohne entsprechenden Lohn, zum Teil wird die Arbeit überhaupt nicht bezahlt, statt dessen durch Naturalien, Unterkunft oder Unterstützung beim Schulgeld abgegolten, und das trotz schwieriger Arbeitsbedingungen (z. B. sehr lange Arbeitszeit).[300]
Die Kontakte zur Großfamilie sind meist sehr häufig, vor allem, wenn die Entfernung zwischen den Mitgliedern nicht sehr groß ist. Gleichzeitig nutzt man die größere Wahlfreiheit der Kontakte in der Stadt, sodaß man etwa in der Wahl des Wohnviertels die Nähe oder Distanz zu liebsamen oder unliebsamen Verwandten in einem bestimmten Ausmaß mitberücksichtigen kann. Verwandtenbesuche am Land zählen weiters zu jenen Aktivitäten, durch die großfamiliäre Bande gepflegt werden. Auch Geld zu den ländlichen Angehörigen zu schicken, ist vor allem für viele Migrant/inn/en eine Selbstverständlichkeit oder wird als Pflicht wahrgenommen. Durch die Bewahrung der Beziehungen zum Land können sich jene Stadtbewohner/innen, die im Ruhestand wieder zurück aufs Land wollen, entsprechende Rechte sichern.[301]

Die Lebenshaltungskosten sind generell in den letzten Jahren stark gestiegen, ohne daß sich die Einkommen entsprechend miterhöht hätten.[302]

Soziale und ökologische Probleme

Neben den bereits genannten Schwierigkeiten sei die Kriminalität erwähnt. Die Verbrechensrate von Lagos ist die mit Abstand höchste landesweit, sie liegt selbst international im vorderen Feld.[303] Der relativ hohen Wahrscheinlichkeit, zumindest der Kleinkriminalität zum Opfer zu fallen, begegnet man mit erhöhten Vorsichtsmaßnahmen, am sichtbarsten in Form von Wächtern und Wachtanlagen, Wachthunden, Fenstergittern, und etwas verborgener in der Anschaffung von Pistolen vor allem durch die reiche Oberschicht. Manche Nachbarschaften schirmen sich durch Sicherheitszäune ab, die in der Nacht geschlossen sind, oder organisieren Wachttrupps. Nicht selten greift eine Menschenmenge zur Selbstjustiz, wenn man eine/n Kriminelle/n auf frischer Tat ertappt hat oder ertappt zu haben meint.

---

[299] Siehe ebd., 98-99.
[300] Siehe ebd., 99-100.
[301] Siehe ebd., 100-101.
[302] Siehe ebd., 101-104.
[303] Zur Kriminalität siehe ebd., 129-131; Maier; Huber: Lagos, a. a. O., 43.

1983 wurde Lagos die zweifelhafte Ehre zuteil, im Guinness Buch der Rekorde als schmutzigste Stadt der Welt aufzuscheinen.[304] Inzwischen dürfte es zu gewissen Verbesserungen gekommen sein, und trotzdem sind Luft- und Wasserverschmutzung sowie Lärm ein enormes Problem. Industrieanlagen und private Haushalte entsorgen beträchtliche Teile der Abfälle und Abwässer in den Lagunen und Kanälen, Abfälle werden achtlos auf die Straße oder ins Wasser geworfen, ohne daß Reinigungsfirmen die Verschmutzungen wieder beseitigen würden. Luftverschmutzung stammt von Industrie, Haushalten und Verkehr. Für den Lärm ist zu einem großen Teil der Verkehr einschließlich häufig verwendeter Hupen verantwortlich. Eine Antwort seitens der Regierung auf die Umweltverschmutzung war die Einführung eines „Environmental Sanitation Day" jeden letzten Samstag eines Monats. An diesem Tag sind die Einwohner/innen von Lagos dazu verpflichtet, zwischen sieben und zehn Uhr morgens zu Hause zu bleiben und die Umwelt zu reinigen.

Freizeit, Gesellschaftsleben, „Hochkultur"

Diverse Klubs und Vereine sind ein wichtiges Forum des gesellschaftlichen Lebens für die meisten Bewohner/innen von Lagos. Einer Studie aus der Mitte der 70er Jahre zufolge gehörten drei Viertel der Männer und zwei Drittel der Frauen mindestens einer derartigen Vereinigung an. Diese Vereinigungen basieren auf verschiedenen Grundlagen, auf Herkunftsort, ethnischer Zugehörigkeit, religiösen, wirtschaftlichen, politischen, beruflichen, kulturellen, sportlichen Interessen, auf Schichtzugehörigkeit etc.; manche sind eigennützig, andere sozial ausgerichtet.[305]
Mehrere Stadien bieten Möglichkeiten für sportliche Großereignisse und Veranstaltungen wie Football-Spiele, Leichtathletik, Tennis, Schwimmen. Für die meisten Städter/innen ist aktiver Sport nur bedingt möglich, da der Zugang zu Sporteinrichtungen üblicherweise von finanziellen Leistungen abhängt.[306]
Musik und Tanz sind allgemein sehr beliebt in Lagos, wobei die Volks- oder volkstümliche Musik vielfach eine Mischung aus traditionellen indigenen Zügen und modernen westlichen darstellt.[307]
Im Nationalmuseum gibt es Artefakte verschiedener ethnischer Gruppen zu besichtigen, mehrere Büchereien bieten Lesestoff und sind wertvolle Hilfe vor allem für Student/inn/en. Das Nationaltheater und die National Gallery of Modern Art wurden für das große Festival schwarzer und afrikanischer Kunst und Kultur in den 70er Jahren errichtet. Ersteres wird allerdings nicht regelmäßig benutzt, eine vitalere Theaterszene ist in einigen anderen Theatern zu finden. Auch traditionelle Feste und Feiern werden gepflegt. Die Kinos, die besonders in den 60er Jahren sehr beliebt waren, haben bis

---

[304] Zu Umweltproblemen siehe Peil: Lagos, a. a. O., 188; Maier; Huber: Lagos, a. a. O., 39-41; Becker; Hamer; Morrison: Beyond Urban Bias in Africa, a. a. O., 40.
[305] Siehe Peil: Lagos, a. a. O., 119-123.
[306] Siehe ebd., 123-124.
[307] Siehe ebd., 124 u. 126.

heute an Bedeutung verloren, unter anderem wegen der großen Verbreitung von Fernsehgeräten und der nächtlichen Kriminalität. Die Programme beinhalten hauptsächlich ausländische Filme, viele davon aus Indien, selten jedoch nigerianische Produktionen. Das Radio findet selbst in Slums große Verbreitung.[308]

3. Zaria: Zur Geschichte einer Hausastadt sowie über die Lebensverhältnisse in der islamisch geprägten Altstadt (in den 70er Jahren)

Nationaler Kontext: Nigeria - Siehe Einführung zu Lagos!

**Geschichte Zarias
(einschließlich Bevölkerungsentwicklung und räumliche Struktur)**

Die Stadt Zaria, im nördlichen Nigeria in der Savanne gelegen, gehört zu einer Reihe von Hausastädten und -stadtstaaten, zu denen unter anderem Kano, Katsina, Daura und Gobir zu zählen sind.[309]
Der einigermaßen gut bekannte Abschnitt der Geschichte der Hausa läßt sich in vier Teile gliedern: a) die Hausa-Königreiche bzw. Hausa-Stadtstaaten vom 15. bis zum Beginn des 19. Jahrhunderts, b) die Dominanz der Fulani von 1804 bis 1900, c) die Kolonialzeit von 1900 bis 1960, d) die Zeit der Unabhängigkeit.[310]
Die heutige Hausabevölkerung geht vermutlich auf Einwanderungswellen im neunten und zehnten Jahrhundert zurück[311], als Menschen aus östlichen Regionen in das Gebiet des heutigen nordwestlichen Nigeria zogen.[312] Erste Ausprägungen einer relativ homogenen Hausa-Kultur sind vermutlich ab dem Beginn des zweiten Jahrtausends anzusetzen.[313] Aus dieser Zeit gibt es einige Hinweise auf Städte und Herrscher, viel mehr weiß man jedoch erst ab der Mitte des 15. Jahrhunderts.[314] Die verschiedenen Ursprungslegenden der Hausa betonen in der Regel trotz der tatsächlichen politischen

---

[308] Siehe ebd., 124-126.
[309] Siehe z. B. Robert Griffeth: The Hausa City-States from 1450 to 1804, in: Robert Griffeth, Carol G. Thomas (Hg.): The City-State in Five Cultures, Santa Barbara: ABC-Clio und Oxford: Clio, 1981, 143-180, hier 143. Zur Geschichte der Hausa siehe allgemein auch Falola; Adebayo: Pre-Colonial Nigeria: North of the Niger-Benue, a. a. O., 66-83.
[310] Vgl. Friedrich W. Schwerdtfeger: Traditional Housing in African Cities. A Comparative Study of Houses in Zaria, Ibadan, and Marrakech, Chichester u. a.: John Wiley & Sons, 1982, 5 und Griffeth: The Hausa City-States from 1450 to 1804, a. a. O., 144.
[311] Siehe Schwerdtfeger: Traditional Housing in African Cities, a. a. O., 5.
[312] Siehe ebd., 5. Ähnlich auch Griffeth: The Hausa City-States from 1450 to 1804, a. a. O., 146. Smith etwa nimmt eine Einwanderung aus dem Norden an (siehe Abdullahi Smith: The Early States of the Central Sudan, in: J. F. A. Ajayi, Michael Crowder: History of West Africa, Vol 1, London: Longman, 1971, 158-201, bes. 158-164).
[313] Siehe Griffeth: The Hausa City-States from 1450 to 1804, a. a. O., 144 u. 146-148. Er stützt sich dabei u. a. auf J. E. G. Sutton: Towards a Less Orthodox History of Hausaland, *Journal of African History*, 20/2 (1979), 179-201. Zum Teil werden hierzu weit frühere Daten genannt (vgl. Griffeth: The Hausa City-States from 1450 to 1804, a. a. O., 146). Damit wäre natürlich auch die Einwanderung entsprechend früher zu datieren!
[314] Siehe Griffeth: The Hausa City-States from 1450 to 1804, a. a. O., 144.

Gegenwärtige Städte und ihre Geschichte

Differenzen zwischen den einstmals sieben „Stadtstaaten" bzw. Königreichen der Hausa eine einheitliche Hausa-Kultur und versuchen, eine Verbindungslinie zwischen den Hausa und der islamischen Kultur im Nahen Osten herzustellen (was aufgrund der späteren Dominanz des Islam nicht verwunderlich ist). So sollen die Ursprünge der sieben Hausakönigreiche oder Stadtstaaten in der Verbindung einer Hausa-Königin mit einem Sohn eines Königs von Baghdad liegen, der von der Königin nach einer Heldentat verehelicht wurde. Ihre Nachkommen (Enkel) gründeten nämlich gemeinsam mit einem weiteren Sohn jenes Prinzen aus Baghdad sechs weitere Hausa-Reiche und führten das eine bestehende Reich weiter.[315] Diese Hausa-Reiche oder Stadtstaaten umfaßten Gebiete von mehreren hundert bis zu über 30.000 Quadratkilometern. Ein Großteil der Bevölkerung lebte in kleinen Ortschaften bei ihren landwirtschaftlichen Gütern. In den ummauerten Hauptstädten mit einem Areal bis zu mehreren Quadratkilometern befanden sich neben der Residenz des/der Herrscher/-s/-in und der Führungsschicht ein Markt, Werkstätten, Wohnviertel für Hausa und Fremde und genügend unbebaute Flächen, die in erster Linie landwirtschaftlich genutzt wurden. Dazu kamen mehrere Moscheen.[316] Wirtschaftlich waren die Hausa-Reiche zunächst relativ abgeschieden, ab dem 15. Jahrhundert wurden primär Katsina und Kano für den Trans-Sahara-Handel immer wichtiger, wobei sich später diese beiden Städte zu den kommerziell dominantesten im Sudan weiterentwickelten. Keine der Städte war als Zentrum oder Stützpunkt des internationalen Handels entstanden; erst nachdem sie vor allem aufgrund einer guten Nutzung des landwirtschaftlichen Potentials und einer Ausweitung der handwerklichen Produktivität (nicht zuletzt durch Spezialisierung) eine gewisse lokale Bedeutung erreicht hatten, wurde der internationale Markt auf sie aufmerksam, bis sie zum Teil die alten Märkte verdrängten.[317]

Die Gesellschaft der Hausa-Reiche setzte sich aus mehreren Ethnien und Kulturen (primär Hausa, daneben vor allem Fulani, islamische Geistliche und Gelehrte sowie ausländische Händler) und Menschen unterschiedlichen Rechtsstatus (freie „Bürger" und Unfreie) zusammen. Die Abstammung war ein zentraler Faktor in der Gesellschaftsordnung der Hausa-Reiche, wobei es mit Privilegien verbunden war, den Hausa anzugehören. Nicht-Hausa hatten jedoch Möglichkeiten der Assimilation, wie Einheiratung. Diese pluralistische Gesellschaft hatte zum einen durch die Dominanz der Hausa-Sprache sowie später durch den Islam eine einigende Basis (der Islam übernahm erst ab dem 19. Jahrhundert diese Rolle - die ersten Übertritte zum Islam sind aus dem 14. Jahrhundert bekannt[318] -, zuvor bestand ein toleriertes Nebeneinander von indigenen Religionen - vor allem am Land - und dem Islam - vor allem in den Städten).[319] Die Abstammung war nicht nur in der allgemeinen Gesellschaftsordnung ein zentraler Faktor, er spielte auch in der politischen Organisation eine gewichtige Rolle.[320] Unter-

---

[315] Siehe ebd., 148-149.
[316] Siehe ebd., 153-157.
[317] Siehe ebd., 151-152.
[318] Siehe ebd., 170.
[319] Siehe ebd., 158-160.
[320] Siehe ebd., 165-169.

halb des Ranges des Königs bestand ein System von „Titularämtern", welche gewöhnlich innerhalb weniger Familien verteilt waren und weitergegeben wurden[321]. Diese Ämter waren mit unterschiedlichen Aufgaben, Vorrechten und Pflichten verbunden und waren grundsätzlich hierarchisch abgestuft. Eigene Ämter waren islamischen Klerikern und Gelehrten vorbehalten sowie Sklaven, die zwar formell Sklaven blieben, jedoch mitunter großen Einfluß ausüben konnten. Manche Titularämter mußten sich die zukünftigen Inhaber käuflich erwerben. Außenpolitisch sind immer wieder heftige kriegerische Rivalitäten einerseits zwischen den Hausa-Reichen, andererseits mit anderen benachbarten Reichen zu verzeichnen.[322]

Eines der Hausa-Reiche war Zaria, auch Zazzau genannt. Den Namen soll Zaria von der zweiten Tochter der letzten Königin erhalten haben, die noch von einem Ort 25 Kilometer südlich von Zaria aus regiert hatte; diese Tochter namens Zaria oder deren Vater soll die Stadt an der Stelle des jetzigen Zaria errichtet haben.[323] Als Gründungsjahr der Stadt an ihrem jetzigen Ort gilt 1536.[324] Da Zaria häufig durch Überfälle benachbarter Reiche bedroht bzw. in Mitleidenschaft gezogen wurde, war die Errichtung von Stadtmauern besonders wichtig. Zaria erlebte nämlich nicht erst mit den Fulani die erste Unterwerfung unter ein anderes Volk bzw. anderes Reich.[325] So war Zaria ebenso wie die übrigen Hausa-Reiche im 15. und 16. Jahrhundert dem Reich der Songhai tributpflichtig, mehrere Male wurden Zaria und Kano vom Bornu-Königreich nahe dem Tschadsee erobert. Unter Königin Amina im 16. Jahrhundert erfand man eine neue Art der Mauerkonstruktion, die später vielfach nachgeahmt wurde. Kommerziell war der Sklav/inn/enhandel für Zaria lange Zeit sehr wichtig; gegen Sklav/inn/en erhielt man begehrte Güter wie Salz, Metalle und Pferde.[326] Der Islam dürfte seit der Mitte des 15. Jahrhunderts in Zaria Fuß gefaßt haben[327], wobei die Oberschicht besonders rasch diese neue Religion annahm. Allerdings gab es noch zu Beginn des 18. Jahrhunderts unter der Führungsschicht Vertreter/innen indigenen Glaubens.[328] Neben Angehörigen der Hausa bewoh(t)nen und regier(t)en vor allem noch Fulani die Stadt, genauer gesagt hausasprechende niedergelassene Fulani (im Ge-

---

[321] M. G. Smith: Government in Zazzau, 1800-1950, London u. a.: Oxford University Press, 1960, 6-7 weist darauf hin, daß die meisten dieser Ämter in Zaria nicht erblich waren, was Zaria von den anderen Hausareichen unterschied.

[322] Siehe Griffeth: The Hausa City-States from 1450 to 1804, a. a. O., 171-175.

[323] Siehe Schwerdtfeger: Traditional Housing in African Cities, a. a. O., 5; S. Bello: Birnin Zaria, in: Garba Ashiwaju et al. (Hg.): Cities of the Savannah (A History of Towns and Cities of the Nigerian Savannah), Lagos: The Nigeria Magazine, ohne Jahresangabe, 77-81, hier 77. Zu Zaria vgl. auch Falola; Adebayo: Pre-Colonial Nigeria: North of the Niger-Benue, a. a. O., 74-75, wo sich einige Angaben finden, die von den hier referierten abweichen.

[324] Siehe Dorothy Remy: Underdevelopment and the Experience of Women: a Nigerian Case Study, in: Gavin Williams (Hg.): Nigeria. Economy and Society, London: Rex Collings, 1976, 123-134, hier 124. Nach Griffeth allerdings wurde die Hauptstadt häufig verlegt und erst im 18. Jahrhundert an heutiger Stelle dauerhaft etabliert (siehe Griffeth: The Hausa City-States from 1450 to 1804, a. a. O., 174).

[325] Siehe dazu Smith: Government in Zazzau, a. a. O., 4.

[326] Siehe Griffeth: The Hausa City-States from 1450 to 1804, a. a. O., 150 u. 174.

[327] Nach Smith: Government in Zazzau, a. a. O., 3 wurde der Islam vermutlich um das Jahr 1456 eingeführt.

[328] Siehe Schwerdtfeger: Traditional Housing in African Cities, a. a. O., 5; in diesem Sinn auch Smith: Government in Zazzau, a. a. O., 3.

gensatz zu fulfuldesprechenden Fulani, die als Hirtennomad/inn/en in ihrer Umgebung wohn(t)en und in die Stadt kamen/kommen, um ihre Produkte, beispielsweise Milch, zu verkaufen). Die Fulani waren im frühen 16. Jahrhundert aus dem Gebiet des heutigen Senegal zugewandert und wurden im allgemeinen von den Hausakönig/inn/en freundlich aufgenommen. Die Interpretation des Islam durch die Hausa allerdings (in den Augen von Fulanis eine Verfälschung des Glaubens) veranlaßte (offiziell) den religiösen Führer Uthman dan Fodio, einen Fulani, gegen Ende des 18. Jahrhunderts den Heiligen Krieg gegen den Hausa König von Gobir auszurufen, der schließlich von 1804 bis 1810 tatsächlich ausgefochten wurde und den Untergang der Hausadynastien in ihrer bisherigen Form[329] herbeiführte. Malam Musa wurde um 1807 von Uthman dan Fodio zum Herrscher von Zaria ernannt. Religiöses und politisches Zentrum für die neuen Fulani-Herrscher war Sokoto.[330] Was für meinen Zusammenhang besonders wichtig ist: durch die Herrschaft der Fulani wurde der Islam zur vermutlich wichtigsten Grundlage der Gesellschaft; man begründete die Eroberung ja im Sinne eines „Jihads" oder Heiligen Krieges, sodaß die Forcierung des Islam und islamisch geprägter Lebensweisen das offizielle Hauptanliegen sein mußte.[331] Zwar war der Islam schon lange vorher in Zaria einflußreich, aber eben nicht in jener Verbindlichkeit, die die Fulani anstrebten. (Auf einige konkrete Auswirkungen des Islam auf Lebensweisen in Zaria werde ich weiter unten eingehen.)

Zu Beginn des Jahres 1900 begannen Briten unter Frederick Lugard mit der Eroberung der Fulani-Reiche, wobei dem eine Reihe von politischen und wirtschaftlichen Verträgen zwischen der „Royal Niger Company" und Emiren der Fulani-Reiche vorangegangen war; schon dadurch hatten Brit/inn/en versucht, sich Rechte über Land und Politik zu sichern.[332] Der Widerstand gegen die Einnahmeversuche wurde jedoch erst nach drei Jahren heftiger Kämpfe gebrochen. Im Jahr 1902 wurde Zaria unter britische Herrschaft gestellt, wobei die Briten den Fulani-Emir absetzten und einen Enkel des ersten Fulani-Herrschers an dessen Stelle setzten. Das Emirat von Zaria wurde ein Jahr später verkleinert, und vormals von Zaria abhängige Staaten wurden als selbständig erklärt. Schrittweise schaffte man die Sklaverei ab und legte man die Grundlagen einer nach den Vorstellungen der Kolonialmacht geprägten Wirtschaft, Verwaltung, Erziehung und des Gesundheitsdienstes.[333] Der Emir war nun abhängig von den britischen Machthabern; die Brit/inn/en bedienten sich im Sinne der Indirect Rule zwar des Emirats, seine Position wurde jedoch innerhalb des Kolonialsystems neu definiert. An die Stelle einer Wirtschaft, die an den lokalen Bedürfnissen orientiert war, setzten die Kolonialist/inn/en eine Export-Import-Ökonomie. So suchten sie etwa die örtliche Texti-

---

[329] Der frühere Herrscher von Zaria bzw. seine Nachfolger konnten nach der Vertreibung durch die Fulani südlich von Zaria ein unabhängiges Reich etablieren. (Siehe Smith: Government in Zazzau, a. a. O., 3.)
[330] Siehe Schwerdtfeger: Traditional Housing in African Cities, a. a. O., 4-6.
[331] Siehe Smith: Government in Zazzau, a. a. O., z. B. 94.
[332] Siehe Schwerdtfeger: Traditional Housing in African Cities, a. a. O., 6; Smith: Government in Zazzau, a. a. O., 199.
[333] Siehe Schwerdtfeger: Traditional Housing in African Cities, a. a. O., 6-7; Smith: Government in Zazzau, a. a. O., 222-223.

lerzeugung zu beschränken, um die Baumwolle exportieren zu können und im Gegenzug einen Absatzmarkt für koloniale Textilien zu schaffen. 1911 wurde die Eisenbahnlinie fertiggestellt, die durch Zaria führt. Diese Verkehrsverbindung förderte die Zuwanderung nach Zaria aus südlichen Landesteilen. Jene Immigrant/inn/en mußten sich in der Regel außerhalb der Mauern in einem eigenen Viertel niederlassen. Die Politik der ethnischen Segregation spiegelt sich noch heute in der räumlichen Struktur der Stadt wider (siehe weiter unten).[334]

Zu Zeiten der Hausa-Herrschaft gehörte das Land in Zaria überwiegend der gesamten Gemeinschaft, wobei der örtliche Chief die höchste Instanz repräsentierte. Grundsätzlich war es nicht möglich, Land käuflich zu erwerben, jedoch konnte man Land pachten. Die Fulani übernahmen zunächst im wesentlichen die Hausa-Landrechte, vergaben einen Teil des Landes jedoch jenen Fulanis, die sich im Heiligen Krieg besondere Verdienste erworben hatten. Allmählich führte man das islamische Landrecht formell ein, nur angewandt wurde es selten, da die Streitparteien ihre Ansprüche gewöhnlich informell regelten. Die britische Regierung entzog dem Emir die obersten Landrechte und wies sie der Kolonialregierung zu; zudem wurde festgelegt, daß ein/e Ausländer/in ohne Sondergenehmigung kein Land erwerben durfte. In späteren Landrechtsproklamationen hielt man weitgehend an lokalen Rechten fest und erklärte alles Land als „native land". Auch erhielten örtliche Führer de iure ihre Rolle in Landrechtsfragen wieder. Schwerdtfeger unterscheidet drei Typen von Landbesitz innerhalb der alten Mauern Zarias: a) Gemeinschaftsland (unter anderem für die Verwaltung, den Markt, Straßen, Flüsse), b) Familienbesitz (der Großteil des Landes wird in der Familie weitervererbt), c) Individualbesitz (gewöhnlich durch den/die derzeitige/n Besitzer/in gekauftes Land, welches in Familienbesitz übergehen kann).[335]
Die Wohnanlagen in der Altstadt gehörten 1974 zu 93 Prozent jenen Haushalten, die in ihnen wohnten[336], im Vergleich dazu betrug der entsprechende Anteil in den Vierteln Tudun Wada 15 Prozent und in Sabon Gari 5 Prozent[337] (zu diesen Vierteln siehe unten).

Phasen des räumlichen Wachstums der Stadt sind in der folgenden Karte dargestellt. So viel man weiß, dürfte eine Stadtmauer, die Madarkaci-Mauer, aus der Zeit der Stadtgründung stammen. Eine zweite größere Mauer, die Fulani- oder Hauptmauer, datiert man vorläufig auf das 18. Jahrhundert. Der heutige ummauerte Teil von Zaria umfaßt ein Areal von 1658 Hektar und hat einen Durchmesser von etwas mehr als vier Kilometern nord-südlicher Richtung und fünf Kilometern west-östlich. Davon waren 1963 über 66 Prozent der Fläche landwirtschaftlich genutzt, etwas mehr als 20 Prozent verbaut (Gebäude und Straßen). Nach der Einnahme Zarias durch die Briten wurden ein Regierungssitz, ein Geschäftszentrum, das Sabon Gari[338] und die Ansiedlung Tu-

---
[334] Siehe Bello: Birnin Zaria, a. a. O., 81.
[335] Siehe Schwerdtfeger: Traditional Housing in African Cities, a. a. O., 10-13.
[336] Siehe ebd., 14.
[337] Siehe O'Connor: The African City, a. a. O., 171-172.
[338] „Sabon Gari" ist ein Hausa-Begriff, den man mit „neue Stadt" übersetzen kann und der in verschiedenen Hausa-Städten verwendet wird. In diesem üblicherweise planmäßig angelegten Stadtviertel außerhalb des

dun Wada[339] außerhalb der Mauern errichtet. Letztere waren Menschen aus Süd- und Nordnigeria vorbehalten, während sich um den Regierungssitz herum die Europäer/innen niederließen. Später wurde zusätzlich ein Landwirtschafts- und Schulzentrum (heute Ahmadu Bello University) außerhalb der Mauern angesiedelt.[340]

Karte 8: *Zaria (Wachstumsphasen)*

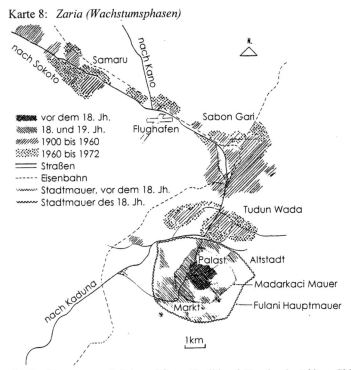

Quelle: Krammer, nach Schwerdtfeger: Traditional Housing in African Cities, a. a. O., Plan 3.1, S. 21.

1977 lebten nach Schwerdtfeger in der Zaria Urban Area schätzungsweise 200.000 Menschen[341], nach der Schätzung von Onibokun betrug die Bevölkerungszahl von

---

traditionellen Zentrums leben hauptsächlich Zuwander/-er/-innen, die nicht den Hausa angehören, und/oder Nicht-Islamische afrikanische Immigrant/inn/en. Dort befinden sich grundsätzlich auch Wirtschaftsbetriebe und Dienstleistungseinrichtungen. In Ausnahmefällen (z. B. in Ibadan) bezieht sich dieser Begriff auf reine Hausa-Viertel. (Siehe Ahmed Beitallah Yusuf: A Reconsideration of Urban Conceptions: Hausa Urbanization and the Hausa Rural-Urban Continuum, *Urban Anthropology*, 3/2 (1974), 200-221, hier 213-214.)

[339] Übersetzt „Hügel des Reichtums", traditionellerweise von islamischen Zuwander/-ern/-innen bewohnt, in der Mehrzahl Hausa. (Siehe Yusuf: A Reconsideration of Urban Conceptions, a. a. O., 214.)
[340] Siehe Schwerdtfeger: Traditional Housing in African Cities, a. a. O., 14-15 u. 22.
[341] Siehe ebd., 20.

Zaria 1972: 257.780, 1982: 419.912[342]. In der Zeit zwischen 1952 und 1963 wurde für das gesamte Stadtgebiet eine durchschnittliche Steigerungsrate von 5,5 Prozent pro Jahr festgestellt (von 92.000 zu 166.000), wobei sich hier primär die Zuwanderung als auch das natürliche Wachstum auswirkten. Eine überdurchschnittliche Wachstumsrate verzeichneten die typischen Einwanderungsviertel Sabon Gari und Tudun Wada (6 Prozent jährlich; Stand 1963: zwischen 40.000 und 50.000 Einwohner). Eine weitaus langsamere Bevölkerungsentwicklung machte die ummauerte Stadt mit (1952/53: 32.600; 1963: 34.900; 1968: mindestens 40.600), wobei die Geringfügigkeit der Steigerung vorherhand zurückzuführen ist auf kaum gegebene Zuwanderung, Kindersterblichkeit, Auswanderung von jungen Leuten in Richtung neuer städtischer Zentren. Ethnisch betrachtet überwiegen die Hausa, wobei ihr Anteil von Stadtteil zu Stadtteil variiert (im Zaria City District - vor allem die ummauerte Altstadt und Tudun Wada - 1952/53 74,5 Prozent, in Sabon Gari 48,7 Prozent), gefolgt von den Fulani (an zweiter Stelle im Zaria City District mit 18,9 Prozent), Yoruba und anderen nordnigerianischen Volksgruppen, den Ibo (aus dem Süden; in Sabon Gari lag 1952/53 ihr Anteil bei 20,6 Prozent, übertroffen nur von den Hausa mit 48,7 Prozent) und weiteren nigerianischen Volksgruppen sowie Ausländer/inne/n.[343]

Tabelle 13: *Bevölkerung von Zaria, 1952 bis 90er Jahre*

Jahr	Bevölkerung	
1952	92 434	[a] Volkszählung 1963
1963[a]	166 170	[b] Schätzung von Onibokun (siehe unten)
1972[b]	257 780	[c] Schätzung von Schwerdtfeger (siehe unten), der keine Zahl für 1972 angibt (nicht notwendigerweise Bevölkerungsrückgang!)
1977[c]	200 000	
1982[b]	419 912	
1984[b]	462 953	
1990er Jahre, Anfang[d]	620 000	[d] Schätzung von Taylor (siehe unten)

Quellen: 1952: T. O. Fadayomi, S. O. Titilola, B. Oni, O. J. Fapohunda: Migrations and Development Policies in Nigeria, in: Moriba Toure, T. O. Fadayomi (Hg.): Migrations, Development and Urbanization Policies in Sub-Saharan Africa, Dakar: CODESRIA, 1992, 51-111, hier Tab. 14, S. 88; 1963, 1972, 1982, 1984: Adepoju G. Onibokun: Urban Growth and Urban Management in Nigeria, a. a. O., Tab. 4.3, S. 78; 1977: Schwerdtfeger: Traditional Housing in African Cities, a. a. O., 20; 1990er Jahre: Taylor: Introduction, a. a. O., Tab. 1, S. 6.

Seit 1976 wird die Stadt von einem Local Authority Council regiert, dessen Mitglieder in einer allgemeinen Wahl bestimmt werden.[344]

---

[342] Siehe Onibokun: Urban Growth and Urban Management in Nigeria, a. a. O., Tab. 4.3, S. 78.
[343] Siehe Schwerdtfeger: Traditional Housing in African Cities, a. a. O., 22-23.
[344] Siehe ebd., 24.

Wohn- und Lebensverhältnisse in der islamisch geprägten Altstadt

Im folgenden werde ich auf einige Facetten städtischer Lebensweisen innerhalb der ummauerten Altstadt eingehen, in der sich der islamische Charakter Zarias am offenkundigsten zeigt.

Die Anlage von Wohn- und Arbeitsstätten in der ummauerten Altstadt geht einerseits ganz wesentlich auf Vorstellungen des Islam zurück (Polygynie; bestimmte Arten der Ehe, die die Abgeschiedenheit von Frauen verlangen[345]), die großen Wert auf privaten Raum legen, andererseits auf Sicherheitsbedürfnisse, die noch aus vorkolonialer Zeit stammen sowie auf bekannte Bautechniken und vorhandenes Baumaterial.[346] In der Regel lebt (und zum Teil zumindest arbeitet) man in Compounds (in Hausa: gida, Pl. gidaje), die gewöhnlich aus zwei Höfen bestehen - einem Vorhof (kofar gida) und einem zentralen Haupthof (cikin gida), in welch letzterem mehrere Hütten bzw. Häuser stehen (meist aus Lehm mit Strohdächern oder flachen oder gewölbten Lehmdächern mit Holzkonstruktionen, neuerdings zunehmend mit Wellblechdächern, aber auch vermehrter Einsatz von Zement für Boden und Mauern) - und die von einer Familie oder einer Verwandtschaft bewohnt werden. Der einzige Eingang führt durch eine Eingangshütte (zaure) die dem Hofvorsteher (maigida) gehört und in der er seine Besucher empfängt, seine Mahlzeiten zu sich nimmt und womöglich seinen Beruf (wie Weben, Schneidern, Sticken oder Koran Lehren) ausübt. Die Eingangshütte kann auch als Schlafraum für Gäste genutzt werden. Um die Privatheit des Compounds zu gewähren bzw. die Blicke von männlichen Besuchern in den Hof zu verhindern, ist die Tür, die von der Hütte in den Compound führt, von einer Strohmatte verhängt. Normalerweise darf kein Fremder den Hof betreten, nur Frauen und noch nicht pubertierende Buben dürfen hinein. Die Hütten im Vorhof, der als Übergangszone zwischen Außenwelt und innerem Compound dient, werden von erwachsenen, ledigen Männern bewohnt. Durch eine zweite Eingangshütte (shigifa), in der unter anderem Kochutensilien gelagert werden, betritt man erst den großen Innenhof. Dort befinden sich die Hütten des Compoundvorstehers (seine Hütte in Hausabezeichnung: turaka) und seiner Frau(en), Küchen für die Regenzeit, Lagerhütten und Hütten von anderen Angehörigen der (Groß-)Familie; weiters mindestens eine Toilette, Waschgelegenheit und ein Brunnen.

Die Hütten oder Häuser sind kaum möbliert, als Schlafplatz dient gewöhnlich ein erhöhtes Erdbett (nur Wohlhabendere schlafen auf einem hölzernen oder eisernen Bett), man sitzt auf Matten oder Fellen am Boden. In einem „typischen" Raum von Frauen stehen vielfach ein Webstuhl, ein niedriger, runder Holzhocker, ein kleiner Tisch, weiters findet man dort gewöhnlich Töpfe, Kalebassen, Körbe. Vor manchen Räumen befindet sich eine befestigte Terasse, die zur Zubereitung von Nahrungsmitteln, zum Trocknen etwa von Reis oder zum Handwerken benutzt wird. Vielfach wird ein kleiner

---

[345] Vgl. auch Fallstudien von Remy: Underdevelopment and the Experience of Women: a Nigerian Case Study, a. a. O., v. a. 127-130.

[346] Zur Anlage der Wohn- und Arbeitsstätten siehe Schwerdtfeger: Traditional Housing in African Cities, a. a. O., 28-29 u. 76-86. Diese Anlagen unterscheiden sich im Prinzip nicht wesentlich von denen der weiter zurückliegenden Vergangenheit (vgl. Griffeth: The Hausa City-States from 1450 to 1804, a. a. O., 154-156).

Teil der Höfe landwirtschaftlich genutzt.[347] Natürlich gibt es von einer solchen durchschnittlichen Anlage eine Vielzahl von Abweichungen in anderen Compounds, je nach Wohlstand der Familie, Platzangebot etc. Außerdem ändert sich die Ausstattung und Form des Compounds über die Jahre mit der wechselnden Größe der Familie und der Anzahl der Haushalte[348], die im Compound leben.[349]
Das durchschnittliche Alter der Hütten oder Häuser in den untersuchten Compounds betrug fast 12 Jahre, etwa ein Fünftel der Bauten war älter als 30 Jahre.[350]

Die soziale Hierarchie in den Compounds der Hausa-Fulani führt der Compoundvorsteher an, gewöhnlich der rangälteste Mann. Er ist der Vertreter des Compounds auch gegenüber dem Staat. Zum Teil ist der offizielle Vorsteher intern nicht die höchste Autorität. Manchmal nehmen jüngere Brüder des Vorstehers diese Stellung ein, oder sie wird unter mehreren Männern aufgeteilt. Dem Compoundvorsteher sind die Vorsteher gegebenenfalls weiterer Haushalte im selben Compound untergeordnet.[351]

Die von Schwerdtfeger untersuchten Compounds werden im Durchschnitt von fast 14 Personen bewohnt (die größte Anzahl war 39 Personen, in 35 Prozent der Compounds lebten zwischen fünf und neun Personen). Die durchschnittliche Größe des Haushaltes des Compoundvorstehers (7,8 Personen) übersteigt in diesem Sample die der untergeordneten Haushalte (4,1 Personen) um nicht ganz die Hälfte, was auf das geringere Alter der untergeordneten Haushaltsvorsteher und ihrer Frauen sowie deren gewöhnlich niedrigeres Einkommen[352] zurückzuführen ist. Zudem haben die untergeordneten Haushaltsvorsteher signifikant weniger Frauen als die Compoundvorsteher (untergeordnete Haushaltsvorsteher: 78,9 Prozent mit einer Ehefrau, 16,7 Prozent mit zwei, 4,4 Prozent mit drei Ehefrauen; Compoundvorsteher: 32,9 Prozent mit einer Frau, 42,1 Prozent mit zwei, 15,8 Prozent mit drei, 9,2 Prozent mit vier Ehefrauen).[353]
Die Dominanz der Compoundvorsteher sowie die Größe seines Haushaltes spiegeln sich auch in der Verteilung des Platzes im Compound wider bzw. im Ausmaß der unmittelbaren Kontrolle über Land. Die 77 von Schwerdtfeger untersuchten Compounds mit 191 Haushalten und 1067 Personen wiesen im Durchschnitt sowohl für die gesamte, einem Haushalt zur Verfügung stehende Fläche als auch für die Schlafberei-

---

[347] Siehe Schwerdtfeger: Traditional Housing in African Cities, a. a. O., 29-32.
[348] Unter „Haushalt" versteht Schwerdtfeger eine Einheit von Personen, die aus demselben Topf essen, zusammen in einem Teil des Compounds leben und ein gemeinsames Haushaltsbudget verwalten. (Siehe Schwerdtfeger: Traditional Housing in African Cities, a. a. O., 34.)
[349] Siehe Schwerdtfeger: Traditional Housing in African Cities, a. a. O., 29 u. 44-59.
[350] Siehe ebd., 86-87.
[351] Siehe ebd., 33-34.
[352] Der Großteil der untersuchten Haushalte ist, bezogen auf damalige nigerianische Verhältnisse, der unteren Einkommensschicht zuzuordnen. Allerdings gab es beträchtliche Unterschiede zwischen dem Einkommen der Compoundvorsteher und der Vorsteher untergeordneter Haushalte, erstere hatten ein beinahe doppelt so hohes Einkommen wie letztere. (Siehe Schwerdtfeger: Traditional Housing in African Cities, a. a. O., 69-71.) Man beachte jedoch, daß der Compoundvorsteher einen Teil seines Einkommens für die Bewohner des gesamten Compounds ausgeben muß, nicht nur für seinen Haushalt. (Leider hat Schwerdtfeger das Einkommen der Frauen nicht in Zahlen angeführt!)
[353] Siehe Schwerdtfeger: Traditional Housing in African Cities, a. a. O., 35-38.

che einen deutlichen Unterschied im Platzausmaß zwischen Compoundvorsteher-Haushalten und untergeordneten Haushalten auf (100,6 m² gegen 24,9 m² für die gesamte Fläche, 37,7 m² gegenüber 16 m² für die Schlafstätten; pro Person stehen den Angehörigen des Compoundvorstehers durchschnittlich 4,8 m² zum Schlafen zur Verfügung, den Angehörigen untergeordneter Haushalte 3,9 m²). Aus den genannten Zahlen scheint hervorzugehen, daß das größere Platzausmaß nicht nur mit der Größe des Haushaltes des Compoundvorstehers zusammenhängt, sondern daß auch die einzelnen Personen des Compoundvorsteher-Haushaltes mehr Platz (siehe Schlafstätten) benutzen können, nur muß diese Verallgemeinerung durch den Hinweis darauf eingeschränkt werden, daß auch innerhalb der Vorsteherhaushalte die Schlafraumverteilung gewöhnlich insbesondere zugunsten des Vorstehers selbst ungleichmäßig ist. Andererseits, was die Gesamtflächenverteilung betrifft, ist anzumerken, daß ein Teil der Fläche, die unter der Kontrolle des Compoundvorstehers steht, auch von Mitgliedern anderer Haushalte genutzt wird bzw. gemeinschaftlichen Zwecken (Eingangshütte etwa) dient.[354] So zeigt sich letztendlich in der Platzverteilung primär die Verteilung der Kontrolle über Land und nicht so sehr dessen tatsächliche Nutzung.

Interessant ist meines Erachtens auch der Umstand, daß die durchschnittliche Größe für den Schlafplatz pro Person fast gleich bleibt, auch wenn der Haushalt an Personen größer wird, was auf den Neubau von Hütten bzw. Häusern innerhalb des Compounds zurückzuführen ist, falls der Haushalt bzw. die Großfamilie wächst. Im Zuge dessen verringert sich natürlich der freie Platz im Compound, sodaß der Mangel an freiem Platz (der auch zur Errichtung neuer Hütten genutzt werden könnte) die Gründung neuer Compounds wesentlich mitveranlaßt.[355]

Die Frauen im analysierten Sample heiraten relativ früh (es gab keine unverheiratete Frau in einem Alter über 15 Jahren), während die Männer durchschnittlich im Alter zwischen 20 und 29 Jahren heiraten.[356]

Landwirtschaftliche Güter, die meist von den Vorstehern der einzelnen Haushalte auf eigenen Grundstücken erzeugt werden, stellen eine wichtige Nahrungsmittelbasis und Einkommensgrundlage dar, welche ergänzt wird durch Einkommen aus nichtlandwirtschaftlichen Tätigkeiten.[357] Von den Haushaltsvorstehern des untersuchten Samples waren 37 Prozent handwerklich beschäftigt, 30 Prozent im Handel, 21 Prozent im Bereich der Dienstleistungen, 5 Prozent in der Landwirtschaft.[358]

---

[354] Siehe ebd., 59-60.
[355] Siehe ebd., 61-62.
[356] Siehe ebd., 36.
[357] Siehe ebd., 35.
[358] Siehe ebd., Tab. 5.1, S. 65.

4. Nairobi

Nationaler Kontext: Kenia

Bevölkerung: 1989: 21.443.636 Personen[359]; Bevölkerungswachstum: etwa 4,1 Prozent jährlich zwischen 1979 und 1992.[360] Der Anteil der städtischen Bevölkerung an der Gesamtbevölkerung machte 1990 19,2 Prozent aus (1950: 5,6 Prozent, 1970: 10,2 Prozent; 1980: 14,2 Prozent).[361] Entsprechend der Volkszählung von 1989 betrug der städtische Anteil 18 Prozent.[362] Die jährliche Wachstumsrate der städtischen Bevölkerung betrug zwischen 1969 und 1979 7,9 Prozent, im selben Zeitraum für die ländliche Bevölkerung 2,8 Prozent.[363] Die Bevölkerung ist vor allem aufgrund geographisch-klimatischer Bedingungen sehr ungleichmäßig verteilt: Rund 85 Prozent der Bevölkerung leben in weniger als 20 Prozent des Landes.[364]
In den Städten waren 1989 die Männer gegenüber den Frauen in der Mehrzahl (2.094.712 Männer, 1.782.510 Frauen)[365], in ganz Kenia überwogen im Jahr 1989 die Frauen (10.815.268 Frauen, 10.628.368 Männer)[366].
1989 gehörten 48 Prozent der Kenianer/innen der Bevölkerungsgruppe unter 15 Jahren an, 33 Prozent waren zwischen 15 und 34 Jahren alt, 10 Prozent zwischen 35 und 49 Jahren, 4 Prozent zwischen 50 und 64, und 3 Prozent 65 Jahre und älter.[367] Die städtische Bevölkerung verteilt sich über die gleichen Altersgruppen wie folgt: 37, 44, 12, 4 und 2 Prozent.[368]
In Kenia werden mindestens 30 verschiedene Sprachen und über 100 Dialekte gesprochen, die drei Sprach- und Kulturfamilien angehören. Ungefähr 65 Prozent der Bevölkerung sprechen Bantu-Sprachen, 30 Prozent nilotische und 3 Prozent kuschitische Sprachen.[369] Nicht ganz drei Viertel der Gesamtbevölkerung stellen die fünf Völker der Kikuyu, Luo, Luhya, Kamba und Kalenjin. Rund ein Prozent gehört nichtafrikanischen Völkern an.[370]

---

[359] Siehe Republic of Kenya: Kenya Population Census 1989, Vol. I, Nairobi: Central Bureau of Statistics, Office of the Vice-President, Ministry of Planning and National Development, März 1994, 1-2.
[360] Siehe Robert A. Obudho: Kenya, in: James D. Tarver (Hg.): Urbanization in Africa. A Handbook, Westport, Connecticut-London: Greenwood Press, 1994, 198-212, hier 200.
[361] Siehe ebd., Tab. 12.2, S. 202 (nach UN-Angaben).
[362] Siehe Republic of Kenya: Kenya Population Census 1989, Vol. II, Nairobi: Central Bureau of Statistics, Office of the Vice-President and Ministry of Planning and Ministry of National Development, April 1994, Tab. 1, S. 17.
[363] Siehe Obudho: Kenya, a. a. O., Tab. 12.1, S. 199 (nach Volkszählungen).
[364] Siehe Norman N. Miller: Kenya. The Quest for Prosperity, Boulder: Westview Press, London: Gower, 1984, 1.
[365] Siehe Republic of Kenya: Kenya Population Census 1989, Vol. II, a. a. O., Tab. 1, S. 17.
[366] Siehe Republic of Kenya: Kenya Population Census 1989, Vol. I, a. a. O., 1-2.
[367] Siehe ebd., Tab. 2, S. 2-2
[368] Siehe Republic of Kenya: Kenya Population Census 1989, Vol. II, Tab. 2, S. 18.
[369] Siehe Karl Vorlaufer: Kenya (Klett/Länderprofile - Geographische Strukturen, Daten, Entwicklungen), Stuttgart: Klett, 1990, 50-51.
[370] Siehe Republic of Kenya: Kenya Population Census 1989, Vol. I, a. a. O., S. 6-2.

Ungefähr 60 bis 65 Prozent der Kenianer/innen bekennen sich zum Christentum, zum Islam 6 bis 8 Prozent (vor allem an der Küste vertreten), circa ein Viertel zu indigenen Religionen (die Daten beruhen auf einer Publikation aus dem Jahr 1977).[371]

Amtssprache: Kiswahili

Hauptstadt: Nairobi (1989 1.324.570 Einwohner/innen - siehe unten!)

Fläche: 582.646 km^2

Geographie, Klima, Vegetation: Der größte Teil Kenias wird als arid eingestuft, rund 75 Prozent gelten als Wüste, Halbwüste oder arides Buschland. Weitere 18 Prozent sind Hochlandsteppe mit einem gemäßigten Klima. Nur ein relativ enger Küstenstreifen weist tropisches Klima auf.[372] Die höchste Erhebung, der Mount Kenya mit 5199 Metern über dem Meeresspiegel, liegt ziemlich genau in der Landesmitte. Die aride Zone, die großteils immerhin eine pastorale Bewirtschaftung erlaubt, erstreckt sich in einem großen Bogen vom Südosten des Landes bis zum Nordwesten. Das Hochland (ehemals als „White Highlands" bezeichnet, da sich vornehmlich hier die weißen Siedler/innen niederließen) um den Mount Kenya herum sowie vor allem südlich und südwestlich davon gilt wegen des gemäßigten Klimas, fruchtbarer Böden und hinreichenden Regenfalls als landwirtschaftliches Herz Kenias. Durchzogen wird das Hochland vom östlichen Rift Valley. Auch das Gebiet am Victoria See kann landwirtschaftlich gut genutzt werden, ebenso Teile der Küstenzone. Graslandsavanne findet sich in Teilen des südlich-zentralen Kenia sowie in einigen kleineren nördlichen und südöstlichen Landstrichen; hier leben vor allem Hirt/inn/en. Touristisch attraktiv sind diese Gebiete aufgrund ihres umfangreichen Bestandes an wilden Tieren.

Am meisten Regen fällt zwischen April und Mai, wobei die Anzahl und der Zeitpunkt der Regenperioden nicht in ganz Kenia einheitlich ist. Im Gebiet von Nairobi etwa sind zwei Regenzeiten zu verzeichnen: eine Hauptregenzeit von Ende März bis Juni und eine sekundäre von Oktober bis Anfang Dezember. Der längste ganzjährliche Fluß Kenias, der Tana, fließt ebenso wie der Athi in den Indischen Ozean, einige kleinere Flüsse werden über den Viktoria-See und den Nil zum Mittelmeer entwässert. Die größten Seen sind der Viktoria-See (von dem ein kleiner Teil in das kenianische Territorium fällt) und der Turkana-See im Nordwesten.

Soziale und politische Geschichte: Bis um 1500 hatten sich die drei Hauptethnien, wie wir sie im heutigen Kenia finden, im wesentlichen als klar unterscheidbare Bevölkerungsgruppen etabliert, die Hamit/inn/en, Nilot/inn/en und Bantu.[373] Bis in diese Zeit zurück lassen sich erste Spuren des Handels zwischen der Küstenbevölkerung und der Bevölkerung des Hinterlandes sowie innerhalb des Hinterlandes nachweisen. Zu den Handelsgütern zählten Häute, Felle, Elfenbein, Salz, geschmiedetes Eisen und Bienenwachs sowie später in großem Ausmaß Sklav/inn/en. Die arabisch beeinflußte Küstenbevölkerung war ohnehin schon seit mehreren Jahrhunderten in den

---

[371] Siehe Vorlaufer: Kenya, a. a. O., 90.
[372] Siehe hier und im folgenden Miller: Kenya, a. a. O., 2-5; Vorlaufer: Kenya, a. a. O., 21-41.
[373] Siehe Miller: Kenya, a. a. O., 6.

Überseehandel eingebunden.[374] Bis zum 19. Jahrhundert hatten sich im Landesinneren kaum größere Herrschaftsbereiche herausgebildet. Als wesentlichste Ausnahme sind die Wanga zu nennen, die im Westen Kenias ein Königreich etabliert hatten (heute werden die Wanga den Luhya zugeordnet), das von einem sogenannten „Mumia's" aus regiert wurde (Mumia's kann nach Vorlaufer nicht als Stadt klassifiziert werden).[375] Bevor es zu weiteren Zentralisierungen hätte kommen können, wurde 1895 das jetzige Gebiet Kenias zusammen mit Sansibar, dem heutigen Uganda und einem Teil des südlichen Somalia zum britischen Protektorat British East Africa erklärt.[376] Bereits 1902 begann die Kolonialregierung, die Ansiedlung von Weißen im zentralen Hochland Kenias zu propagieren, womit man einen wesentlichen Grundstein der späteren kenianischen Geschichte legte. 1914 hatten sich etwa 1000 Europäer/innen die Rechte auf vielfach umfangreiche Landbesitzungen gesichert, nachdem die einheimischen afrikanischen Gemeinschaften zuvor enteignet worden waren.[377] Die europäische Bevölkerung betrug etwa 5400 Personen. Zum Teil versuchte man die Inbesitznahme dadurch zu rechtfertigen, daß das Land zu jener Zeit nicht bewirtschaftet worden war, was teilweise tatsächlich zutraf. Allerdings hatten sich die Kikuyu, die am meisten von den Ansiedlungen betroffen waren, nur zwischenzeitig aus jenem Gebiet zurückgezogen, nachdem hier eine Rinderpest gewütet und eine Dürrekatastrophe jenen Landstrich heimgesucht hatte.[378] Bald formierte sich Widerstand gegen die Kolonialist/inn/en in militärischer und politischer Form. Vor allem unter den Kikuyu in und bei Nairobi sowie unter den Luo waren schon in den frühen 20er Jahren politische Organisationen entstanden.[379] Doch trotz ihres Widerstandes hatten es die weißen Siedler/innen bis um 1940 zu einem beachtlichen Wohlstand gebracht, insbesondere auf der Grundlage von Kaffee- und Teekulturen.[380] Das heißt allerdings nicht, daß nicht wenige Siedler/innen wirtschaftlich strandeten bzw. manchmal massive ökonomische Probleme zu bewältigen hatten.[381] Eine nachhaltige Wirkung auf die Wirtschafts- und Verstädterungsstruktur hatte der 1896 begonnene Bau einer Eisenbahnlinie von Mombasa bis zum Victoria See bzw. bis nach Uganda. Zu den Auswirkungen des Eisenbahnbaus zählte indirekt auch der Umstand, daß viele Asiat/inn/en, vor allem aus Indien, die im Zuge der Errichtung der Bahn engagiert worden waren, sich in Kenia niederließen und zusammen mit schon vorher ansässigen Landsleuten den Kern einer bald wirtschaftlich sehr aktiven Bevölkerungsgruppe bildeten.[382]

---

[374] Siehe ebd., 6-8.
[375] Siehe Vorlaufer: Kenya, a. a. O., 80.
[376] Siehe Miller: Kenya, a. a. O., 9. Zum Kolonialismus in Kenia aus grundsätzlich marxistischer Perspektive siehe Klaus Voll: Politik und Gesellschaft in Kenia. Zur Evolution einer afrikanischen Gesellschaft während der britischen Kolonialherrschaft, Frankfurt a. M.-Berlin u. a.: Peter Lang, 1995 (als Diss. Berlin 1979).
[377] Siehe Richard Walker: Kenya. Recent History, in: Africa South of the Sahara 1996, London: Europa Publications, 1995, 492-498, hier 492.
[378] Siehe Miller: Kenya, a. a. O., 12.
[379] Siehe dazu auch weiter unten, Reaktionen auf den Kolonialismus - Einsatz um Rechte und Anliegen von Afrikaner/inne/n...!
[380] Siehe Walker: Kenya. Recent History, a. a. O., 492.
[381] Siehe etwa Miller: Kenya, a. a. O., 17.
[382] Siehe ebd., 10-11.

Während des Ersten Weltkrieges führten Großbritannien und Deutschland in Ostafrika einen erbitterten Krieg gegeneinander, bei dem unter anderem afrikanische Soldaten sowie afrikanisches Kriegshilfspersonal aus Kenia Afrikanern aus Deutschostafrika gegenüberstanden. Da die Kämpfe zum überwiegenden Teil im deutschen Territorium ausgetragen wurden, war die kenianische Zivilbevölkerung unmittelbar kaum betroffen.[383] Der Zweite Weltkrieg betraf Kenia nur am Rande.[384] Bald nach dem Ersten Weltkrieg wurde das Protektorat offiziell in eine Kolonie umgewandelt (1920).[385]

In der Zwischenkriegszeit etablierte sich in Kenia ein kapitalistisches System, das von den Angehörigen der Kolonialmacht dominiert wurde, in dem Asiat/inn/en eine mittlere Position einnahmen und das für Afrikaner/innen neben landwirtschaftlicher Tätigkeit in der Regel schlecht bezahlte Jobs oder den Kleinhandel übrig ließ. Die Einheimischen wurden zudem hoch besteuert, sodaß sie auf diesem Weg einen wesentlichen Beitrag zur Festsetzung des kolonialen Systems leisten mußten.[386] Trotz kapitalistischer Grundstrukturen konnten sich vor allem die Siedler/innen reichhaltige staatliche Unterstützungen sichern in Form von Finanzflüssen, Wettbewerbs- und Landrechten, die sie klar bevorzugten.[387] Die Regierung wurde nach 1920 angeführt vom Colonial Governor, dem Kommissare und Minister bis hinunter zu den ernannten Chiefs und Headmen unterstanden. Diese Chiefs afrikanischer Abstammung waren in der Regel von der Kolonialmacht ernannt und wurden von ihr bezahlt, nur ausnahmsweise konnten sie sich auf eine traditionelle Legitimierung als Anführer berufen.[388]

1944 wurde die Kenya African Union gegründet (KAU), die Rechte für die von den Weißen okkupierten Ländereien verlangte und insbesondere von den Kikuyu getragen wurde. 1947 übernahm der Kikuyu Jomo Kenyatta den Vorsitz der KAU, nachdem er schon zuvor die KAU in Großbritannien vertreten hatte. Die Unabhängigkeitsbestrebungen eskalierten, als sich vor allem Kikuyu zum bewaffneten Widerstand mit Guerilla-Methoden entschlossen, wobei ihr primäres Angriffsziel, gemessen an den Zahlen von Todesopfern, nicht die Weißen waren, sondern Schwarze, die sich mit den Weißen zusammengetan hatten[389]. Wesentliches Ziel des Kampfes war die Rückerstattung ihres Landes, welches die weißen Siedler/innen für sich beanspruchten[390]. Dieser Aufstand, der als Mau-Mau-Kampf bekannt wurde, da die kolonialen Machthaber/innen die Mau Mau-Geheimgesellschaft als Kern der Erhebung vermutete[391], dauerte im wesentlichen von 1952 bis 1956. 1952 wurde der Ausnahmezustand verhängt, ein Jahr darauf[392] wurde Kenyatta wegen angeblicher Verwicklung in den Mau-Mau-Kampf

---

[383] Siehe ebd., 14-16.
[384] Siehe ebd., 20-21.
[385] Siehe ebd., 17.
[386] Siehe ebd., 16.
[387] Siehe ebd., 18.
[388] Siehe ebd., 19.
[389] Siehe ebd., 23.
[390] Siehe Oluwole Omoni: Colonial Policies and Independence Movements, in: Richard Olaniyan (Hg.): African History and Culture, Lagos: Longman, 1982, 81-110, hier 100-101.
[391] Siehe Miller: Kenya, a. a. O., 22.
[392] Nach ebd., 24 bereits 1952.

verhaftet und die KAU verboten. Teilweise noch während des Aufstandes, vor allem aber nachdem die Rebellion unter Einsatz massiver Gewalt auch gegen Unbeteiligte niedergeschlagen worden war[393], wurden nach und nach die politischen und sozialen Rechte der Afrikaner/innen erweitert (u. a. Landreform)[394], bis 1960 der Ausnahmezustand aufgehoben und eine provisorische Konstitution verfaßt wurde, die den Afrikaner/inne/n eine große Mehrheit in der legislativen Ratsversammlung einräumte und politische Parteien legalisierte. Afrikanische Mitglieder der Versammlung gründeten darauf die Kenya African National Union (KANU), deren führende Persönlichkeiten James Gichuru, Tom Mboya und Oginga Odinga waren.[395] Während der Zeit nach dem Krieg konnten sich immer mehr Afrikaner/innen als erfolgreiche Wirtschaftstreibende (vor allem im Handel) etablieren und im kapitalistischen System Fuß fassen.[396] Gegen Ende der 60er Jahre wurde es klar, daß der Traum europäischer Siedler/innen von Kenia als einem „white man's country" nach dem Vorbild Rhodesiens oder Südafrikas nicht Wirklichkeit würde. Statt dessen fielen bereits in dieser Zeit die ersten Farmen in afrikanischen Besitz zurück im Sinne eines Programmes, das den Rückkauf der Ländereien mit Hilfe britischer Gelder vorsah.[397]

Als die KANU die Mehrheit der Sitze für die gesetzgebende Versammlung in einer allgemeinen Wahl 1961 gewann, erzwang die Partei erfolgreich die baldige Freilassung Kenyattas, der daraufhin den Vorsitz der KANU übernahm. In einer Wahl im Mai 1963 konnte die KANU abermals eine überwältigende Mehrheit der Stimmen für sich beanspruchen, Kenyatta wurde Premierminister der internen eigenständigen Regierung. Im Dezember schließlich wurde Kenia völkerrechtlich unabhängig. Ein Jahr darauf wurde Kenyatta Präsident der nunmehrigen Republik.[398]

Die Verhandlungen zur Unabhängigkeit legten den Grundstein für die Weiterführung eines kapitalistischen Systems mit privatem Eigentum an Grund und Boden sowie privaten Unternehmen und einer engen wirtschaftlichen Verflechtung mit dem Westen.[399] Diese kapitalistische bzw. marktwirtschaftliche Orientierung führte bald zu massiver Kritik an Kenyatta, die insbesondere vom kommunistisch ausgerichteten Ex-Vizepräsidenten Oginga Odinga, einem Luo, vorgebracht wurde. Ethnische Spannungen boten einen weiteren Konfliktstoff. So beschuldigte man Kenyatta etwa der „Kikuyusierung" der Bürokratie.[400] Der Regierungsstil Kenyattas wurde indessen bis zu seinem Tod 1978 immer autokratischer und eigenmächtiger. Dazu gehörte auch die de facto-Einführung des Ein-Parteien-Systems (offiziell erst seit 1982).[401] Erfolgreich konnte sich der Mzee (ein Ausdruck für alte ehrenhafte Männer), wie er noch heute

---

[393] Siehe ebd., 22.
[394] Siehe ebd., 23-24.
[395] Siehe Walker: Kenya. Recent History, a. a. O., 492.
[396] Siehe Miller: Kenya, a. a. O., 25-26.
[397] Siehe ebd., 27-28.
[398] Siehe Walker: Kenya, a. a. O., 492. Zu den politischen Strategien der nachkolonialen Zeit in Kenia siehe vor allem weiter unten, die nachkoloniale Zeit - Kenia! Hier nur einige Rahmendaten.
[399] Siehe Miller: Kenya, a. a. O., 28-29.
[400] Siehe Walker: Kenya, a. a. O., 492; Miller: Kenya, a. a. O., 35.
[401] Siehe Walker: Kenya, a. a. O., 492; Miller: Kenya, a. a. O., 50-63.

betitelt wird, jedoch als Vater der Nation und Held des Unabhängigkeitskampfes präsentieren.[402]

Noch 1978 übernahm Moi, der 1967 Vizepräsident geworden war und der Volksgruppe der Kalenjin angehört, die Präsidentschaft und begann seine Amtsgeschäfte mit hoffnungsvollen Schritten, wie dem proklamierten Kampf gegen die korrupte Bürokratie, der Freilassung politischer Gefangener und einer politischen Reform zur Forcierung regionaler Repräsentation. Außenpolitisch leitete er eine umstrittene Intensivierung der Beziehungen zu den USA ein, die sich unter anderem in einem US-amerikanischen Militärstützpunkt in Kenia niederschlug.[403] Ein Staatsstreich der Luftwaffe im Jahr 1982, der bei einigen Student/inn/en Unterstützung fand, wurde von der Armee niedergeschlagen. Bei diesem Putsch bzw. in den daran anschließenden mehrtägigen Unruhen verloren nach offiziellen Angaben 159 Menschen ihr Leben, inoffizielle Quellen geben eine weitaus höhere Zahl an. Die Anführer wurden zum Tode verurteilt, die Luftwaffe wurde aufgelöst und die Universität vorübergehend geschlossen.[404] In den darauffolgenden Jahren wurde der politische Stil Mois immer autoritärer, gerade auch angesichts einer unübersehbaren Unzufriedenheit mit der Regierung.[405]

Um 1990 war die politische Situation in Kenia äußerst gespannt.[406] 1991 formierten sich erstmals Oppositionsparteien, obwohl Präsident Moi zu dieser Zeit noch strikt auf dem Ein-Parteien-System bestand, unter anderem mit dem Argument, daß ein Mehr-Parteien-System die Einheit der Nation gefährden und ethnische Konflikte verursachen würde. Freilich dürfte er ganz wesentlich auch um seine Macht gebangt haben. Schließlich wurden Ende des Jahres wichtige bilaterale finanzielle Unterstützungen seitens „nördlicher Länder" an politische Reformen (Pluralismus, Meinungs- und Versammlungsfreiheit) und die Bekämpfung der Korruption gebunden.[407] Unmittelbar darauf kündigte Moi die Aufhebung des Verbots von Oppositionsparteien an. Noch im Dezember 1991 brachen Unruhen im westlichen Kenia aus, die sich bald vor allem entlang der Rift Valley Province-Grenzen ausbreiteten, wo zugewanderte Nicht-Kalenjin (vor allem Kikuyu) gegenüber Kalenjin leb(t)en. Bis Ende Oktober 1993 verzeichnete man zwischen 1200 und 1500 Tote aufgrund der Auseinandersetzungen, zwischen 255.000 und 300.000 Menschen waren vertrieben worden. Diese Auseinandersetzungen, die vielfach als ethnisch motiviert gelten, dürften vielmehr politische Ursachen haben. Moi konnte mit dem Verweis auf die Unruhen seine Warnung bestätigen, daß die Zulassung von Oppositionsparteien zu gravierenden Konflikten führen würde, und zugleich konnte er jene Auseinandersetzungen als Wahlkampfinstrument

---

[402] Siehe Miller: Kenya, a. a. O., 36-37.
[403] Siehe Walker: Kenya, a. a. O., 492; Miller: Kenya, a. a. O., 89-92.
[404] Siehe Walker: Kenya, a. a. O., 492-493; Miller: Kenya, a. a. O., 93-96.
[405] Siehe Walker: Kenya, a. a. O., 493-494.
[406] Siehe Joel D. Barkan: Divergence and Convergence in Kenya and Tanzania: Pressures for Reform, in: ders. (Hg.): Beyond Capitalism vs. Socialism in Kenya and Tanzania, Boulder-London: Lynne Rienner, 1994, 1-45, hier 36. Im folgenden siehe auch Walker: Kenya, a. a. O., 494-497.
[407] Siehe Barkan: Divergence and Convergence in Kenya and Tanzania, a. a. O., 37.

nutzen im Sinne einer Einschüchterung eventueller Anhänger/innen von Oppositionsparteien.[408] Die ersten Wahlen Kenias seit 26 Jahren, in denen mehrere Parteien zugelassen waren, gewann 1992 die regierende KANU-Partei unter Moi mit einem Drittel der abgegebenen Stimmen, wobei die Bevölkerung in hohem Maße entlang ethnischer Linien wählte. Natürlich kam Moi bei diesen Wahlen der Umstand sehr zugute, daß die Oppositon keine geeinte Wahlplattform errichten konnte.[409] Wenngleich die Regierung einige Reformen einleitete, stehen die Chancen eher schlecht, daß es zu durchgreifenden politischen und ökonomischen Verbesserungen kommt.[410]
Die Nähe Kenias zu westlichen Staaten habe ich bereits erwähnt (vor allem zu Großbritannien und den USA). Im ostafrikanischen Raum pflegte Kenia zunächst im Rahmen der ostafrikanischen Gemeinschaft enge Kontakte zu Uganda und Tansania, bis 1977 die Grenzen zwischen Kenia und Tansania geschlossen wurden und die Gemeinschaft zerbrach. Zu Uganda hatte Kenia stets relativ gute Beziehungen, die selbst unter dem Terrorregime Idi Amins nicht radikal gefährdet waren. Am spannungsvollsten war wohl das Verhältnis zu Somalia aufgrund von Grenzkonflikten.[411]
Entsprechend dem kenianischen Wirtschaftssystem mit seiner kapitalistischen bzw. marktwirtschaftlichen Ausrichtung und schwach entwickelten Umverteilungsmaßnahmen besteht in Kenia eine relativ stark ausgeprägte soziale Schichtung, die oben beginnt mit der wohlhabenden Führungsschicht des Landes (von Politiker/inne/n bis zu Wirtschaftstreibenden) sowie mit Ärzt/inn/en, Rechtsanwält/inn/en, hohen Beamt/inn/en, die in der Regel eine umfangreiche formale Schulbildung absolvierten und Städte bewohnen. Eine Mittelschicht setzt sich aus weniger erfolgreichen Wirtschaftstreibenden, Angestellten etc. zusammen und aus erfolgreichen Landwirt/inn/en. Am unteren Ende rangieren Beschäftigte mit äußerst niedrigem Einkommen, Unterbeschäftigte und Arbeitslose sowie Kleinlandwirt/-e/-innen, Hirt/inn/en. In den frühen 80er Jahren schätzte man, daß rund 3 Prozent der Bevölkerung der Oberschicht angehörten mit einem jährlichen Einkommen von mehr als 60.000 KSH bzw. 8000 USD (dazu zählten vielleicht mehr als 500 einheimische Dollarmillionär/-e/-innen, deren Vermögen sich allerdings vornehmlich im Ausland befand). Die Mittelschicht dagegen verdiente zwischen 3750 und 60.000 KSH bzw. 500 bis 8000 USD. Das durchschnittliche jährliche Pro-Kopf-Einkommen dieser Zeit schätzte man auf rund 380 USD.[412]

Wirtschaft und Beschäftigung: In den ersten 15 Jahren nach der Unabhängigkeit erwirtschaftete Kenia ein reales ökonomisches Wachstum von jährlich nicht ganz 7 Prozent. Im industriellen Sektor betrug die Wachstumsrate in den 70er Jahren beinahe 10 Prozent, wobei dieses Wachstum vor allem durch ausländisches Kapital sowie heimische Ressourcen finanziert wurde. In den Jahren von 1970 bis 1978 wuchs das reale kenianische BIP im Mittel um jährlich mehr als 5 Prozent. Mit diesen Wachstumsraten stand Kenia als eines der wirtschaftlich erfolgreichsten Länder Afrikas da.

---
[408] Siehe ebd., 38.
[409] Siehe ebd., 38-39.
[410] Siehe ebd., 39.
[411] Siehe Miller: Kenya, a. a. O., v. a. 128-137.
[412] Siehe ebd., 71-75.

Zu Beginn der 80er Jahre wurden allerdings wirtschaftliche Probleme offensichtlich. Die terms of trade verschlechterten sich, was unter anderem zu einer Reduktion der Devisenreserven führte; die Budgetdefizite erhöhten sich aufgrund ungeminderter Staatsausgaben; die Auslandsschuld stieg deutlich an. Nach einer kurzen Erholung um 1983 als Auswirkung von IMF-inspirierten Reformprogrammen kam es bereits 1984 zu einem erneuten Einbruch vor allem aufgrund einer gravierenden Dürrekatastrophe. In den Jahren darauf verzeichnete man wieder deutlich höhere Raten des realen BIP, die im Bereich zwischen 4,1 und 5,5 Prozent lagen. 1993 wurde ein vorläufiger Tiefststand von schätzungsweise 0,2 Prozent erreicht, für 1994 nimmt man eine Rate von 3 Prozent an. Im Schnitt über die Jahre von 1980 bis 1993 lag das jährliche reale BNP pro Kopf bei 0,3 Prozent; 1992 fiel es um 1,6 Prozent.[413] Die jährliche Inflationsrate, die man bis 1987 beinahe auf 5 Prozent hinabdrücken konnte, erreichte in den ersten drei Monaten von 1993 rund 60 Prozent (Einstellung von ausländischer Finanzhilfe, Deregulierung von Preisen). 1994 lag sie wiederum bei 13,8 Prozent.[414]

Die Landwirtschaft[415], in der rund drei Viertel der Beschäftigten tätig sind, leistete trotz rückläufiger Tendenzen (1993 sank der landwirtschaftliche Ertrag um 6 Prozent) im Jahr 1993 einen Beitrag zum BIP von 29 Prozent (inklusive Forstwirtschaft und Fischerei). Die wichtigsten Cash Crops sind Tee und Kaffee, die nach dem Tourismus die Hauptdevisenbringer des Landes sind. Weiters sind Zuckerrohr, Mais, Weizen, Sisal, Pyrethrum, Baumwolle sowie Schnittblumen, Obst und Gemüse zu erwähnen. Zur inländischen Nahrungsmittelversorgung werden vor allem Mais und Weizen angebaut; eine bedeutende Nahrungsmittelquelle ist daneben die Viehzucht (Fleisch und Milch bzw. Milchprodukte - auch für den Export). Etwa die Hälfte der agrarischen Produktion ist dem Subsistenzbereich zuzuordnen.[416]

Die Industrie (Manufaktur) ist zwar im Vergleich zu anderen ostafrikanischen Ländern relativ gut ausgebaut, sie trug 1993 dennoch nicht mehr als 10 Prozent zum BIP bei. In den Jahren zwischen 1965 und 1980 nahm der Output im Mittel jährlich um 10,5 Prozent zu, danach war ein markanter Rückgang des Wachstums zu registrieren. 1992 lag die Wachstumsrate wieder bei 4,9 Prozent. Weniger als 200.000 Menschen fanden zu Beginn der 90er Jahre in diesem Sektor eine Beschäftigung. Ein Großteil der Manufaktur ist im Bereich der Importsubstitution angesiedelt, wenngleich die Bestrebungen der Regierung hin zu einer verstärkten Exportorientierung laufen. Zu den wichtigsten Industriezweigen zählen die Verarbeitung von importiertem Rohöl, Nahrungsmittelverarbeitung, Automontage, Soda- und Metallverarbeitung, Textilerzeugung und -verarbeitung, Herstellung von chemischen Produkten, Zement, elektrischen Geräten, Reifen,

---

[413] Siehe Linda van Buren: Kenya. Economy, in: Africa South of the Sahara 1996, London: Europa Publications, 1995, 498-505, hier 498-499; Barkan: Divergence and Convergence in Kenya and Tanzania, a. a. O., 1-45, hier 35-36.
[414] Siehe van Buren: Kenya. Economy, a. a. O., 498-499.
[415] Eine detaillierte Darstellung der Landwirtschaft findet sich bei Hans Hecklau: Ostafrika (Kenya, Tanzania, Uganda), in der Reihe Wissenschaftliche Länderkunden, Bd. 33, Darmstadt: Wissenschaftliche Buchgesellschaft, 1989, 213-285.
[416] Siehe van Buren: Kenya. Economy, a. a. O., 499-500.

Batterien, Papier, Keramik, Holzprodukten und Lederwaren. Der Bergbau spielt nur eine untergeordnete Rolle in Kenias Wirtschaft. Zu den abgebauten Mineralien zählen Sodaasche, Edelsteine, Gold, Salz.[417] Gemessen an den Bruttoeinnahmen ist der Tourismus seit 1989 der wichtigste Devisenbringer Kenias. Zu Beginn der 90er Jahre gingen die Besucher/innenzahlen allerdings wieder zurück, nachdem man in den Herkunftsländern der Tourist/inn/en (vor allem Großbritannien und Deutschland) von mehreren Überfällen auf Tourist/inn/en und den politischen Unruhen erfahren hatte.[418]

1980 waren schätzungsweise 12 Prozent der wirtschaftlich aktiven Bevölkerung im Dienstleistungssektor beschäftigt (fast doppelt so viele wie im industriellen Sektor).[419] 1987 deckte dieser Bereich aber einen bedeutenden Teil des BIP ab.[420] Die meisten der oben genannten Zahlen haben nur eine eingeschränkte Gültigkeit, wenn man die Bedeutung des informellen Sektor berücksichtigt. Einerseits kann das Ausmaß des informellen Sektors schwer bestimmt werden, insbesondere was seinen Beitrag zur Volkswirtschaft anlangt; andererseits wird oft nicht erklärt, ob man den informellen Sektor miteinkalkulierte. Eine Schätzung für die späten 80er Jahre gibt den Prozentsatz der informell Beschäftigten an der Gesamtzahl der städtischen Beschäftigten mit 40 an. Im informellen Sektor sind insbesondere im Bereich des Kleinhandels Frauen vorherrschend.[421] Aus einer Untersuchung im Jahr 1986, in der 1100 städtische Beschäftigte im informellen Bereich berücksichtigt wurden, geht hervor, daß 41,8 Prozent aller informell Beschäftigten im Handel tätig waren, 33,6 Prozent in der Landwirtschaft und 11,4 Prozent persönliche Dienstleistungen ausführten.[422]

Verstädterung und Städtestruktur: Die heutige Verstädterungsstruktur Kenias geht im wesentlichen auf die Kolonialzeit zurück,[423] abgesehen von einigen größeren vorkolonialen Siedlungen im Landesinneren und Städten an der Küste, deren Einfluß allerdings durch die Kolonialverwaltung stark modifiziert wurde[424]. Insbesondere die

---

[417] Siehe ebd., 500-501.
[418] Siehe ebd., 502; siehe auch Hecklau: Ostafrika, a. a. O., 302-313.
[419] Siehe Africa South of the Sahara 1996: Kenya: Statistical Survey, London: Europa Publications, 1995, 505-510, hier 505.
[420] Vgl. David Simon: Cities, Capital and Development. African Cities in the World Economy, London: Belhaven Press, 1992, Tab. 3.9, S. 62.
[421] Siehe Richard Stren, Mohamed Halfani, Joyce Malombe: Coping Urbanization and Urban Policy, in: Joel D. Barkan (Hg.): Beyond Capitalism vs. Socialism in Kenya and Tanzania, Boulder-London: Lynne Rienner, 1994, 175-200, hier 182.
[422] Siehe William J. House, Gerrishon K. Ikiara, Dorothy McCormick: Urban Self-Employment in Kenya: Panacea or Viable Strategy, *World Development*, 21/7 (1993), 1205-1223, hier Tab. 3, S. 1208.
[423] Siehe etwa R. A. Obudho, G. O. Aduwo: Small Urban Centres and the Spatial Planning of Kenya, in: Jonathan Baker (Hg.): Small Town Africa. Studies in Rural-Urban Interaction, Uppsala: The Scandinavian Institute of African Studies (Nordiska Afrikainstitutet), 1990, 51-68, hier 53-59.
[424] Bezüglich der Küstenstädte vgl. Hecklau: Ostafrika, a. a. O., 192-198. Allgemein zur Geschichte der Verstädterung in Kenia siehe auch E. M. Aseka: Urbanisation, in: William R. Ochieng´ (Hg.): Themes in Kenyan History, Nairobi: East African Educational Publishers, ²1993 (¹1990), 44-67; R. A. Obudho: Historical Perspective of Urbanization, in: ders. (Hg.): Urbanization and Development Planning in Kenya, Nairobi: Kenya Literature Bureau, 1981, 5-36.

Gegenwärtige Städte und ihre Geschichte 167

Eisenbahnverbindung von Mombasa nach Kisumu prägte diese Struktur.[425] In nachkolonialer Zeit wurden diese Strukturen weiter gefestigt. Einige dominante Städte erlebten nicht zuletzt wegen einer industriellen Laissez-faire-Politik einen weiteren Aufschwung, wobei sie auf ihre, aus der Kolonialzeit stammenden relativen Vorteile bauen konnten.[426] Langsam vergrößern und vermehren sich in letzter Zeit kleine und mittlere städtische Zentren, und zwar auch in ehemals kaum urbanisierten Regionen, was unter anderem bedeutet, daß die Migration vom Land in die Stadt etwas breiter verteilt wird als zuvor.[427] Dieses Wachstum kleinerer städtischer Zentren ist zum Teil auf raumplanerische Konzepte einer „stadtzentrierten Dezentralisierungsstrategie" der Regierung zurückzuführen, die einen Teil der zunehmenden Bevölkerungskonzentration auf mehrere kleinere Städte sowie auf viele kleine ländliche Zentren aufzuteilen versuchte.[428] Die jährliche Wachstumsrate für Nairobi zwischen 1979 und 1989 machte 5 Prozent aus, die von Mombasa 3,5 Prozent; im Vergleich dazu die Rate sekundärer städtischer Zentren: durchschnittlich 7 Prozent jährlich.[429] Regional betrachtet, befanden sich 1969 nirgendwo mehr Städte und Städter/innen als in den Central Highlands (63 Prozent der Städte, 43 Prozent der Stadtbewohner/innen), am wenigsten verstädtert ist die North-Eastern Province.[430] An diesem Gesamtbild hat sich bis heute wenig verändert.

Tabelle 14: *Anzahl von Städten in Kenia nach Einwohner/innenzahl, 1948 bis 1989*

Stadtgröße	Zahl der Städte				
	1948	1962	1969	1979	1989
2000 - 9999	13	27	37	63	93
10 000 - 99 999	3	5	9	24	40
100 000 oder mehr	1	2	2	3	6
Städte insgesamt	17	34	48	90	139

Quelle: Für 1948 bis 1979: John O. Oucho: Urban Migrants and Rural Development in Kenya, Nairobi: Nairobi University Press, 1996, Tab. 2.6, S. 51 (nach Volkszählungen; leicht abweichende Daten für 1969 finden sich bei Hecklau: Ostafrika, a. a. O., Tab. A 5, S. 552); für 1989: Republic of Kenya: Kenya Population Census 1989, Vol. II, a. a. O., 9-14.

Die zehn größten Städte des Landes waren 1989 Nairobi (1.324.570[431]), Mombasa (461.753), Kisumu (192.733), Nakuru (163.927), Machakos (116.293), Eldoret

---

[425] Siehe Obudho: Kenya, a. a. O., 200.
[426] Siehe Obudho; Aduwo: Small Urban Centres and the Spatial Planning of Kenya, a. a. O., 53.
[427] Siehe ebd., 59-60.
[428] Siehe dazu Walter Satzinger: Stadt und Land im Entwicklungsland. Ein Beitrag zur Diskussion über die urbane Befangenheit von Entwicklungsplanung und Entwicklungsprozeß am Beispiel Tansanias, Bielefelder Studien zur Entwicklungssoziologie, Bd. 46, Saarbrücken-Fort Lauderdale: Verlag Breitenbach, 1990, 247-260.
[429] Siehe Obudho: Kenya, a. a. O., 203.
[430] Siehe ebd., 206-208; zur kenianischen Städtestruktur siehe auch Hecklau: Ostafrika, a. a. O., v. a. 199-205.
[431] In Klammer finden sich jeweils die Einwohner/innenzahlen.

(111.882), Meru (94.947), Nyeri (91.258), Kakamega (58.862) und Thika (57.603).[432] Nairobi war bald nach seiner Gründung die in vielerlei Hinsicht wichtigste Stadt Kenias und ist das bis heute geblieben. Die zweitgrößte Stadt Kenias, Mombasa, ist beinahe drei Mal kleiner als Nairobi.

1985 bot die Hauptstadt Kenias über ein Drittel aller formellen Arbeitsplätze und verzeichnete eine industrielle Wertschöpfung von 60 Prozent ganz Kenias. Dazu kommt der informelle Sektor, der gerade in letzter Zeit immer bedeutender wird.[433]

Nairobi ist über Kenia hinausgehend ein wichtiges Zentrum vor allem für Ostafrika mit den Sitzen internationaler Firmen und Entwicklungsagenturen.[434]

Wie jedoch jede/r aufmerksame Besucher/in Nairobis bald feststellen wird, ist die Stadt nicht nur Sitz nationaler und internationaler Konzerne und Agenturen, sondern zugleich ein Brennpunkt der Armut, die sich niederschlägt in den riesigen Squatters und Slums (schätzungsweise lebten gegen Ende der 80er Jahre 30 bis 40 Prozent der Bevölkerung in Squatters oder Slums - siehe weiter unten[435]) und den vielen Menschen, besonders auch Kindern, die auf der Straße leben.

Umwelt, Klima Nairobis

Nairobi verdankt seine Vorrangstellung innerhalb Kenias nicht zuletzt seinem gemäßigten Klima. Die durchschnittlichen Höchsttemperaturen der Stadt, die 1661 Meter über dem Meeresspiegel liegt, betragen von Jänner bis April und Mitte September bis Ende Oktober etwas über 25° C und von Mai bis Mitte September weniger als 25° C. Im Juli beträgt das durchschnittliche monatliche Temperaturminimum 12° C. Über das ganze Jahr verteilt fallen im langjährigen Mittel 907 Millimeter Regen (am meisten Niederschlag ist im April und im November zu messen).[436] Wichtigster Fluß ist der Nairobi River, der am Stadtzentrum nordwestlich vorbeifließt.

---

[432] Siehe Republic of Kenya: Kenya Population Census 1989, Vol. II, a. a. O., 9.
[433] Siehe Irene Stacher: Nairobi: Eine afrikanische Metropole, in: Peter Feldbauer, Erich Pilz, Dieter Rünzler, Irene Stacher (Hg.): Megastädte. Zur Rolle von Metropolen in der Weltgesellschaft, Wien-Köln-Weimar: Böhlau, 1993, 191-216, hier 205 und 211.
[434] Siehe ebd., 192 und 208-210.
[435] Natürlich gibt es dazu unterschiedliche Schätzungen!
[436] Siehe Hecklau: Ostafrika, a. a. O., 205.

Karte 9: *Nairobi*

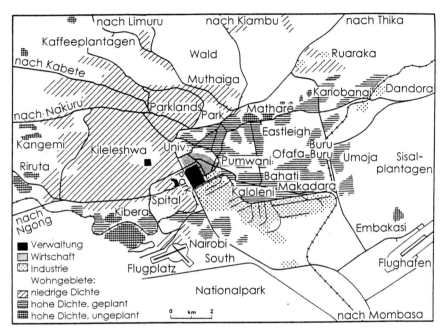

Quelle: Krammer, nach O'Connor: The African City, a. a. O., 199.

Geschichte

Nairobi wurde 1899 als Hauptquartier der Uganda Railway gegründet (zunächst war es als „Caldbeck" bekannt)[437], ein Jahr später wurde ein Areal mit drei Meilen (4,827 Kilometer) Durchmesser, auf dem sich die Baracken und Zelte des Lagers befanden, zum Stadtgebiet erklärt.[438] Die Lage war den Eisenbahnplanern aus mehrfacher Hinsicht günstig erschienen: Hier hatte die Eisenbahn etwa drei Fünftel der Strecke vom Ausgangspunkt Mombasa bis zum Endpunkt Kisumu am Victoria-See hinter sich gebracht, bevor sie einen kritischen Anstieg ins Hochland und den Abstieg ins Rift Val-

---

[437] Siehe Obudho: Historical Perspective of Urbanization, a. a. O., 18.
[438] Zur Geschichte Nairobis siehe Gary P. Ferraro: Nairobi: Overview of an East African City, *African Urban Studies*, 3 (1978-79), 1-13, hier v. a. 1-5; William A. Hance: Population, Migration, and Urbanization in Africa, New York-London: Columbia University Press, 1970, 366-373; Andrew Hake: African Metropolis. Nairobi's Self-Help City, London: Sussex University Press, 1977, 19-91; Dorothy M. Halliman, W. T. W. Morgan: The City of Nairobi, in: W. T. W. Morgan (Hg.): Nairobi: City and Region, Nairobi: Oxford University Press, 1967, 98-120; Danielle de Loches Rambonnet, Eckart Günzel, Karl Georg Wolf: Housing - Kenya - Zabia. Politische und wirtschaftliche Determinanten für die Wohnversorgung der unteren Einkommensschichten von Kenya und Zambia, Berlin: Technische Universität Berlin, 1976, 76-101.

ley zu bewältigen hatte. Da Nairobi auf rund 1660 Meter über dem Meeresspiegel liegt, war das Klima für Europäer/innen recht günstig. Weiters war zumindest zunächst genügend Wasser vorhanden und flaches Land, das spätere Expansionsbestrebungen erleichtern sollte. Schließlich schien der Widerstand seitens der ursprünglichen Bevölkerung leicht bewältigbar, da das Gebiet als Pufferzone zwischen Kikuyu und Maasai relativ gering bevölkert war.[439] Später erwies sich als günstig auch die Nähe der ursprünglichen Niederlassung zum hügeligen Hochland, auf dem die wohlhabenden Schichten gerne ihre Wohnsitze errichtet(en).[440] Die temporären Sümpfe bei Nairobi, die erst allmählich trockengelegt wurden, sowie mangelnde Abwasser- und sanitäre Einrichtungen verursachten allerdings in den ersten 15 Jahren mindestens vier größere Epidemien.[441]

Die heutige Funktion und Struktur Nairobis geht im wesentlichen auf die Anfänge bzw. ersten Jahrzehnte der Stadt und somit auf die Kolonialzeit zurück. So war Nairobi Hauptsitz der Eisenbahn, koloniale Hauptstadt (ab 1907) und damit Regierungs- und Verwaltungszentrum, Wirtschaftszentrum und Wohn- und Arbeitsort vieler zugewanderter Inder/innen, Pakistanis, Europäer/innen sowie Afrikaner/innen mit zunächst strikter Trennung der Ethnien bzw. „Rassen".[442] Vor allem nach dem Zweiten Weltkrieg wurde neben dem Dienstleistungssektor der industrielle Sektor immer wichtiger (primär Leichtindustrie). Aus einer Siedler/innenstadt wurde ab den 50er Jahren eine internationale Großstadt mit einem wachsenden Dienstleistungs- und Industriesektor und einer zunehmenden Beschäftigung von afrikanischen Arbeitskräften.[443] Der industrielle Sektor umfaßte 1961 ein breites Spektrum an Branchen: unter anderem Nahrungs- und Genußmittel, Textilien und Leder, Holzverarbeitung, Chemie, Baustoffe, Metallverarbeitung, Autoindustrie.[444]

Die Bevölkerungszahlen Nairobis waren in den Anfangsjahren bis zum Zweiten Weltkrieg recht niedrig (nicht anders als in vielen afrikanischen Städten), was unter anderem damit zu tun hat, daß die Kolonialregierung die permanente Ansiedlung von Afrikaner/inne/n zunächst in engen Grenzen hielt. Während des Zweiten Weltkrieges, in dem Nairobi ein wichtiges militärisches Zentrum war, stieg die Einwohner/innenzahl auf über 100.000 an.[445] Wie ich noch weiter unten darstellen werde, waren die Lebensverhältnisse der afrikanischen Bevölkerung recht schwierig, insofern etwa ihr Einkommen sehr gering war und die Wohnverhältnisse auf niedrigem Standard gehalten wurden. In diesem Zusammenhang sei erwähnt, daß der Großteil der verheirateten Männer, die in Nairobi eine Arbeit gefunden hatten, ohne ihre Familie in der Stadt lebte. Der koloniale Wohnbau dieser Zeit stellte fast ausnahmslos Unterkünfte für alleinstehende Männer bereit. Um 1940 dürfte auf acht Männer eine Frau ge-

---

[439] Siehe Ferraro: Nairobi, a. a. O., 1.
[440] Vgl. Stacher: Nairobi, a. a. O., 199.
[441] Siehe Hance: Population, Migration, and Urbanization in Africa, a. a. O., 366.
[442] Siehe ebd., 367.
[443] Siehe Stacher: Nairobi, a. a. O., 199.
[444] Siehe Halliman; Morgan: The City of Nairobi, a. a. O., 114-116.
[445] Siehe Hance: Population, Migration, and Urbanization in Africa, a. a. O., 367.

kommen sein. Die Volkszählung von 1948 ergab für alle Altersgruppen zusammen bei den Afrikaner/inne/n ein Verhältnis von 386 Männern zu 100 Frauen, 1969 lag es bei 158 zu 100. Da verschiedene Formen von Prostitution unter diesen Bedingungen zu erwarten waren, gingen viele so weit, jede alleinstehende afrikanische Städterin von vornherein als Prostituierte abzustempeln, sodaß die Landbewohner/innen in der Regel sowohl zu verhindern suchten, daß ihre eigenen Töchter in die Stadt zogen als auch daß ihre Söhne eine „Stadtfrau" heirateten.[446] Die Zahlen zum Geschlechterverhältnis alleine würden schon klar machen, für wie temporär man den Aufenthalt von Afrikaner/inne/n in der Stadt konzipierte. Trotz dieser widrigen Umstände wuchs die Zahl der afrikanischen Familien in Nairobi sowie die Kinderzahl langsam an.[447] 1948 machte die afrikanische Bevölkerung nicht viel mehr als die Hälfte der Gesamtbevölkerung aus (Afrikaner/innen: 54 Prozent, Asiat/inn/en: 35 Prozent, Europäer/innen: 9 Prozent).[448] Der Mau Mau-Aufstand von 1952 bis 1956 bzw. 1959 und die Erlangung der Unabhängigkeit 1963 beschleunigten das Wachstum Nairobis. Die Niederschlagung des Aufstandes erforderte einen hohen Einsatz von Personal, welches insbesondere in Nairobi stationiert war. Darüber hinaus versuchte man, nicht zuletzt im Sinne der Begrenzung der Unzufriedenheit und des Widerstandspotentials immer mehr Afrikaner/innen wirtschaftlich zu integrieren und zugleich die Wohnverhältnisse für die afrikanische Bevölkerung durch den Neubau von Wohnungen zu verbessern[449]. Bis 1962 waren im Gebiet von Nairobi nicht ganz 78.000 männliche Beschäftigte registriert[450]. Mit der Unabhängigkeit Kenias wurden koloniale Migrationbeschränkungen im wesentlichen aufgehoben, sodaß viele Afrikaner/innen, die mit der Unabhängigkeit die nicht immer realistische Vorstellung von besseren Arbeitsbedingungen in der Stadt verbanden, nach Nairobi fuhren, um sich dort kurz- oder längerfristig niederzulassen.[451] Seither nimmt die Bevölkerung weiterhin kontinuierlich zu. Die durchschnittlichen jährlichen Wachstumsraten unmittelbar vor der Unabhängigkeit sowie in den ersten Jahren danach waren allerdings deutlich höher als die gegenwärtigen, die für den Zeitraum von 1995 bis 2000 auf 5,45 Prozent geschätzt werden.[452]

Ein Teil der Bevölkerungszunahme resultiert aus den erweiterten Stadtgrenzen; andererseits war die Erweiterung aufgrund der Immigration und des natürlichen Wachstums notwendig geworden. 1979 waren etwa 75 Prozent der Bevölkerung Nairobis außerhalb der Hauptstadt geboren. In den letzten Jahrzehnten zeichnet sich zudem ein deutlicher Trend in die Richtung ab, daß immer mehr Menschen, die sich in Nairobi ansiedeln, und eine zunehmende Zahl der in Nairobi Geborenen ständig in Nairobi bleiben.[453]

---

[446] Siehe Hake: African Metropolis, a. a. O., 64-66; 76.
[447] Siehe ebd., 67.
[448] Siehe Obudho: Historical Perspective of Urbanization, a. a. O., Tab. 2:1, S. 22.
[449] Siehe Rambonnet; Günzel; Wolf: Housing - Kenya - Zabia, a. a. O., 82.
[450] Siehe Hake: African Metropolis, a. a. O., 84.
[451] Siehe Ferraro: Nairobi, a. a. O., 1-2 u. 5.
[452] Siehe United Nations: World Urbanization Prospects: The 1994 Revision, a. a. O., Tab. A.14, S. 147.
[453] Siehe Vorlaufer: Kenya, a. a. O., 71.

Tabelle 15: *Fläche innerhalb der Stadtgrenzen Nairobis, 1900 bis heute*

Jahr	1900	1919	1948	1962	1963 bis heute
Fläche in km²	18,24	24,37	83,13	90,65	689,45

Quelle: Hecklau: Ostafrika, a. a. O., Tab. A9, S. 555.

Tabelle 16: *Bevölkerungsentwicklung von Nairobi, 1902 bis 1993*

Jahr	Bevölkerung	Jahr	Bevölkerung
1902	4 300	1957	222 000
1906	11 512	1962	266 794
1920	20 000	1969	509 286
1930	33 000	1979	827 775
1936	49 600	1985	1 130 000
1944	108 900	1989	1 324 570
1948	119 000	1993	2 000 000

Quellen: Die Zahlen von 1902 bis 1969 sind entnommen aus Ferraro: Nairobi, 1; dieser bezieht sich unter anderem auf W. T. W. Morgan: Nairobi: City and Region, Nairobi: Oxford University Press, 1967, 100 und Kenya Statistical Abstract, 1974, Nairobi: Government Printing Office, 1974, 15. Für 1979: Obudho: Kenya, a. a. O., Tab. 12.5, S. 205 (nach der Volkszählung); für 1985: Miller; Singh: Urbanization during the Postcolonial Days, a. a. O., Tab. 5.2, S. 68 (nach UN-Angaben); für 1989: Republic of Kenya: Kenya Population Census 1989, Vol. I, Nairobi: Central Bureau of Statistics, Office of the Vice-President, Ministry of Planning and National Development, März 1994, 1-1; für 1993: Stacher: Nairobi, a. a. O., 191 (ähnlich auch Graham Alder: Tackling Poverty in Nairobi's Informal Settlements: Developing an Institutional Strategy, *Einvironment and Urbanization,* 7/2 (1995), 85-107, hier 86 u. 88).

Bei der Volkszählung 1989 standen 752.597 Männer 571.973 Frauen gegenüber. Diese bewohnten zusammen 382.863 Haushalte, was eine durchschnittliche Haushaltsgröße von rund 3,5 Personen ergibt.[454] Nach einem Survey von 1994 gab es in Nairobi 479.167 Haushalte mit einer durchschnittlichen Größe von 3,7 Personen.[455] Nach derselben Studie standen 83,3 Prozent aller Haushalte Männer vor.[456] 1989 rechnete eine offizielle Statistik mehr als 74 Prozent aller Haushalte zur unteren Einkommensgruppe und rund ein Viertel zur mittleren; die obere Einkommensgruppe wurde als vernachlässigbar klein angegeben.[457]

---

[454] Siehe Republic of Kenya: Kenya Population Census 1989, Vol. I, a. a. O., S. 1-1.
[455] Siehe Republic of Kenya: Welfare Monitoring Survey II, 1994, Basic Report, Nairobi: Central Bureau of Statistics, Office of the Vice-President and Ministry of Planning and National Development, Mai 1996, Tab. 3.1, S. 11.
[456] Siehe Republic of Kenya: Welfare Monitoring Survey II, a. a. O., Tab. 3.1, S. 16.
[457] Siehe John E. Odada, James O. Otieno (Hg.): Socio-Economic Profiles, Nairobi: Government of Kenya, Ministry of Planning and National Development & UNICEF, 1990, Tab. 8.4, S. 179.

Von der gesamten Bevölkerung Nairobis waren 1994 27,5 Prozent noch nie verheiratet, 32,7 Prozent waren monogam, 2,6 Prozent polygam verheiratet (man sollte wohl eher von monogyn und polygyn sprechen), 0,6 Prozent waren geschieden und 1,4 Prozent verwitwet; das Alter der übrigen rund 35 Prozent lag unter 15 Jahren.[458]

Nach wie vor dürften vor allem viele Männer nur zwischenzeitig und, falls sie eine Familie haben, ohne die Familie in die Stadt ziehen. Das Beziehungsgeflecht dieser Menschen ist daher wesentlich durch die Verbindungen zu den Verwandten am Land gekennzeichnet.[459] Während in Nairobi im allgemeinen häufiger Männer als Frauen ohne (Ehe-) Partner/in leben, finden sich besonders unter den ärmeren Bevölkerungsgruppen nicht wenige Frauen, die ohne einen Mann leben.[460]

Tabelle 17: *Ethnische Struktur Nairobis, 1969 bis 1989*

	1969 absolut	1969 Prozent	1979 absolut	1979 Prozent	1989 absolut	1989 Prozent
Gesamtbevölkerung	509 000		828 000		1 324 570	
kenian. Afrikaner/innen	408 000	80	740 000	89	1 218 478	92
Kikuyu	191 000	38	277 000	33	428 755	32
Luo	63 000	12	150 000	18	244 969	18
Luhya	65 000	13	134 000	16	217 992	16
Kamba	61 000	12	103 000	12	178 758	14
andere Afrikaner/innen	13 000	3	22 000	3	17 854	1
kenian. Asiat/inn/en	25 000	5	20 000	2	25 715	2
andere Asiat/inn/en	42 000	8	18 000	2	19 480	1
kenian. Europäer/innen	2 000	0,	2 000	0,	1 618	0,
andere Europäer/innen	18 000	3	17 000	2	14 204	1

Quelle: Für 1969 und 1979: O'Connor: The African City, a. a. O., Tab. 9, S. 116 (nach Volkszählungen); für 1989: Republic of Kenya: Kenya Population Census 1989, Vol. I, a. a. O., S. 6-3.

Es scheint, daß die ethnische Zugehörigkeit in der Regel für die Bewohner/innen Nairobis durchaus relevant ist. Man sieht sich nicht nur als Kenianer/in oder Einwohner/in von Nairobi, man kategorisiert sich und die anderen nicht nur nach Wohlstand bzw. Schichtzugehörigkeit oder Alter, sondern ebenso nach der ethnischen Abstammung, was beispielsweise zur Dominanz einzelner ethnischer Gruppen in bestimmten Wirtschaftszweigen führt.[461]

---

[458] Siehe Republic of Kenya: Welfare Monitoring Survey II, a. a. O., Tab. 3.7, S. 22.
[459] Vgl. Dieter Neubert: Sozialpolitik in Kenya, Münster: Lit, 1986, 287.
[460] Siehe Neubert: Sozialpolitik in Kenya, a. a. O., 288.
[461] Siehe Kinuthia Macharia: Social Networks: Ethnicity and the Informal Sektor in Nairobi (Working Paper No. 463), Nairobi: Institute for Development Studies, University of Nairobi, 1988.

Die Altersstruktur war 1989 wie folgt charakterisiert: 0 bis 14 Jahre: 31 Prozent, 15 bis 34 Jahre: 50 Prozent, 35 bis 49 Jahre: 14 Prozent, 50 bis 64 Jahre: 4 Prozent, 65 Jahre und älter: 1 Prozent.[462] Im Vergleich zum landesweiten Durchschnitt war in Nairobi die Altersgruppe der unter 15-Jährigen deutlich kleiner, die Gruppe der 15- bis 34-Jährigen dafür merklich größer. Die Altersgruppe der über 65-Jährigen wiederum ist in Nairobi geringer vertreten. Dieser Vergleich weist darauf hin, daß die Migration nach Nairobi nach wie vor ein bedeutender Faktor für die Bevölkerungsgröße ist und daß viele Menschen Nairobi nach ihrer Erwerbstätigkeit im höheren Alter wieder verlassen (wenngleich dieser Faktor zunehmend unbedeutender wird - siehe oben).

Räumliche Struktur

Wie schon erwähnt, geht die räumliche Struktur und funktionale Gliederung Nairobis in Grundzügen auf frühe Pläne der Kolonialverwaltung zurück.[463] Eine generelle Trennlinie zwischen den Schichten bildet eine Landschaftsstufe, die in Nord-Süd-Richtung durch das Stadtzentrum verläuft.[464] Westlich dieser Linie siedelten sich damals die Europäer/innen an, heute ebenso die reicheren Einheimischen, und beanspruchten damit den günstigeren Teil für sich (gute, kaum verschlammende Böden, leicht hügelig, ursprünglich bewaldet). Mit dem Gebiet östlich davon, das in die Savanne übergeht, sehr flach ist und dessen Böden während der Regenzeit zur Schlammbildung neigen, mußten damals primär die Afrikaner/innen und müssen heute die ärmeren Afrikaner/innen Vorlieb nehmen. Die Oberschicht[465] lebt heute im allgemeinen einerseits in jenen Gebieten des Upper Nairobi, zudem in neueren Vierteln im Süden und Südwesten des Stadtzentrums sowie an Ausfallstraßen im Norden, wobei hier eine Blockbauweise oder Reihenhäuser überwiegen, während die älteren Niederlassungen der Oberschicht üblicherweise als Einzelhäuser oder Villen mit großen Gärten errichtet wurden. Die Wohndichte beträgt nicht mehr als 2000 Einwohner/innen pro Quadratkilometer. Die Asiat/inn/en[466] lebten vielfach in mehrgeschoßigen Häusern, deren Erdgeschoß als Geschäftslokal genutzt wurde, in Zentrumsnähe sowie nördlich und östlich des Zentrums. In früher typischen Asiat/inn/envierteln leben heute ebenso Afrikaner/innen der Mittelschicht, während manche Asiat/inn/en auch in Oberschichtviertel gezogen sind. Die Wohndichte in den herkömmlichen Asi-

---

[462] Siehe Republic of Kenya: Kenya Population Census 1989, Vol. I, a. a. O., Tab. 2, S. 2-3.
[463] Zur Problematik des kolonialen Erbes heutiger Städte in Afrika (und in anderen „südlichen Ländern") vgl. Hardoy; Satterthwaite: Squatter Citizen, a. a. O., 18-25. Zur frühen und heutigen strukturellen Gliederung Nairobis siehe allgemein etwa Hecklau: Ostafrika, a. a. O., 206-213; Department of Resource Survey and Remote Sensing (Kenya) and Centre de Recherche, d´Echanges et de Documantation Universitaire (France): Kenya from Space: An Aerial Atlas, Nairobi: East African Educational Publishers, 1992, 40-43; Vorlaufer: Kenya, a. a. O., 119-125.
[464] Siehe Erich Resch: Nairobi. Wirtschaftliche Bedeutung, funktionale Struktur und Probleme einer Primate City in Ostafrika, Dipl.-arb., Klagenfurt, 1992, 81.
[465] Siehe ebd., 82-83.
[466] Siehe ebd., 83.

at/inn/envierteln beträgt etwa 10.000 Einwohner/innen pro Quadratkilometer. Die Wohnviertel unterer Afrikaner/innenschichten[467] zeichnen sich durch mehrstöckige Wohnblocks oder dichte Einzelhausbebauung aus, mit Wohndichten zwischen 10.000 und 20.000 Einwoher/inne/n pro Quadratkilometer. Häufig stammen ihre Häuser noch aus der Kolonialzeit und sind schlecht erhalten. Diese Viertel befinden sich primär im Osten der Stadt, aber auch in Eisenbahnnähe im Westen. Squatter- und Slumsiedlungen[468] sind sowohl im Osten, Süden und Südwesten zu finden. Zu diesen Siedlungen zählen vor allem Viertel, in denen illegale, behördlich nicht genehmigte Häuser auf fremdem Grund stehen, in denen illegale Häuser auf gepachtetem Grund oder illegale Häuser auf eigenem Grund errichtet wurden. Die Wohndichte in solchen Gebieten reicht von 20.000 bis 45.000 Einwohner/innen pro Quadratkilometer, und das bei Häusern ohne Stockwerken. (Andere Angaben finden sich weiter unten - Wohnen!)

Im Zentrum der Stadt hat sich in den letzten Jahrzehnten ein Central Business District[469] herausgebildet, in dem sich „hochwertige" Gechäfte, Tourismusbüros und Tourismus-Geschäfte, Sitze von Flugesellschaften, Luxushotels befinden. Die Kenyatta Avenue trennt den Central Business District im Süden vom gehobenen Geschäftsbereich[470] im Norden, der traditionell von Asiat/inn/en dominiert wurde bzw. wird und in dem hauptsächlich Güter des mittel- und langfristigen Bedarfs (Bekleidung, Schuhe, Einrichtungsgegenstände, Elektroartikel, Fahr- und Motorräder, Autos) erhältlich sind, aber auch zum Teil Lebensmittel. Der Übergang Richtung Osten zu einfachen Geschäftsvierteln ist fließend, während die Abgrenzung nach Norden und Westen mit dem Jeevaniee Park bzw. der Muindi Mbingu Road recht deutlich ist. Im Bereich nördlich der Kenyatta Avenue und westlich der Moi Avenue befinden sich zudem mehrere Dienstleistungsunternehmen[471]. Der einfache Geschäftsbereich konzentriert sich um die River Road und ist in seiner Angebotspalette sehr gemischt, wenngleich mit einzelnen Bereichen, in denen die eine oder andere Branche offensichtlich vorherrscht. In den einfach ausgestatteten Geschäften, die meist Afrikaner/inne/n gehören, werden die Waren zu Preisen angeboten, deren Niveau sich an die Finanzkraft der Unterschicht anpaßt. Die oberen Stockwerke der ein- bis zweigeschoßigen Bauten werden als Wohnungen genutzt. In diesem Geschäftsbereich gibt es zudem viele Gaststätten und Beherbergungsbetriebe. Die Squatter- und Slumbewohner/innen frequentieren primär eigene Märkte im Bereich ihrer Siedlungen[472], auf denen alle wichtigen und zugleich billigen Waren erhältlich sind. Die Händler/innen verkaufen ihre Waren auf einfachen Ständen oder am Boden ausgebreitet und sind im wesentlichen informell tätig.

---

[467] Siehe ebd., 83-84.
[468] Siehe ebd., 84-87.
[469] Siehe ebd., 91-97. Folgende Beschreibungen beruhen zudem auf eigenen Beobachtungen des Autors in den Jahren 1992, 1993 und 1996.
[470] Siehe Resch: Nairobi, a. a. O., 97-101.
[471] Nach eigenen Erehebungen.
[472] Siehe Resch: Nairobi, a. a. O., 102-104.

Abbildung 1: *Nairobi, Stadtzentrum, 1996 (Foto: Krammer)*

Abbildung 2: *Nairobi, Mathare Valley, 1993 (Foto: Krammer)*

Gegenwärtige Städte und ihre Geschichte 177

Die mehrstöckigen Bürogebäude, die nach der Unabhängigkeit bzw. in den 70er Jahren errichtet worden waren[473], konzentrieren sich auf Areale am Rande des Regierungsviertels westlich der Moi Avenue, südlich der Harambee Avenue und südlich der Kenyatta Avenue. Gegen Ende der 80er Jahre wurde mit dem Bau neuer Bürohochhäuser mit „modernen" Glasfassaden im Nordwesten der Innenstadt begonnen.

Die industriellen Betriebe sind mehrheitlich im Südosten der Stadt bzw. südlich der Eisenbahnlinie zu finden. Hier haben sich etwa neun Zehntel aller Betriebe des produzierenden Gewerbes niedergelassen; darüber hinaus sind hier vier Fünftel der Lagerhauskapazität Nairobis lokalisiert.[474]

Vor allem im Westen und Norden schließt das Stadtgebiet Zonen mit primär land- und forstwirtschaftlicher Nutzung ein, im Süden liegt der Nairobi National Park.[475]

Wirtschaft, Erwerbstätigkeit

Tabelle 18: *Verteilung der Erwerbstätigen in Nairobi nach Branche und Geschlecht, 1994 (in Prozent)*

	Landwirtschaft	Forstwirtschaft	Fischerei	Bergbau	Manufaktur	Bau
männlich	1,0	0,2	0,2	0,2	7,8	3,3
weiblich	2,2	..	0,2	0,2	1,2	0,8
gesamt	3,2	0,2	0,4	0,4	9,0	4,1

	Elektrizität/ Wasser	Transport/ Lager	Verkauf/ Gastgewerbe	Finanzen/ Realien	Hausbesitz
männlich	0,7	4,4	8,3	2,5	0,2
weiblich	..	..	7,4	1,6	..
gesamt	0,7	4,4	15,7	4,1	0,2

	öffentl. Verwaltung	Erziehung	Gesundheit	Sicherheit	andere Dienstleistungen
männlich	4,9	1,0	0,4	5,3	12,4
weiblich	1,9	1,5	1,2	2,8	26,2
gesamt	6,8	2,5	1,6	8,1	38,6

geschätzte Anzahl der Beschäftigten: männlich: 548.272, weiblich: 490.742, ges.: 1.039.014

Quelle: Republic of Kenya: Welfare Monitoring Survey II, a. a. O., Tab. 5.10, S. 109-115.

---

[473] Siehe ebd., 106-107.
[474] Siehe Hecklau: Ostafrika, a. a. O., 213.
[475] Siehe Department of Resource Survey and Remote Sensing (Kenya) and Centre de Recherche, d'Echanges et de Documantation Universitaire (France): Kenya from Space, a. a. O., 43.

Nairobi weist als Hauptstadt und Verwaltungszentrum sowie als Stützpunkt vieler internationaler Firmen und nicht-wirtschaftlicher Organisationen (etwa der UNO) einen bedeutenden Dienstleistungssektor auf. Dazu kommt die Funktion Nairobis als Knotenpunkt des kenianischen bzw. ostafrikanischen Tourismus, der weitere Arbeitsplätze im Bereich der Hotelerie, der Tourismusagenturen und der touristischen Infrastruktur schafft.[476] 1985 war rund ein Drittel aller Erwerbstätigen des formellen und informellen Sektors im Bereich der öffentlichen und privaten Dienstleistungen tätig (der Anteil des informellen Sektors wurde hier mit etwa 10 Prozent eingeschätzt), Handel, Hotels und Restaurants beschäftigten rund ein Fünftel der Erwerbstätigen (mit einem fast 50-prozentigen Anteil des informellen Sektors).[477]

Der industrielle Sektor konnte in den letzten Jahrzehnten mit dem Bevölkerungswachstum Nairobis nicht mithalten, obwohl viele neue Industrieanlagen entstanden waren.[478] Im landesweiten Vergleich zeigt sich eine deutliche Dominanz Nairobis in diesem Sektor. 1977 hatten sich hier 53,7 Prozent der Manufakturbetriebe Kenias niedergelassen mit 42,9 Prozent der landesweit in der Manufaktur Beschäftigten. Von den baugewerblichen Firmen befanden sich 70,9 Prozent in der Hauptstadt, in der 83,6 Prozent aller Bauarbeiter einen Arbeitsplatz gefunden hatten. (Alle Zahlen betreffen ausschließlich den formellen Sektor!)[479] Nicht ganz ein Fünftel aller Beschäftigten Nairobis im formellen und informellen Sektor war 1985 im Bereich des verarbeitenden Gewerbes aktiv (nach jener Statistik betrug der Anteil der informell Beschäftigten in diesem Gewerbesektor rund 15 Prozent).[480] 1985 wurde folgende Verteilung aller im formellen verarbeitenden Gewerbe Beschäftigten nach Branchen festgestellt: Nahrungsmittel: 14,2 Prozent; Getränke, Tabak: 7,7 Prozent; Textilien, Bekleidung, Leder: 13,3 Prozent, Holzbe- und -verarbeitung: 5,2 Prozent; Papier, Druck: 11 Prozent; Chemie, Gummi, Kunststoff: 16,3 Prozent; Verarbeitung von Steinen, Erde (etwa Zement): 2,4 Prozent; Grundmetall, Metallartikel: 12 Prozent; Maschinenbau: 1,3 Prozent; Elektrotechnik: 3 Prozent; Verkehrsmittel: 12 Prozent; sonstige: 2,4 Prozent.[481]

Es wird geschätzt, daß rund die Hälfte aller Beschäftigten Nairobis im informellen Sektor tätig ist, der handwerkliche Arbeiten, Dienstleistungen (vom Schuheputzen bis zur Prostitution) und den Handel einschließt[482] sowie städtische Landwirtschaft. Nach einer Studie im Jahr 1986, die 216 Personen in Nairobi umfaßte, übten 41,1 Prozent aller informell Beschäftigten eine händlerische Tätigkeit aus, 24,4 Prozent eine landwirtschaftliche, 12,5 Prozent waren im Rahmen persönlicher Dienstleistungen und 11 Prozent im Bau tätig.[483] Im Bereich des Nahrungsmittelhandels, vielfach ein informel-

---

[476] Vgl. Stacher: Nairobi, a. a. O., 208-210.
[477] Nach Vorlaufer: Kenya, a. a. O., Abb. 30, S. 111. Ich nenne hier und im folgenden absichtlich Zahlen, die nicht auf dem Welfare Monitoring Survey II beruhen, um diese eine Studie relativieren zu können.
[478] Siehe Stacher: Nairobi, a. a. O., 204-207; 212-213.
[479] Siehe Simon: Cities, Capital and Development, a. a. O., Tab. 4.5, S. 94 u. S. 95.
[480] Nach Vorlaufer: Kenya, a. a. O., Abb. 30, S. 111.
[481] Siehe ebd., Tab. 20, S. 238.
[482] Siehe Stacher: Nairobi, a. a. O., 207; 211-212.
[483] Siehe House; Ikiara; McCormick: Urban Self-Employment in Kenya, a. a. O., Tab. 3, S. 1208.

ler Zweig, waren 1990 fast 70 Prozent der Händler/innen Frauen.[484] Meist zum informellen Sektor ist auch die städtische Landwirtschaft zu zählen. Eine Untersuchung, die auf Daten von 1987 zurückgreift, weist auf die Bedeutung städtischer Landwirtschaft vor allem für einkommensschwache Bevölkerungsschichten Nairobis hin.[485] Obwohl man von offizieller Seite her de iure relativ restriktiv dagegen vorgeht (de facto herrscht meist etwas größere Toleranz) und die Pflanzer/innen nicht nur dem Risiko des Diebstahls oder schlechter Ernten durch widrige Witterungsverhältnisse ausgesetzt sind, sondern ebenso der Gefahr der Zerstörung ihrer Kulturen durch die Behörden, nimmt städtische Landwirtschaft immer mehr zu.[486] 1987 dürfte rund ein Fünftel der Haushalte in Nairobi eine Klein(st)landwirtschaft betrieben haben.[487] In fast allen Stadtteilen gibt es meist kleine Felder bzw. Gärten (von wenigen Quadratmetern bis zu mehreren Hektar[488]), an denen vor allem Mais, Bohnen, Kartoffel und Blattgemüse angebaut werden, wobei es mehr Felder in den äußeren Bezirken gibt als in den inneren und unterschiedliche Verteilungen durch die Bodenbeschaffenheit festzustellen sind. Mehrheitlich Frauen bearbeiten diese Gärten bzw. Felder.[489] Zum weitaus überwiegenden Teil gehört das Land, auf dem angebaut wird, nicht den Pflanzer/inne/n; nur zum Teil wird eine Pacht dafür bezahlt, nicht selten wird das Land ohne die Bewilligung des/der Besitzer/-s/-in (Privatpersonen oder öffentliche Hand) genutzt.[490] Als Hauptgründe, städtische Landwirtschaft zu betreiben, wurden - hier nach der Relevanz gereiht - Nahrungsmittelbedarf, Anreicherung bzw. Ergänzung der Nahrung durch frisches Gemüse sowie Erwerb eines Zusatzeinkommens angeführt.[491]

Infrastruktur

Der öffentliche Verkehr Nairobis setzt sich im wesentlichen aus den Bussen des Kenya Bus Service (KBS), einer ergänzenden Busgesellschaft (Nyajo), aus Matatus[492] (Kleinbussen oder umgebauten Pick-ups) sowie Taxis zusammen.[493] Schätzungsweise

---

[484] Siehe Richard Stren, Mohamed Halfani, Joyce Malombe: Coping Urbanization and Urban Policy, in: Joel D. Barkan (Hg.): Beyond Capitalism vs. Socialism in Kenya and Tanzania, Boulder-London: Lynne Rienner, 1994, 175-200, hier 182.
[485] Siehe Donald B. Freeman: A City of Farmers. Informal Urban Agriculture in the Open Spaces of Nairobi, Kenya, Montreal-Kingston-London-Buffalo: McGill-Queen's University Press, 1991.
[486] Siehe ebd., 43-44.
[487] Siehe ebd., Tab. 5, S. 131.
[488] Siehe ebd., 87-88.
[489] Siehe ebd., 54-56; Tab. 31, S. 141.
[490] Siehe ebd., 71-72.
[491] Siehe ebd., 105-110.
[492] Der Name leitet sich aus dem Gigikuyu her: „mangotole ihatu", „drei Zehn-Cent-Stücke", dem Fahrpreis in den 50er Jahren, als die Matatus - zu dieser Zeit illegal - ihr Geschäft aufnahmen. (Siehe Diana Lee-Smith: Urban Management in Nairobi: A Case Study of the Matatu Mode of Public Transport, in: Stren; White (Hg.): African Cities in Crisis, a. a. O., 276-304, 286.)
[493] Siehe Resch: Nairobi, a. a. O., 76 und 79 und eigene Beobachtungen; eine Spezialuntersuchung zum öffentlichen Verkehr, vor allem aber zu den Matatus: Lee-Smith: Urban Management in Nairobi, a. a. O., 276-304.

deckten die Matatus 1989 57 Prozent des öffentlichen Verkehrs in Nairobi ab.[494] Das KBS (zu 75 Prozent im Besitz einer multinationalen britischen Firma, zu 25 Prozent gehört es der Nairobi City Commission) dürfte mit den etwa 300 Bussen um 1990 rund 50 Prozent des innerstädtischen Personenverkehrs bewältigt haben, wobei seine Linien die Innenstadt besonders gut erschließen. Nyajo ist spezialisiert auf Linien in die Vororte und konzentriert sich auf Stoßzeiten. Die Matatus, von denen es 1992 etwa 3500 gab, fahren ebenfalls in die Vororte. Sie sind nicht an fixe Haltestellen gebunden und durch ihre laute Musik oft schon von weitem hörbar. In der Regel gehören die Matatus Kleinunternehmern (zum Teil sind sie selbst die Fahrer), privaten Geschäftsleuten oder Angestellten, die im Transportgeschäft eine zusätzliche Einnahmequelle sehen. Die Taxis sind aufgrund der relativ hohen Preise nur für Besserverdienende erschwinglich. Zum Teil werden Privatautos als Taxis verwendet. Sowohl der öffentliche als auch der private Verkehr wird durch den immer schlechter werdenden Zustand der Straßen teilweise stark beeinträchtigt[495]. Vor allem ein Sicherheitsproblem stellt die unzureichend instandgehaltene Straßenbeleuchtung dar (1990 dürfte rund ein Drittel der Straßenlampen nicht funktioniert haben)[496].

Nairobi ist durch den Jomo Kenyatta International Airport mit der internationalen Luftfahrt verbunden; insbesondere der Wilson Airport in Nairobi ist ein Knotenpunkt des nationalen Flugverkehrs.

Das Telephonsystem scheint zunehmend überlastet zu sein, was sich besonders in Stoßzeiten in einer schlechten Übertragungsqualität äußert bzw. in der Unmöglichkeit, überhaupt eine Verbindung herzustellen.[497]

Um 1990 gab es in Nairobi insgesamt 14 Spitäler, 9 Health Centres (mit Betten für Gebärende), 14 Health Centres ohne Betten, 11 Entbindungsheime, 4 Ambulanzen mit Betten und 73 Ambulanzen ohne Betten sowie 29 Kliniken.[498] 1988 bezifferte man die Anzahl der Krankenhausbetten mit 5696; die Zahl von Krankenhausbetten pro Einwohner/in Nairobis hatte sich gegenüber 1978 um mehr als 10 Prozent verringert.[499] Wenngleich Nairobi besser mit Gesundheitseinrichtungen ausgestattet ist als andere Städte und Landesteile, ist der Zugang der unteren Schichten nur begrenzt gewährleistet.[500]

1996 wurden 273 Primarschulen (teils mit Vorstufen) von der Stadtregierung geführt, in denen 153.626 Primarschüler/innen und 8936 Kinder in Vorstufen eingeschrieben waren und in denen 4207 Lehrer/innen unterrichteten.[501] Sowohl im Primar- als auch Sekundarschulbereich bestehen viele private und halbprivate Bildungseinrichtungen. (Zur Zahl der privaten und Sekundarschulen liegen mir keine Daten vor.) In

---

[494] Siehe UNCHS: An Urbanizing World, a. a. O., Tab. 8.5, S. 8-21.
[495] Siehe etwa Justin Konchora: No End to City Rot, *Daily Nation,* Nairobi, November 26, 1996, S. 22.
[496] Siehe Simon: Cities, Capital and Development, a. a. O., 93.
[497] Siehe Simon: Cities, Capital and Development, a. a. O., 93.
[498] Siehe Odada; Otieno (Hg.): Socio-Economic Profiles, a. a. O., Tab. 8.16, S. 190.
[499] Siehe Vorlaufer: Kenya, a. a. O., Tab. 6, S. 102.
[500] Siehe Odada; Otieno (Hg.): Socio-Economic Profiles, a. a. O., 191.
[501] Siehe Nairobi City Council: Nairobi International Show 1996, Nairobi 1996, 19.

der Stadt befinden sich zwei große staatliche Universitäten (Nairobi University und Kenyatta University mit 12.428 bzw. 7360 Student/inn/en im Unterrichtsjahr 1989/90).[502]

Wohnen (unter besonderer Berücksichtigung von Slums und Squatters)

Nachdem ich bereits im Zuge der Darstellung der räumlichen Struktur verschiedene Aspekte der Wohnverhältnisse behandelt habe, möchte ich hier noch einige Ergänzungen vornehmen und insbesondere auf Slums und Squatters[503] eingehen.

Die Bevölkerungsdichte von Nairobi ist je nach Gebiet höchst unterschiedlich. Die Dichte in ganz Nairobi betrug gegen Ende der 80er Jahre etwa 20 Personen pro Hektar, im Mathare Valley, einem großen Slumgebiet, betrug sie schätzungsweise 500 Personen pro Hektar, in Kibera/Woodley immerhin noch 157 Personen pro Hektar.[504] (Zu den Wohndichten siehe auch weiter unten!) Rund 64 Prozent aller Haushalte bewohnten 1994 einen einzigen Raum. Durchschnittlich standen 1994 allen Haushalten 1,8 Räume zur Verfügung (unberücksichtigt bleiben hier Wohnmöglichkeiten, die nur gelegentlich genutzt werden).[505] Die Mauern von 25,2 Prozent der Wohnhäuser bestanden aus Lehm, die von 62,4 Prozent aus Zement und von 6 Prozent aus Holz; 70,6 Prozent der Wohnhäuser hatten ein Dach aus Eisenblech, 3,1 Prozent aus Zement bzw. Ziegelblöcken und 24,2 Prozent aus Dachziegeln.[506]

1994 bewohnten 11,5 Prozent aller Haushalte eine Unterkunft, die ihnen selber gehörte, 65,4 Prozent mieteten sie, 18,5 Prozent hatten eine kostenlose Wohnung.[507]

6,5 Prozent aller Haushalte verwendeten im Jahr 1994 zum Kochen primär Holz, 12,3 Prozent Kohle, 65,6 Prozent Paraffin, 9,7 Prozent Gas und 6 Prozent elektrischen Strom.[508] Als Beleuchtungsenergie diente in etwa der Hälfte aller Haushalte Paraffin und in etwas weniger als der Hälfte Strom.[509]

Einer UNESCO-Studie von 1990 zufolge verbrauchten etwa 50 Prozent aller Familien 50 Liter Wasser pro Tag, 25 Prozent haben einen Verbrauch von mehr als 80 Litern, 25 Prozent müssen mit weniger als 20 Liter pro Tag auskommen. Der tägliche Wasserverbrauch des/der durchschnittlichen Bewohner/-s/-in von Nairobi berägt pro Tag etwa 10 Liter, in Kalifornien vergleichsweise dazu durchschnittlich 400 Liter pro Tag.[510] Über 40 Prozent der Stadtbewohner/innen müssen ihr Wasser mehr als 100

---

[502] Siehe Vorlaufer: Kenya, a. a. O., 99.
[503] Ich werde im folgenden die Begriffe „Squatter" (meist als informelle Siedlungen unterschiedlicher Legalität verstanden, deren Standard sehr niedrig ist, jedoch im wesentlichen nie höher war) und „Slum" (verfallende Stadtviertel) entsprechend dem in Nairobi üblichen Sprachgebrauch nicht genau trennen.
[504] Siehe Hardoy; Mitlin; Satterthwaite: Environmental Problems in Third World Cities, a. a. O., 33.
[505] Siehe Republic of Kenya: Welfare Monitoring Survey II, a. a. O., Tab. 8.1, S. 200.
[506] Siehe ebd., Tab. 8.2, S. 202.
[507] Siehe ebd., Tab. 8.3, S. 205.
[508] Siehe ebd., Tab. 8.14, S. 223.
[509] Siehe ebd., Tab. 8.17, S. 228.
[510] Siehe Resch: Nairobi, a. a. O., 111.

Meter von der Wohnung entfernt holen, eine beständige und allgemeine Versorgung mit Trinkwasser ist nicht gewährleistet.[511] Das Wasser von privaten Wasserverkäufer/inne/n, auf das vor allem die Ärmsten angewiesen sind, war in Nairobi einem Weltbankbericht von 1988 gemäß sieben bis elf Mal so teuer wie Wasser direkt aus dem öffentlichen Wasserversorgungssystem.[512] Die Ursachen für die Probleme mit der Wasserversorgung liegen im nicht ausreichenden Zufluß zum städtischen Wasserleitungssystem, in der ungleichen Verteilung mit Bevorzugung der Oberschichtenviertel und im schlechten Zustand der Leitungen, in denen zu viel Wasser verloren geht.[513]

Einer mittleren Schätzung zufolge lebten gegen Ende der 1980er Jahre zwischen 30 und 40 Prozent der Bevölkerung Nairobis in Squatters.[514] Eine jüngere Studie, die im Jahr 1993 durchgeführt wurde, rechnet 5,84 Prozent des in Nairobi für Wohnzwecke genutzten Gebietes zu den informellen Siedlungen. Hier wohnen jedoch 55 Prozent der gesamten Bevölkerung Nairobis. Man errechnete eine durchschnittliche Bevölkerungsdichte von 750 Personen pro Hektar, die zwischen 4 und 15 Mal höher ist als in Stadtvierteln, die primär von Bezieher/inne/n der mittleren und höheren Einkommen bewohnt werden.[515] Zu den größten und bekanntesten Squatters gehört das Mathare Valley im Osten Nairobis, das noch vor der Unabhängigkeit enstanden war, in den letzten Jahrzehnten aber stark angewachsen ist. Als weitere Squatters sind Kibera im Südwesten und Kawangware im Westen der Stadt zu nennen sowie Korogocho am östlichen Stadtrand.[516] Die Ursachen der Squatters und Niedrig-Standard-Siedlungen liegen jedoch nicht nur in gegenwärtigen sozioökomomischen Verhältnissen (Arbeitsmangel, fehlende sozialstaatliche Absicherung, hohes Bevölkerungswachstum, zu wenige formelle Wohnungen für die unteren Einkommensschichten), sondern sind auch in der Geschichte zu suchen. So weist Roger van Zwanenberg darauf hin, daß die Mehrheit der ostafrikanischen Städter/innen von je her bzw. über lange Zeit in Slums lebte (hier und im folgenden, wo ich die Arbeit van Zwanenbergs referiere, sind mit „Slum" verschiedene Formen von Siedlungen mit sehr niedrigem Standard - nach der Einschätzung der Bewohner/innen selber - und fehlender oder mangelnder Ausstattung mit sanitären Anlagen, Wasser, etc. gemeint).[517] Man muß hier zunächst die allgemeine Entwicklung Nairobis berücksichtigen als Kolonialstadt mit primär administrativer

---

[511] Siehe ebd., 111-112.
[512] Siehe Hardoy; Mitlin; Satterthwaite: Environmental Problems in Third World Cities, a. a. O., 42-43.
[513] Siehe Resch: Nairobi, a. a. O., 112.
[514] Siehe Diana Lee-Smith: Squatter Landlords in Nairobi: A Case Study of Korogocho, in: Philip Amis, Peter Lloyd (Hg.): Housing Africa's Urban Poor, Manchester-New York: Manchester University Press, 1990, 175-187, hier 177.
[515] Siehe Alder: Tackling Poverty in Nairobi's Informal Settlements, a. a. O., 86.
[516] Siehe Lee-Smith: Squatter Landlords in Nairobi, a. a. O., 177; Philip Amis: Squatters or Tenants: The Commercialization of Unauthorized Housing in Nairobi, *World Development,* 12/1 (1984), 87-96; David Etherton: Mathare Valley. A Case Study of Uncontrolled Settlement in Nairobi, Nairobi: University of Nairobi, 1971.
[517] Siehe Roger van Zwanenberg: History & Theory of Urban Poverty in Nairobi: The Problem of Slum Development, Nairobi: Institute for Development Studies, Univerity of Nairobi, Working Paper No. 26, S. 2. (Ein Aufsatz von van Zwanenberg mit gleichem Titel ist erschienen in *Journal of Eastern Africa Reseach and Development,* 2/2 (1972), 165-203.)

Gegenwärtige Städte und ihre Geschichte 183

Funktion und kleinem tertiären Sektor sowie afrikanischen Arbeiter/inne/n und Angestellten, die sich in der Regel nicht für ständig in der Stadt niederließen bzw. niederlassen durften.[518] Nairobi war lange Zeit eine „weiße" Stadt, in der Afrikaner/innen als quasi Gastarbeiter/innen geduldet wurden. Die räumliche Verteilung von Industrie, Handel, Dienstleistungsbetrieben, Wohnraum etc. beruhte grundsätzlich nicht auf marktwirtschaftlichen Faktoren, sondern auf Vorschriften und Plänen der Stadtverwaltung. Ein Charakteristikum jener Pläne war die räumliche Trennung der verschiedenen „Rassen", nur innerhalb der Grenzen ihrer Areale kam ein Angebot-Nachfrage-Modell der Verteilung zur Geltung. Da die Europäer/innen zu Kolonialzeiten die Stadt regierten, konnten sie sich die größten und schönsten Gebiete der Stadt zuweisen. Eine Zwischenstelle nahmen die Asiat/inn/en ein, während die afrikanische Bevölkerung in relativ für ihre Anzahl kleinen Bezirken (Eastleigh, Pumwani, Pangani und später Mathare Valley) und überfüllten Wohnräumen leben mußte.[519] Zudem waren die Wohnungen bzw. Hütten in schlechtem Zustand und die sanitäre Unterversorgung gesundheitsgefährdend.[520] Offiziell wurde die Segregationspolitik damit begründet, daß man gesundheitliche Risiken für die Stadtbewohner/innen (im wahrsten Sinn des Wortes) einschränken wollte, die Sicherheit der Europäer/innen erhöhen und die Effizienz des Einsatzes der afrikanischen Arbeiter/innen verbessern wollte. Dahinter ortet van Zwanenberg die rassistische Ideologie der Weißen[521] von ihrer Superiorität, die offensichtlich auch durch räumliche Grenzen dargestellt werden sollte und die sich äußerte in der Anmaßung, Herr über das Land zu sein.

Daß die Stadt trotz der schlechten Wohnverhältnisse für Afrikaner/innen attraktiv gewesen ist, dürfte nach van Zwanenberg im (nominell) höheren städtischen Einkommen gelegen sein und in der Landknappheit, wobei trotz diverser Restriktionen seitens der kolonialen Behörden[522] so viele Menschen nach Nairobi strömten, daß das Angebot an Arbeitskräften in Nairobi bis 1939 stets höher war als ihre Nachfrage, im Gegensatz zur Situation am Land, wo die Betriebe nicht genügend Arbeiter/innen finden konnten.[523] Meiner Ansicht nach dürften kulturelle Faktoren ebenso eine wichtige Rolle gespielt haben wie etwa die Aussicht, dörflichen Restriktionen und Hierarchien zu entkommen. Das Überangebot an Arbeitskräften, das ganz im Sinne der städtischen Kolonialist/inn/en lag, die dadurch die Lohnkosten sehr niedrig halten konnten[524], bedeu-

---

[518] Siehe van Zwanenberg: History & Theory of Urban Poverty in Nairobi, a. a. O., 13 u. 15.
[519] Siehe ebd., 14-15 u. 21; Diane Kayongo-Male: Slum and Squatter Settlement in Kenya: Housing Problems and Planning Possibilities, in: R. A. Obudho, Constance C. Mhlanga (Hg.): Slum and Squatter Settlements in Sub-Saharan Africa. Toward a Planning Strategy, New York-Westport-London: Praeger, 1988, 133-144, hier 133.
[520] Siehe van Zwanenberg: History & Theory of Urban Poverty in Nairobi, a. a. O., 22.
[521] Siehe ebd., 26.
[522] Genannt seien hier etwa die Paßgesetze, die in Verbund mit der Festlegung von Afrikaner/innenvierteln den Zuzug regeln sollten. (Siehe ebd., 40-44.)
[523] Siehe ebd., 16-18.
[524] Siehe ebd., 21.

tete naturgemäß nichts anderes als Arbeitslosigkeit, sodaß Schätzungen zufolge beispielsweise 1935 fast ein Viertel der männlichen Bevölkerung arbeitslos war.[525] Wenngleich die Löhne in Nairobi in der Regel höher waren als am Land, waren sie verglichen zu den Lebenshaltungskosten in der Stadt so niedrig, daß ein durchschnittlicher Arbeiter nicht oder kaum wenigstens seinen eigenen Lebensunterhalt verdienen konnte.[526] Diese Lebenshaltungskosten setzten sich bei einem durchschnittlichen Arbeiter zu mindestens 40 Prozent aus der Miete für die Unterkunft zusammen, die vor allem deshalb im Verhältnis zum Einkommen so hoch war, weil es nicht genügend Unterkünfte für Afrikaner/innen gab.[527] Nach meiner Einschätzung sind neben kulturellen Motiven unter anderem folgende Gründe zu berücksichtigen, warum trotz der prekären finanziellen Lage Menschen nach Nairobi zogen: im Einzelfall noch schwierigere Bedingungen am Land, Versuch einer Diversifizierung des Familieneinkommens, Notwendigkeit des Geldeinkommens etwa zur Bezahlung von Steuern, Fehlinformationen, Hoffnung oder Aussicht auf späteren Aufstieg. In den 40er Jahren hatten neue Slums am Stadtrand (Kariobangi, Dagoretti Corner, Kabete) bereits eine beachtliche Größe erreicht, die trotz vielfacher behördlicher Vernichtungsaktionen längerfristig nicht beseitigt werden konnten. Dort hatten die Bewohner/innen zunächst aufgrund der niedrigeren Bevölkerungsdichte die Möglichkeit, ihr Einkommen durch die Bewirtschaftung kleiner Gärten weniger zu belasten oder gar zu ergänzen.[528]
Die Unterkünfte in den Squatters variieren von Häusern aus relativ beständigem Material, etwa Holz für die Wände und Blech für die Dächer, bis zu Hütten aus Karton, Altblech und Plastikfolien. Häuser der ersteren Art gehören vielfach „Companies", Zusammenschlüssen von Squatter-Bewohner/inne/n, die jene Bauten auf Grundstücken errichten, die ihnen gehören. Diese Wohnanlagen gleichen oft Baracken, die aus bis zu 20 aneinandergereihten Räumen bestehen, wobei üblicherweise eine Familie einen dieser Räume belegt.[529] Dazu kommen Bauten aus Lehmmauern mit einer Holzkonstruktion und Dächern aus Blech oder verschiedenen Abfällen.[530]
Entlang der Straßen oder größeren Fußwege befinden sich Geschäfte aller Art sowie „Restaurants".[531]
In machen Squatters leben mehrheitlich Menschen, die sich dort langfristig niedergelassen haben, eventuell sogar dort geboren wurden, in anderen wiederum verändert sich die Bevölkerung insofern sehr stark, als sich viele nur kurz niederlassen und jenes Viertel als Übergangsstadium betrachten, bis sie eine bessere Unterkunft gefunden haben.[532] Insbesondere mit der Dauer des Aufenthaltes in einer Squatter-Siedlung hängt

---

[525] Siehe ebd., 18.
[526] Siehe ebd., 19-20.
[527] Siehe ebd., 21-2.
[528] Siehe ebd., 23.
[529] Siehe Kayongo-Male: Slum and Squatter Settlement in Kenya, a. a. O., 135.
[530] Siehe Lee-Smith: Squatter Landlords in Nairobi, a. a. O., 179 und eigene Beobachtung 1993.
[531] Siehe Kayongo-Male: Slum and Squatter Settlement in Kenya, a. a. O., 136.
[532] Siehe ebd., 136.

auch die soziale Integration ab. Es wäre verfehlt anzunehmen, daß in solchen Siedlungen generell soziale Desorganisation vorherrsche.[533]
Die Besitzverhältnisse sind höchst unterschiedlich. Das betrifft nicht nur die Unterkünfte, sondern auch das Land, auf dem die Häuser gebaut sind. Vor allem in den Squatters am Stadtrand dürfte rund ein Drittel der Bewohner/innen das Grundstück, auf dem gebaut wurde, auch selber besitzen. Schätzungsweise zehn Prozent des Landes gehören Grundbesitzer/inne/n, die anderswo leben. Dazu kommen die Grundstücke der oben erwähnten „Companies" sowie städtisches oder staatliches Land.[534] Zu einem eher geringen Teil werden die Grundstücke illegal besetzt.[535] Die Unterkünfte befinden sich üblicherweise nicht im Besitz ihrer Bewohner/innen, das heißt, der größere Teil der Squatterbewohner/innen mietet sich ihre Unterkünfte.[536]
Zu den Problemen in den Squatters und Slums gehören nicht nur die sehr hohe Wohndichte, dazu kommen unter anderem gravierende sanitäre und ökologische Mängel und unzureichende Versorgung mit Wasser. Die Mieten verschlingen einen guten Teil des Einkommens. Kinderarbeit, Kriminalität und Alkoholismus (häufig wird illegal erzeugter Alkohol getrunken) sind Teil des Alltages.[537] Die Mehrheit der Squatter- und Slumbewohner/innen geht einer informellen Beschäftigung nach und verfügt damit häufig über kein einigermaßen gesichertes Einkommen. Manche dieser informellen Aktivitäten sind per se illegal (illegales Bierbrauen, Schnapsbrennen, Prostitution, Glücksspiel). Der Durchschnittsverdienst der Bevölkerung in jenen Gebieten liegt deutlich unter dem mittleren Einkommen der Bewohner/innen Nairobis. Nur wenige erzielen ihr Einkommen aus einer relativ fixen formellen Berufstätigkeit.[538] Daneben gibt es aber auch einige „Slumlords", die als Unternehmer/innen oder Vermieter/innen erfolgreich sind.[539]
Die Strategie der Stadtverwaltung, die Ausweitung von Squatters zu verhindern, beschränkte sich neben einigen Ansätzen öffentlichen Wohnbaus, die allerdings kaum auf die untersten Einkommensgruppen abgestimmt waren, vor allem in den 60er und frühen 70er Jahren im wesentlichen auf die Demolierung von Squattern, eine Linie, die im Zusammenhang mit der politischen Absicht stand, die immigrierten Arbeitslosen dazu zu bringen, zurück auf das Land zu gehen. Noch im Jahr 1990 ließ die Nairobi City Commission in zwei Aktionen die Unterkünfte von etwa 40.000 Slum- bzw. Squatterbewohner/innen zerstören[540]. In den späten 70er und 80er Jahren ging man allerdings immer mehr dazu über, vor allem die grundlegende Infrastruktur wie Was-

---

[533] Vgl. Marc Howard Ross: The Political Integration of Urban Squatters, Evanston: Northwestern University Press, 1973 (man berücksichtige freilich das Alter der Studie); Neubert: Sozialpolitik in Kenya, a. a. O., 289.
[534] Siehe Kayongo-Male: Slum and Squatter Settlement in Kenya, a. a. O., 137.
[535] Vgl. Philip Amis: Squatters or Tenants, a. a. O., 87-88.
[536] Siehe Lee-Smith: Squatter Landlords in Nairobi, a. a. O., 176-177.
[537] Siehe Kayongo-Male: Slum and Squatter Settlement in Kenya, a. a. O., 134-136.
[538] Siehe Alder: Tackling Poverty in Nairobi´s Informal Settlements, a. a. O., 100; Neubert: Sozialpolitik in Kenya, a. a. O., 293-302.
[539] Siehe Neubert: Sozialpolitik in Kenya, a. a. O., 292.
[540] Siehe Stren; Halfani; Malombe: Coping Urbanization and Urban Policy, a. a. O., 180.

serversorgung auch in den Squatters sicherzustellen („site and service schemes"), wobei sich diese Maßnahmen bald als kaum finanzierbar erwiesen.[541]

Soziale und ökologische Probleme

Viele soziale Probleme sind bereits erwähnt worden: Arbeitslosigkeit bzw. Unsicherheit der Erwerbstätigkeit, schlechte Wohnverhältnisse für einen großen Teil der Bevölkerung etc. Unübersehbar sind die vielen Menschen, die auf Nairobis Straßen leben und schlafen (vor allem Kinder, Jugendliche und Frauen). Nicht selten findet man vor allem Kinder, die Mitten auf dem Gehsteig schlafen, trotz des Lärms der Straße und der dahineilenden Menschen, die beinahe über sie stolpern. Ohne Drogen wäre ein derartiges Leben für die Mehrzahl nicht ertragbar. Zu Anfang der 90er Jahre schätzte eine Hilfsorganisation die Zahl von Straßenkindern auf mindestens 130.000[542]. Sie leben vielfach von Essensresten, die sie unter den Abfällen finden und/oder vom Betteln und/oder vom Diebstahl, schlafen auf der Straße, haben keine Schulbildungsmöglichkeiten; Mädchen werden oft sehr jung in Prostitution verwickelt.[543]

Hinzuweisen ist ferner auf die hohe Kriminalitätsrate. Neben der Kleinkriminalität boomt in den letzten Jahren das organisierte Verbrechen, demgegenüber die Polizei oft einen recht hilflosen oder gar unprofessionellen Eindruck macht.[544] Ausdruck weitverbreiteter Kriminalität sind die allgegenwärtigen Wächter: Besonders in der Innenstadt sind beinahe vor jedem Geschäft Wächter postiert, ebenso wie vor den Wohnhäusern der etwas besser Verdienenden.[545]

Die Umweltbelastung durch den Verkehr[546] ist vor allem wegen des schlechten Zustandes eines Großteils der Wagen (hohe Abgaswerte), wegen der Staus und, wo möglich, schnellerer Fahrweise relativ hoch. Die Bäche und Flüsse der Stadt sind durch industrielle Abwässer, Müll und menschliche Exkremente enorm verunreinigt und vergiftet; sofern das Wasser überhaupt der städtischen Kläranlage zugeführt wird, kann

---

[541] Siehe ebd., 179. Beispielhaft für einen frühen derartigen Ansatz siehe Thomas S. Weisner: Kariobangi: The Case History of a Squatter Resettlement Scheme in Kenya, in: W. Arens (Hg.): A Century of Change in Eastern Africa, The Hague-Paris: Mouton, 1976, 77-99. Allgemein zum öffentlichen Wohnbau im Bereich des „low-income-housings" siehe Winnie V. Mitullah: State Policy and Urban Housing in Kenya: The Case of Low Income Housing in Nairobi, Working Paper No. 485, Nairobi: Institute for Development Studies, University of Nairobi, 1992.

[542] Siehe Undugu Society of Kenya: Experiences in Community Development. Biennal Report (1990-1991), Nairobi, 1991, 5.

[543] Eigene Beobachtungen; siehe auch Undugu Society of Kenya: Experiences in Community Development, a. a. O., 5-6.

[544] Siehe etwa Ken Opala: Drastic Transformation, *Daily Nation (Beilage: Wednesday Magazine)*, Nairobi, November 13, 1996, S. IV; *Nation* Team: Armed Crime in City on the Rise, *Daily Nation,* Nairobi, November 13, 1996, S. 2.

[545] Eigene Beobachtungen; Simon: Cities, Capital and Development, a. a. O., 93.

[546] Eigene Beobachtungen; vgl. auch Resch: Nairobi, a. a. O., 114-115.

Gegenwärtige Städte und ihre Geschichte 187

es wegen ihrer unzureichenden Ausstattung nicht entsprechend gereinigt werden.[547] Die Müllentsorgung[548] funktioniert fast in ganz Nairobi schlecht, am ehesten im Innenstadtbereich und in den oberen Wohnvierteln. So sind häufig Müllberge zu finden, wo der Müll verrottet, vom Wind in der näheren Umgebung verteilt oder, so weit organisch und einigermaßen nahrhaft, von Ziegen gefressen wird. Zum Teil gräbt man Löcher, in denen der Müll vergraben werden soll. 1989 schätzte die Stadtverwaltung die Zahl der für die Müllentsorgung benötigten Fahrzeuge auf 100 ein, lediglich 10 von vorhandenen 40 Fahrzeugen waren allerdings einsatzbereit[549].

Freizeit, Gesellschaftsleben, „Hochkultur"

Die Freizeitgestaltung der meisten Bewohner/innen Nairobis unterscheidet sich generell wohl kaum von den Freizeitaktivitäten von Städter/inne/n in anderen afrikanischen Ländern: Man trifft sich mit Freund/inn/en und Verwandten, geht in Bars, besucht religiöse Veranstaltungen, lädt Bekannte ein etc. In einem Großstadion mit einem Fassungsvermögen von mehr als 10.000 Menschen kann man unter anderem Sportveranstaltungen besuchen.[550] Für die Wohlhabenderen und kulturell Interessierten finden sich in Nairobi faktisch alle Möglichkeiten, die man etwa als Europäer/in von einer Großstadt erwartet. Es gibt hier Restaurants und Bars der Spitzenklasse, Casinos, Diskotheken, diverse Klubs und Gesellschaften; Möglichkeiten zum Golfen und Polo-Spielen, zum Schwimmen; 13 Kinos und zwei Dirve-Ins (um 1990); ausländische Kulturzentren (insbesondere das französische, deutsche, britische, amerikanische), die verschiedene Kulturveranstaltungen anbieten (unter anderem Ausstellungen, Filmvorführungen, literarische Abende, Musik); mehrere Galerien für moderne Kunst (die Kunstszene Nairobis stößt auf ein beachtliches internationales Interesse); Museen (vor allem das Nationalmuseum - ethnologische, historische, naturkundliche Abteilungen); ein Nationaltheater, private Theater - teils mobile Ensembles.[551]

Ein nicht unwesentlicher Faktor, der die Kulturszene beeinträchtigt, ist die mangelnde Sicherheit in der Stadt. Ein großer Teil der Veranstaltungen findet naturgemäß am Abend bzw. in der Nacht statt (in Nairobi geht die Sonne noch vor 19 Uhr unter), da ja das Publikum tagsüber seiner Erwerbstätigkeit nachgehen muß. Sowohl als Autofahrer/in als auch als Fußgänger/in setzt man sich in der Nacht jedoch einem relativ hohen Risiko aus, Opfer eines Überfalls zu werden, insbesondere wenn man kaum ver-

---

[547] Siehe Resch: Nairobi, a. a. O., 113. Wie mir 1993 ein Sozialarbeiter erzählte, ist das Wasser des Nairobi River so vergiftet, daß man ein Projekt, in dem man die Überschwemmungszone des Flusses landwirtschaftlich nutzen wollte, aufgeben mußte, da die Pflanzen zu stark von Schadstoffen verseucht waren.
[548] Siehe Resch: Nairobi, a. a. O., 113.
[549] Siehe Stren; Halfani; Malombe: Coping Urbanization and Urban Policy, a. a. O., 181.
[550] Siehe Nairobi City Council: Nairobi International Show 1996, a. a. O., 29-30.
[551] Siehe etwa Promo C - Rome: Nairobi and its Horizon, Nairobi, 1992 (eine 72-seitige Werbebroschüre mit vielen Fotos aus Geschichte und Gegenwart); Alois Krammer: Gegenwartskunst in Kenia - Über sechs moderne Maler. Eine kunstwissenschaftliche Untersuchung unter besonderer Berücksichtigung von kulturellen und sozialen Aspekten, Essen: Die Blaue Eule, 1994, v. a. 29-43.

bergen kann, den höheren Einkommensschichten anzugehören. Die mangelnde Sicherheit schränkt aber nicht nur die Freizeitaktivitäten im Rahmen der „Hochkultur" ein, sondern hemmt ganz allgemein das Nachtleben (in) der Stadt.[552]

5. Grundzüge der jüngeren Verstädterungsgeschichte und städtischer Lebensweisen im tropischen Afrika

Geschichtliches

Wie ich im Kapitel über die Anfänge der Verstädterung gezeigt habe, bestand bereits in vorkolonialer Zeit eine Reihe von teils indigenen städtischen Zentren. Mit der Ausbreitung des Islam nahm die Verstädterung weiter zu.[553] Ein weiterer wichtiger Anstoß kam von der europäischen Kolonisation Afrikas bzw. von europäischen Handelskontakten mit Afrika. Ab dem 16., insbesondere aber ab dem späten 19. Jahrhundert, wurden in diesem Zusammenhang Städte errichtet oder ausgebaut. Um den Kolonialmächten einen entsprechenden Gewinn zu sichern, benötigten diese die Städte aus wirtschaftlichen und administrativen Gründen; mit der Ausbreitung des europäischen Wirtschaftssystems in Afrika im Zuge des Kolonialismus mußten daher Städte in entsprechender Anzahl entstehen, in denen die wirtschaftlichen Aktivitäten gebündelt wurden bzw. die Produkte einen Markt oder eine Zwischenstation im überseeischen Handel fanden und von wo aus die Kolonialreiche verwaltet werden konnten. Teilweise waren die Städte als Verkehrsknotenpunkte oder Bergbauorte entstanden.

Während das Phänomen der Urbanisierung historisch sehr weit zurückreicht und mit dem Kolonialismus eine Ausweitung erfuhr, steigerte sich die Geschwindigkeit der Verstädterung nach dem Kolonialismus markant.[554] Zur Zeit des Kolonialismus benötigte man zwar eine gewisse Zahl an Arbeitskräften in den Städten, zugleich wollte man jedoch häufig ihre permanente Niederlassung in Städten verhindern. Dazu schuf man Gesetze, die den Aufenthalt in den Städten an eine Erwerbstätigkeit koppelten sowie die Aufenthaltsdauer beschränkten. Sofern es aber ein Überangebot an Arbeitskräften gab, konnten koloniale Wirtschaftstreibende diese Situation dazu nutzen, die Löhne nach unten zu drücken. Nach der Kolonialzeit fielen bis auf Ausnahmen jene rigiden Zuwanderungsbestimmungen weg, sodaß all jene, die sich in den Städten ein besseres Leben oder zumindest eine Linderung ihrer eventuellen Misere am Land erhofften, relativ ungehindert in die Städte ziehen konnten. Dazu kommt, daß sowohl die

---

[552] Auf diesen Aspekt hat mich Kahare Miano 1996 aufmerksam gemacht, der als bildender Künstler und Universitätslektor in Nairobi lebt.

[553] Für einen kurzen Überblick über die Geschichte der Verstädterung in Afrika siehe Robert A. Obudho, Rose A. Obudho: The Growth of Africa's Urban Population, in: James D. Tarver (Hg.): Urbanization in Africa. A Handbook, Westport, Connecticut-London: Greenwood Press, 1994, 49-64, hier 49-54.

[554] Vgl. Miller; Singh: Urbanization during the Postcolonial Days, a. a. O., 65 u. 76.

zeitliche (Dauer der Fahrt) als auch kulturelle Distanz zu den Städten im Schnitt markant abnahm[555].

In der Kolonial- und Nachkolonialzeit wuchsen nicht nur die Städte rasant an, auch die ländliche Bevölkerung nahm stark zu, wenngleich in der Regel keineswegs so deutlich wie die städtische. Ein Teil des Städtewachstums ist jedenfalls als Wachstum der Gesamtbevölkerung aufzufassen.

Die meisten Städte geben in ihrer physischen Struktur und Gestaltung die Wechselhaftigkeit der Geschichte mit unterschiedlichen Herrscher/inne/n, Ideologien und funktionalen Bestimmungen wieder. An der Geschichte der Stadtplanung von Dakar, das, nachdem ein früherer Besiedlungsversuch von Franzosen/Französinnen gescheitert war, 1857 als französischer Militärstützpunkt gegründet worden war[556], möchte ich kurz auf den jeweiligen dominanten ideellen Einfluß hinweisen.[557] Zunächst war die Planung von militärischen Anforderungen der europäischen Kolonialist/inn/en geprägt. Nach dem Vorbild römischer Lager und für den Bedarf der Militärs bzw. der europäischen Ansiedler/innen errichtete man Gebäude und Straßen nach einem Gitternetzschema. Rund um die neue Stadt ließ sich die einheimische Bevölkerung nieder, deren Siedlungsweise, die zumindest in den Augen der Europäer/innen keine genügend klare Ordnung aufwies, bald durch ein Gitternetzschema strukturiert wurde, wobei die Häuser selber entsprechend einheimischen Gewohnheiten und mit lokalen Materialien errichtet wurden. Ein europäisches Ordnungsmuster wurde der einheimischen Bevölkerung aufgezwungen. Später versuchte man den Einheimischen selbst die Bauweise ihrer Häuser vorzuschreiben. Nach dem Zweiten Weltkrieg wurden insbesondere einige Großbauten errichtet, die die exotistischen Einschläge in einigen Anlagen der 30er Jahre wieder verdrängten und der Stadt noch deutlicher ein europäisches Gepräge im Sinne französischer Städte verlieh. Nach der Unabhängigkeit richteten sich die neuen afrikanischen Machthaber/innen in einer der größten, von öffentlicher Seite errichteten Siedlung, SICAP, in der Planung nach Prinzipien aus, die zwar vom bisherigen Gitternetzgrundriß abwichen; man orientierte sich statt dessen jedoch nicht an einheimischen Vorbildern, sondern übertrug ein skandinavisches Modell, das kurz zuvor in westlichen Ländern modern gewesen war. Über die Vermittlung durch französische Architekt/inn/en errichtete man ein Wohnviertel, das den Bedürfnissen einer westlich orientierten Elite genügte, nicht aber jenen Anforderungen entsprach, die in ursprünglich einheimischen Gewohnheiten und Lebensweisen wurzelten. So waren die einzelnen Wohneinheiten allzu sehr voneinander isoliert, was die Selbstverständlichkeit großfamiliärer nachbarschaftlicher Beziehungen hemmte. Die Räume waren für eher kleine Familien geplant, sodaß nicht nur größere Familien benachteiligt waren, sondern zu-

---

[555] Siehe Catherine Coquery-Vidrovitch: Africa. Endurance and Change South of the Sahara, Berkeley u. a.: University of California Press, 1988 (franz. Erstausgabe 1985), 220.
[556] Siehe Manshard: Die Städte des tropischen Afrika, a. a. O., 32.
[557] Siehe im folgenden Jacques Bugnicourt: Dakar Without Bounds, in: Brian Brace Taylor (Hg.): Reading the Contemporary African City. Proceedings of Seminar Seven in the Series Architectural Transformations in the Islamic World, Dakar, Senegal, November 1982, Singapore: Concept Media (for Aga Khan Award for Architecture), 1983, 27-42, hier v. a. 29-35.

gleich die Besuche von Verwandten und Freund/inn/en vom Land erschwert und damit die Stadt-Land-Beziehungen, die an sich nach wie vor von großer Bedeutung sind, beeinträchtigt wurden. Man sah keinen Platz für Märkte und Moscheen vor. Die Ausrichtung in der Stadtplanung nach der Unabhängigkeit offenbarte trotz gewisser Veränderungen und Afrikanisierungen von Konzepten eine weitgehende Kontinuität im Wertewandel zumindest der führenden Schicht der Gesellschaft, in einem Wertewandel, in dem indigene Orientierungen weiterhin zugunsten westlicher Maßstäbe zurückgedrängt wurden. Andererseits entstanden parallel dazu und (meist) unabhängig von staatlichen Planungen sowie ohne formell geschulte Architekt/inn/en Ansiedlungen und Häuser, die von ländlichen indigenen Lebensformen inspiriert waren und/oder den Zwecken insbesondere islamischer Glaubensgemeinschaften entsprachen. In den 70er Jahren entsprang eine neue Strömung in der Architektur Senegals, die als „Schule von Dakar"[558] bezeichnet wurde. Man begann nun, Konzepte zu erstellen, die einheimische Ressourcen zu nutzen vorschlugen, kulturelle Identitäten explizit mitberücksichtigten, indigene afrikanische Bautraditionen in die neuen Kontexte integrierten und sich dabei nicht auf primär ästhetische und formalistische Standpunkte zurückzogen, sondern ganz wesentlich Bedingungen der Umwelt oder der Wirtschaftlichkeit mitbedachten und sich auf die Bedürfnisse der späteren Benutzer/innen ausrichteten.

Dieses Beispiel einer afrikanischen Stadt, deren frühe Geschichte vom Kolonialismus dominiert wurde und deren Struktur koloniale Ideologien erkennen läßt, macht nicht nur deutlich, wie sehr afrikanische Städte von europäischen Vorstellungen geprägt sein können, sondern weist zudem darauf hin, daß bei aller Europäisierung solche Städte kein Abbild europäischer Städte sind. Afrikanische Verstädterung und Verwestlichung fallen zum Teil zusammen; es wäre aber verfehlt, eine generelle Gleichsetzung dieser beiden Tendenzen zu behaupten. Einflüsse afrikanischer Lebensweisen und Lebensverhältnisse sind nicht nur in Städten evident, die in die vorkoloniale Zeit zurückreichen oder aus indigenen Ansätzen heraus entstanden sind, sondern ebenso in kolonialen Stadtgründungen oder Städten, die wie Nairobi im innerstädtischen Kern sehr westlich anmuten, deren Gesamtcharakter sich jedoch wesentlich von europäischen oder nordamerikanischen Städten unterscheidet.

Bevölkerung

Afrika ist nach wie vor jener Kontinent, in dem, verglichen mit den anderen Kontinenten, im Verhältnis zur Gesamtbevölkerung am wenigsten Menschen in Städten leben. Zugleich erlebt Afrika ein städtisches Bevölkerungswachstum, das alle anderen Kontinente übertrifft (durchschnittlich etwa 4,6 Prozent jährlich).[559] Einige der im weltwei-

---

[558] Siehe Roland Depret: The Assimilation of Traditional Practices in Contemporary Architecture, in: Brian Brace Taylor (Hg.): Reading the Contemporary African City. Proceedings of Seminar Seven in the Series Architectural Transformations in the Islamic World, Dakar, Senegal, November 1982, Singapore: Concept Media (for Aga Khan Award for Architecture), 1983, 61-72, hier 70-72.

[559] Siehe Obudho; Obudho: The Growth of Africa's Urban Population, a. a. O., 52.

ten Vergleich aufsehenerregendsten Zuwachsraten in der Zeit ab 1950 sind aus Afrika zu melden (Lagos: mehr als 16 fache Steigerung, Nouakchott: 40 fache Steigerung seit 1965).[560]
Die Wachstumsraten in Städten sind zum einen zurückzuführen auf Migration[561] (vom Land in die Stadt oder - in der Regel - von einer kleineren Stadt in eine größere), zum anderen auf „natürliches" Bevölkerungswachstum (Überwiegen der Geburten über Todesfälle).[562] Nicht zu vernachlässigen ist des weiteren die räumliche Ausweitung der Stadtgebiete. Die Geburtenraten sind in manchen Ländern in den Städten höher als am Land (für die 60er Jahre beispielsweise in Zaire), in anderen Ländern wiederum umgekehrt (für die 60er Jahre etwa in Ghana, Elfenbeinküste und Nigeria). Der generelle Trend dürfte in Richtung niedrigerer Geburtenraten in Städten als am Land laufen.[563] Zugleich sind im allgemeinen die Sterblichkeitsraten in den Städten niedriger als am Land, was insbesondere auf eine bessere Gesundheitsversorgung in den Städten als am Land zurückzuführen ist.[564]
Die relativ starke Zunahme der Verstädterung in ganz Afrika während der letzten Dekaden hat auch damit zu tun, daß das Ausgangsniveau vergleichsweise niedrig war und nach der Unabhängigkeit koloniale Zuwanderungsrestriktionen aufgehoben wurden. Die Konzentration der unabhängigen Staaten auf zumeist einige wenige Städte im Auf- und Ausbau der Wirtschaft und der allgemeinen Infrastruktur trug das ihre zu den hohen Wachstumsraten zumeist vor allem in den größeren Städten bei.[565]
Da die Zuwanderung nach wie vor eine gewichtige Größe für das Städtewachstum darstellt und die meisten Zuwanderer junge Erwachsene sind (siehe dazu weiter unten), ist in den Städten die Altersgruppe der 15- bis 40-Jährigen stärker vertreten als am Land. Dennoch hat die Alterspyramide im allgemeinen eine breite Basis.
Das zahlenmäßige Verhältnis der Männer zu den Frauen in den Städten scheint sich immer mehr auszugleichen, wobei nur in einzelnen Ländern die Frauen die Männer in den Städten überwiegen (Äthiopien 1984: 867 Männer zu 1000 Frauen; Ghana 1984: 949 zu 1000), großteils aber - jedenfalls bis in die 80er Jahre - die Männer (leicht) in der Mehrheit sind.[566] (Die Gesamtbevölkerung Afrikas setzte sich 1995 beinahe aus gleich vielen Frauen wie Männern zusammen - Frauen: 50,1 Prozent, Männer: 49,9 Prozent.)[567] Die ehemals starke Überzahl von Männern in vielen Städten

---

[560] Siehe Hardoy; Satterthwaite: Squatter Citizen, a. a. O., 242.
[561] Siehe vor allem weiter unten!
[562] Siehe H. I. Ajaegbu: Urbanization in Africa, in: Reuben K. Udo (Hg.): Population Education Source Book for Sub-Saharan Africa, Nairobi: Heinemann Educational Books, 1979, 87-96, hier 90. Genaue Daten hierzu sind üblicherweise nicht vorhanden, man muß vielmehr auf Schätzungen oder indirekte Schlüsse zurückgreifen! Siehe z. B. auch Becker; Hamer; Morrison: Beyond Urban Bias in Africa, a. a. O., 77.
[563] Siehe Ajaegbu: Urbanization in Africa, a. a. O., 94-95; Becker; Hamer; Morrison: Beyond Urban Bias in Africa, a. a. O., 77-78.
[564] Vgl. Ajaegbu: Urbanization in Africa, a. a. O., 95.
[565] Siehe Hardoy; Satterthwaite: Squatter Citizen, a. a. O., 243.
[566] Siehe Josef Gugler, Gudrun Ludwar-Ene: Gender and Migration in Africa South of the Sahara, in: Jonathan Baker, Tade Akin Aina (Hg.): The Migration Experience in Africa, Uppsala: Nordiska Afrikainstitutet, 1995, 257-268, hier v. a. Tab. 1, S. 258; siehe auch Peil; Sada: African Urban Society, a. a. O., 154.
[567] Siehe UNCHS: An Urbanizing World, a. a. O., Statistical Annex: Tab. 1, S. 4.

(jedoch keineswegs in allen) hing zu einem großen Teil mit der Selektion von Arbeitskräften bzw. der bevorzugten Beschäftigung oder Anstellung von Männern während der Kolonialzeit zusammen, wobei nicht ganz klar ist, ob diese Auswahl eher auf die kolonialen Arbeitgeber/innen als auf traditionelle Vorstellungen seitens der Gemeinschaften, in denen potentielle Arbeitnehmer/innen lebten, zurückzuführen ist.[568] Der heutige Ausgleich im Verhältnis dürfte nicht zuletzt mit geänderten Rollenverständnissen zusammenhängen, neben dem Umstand, daß sich immer häufiger ganze Kernfamilien in den Städten niederlassen und nicht nur ein Familienmitglied.

Stark ausgeprägte ethnische Heterogenität ist ein offenkundiges Merkmal vieler Städte im tropischen Afrika.[569] Als besonders markante Beispiele können Harare und Nairobi erwähnt werden, aber auch in kleineren Städten findet sich oft eine Vielzahl an Völkern und Volksgruppen, was natürlich damit zusammenhängt, daß sich die afrikanische Bevölkerung überhaupt aus sehr vielen unterschiedlichen Ethnien zusammensetzt[570]. Wenngleich sich die meisten führenden Politiker/innen (keineswegs alle) nicht erst heute bemühen, die Nationalität im Sinne der Staatszugehörigkeit vor die Ethnizität zu stellen, spielt die Zugehörigkeit zu einem Volk bzw. einer Volksgruppe nach wie vor eine wichtige identitätsstiftende Rolle.[571] Allerdings wird die Bedeutung von Ethnizität bei einzelnen Autor/inn/en sehr unterschiedlich eingeschätzt.[572] Manche sprechen davon, daß Ethnizität im städtischen Leben mehr und mehr an Relevanz verliert, daß jene, die in die Städte ziehen, „detribalisiert" würden und die Städte ethnische Schmelztiegel seien, andere wiederum versuchen zu zeigen, daß Ethnizität erst in der Stadt ihr volles Gewicht erhält, und zwar angesichts der vielen Völker und Volksgruppen, auf die man in den Städten trifft; erst gegenüber Menschen anderer Ethnie werde die eigene ethnische Zugehörigkeit ein abgrenzendes, und insofern relevantes Identitätsmerkmal. Vermutlich dürften beide Mechanismen unter je spezifischen Verhältnissen und einer Komplexität unterschiedlicher Faktoren zur Wirkung kommen (Geschichte, prozentueller Anteil an der Bevölkerung, politische Ideologien; persönliche Faktoren wie Schulbildung, sozialer Status, eventuelle interethnische Ehe etc.). Zudem ist die Differenziertheit ethnischer Einteilung sehr stark kontextgebunden[573]. Ethnizität, sofern sie von den jeweiligen Menschen als relevant erachtet wird, kann eine Rolle spielen in der Form der Zugehörigkeit zu ethnischen Vereinigungen, hinsichtlich der Gestaltung sozialer Beziehungen, als ein Netzwerk in beruflichen und ökonomischen Angelegenheiten, für die Wahl der Niederlassung innerhalb der Stadt bzw. bei Migrant/inn/en für die Wahl der Stadt, in die man zieht, bei politischen Präferenzen.[574] Zu dem, was man herkömmlich als ethnische Heterogenität bezeichnet,

---

[568] Siehe Gugler; Ludwar-Ene: Gender and Migration in Africa South of the Sahara, a. a. O., 259-260.
[569] Zu diesem Thema siehe generell z. B. O´Connor: The African City, a. a. O., 99-130.
[570] In ganz Afrika sind etwa 1000 Sprachen unterscheidbar, die in etwa 100 Sprachgruppen zusammengefaßt werden können. (Siehe Binns: Tropical Africa, a. a. o., 36.)
[571] Vgl. O´Connor: The African City, a. a. O., 99-100.
[572] Siehe dazu die kurze Diskussion bei O´Connor: The African City, a. a. O., 109-111.
[573] Siehe ebd., 111-112.
[574] Siehe ebd., 117-123.

kommt vielfach eine „rassische" Heterogenität, wobei heute die Weißen und Asiat/inn/en (meist) eine kleine Minderheit darstellen, üblicherweise aber mit unverhältnismäßig großem (inoffiziellem) Einfluß und hohem Status (vor allem trifft das für die Weißen zu).[575] Insbesondere aufgrund der Vergangenheit, aber auch wegen gegenwärtiger Machtverhältnisse, ist die Beziehung der Schwarzen zu den Weißen und Asiat/inn/en (verständlicherweise) nicht immer frei von Ressentiments.[576]

In den meisten afrikanischen Städten ist eine stark ausgeprägte Differenzierung der sozialen Schichtung festzustellen, insbesondere in den größeren Städten. Zum Beipsiel zählten nach Syagga um 1990 69,2 Prozent der städtischen Bevölkerung Kenias zur unteren Einkommensgruppe (monatlicher Verdienst von weniger als 125 USD), 25,6 Prozent zur mittleren (bis zu 500 USD) und 5,2 Prozent zu den Bezieher/inne/n höherer Einkommen (letztere verdienen 55,6 Prozent des Einkommens aller Stadtbewohner/innen).[577] Es ist allerdings anzunehmen, daß die Schichtunterschiede in anderen Ländern etwas geringer ausfallen.

Nationale Städtestrukturen

Im Durchschnitt ist die Konzentration der jeweiligen nationalen städtischen Bevölkerung in der größten Stadt oder in einigen wenigen großen Städten in Afrika weitaus höher als in anderen „südlichen Regionen" (Prozente der nationalen städtischen Bevölkerung in der größten Stadt zwischen 35 und 45 im Jahr 1980 - ausgenommen Ölexportierende Länder, dort 21 Prozent; zum Vergleich in allen „südlichen Ländern" 13 Prozent, nimmt man davon China und Indien aus, dann 29 Prozent). In den meisten Staaten Afrikas nahm die Konzentration in den letzten Jahrzehnten zu, wobei man im Vergleich zwischen jenen Ländern, wo eine Zunahme registriert wurde, und jenen, die eine gegenteilige Tendenz verzeichneten, bislang zu keinen allgemeinen Schlüssen bezüglich der Ursachen gekommen ist.[578]

Wirtschaft

Afrikanische Städte sind, wie die meisten Städte weltweit, unter anderem wirtschaftliche Zentren, und gerade Erwerbsmöglichkeiten sind ein wichtiger Grund für die Migration in Städte und damit für das Anwachsen dieser Zentren. Allerdings sind heute

---

[575] Siehe ebd., 102-106.
[576] Siehe ebd., 106-108.
[577] Siehe P. M. Syagga: A Perspective on Policy and Practice of Providing Low Cost Housing in Developing Countries in Africa, in: C. K. Omari, L. P. Shaidi (Hg.): Social Problems in Eastern Africa, Dar es Salaam: Dar es Salaam University Press, 1991, 102-119, hier 109-110.
[578] Siehe Becker; Hamer; Morrison: Beyond Urban Bias in Africa, a. a. O., 61-63; auch Robert A. Obudho, Rose A. Obudho: The Growth of Africa's Urban Population, in: James D. Tarver (Hg.): Urbanization in Africa. A Handbook, Westport, Connecticut-London: Greenwood Press, 1994, 49-64, hier 54; O'Connor: The African City, a. a. O., 248-255.

wirtschaftliche und Beschäftigungsprobleme ein Merkmal fast aller afrikanischen Städte. Der formelle Wirtschaftssektor ist nicht entsprechend der städtischen Bevölkerung gewachsen, und auch der informelle Sektor kann keineswegs alle Arbeitsuchenden aufnehmen.[579]

Die Industrie spielte in der afrikanischen Verstädterung nie jene Rolle, die sie für die Urbanisierung in Europa gespielt hatte.[580] In Deutschland beispielsweise wurde die industrielle Expansion zu einem wesentlichen Faktor, der die Verstädterung und die geographische Verstädterungsstruktur bestimmte. So war es auch bezeichnend, daß das mit der Industrialisierung gestiegene Wachstum der größeren Städte in Deutschland genau in der Zeit zurückging, als um 1930 die Weltwirtschaftskrise ausbrach. Die meisten ehemaligen Städter/innen zogen zwar nicht aufs Land, sondern in kleinere Städte, die größeren Städte jedoch, die zugleich industrielle Zentren gewesen waren und nun ökonomische Einbrüche erlebten, mußten Einbußen in ihrem Wachstum hinnehmen.[581] Nach einer Einschätzung Cipollas gab es in Europa bis zur industriellen Revolution nur sehr wenige Städte mit mehr als 100.000 Einwohner/inne/n. Im Schnitt hatten europäische Städte bis zum 16. Jahrhundert zwischen 5000 und 20.000 Bewohner/innen, wobei eine Stadt mit mehr als 20.000 Einwohner/innen bereits als Großstadt galt.[582] Erst mit der industriellen Revolution setzte das starke Städtewachstum ein. Wenngleich also der Zusammenhang zwischen Industrialisierung und Urbanisierung in Afrika weit weniger markant ist als er in Europa war, hat sich die Industrie in fast allen afrikanischen Städten zu einem bedeutenden Sektor entwickelt, neben all jenen wirtschaftlichen Sektoren, die man auch aus anderen Weltregionen kennt, wobei besonders die kleineren Städte oft von einem einzelnen Sektor dominiert werden.[583] Wichtiger

---

[579] Siehe z. B. Becker; Hamer; Morrison: Beyond Urban Bias in Africa, a. a. O., 53; O'Connor: The African City, a. a. O., 131-132; UNCHS: An Urbanizing World, a. a. O., 2-81 bis 2-83. Siehe auch eine Reihe von Länderstudien in: James D. Tarver (Hg.): Urbanization in Africa. A Handbook, Westport, Connecticut-London: Greenwood Press, 1994 (vor allem Filipe R. Amado, Fausto Cruz, Ralph Hakkert: Angola, 105-124; Gabriel Tati: Congo, 125-140; Philippe Antoine, Aka Kouame: Côte D'Ivoire, 141-164; Habtemariam Tesfaghiorghis: Ethiopia, 181-197; Robert A. Obudho: Kenya, 198-212; Sekouba Diarra, Aka Kouame, Richard Marcoux, Alain-Michel Camara: Mali, 230-245; S. I. Abumere: Nigeria, 262-278; Philippe Antoine, Gora Mboup: Senegal, 279-297; Carole Rakodi: Zambia, 342-361), wo sich nicht nur Angaben zur problematischen Wirtschafts- und Arbeitsplatzsituation finden, sondern ebenso Ausführungen zu Themen, die weiter unten besprochen werden, insbesondere zur vielfach sehr mangelhaften Infrastruktur, zu Umweltproblemen, zur für keineswegs alle Stadtbewohner/innen befriedigenden Wohnsituation, zur Migration, dazu Erörterungen zu Geschichte und Bevölkerung.

[580] Siehe z. B. O'Connor: The African City, a. a. O., 132. Vgl. auch Mackenroth, der darauf hinweist, daß die Land-Stadt-Migration vor der Industrialisierung relativ gering und zur Zeit der Industrialisierung im 19. Jahrhundert besonders umfangreich war (Gerhard Mackenroth: Bevölkerungslehre. Theorie, Soziologie und Statistik der Bevölkerung, Berlin u. a.: Springer, 1953, 274). In der Zeit der Industrialisierung wächst die städtische Bevölkerung nicht nur aufgrund einer zunehmenden Zahl von industriellen Arbeitsplätzen in Städten. In diese Zeit fällt ein allgemeines Bevölkerungswachstum (die Sterblichkeitsraten gehen zurück, während die Geburtenraten noch nicht entsprechend sinken), das eben auch die Städte betrifft. (Vgl. Carlo M. Cipolla: Wirtschaftsgeschichte und Weltbevölkerung, München: Deutscher Taschenbuchverlag, 1972 (engl. Orig. 1962), 80-81.)

[581] Siehe Bolte; Kappe; Schmid: Bevölkerung, a. a. O., 88.

[582] Siehe Cipolla: Wirtschaftsgeschichte und Weltbevölkerung, a. a. O., 90.

[583] Siehe O'Connor: The African City, a. a. O., 134-135.

als die Industrie hinsichtlich der Zahl der formellen Arbeitsplätze ist meist der Dienstleistungssektor.[584]

Im allgemeinen verzeichnete man in Afrika in den frühen 70er Jahren einen raschen Zuwachs an formellen Arbeitsplätzen, in den späten 70er Jahren immerhin noch einen langsamen Anstieg; als die Auswirkungen des zweiten Ölpreisschocks zu Beginn der 80er Jahre klar zu Tage traten und internationale Kredite eingeschränkt wurden, stieg in vielen Ländern die absolute Zahl der Arbeitsplätze kaum merkbar, in manchen wichtigen Industrie-Sektoren sank sie sogar.[585] Zugleich fielen die Löhne empfindlich (zum Teil weit über 50 Prozent Rückgang der Reallöhne in etwas mehr als einer Dekade)[586], wobei der Rückgang in den späten 70er und den 80er Jahren in den CFA-Ländern (Communauté Financière Africaine), zu denen die meisten frankophonen Länder gehören, mit ihrer Bindung an den französischen Franc etwas geringer ausfiel als in den übrigen Ländern.[587] Wie gesagt, kann der informelle Sektor die Einbußen im formellen Sektor nicht kompensieren, wenngleich dieser Sektor stark gewachsen ist.[588] Betriebe im informellen Sektor sind sehr klein, mit wenigen Beschäftigten (als Größenordnung: nicht mehr als zehn Beschäftigte), geringem Kapital und relativ hohem Arbeitseinsatz; vielfach sind es Ein-Mann- oder Ein-Frau-Unternehmen. Die wichtigsten informellen Wirtschaftsbereiche sind Zimmerei und Tischlerei, Schneiderei, Handel, Reparatur von Fahrzeugen und Ähnlichem, Metallverarbeitung, Gast- und Bau-"Gewerbe", Transport, Textilerzeugung, Schuhproduktion und -reparatur und verschiedene Dienstleistungen.[589] Hinzufügen müßte man wohl noch die städtische Landwirtschaft.[590] Zwischen formellem und informellem Sektor bestehen kaum noch Unterschiede in der Sicherheit des Jobs, was auf zunehmende Unsicherheit im formellen Sektor zurückzuführen ist.[591] In Kenia umfaßte der informelle bzw. Kleinbetriebssektor 1985 schätzungsweise über 40 Prozent der gesamten städtischen Beschäftigung, ausgenommen städtische Landwirtschaft, die weitere fast 13 Prozent der Beschäftigung bereitstellte. 47 Prozent stellte der moderne formelle Sektor. Fast 16 Prozent der städtischen Arbeitsuchenden fand in keinem der genannten Bereiche eine Arbeit.[592] Nach einer Weltbank-Schätzung von 1990 waren in vielen afrikanischen Ländern rund 75 Prozent aller städtischen Arbeitsplätze dem informellen Sektor zuzuordnen.[593] Das Einkommen im informellen Sektor ist im allgemeinen merklich geringer als im formellen Sektor, obwohl das durchschnittliche Einkommen im formellen Sek-

---

[584] Siehe Simon: Cities, Capital and Development, a. a. O., 77.
[585] Siehe Becker; Hamer; Morrison: Beyond Urban Bias in Africa, a. a. O., 138.
[586] Siehe ebd., 142-144 und Tab. 5.2, S. 154.
[587] Siehe ebd., 144.
[588] Siehe ebd., 158. Siehe dazu auch Simon: Cities, Capital and Development, a. a. O., 78-83.
[589] Siehe Becker; Hamer; Morrison: Beyond Urban Bias in Africa, a. a. O., 159-160.
[590] Im Sinne etwa von Freeman: A City of Farmers, a. a. O., 2.
[591] Siehe Becker; Hamer; Morrison: Beyond Urban Bias in Africa, a. a. O., 166.
[592] Siehe ebd., 160-161. Vgl. auch weiter oben!
[593] Siehe Akin L. Mabogunje: Introduction: Cities and Africa's Economic Recovery, in: James D. Tarver (Hg.): Urbanization in Africa. A Handbook, Westport, Connecticut-London: Greenwood Press, 1994, xxi-xxxii, hier xxiv.

tor in den letzten Jahren vermutlich viel stärker gefallen ist als im informellen.[594] Die Situation am Arbeitsmarkt wird obendrein dadurch erschwert, daß sich die afrikanischen Gesellschaften auch in den Städten im Durchschnitt immer mehr verjüngen, sodaß in Zukunft noch mehr Menschen in den Arbeitsmarkt drängen werden. Andererseits ist Langzeitarbeitslosigkeit (in derselben Stadt) eher selten, da den meisten erfolglosen Arbeitsuchenden über kurz oder lang nichts anderes übrig bleibt, als es entweder in einer anderen Stadt zu versuchen oder, falls es sich um Migrant/inn/en vom Land handelt, ans Land zurückzuziehen, da selbst bei funktionierender gegenseitiger Hilfe unter Verwandten oder Freund/inn/en das Unterstützungspotential irgendwann ausgeschöpft ist und öffentliche Unterstützungen nicht gewährt werden.[595]

Ein meist informeller Wirtschaftszweig in vielen afrikanischen Städten ist die schon erwähnte städtische Landwirtschaft, in der man auf meist kleinen Flächen einige Grundnahrungsmittel für den eigenen Bedarf oder selbst für den Verkauf kultiviert. Dieser Zweig dürfte in gegenwärtigen Zeiten großer ökonomischer Probleme immer wichtiger für den Lebensunterhalt von Stadtbewohner/inne/n werden.[596] Andererseits lassen die Umweltbedingungen nicht aller Städte eine nennenswerte (klein-) landwirtschaftliche Nutzung zu (siehe zum Beispiel Nouakchott, Mauretanien[597]).

Infrastruktur und Umweltprobleme

In den meisten afrikanischen Städten befindet sich die Infrastruktur in einem problematischen Zustand. Es gibt Schwierigkeiten mit der Wasserversorgung (etwa ein Drittel der städtischen Bevölkerung ganz Afrikas hatte um 1990 Fließwasser in der Wohnung[598]), mit der Beseitigung flüssiger und fester Abfälle, mit dem Verkehr und dem Kommunikationssystem, mit der Energieversorgung.[599] Naturgemäß sind von vielen dieser Mängel die ärmeren Bevölkerungsschichten weit mehr betroffen als die reicheren, und das zum Teil in doppelter Hinsicht. So wurde bereits festgehalten, daß das Wasser, das vor allem die einkommensschwachen Bevölkerungsschichten von Wasserverkäufer/inne/n erwerben müssen, da sie keinen Anschluß an Fließwasser haben, in

---

[594] Siehe Becker; Hamer; Morrison: Beyond Urban Bias in Africa, a. a. O., 162-163. (Entsprechende Zahlen anzuführen, wäre kaum sinnvoll, da es nicht genügend vergleichbare Studien dazu gibt. Zu bedenken ist weiters, daß die Verdienste je nach Bereich und Erfolg stark variieren.)
[595] Siehe Becker; Hamer; Morrison: Beyond Urban Bias in Africa, a. a. O., 53-55.
[596] Siehe Hardoy; Satterthwaite: Squatter Citizen, a. a. O., 256-257; vgl. auch O'Connor: The African City, a. a. O., 137-138.
[597] Siehe Serge Theunynck: A Sterilizing Capital: Nouakchott, in: Brian Brace Taylor (Hg.): Reading the Contemporary African City. Proceedings of Seminar Seven in the Series Architectural Transformations in the Islamic World, Dakar, Senegal, November 1982, Singapore: Concept Media (for Aga Khan Award for Architecture), 1983, 133-146, hier 139.
[598] Siehe UNCHS: An Urbanizing World, a. a. O., 8-3.
[599] Siehe z. B. Becker; Hamer; Morrison: Beyond Urban Bias in Africa, a. a. O., 39-43; Richard E. Stren: The Administration of Urban Services, in: ders, Rodney R. White (Hg.): African Cities in Crisis. Managing Rapid Urban Growth, Boulder u. a.: Westview Press, 1989, 37-67, hier 38-54 (in Stren; White (Hg.): African Cities in Crisis, a. a. O., finden sich auch mehrere Einzelstudien, die auf diese Probleme eingehen).

Gegenwärtige Städte und ihre Geschichte

Lagos um ein vielfaches teurer ist als jenes Wasser, das man direkt der wohnungseigenen Wasserleitung entnehmen kann, und daß es zugleich, bis es konsumiert wird, häufig verunreinigt ist. In Nouakchott (Mauretanien) war um 1980 das Wasser, das nicht direkt aus der Leitung bezogen werden konnte, zwischen 7 und 40 Mal teurer als das Wasser direkt aus der Leitung, auch hier gab es mit dem kanister- oder kübelweise gekauften Wasser gravierende Probleme mit der Reinheit des Wassers[600]. Auf diese Weise werden die Benachteiligten noch einmal benachteiligt, und das in einem Bereich, der von existentieller Bedeutung ist.

Die Einrichtungen im Bereich der Schulbildung und des Gesundheitswesens sind keineswegs für alle Bevölkerungsschichten de facto zugänglich. Generell gilt jedoch, daß die Städte in diesen Bereichen weit besser versorgt sind als ländliche Regionen.

Das Leben in (beinahe) allen Städten des tropischen Afrika wird zum Teil wesentlich von ökologischen Problemen bzw. deren Folgen für die Gesundheit der Städter/innen beeinträchtigt (nicht zu vernachlässigen sind ebenso regionale und überregionale Folgen ökologischer Fehlentwicklungen in Städten). Zu nennen sind etwa Wasser-, Luft- und Bodenverschmutzung, (äußerst) mangelhafte Abfallbeseitigung (bezogen auf flüssige und feste, organische und anorganische Stoffe), Lärm, unsichere Bodenverhältnisse (z. B. Erdrutsche - betroffen sind davon v. a. untere Schichten).[601]

Wohnen

In den meisten afrikanischen Städten ist die Nachfrage nach Wohnungen keineswegs durch das Angebot, insbesondere durch ein erschwingliches Angebot, gedeckt. Als Folge davon entstehen teils illegale Wohnbauten mit sehr niedrigem Standard (unbeständiges Material, gemessen an der Zahl der Bewohner/inne/n sehr klein, kein Anschluß an Wasserversorgung und Kanalisation, kaum Elektrizität usw.). Bisherige öffentliche Programme zur Eindämmung der Probleme waren entweder zu eingeschränkt oder zu teuer.[602] Gegen Ende der 80er Jahre wurde für alle afrikanischen Länder der Anteil von Slum- und Squatter-Bewohner/inne/n an den gesamten Stadtbewohner/inne/n auf mindestens ein Drittel beziffert, als Wachstumsrate ihrer unmittel-

---

[600] Siehe Theunynck: A Sterilizing Capital: Nouakchott, a. a. O., 138.
[601] Vgl. etwa Hardoy; Mitlin; Satterthwaite: Environmental Problems in Third World Cities, a. a. O.
[602] Um nur einige Fallstudien zu nennen, die unter anderem auf die problematische Wohnsituation hinweisen: Kankondé Mbuyi: Kinshasa: Problems of Land Management, Infrastructure, and Food Supply, in: Stren; White (Hg.): African Cities in Crisis, a. a. O., 149-175, hier v. a. 162-164; Thiécouta Ngom: Appropriate Standards for Infrastructure in Dakar, in: Stren; White (Hg.): African Cities in Crisis, a. a. O., 177-202, hier v. a. 178-179. Allgemein: R. A. Obudho, Constance C. Mhlanga: The Development of Slum and Squatter Settlements as a Manifestation of Rapid Urbanization in Sub-Saharan Africa, in: dies. (Hg.): Slum and Squatter Settlements in Sub-Saharan Africa. Toward a Planning Strategy, New York-Westport-London: Praeger, 1988, 3-29, hier 11; Paul Maurice Syagga, Johnstone Mutisya Kiamba: Urbanization and Housing Problems in Africa, in: C. K. Omari, L. P. Shaidi (Hg.): Social Problems in Eastern Africa, Dar es Salaam: Dar es Salaam University Press, 1991, 120-136, hier v. a. 122-128; Syagga: A Perspective on Policy and Practice of Providing Low Cost Housing in Developing Countries in Africa, a. a. O., 102-119 (mit besonderem Bezug auf Kenia).

baren Lebens- und Wohnräume gab man 15 Prozent an, deutlich höher als die Wachstumsrate der Städte im Ganzen.[603] Zugleich sind in diesen Städten hervorragende und exklusive Wohnmöglichkeiten für die oberen Schichten der Gesellschaft zu finden, sodaß eine große Bandbreite an Variationen hinsichtlich des Themas „Wohnen" zu berücksichtigen ist.[604] Von Luxuswohnungen bis zu Slums und Squatter-Unterkünften reicht die Palette zumindest in den größeren Städten.[605]

Verglichen etwa mit Wohndichten in asiatischen Städten, zum Teil sogar mit europäischen, sind die Dichten in den Städten des tropischen Afrika keineswegs außerordentlich hoch; die Ausbreitung der Städte erfolgt nach wie vor primär horizontal anstatt vertikal.[606] Natürlich besagt dieser Befund nicht, daß daher die Lebensqualität entsprechend hoch ist, im Gegenteil, aufgrund der geringen Vertikalität bleibt dem/der durchschnittlichen Stadtbewohner/in wenig Platz, die Anzahl von Menschen, die in einem Raum zumindest schlafen, wenn nicht wohnen, ist dementsprechend hoch und gehört zum Teil zu den höchsten weltweit.[607] Den meisten Haushalten steht nur ein Raum zur Verfügung, Kochmöglichkeiten und Toiletten werden mit anderen Familien geteilt.[608] Innerhalb der Städte besteht meist eine große Kluft zwischen den Wohndichten der einzelnen Viertel, wobei die Disparität noch größer wird, wenn man die Anzahl von Menschen pro Hektar vergleicht anstatt die Anzahl von Menschen pro Wohnraum.[609]

Bezüglich der Relation von Haushalten, die in einer Wohnung leben, die ihnen selber gehört, zu jenen, die in gemieteten oder Untermietwohnungen leben, sowie zu den Besitzverhältnissen von Grund und Boden gibt es einerseits keine ausreichenden Daten, und andererseits bestehen große Unterschiede zwischen den Städten, sodaß es wenig sinnvoll wäre, hier eine Zahl zu nennen. Feststehen dürfte jedoch, daß die meisten Haushalte nicht in einer eigenen Wohnung leben.[610] Wie zu erwarten, besteht ein Zusammenhang zwischen Haus- oder Wohnungsbesitz und der Wohndauer in der Stadt: Je eher man auf lange Zeit oder ständig in der Stadt lebt, desto eher besitzt man eine eigene Wohnung oder ein Haus bzw. umgekehrt.[611]

---

[603] Siehe Obudho; Mhlanga: The Development of Slum and Squatter Settlements as a Manifestation of Rapid Urbanization in Sub-Saharan Africa, a. a. O., 6.
[604] Vgl. O'Connor: The African City, a. a. O., 166-167.
[605] Mehrere solcher Haus- und Wohnungstypen bzw. Siedlungsformen sind etwa bei O'Connor: The African City, a. a. O., 174-190 angeführt.
[606] Siehe ebd., 167-168.
[607] Siehe ebd., 168. Freilich ist die Relation zwischen der Anzahl von Personen pro Raum und Wohnstandard nicht so simpel wie hier angedeutet. Zu berücksichtigen ist etwa, in welcher Form die Wohnungen genutzt werden (z. B. mehrheitlich als Schlafstätten oder als Wohnstätten?) und welche sozialen und kulturellen Normen und Standards bezüglich der Wohn- bzw. „Schlaf"-Dichte bestehen. (Vgl. Obudho; Mhlanga: The Development of Slum and Squatter Settlements as a Manifestation of Rapid Urbanization in Sub-Saharan Africa, a. a. O., 11.)
[608] Siehe O'Connor: The African City, a. a. O., 168.
[609] Siehe ebd., 168.
[610] Siehe ebd., 170-174. Vgl. auch Simon: Cities, Capital and Development, a. a. O., 104-125.
[611] Siehe O'Connor: The African City, a. a. O., 170.

Soziale Beziehungen

Soziale Beziehungen dürften in afrikanischen Städten nach wie vor relativ eng sein, wobei verwandtschaftliche Kontakte von herausragender Bedeutung sind, sowohl für Zugewanderte als auch gebürtige Städter/innen. Vielfach findet dies auch darin seinen Ausdruck, daß man in der Nähe von Verwandten lebt. Andererseits gewinnen in den Städten Freundschaften außerhalb verwandtschaftlicher Grenzen an Bedeutung.[612] Eine empirische Studie allerdings, die Anfang der 90er Jahre in Maputo und Beira, Mosambik, sowie in drei Dörfern des Landes durchgeführt wurde, fand heraus, daß die Sozialkontakte abnehmen, je urbaner das Wohngebiet ist, und das sowohl hinsichtlich der Verwandten als auch Freund/-e/-innen, wobei sich die Befragten in jenem Gebiet, das am urbansten war, dennoch am seltensten einsam fühlten (im übrigen waren sie im Mittel auch die Glücklichsten unter den Befragten, am unglücklichsten waren demnach die Dorfbewohner/innen).[613]

Wie eine Fallstudie in Ndola im sambischen Kupfergürtel zeigte (zunächst 1961 publiziert), war das Leben der Städter/innen in der Regel keineswegs von Anonymität und Isolation gezeichnet.[614] Die Städter/innen waren in sozialen Netzwerken integriert, angefangen bei nachbarschaftlichen Beziehungen, über berufliche Kontakte, Bekanntschaften bis hin zu den sehr wichtigen verwandtschaftlichen Beziehungen und den Beziehungen zu Bekannten aus der Heimatregion (ein großer Teil der Bewohner/innen Ndolas war zu dieser Zeit zugewandert); auch die ethnische Identität spielte eine besondere Rolle hinsichtlich sozialer Beziehungen (Freundschaften wurden primär innerhalb ethnischer Gruppen gepflegt). Diese sozialen Netze bedeuteten sowohl Absicherung als auch Pflicht, denn erst die Gegenseitigkeit von Geben und Nehmen oder Erhalten machte diese Netze so wertvoll und effizient, sie betrafen sowohl psychosoziale Aspekte als auch materielle. Untersuchungen vor allem aus den 70er Jahren in Nairobi weisen in die gleiche Richtung.[615] In diesen Studien wird aber auch auf die Problematik dieser Netze hingewiesen, insbesondere was die Beziehungen zur ländlichen Verwandtschaft angeht: Vor allem erfolgreiche Stadtbewohner/innen fühlen sich durch ihre verwandtschaftlichen Verpflichtungen belastet, da das Verhältnis immer weniger durch ein Geben und Nehmen bestimmt wird, sondern durch einseitiges Geben seitens dieser Städter/innen. So deuteten Erhebungen in den 80er Jahren an, daß die verwandtschaftlichen Hilfeleistungen eingeschränkt werden.[616] Allgemein dürften die Möglichkeiten, Hilfe zu erhalten, in einer Stadt wie Nairobi insofern größer als in „traditionell" organisierten ländlichen Gesellschaften sein, als man sich Freund/-e/-innen eher frei

---

[612] Siehe Peil; Sada: African Urban Society, a. a. O., 150, 178-180 u. 184-205.
[613] Siehe Stefanie Knauder: The Twofold Gap - Conditions of Third World Urban, Semi-Urban and Rural Dwellers. Mozambique as an Example, Wien, 1996 (unveröffentlicht und vorläufig). Ich bin jedoch skeptisch, inwieweit die Resultate aus Mosambik aufgrund einer sehr spezifischen Situation (Bürger/innenkrieg) generalisierbar sind.
[614] Siehe A. L. Epstein: The Network and Urban Social Organisation (orig. publ. 1961), in: Scenes from African Urban Life: Collected Copperbelt Papers, Edinburgh: Edinburgh University Press, 1992, 49-87.
[615] Siehe Neubert: Sozialpolitik in Kenya, a. a. O., 302-316.
[616] Siehe ebd., 306.

wählen kann; andererseits dürfte der Anspruch auf Unterstützung unverbindlicher geworden sein.[617] Man kann sich auf ein soziales Netz beziehen, das über Verwandtschaftsgrenzen hinaus reicht und auf dessen Gestaltung man relativ großen Einfluß ausüben kann, andererseits dürfte dieses Netz nicht so bruchsicher geknüpft sein.[618]

Migration

Etwa die Hälfte der städtischen Bevölkerungswachstumsrate für ganz Afrika ist in den letzten Jahrzehnten auf Migration in eine Stadt zurückzuführen, wobei es allerdings große regionale Differenzen gibt (in Ghana für den Zeitraum 1960 bis 1970: 28 Prozent des städtischen Wachstums wegen Migration, in Gambia zwischen 1963 und 1973: 65 Prozent).[619]

In der Literatur wurde vor allem ab den 60er bzw. frühen 70er Jahren häufig ein Zugang zur Erklärung der Migration gewählt, der bis heute seine Anhänger/innen in maßgeblichen Entwicklungsagenturen findet. Besonders gut zeigt sich jener Ansatz im Modell von Todaro[620], wonach das Ausmaß der Migration in Städte bestimmt sei durch das Verhältnis zwischen erwartetem städtischen Einkommen und erwartetem ländlichen Einkommen.[621] Man nahm an, daß der Einkommensunterschied zwischen Städter/inne/n und Landbewohner/inne/n enorm sei,[622] sodaß - bei der angenommenen Gültigkeit des Modells - das rasante Städtewachstum nur durch Maßnahmen gebremst werden könnte, die diese Einkommensdifferenz minimieren oder beheben. Jamal und Weeks zeigen jedoch anhand zahlreicher nationaler Fallstudien[623] am Beispiel der Einkommen von Landwirt/inn/en und städtischen Lohnempfänger/inne/n, die in der wirtschaftswissenschaftlichen Analyse üblicherweise als zentraler Faktor behandelt werden und von der Kenntnis ihrer Situation vielfach entwicklungspolitische Strategi-

---

[617] Siehe ebd., 308-309.
[618] Vgl. Peter C. W. Gutkind: The Energy of Despair: Social Organization of the Unemployed in Two African Cities: Lagos and Nairobi. A Preliminary Account, *Civilisations*, 17 (1967), 186-214 u. 380-405; Peil; Sada: African Urban Society, a. a. O., 180.
[619] Siehe Becker; Hamer; Morrison: Beyond Urban Bias in Africa, a. a. O., 87-88; ähnlich auch O'Connor: The African City, a. a. O., 57. Allgemein zur Land-Stadt Migration „südlicher Länder" vgl. Josef Gugler: The Rural-Urban Interface and Migration, in: Alan Gilbert, Josef Gugler: Cities, Poverty, and Development. Urbanization in the Third World, Oxford: Oxford University Press, 1987 (ELBS Ed., Orig.: 1981), 49-64; bezogen auf das tropische Afrika: Peil; Sada: African Urban Society, a. a. O., 114-149.
[620] Ursprünglich formuliert in M. P. Todaro: A Model of Labour Migration and Urban Unemployment in Less Developed Countries, *American Economic Review*, 59 (1969), 138-148. Siehe auch ders.: Income Expectations, Rural-Urban Migration and Employment in Africa, *International Labour Review*, 104 (1971), 387-413.
[621] Siehe Vali Jamal, John Weeks: Africa Misunderstood or Whatever Happened to the Rural-Urban Gap?, Basingstoke-London: MacMillan, 1993, 28-29. Zur folgenden Diskussion ökonomischer Erklärungen der Migration und zu Einkommensdifferenzen zwischen Stadt und Land siehe auch John Weeks: Economic Aspects of Rural-Urban Migration, in: James D. Tarver (Hg.): Urbanization in Africa. A Handbook, Westport, Connecticut-London: Greenwood Press, 1994, 388-407.
[622] Siehe Jamal; Weeks: Africa Misunderstood, a. a. O., 27.
[623] Siehe ebd., 35-118.

en abgeleitet wurden und werden,[624] daß die Einkommensdichotomie zwischen Stadt und Land einerseits nie so groß war wie angenommen[625], wobei die Autoren nicht nur das finanzielle Einkommen berücksichtigen, sondern sinnvollerweise zugleich etwa den Wert der Subsistenzlandwirtschaft und Lebenshaltungskosten sowohl am Land als auch in der Stadt mit ins Kalkül ziehen; andererseits sind die Unterschiede heute schon so minimal, daß eine Politik, die, wie die Strukturanpassungsprogramme, darauf abzielt, diese Unterschiede zu minimieren, bereits durch die Fakten überholt wurde.[626] Im Zuge jüngerer wirtschaftlicher Verschlechterungen in den meisten afrikanischen Staaten büßten die durchschnittlichen Stadtbewohner/innen ihre früheren, wenn auch nicht überaus großen, relativen ökonomischen Vorteile gegenüber den durchschnittlichen Landbewohner/inne/n ein; die wirtschaftlichen Probleme haben vor allem der städtischen Bevölkerung geschadet, insbesondere weil ein großer Teil davon in ihrem Lebensunterhalt abhängig ist von Löhnen, die vielfach stark gesunken sind bzw. deren Kaufkraft sich empfindlich vermindert hat, wogegen die Landwirt/-e/-innen nach wie vor auf ihre eigenen Erzeugnisse, deren Herstellung sich wenig verteuerte, stützen können.[627] Das Modell von Todaro würde in einer solchen Situation vorhersagen, daß die Migration abnimmt. Es ist jedoch empirisch nachweisbar, daß Migration in Städte auch dann nicht gestoppt wird, wenn die Einkommensunterschiede zwischen Stadt und Land minimal zugunsten der Stadt ausfallen oder die Vorzeichen gar umgekehrt verteilt sind. Es gibt im Gegenteil sogar relativ viele Beispiele dafür, daß die städtischen Einkommen markant und stärker als die landwirtschaftlichen Einkommen gesunken, die Wachstumsraten der städtischen Bevölkerung aber gestiegen sind.[628] Hierfür lassen sich unterschiedliche Gründe anführen, auch ökonomische Faktoren können einen hohen Erklärungswert haben. So wäre etwa zu fragen, ob einzelne Individuen oder Familien am Land überhaupt eine Möglichkeit haben, ihren Unterhalt zu erarbeiten und sie nicht aus völlig rationalen ökonomischen Überlegungen heraus im problematischen

---

[624] Siehe ebd., 3, 124-125.

[625] In manchen Ländern Westafrikas war das durchschnittliche Einkommen von städtischen Arbeiter/innenfamilien nach der Unabhängigkeit sogar geringer als das von Familien, die von der Landwirtschaft lebten. Die größten Einkommensunterschiede zugunsten städtischer Arbeiter/innen waren in einigen Ländern Zentral- und Ostafrikas zu finden. (Siehe Weeks: Economic Aspects of Rural-Urban Migration, a. a. O., 394.)

[626] Hardoy und Satterthwaite weisen darauf hin, daß ein großer Teil der städtischen Bevölkerung „südlicher Länder" (auch in Afrika) in kleinen oder mittleren städtischen Zentren lebt, die nur wenig von öffentlichen Investitionen profitiert haben, und daß die Konzentration öffentlicher Gelder auf größere Städte nicht bedeutet, daß alle Stadtbewohner/innen daraus Vorteile ziehen könnten. Sie nehmen vielmehr an, daß es einen „Bias" zugunsten einer kleinen, besser gestellten Bevölkerungsschicht und bestimmter Wirtschaftszweige gibt, sodaß von einem „urban bias", der die Städter/innen generell bevorzugen würde, nicht gesprochen werden könnte. (Siehe Hardoy; Satterthwaite: Squatter Citizen, a. a. O., 308-311.)

[627] Auch bei Becker; Hamer; Morrison: Beyond Urban Bias in Africa, a. a. O., 131 kann man nachlesen, daß die realen städtischen Löhne absolut und relativ zu landwirtschaftlichen Einkünften markant gefallen sind. Sie halten fest, daß die städtisch-ländliche Einkommensdichotomie sich bis heute wesentlich verkleinert hat und sich dieser Trend bis auf weiteres fortsetzen wird. Dabei ist allerdings zu berücksichtigen, daß es sowohl zwischen afrikanischen Staaten und innerhalb der Staaten zwischen einzelnen Regionen deutliche Unterschiede gibt. (Siehe auch ebd., 169-171.)

[628] Siehe Weeks: Economic Aspects of Rural-Urban Migration, a. a. O., 396-398.

städtischen Arbeitsmarkt Fuß zu fassen versuchen.[629] Festgehalten sei jedoch, daß einfache ökonomische Modelle anscheinend keinen überzeugenden Erklärungswert aufweisen, wenn sie isoliert eingesetzt werden.[630] Es scheint vielmehr eine Verknüpfung diverser Faktoren, zu denen auch kulturelle zählen, den Verlauf der Urbanisierung in Afrika am ehesten verständlich machen zu können.

Während die Einkommensunterschiede zwischen durchschnittlichen Städter/inne/n und Landbewohner/inne/n, wie oben erwähnt wurde, in Afrika nie so groß waren, wie ehedem angenommen, und heute weitgehend aufgehoben sind, dürfte das Argument Liptons von einem grundsätzlichen „urban bias" in der Politik auf heutige afrikanische Staaten in vielerlei Hinsicht anwendbar sein. Die Entscheidungsträger/innen „sitzen" naturgemäß in den Städten, haben mehrheitlich eine umfangreiche Ausbildung hinter sich, die sie primär in Städten absolviert haben, sind mit Lobbies konfrontiert, die meist städtische Anliegen (zum Beispiel in Städten lokalisierte Wirtschaft) vertreten, etc. Ich werde weiter unten zu zeigen versuchen, daß der „urban bias" aber auch als eine Urbanitätslastigkeit im kulturellen Sinn (mit diesem Begriff möchte ich keinesfalls eine Wertung ausdrücken) zu verstehen ist, als Urbanitätslastigkeit, die sich ausdrückt in der Forcierung städtischer Lebensweisen und städtisch geprägter Werthaltungen. Ich werde darzustellen versuchen, daß dies in direktem Zusammenhang mit Verstädterungstrends steht.

Wenn man sich mit Ursachen der Migration befaßt, sind ebenso sehr individuelle Gründe zu berücksichtigen. Im einzelnen - und das ist als eine gewisse Einschränkung der Relevanz folgender allgemeiner Ausführungen (primär auf Makro-Ebene) anzusehen - dürften individuelle Umstände, bis hin zu psychischen und charakterlichen Aspekten, hinsichtlich der Migration oder Nicht-Migration ausschlaggebend sein.[631]

Die Ökonomen Becker, Hamer und Morrison nennen in einem Resümee empirischer Migrationsstudien unter anderem folgende Faktoren, die für die Migration relevant sind:[632]

- Je größer die Distanz zur Stadt, desto unwahrscheinlicher ist die Migration.
- Die Möglichkeit kurzzeitiger Migration hemmt permanente Abwanderung.
- Je höher die Löhne in den Städten sind, desto höher der Zustrom, je höher die Löhne am Land, desto geringer die Abwanderung in Städte.
- Je höher die Wahrscheinlichkeit, einen städtischen Arbeitsplatz zu erlangen, desto wahrscheinlicher ist die Migration.
- Die Migrant/inn/en ziehen eher von Regionen mit wenigen formellen Arbeitsplätzen zu Regionen mit vielen.
- Bei Männern stehen berufliche Überlegungen im Zusammenhang mit der Migration weiter im Vordergrund als bei Frauen.[633]

---

[629] Vgl. ebd., 400-401.
[630] Vgl. auch Becker; Hamer; Morrison: Beyond Urban Bias in Africa, a. a. O., 216.
[631] Vgl. Parnwell: Population Movements and the Third World, a. a. O., 97.
[632] Siehe Becker; Hamer; Morrison: Beyond Urban Bias in Africa, a. a. O., 107, 113.
[633] Diese Feststellung dürfte insofern gültig sein, als bei Frauen mehr nicht-ökonomische Faktoren neben den ökonomischen eine Rolle spielen als bei Männern (siehe weiter unten); jedenfalls aber sind für Frauen be-

- Grundsätzlich trägt die Zunahme der ländlichen Bevölkerungsdichte zur Abwanderung bei, fraglich ist jedoch, ob es ein kritisches Ausmaß geben muß und wie hoch es festzusetzen ist, damit dieser Grundsatz gilt.
- Städtische Annehmlichkeiten und Verwandte in der Stadt üben eine Anziehungskraft aus.

Zusammenfassend halten die oben genannten Autoren fest, daß städtische Vorteile im Arbeits- und Produktmarkt sowie bei öffentlichen Einrichtungen (zum Beispiel Schulen, Gesundheitsversorgung) die wichtigsten „Anziehungs"-Faktoren für stark ausgeprägte Migration in die Städte sind.[634]

Aus einer qualitativen Studie über Migration von Frauen nach Bamako, der Hauptstadt Malis, geht eine Reihe von Motivationen für die Migration in Städte, nicht nur für Frauen, hervor: Einkommen und Arbeit, Erziehung und Ausbildung, Gesundheitsversorgung, (groß)familiäre Entscheidungen etwa im Sinne von Diversifizierung zur Sicherung des Lebensunterhaltes, Ausweg aus schwierigen persönlichen und sozialen Verhältnissen, kurzfristige Geldbeschaffung (etwa für die kostspielige medizinische Betreuung ein/-es/-er Angehörigen), Begleitung des Partners.[635]

Eine Ursache, wenn nicht für die Migration überhaupt, so wenigstens für die Richtung der Migration, sind nicht-ökonomische, kulturelle und soziale Vorzüge der Städte in den Augen potentieller Migrant/inn/en. Massenmedien, nicht selten ins Positive übersteigerte Berichte von Bekannten oder Freund/inn/en, die in der Stadt leben, etc. erzeugen teils ein sehr attraktives Bild von der Stadt, ihren Unterhaltungsmöglichkeiten und sozialen Annehmlichkeiten, ein Bild, das stark zu den Erfahrungen mit dem Landleben kontrastieren kann und dazu beiträgt, Migrationsabsichten auszulösen, zu forcieren oder die Destination der Migration zu bestimmen (in diese Stadt zu wandern, die offenbar die größten Vorzüge aufweist, was meist die größte oder eine der größten Städte des Landes ist), und das obwohl ein Großteil der Neuangekommenen aufgrund fehlender finanzieller Mittel zunächst keinen Zugang zu jenen Annehmlichkeiten hat.[636] Städte scheinen jene Orte zu sein, wo man sich das Geld verdienen kann, um

---

rufliche Chancen in der Stadt auch eine wichtige Motivation für die Migration, wobei ja in der Regel ökonomische Selbständigkeit eine Voraussetzung für Unabhängigkeit von Männern oder der Familie ist. (Siehe Aderanti Adepoju: Migration in Africa. An Overview, in: Jonathan Baker, Tade Akin Aina (Hg.): The Migration Experience in Africa, Uppsala: Nordiska Afrikainstitutet, 1995, 87-108, hier 96-97.)

[634] Siehe Becker; Hamer; Morrison: Beyond Urban Bias in Africa, a. a. O., 134. Zum Teil ähnlich etwa Fapohunda; Lubell: Lagos, a. a. O., 32, 36 und Tab. 2.7, S. 35. Vgl. auch Mike Parnwell: Population Movements and the Third World, London-New York: Routledge, 1993, der sich mit Fragen der Migration allgemein (also nicht nur mit Land-Stadt-Migration) bezüglich der gesamten „Dritten Welt" auseinandersetzt. Ishumui hat bei einer Untersuchung von städtischen Arbeitslosen in Tansania vorderhand ökonomische Gründe für die Abwanderung erhoben, dazu kommen kulturelle und soziale Motive wie Konflikte mit Eltern, Freiheiten und das „high life" der Stadt, Ausbildung, Verwandte in der Stadt (Abel G. M. Ishumi: The Urban Jobless in Eastern Africa. A Study of the Unemployed Population in the Growing Urban Centres, with Special Reference to Tanzania, Uppsala: Scandinavian Institute of African Studies, 1984, 53-55).

[635] Siehe Mariken Vaa: Paths to the City: Migration Histories of Poor Women in Bamako, in: Jonathan Baker (Hg.): Small Town Africa. Studies in Rural-Urban Interaction, Uppsala: The Scandinavian Institute of African Studies (Nordiska afrikainstitutet), 1990, 172-181.

[636] Siehe Parnwell: Population Movements and the Third World, a. a. O., 89 und 91; exemplarisch Jean-Bernard Ouedraogo: The Girls of Nyovuuru. Dagara Female Labour Migrations to Bobo-Dioulasso, in: Jonathan Ba-

moderne Konsumgüter zu erwerben[637], Güter, die insbesondere von städtischen Freund/inn/en oder Medien bekannt und gerade für junge Menschen attraktiv sind. Städte zeichnen sich auch dadurch aus, daß man in ihnen der Kontrolle durch die Familie oder traditionelle Autoritäten um vieles leichter entgehen kann als am Dorf. Während in den Dörfern beinahe jede/r jede/n kennt, die Aktionen der Dorfbewohner/innen oft aufmerksam verfolgt und ausführlich beredet werden und sich viele Menschen mittelbar oder unmittelbar in das „eigene Leben" einmischen, ist es in der Stadt eher möglich, das Leben nach eigenen Vorstellungen zu gestalten.[638] Ein Beispiel für eine massive Einmischung der Verwandten in das eigene Leben ist die Auswahl des/der Ehepartner/-s/-in seitens der Eltern. Jugendliche, die sich dieser Wahl nicht fügen wollen, haben oft keine andere Chance, als in eine Stadt zu ziehen, da sie bei Nicht-Befolgung der elterlichen Anweisung, was eine Verletzung sozialer Normen bedeutet, in ihrem Dorf zum Teil mit einschneidenden Benachteiligungen zu rechnen hätten.[639] Neben direkten kulturellen Einflüssen auf die Entscheidung, in eine Stadt zu ziehen, sind indirekte zu berücksichtigen. Beispielsweise ist es in einer Stadt, vor allem wenn man Zugewanderte/r ist und der Großteil der Verwandtschaft weiter entfernt am Land lebt, eher möglich, sich traditionellen Pflichten der Solidarität zu entziehen, was sich im finanziellen Bereich günstig auf die Menge des zur Verfügung stehenden Geldes auswirkt.[640] So kann es finanziell gesehen vorteilhaft sein, in die Stadt zu ziehen, selbst wenn man durch eine Arbeitsmöglichkeit im Heimatdorf nominell (etwas) mehr verdienen würde.

In vielen Fällen, wo ökonomische Gründe für die Migration angegeben werden, dürften die eigentlichen Gründe nicht-ökonomische sein.[641] Dies zeigt sich meines

---

ker, Tade Akin Aina (Hg.): The Migration Experience in Africa, Uppsala: Nordiska Afrikainstitutet, 1995, 303-320, hier 309-310. Massenmedien als auch Freund/-e/-innen oder Verwandte dürften jedoch nicht nur bestimmte positive Züge der Stadt tendenziell überbetonen, sondern ebenso negative (wie etwa die Gefährlichkeit des Verkehrs oder die Wahrscheinlichkeit, Opfer von Kriminellen zu werden; allein dadurch, daß davon häufig berichtet wird, kann der Eindruck entstehen, daß solche Erfahrungen quasi zum Alltag von Stadtbewohner/inne/n gehören). (Vgl. David Barker: A Goldmine in the Sky Faraway: Rural-Urban Images in Kenya, *Area*, 15/3 (1983), 185-191, hier v. a. 186-189.)

[637] Beispielhaft siehe Ouedraogo: The Girls of Nyovuuru, a. a. O., 314-315.
[638] Siehe ebd., v. a. 311; vgl. auch Peil; Sada: African Urban Society, a. a. O., 129-130. Die genannten Faktoren dürften vermutlich bei Frauen eine stärkere Motivation sein, in die Stadt zu ziehen, als bei Männern, da Frauen in der Regel in dörflichen Gemeinschaften weniger Macht und Rechte besitzen als Männer, sodaß sie die Einflüsse durch die Dorfgemeinschaft noch weniger kontrollieren können als Männer.
[639] Siehe beispielhaft etwa Carola Donner-Reichle: Ujamaadörfer in Tanzania. Politik und Reaktionen der Bäuerinnen, Hamburg: Institut für Afrika-Kunde, 1988, 283.
[640] Vgl. J. K. Hart: Migration and the Opportunity Structure: a Ghanaian Case-Study, in: Samir Amin (Hg.): Modern Migrations in Western Africa, London: Oxford University Press, 1974, 321-339, hier 334; Nukunya: Tradition and Change in Ghana, a. a. O., 155-156.
[641] Freilich ist die Frage nach den „eigentlichen" Gründen kaum allgemeingültig zu beantworten. Ishumi z. B. geht den umgekehrten Weg, anstatt wie ich aufzuzeigen, daß hinter ökonomischen Gründen oft nicht-ökonomische stehen dürften, versucht er darzulegen, daß sich vielfach hinter nicht-ökonomischen Motiven ökonomische verbergen. Wenn etwa Jugendliche in die Stadt ziehen, weil sie am Land ein Übermaß an Unfreiheit, verursacht durch elterliche Vorschriften, erleben, so könnte der ökonomische Grund dahinter sein, daß insbesondere landwirtschaftliche Tätigkeiten so wenig Gewinn bringen, daß die Eltern von ihren Kindern Disziplin fordern und damit die Freiheit ihrer Kinder einschränken müssen, um in jener schwierigen

Erachtens sehr deutlich in einer Untersuchung in einem Viertel in Lagos, in dem primär Menschen mit sehr geringem Einkommen in Niedrig-Standard-Wohnungen leben (vier Fünftel davon Immigrant/inn/en). Die Mehrzahl der dortigen Immigrant/inn/en gab ökonomische Gründe für die Abwanderung in die Stadt an. Bei genauerem Hinsehen ergibt sich ein verändertes Bild. Die Befragten zogen nämlich in die Stadt, weil sie sich ein höheres Einkommen und eine bessere Arbeit in der Stadt erwarteten, obwohl ihr Einkommen am Land bei weitem zur Sicherung ihres Lebensunterhaltes ausreichte.[642] Offensichtlich hatten für sie ein hohes Einkommen und bessere Jobs bzw. eine bestimmte Art von Jobs einen höheren Rang in ihrer Werteskala als eine ländliche Lebensform insgesamt, wobei sie das Risiko in Kauf nahmen, unter schlechten physischen Bedingungen zu leben und vielleicht doch keine entsprechende Arbeit zu finden. Nicht ein Überlebenskampf trieb sie an, sondern der Wunsch, bestimmte finanzielle und berufliche Standards zu erreichen.

Naturgemäß andere Faktoren spielen eine Rolle bei unmittelbar erzwungener Migration, etwa aufgrund von ökologischen Katastrophen oder intendierter menschlicher Veränderung der Umwelt (zum Beispiel Errichtung von Staudämmen) oder wegen politischer Faktoren, wobei solche Migrationen das Wachstum von Städten forcieren können. Ich konzentriere mich hier jedoch auf die Diskussion vorderhand (!) freiwilliger Migration, da ich ja weiter unten versuche, kulturelle und soziale Grundlagen der Verstädterung (und damit auch der Migration in Städte) verständlich zu machen.

Bevor ich auf weitere Aspekte der Migration eingehe, sei festgehalten, daß die Entscheidung über eine mögliche Abwanderung nicht unbedingt primär die Angelegenheit eines Individuums ist, sondern etwa von der Familie getroffen werden kann, wobei andere Überlegungen als rational gelten mögen als bei individueller Entscheidung (zum Beispiel Absicherung des Familieneinkommens durch Diversifizierung).[643]

Die meisten, die in die Städte abwandern, sind jung und, für die ländliche Region, aus der sie stammen, überdurchschnittlich gut gebildet.[644] Viele davon ziehen nicht

---

Situation überleben zu können. Daher liegt die eigentliche Ursache für die Unzufriedenheit Jugendlicher mit dem Landleben nicht in Wertekonflikten etwa mit Eltern, sondern in der schwierigen ökonomischen Lage ländlicher Familien. Würde jeder tun, was ihm beliebt, könnten sich die Gemeinschaft und mithin auch viele Individuen ihren Lebensunterhalt nicht sichern, und das gelte für das Land in größerem Ausmaß als für die Stadt. (Siehe Ishumi: The Urban Jobless in Eastern Africa, a. a. O., 93.) Meiner Meinung nach kann eine solche Argumentation teilweise sicher zutreffen, ihre Anwendbarkeit scheint mir aber doch sehr eingeschränkt zu sein.

[642] Adenrele Awotona: The Urban Poor's Perception of Housing Conditions, in: Robert W. Taylor (Hg.): Urban Development in Nigeria. Planning, Housing and Land Policy, Aldershot u. a.: Avebury, 1993, 130-144, hier v. a. 131-136.

[643] Siehe z. B. Parnwell: Population Movements and the Third World, a. a. O., u. a. 99; Christer Krokfors: Poverty, Environmental Stress and Culture as Factors in African Migrations, in: Jonathan Baker, Tade Akin Aina (Hg.): The Migration Experience in Africa, Uppsala: Nordiska Afrikainstitutet, 1995, 54-64, hier 60-61.

[644] Siehe Adepoju: Migration in Africa, a. a. O., 92; Derek Byerlee, Joseph L. Tommy: Rural-Urban Migration, Development Policy and Planning, in: Reuben K. Udo (Hg.): Population Education Source Book for Sub-Saharan Africa, Nairobi: Heinemann Educational Books, 1979, 216-225, hier 217; Fapohunda; Lubell: Lagos, a. a. O., 32 - die Autoren zitieren eine Fallstudie über Oshogbo und Ife, Westnigeria); Parnwell: Popu-

zuerst in eine kleinere Stadt, um danach in eine größere zu wechseln, sondern versuchen sich gleich in einer Großstadt oder der Hauptstadt des Landes niederzulassen, womit sie relativ unvermittelt von einem ländlichen in ein städtisches Umfeld gelangen.[645] Die höhere Bildung dürfte unter anderem deswegen zur Abwanderung in Städte beitragen, weil sie in der Regel Werthaltungen fördert, die dem städtischen Leben gegenüber dem ländlichen den Vorzug geben, und weil jene besser Ausgebildeten in den Städten eher einen adäquaten Arbeitsplatz finden als am Land.[646] Auf einen Zusammenhang zwischen Schulbildung und Verstädterung deuten auch makrosoziologische Befunde hin, wenngleich folgende Gleichzeitigkeit für sich genommen natürlich keinen Ursache-Wirkung-Zusammenhang darstellen muß: Der Anteil der Jugendlichen im Afrika südlich der Sahara, die als Schüler/innen bzw. Student/inn/en registriert waren, ist von 41 Prozent im Jahr 1965 auf 79 Prozent 1980 gestiegen, bis 1986 ist er allerdings auf 73 Prozent gesunken - insgesamt dennoch ein deutlicher Anstieg seit der frühen Unabhängigkeit. Etwa zur gleichen Zeit stieg der Anteil von Stadtbewohner/inne/n an der Gesamtbevölkerung des Sub-Sahara-Afrika von 14 Prozent 1965 auf 27 Prozent 1987.[647] Neuerdings zeichnet es sich allerdings in manchen Entwicklungsländern ab, daß das Ausbildungsniveau der Migrant/inn/en sinkt, was damit zusammenhängen könnte, daß die Zahl der formalen Arbeitsplätze, an denen man in der Regel besser verdient und die den Großteil der Arbeiten mit höheren Ausbildungsanforderungen umfassen, abgenommen hat oder zumindest nicht entsprechend gestiegen ist und im Gegenzug der Anteil an informellen Arbeitsmöglichkeiten am gesamten formellen und informellen Arbeitsmarkt zugenommen hat, wobei für informelle Arbeiten meist eine geringere Schulbildung erforderlich ist. Das Ausmaß an Schulbildung wird diesbezüglich daher immer weniger relevant. Dem widerspricht allerdings die durchaus plausible These, daß sich die relativ gut Ausgebildeten angesichts fehlender adäquater Arbeitsplätze mit solchen Arbeiten zufrieden geben, die unter ihrem Ausbildungsniveau anzusiedeln sind, wodurch sie die schlechter Ausgebildeten weiter verdrängen. Setzt sich dieser Trend fort, werden die Ausbildungsanforderungen, um einen Arbeitsplatz zu finden, immer höher, weshalb also in Zukunft die Migrant/inn/en immer besser ausgebildet sein müßten. Da allerdings keine ausreichenden Statistiken für ganz Afrika vorliegen, um das eine oder andere Modell eindeutig belegen zu können, sind vorerst beide vermuteten Trends in Erwägung zu ziehen.[648]

Zum Teil ziehen auch ältere Leute in eine Stadt, wenn dort Familienmitglieder leben, sodaß man einerseits in eine Familienstruktur eingebunden bleibt und zugleich städtische Vorteile etwa in der Gesundheitsversorgung ausnützen kann; primär Frauen

---

lation Movements and the Third World, a. a. O., 96; exemplarisch auch Satzinger: Stadt und Land im Entwicklungsland, a. a. O., 336-338.
[645] Siehe Mabogunje: Introduction: Cities and Africa's Economic Recovery, a. a. O., xxii-xxiii.
[646] Siehe Byerlee; Tommy: Rural-Urban Migration, Development Policy and Planning, a. a. O., 218; David Achanfuo-Yeboah: Grounding a Theory of African Migration in Recent Data on Ghana, *International Sociology*, 8/2 (1993), 215-226, hier 219-220.
[647] Siehe Mabogunje: Introduction: Cities and Africa's Economic Recovery, a. a. O., xxii.
[648] Siehe Becker; Hamer; Morrison: Beyond Urban Bias in Africa, a. a. O., 103.

(insbesondere verwitwete) nutzen solche Möglichkeiten, da sie durch die Migration neben den Gewinnen weniger verlieren als Männer, welche in der Regel über relativ umfangreiche ökonomische, politische und soziale Ressourcen am Land verfügen.[649]

Während, wie gesagt, die meisten Menschen, die in die Städte ziehen, jung sind (zwischen 15 und 35 Jahren), sind unter jenen, die von der Stadt auf das Land ziehen, die älteren Menschen relativ stark vertreten.[650] Das Alter wollen anscheinend viele lieber am Land verbringen als in der Stadt, vor allem wenn sie in die Stadt gezogen waren und nicht in der Stadt geboren sind. Viele Migrant/inn/en bewahren sich ihre Landrechte, sodaß sie sich im Alter am Land niederlassen können, sich insbesondere in ökonomisch schwierigen Zeiten durch die Landwirtschaft etwas dazuverdienen bzw. Nahrungsmittel für den eigenen Gebrauch erzeugen können und ein Teil der Familie am Land leben kann; ebenso kann es darum vorteilhaft sein, sich in höherem Alter wieder am Land niederzulassen, weil die Großfamilie am Land häufig so etwas wie eine Versicherung ist, daß man im Falle einer Krankheit oder altersbedingter Schwächen betreut wird.[651]

Die Migrant/inn/en gehören in der Regel nicht zu den Ärmsten oder Ärmeren.[652] Sowohl sehr arme Individuen[653] als auch sehr arme Völker oder Volksgruppen[654] weisen weniger Migrationen auf als relativ reiche, was damit zusammenhängt, daß den Ärmsten zum Teil die Ressourcen für die Migration fehlen, aber wohl auch mit kulturellen Faktoren zu tun hat, etwa mit Werthaltungen, die unter anderem über Schulbildung verbreitet werden, wobei den Ärmsten der Zugang dazu häufig verwehrt ist. Mangelnde Schulbildung schränkt die Bandbreite an Informationsquellen über die Stadt bzw. über Strategien, wie man städtische Vorteile am besten nutzen kann, ein, zum Teil (aber eben nur zum Teil, siehe oben) ist ein geringer Ausbildungsgrad ein Nachteil bei der Arbeitsplatzsuche in der Stadt. Zu berücksichtigen ist weiters der Umstand, daß diejenigen, die über einen gewissen finanziellen Polster verfügen, die

---

[649] Siehe Margaret Peil: The Small Town as a Retirement Centre, in: Jonathan Baker, Tade Akin Aina (Hg.): The Migration Experience in Africa, Uppsala: Nordiska Afrikainstitutet, 1995, 149-166, hier 150-151.

[650] Siehe Becker; Hamer; Morrison: Beyond Urban Bias in Africa, a. a. O., 106.

[651] Siehe Peil: The Small Town as a Retirement Centre, a. a. O., 149-150; Satzinger: Stadt und Land im Entwicklungsland, a. a. O., 339.

[652] Bezüglich allgemeiner Gründe dieses Phänomens siehe etwa Michael Lipton: Why Poor People Stay Poor. A Study of Urban Bias in World Development, London: Temple Smith, 1978 (paperback ed.; ¹1977), 218-219; siehe auch Samir Amin: Migrations in Contemporary Africa. A Retrospective View, in: Jonathan Baker, Tade Akin Aina (Hg.): The Migration Experience in Africa, Uppsala: Nordiska Afrikainstitutet, 1995, 29-40, hier 32.

[653] Vgl. Morgens Holm: Survival Strategies of Migrants to Makambako - an Intermediate Town in Tanzania, in: Jonathan Baker, Poul Ove Pedersen (Hg.): The Rural-Urban Interface in Africa. Expansion and Adaptation, Uppsala: Nordiska Afrikainstitutet (The Scandinavian Institute of African Studies), 1992, 238-257, hier v. a. 251-253.

[654] Siehe Samir Amin: Introduction, in: ders. (Hg.): Modern Migrations in Western Africa, London: Oxford University Press, 1974, 65-124, hier 90-91.

Zeit der häufigen anfänglichen Arbeitslosigkeit leichter überstehen als jene, die sich auf keine entsprechende Absicherung stützen können.[655]

Während bis vor kurzem in der Regel die männlichen Stadt-Migranten die weiblichen Migrantinnen überwogen, gleicht sich heute dieses Verhältnis immer mehr aus.[656] Die (selbständige) Abwanderung von Frauen nimmt gerade in letzter Zeit stärker zu, unter anderem deshalb, weil traditionelle Beschränkungen der Migration vor allem von jungen Frauen immer mehr an Verbindlichkeit einbüßen, was wiederum mit städtischen Einflüssen auf das Land zusammenhängen könnte.[657] Meist erlangen die Frauen durch die Migration in die Stadt die Möglichkeit, ihre wirtschaftliche und soziale Situation zu verbessern, einen viel größeren Entscheidungsfreiraum zu haben und weniger durch traditionelle Rollenbilder eingeschränkt zu sein[658], wobei zugleich viele Frauen, wenn sie ohne einen Mann leben, auch in der Stadt sozial benachteiligt sind, nicht als eigenständig ernst genommen, sexuell ausgebeutet, beargwöhnt und als sozial deviante Menschen eingestuft werden[659] und oft mit der Doppelbelastung als Alleinerzieherinnen und Alleinverdienerinnen zu kämpfen haben.

Mehrere Untersuchungen weisen darauf hin, daß sich Migrantinnen im Durchschnitt eher permanent in einer Stadt niederlassen als Migranten, was insbesondere mit mehrfach angesprochenen städtischen Vorteilen für Frauen zu tun haben dürfte. Die Rückkehr aufs Land dürfte für Frauen schwieriger sein, da mit der Migration oft ein deutlicher Bruch mit der Familie einhergeht.[660] Nicht zu vergessen ist in diesem Zusammenhang die von den Männern abhängige Migration der Frauen: Oft ziehen die Frauen erst in die Stadt, wenn sich ihre Männer in der Stadt etabliert haben. Ihr Zuzug ist dann nicht selten der letzte Schritt zur endgültigen städtischen Lokalisierung der gesamten Familie (einschließlich eben der Frauen).

Die psychosozialen Folgen der Migration in Städte hängen sehr stark von den Umständen ab, etwa inwiefern ein soziales Netz für die Neuzuwander/-er/-innen vorhanden ist. So wurden bei einer Studie 1985 bei den Gurage in Äthiopien, die nach Addis Ababa gezogen waren, keine Zeichen von Anomie oder sozialer Orientierungslosigkeit festgestellt, was damit erklärt wird, daß diese Volksgruppe ein gut organisiertes soziales Netz in der Stadt hat und die Stadt-Landbewohner/innen-Beziehungen in-

---

[655] Siehe Parnwell: Population Movements and the Third World, a. a. O., 87. Das dort zitierte Beispiel aus Indonesien ist ohne weiteres auf Afrika übertragbar. Natürlich sind die meisten Migrant/inn/en auch anderweitig abgesichert, eigene oder familiäre finanzielle Ressourcen spielen jedoch *auch* eine wichtige Rolle.

[656] Siehe Adepoju: Migration in Africa, a. a. O., 94-97. Bezüglich Folgendem vgl. auch Gabriele Wurster, Gudrun Ludwar-Ene: Commitment to Urban Versus Rural Life Among Professional Women in African Towns, in: Mechthild Reh, Gudrun Ludwar-Ene (Hg.): Gender and Identity in Africa, Münster-Hamburg: Lit, 1994, 153-167.

[657] Siehe Parnwell: Population Movements and the Third World, a. a. O., 5.

[658] Siehe Adepoju: Migration in Africa, a. a. O., 96-97.

[659] Siehe z. B. Lai Olurode: Women in Rural-Urban Migration in the Town of Iwo in Nigeria, in: Jonathan Baker, Tade Akin Aina (Hg.): The Migration Experience in Africa, Uppsala: Nordiska Afrikainstitutet, 1995, 289-302, hier v. a. 299-301.

[660] Siehe Gugler; Ludwar-Ene: Gender and Migration in Africa South of the Sahara, a. a. O., 263-265; Vorläufer: Kenya, a. a. O., 78-79.

tensiv sind.⁶⁶¹ Im allgemeinen haben die meisten Migrant/inn/en Ansprechspersonen in der Stadt oder ein verläßliches soziales Netzwerk, auf das sie sich nicht nur in der ersten Zeit in der Stadt einigermaßen verlassen können.⁶⁶² In einer Studie von Migrantinnen in Burkina Faso⁶⁶³ zeigte sich ebenso die Bedeutung eines insbesondere auf Abstammung beruhenden sozialen Netzes, wobei sich die Migrantinnen vor allem in der ersten Zeit auf dieses verlassen können. Zugleich wurde der Trend festgestellt, daß sich das Gefühl der Verpflichtung von Städter/inne/n, Migrant/inn/en zu unterstützen, immer mehr auf die Mitglieder der Kleinfamilie einschränkt.

Neben dem Effekt der Absicherung können derartige Netzwerke eine umfassende Integration und Annahme bestimmter Aspekte städtischer Lebensweisen verlangsamen, da die Integration in ein partikuläres Netzwerk einem großen Teil psychosozialer Bedürfnisse bereits genügt.⁶⁶⁴

Stadt-Land-Beziehungen

Zwischen den kürzlich immigrierten Stadtbewohner/inne/n und den Landbewohner/inne/n besteht vielfach eine stark ausgeprägte persönliche und sozioökonomische Verbindung, die sich in der Zahl von Besuchen von Verwandten und Freund/inn/en durch die Stadtbewohner/innen zeigt, in finanzieller Unterstützung von Individuen oder Familien als auch von dörflichen Einrichtungen und Projekten (beispielsweise Schule) durch die Städter/innen sowie im (häufig realisierten) Wunsch, das Alter am Land zu verbringen, in der Mitgliedschaft in Organisationen und Vereinen im Herkunftsdorf bzw. in der Teilnahme an dörflichen Veranstaltungen.⁶⁶⁵ Auf der anderen

---

[661] Siehe Jonathan Baker: The Gurage of Ethiopia: Rural-Urban Interaction and Entrepreneurship, in: ders. und Poul Ove Pedersen (Hg.): The Rural-Urban Interface in Africa. Expansion and Adaptation, Uppsala: Nordiska Afrikainstitutet (The Scandinavian Institute of African Studies), 1992, 125-147, hier bes. 135-136.
[662] Siehe Parnwell: Population Movements and the Third World, a. a. O., 94; vgl. auch etwa ein Fallbeispiel aus Sudan: Helmut Ruppert: The Migration of the Zaghawa to Khartoum/Omdurman Conurbation, in: Fouad N. Ibrahim, Helmut Ruppert (Hg.): Rural-Urban Migration and Identity Change. Case Studies from the Sudan, Bayreuther geowissenschaftliche Arbeiten Bd. 11, Bayreuth: Druckhaus Bayreuth Verlagsgesellschaft, 1988, 63-76, hier 65-66. Siehe weiters etwa Ishumi: The Urban Jobless in Eastern Africa, a. a. O., 56-57 u. 61 (Unterstützung vor allem durch Verwandte, aber auch durch Freund/-e/-innen).
[663] Siehe Ouedraogo: The Girls of Nyovuuru, a. a. O., v. a. 313-314.
[664] Siehe Parnwell: Population Movements and the Third World, a. a. O., 125.
[665] Siehe Aderanti Adepoju: Rural-Urban Socio-Economic Links: the Example of Migrants in South-west Nigeria, in: Samir Amin (Hg.): Modern Migrations in Western Africa, London: Oxford University Press, 1974, 127-136. In dieser Studie von Oshogbo, Nigeria, machten über 40 Prozent der Migrant/inn/en zwischen sieben und zwölf Besuche pro Jahr, etwas weniger als 40 Prozent zwei bis sechs. Die Geldüberweisungen betrugen meist einen beträchtlichen Teil des Einkommens. Siehe weiters Ruppert: The Migration of the Zaghawa to Khartoum/Omdurman Conurbation, a. a. O., 71-72; auch dieser Studie zufolge bestanden enge Verbindungen zwischen den Migrant/inn/en und den am Land Verbliebenen, Verbindungen, die sich unter anderem im Güter- und Geldfluß von der Stadt auf das Land ausdrückten. Siehe auch Lillian Trager: Women Migrants and Rural-Urban Linkages in South-Western Nigeria, in: Jonathan Baker, Tade Akin Aina (Hg.): The Migration Experience in Africa, Uppsala: Nordiska Afrikainstitutet, 1995, 269-288, hier 272; Adepoju: Migration in Africa, a. a. O., 100-101; O'Connor: The African City, a. a. O., 271-303; Peil; Sada: African Urban Society, a. a. O., 138-143.

Seite sind Städter/innen Gastgeber/innen für ländliche Angehörige und Freund/-e/-innen; Landbewohner/innen unterstützen Stadtbewohner/innen etwa durch Nahrungsmittel.[666] Es ist anzunehmen, daß derartige persönliche Verbindungen zwischen Städter/inne/n und Landbewohner/inne/n, die natürlich prinzipiell weltweit zu finden sind, in Afrika ausgeprägter und komplexer sind als irgendwo sonst.[667] Zugleich ist aber vor zu schnellen Generalisierungen zu warnen: Diese engen Beziehungen finden sich vor allem bei Migrant/inn/en; Menschen, die bereits in der Stadt geboren wurden, haben demgegenüber die Verbindung zu ländlichen Verwandten oft weitgehend aufgelöst.[668] Die wirtschaftlichen Verflechtungen zwischen Stadt und Land, die ich hier nicht näher behandeln kann, gehen natürlich wesentlich über Finanzflüsse innerhalb von Familien hinaus[669] (städtische Absatzmärkte für ländliche Produkte und ländliche für städtische, Diffusion wirtschaftsrelevanter Innovationen, Diversifizierung der Arbeit innerhalb von Familien - Arbeit für Landbewohner/innen in Städten, Städter/innen mit landwirtschaftlichem [Zusatz-] Einkommen oder in [in-] direkter Beschäftigung für den landwirtschaftlichen Sektor).[670]

Auch schon länger in Städten Lebende pflegen etwa in Nigeria vielfach enge Beziehungen zu den Verwandten am Land, fühlen sich sehr mit dem Land ihrer Vorfahren verbunden und betrachten die Stadt nur als vorübergehenden Lebensraum, sodaß sich viele ein Haus am Land errichten und im Gegenzug dazu entsprechend weniger bereit sind, in ihre städtische Unterkunft zu investieren.[671] Enge und intensive Beziehungen zwischen vielen Städter/inne/n und Landbewohner/inne/n sind ebenso etwa in Dakar[672] oder Nairobi[673] festgestellt worden.[674]

In Kleinstädten dürften diese Verbindungen im allgemeinen besonders stark ausgeprägt sein, wie eine Studie einer Kleinstadt von Tansania (Makambako mit nicht ganz 16.000 Einwohner/inne/n im Jahr 1988) nahelegt.[675] Zu erwähnen ist hier vor allem der Umstand, daß viele Stadtbewohner/innen kleine Grundstücke am Land besaßen und wenigstens zum Teil eine ländliche Lebensweise verfolgten, was sich im hohen Anteil an landwirtschaftlichen Berufen zeigt (vier Fünftel der Ehefrauen und mehr als die Hälfte der Männer gingen einer landwirtschaftlichen Beschäftigung nach). In dieselbe Kerbe schlägt eine Untersuchung einer Stadt in Kenia (Thika, vierzig Kilometer

---

[666] Siehe O'Connor: The African City, a. a. O., 279-283 u. 289.
[667] Siehe auch ebd., 272.
[668] Siehe Oucho: Urban Migrants and Rural Development in Kenya, a. a. O., 14-15; 21.
[669] Vgl. Parnwell: Population Movements and the Third World, a. a. O., 108-109.
[670] Vgl. z. B. Becker; Hamer; Morrison: Beyond Urban Bias in Africa, a. a. O., 46-48.
[671] Siehe Umeh: Urbanization Trends and Housing, a. a. O., 111.
[672] Siehe Bugnicourt: Dakar Without Bounds, a. a. O., 40.
[673] Siehe Oucho: Urban Migrants and Rural Development in Kenya, a. a. O..
[674] Allgemein zur hohen Bedeutung der Land-Stadt-Beziehungen im tropischen Afrika siehe auch Peil; Sada: African Urban Society, a. a. O., 39.
[675] Siehe Holm: Survival Strategies of Migrants to Makambako - an Intermediate Town in Tanzania, a. a. O., v. a. 245-249.

nordöstlich von Nairobi, mit gegenwärtig über 85.000 Einwohner/inne/n).[676] Abgesehen vom bemerkenswerten Umstand, daß nur vier Prozent aller Erwachsenen im Sample in Thika geboren waren, hatten 84 Prozent aller Männer Zugang zu Land zu Hause (je reicher, desto eher), und 60 Prozent der Familien mit Zugang zu Land lebten getrennt, ein Teil (meist Frau und Kinder) am Land, ein Teil (meist der Mann) in der Stadt.[677] Die Mehrheit erachtete ihr Leben in Thika als Übergangsphase, um spätestens im Ruhestand zurück nach Hause, also aufs Land, zu ziehen.[678] Zu betonen ist hier nochmals, daß die Verbindungen zum Land, wie sie bei den Migrant/inn/en zu finden ist, schon bei den Kindern der Migrant/inn/en, die in der Stadt aufgewachsen sind, in der Regel viel geringer sind.

Kulturelle Orientierungen

Imoagene beschreibt die zunehmende Abkehr der Städter/inne/n von indigenen bzw. traditionellen kulturellen Orientierungen als historischen Prozeß.[679] Nach seinen Ausführungen wurde sowohl in Ostafrika als auch in Westafrika beobachtet, daß in einer ersten Wachstumsphase kolonial geprägter Städte bei den Zuwander/-ern/-innen die Ordnung traditioneller Lebensformen zusammenbrach, was damit zusammenhing, daß es keine entsprechende kulturelle und soziale Infrastruktur gab und die Zuwander/-er/-innen primär der Arbeit wegen in die Städte kamen/kommen durften und nicht, um dort Wurzeln zu schlagen. Die Orientierungs- und Handlungsmuster traditioneller Lebensweisen wurden zunächst kaum durch entsprechende moderne ersetzt, sodaß ein gewisses kulturelles Vakuum entstand. Erst im Laufe der Zeit entwickelte sich eine spezifisch urbane Lebensform, die sich von traditionellen Lebensformen unterschied. Mittlerweile war in der Regel die Attraktivität der Stadt durch sanitäre, gesundheitliche, kulturelle, unterhaltende etc. Einrichtungen erhöht worden, sodaß immer mehr Menschen auch wegen der neuen städtischen Vorzüge in die Stadt zogen, wenngleich eine Nähe zu traditionellen Lebensweisen zumindest ideell bestehen blieb. Im weiteren Verlauf wurde auch die nähere ländliche Umgebung immer mehr von den Städten mitgeprägt, im ökonomischen Sinn etwa, indem das Umland für die Städte produzierte und dafür Geld erwarb, das wiederum im Konsum umgesetzt werden konnte, oder im kulturellen Sinn, indem ein westliches Schulwesen Einzug hielt und Kirchen vielfach von der Stadt aus das Land zu missionieren begannen, wovon unter anderem traditionelle Hierarchien betroffen waren und die Ahnen und ihre Verehrung durch die neue

---

[676] Siehe Jørgen Andreasen: Urban-Rural Linkages and Their Impact on Urban Housing in Kenya, in: Jonathan Baker (Hg.): Small Town Africa. Studies in Rural-Urban Interaction, Uppsala: The Scandinavian Institute of African Studies (Nordiska afrikainstitutet), 1990, 161-171.
[677] Siehe ebd., 164.
[678] Siehe ebd., 168.
[679] Siehe Oshomha Imoagene: Some Sociological Aspects of Modern Migration in Western Africa, in: Samir Amin (Hg.): Modern Migrations in Western Africa, London: Oxford University Press, 1974, 343-356, hier 349-355.

Art, sich unmittelbarer an Gott zu wenden, in ihrer Bedeutung minimiert wurden, was neben anderem eine Erosion traditioneller Sozialstrukturen implizierte und den Individualismus förderte. Durch die Einführung neuer Orientierungsmuster entstehen naturgemäß Konflikte insbesondere in jener Generation, die noch traditionelle Werte und Normen internalisiert hat bzw. zwischen den Generationen. Jene, die noch am Land leben und sich zunehmend an modernen Werten orientieren und ebensolche Normen verfolgen sowie ihre Bedürfnisstruktur entsprechend verändert haben, tendieren dazu, in die Stadt abzuwandern und damit der Konfliktsituation, der sie in einer noch großteils traditionell bestimmten Gesellschaft gegenüberstehen, auszuweichen. Psychosoziale Beweggründe liegen damit ihrer Entscheidung zugrunde. In dieser Phase, in der die Städte kulturell attraktiv werden, nimmt die Arbeitsmigration anteilsmäßig ab, statt dessen nimmt die psychosozial motivierte Migration zu. Zusätzlich gewinnen in dieser späteren Phase die großen Städte an kultureller Anziehungskraft auf Kosten von kleineren, eben weil immer mehr Menschen städtisches Leben und städtische Möglichkeiten insbesondere im sozialen und kulturellen Bereich vorziehen, was alles in großen Städten eher bzw. in „besserer" Qualität vorhanden ist.

Dieses beinahe idealtypisch anmutende Modell, das meines Erachtens die Grundtendenz plausibel beschreibt, ist gewiß zu relativieren. Zu bedenken ist vor allem, daß es nur für einen Teil der städtischen Bevölkerung gilt und daß die Modernisierung häufig nur gewisse Bereiche der Lebensweise und des Weltbildes betrifft. Beispielsweise wurde festgestellt, daß informell Beschäftigte weniger modern waren als etwa Fabriksarbeiter/innen.[680] Man brachte dies in Zusammenhang mit den unterschiedlichen Bedingungen in beiden Sektoren: Während die Fabriksarbeit Regelmäßigkeit und eine Arbeitsleistung verlangt, die möglichst wenig von der Persönlichkeit des/der Arbeiter/-s/-in geprägt ist, gleicht der informelle Sektor in vielen Belangen indigener bäuerlicher Produktion (Unregelmäßigkeit der Tätigkeit, einfache Technologie, Familienbetriebe, geringe Einkommenssicherheit, wodurch langfristige Planungen schwierig sind). Zu diesen Aspekten der Produktionsweise, die die Modernisierung vorantreiben oder einschränken, kommen kulturelle Faktoren hinzu (so fördert etwa eine umfangreiche formale Schulbildung in der Regel die Modernisierung).[681]
Bei den Zaghawa, die nach Khartum/Omdurman gesiedelt waren, stellte man fest, daß sich die Immigrant/inn/en in bestimmten Bereichen möglichst schnell an kulturelle Standards der Stadt anzupassen versuchten, was sich in einer stadtüblichen Kleidung zeigte, in der Verwendung des Arabischen in der Öffentlichkeit und in gewissem Maße selbst im Privatbereich (33 Prozent gaben in einer Befragung an, mit ihren Kindern nur Arabisch zu sprechen), in einer selbst für langansässige Ethnien unüblichen einigermaßen positiven Einstellung zur höheren Schulbildung für Mädchen.[682] Auf der anderen

---

[680] Siehe Richard Sandbrook: The Politics of Basic Needs. Urban Aspects of Assaulting Poverty in Africa, Toronto-Buffalo: University of Toronto Press, 1982, 183-185.
[681] Siehe ebd., 185. Welche Faktoren wichtiger sind, solche der Produktionsweise oder solche unmittelbarer kultureller Art, das sei dahingestellt.
[682] Siehe Ruppert: The Migration of the Zaghawa to Khartum/Omdurman Conurbation, a. a. O., 72-73; zur Verwendung des Arabischen finden sich ähnliche Ergebnisse u. a. in einer Untersuchung bei den Nuba: Ab-

Seite besaßen mehr als 40 Prozent der untersuchten Zaghawa am Land Vieh, das Verwandte betreuten (Viehbesitz ist ein wichtiger Aspekt der Lebensform bei den Zaghawa); als ein besonders markantes Beispiel für die Bewahrung bestimmter Facetten ländlicher Kultur erscheint mir die häufige Bewahrung von Speisegewohnheiten: 69 Prozent der befragten Männer behaupteten, entsprechend den Sitten der ländlichen Zaghawa nicht mit weiblichen Familienmitgliedern zu essen.[683] Es scheint also eine selektive Anpassung stattzufinden, wobei insbesondere gemeinhin sichtbare und womöglich nicht allzu wesentliche kulturelle Merkmale, wie Kleidung, am schnellsten zugunsten stadtüblicher Standards aufgegeben werden. Zum Teil erfordern ganz einfach die äußeren Bedingungen eine Umstellung von Lebensgewohnheiten und kulturellen Ordnungen. Für die Nuba etwa stehen am Land den Frauen bzw. der Frau, den männlichen und den weiblichen Kindern je eigene Hütten zur Verfügung, in den Städten lebt die gesamte Familie meist in höchstens zwei Räumen, da man sich eine größere Unterkunft nicht leisten kann.[684]

Anpassung oder Teilanpassung ist jedoch nur eine Variante von Migrant/inn/en, sich in ihrer neuen städtischen Umwelt zurechtzufinden, eine andere Strategie liegt darin, ihre Ethnizität und Kultur zu betonen und hauptsächlich ethnisch definierte Beziehungen zu pflegen.[685]

Neue kulturelle Werte betreffen zum Teil so zentrale Aspekte wie die Heirat, insbesondere bei Migrant/inn/en, wo die nahen Verwandten allein aus Gründen geographischer Distanz in ihren Einflußmöglichkeiten beschränkt sind. Während am Land eine Hochzeit in der Regel eine Angelegenheit der gesamten Familie ist, kommt es in der Stadt immer öfter zu Eheschließungen auf individueller Basis von Braut und Bräutigam, zum Teil ohne einen Brautpreis (oder eine Aussteuer) bezahlen zu müssen.[686] Frauen haben tendenziell (keinesfalls in der Regel) mehr Autonomie, selbst innerhalb von Ehen, sofern sie teilweise über ein eigenes Einkommen meist aus dem Kleinhandel oder untergeordneten Dienstleistungen verfügen können.[687]

Die mehrfach angesprochenen engen Beziehungen zwischen Städter/inne/n und Landbewohner/inne/n, die emotionale Verbundenheit mit dem Herkunftsland sowie das Phänomen, daß relativ viele Städter/innen ihren Lebensabend am Land verbringen (wollen), mag auf den ersten Blick ein Widerspruch zur These sein, daß veränderte Werthaltungen und kulturelle Orientierungen für das heutige Ausmaß der Verstädterung (wesentlich) mitverantwortlich seien. Unter folgendem Gesichtspunkt löst sich

---

del Bagi A. G. Babiker: Socio-Economic Changes among the Nuba Migrants in Khartoum/Omdurman, Taking into Consideration their Contacts to Home Villages, in: Fouad N. Ibrahim, Helmut Ruppert (Hg.): Rural-Urban Migration and Identity Change. Case Studies from the Sudan, Bayreuther geowissenschaftliche Arbeiten Bd. 11, Bayreuth: Druckhaus Bayreuth Verlagsgesellschaft, 1988, 95-112, hier 102-103.

[683] Siehe Ruppert: The Migration of the Zaghawa to Khartoum/Omdurman Conurbation, a. a. O., 73-75.
[684] Siehe z. B. Babiker: Socio-Economic Changes among the Nuba Migrants in Khartoum/Omdurman, a. a. O., 104.
[685] Siehe z. B. ebd., 96.
[686] Siehe Claire Robertson: Social Change in Contemporary Africa, in: Phyllis M. Martin, Patrick O'Meara (Hg.): Africa, Bloomington: Indiana University Press, ²1986, 249-264, hier 252-254.
[687] Siehe Robertson: Social Change in Contemporary Africa, a. a. O., 254.

dieser Gegensatz allerdings auf: Man zieht es vor, in der Stadt zu leben, weil man bestimmte materielle Standards nur dort erreichen kann (erreichen zu können meint), solche Standards nämlich, die von traditionellen abweichen und einen Wertewandel implizieren. Hat man diese erreicht, kann man zumindest mit einem Teil der Errungenschaften im Gepäck auf das Land ziehen. Jene Städter/innen, für die diese Argumentation zutrifft, wären nicht in die Stadt gezogen, hätten sie ihre angestrebten Standards auch am Land erreichen können. Etwas anders stellt sich die Situation für jene Menschen dar, die beispielsweise aufgrund bestimmter sozialer Beziehungsmuster, die eher in Städten anzutreffen sind als am Land, oder um traditionellen Autoritäten zu entkommen, in die Stadt gezogen sind. Sollten sie wieder auf das Land ziehen, könnten Werthaltungen, die sich mit dem Alter verändern, im Hintergrund stehen. Oder sie ziehen auf das Land, obwohl sie aus ihrer Sicht ungünstige soziale Beziehungsmuster vorfinden, dort aber eher versorgt werden als in der Stadt. (Siehe dazu auch weiter unten: Arusha - Fallstudien. Dort wird diese Argumentation begrifflich näher bestimmt.)

IV. Städte im tropischen Afrika als Orte des sozialen und kulturellen Wandels

Wie vorherige Kapitel gezeigt haben, sind erste Städte im tropischen Afrika zwar von außen sowohl hinsichtlich ihrer Entstehung als auch ihrer Ausprägung beeinflußt worden, gleichzeitig jedoch ist festzuhalten, daß es als indigen aufzufassende Stadtgeschichten in manchen Regionen gibt und daß überhaupt indigene Kulturmuster in vielen frühen Städten maßgeblich waren. Städte waren und sind nicht nur wegen fremdkultureller Einflüsse Orte des sozialen und kulturellen Wandels, sonders ebenso deshalb, weil in ihnen Muster entstanden sind und entstehen, die sich von ländlichen Kulturmustern unterscheiden.[1] Auf diese beiden Aspekte, auf Indigenität und Exogenität städtischer Kulturmuster und auf das Verhältnis zwischen ländlichen und städtischen Kulturen möchte ich im folgenden zusammenfassend eingehen.

Zuvor sei noch unterstrichen, daß die Überschrift zu diesem Kapitel keineswegs nahelegen soll, daß *nur* Städte Orte des sozialen und kulturellen Wandels seien. Offensichtlich sind auch ländliche Regionen sowohl Ausgangspunkte als auch Betroffene solchen Wandels.[2]

Allgemeine Aussagen, egal um welches Thema es sich handelt, laufen immer Gefahr, allzu vereinfachend zu sein und Homogenität vorzugeben, wo tatsächlich ein großes Ausmaß an Heterogenität vorherrscht. Mit den folgenden Ausführungen begebe ich mich bewußt in jene Problemzone, wenn ich versuchen werde, einige Grundzüge sozialen Wandels darzustellen und afrikaweite Gemeinsamkeiten herauszuarbeiten, ohne allerdings Hinweise auf Ausnahmen ganz zu unterlassen. Selbst die Anwendung der vier Begriffe „Stadt", „Land", „Indigenität", „Exogenität" ist problematisch, da die Grenzen zwischen Stadt und Land fließend sind und es im einzelnen schwer zu sagen ist, was als indigen und was als exogen aufzufassen ist. Vor allem beim Vergleich verschiedener Aspekte von Stadtkulturen mit Landkulturen muß ich, insbesondere was die Landkulturen betrifft, auf (grobe) Vereinfachungen zurückgreifen, da eine ausführliche Darstellung von Landkulturen den Rahmen dieser Arbeit sprengen würde. Um die soziale Bedeutung von Städten einigermaßen erfassen zu können, ist ein Vergleich mit Landkulturen jedoch notwendig und sinnvoll.

---

[1] Nukunya: Tradition and Change in Ghana, a. a. O., 154 spricht davon, daß städtische Verhältnisse mehr oder weniger „extreme manifestations of alienation of people from their traditional practices" repräsentieren, da sozialer Wandel in Städten am ausgeprägtesten sei. Gleichzeitig sollte man nach Nukunya die Beständigkeit von Traditionen auch in urbanen Gebieten nicht unterschätzen.

[2] Vgl. z. B. David Siddle, Kenneth Swindell: Rural Change in Tropical Africa. From Colonies to Nation-States, Cambridge, Mass.: Basil Blackwell, 1990.

1. Landkulturen und Stadtkulturen

Ein Aspekt sozialen Wandels zeigt sich im Verlauf der gesamten Verstädterungsgeschichte des tropischen Afrika, nämlich der Wandel von ländlichen Lebensformen zu spezifisch städtischen. An einzelnen Orten haben sich im Lauf der Geschichte Lebensweisen herausgebildet, die sich vom Umland unterschieden und Züge trugen, die man auf der Grundlage eines Begriffes von „Stadt", wie ich ihn eingangs skizziert habe, als städtisch bezeichnen kann. Aus der Perspektive einzelner Personen betrachtet, vollzieht sich dieser Wandel, wenn Menschen vom Land in die Stadt ziehen und sich in das städtische Leben integrieren.

Es ist hier natürlich nicht möglich, sozialen Wandel im Kontext der Verstädterung in allen Aspekten zu beleuchten. Ich werde daher jenen Gesichtspunkten Rechnung tragen, die sich in der Untersuchung der sozialen und kulturellen Bedeutung der Stadt sowie bei der Definition des Stadtbegriffs als wichtige idealtypische Dichotomien herausgestellt haben: ausgeprägte funktionale Differenzierung versus geringe funktionale Differenzierung, Homogenität der Bevölkerung versus Heterogenität, Konservatismus versus Innovation, Gemeinschaft versus Gesellschaft und Individuum. Wie ich bei der Erörterung der sozialen und kulturellen Bedeutung der Stadt ohnehin erwähnte, bezog sich jene Diskussion empirisch auf die nordamerikanische und europäische Situation. Wenn ich nun nach jenen dort gewonnenen Gesichtspunkten vorgehe, wird sich auch zeigen, inwiefern sich afrikanische Städte von westlichen hinsichtlich der genannten Aspekte unterscheiden.

Geringe funktionale und strukturelle Differenzierung versus stark ausgeprägte funktionale und strukturelle Differenzierung: Landwirtschaft, Viehzucht und Fischerei, Tätigkeiten also, mit denen meist eine ländliche Lebensweise einhergeht, sind nach wie vor die Haupterwerbsquellen in Afrika. Die Bevölkerung in den meisten Ländern des tropischen Afrika ist zu 70 Prozent und mehr in der Landwirtschaft tätig. Den größten landwirtschaftlichen Sektor wiesen in der Zeit zwischen 1986 und 1989 Ruanda und Burundi mit je nicht ganz 93 Prozent auf, in Kenia waren im selben Zeitraum 81 Prozent, in Tansania rund 86 Prozent, in Ghana etwa 59 Prozent und in Nigeria um die 45 Prozent landwirtschaftlich beschäftigt. Der entsprechende geringste Anteil am Festland des tropischen Afrika war in Sambia mit etwa 38 Prozent zu finden.[3] Diese landwirtschaftlichen Tätigkeiten lassen sich nach unterschiedlichen Praktiken und Methoden differenzieren.[4]

---

[3] Siehe Binns: Tropical Africa, a. a. O., 78-80 inkl. Tab. 4.1.
[4] Zu den folgenden Ausführungen über verschiedene Wirtschaftsformen siehe auch Harold K. Schneider: Traditional African Economies, in: Phyllis M. Martin, Patrick O'Meara (Hg.): Africa, Bloomington: Indiana University Press, [2]1986, 181-198, der sich zwar nicht nur, aber doch vornehmlich mit ländlichen Kulturen befaßt. Siehe weiters Coquery-Vidrovitch: Africa, a. a. O., 115-129; Coquery-Vidrovitch geht nicht nur auf bäuerliche Wirtschaftsformen ein, sondern bespricht bäuerliche Gesellschaften in umfassenderer Weise, wobei sie sich besonders mit dem Thema des Wandels agrarischer Gesellschaften beschäftigt.

Die wohl früheste und noch heute zum Teil praktizierte Form, die Natur für das eigene Überleben (Nahrung, Rohstoffe wie Feuerholz) nutzbar zu machen, sind das Jagen, Fischen und Sammeln.[5] Unter der Voraussetzung einer nicht zu hohen Bevölkerungsdichte können sich auf diese Weise noch immer manche Völker ausreichend ernähren, wie etwa die !Kung in der Kalahari beweisen.[6]

Wanderackerbau (shifting cultivation) trat vielfach als Ergänzung zum Jagen und Sammeln hinzu bzw. drängte das Jagen und Sammeln in den Hintergrund.[7] Auch um die Anbaugebiete entsprechend wechseln und die Felder lang genug brach liegen lassen zu können, bevor man die nachgewachsene Vegetation wieder niederbrennt (was gleichzeitig den Boden düngt), ist eine geringe Bevölkerungsdichte notwendig und zudem die regelmäßige Verlegung der Unterkünfte. Zu finden war/ist der Wanderackerbau vor allem in humiden und semihumiden Gebieten Zentral- sowie Ostafrikas.

Eine Modifikation des Wanderackerbaus, die sehr weit verbreitet ist, in unterschiedlichen Klimazonen zu finden und mit der eine relativ dicht lebende Bevölkerung versorgbar ist, besteht in der Aufteilung der Felder in Brache und kultivierte Zone.[8] Zunächst gewinnt man ähnlich wie beim Wanderackerbau kultivierbares Land, indem man die bestehende Vegetation meist verbrennt, um sodann die Felder für längere Zeit zu nutzen, wobei allerdings immer nur ein Teil des Feldes bepflanzt wird und der andere Teil für mehrere Jahre hintereinander brachliegt. Hierbei gibt es naturgemäß mehrere Systeme, üblicherweise impliziert diese Anbaumethode aber weitgehende Seßhaftigkeit. Durch eine diversifizierte und abwechslungsreiche Bepflanzung werden die Nährstoffe des Bodens sehr effizient genutzt.

Dauerhafte bzw. jährliche Bepflanzung ist in Afrika nicht so weit verbreitet wie die zuvor genannten Anbaumethoden.[9] Vor allem ist sie zu finden in sehr dicht besiedelten Ländern wie Nigeria, in Teilen Malawis oder Ugandas.
In der Regel werden in feuchteren Gebieten vorzugsweise Wurzelpflanzen, in trockneren Zonen eher Samenfrüchte kultiviert. Von den auf Vorrat haltbaren pflanzlichen Nahrungsmitteln werden mit unterschiedlicher Verbreitung innerhalb Afrikas vor allem Mais, Hirse, Sorghum, Reis, Yams und Cassava gepflanzt, dazu wird eine Reihe von Gemüsesorten und Obst hergestellt.[10] An Haustieren gibt es am häufigsten Kleintiere wie Schafe, Ziegen und Hühner.[11]
Betriebe, die relativ viel Kapital einsetzen, „moderne" Maschinen und Bewässerungstechnologien (ausgereifte Bewässerungstechniken werden bekanntermaßen ebenso in „traditionellen" Landwirtschaften angewandt) sowie künstliche Düngemittel verwenden und zu einem großen Teil für den Export produzieren, beschäftigen naturgemäß

---

[5] Siehe Virginia DeLancey: The Economies of Africa, in: April A. Gordon, Donald L. Gordon: Understanding Contemporary Africa, Boulder-London: Lynne Rienner Publishers, 1992, 87-121, hier 87; Siddle; Swindell: Rural Change in Tropical Africa, a. a. O., 11-13.
[6] Siehe Siddle; Swindell: Rural Change in Tropical Africa, a. a. O., 13.
[7] Siehe ebd., 13-15.
[8] Siehe ebd., 15-17.
[9] Siehe ebd., 17-20.
[10] Siehe Binns: Tropical Africa, a. a. O., 86.
[11] Siehe Siddle; Swindell: Rural Change in Tropical Africa, a. a. O., 20.

relativ wenige Menschen und repräsentieren nur einen kleinen Teil im landwirtschaftlichen Sektor, wenn man am Ausmaß der Beschäftigten mißt; nach dem Kriterium quantifizierbarer Produktivität allerdings stellen sie üblicherweise den größeren Teil des Agrarsektors.[12]

Die für die Kultivierung, Pflege und Ernte notwendige Arbeitszeit verteilt sich traditionellerweise sehr ungleichmäßig über das Jahr, da bestimmte Arbeiten nur in bestimmten Jahreszeiten verrichtet werden können, wobei ein Großteil der Arbeit in den meisten Regionen in die Regenzeit fällt.[13] Traditionell wird die meiste landwirtschaftliche Arbeit innerhalb der Familie oder Großfamilie verteilt bzw. innerhalb eines politischen Systems geregelt;[14] dazu kommen (vermehrt) gegenseitige Hilfe über Familiengrenzen hinweg und die Anwerbung von Arbeitskräften[15]. Die Einführung neuer Früchte und ihre kommerzielle Nutzung (als Exportprodukte) veränderte die Nachfrage nach Arbeitskräften, wobei es teils zu (zeitlichen) Kollisionen mit den Erfordernissen der Subsistenzlandwirtschaft kam/kommt, die Anpassungen im Sinne der Kultivierung neuer oder anderer Pflanzen oder der Verlegung von Anbauzeiten nötig macht(e).[16] Eine Änderung der Nachfrage nach Arbeitskräften kann auch einen Eingriff in den traditionellen Festrhythmus und damit in kulturelle Praktiken darstellen, wie ein Fall von der Elfenbeinküste zeigt.[17]

Zwischen Männern und Frauen herrscht meist eine klare Aufteilung der landwirtschaftlichen Arbeit, zudem gibt es Arbeiten, die bestimmten Altersgruppen zugeordnet sind.[18] Vom Ausmaß der Zuteilung her bestehen enorme Unterschiede, sodaß keineswegs die Frauen überall den größten Teil der landwirtschaftlichen Arbeit leisten, wie dies in letzter Zeit häufig angenommen wird[19], wenngleich im Durchschnitt der Anteil der Arbeit von Frauen an der Nahrungsmittelproduktion den der Männer eindeutig übersteigt[20]. Die Einführung neuer landwirtschaftlicher Produkte und Technologien bringt auch hier Veränderungen mit sich. In Gambia zum Beispiel wurden die Frauen aus ihrer Rolle als Reisbäuerinnen von den Männern verdrängt, als man mit Hilfe neuer Technologien die Felder bewässerte. Im Gegenzug kultivieren immer mehr Frauen Hirse, Sorghum und Erdnüsse, womit sich ehemals primär Männer befaßt haben.[21]

Etwa drei Prozent der Bevölkerung südlich der Sahara sind Hirt/inn/en,[22] wovon mehr als die Hälfte Fulani sind, die in Gebieten zwischen Senegambien und Kamerun

---

[12] Siehe Binns: Tropical Africa, a. a. O., 82-83.
[13] Siehe Siddle; Swindell: Rural Change in Tropical Africa, a. a. O., 27-28; Binns: Tropical Africa, a. a. O., 86-87.
[14] Siehe Siddle; Swindell: Rural Change in Tropical Africa, a. a. O., 25.
[15] Siehe ebd., 40-45.
[16] Siehe ebd., 28-31.
[17] Siehe ebd., 31.
[18] Siehe ebd., 31-34.
[19] Siehe ebd., 32.
[20] Siehe Binns: Tropical Africa, a. a. O., 88.
[21] Siehe Siddle; Swindell: Rural Change in Tropical Africa, a. a. O., 33.
[22] Siehe ebd., 104-123.

leben. Weitere Hirt/inn/envölker sind in Somalia, Botswana und Kenia sowie Nordtansania zu finden, in welch letzten beiden Staaten die Maasai anzutreffen sind.[23] Mit ihrer Lebensweise nützen die Hirt/inn/en in der Regel arides und semiarides Land; Gebiete, die anderweitig kaum bewohnbar wären.[24] Die Bevölkerungsdichte in Zonen, die primär von Hirt/inn/en bewohnt werden, ist im Durchschnitt sehr gering.[25] Hinsichtlich des Grades von Seßhaftigkeit oder Unseßhaftigkeit der Hirt/inn/en können folgende Unterscheidungen vorgenommen werden: Hirt/inn/en, die als Nomad/inn/en mit ihren Herden umherziehen und fast gänzlich von ihrem Vieh abhängig sind; Hirt/inn/en, die einen ständigen Wohnsitz haben, trotzdem aber nur saisonal ansässig sind und während der seßhaften Zeit Landwirtschaft betreiben; Hirt/inn/en, die einen ständigen Wohnsitz haben, der fortwährend von den Frauen, Kindern und einigen Männern genutzt wird, während die übrigen Männer mit ihren Herden von Weideland zu Weideland wandern.[26] Zumeist halten die Hirt/inn/en mehrere unterschiedliche Tiere, wie Rinder, Kamele, Schafe und Ziegen, um das Nahrungsangebot bestmöglich zu nutzen und saisonale oder längerfristige Veränderungen in der Umwelt eher ausgleichen zu können.[27]

Hirtentum und Landwirtschaft sind zum einen deshalb in der Praxis nicht als völlig getrennt zu betrachten, weil dieselben Personen sowohl Hirt/inn/en als auch Bauern/Bäuerinnen sein können, andererseits deshalb, weil zum Teil Waren und Güter zwischen Hirt/inn/en und Bauern/Bäuerinnen ausgetauscht werden. So verkaufen etwa manche Fulani Milch, um im Gegenzug Getreide und Gemüse zu erwerben. Herden von Hirt/inn/en beweiden landwirtschaftliche Felder und hinterlassen notwendigen Dünger. Zum Teil erhalten die Hirt/inn/en für den Dünger Trockenfutter. Wenn jedoch die Herden in der Nähe von ungeernteten Feldern weiden, sind vielfach Spannungen wegen des Eindringens von Vieh in die Felder vorprogrammiert.[28]

Während ein wesentlicher Teil „traditioneller" landwirtschaftlicher Methoden auf Subsistenz abzielte und keinen nennenswerten Überschuß hervorbrachte, erwirtschafteten andere „traditionelle" Techniken bzw. die gleichen Techniken in anderer Umwelt sehr wohl Überschüsse, die man vermarkten konnte. „Traditionelle" oder indigene

---

[23] In der gegenwärtigen politischen Struktur mit eindeutigen Staatsgrenzen und allgemein festgesetzten Rechten und Pflichten der Bürger/innen ist die Lebensweise vor allem der Hirtennomad/inn/en in eine besondere Bedrängnis geraten. Die allgemeinen Bedürfnisse der Staaten laufen vielfach den Interessen der Hirt/inn/en entgegen, auch etwa wenn es um die Rechte für die Nutzung des Bodens geht. Unterstützt wird die Problematik der Hirt/inn/en dadurch, daß, wie schon zu Kolonialzeiten, die Einstellung so mancher Beamt/inn/en gegenüber den Hirt/inn/en von vielfältigen Vorurteilen geprägt ist und zum Teil politische Strategien verfolgt werden, um die Lebensweise der Hirt/inn/en und Hirtennomad/inn/en modernen Lebensweisen anzugleichen. (Siehe Siddle; Swindell: Rural Change in Tropical Africa, a. a. O., 117-122; Binns: Tropical Africa, a. a. O., 89.)

[24] Siehe Siddle; Swindell: Rural Change in Tropical Africa, a. a. O., 105.

[25] Vgl. ebd., 108-109. Die mögliche Bevölkerungsdichte hängt sehr stark von der gewohnten Nahrungsmittelzusammensetzung ab (z. B. je höher der Milchkonsum in Relation zum Fleischkonsum, desto mehr Rinder sind nötig und desto geringer wird die Bevölkerungsdichte sein, bei sonst stabilen Verhältnissen). (Siehe ebd., 108-109.)

[26] Siehe ebd., 106.

[27] Siehe Binns: Tropical Africa, a. a. O., 90.

[28] Siehe Siddle; Swindell: Rural Change in Tropical Africa, a. a. O., 116; Binns: Tropical Africa, a. a. O., 89.

Landwirtschaft ist also nicht mit Subsistenzlandwirtschaft gleichzusetzen.[29] (Zum Teil in Form von Märkten institutionalisierter) Handel von Nahrungsmitteln und Vieh innerhalb von Gruppen und zwischen ihnen war vielmehr ein Aspekt bereits früher Formen von Landwirtschaft und Viehzucht.[30]

Neben landwirtschaftlicher Tätigkeit läßt sich in manchen Regionen bis weit in vorkoloniale Zeit zurück nicht-landwirtschaftliche Erwerbsarbeit am Land nachweisen, die etwa in Handel, Handwerk, Bergbau, Erziehung und Unterricht, diverser Kunst bestand.[31] Heute sind nicht-landwirtschaftliche Tätigkeiten außerhalb der Städte äußerst vielfältig, wobei die Vielfalt und das Ausmaß durch die Nähe zu einem städtischen Zentrum als auch durch die Bevölkerungszahl einer ländlichen Ansiedlung mitbedingt werden (meist je näher zu einer Stadt und je größer die Bevölkerungszahl, desto diverser und umfangreicher die Arbeit; in manchen Fällen auch umgekehrt, wenn nämlich die Stadt bestimmte Tätigkeiten, etwa wegen günstigerer Preise, an sich zieht).[32] Ein großer Teil jener Menschen, die grundsätzlich am Land leben und einer nicht-landwirtschaftlichen Erwerbsarbeit nachgehen - nach diversen, aufgrund mangelnder Datenlage vagen Schätzungen sind zwischen 6 und 26 Prozent der ländlichen Bevölkerung primär nicht-landwirtschaftlich tätig[33] -, ist im Bereich von Handwerk und Industrie bzw. Kleinindustrie sowie im Handel und Verkauf tätig.[34] Dazu gehören weiters Beschäftigte im Transportwesen, öffentlich Bedienstete wie etwa Lehrer/innen, Techniker/innen.[35] Nicht-landwirtschaftlich Beschäftigte verrichten neben ihrer Tätigkeit vielfach in kleinem Rahmen landwirtschaftliche Arbeit, wie auch umgekehrt Landwirt/-e/innen nicht-landwirtschaftlichen Tätigkeiten nachgehen.[36]

Märkte sind im Leben vieler Landbewohner/innen (keineswegs in allen ländlichen Regionen Afrikas gab bzw. gibt es Märkte) wichtige Zentren, in denen zumindest die grundlegenden Güter verkauft und erworben werden können, sie sind aber auch soziale Treffpunkte, in denen Verbindungen gepflegt oder hergestellt werden, man sich unterhalten kann, man Informationen und Meinungen über Politik und wirtschaftliche Angelegenheiten austauscht und bei alledem Identitäten stärken oder finden kann. Die Organisation der ländlichen Märkte verläuft in unterschiedlichen Mustern, von zentralen bis zu dezentralen Strukturen, von täglichen bis zu periodischen oder temporären Märkten, von Tages- bis zu Abendmärkten, mit verschiedenen Mischformen derartiger Grundzüge.[37]

---

[29] Siehe Binns: Tropical Africa, a. a. O., 83-84. Vgl. auch Schneider: Traditional African Economies, a. a. O., v. a. 181, 184, der auf den Tauschhandel, etwa bei Hausa-Landwirt/inn/en in Nigeria oder bei den Turu in Tansania, hinweist (Tausch eines eigenen Produktes, etwa der Landwirtschaft, das nicht unbedingt benötigt wird - Überschuß - gegen ein anderes gewünschtes Produkt, mit größtmöglichem Gewinn).
[30] Siehe DeLancey: The Economies of Africa, a. a. O., 87-88.
[31] Siehe Siddle; Swindell: Rural Change in Tropical Africa, a. a. O., 47-49.
[32] Siehe ebd., 54.
[33] Siehe Binns: Tropical Africa, a. a. O., 94.
[34] Siehe Siddle; Swindell: Rural Change in Tropical Africa, a. a. O., 51. Allgemein zu ländlicher nicht-landwirtschaftlicher Arbeit siehe auch Binns: Tropical Africa, a. a. O., 94-96.
[35] Siehe Siddle; Swindell: Rural Change in Tropical Africa, a. a. O., 52.
[36] Siehe ebd., 52-53.
[37] Siehe ebd., 92-100; Binns: Tropical Africa, a. a. O., 91-94.

Wie aus diesem Überblick hervorgeht, besteht ein relativ großes Spektrum an Tätigkeiten am Land, wobei allerdings die Mehrzahl der Menschen hauptsächlich landwirtschaftlich beschäftigt ist und die Streuung der Berufe viel geringer ist als in Städten, insbesondere in größeren.[38] Zwar dürfte heute am Land ein Großteil möglicher Berufe und Tätigkeiten zu finden sein, in den Städten geht die Spezialisierung dennoch um vieles darüber hinaus und sind die einzelnen Menschen in Produktions- und Dienstleistungsketten eingebunden, deren einzelne Bestandteile für sich genommen weitgehend nutzlos wären, wohingegen bäuerliche Familien Tätigkeiten ausführen, die sie in manchen Fällen in ihrem Überleben unabhängig von anderen Menschen machen, sodaß mit ihrer Arbeit ein großes Maß an Autonomie einhergeht.

Betrachtet man die Frage nach der funktionalen Differenzierung historisch, so zeigt es sich, daß in der Regel das Differenzierungsniveau früher niedriger war als heute, und das trifft für das Land ebenso zu wie für die Städte.[39] Der Abriß über die frühe Verstädterungsgeschichte hat jedoch gezeigt, daß bereits in vorkolonialer Zeit unter anderem der Grad der funktionalen Differenzierung Städte vom Umland unterscheidbar machte, wenn auch die Landwirtschaft für die ersten afrikanischen Städter/innen eine bedeutende Rolle spielte.

Auch die strukturelle Differenzierung bzw. soziale Schichtung ist bereits in den frühen Städten stärker ausgeprägt als am Land, zum Teil hatte sich neben einer Oberschicht und einer Unterschicht eine Mittelschicht gebildet, zusammengesetzt etwa aus Handwerker/inne/n, Händler/inne/n, Künstler/inne/n. Natürlich gab es auch am Land Formen sozialer Schichtung, zumindest im Sinne von Herrscher/inne/n und Beherrschten, wobei sich der Machtstatus wohl auch im Wohlstand widergespiegelt haben dürfte. Nicht zu vergessen ist die Stratifizierung nach Alter[40]. In der Regel allerdings war die strukturelle Differenzierung in ländlichen Gesellschaften geriner ausgeprägt als in städtischen.[41]

Was die Schichtung gegenwärtig betrifft, so ist heute der Kontrast zwischen Armen und Reichen gerade in den Städten häufig sehr offensichtlich, augenfällig etwa in der unmittelbaren Nachbarschaft von modernen Stadtvierteln zu Squatters und Slums. Zwischen der Ober- und der Unterschicht hat sich eine Mittelschicht etabliert, wobei weitere Abstufungen innerhalb der Schichten auszumachen sind. Beachtet werden sollte in diesem Zusammenhang das Faktum, daß auch auf dem Land große soziale Unterschiede etwa zwischen Großbauern/-bäuerinnen und Landarbeiter/inne/n bestehen. Letztendlich ist die Schichtendifferenzierung in den heutigen Städten aber umfassender als am Land.

---

[38] Siehe auch Leonard Bloom, Joseph Gabriel Ottong: Changing Africa. An Introduction to Sociology, London-Basingstoke: Macmillan, ³1994 (¹1987), 240-241. Zur funktionalen und strukturellen Differenzierung vor allem am Land siehe auch Vaughan: Population and Social Organization, a. a. O., hier 171-179.

[39] Bezüglich der geringen funktionalen Differenzierung am Land zu vorkolonialen Zeiten siehe etwa Coquery-Vidrovitch: Africa, a. a. O., 49.

[40] Siehe Vaughan: Population and Social Organization, a. a. O., 174.

[41] Vgl. auch ebd. 179, der einen positiven Zusammenhang zwischen hoher Bevölkerungsdichte einer politischen Einheit und großer politischer Komplexität feststellt.

Man kann also allgemein festhalten, daß ein Wandel zu stärkerer Differenzierung stattgefunden hat und daß sich Städte vom Land in diesem Punkt voneinander auch im tropischen Afrika unterscheiden. Der Übergang von einer ländlichen Lebensform zu einer städtischen impliziert im allgemeinen einen Wandel von geringer zu stark ausgeprägter funktionaler und struktureller Differenzierung, was für einzelne Menschen eine zunehmende Spezialisierung und Partialisierung bedeutet.

Homogenität versus Heterogenität: Wie oben dargestellt, dürfte zu Beginn der Verstädterung die urbane Bevölkerung zwar heterogener gewesen sein als die Landbevölkerung, gemessen an der heutigen Heterogenität der Städte war diese Vielfalt jedoch erst in Ansätzen vorhanden. So befanden sich in den Städten etwa aufgrund des Handels schon zu früher Zeit, teilweise bereits in den Anfangsphasen der Städte, Menschen unterschiedlicher ethnischer Zugehörigkeit mit unterschiedlichen Sprachen, Religionen und Kulturen. Eine bemerkenswerte ethnische Heterogenität und Heterogenität der Sprachen und Kulturen bestand am Land nur in Ausnahmefällen, etwa in Grenzgebieten einzelner Völker oder Volksgruppen.

In gegenwärtigen Städten ist die Heterogenität im Sinne der Volkszugehörigkeit[42] bzw. in kultureller Hinsicht (viel) markanter als in frühen Städten sowie auf dem Land heute. In kleineren städtischen Zentren oder in Städten, die in Regionen mit großer ethnischer Homogenität liegen, sind diese Unterschiede wohl relativ gering, in den größeren Städten bzw. wenn Städte ein Zentrum für mehrere Völker bilden, ist die Heterogenität stark ausgeprägt. Zwar kann es auch dort noch eine dominante Volksgruppe geben, die gesamte Bevölkerung setzt sich aber aus einer Vielzahl an Völkern und Kulturen zusammen.[43]

Die Zunahme der kulturellen Heterogenität kann einen wesentlichen Wandel im Weltbild bedeuten.[44] Während in relativ homogenen Gesellschaften das eigene Weltbild nicht angesichts alternativer Entwürfe in Frage gestellt werden muß, da sich bekannte Alternativen auf eine andere Gesellschaft in einem anderen Kontext und mit anderen Anforderungen beziehen, sodaß man den alternativen Entwurf von vornherein in seiner Geltung auf die Sphäre der anderen Kultur einschränken kann, ist die Herausforderung jener Kultur, der man angehört, in einer heterogenen Gesellschaft ungleich bedrängender, denn nun beziehen sich die unterschiedlichen Kulturen auf fast denselben Lebensraum. Wenn man erkennt, daß man sein Leben mit anderen Werten und Normen bewältigt als jemand anderer, der am gleichen Ort wie man selber lebt, ist die Wahrscheinlichkeit hoch, daß man die eigene Kultur grundsätzlich zu hinterfragen beginnt, sei es, um ihre Überlegenheit zu erweisen, oder sei es, um bestimmte Züge der eigenen Kultur zu verändern. Kulturelle Heterogenität kann damit das Weltbild inso-

---

[42] Siehe z. B. O´Connor: The African City, a. a. O., 99.
[43] Siehe auch Bloom; Ottong: Changing Africa, a. a. O., 241.
[44] Folgende Überlegungen dazu basieren auf: Robin Horton: African Traditional Thought and Western Science, in: ders.: Patterns of Thought in Africa and the West. Essays on Magic, Religion and Science, Cambridge: Cambridge University Press, ²1994 (¹1993), 197-258, hier 252-254 (als Artikel zuerst 1967). Siehe auch Bloom; Ottong: Changing Africa, a. a. O., 241.

fern verändern, als die Selbstverständlichkeit der eigenen Kultur schwindet und man über Grundlagen der eigenen Kultur und Alternativen für sich selbst eher reflektiert, wobei die Konsequenz dieses Reflektierens keineswegs Toleranz sein muß, sondern in einem Spektrum von Verhärtung des eigenen Weltbildes über Toleranz bis hin zu Verunsicherung liegen kann.

Konservatismus versus Innovation: Keineswegs sind ländliche Kulturen, auch wenn sie als „traditionell" bezeichnet werden können, gleich konservative Kulturen. Schon der Begriff „Tradition" schließt ja Veränderung keineswegs aus. Eher allerdings dürfte Konservatismus am Land zu finden sein als in der Stadt. Und dies dürfte wohl für alle historischen Phasen zutreffen. Allein daß in Städten Lebensweisen entstanden sind, die von ländlichen unterscheidbar wurden, weist darauf hin, daß Städte Innovationszentren waren, wenngleich das nicht notwendigerweise heißt, daß Städte in allen wesentlichen Bereichen des Lebens Erneuerinnen waren. So konnten sich etwa Religionen, die am Land gepflegt wurden - so weit das heute nachweisbar ist - auch in Städten zumindest für eine gewisse Zeit halten. Ferner unterschied sich die Art, Häuser zu bauen, vermutlich für die Mehrheit der städtischen Bevölkerung lange Zeit nicht von der ländlichen Bauweise (zum Teil trifft das noch heute zu, vor allem für ärmere städtische Siedlungen). Andererseits läßt sich zeigen, daß beispielsweise äußere Einflüsse, wie „neue" Religionen, in der Regel in Städten eher aufgenommen wurden als am Land.

Was soziale Innovationen anlangt, wie etwa die Art und Weise, wie man in eine gesellschaftliche Position gelangt, kann für frühe Städte schwerlich eine einigermaßen gesicherte Aussage gemacht werden. Heutige Städte dagegen kann man mit Sicherheit als Innovationszentren sowohl technologischer als auch sozialer und kultureller Art einstufen.[45] Unter anderem sind es ja soziale Innovationen, wie die durch eigene Leistung erarbeitbaren sozialen Positionen - im Gegensatz zu einem relativ festen System zugeschriebener Positionen -, die die Städte für manche Menschen attraktiv machen. Auch die Rolle von Frauen läßt sich in Städten freier gestalten als am Land - um nur zwei Aspekte anzuführen.

Dabei sei allerdings nochmals betont, daß es es sich hier um einen graduellen Unterschied handelt, nicht um einen prinzipiellen. Gerade angesichts moderner Kommunikationstechnologien, die wie das Radio auch am Land verbreitet sind, oder angesichts der ebenso am Land zugänglichen modernen Schulbildung minimieren sich diesbezügliche Differenzen. Zugleich muß man aber festhalten, daß insbesondere in den Punkten Verkehr und Telekommunikation sowie Schulbildung ländliche Regionen in Afrika teils viel schlechter ausgestattet sind als Städte, was wiederum die Reduktion des Unterschiedes bremst.[46]

Gemeinschaft versus Gesellschaft und Individuum: Wie bereits oben ausgeführt, hatte sowohl die Großfamilie als auch die Volksgruppenzugehörigkeit eine große Bedeutung

---
[45] Siehe etwa auch Bloom; Ottong: Changing Africa, a. a. O., 251.
[46] Siehe etwa auch ebd., 241-244.

im Leben der ersten Stadtbewohner/innen. Verwandtschaftliche Beziehungen im weiteren Sinn dürften das Gesellschaftsleben geprägt haben. Wenn man bedenkt, daß die Einwohner/innenzahl bereits früher Städte mehrere Tausende erreicht hat, muß es freilich bereits für die frühen Stadtbewohner/innen zum Alltag gehört haben, Menschen zu treffen, die man nicht kennt, bzw. sich anonym in einer Menschenmenge zu bewegen. Indiviualismus und Anonymität dürften aber kaum das Lebensgefühl jener Städter/innen bestimmt haben. Hier gab es wohl, wenn überhaupt, nur einen geringen Unterschied zum ländlichen Leben.

Es ist anzunehmen, daß dieser Unterschied heute eher besteht, daß also Individualismus im Leben mancher Städter/innen bedeutsam geworden ist und Anonymität intensiver erlebt wird als in früheren Städten, sodaß diesbezüglich der Unterschied zu ländlichem Leben, wo insbesondere die Familie bzw. Großfamilie von größter Bedeutung ist[47], markanter geworden ist. In der Regel kommt es zwar zu keinem so ausgeprägten Individualismus, daß man langfristig als Single lebt. Allerdings ist es vielfach bemerkbar, daß die Gemeinschaft, für die man Verantwortung zu tragen bereit ist, kleiner wird; statt an die Großfamilie bzw. weitere Verwandtschaft zu denken, konzentriert man sich immer mehr auf die Klein- bzw. Kernfamilie.[48] Andererseits wird in vielen Studien darauf hingewiesen, daß die meisten Städter/innen eingebunden sind in ein soziales Netz von Verwandten und Menschen derselben Volksgruppe und daß häufig enge Beziehungen zu Verwandten am Land gepflegt werden. Darüber, ob, wie für Nordamerika festgestellt, in afrikanischen Städten Beziehungen zu Freund/inn/en häufiger sind als am Land, dazu ist mir keine Studie bekannt. An Bedeutung scheinen die Freundschaften allerdings insofern zu gewinnen, als die verwandtschaftlichen Kontakte tendenziell abnehmen.
Wichtig erscheint mir aber die Feststellung, daß die Möglichkeit zu Individualismus, Anonymität und freier Gestaltung von sozialen Beziehungen in den heutigen Städten viel eher möglich ist als am Land.

2. Indigenität und Exogenität

Sozialer Wandel in afrikanischen Städten läßt sich auch stadtimmanent untersuchen, seine Ursachen sind zum Teil aus städtischen Veränderungen an sich, und nicht nur als Einflüsse von außen aufzufassen. Welche Veränderungen städtischen Lebens sind beobachtbar und woher stammen heute dominante Züge städtischen Lebens in Afrika? Sind sie primär (sich ständig veränderndes) Ergebnis interner Bewegungen, sind sie maßgeblich von außen, konkret von westlichen Kulturen geprägt oder bestehen sie aus einer Mischung, deren anteilsmäßige Zusammensetzung kaum eruierbar ist? Im obigen Vergleich des Landlebens mit dem Stadtleben in sozialer und kultureller Hinsicht haben sich insbesondere für die vorkoloniale Zeit bei all den gegebenen Unterschieden

---

[47] Siehe etwa Vaughan: Population and Social Organization, a. a. O., 165-171.
[48] Siehe etwa Nukunya: Tradition and Change in Ghana, a. a. O., 155-157.

doch relativ viele Ähnlichkeiten herausgestellt, durchwegs waren die Unterschiede in heutiger Zeit markanter. Dies könnte auf Veränderungen in afrikanischen Städten selbst zurückzuführen sein oder auch auf äußere Einflüsse.

Schon in vorkolonialer Zeit gab es neben Städten mit starken indigenen Zügen solche, die ihre Entstehung und ihre Kultur zu wesentlichen Teilen Faktoren von außen „verdankten". Überall waren mit der Zeit Mischformen indigener und exogener Muster entstanden. Ähnlich könnte sich die Situation heute darstellen. Auf jeden Fall aber ist es schwer, die anteilsmäßige Zusammensetzung aus indigenen und exogenen „Elementen" anzugeben. In wohl allen Städten sind heute Kulturmuster zu finden, die von außen übernommen wurden, insbesondere interessieren mich hier Einflüsse aus westlichen Kulturen. Manche dieser Städte gehen auf vorkoloniale Zeit zurück und weisen teilweise (wie etwa in Zaria) einen Stadtkern mit vorkolonialer (damit aber nicht unbedingt streng indigener) Prägung auf. Viele Städte haben eine koloniale Entstehungsgeschichte, die sich noch heute etwa in ihrer räumlichen Struktur zeigt. Daß aber selbst diese ehemals kolonialen Städte im gesamten kein Abbild europäischer oder nordamerikanischer Städte sind, weiß vermutlich sogar jeder oberflächliche Besucher solcher Städte. Zwar gibt es Viertel oder Straßenzüge, die sich in ihrer Form von westlichen Städten nicht oder kaum unterscheiden, die Städte im Ganzen und die Lebensweisen scheinen doch am ehesten Mischformen afrikanischer und westlicher Muster zu sein[49]. Insofern soziale Gegebenheiten beobachtbar sind, die gemeinhin nicht mit (traditionellen) ländlichen Kulturen verbunden werden, wie etwa zunehmender Individualismus, relativ umfangreiche soziale Freiheiten etc., so könnten diese Momente ebenso auf genuin städtische Ursachen wie auf fremdkulturelle Einflüsse zurückzuführen sein. Es ist anzunehmen, daß wohl beide Ansätze einen gewissen Erklärungswert haben. Für meine Argumentation wäre eine Diskussion darüber kaum aufschlußreich; wichtig ist hier vielmehr die Feststellung, daß die heutigen Städte mehr Möglichkeiten bieten für soziale und kulturelle Innovationen als ländliche Regionen. Ich werde das später noch weiter ausführen.

Primär exogene Stimuli dürften für die markante Zunahme der Verstädterung ab dem ausgehenden 19. Jahrhundert verantwortlich sein. Namentlich mit dem Kolonialismus setzte eine Entwicklung ein, deren Geschwindigkeit sich (fast) stetig erhöhte, wobei nach der Unabhängigkeit der meisten Staaten in den 60er Jahren sich diese Tendenz weiter verstärkte. Einige Aspekte des Zusammenhangs zwischen Kolonialismus und der Zunahme der Verstädterung sowie Gründe, warum sich diese Tendenz nach der Unabhängigkeit in der Regel verstärkte, werde ich im nächsten Kapitel untersuchen.

---

[49] In diesem Sinn vgl. etwa O'Connor: The African City, a. a. O., 40-41.

C. KULTURELLE GRUNDLAGEN DER JÜNGEREN VERSTÄDTERUNGSGESCHICHTE IM TROPISCHEN AFRIKA: Vorstellungen über Menschen und Kulturen und ihr Niederschlag am Beispiel von politischen Strategien und Schulbildung

I. Zur Einführung: Über Modernisierung und Urbanisierung sowie einige weitere grundsätzliche Überlegungen

In den Untersuchungen von Ursachen, Vorbedingungen, Implikationen und Konsequenzen der Verstädterung in Afrika stehen vielfach wirtschaftliche, politische oder andere „empirische" Aspekte im Vordergrund, was im allgemeinen sicherlich sehr zweckmäßig ist. Dabei kann man von Umwälzungen am Land ausgehen und von dort aus die Verstädterung behandeln oder das Zentrum der Erörterungen auf spezifische städtische Faktoren legen, man kann nationale oder internationale Aspekte betonen. Viele Zugänge bieten sich an, der Zugang, den ich hier wähle, ist einer von meines Erachtens mehreren möglichen.

Ich werde versuchen, eine ideengeschichtliche Folie zu beschreiben, die, über die Darstellungen in Teil B gelegt, Zusammenhänge zwischen Ideen und der Verstädterungspraxis sichtbar machen soll, um auf diese Weise der kulturellen und sozialen Bedeutung der Städte im tropischen Afrika näherzukommen. Diesem Ansatz liegt die These zugrunde, daß Zunahme und Ausprägung städtischer Lebensweisen, wie sie oben skizziert wurden, durch veränderte kulturelle Identitäten mitbedingt sind, wobei die Veränderung kultureller Identitäten mit der Verbindung exogener und indigener Vorstellungen über Afrikaner/innen und (implizit) Europäer/innen und ihre Kulturen zusammenhängt. Wesentlicher Grundzug dieses Wandels war eine Tendenz zur Modernisierung.[1]

Die Modernisierung einer Gesellschaft soll hier als Veränderung weg von einer relativ statischen und relativ homogenen Gesellschaft verstanden werden. Dieser Vorgang der Modernisierung kann vom Prinzip her alle wesentlichen Bereiche der Gesellschaft berühren, wenngleich in unterschiedlichem Ausmaß (um nur einige zu nennen: Wirtschaft, Kultur, soziale Beziehungen, Individuen, gesamtgesellschaftliche Struktu-

---

[1] Samir Amin hält es für ein Vorurteil, „in der Kolonisierung eine Etappe auf dem Weg zur Modernisierung" zu sehen. (Samir Amin: Die ungleiche Entwicklung. Essay über die Gesellschaftsformationen des peripheren Kapitalismus, Hamburg: Hoffmann und Campe, 1975 (franz. Orig. 1973), 264; siehe auch ebd., 262.) Er schätzt die Kolonisierung vielmehr als eine Blockierung der Modernisierung ein; statt zu Modernisierung zu führen, habe die Kolonisierung die unterworfenen Gesellschaften in den Status abhängiger Peripherien gedrängt. Man muß diese These wohl insofern differenzieren, als der Kolonialismus eine eventuelle eigenständige Modernisierung vielfach unmöglich machte, dennoch aber, wie im folgenden gezeigt werden soll, zu einer Modernisierung - meist westlicher Prägung und teilweise nur partiell - beigetragen hat.

ren und Prozesse, Wissenschaft und Technik, Politik, Siedlungsformen).[2] An die Stelle einer relativ statischen und homogenen Gesellschaft tritt eine (zumindest in mancher Hinsicht) moderne Gesellschaft, wobei der Begriff „modern" grundsätzlich in drei Bedeutungsgehalte differenziert werden kann: „modern" als gegenwärtig im Unterschied zu vorherig, „modern" als neu im Gegensatz zu alt, schließlich „modern" als vorübergehend und flüchtig im Gegensatz zu ewig.[3] Im vorliegenden Zusammenhang hat „modern" zunächst vor allem die Bedeutung von neu und sich fortwährend verändernd, wobei an diese grundsätzlich wertfreien Gehalte häufig werthafte Vorstellungen von (unilinearer) Entwicklung und Fortschritt gekoppelt werden und das Moderne zum Besseren wird.[4] Dem haftet in der Regel eine - teils ethnozentrische - Fixierung in der Überzeugung an, daß insbesondere westeuropäische und nordamerikanische Staaten die zur Zeit fortschrittlichsten Gesellschaften repräsentieren. Dieser Aspekt wird in den folgenden Ausführungen immer wiederkehren, sei es in den Menschenbildern der Kolonialist/inn/en, sei es, und das mag nicht so selbstverständlich sein, in den Vorstellungen vieler afrikanischer Unabhängigkeitskämpfer/innen und der meisten afrikanischen Staatsführer der nachkolonialen Zeit sowie in Teil D dieser Arbeit bei Bewohner/inne/n einer „low-cost-hosing-area" von Arsuha, Tansania. Freilich wird es zu differenzieren sein, auf welche Bereiche sich vor allem die letzteren beziehen, wenn sie westliche Länder nachzuahmen bzw. ihren „Entwicklungsgrad" zu erreichen versuchen oder ihn für erstrebenswert erachten.

Zur bisherigen Charakterisierung des Begriffs muß in diesem Kontext eine nähere inhaltliche Bestimmung kommen, die freilich im Naheverhältnis zu den „westlichen" Ländern bereits angedeutet ist. Moderne Gesellschaften, so wie dieser Begriff herkömmlich verstanden wird, sind nämlich nicht nur durch relativ rasche Wandlungsprozesse zu charakterisieren, sondern durch einen Wandel in eine bestimmte Richtung, nämlich hin zu größerer funktionaler und struktureller Differenzierung (Differenzierung gesellschaftsbestimmender Faktoren wie Religion, Politik, Recht; zu Partialisierung von Persönlichkeiten etwa im Sinne diversester Rollen, zur funktionalen Differenzierung von sozialen Beziehungen, Differenzierung von Wirtschaft und

---

[2] Mir geht es nun nicht um eine detaillierte Untersuchung der Modernisierung, sonden um eine Annäherung daran, soweit sie mir für das Verständnis folgender Ausführungen notwendig erscheint. Normative Züge des Konzeptes entsprechen keineswegs notwendigerweise meinen eigenen Werthaltungen. So sehr man gewisse normative Verengungen auch bedauern möchte, sind sie doch in diesem Kontext relevant und daher darzustellen. Bezüglich folgender Annäherungen an das Konzept der Modernisierung vgl. generell etwa Günter Endruweit: Modernisierung, in: ders. u. Gisela Trommsdorff (Hg.): Wörterbuch der Soziologie, München: Deutscher Taschenbuchverlag, 1989, 454-455; Wolfgang Zapf: Modernisierung und Modernisierungstheorien, in: ders. (Hg.): Die Modernisierung moderner Gesellschaften. Verhandlungen des 25. Deutschen Soziologentages in Frankfurt am Main 1990, Frankfurt-New York: Campus, 23-39, hier 32-37; Peter Wehling: Die Moderne als Sozialmythos. Zur Kritik sozialwissenschaftlicher Modernisierungstheorien, Frankfurt-New York: Campus, 1992; Hans van der Loo, Willem van Reijen: Modernisierung. Projekt und Paradox, München: Deutscher Taschenbuchverlag, 1992 (niederl. Orig. 1990); Anton Sterbling: Modernisierung und soziologisches Denken. Analysen und Betrachtungen, Hamburg: Verlag Dr. R. Krämer, 1991, 105-173.
[3] Siehe etwa Wehling: Die Moderne als Sozialmythos, a. a. O., 60-62. So auch Harald Stübing: Die maskierte Moderne. Untersuchungen zur Konstitution der Gegenwart, Diss., Berlin 1987, 4.
[4] Siehe etwa Wehling: Die Moderne als Sozialmythos, a. a. O., 61.

Kultur, etc.), zu tiefgreifenderer Individualisierung bei gleichzeitig steigender Interdependenz etwa aufgrund der Spezialisierungen, zu Rationalisierung (im Bereich individuellen Handelns und individueller Weltanschauungen ebenso wie in Kollektiven), Domestizierung der eigenen Persönlichkeit sowie der Umwelt, zu Industrialisierung, zunehmender politischer Partizipation aller Bürger/innen.

Manche Autor/inn/en vertreten die Ansicht, daß Urbanisierung im Sinne der Entstehung politisch autonomer Städte wesentlich die Möglichkeit der Modernisierung bedingt - Urbanisierung als Voraussetzung der Modernisierung.[5] Es ist an dieser Stelle jedoch weniger wichtig zu klären, in welchem Zusammenhang Urbanisierung und Modernisierung hinsichtlich ihrer jeweiligen Entwicklung stehen, sondern vielmehr auf die strukturelle Verwobenheit von städtischer Kultur im weiteren Sinn und Modernisierung hinzuweisen.[6] Wie ich oben ausgeführt habe, finden sich in heutigen afrikanischen Städten eine ausgeprägtere Differenzierung, eine markantere Heterogenität, eine größere Bereitschaft zur Innovation und evidentere Tendenzen zur Individualisierung, und zwar im Vergleich sowohl zu Landkulturen als auch zu vorkolonialen Städten. Es wurde nicht behauptet, daß alle diese Facetten in dominanter Ausprägung vorhanden wären, vielmehr habe ich gezeigt, daß es diesbezüglich graduelle Unterschiede gibt. Jene Befunde deckten sich weitgehend mit den allgemeinen Ausführungen zum Urbanismus, wobei freilich im Detail Unterschiede festzustellen sind. Alle diese Züge können jedenfalls als Aspekte der Modernisierung aufgefaßt werden.

Der Kolonialismus hat, wie bereits festgestellt wurde und wie weiter unten gezeigt wird, trotz seiner einschneidenden Wirkung bzw. der häufigen Unterbindung einer kontinuierlichen Veränderung afrikanischer Lebensformen und Kulturen eine Modernisierung gefördert, die sich an Standards orientierte, die man in den kolonisierenden Ländern vorfand (es geht hier wiederum um Tendenzen!). Mit dem abwertenden Afrikaner/inn/enbild des Kolonialismus und der Überzeugung von der Superiorität europäischer Kulturen verband sich einerseits die Anmaßung, man könne sich der afrikanischen Länder bemächtigen, da die Kolonisierten ohnehin davon profitieren würden. Andererseits wurden Anstrengungen unternommen, die Afrikaner/innen nach europäischem Vorbild zu „zivilisieren". Der Kolonialismus löste damit teils absichtlich, teils unabsichtlich eine Modernisierung aus, die bei den Afrikaner/inne/n keineswegs nur auf Ablehnung stieß. Insbesondere führende afrikanische Politiker/innen standen europäischen Kulturen oft näher als afrikanischen Kulturen. Eine an westlichen Standards orientierte Modernisierung, die de facto eine Abkehr von indigenen Weltbildern und Lebensformen bedeutete, war die gängige Parole auch der nachkolonialen Zeit,

---

[5] Siehe dazu Loo; Reijen: Modernisierung, a. a. O., 48-49. Ein Vertreter dieser Ansicht ist Daniel Lerner (siehe etwa Daniel Lerner: Die Modernisierung des Lebensstils: eine Theorie (engl. Orig. 1958), in: Wolfgang Zapf (Hg.): Theorien des sozialen Wandels, Königstein/Ts.: Verlag Anton Hain Meisenheim, [4]1979, 362-381, hier v. a. 369).

[6] Im folgenden beziehe ich mich implizit auf meine Ausführungen zum Urbanismus in Teil A.II sowie auf B.IV. Zum Zusammenhang zwischen Urbanisierung und Modernisierung siehe auch die kurzen Ausführungen in UNCHS: Population, Urbanization and the Quality of Life, Nairobi, 1994, 7-9, wo auf die fördernde Wirkung der Urbanisierung für Innovationen, für die Expansion von Kommunikation und die Ausweitung wissenschaftlicher und technischer Erkenntnisse hingewiesen wird.

trotz aller Anstrengungen, das Erbe afrikanischer Kulturen wieder neu und höher zu bewerten. Auch wenn man in offiziellen Stellungnahmen und nationalen Entwicklungsplänen immer wieder den Vorrang ländlicher „Entwicklung" gegenüber städtischer betonte und dem Städtewachstum skeptisch bis ablehnend gegenüberstand, war die ökonomische und soziokulturelle Attraktivität der Städte kaum zu mindern. Die Richtung des kulturellen Wandels, den der Kolonialismus ausgelöst hatte, wurde nicht wesentlich verändert.

Um die Spanne zwischen Idee und Praxis in der Darstellung zu überbrücken, werde ich an den Beispielen politischer Strategien und Schulbildung zeigen, wie sich die Ideen in Bereichen niederschlugen, die unmittelbar und meiner Meinung nach sehr wesentlich die Urbanisierung und den Urbanismus mitbestimm(t)en. Dominante politische Strategien sind zentrale Gestaltungskräfte in einer Gesellschaft und damit auch maßgebliche Faktoren für die Art der Verstädterung und städtischer Lebensweisen, die Schulbildung wiederum, die natürlich nicht separat von bestimmenden politischen Strategien zu denken ist, prägt die Individuen bzw. die Gesellschaft (wo die Schulbildung weit verbreitet ist) in ihren Werthaltungen und Orientierungen bzw. in ihrer kulturellen Identität, was sich unter anderem auf die Wahl von Lebensräumen, sofern eine Wahl möglich ist, auswirkt. Wie eine Studie über Forschungsergebnisse zur Auswirkung von Primarschulen in „südlichen Ländern" aufzeigt, fördern Schulen westlicher Art unter anderem die Modernisierung der Schüler/innen (insbesondere an Folgendem operationalisiert: Tendenz zum Individualismus bzw. zu Unabhängigkeit gegenüber familiären bzw. traditionellen Autoritäten, positive Einstellung zu sozialer Mobilität, positive Einstellung zu neuen Technologien und westlicher Wissenschaft, Interesse an Angelegenheiten, die über den unmittelbaren eigenen Lebensbereich hinausreichen)[7], was im weiteren wiederum die Urbanisierung fördert, insofern eine Orientierung an den meisten dieser modernen Werte de facto in Städten eher realisiert werden kann als in ländlichen Gesellschaften (allerdings kommt die modernisierende Wirkung dieser Schulen erst dann richtig zur Geltung, wenn sowohl Lerninhalte als auch Lehrmethoden mit solchen modernen Werten korrespondieren).[8] In Fällen, wo politische Strategien oppositionell zu den herrschenden stehen, sind sie zwar für die Allgemeinheit in der Regel nicht so prägend wie die dominanten, an ihnen lassen sich jedoch sowohl Reaktionen auf herrschende Vorstellungen darstellen als auch Wurzeln späterer dominanter politischer Ausrichtungen, und zwar dort, wo sich die Führungselite der unab-

---

[7] Siehe Thomas Owen Eisemon: Benefiting from Basic Education: A Review of Research on the Outcomes of Primary Schooling in Developing Countries, Buffalo, N. Y.: Comparative Education Center, State University of New York at Buffalo, ^{2}1988 (^{1}1987), 9-22 u. 63-65. Diese Studie bezieht sich zwar auf Forschungen zur nachkolonialen Situation, im großen und ganzen scheinen mir die Ergebnisse aber auch auf die vorkoloniale Zeit übertragbar zu sein.

[8] Daß der Modernisierungseffekt der Schulbildung nicht generell und automatisch auftritt, darauf weisen auch Kenneth Blakemore, Brian Cooksey: A Sociology of Education for Africa, London: George Allen & Unwin, 1981 (^{1}1980), 168-169 hin; Schulbildung kann unterschiedliche Wirkungen haben, von konservativen bis zu solchen, die den sozialen Wandel forcieren. Ich versuche jedoch zu zeigen, daß im konkreten Fall die koloniale und nachkoloniale Schulbildung generell den sozialen Wandel förderten bzw. die Modernisierung vorantrieben.

hängigen Staaten aus früheren Mitgliedern antikolonialer Oppositionsgruppen zusammensetzt(e). Freilich, Menschenbilder hängen neben politischen Strategien und Schulbildung mit vielen weiteren Faktoren zusammen, die auch einen Einfluß auf die Wahl der Lebensweise ausüben. Hervorheben möchte ich in diesem Zusammenhang nicht zuletzt die Religionen, die in meiner Darstellung allerdings nur nebenbei berücksichtigt werden. Ich meine aber, damit zwei wesentlich mitbestimmende und zugleich symptomatische Aspekte ausgewählt zu haben.

In meinen ideengeschichtlichen Erörterungen konzentriere ich mich auf europäische und afrikanische Ansätze, möchte aber festhalten, daß ebenso entsprechende Ideen aus anderen Kulturen, etwa dem Islam[9], in bestimmten Regionen von großem Einfluß sind.

Vorweg noch einige Überlegungen zur Interdependenz zwischen Idee und Praxis. Idee und Praxis hängen in unterschiedlicher Weise miteinander zusammen: Aus Praktiken entstehen Ideen, und Ideen schlagen sich in Praktiken nieder; Handeln ist ideengeleitet, und Ideen stehen (vielfach, mittelbar oder unmittelbar) in Bezug zu praktischen Bedürfnissen. Ohne es hier näher philosophisch begründen zu wollen, gehe ich davon aus, daß Ideen und Praktiken einander kontinuierlich und in komplexer Art beeinflussen. Wenngleich ich im folgenden ideelle Grundlagen der Verstädterung und nicht materielle, etwa ökonomische Bedingungen, untersuche, unterlege ich diesem Ansatz, und das sei besonders betont, keine Metaphysik einer einwegigen ideellen Bestimmtheit materieller Lebensverhältnisse (ein metaphysisches Unterfangen wäre es ebenso, die einwegige materielle Bestimmtheit des Geistigen beweisen zu wollen). Ich behaupte nicht, daß jene Ideen, die ich erörtern werde, sozusagen am Anfang stünden und erst sie die Praxis bestimmten, ohne selbst mit bestimmten Praktiken zusammenzuhängen oder gar aus ihnen hervorgegangen zu sein. Allerdings nehme ich an, daß jene Ideen, wie immer sie entstanden sind, zur Verstädterungspraxis in Beziehung stehen und die Untersuchung entsprechender Vorstellungen Aspekte der Urbanisierung und Urbanität beleuchten kann, die auf andere Weise un- oder wenig beachtet bleiben.

---

[9] Siehe z. B. Siddle; Swindell: Rural Change in Tropical Africa, a. a. O., 142.

II. Der Kolonialismus und seine Voraussetzungen

In der folgenden Erörterung kolonialer Vorstellungen über Afrikaner/innen und ihre Kulturen bzw. des „kolonialen Diskurses"[1] werde ich zunächst auf eine Polarität eingehen, die sich in der Einschätzung von Afrikaner/inne/n und ihren Kulturen durch Europäer/innen im Mittelalter herausgebildet hatte, sowie auf Legitimierungsstrategien des Kolonialismus, die im Anschluß an die „Entdeckung" Amerikas verfolgt wurden. Ich werde diese Polarität auch im Sinne der Kategorien des Eigenen bzw. Gleichen und des Anderen beschreiben. Wenn ich sodann auf zwei deutsche Philosophen des 18. bzw. 19. Jahrhunderts als Beispiele für koloniale bzw. den Kolonialismus rechtfertigende Vorstellungen zu sprechen komme, wird sich zeigen, daß diese Polarität weitgehend verschwunden ist zugunsten eines Afrika als des Anderen, weniger bzw. kaum Entwickelten, zu Missionierenden (im religiösen und kulturellen Sinn) bzw. dem Untergang Geweihten. Das soll nicht heißen, daß es zu dieser Zeit keine positiveren Afrika-Bilder gab, freilich aber waren sie bei den gestaltenden Kräften mehr oder weniger „in Vergessenheit geraten". Wie solche Vorstellungen umgesetzt und sogar überschritten wurden, werde ich beispielhaft an den Aktionen eines deutschen Kolonialisten zeigen, der sich selber ausführlich zu seinem Bild über Afrikaner/innen geäußert hat. Die Ausführungen bis dahin werden explizit vor allem den deutschsprachigen Raum berücksichtigen, sie werden aber Grundgedanken und -strukturen des Kolonialismus im allgemeinen erörtern und darstellen. Um die Beispiele vor einem weiteren Hintergrund sehen zu können, werde ich danach genereller auf den Kolonialismus in Afrika eingehen.[2]

1. Allgemeine Hinweise zu Vorstellungen über Afrika und Afrikaner/innen in Europa im Mittelalter und in der frühen Neuzeit

Noch bevor Europäer/innen durch die Kreuzzüge und die späteren Entdeckungs- und Eroberungsreisen vermehrten Kontakt mit Afrikaner/inne/n hatten, war ein Afrikabild entwickelt worden, das seine Inspiration vermutlich insbesondere aus dem alttestamentarischen Bericht über die Königin von Saba und ihr Zusammentreffen mit König Sa-

---

[1] Siehe Homi K. Bhabha: The Other Question: Difference, Discrimination and the Discourse of Colonialism, in: Francis Barker, Peter Hulme, Margaret Iversen, Diana Loxley (Hg.): Literature, Politics and Theory. Papers from the Essex Conference 1976-84, London-New York: Methuen, 1986, 148-172.

[2] Allgemein zum Kolonialismus siehe Jürgen Osterhammel: Kolonialismus. Geschichte, Formen, Folgen, München: Beck, 1995. Er definiert den Kolonialismus folgendermaßen: „*Kolonialismus* ist eine Herrschaftsbeziehung zwischen Kollektiven, bei welcher die fundamentalen Entscheidungen über die Lebensführung der Kolonisierten durch eine kulturell andersartige und kaum anpassungswillige Minderheit von Kolonialherren unter vorrangiger Berücksichtigung externer Interessen getroffen und tatsächlich durchgesetzt werden. Damit verbinden sich in der Neuzeit in der Regel sendungsideologische Rechtfertigungsdoktrinen, die auf der Überzeugung der Kolonialherren von ihrer eigenen kulturellen Höherwertigkeit beruhen." (Ebd., 21.)

lomo (1 Kön 10, 1-13; 2 Chr 9, 1-12) schöpfte.[3] Saba wurde im Bereich Äthiopiens angesiedelt, wo bereits im vierten Jahrhundert das Christentum Fuß gefaßt hatte[4]. Man sah in den afrikanischen Christ/inn/en Verbündete im Kampf des christlichen Europa gegen den Islam.[5]
Äthiopien hatte einen speziellen Platz im christlichen europäischen Denken auch wegen der geographischen Nähe zum Nil, der als einer der vier Paradiesesflüsse galt: Afrika war also der Kontinent, in dem das Paradies lag, was die Afrikaner/innen in besonderer Weise auszeichnete.[6]
Ein weiterer Faktor kam hinzu: Immer populärer wurde im zwölften Jahrhundert die Vermutung, daß in Äthiopien ein legendärer König, der Priesterkönig Johannes, residiere und vor den Toren des Paradieses das Christentum verteidige und zu verbreiten suche.[7]

Die bisher genannten Afrika-Vorstellungen gehen auf im Kontext des Christentums und im Versuch der Instrumentalisierung der Afrikaner/innen im Bemühen, den „wahren" Glauben zu verteidigen und zu verbreiten. Dasjenige an den Schwarzen wird hervorgekehrt, das sich mit den christlichen Europäer/inne/n deckt - Afrikaner/innen als „die Gleichen".

Zu diesem durchaus positiven Afrikaner/innenbild gesellte sich eines, das ebenfalls auf biblischer Grundlage beruhte, jedoch die Minderwertigkeit der Schwarzen und die Differenz zu den Europäer/inne/n zu begründen suchte - Afrikaner/innen als „die Anderen".
Nach Bitterli sei es denkbar, daß bereits die Kreuzfahrtliteratur jene Vorstellung gekannt hat, wonach außereuropäische Völker dem Geschlechte Kains abstammten; Kain, der nach einer alttestamentlichen Erzählung (Gen 4, 1-16) seinen Bruder ermordet habe und daraufhin gebrandmarkt worden sei, wobei spätestens im 15. Jahrhundert die schwarze Hautfarbe als jenes Brandmal gedeutet wurde.[8] Kains Nachkommenschaft sei überdies ein verkommenes Geschlecht gewesen, was für jene, die ein negatives Vorurteil gegenüber den Afrikaner/inne/n schon hatten, wiederum Indiz genug war, eine Verwandtschaft zwischen Kain und den Schwarzen herstellen zu können.[9]

---

[3] Siehe Heinz Eberdorfer: Africa Utopica. Das Bild Afrikas und der Afrikaner in literarischen Utopien und utopischen Projekten, in: *Geschichte und Gegenwart* (1987), 54-72; 117-143, hier 58.
[4] Siehe oben (Anfänge der Verstädterung); vgl. z. B. auch Kevin Shillington: History of Africa, London-Basingstoke: MacMillan Education, ²1991, 70.
[5] Siehe Eberdorfer: Africa Utopica, a. a. O., 59.
[6] Siehe ebd., 59.
[7] Siehe Marcus: A History of Ethiopia, a. a. O., 14; Eberdorfer: Africa Utopica, a. a. O., 59-61; auch Joseph Ki-Zerbo: Die Geschichte Schwarz-Afrikas (A. d. Franz. v. E. Hammer), Frankfurt a. M.: Fischer Taschenbuch Verlag, 1981, 214-215.
[8] Siehe Urs Bitterli: Die „Wilden" und die „Zivilisierten". Grundzüge einer Geistes- und Kulturgeschichte der europäisch-überseeischen Begegnung, München: C. H. Beck, ²1991, 340-341. Angemerkt sei, daß nach der biblischen Erzählung Kain das Zeichen erhielt als Schutz vor potentiellen Rächern (siehe Gen 4, 15), gleichwohl Gott den Kain insofern bestrafte, als er ihn vom Ackerboden verbannt.
[9] Siehe ebd., 340.

Noch weiter verbreitet dürfte nach Bitterli die Vorstellung gewesen sein, die Schwarzen seien Nachkommen Chams (oder „Hams"),[10] dessen Sohn Kanaan von Noah verflucht wurde, nachdem Cham die „Blöße" seines betrunkenen Vaters Noah gesehen und davon seinen Brüdern erzählt hatte (siehe Gen 9, 21-27). Die Söhne Chams aber waren Kusch, Put, Kanaan und Ägypten (siehe Gen 10, 6). Noah verfluchte zwar Kanaan zum niedrigsten Knecht unter seinen Brüdern und machte ihn überdies zum Knecht der Brüder des Cham (siehe Gen 9, 25-27), und obwohl das Siedlungsgebiet der Kanaaniter in Palästina und nicht in Afrika lag, wurde der Fluch auf Cham bezogen und jene seiner Nachkommen, die sich in Afrika niederließen.[11]

Wir sehen also, daß sich in der Zeit, in der man erst sehr spärliche Informationen über die Afrikaner/innen hatte, die Polarität zwischen einem grundsätzlich positiven und einem grundsätzlich negativen Menschenbild von den Afrikaner/inne/n entwickelte, eine Polarität zwischen den Versuchen, in den Schwarzen die Anderen zu sehen und dem Hervorheben dessen, was gleich wie bei den Europäer/inne/n sei.

Mit dem intensiven Einsetzen von Entdeckungsfahrten und Eroberungen außerhalb Europas seit dem Ende des 15. Jahrhunderts gewinnt die Diskussion über die Afrikaner/innen an Bedeutung. Besonders heftig wurde die Auseinandersetzung zunächst hinsichtlich des von Europa Ende des 15. Jahrhunderts entdeckten Amerika und seinen Einwohner/inne/n geführt; die Argumente dieser Debatte begegenen uns später ebenso in der Auseinandersetzung um europäische Kolonien in Afrika. Eine hervorragende Rolle in dieser Diskussion spielten der Papst und die katholische Kirche[12] mit ihrem Universalitätsanspruch, dem Glauben, das Christentum sei die einzige wahrhaftige Religion sowie ihrem Eifer, möglichst alle anderen Menschen zu dieser „Wahrheit" zu bekehren.

Ansprenger zitiert eine Vorlesung, die der Dominikaner Franciscus de Victoria 1539 an der Universität Salamanca hielt, in der wesentliche Argumente der späteren Erörterungen bereits genannt werden, wobei der Ort der Handlung gewissermaßen beliebig außerhalb Europas verlegbar scheint und die „Objekte" der Diskussion vermutlich ohne weiteres auch Afrikaner/innen hätten sein können.[13] Wenngleich nach Victoria die Indios Barbar/inn/en seien, könne man sie nicht einfach totschlagen, da sie als souverän anzusehen seien und ihnen das Recht auf Selbstbestimmung zugeschrieben werden müsse. Das heiße aber nicht, daß die spanische Kolonialherrschaft nicht grundsätzlich legitim sei, denn erstens, „die Erde ist für alle da, und wenn die Indianer sich spanischer Einwanderung oder dem Handel widersetzen, so ist das Grund genug für

---

[10] Siehe ebd., 341.
[11] Bitterli bezieht den Fluch Noahs offenbar ebenfalls auf Cham und bemerkt anscheinend die Ungenauigkeit der Zuschreibung nicht.
[12] Siehe z. B. V. Y. Mudimbe: The Idea of Africa, Bloomington u. a.: Indiana University Press u. a., 1994, 30-37.
[13] So bezog sich etwa der Franzose Joseph Folliet in einer 1930 erschienen kolonialtheoretischen Schrift explizit auf Victorias Argumentation. (Siehe Jean Suret-Canale: French Colonialism in Tropical Africa, 1900-1945, London: C. Hurst & Company, 1971 (franz. Orig. 1964), 355-256.) Zu Victoria siehe Franz Ansprenger: Auflösung der Kolonialreiche, München: Deutscher Taschenbuch Verlag, ²1973, 8-10.

einen 'gerechten Krieg' gegen sie"[14]. Zweitens dürfen die Spanier/innen eingreifen, „um Grausamkeiten zu unterbinden, um zum Christentum bekehrte Indianer vor Rache der Heiden zu schützen. ... Drittens: die Indianer könnten sich selbst 'in echter und freier Wahl bewußt der klugen und menschlichen spanischen Verwaltung' unterstellen"[15].

Zur Diskussion stellt Victoria auch das Argument, daß die Indios aufgrund ihrer bedenklichen geistigen Nähe zu vernunftlosen Wesen unfähig seien, sich selbst zu verwalten; man müsse sie also ihres eigenen Wohles wegen unter europäische Vormundschaft stellen. Dieses Argument lehnt Victoria allerdings ab, weil er bezweifelt, daß die Spanier/innen dann nicht noch einen Schritt weitergingen und die Indios zu Sklav/inn/en von Natur aus erklärten, wodurch der Vorteil aus einer eventuell notwendigen Vormundschaft mehr als wettgemacht würde.[16] Dennoch, für die Kolonisation war auch dieses letzte Argument bedeutend: „Kein Zweifel: der Mythos, nichteuropäische Völker hätten keinen Verstand oder höchstens den von Kindern, war ein Grundpfeiler des europäischen Kolonialsystems der Neuzeit. Auf dieser Überzeugung und auf dem angemaßten Naturrecht des Handels und des Verkehrs ... ruhte das Gewissen, mit dem sich Europa seit 1500 über den Erdball ausgebreitet und ihn beherrscht hat."[17]

Überwog noch im Mittelalter vermutlich ein Denken über die Schwarz-Afrikaner/innen, das die Gleichheit von Europäer/inne/n und Afrikaner/inne/n bzw. die Größe und Macht von Afrikaner/inne/n hervorhob, so tritt nun das Menschenbild von den minderwertigen Afrikaner/inne/n in den Vordergrund, ein Menschenbild, mit dem man gut kolonialisieren konnte.
Allerdings gab es selbst noch zu der Zeit, als der Kolonialismus in Afrika seinen Anfang nahm, in ihrer Werthaltung unterschiedliche Denkweisen, wie ich im folgenden anhand zweier deutscher Philosophen des 18. bzw. 19. Jahrhunderts aufzeigen werde.

2. Ideelle Grundlagen des Kolonialismus am Beispiel von Herder und Hegel

Wie Eberdorfer ausführt, wurde das Bild über die Afrikaner/innen nach der industriellen Revolution immer mehr in Richtung jenes Eurozentrismus verändert, der sich im letzten Drittel des 19. Jahrhunderts auf seinem Höhepunkt befand. Diesen Wandel könne man treffend anhand von Herder und Hegel illustrieren.[18] Bei Herder läßt sich zudem zeigen, daß der Kolonialismus auch sehr gut auf bestimmte Ausführungen über Afrikaner/innen und ihre Kulturen zurückgreifen konnte, die auf den ersten Blick sehr wohlwollend erscheinen.

---

[14] Ebd., 9.
[15] Ebd., 9.
[16] Siehe ebd., 10.
[17] Ebd., 10.
[18] Siehe Eberdorfer, Africa Utopica, a. a. O., 117.

Johann Gottfried Herder

In den „Ideen zur Philosophie der Geschichte der Menschheit" (4 Bde., Riga 1784-1791) geht Herder auf verschiedene Züge der afrikanischen Völker ein. Nach allgemeinen Ausführungen über die Erde und ihre Stellung im Weltall versucht er, das Wesen des Menschen zu charakterisieren. Zu Beginn des zweiten Teiles, im sechsten Buch, beschreibt er die Organisation der Völker und in einem eigenen Abschnitt die der afrikanischen Völker. Darauf möchte ich näher eingehen.[19]

Zunächst hält er fest, daß wir, „wenn wir zum Lande der Schwarzen übergehn, unsre stolzen Vorurteile verleugnen und die Organisation ihres Erdstrichs so unparteiisch betrachten [müßten, A. K.], als ob sie die einzige in der Welt wäre"[20]. Kulturimmanente Betrachtungsweise also. „Mit eben dem Recht, mit dem wir den Neger für einen verfluchten Sohn des Chams und für ein Ebenbild des Unholds halten, kann er seine grausamen Räuber für Albinos und weiße Satane erklären, die nur aus Schwachheit der Natur so entartet sind, wie, dem Nordpol nahe, mehrere Tiere in Weiß ausarten."[21]

Er beschreibt zuerst die Ägypter/innen und die Bewohner/innen Nubiens, wobei man von letzteren allerdings noch nicht viel wisse. Er beginnt also bei jenen Völkern, die seiner Einschätzung nach noch am wenigsten die Züge „des Negers" aufweisen. Bei den Ägypter/inne/n stellt er fest: „Jetzt faul, einst waren sie arbeitsam und fleißig."[22] Er meint, daß ihr robuster Knochenbau und ihre Art von Bildung offenbar notwendig gewesen wären, um die Glanzleistungen der altägyptischen Kultur hervorbringen zu können. „Eine feinere Nation hätte sich dazu schwerlich bequemt."[23]

Nachdem er sich noch über die „Berbers" geäußert hat, kommt er zu den „eigentlichen Negergeschlechtern"[24], den Völkern im Gebiet des Gambia und „Senegastromes"[25] und südlich davon, wobei allmähliche Übergänge zu beobachten seien. Er nennt die Jalofer, Wulufs, Fulis, Mandigoer, wobei die Fulis „noch Bilder der Schönheit [seien, A. K.] gegen jene *Mandigoer* und die weiter hinabwohnenden Negervölker. Jenseits des Senega also fangen erst die dicken Lippen und platten Nasen der Negergestalt an, die sich mit noch ungezählten Varietäten kleiner Völkerschaften über Guinea, Loango, Kongo, Angola tief hinab verbreiten."[26] Bei den „Hottentotten" und „Kaffern" bildeten sich die „Negercharakteristika" zurück, so stelle etwa das Haar jener Völker eine Mischung aus der „Wolle der Neger und dem Haar anderer Völker"[27] dar.

---

[19] Ich zitiere nach folgender Ausgabe: Johann Gottfried Herder: Werke (in zehn Bänden), Bd. 6, hg. v. Martin Bollacher, Frankfurt a. M.: Deutscher Klassiker Verlag, 1989.
[20] Johann Gottfried Herder: Ideen zur Philosophie der Geschichte der Menschheit, Werke, Bd. 6, a. a. O., 228.
[21] Ebd., 228.
[22] Ebd., 229.
[23] Ebd., 229.
[24] Ebd., 230.
[25] Ebd., 230.
[26] Ebd., 231.
[27] Ebd., 231.

Nach dieser Beschreibung verweist Herder auf die seiner Meinung nach äußerst mangelhaften Kenntnisse über die afrikanischen Völker. „Kaum die Küsten des Landes kennen wir und auch diese oft nicht weiter, als die Europäischen Kanonen reichen."[28] Ihm bleibt aber nichts anderes übrig, als das vorhandene Datenmaterial so gut wie möglich zu verarbeiten. Seine vielen Anmerkungen bezeugen überdies eine gewisse Genauigkeit im Umgang mit den Daten.

Dann fährt er damit fort, einige allgemeine Resultate über die Schwarzen aus der bisherigen Forschung zu referieren und zu interpretieren. Er entwickelt zunächst ein Argument über die Hautfarbe der Schwarzen, wobei er festhält, daß die schwarze Farbe nichts besonderes sei und nur aus dem schwarzen Netz unter der Oberhaut resultuiere; aber weder ihr Blut, ihr Gehirn noch ihr Same sei schwarz. Außerdem hätten wir alle einem von ihm zitierten Forscher zufolge die Anlage zur schwarzen Haut: „Selbst bei den kalten Samojeden ist der Streif um die Brüste der Weiber bemerkt worden; der Keim der Negerschwärze konnte in ihrem Klima bloß nicht weiter entwickelt werden."[29] Entscheidend für die Ausprägung einer jeweiligen Hautfarbe seien lediglich das Klima sowie die Lebensart und Nahrung. So sei die Hitze in erster Linie für die Schwärze verantwortlich, weshalb auch in Afrika die in höheren Regionen lebenden Völker heller seien als jene in niedrigen Talregionen und die Babies mit weißer Hautfarbe geboren würden. Eine bedeutende Rolle spiele auch ein Öl, „das unter der Oberhaut den schwarzen Schein giebet. ... die Haut der Schwarzen ist ein dicker, weicher Sammet, nicht so gespannt und trocken wie die Haut der Weißen; also hat die Sonnenwärme ein Öl aus ihrem Innern gekocht, das so weit hervortrat, als es konnte, das ihre Haut erweichte und das Netz unter derselben färbte."[30] Und das krause Haar leite sich ähnlich her: übermäßige Befeuchtung der Haut durch Öl ändere das Haar zu Wolle.

Wie also Hautfarbe und Haar sich entsprechend den genannten Umwelteinflüssen ausbildeten, so seien auch andere Erscheinungen des Körpers zu verstehen: „Die Lippen, die Brüste und die Geschlechtsglieder stehen ... in einem genauen Verhältnis und da die Natur diese Völker, denen sie edlere Gaben entziehen mußte, dem einfachen Principium ihrer bildenden Kunst zufolge, mit einem desto reicheren Maß des sinnlichen Genusses auszustatten hatte, so mußte sich dieses physiologisch zeigen."[31] Für diese Völker sei „der sinnliche Trieb eine der Hauptglückseligkeiten"[32], womit auch ihr reicher Kindersegen zusammenhänge: „Hundert Kinder sind dem Neger eine Kleinigkeit und jener Alte bedauerte mit Tränen, das er deren nur siebzig habe."[33] Der ganze Körperbau der Schwarzen (bis auf Nase und Haut) sei für „tierischen sinnlichen Genuß"[34] gestaltet. Doch dies alles lasse sich aufgrund der spezifischen afri-

---
[28] Ebd., 231.
[29] Ebd., 233.
[30] Ebd., 234.
[31] Ebd., 235.
[32] Ebd., 235.
[33] Ebd., 235.
[34] Ebd., 235.

kanischen Umwelt erklären, die Afrikaner/innen seien eben so gebaut, daß sie gut in ihr leben könnten. „Die feinere Geistigkeit, die dem Geschöpf unter dieser glühenden Sonne, in dieser von Leidenschaften kochenden Brust versagt werden mußte, ward ihm durch einen Fibernbau, der an jene Gefühle nicht denken ließ, erstattet. Lasset uns also den Neger, da ihm die Organisation seines Klima kein edleres Geschenk werden konnte, bedauern, aber nicht verachten. ... Was sollte ihm das quälende Gefühl höherer Freuden, für die er nicht gemacht war? Der Stoff dazu war ihm da; aber die Natur wendete die Hand und erschuf das daraus, was er für sein Land und für die Glückseligkeit seines Lebens nötiger brauchte. Sie hätte kein Afrika schaffen müssen; oder in Afrika mußten auch Neger wohnen."[35]

Ein sich durchziehender Gedanke in Herders Arbeit ist die an anderer Stelle folgendermaßen formulierte These: „Man bildet nichts aus, als wozu Zeit, Klima, Bedürfnis, Welt, Schicksal Anlaß gibt."[36] Die Vielfältigkeit der Erscheinungen wiederum sei aber nichts anderes als „Ausdruck des einen Schöpfungsgedankens. ... Gott offenbart sich in der Natur."[37] Von daher ist jede Kultur grundsätzlich gleichwertig zu beurteilen, jedes Volk trage seinen Zweck in sich selbst. Herder vertritt aber zugleich den Gedanken der Entwicklung, d. h. Verbesserung von Kulturen und kennt Unterschiede zwischen feinen und rohen Kulturen, zwischen schönen und häßlichen Völkern. Diese Unterschiede können wohl nur aus ethnozentrischem Denken stammen und nicht aus der von ihm geforderten kulturimmanenten Betrachtungsweise.

Was gewisse von ihm geschilderte Wesensmerkmale der Schwarzen betrifft, wie etwa der scheinbare Erweis, daß der Körper der Schwarzen für tierischen sinnlichen Genuß gemacht sei, so muß man das wohl auf den Stand des Wissens zurückführen, das Herder zugänglich war. Es finden sich bei Herder offensichtlich viele Fehlmeinungen über die Schwarz-Afrikaner/innen, die diese nicht gerade in das beste Licht stellen. Dennoch schafft es Herder aufgrund seiner anthropologischen Konzeption, auch den Schwarzen einen Eigenwert zuzuschreiben, wenngleich sich ebenso eurozentrische Vorurteile behaupten können. Abgesehen von der Frage, was bezüglich offenbar negativer Schilderungen über die Afrikaner/innen bei Herder Vorurteil und was Fehlwissen ist, ist festzuhalten, daß seine Ausführungen sehr wohl dazu geeignet waren, bestimmte Aspekte des Kolonialismus (etwa im Sinne einer kulturellen Mission) zu legitimieren; allein die Mitleidsaufforderung kann als indirekter Appell aufgefaßt werden, die „armen" Afrikaner/innen doch aus ihrem bejammernswerten Zustand zu befreien.

---

[35] Ebd., 236.
[36] Johann Gottfried Herder: Auch eine Philosophie der Geschichte zur Bildung der Menschheit (1774), in: ders.: Werke in zwei Bänden, Bd. 2, hg. v. Karl-Gustav Gerold, München: Carl Hanser Verlag, 1953, 9-97, hier 31.
[37] Bitterli: Die „Wilden" und die „Zivilisierten", a. a. O., 325.

Georg Wilhelm Friedrich Hegel

Ich habe bereits mehrmals auf die notwendige Verknüpfung von Wissensstand und Menschenbild hingewiesen. Wenn Afrika-Reisende und Forscher/innen tendenziell negativ über Schwarze berichten, kann man es Philosoph/inn/en nicht vorhalten, wenn sie negative Menschenbilder entwerfen. Doch wenn man das Afrikaner/innenbild Herders mit dem noch darzustellenden von Hegel vergleicht, sieht man, daß es sehr wesentlich auf die Auswahl des Materials und die Interpretation der Daten ankommt, wobei Vorurteile wohl eine wichtige Rolle spielen, sei es, daß sie aus einer gewissen philosophischen Konzeption stammen oder persönlichen gefühlsmäßigen Motiven. Hegel hat nämlich ein Bild von den Afrikaner/inne/n entwickelt, das in seiner Wertung recht konträr ist zu dem von Herder, obwohl Hegel als der jüngere Philosoph die meisten Berichte gekannt haben könnte, die dem älteren Denker zugänglich waren.[38] Es könnten neue Daten hinzugekommen sein, die den alten Wissensstand bereichert, vielleicht teilweise widerlegt haben könnten. Doch daß es für Hegel an den Afrikaner/inne/n beinahe überhaupt nichts gibt, was er schätzen könnte, kann nicht auf eventuell neue Daten allein zurückgeführt werden.[39]

Etwas widerwillig fast[40] geht Hegel in der Einleitung seiner „Vorlesungen über die Philosophie der Geschichte" (1837, posthum) auf Afrika und die Afrikaner/innen ein[41], nachdem er sich prinzipiell über das Wesen der Geschichte geäußert hat. Der Abschnitt über die Schwarzen, einschließlich ihrer Kulturen, fällt unter die allgemeine Überschrift „Geographische Grundlagen der Weltgeschichte". In seiner eigentlichen Philosophie der Geschichte braucht er die Afrikaner/innen ja deshalb nicht aufzunehmen, weil diese nach Hegel gar keine Geschichte vorzuweisen hätten.

Hegel unterscheidet drei Teile des afrikanischen Kontinents: das Gebiet nördlich der Sahara (für ihn das europäische Afrika), „das Stromgebiet des Nil, das einzige Talland von Afrika, das sich an Asien anschließt"[42], sowie das „eigentliche Afrika"[43], das südlich der Sahara liege, das geographisch als „das uns fast ganz unbekannte Hochland mit schmalen Küstenstrecken am Meere"[44] charakterisiert wird. Der zuletzt genannte Teil Afrikas ist hier in erster Linie interessant.

„Jenes eigentliche Afrika ist, soweit die Geschichte zurückgeht, für den Zusammenhang mit der übrigen Welt verschlossen geblieben; es ist das in sich gedrungene Goldland, das Kinderland[45], das jenseits des Tages der selbstbewußten Geschichte in

---

[38] Hegel hat auch das hier besonders relevante Werk vor den zitierten Werken Herders entworfen.
[39] Übrigens findet man selten Belege für seine Ausführungen, ganz im Unterschied zu Herder.
[40] Siehe Georg Wilhelm Friedrich Hegel: Vorlesungen über die Philosophie der Geschichte, Werke in zwanzig Bänden, Bd. 12, Frankfurt a. M.: Suhrkamp, 1970, 129.
[41] Siehe ebd., 120-129.
[42] Ebd., 120.
[43] Ebd., 120.
[44] Ebd., 120.
[45] Vgl. auch ders.: Enzyklopädie der philosophischen Wissenschaften im Grundrisse (1830), Dritter Teil: Die Philosophie des Geistes. Mit den mündlichen Zusätzen, Werke in zwanzig Bänden, Bd. 10, Frankfurt a. M.:

die schwarze Farbe der Nacht gehüllt ist."[46] Seine Abgeschlossenheit sei in erster Linie auf die geographische Konstitution zurückzuführen, aber auch auf die tropische Natur. Die Idee vom Zusammenhang von Umwelt und Kultur ist also ähnlich wie bei Herder auch bei Hegel nicht zu übersehen.[47]

Von den „Fulis" und „Mandigoers" haben wir bei Herder schon gehört, bei Hegel werden diese Völker ebenfalls erwähnt, er nennt sie „Fullahs" und „Mandigos". Hat Herder diese beiden Völker hinsichtlich ihrer Schönheit unterschieden, so sind sie für Hegel beide insofern gleich, als sie in Kriegen ungeheuer ekelhaft und unmenschlich seien, daß sie sich aber den Europäer/inne/n in Friedenszeit sehr sanftmütig gezeigt hätten.

Grundsätzliches und Allgemeines könne man aber über den „afrikanischen Charakter"[48] darum nicht leicht aussagen, „weil wir dabei ganz auf das Verzicht leisten müssen, was bei uns in jeder Vorstellung mit unterläuft, die Kategorie der Allgemeinheit. Bei den Negern ist nämlich das Charakteristische gerade, daß ihr Bewußtsein noch nicht zur Anschauung irgendeiner festen Objektivität gekommen ist, wie zum Beispiel Gott, Gesetz, bei welcher der Mensch mit seinem Willen wäre und darin die Anschauung seines Wesens hätte."[49]

Hegel jedoch scheint in der Lage zu sein, allgemeine Charakteristika der Schwarzen nennen zu können, und er fährt damit fort festzustellen, daß „der Schwarze" kein Wissen von einem absoluten Wesen habe, das über ihm stünde. Er setze sich selbst als das Höchste, und auch daraus folge, daß „nichts an das Menschliche Anklingende in diesem Charakter zu finden"[50] sei, „denn erst mit dem Bewußtsein eines höheren Wesens erlangt der Mensch einen Standpunkt, der ihm eine wahre Achtung gewährt. ... Die Neger besitzen daher diese vollkommene *Verachtung* der Menschen"[51], was sich etwa in Tyrannei zeige, in der Sklaverei (innerhalb Afrikas sei sie „fast noch schlimmer"[52] als die interkontinentale) und in der Menschenfresserei. Der Kannibalismus hänge übrigens „mit dem afrikanischen Prinzip überhaupt zusammen; für den *sinnlichen* [Hervorhebung A. K.] Neger ist das Menschenfleisch nur Sinnliches, Fleisch überhaupt."[53] Und er berichtet von Menschenschlächtereien, wo vermutlich „Hunderte geschlachtet und verzehrt"[54] würden. Von einem „Weiberstaat"[55] weiß er angeblich, daß die Königin „ihren eigenen Sohn in einem Mörser zerstoßen [hat, A. K.], sich mit dem

---

Suhrkamp, 1970, § 393, Zusatz, S. 59, wo Hegel meint: „Die *Neger* sind als eine aus ihrer uninteressierten und interesselosen Unbefangenheit nicht heraustretende Kindernation zu fassen."
[46] Ders.: Vorlesungen über die Philosophie der Geschichte, a. a. O., 120.
[47] Vgl. auch ders.: Enzyklopädie, Dritter Teil, a. a. O., § 394, Zusatz, S. 64.
[48] Ders.: Vorlesungen über die Philosophie der Geschichte, a. a. O., 121.
[49] Ebd., 122.
[50] Ebd., 122.
[51] Ebd., 124.
[52] Ebd., 125
[53] Ebd., 125.
[54] Ebd., 125.
[55] Ebd., 127.

Blute bestrichen und veranstaltet [hat, A. K.], daß das Blut zerstampfter Kinder stets vorrätig sei."[56]

Hegel untersucht mehrere Institutionen der Afrikaner/innen, wie Religion und Verfassung (wenngleich sie zu keiner „Anschauung irgendeiner festen Objektivität gekommen .. [sind, A. K.], wie zum Beispiel Gott, Gesetz", siehe oben), kommt aber zusammenfassend zum Schluß: „Aus all diesen verschiedentlich angeführten Zügen geht hervor, daß es die Unbändigkeit ist, welche den Charakter der Neger bezeichnet. Dieser Zustand ist keiner Entwicklung fähig, und wie wir sie heute sehen, so sind sie immer gewesen. ... Was wir eigentlich unter Afrika verstehen, das ist das Geschichtlose und Unaufgeschlossene, das noch ganz im natürlichen Geiste befangen ist und das hier bloß an der Schwelle der Weltgeschichte vorgeführt werden mußte."[57]

Um die bisherigen Ausführungen, besonders über die den schwarzafrikanischen Kulturen zugeschriebene Geschichtslosigkeit in ihrer Tragweite verstehen zu können, muß kurz Hegels Geschichtskonzept berührt werden.[58]

Ausgangspunkt der Hegelschen Geschichtsphilosophie ist die These, „daß die Vernunft die Welt beherrsche"[59]. In der Geschichte aber entfalte sich die Vernunft, und die Reflexion dessen führe zu Selbsterkenntnis. In der Weltgeschichte entwickle sich der Geist in seiner Selbsterkenntnis weiter, der Geist, dessen Wesen die Freiheit sei, und die Weltgeschichte, die als „Fortschritt im Bewußtsein der Freiheit"[60] bestimmt wird. Geschichtslosigkeit ist also notwendigerweise verbunden mit Unfreiheit, mit kaum vorhandener Fähigkeit zur Selbsterkenntnis. Geschichtslosen Wesen fehlen damit Aspekte von Humanität, die man zumeist als essentiell erachtet. Die Völker werden als Stufen der Weltgeschichte begriffen, wobei die niedrigen Kulturstufen dem Untergang ausgeliefert seien, sobald sie mit den höheren in Berührung kommen, sie könnten einer solchen Überlegenheit nicht standhalten.[61]

Hegel formuliert nicht nur ein Afrikaner/innenbild, das wohl einen Höhepunkt in deren Abwertung darstellt, sondern gleichzeitig sehr prägnant einen europäischen Allmachtsanspruch, einen Ethnozentrismus, der hier notwendig zum Imperialismus wird.

---

[56] Ebd., 127.
[57] Ebd., 129. Obwohl ich hier nicht vergleichend arbeiten möchte, sei doch darauf verwiesen, daß sich diese These von der Geschichtslosigkeit in bestimmten Köpfen offenbar sehr lange halten konnte. So behauptete noch 1965 Hugh Trevor-Roper, Professor für Geschichte an der Oxford University, daß es zukünftig vielleicht eine afrikanische Geschichte zu lehren gebe. „But at present there is none, or very little: there is only the history of Europeans in Africa. The rest is darkness. ... And darkness is not a subject for history. ... [There are only] the unrewarding gyrations of barbarous tribes in picturesque but irrelevant corners of the globe." (Hugh Trevor-Roper: The Rise of Christian Europe, New York: Harcourt, Brace and world, 1965, 1, hier zit. n. Thomas O'Toole: The Historical Context, in: April A. Gordon, Donald L. Gordon: Understanding Contemporary Africa, Boulder-London: Lynne Rienner Publishers, 1992, 21-49, hier 28.)
[58] Ich halte mich an: Ulrich Dierse, Gunter Scholtz: Geschichtsphilosophie, in: Joachim Ritter (Hg.): Historisches Wörterbuch der Philosophie, Bd. 3, Basel-Stuttgart: Schwabe & Co, 1974, 416-439, besonders aber 428-429.
[59] Hegel, zit. n. ebd., 428.
[60] Hegel, zit. n. ebd., 428.
[61] Siehe Fritz Kramer: Verkehrte Welten. Zur imaginären Ethnographie des 19. Jahrhunderts, Frankfurt a. M.: Syndikat, 1977, 57.

Besonders deutlich kommt das in folgender Passage zum Ausdruck:[62] „Das Prinzip des europäischen Geistes ist .. die selbstbewußte Vernunft, die zu sich das Zutrauen hat, daß nichts gegen sie eine unüberwindliche Schranke sein kann, und die daher alles antastet, um sich selber darin gegenwärtig zu werden. Der europäische Geist setzt die Welt sich gegenüber, macht sich von ihr frei, hebt aber diesen Gegensatz wieder auf, nimmt sein Anderes, das Mannigfaltige, in sich, in seine Einfachheit zurück. ... Den Europäer interessiert die Welt; er will sie erkennen, sich das ihm gegenüberstehende Andere aneignen. ... Ebenso wie im Theoretischen strebt der europäische Geist auch im Praktischen nach der zwischen ihm und der Außenwelt hervorzubringenden Einheit. Er unterwirft die Außenwelt seinen Zwecken mit einer Energie, welche ihm die Herrschaft der Welt gesichert hat."[63]

Hegel legt mit seiner Philosophie und dem Menschenbild über „die" Schwarzen ein Konzept vor, das in glänzender Weise die Kolonialisierung Afrikas rechtfertigt. Es gibt nach Hegel letztendlich wohl nichts, was dagegen sprechen würde, die schwarzafrikanischen Kulturen überhaupt auszulöschen, zumal sie auf Dauer ohnehin nicht Bestand hätten. Auch Herder nennt in seinen Ausführungen Beispiele, in denen Afrikaner/innen für uns nicht besonders anziehend dargestellt werden. Aber wir sollten sie nicht verachten, sondern bedauern. Hegel nennt noch schlimmere Berichte über Schwarze, ist im Gegensatz zu Herder aber aufgrund seines anthropologischen und Geschichtskonzeptes keineswegs bemüht, die Daten zu glätten oder relationierend den Afrikaner/inne/n Eigenwert zuzusprechen. Wenngleich von einer Mitleidsgeste in der Herderschen Art meiner Meinung nach nichts zu halten ist, ermöglichen immerhin Aspekte der Konzeption Herders einen Zugang zu Schwarzen, der Weltherrschaftsansprüche zurückdrängt. Wie verheerend sich solche Herrschaftsansprüche zeigen konnten, darauf werde ich nun unter anderem zu sprechen kommen.

3. Ideen und Praktiken eines Kolonialisten in Ostafrika: Carl Peters

Als der 28-jährige Carl Peters im November 1884 an der Küste gegenüber Sansibar gelandet war[64], hatte er sein Leben bereits ganz in den Dienst seiner Idee von einer deutschen Kolonie in Afrika gestellt. Diese Entscheidung stand noch nicht lange fest, zumal Peters Doktor der Geschichte war[65] und sich ursprünglich als Privatdozent für Philosophie habilitieren wollte mit einer Arbeit über die Frage, inwieweit Metaphysik als Wissenschaft möglich sei, die er im Sommer 1884 bei Wilhelm Wundt in Leipzig einreichte[66]. Er hatte zuvor schon einige Arbeiten veröffentlicht, wie beispielsweise

---

[62] Vgl. auch ebd., 56.
[63] Herder: Enzyklopädie, Dritter Teil, a. a. O., § 393, Zusatz, S. 62-63.
[64] Siehe Ki-Zerbo: Die Geschichte Schwarz-Afrikas, a. a. O., 448.
[65] Vgl. Carl Peters, Lebenserinnerungen (1918), in: ders.: Gesammelte Schriften, hg. v. Walter Frank, Bd. 1, München-Berlin: C. H. Beck'sche Verlagsbuchhandlung, 1943, 13-116, hier 52.
[66] Ebd., 62.

„Untersuchungen zum Frieden von Venedig"[67] oder „Willenswelt und Weltwille", der die Abhandlung „Arthur Schopenhauer als Philosoph und Schriftsteller" vorangegangen war[68]. Peters selbst meint, daß neben Masius und Mommsen Arthur Schopenhauer „wesentlichen Einfluß auf meine Denkweise gewonnen hat"[69]. Auch beschäftigte sich Peters mit Fichte, Schelling und Hegel, wobei er sich aber von ihrer „breiten, gewäschartigen Schreibweise"[70] bald sehr abgestoßen gefühlt habe.[71] Jedenfalls, die Entscheidung war in der zweiten Jahreshälfte von 1884 bereits gefallen, eine Entscheidung, die er offenbar mit allem Eifer verfolgte. Deutschland war zunächst eher zurückhaltend, was den Anspruch auf afrikanische Kolonien betraf; es konzentrierte sich unter Kanzler Bismarck primär auf die deutsche Einigung.[72] Erst 1884 hatte es mit Südwest-Afrika (Namibia) das erste deutsche Protektorat „erworben".[73] Auch Peters' Ideen fanden anfangs keine offizielle Unterstützung. Dieser ließ sich jedoch nicht beirren und schloß Ende 1884 gemeinsam mit seinen Begleitern zwölf „Verträge" mit lokalen Regenten ab, die Deutschland bereits Anfang 1885 zur Basis für ein Deutsches Protektorat machte.[74]

Für mein Thema ist es, denke ich, sehr aufschlußreich, wie jene erwähnten Verträge meist abgefaßt waren und wie sie zustande kamen, zumal sie in Europa als Rechtsgrundlage für Besitzansprüche allgemein[75] akzeptiert wurden. Peters gibt in einer Schrift einen Vertrag[76] wieder, den er mit „Muinin Sagara, dem Oberherrn von Usagara, der zentralen Landschaft des gesamten ins Auge gefaßten Gebietes"[77] abschloß. Nach der Nennung der Vertragspartner wird ein Tausch ausgemacht: „Sultan Muinin Sagara erhält eine Reihe von Geschenken; weitere Geschenke für die Zukunft werden ihm versprochen, und er tritt hierdurch unter den Schutz der Gesellschaft für deutsche Kolonisation resp. deren Vertreter. - Dafür tritt der Sultan Muinin Sagara an Herrn Dr. Carl Peters, als den Vertreter der Gesellschaft für deutsche Kolonisation, kraft seiner absoluten und unumschränkten Machtvollkommenheit das alleinige und ausschließliche Recht, Kolonisten nach ganz Usagara zu bringen, ab. ... - Zu diesem Behufe tritt Sultan Muinin Sagara das alleinige und ausschließliche Recht

---

[67] Siehe ebd., 52.
[68] Siehe ebd., 56.
[69] Ebd., 46.
[70] Ebd., 46. An derselben Seite schreibt er weiter: „Von Schopenhauer habe ich schon früh gelernt, daß ein Buch, über dessen Sätze man nachgrübeln muß, um sie auch nur zu verstehen, überhaupt nicht wert ist, gelesen zu werden."
[71] Auf den Einfluß der genannten Gelehrten gehe ich aus Platzgründen hier nicht ein. Allgemein zu Carl Peters und seinen Kolonialaktivitäten siehe etwa Heinrich Loth: Propheten - Partisanen - Präsidenten. Afrikanische Volksführer und ihre Widersacher, Berlin: VEB Deutscher Verlag der Wissenschaften, 1973, 41-53.
[72] Siehe Ki-Zerbo: Die Geschichte Schwarz-Afrikas, a. a. O., 448.
[73] Siehe Robert M. Maxon: East Africa. An Introductory History, Nairobi: Heinemann Kenya, 1989, 130.
[74] Siehe ebd., 130-131 sowie Ki-Zerbo: Die Geschichte Schwarz-Afrikas, a. a. O., 448-449.
[75] Peters selbst erwähnt zwar deutsche Kritiker der Verträge, die die Vertragsfähigkeit der Schwarzen bezweifelten (siehe Carl Peters: Die Gründung von Deutsch-Ostafrika (1906), in: ders.: Gesammelte Schriften, Bd. 1, a. a. O., 117-283, hier 170.), die deutsche Regierung sah in den Verträgen aber sehr wohl eine Rechtsgrundlage.
[76] Siehe Peters: Die Gründung von Deutsch-Ostafrika, a. a. O., 171-172.
[77] Ebd., 170.

völliger und uneingeschränkter privatrechtlicher Ausnutzung von ganz Usagara an Herrn Dr. Carl Peters, als den Vertreter der Gesellschaft für deutsche Kolonisation, hierdurch ab. - Ferner tritt der Sultan Muinin Sagara an Herrn Dr. Carl Peters, als den Verterter der Gesellschaft für deutsche Kolonisation, alle diejenigen Rechte ab, welche nach dem Begriff des deutschen Staatsrechtes den Inbegriff staatlicher Oberhoheit ausmachen; unter anderem: das alleinige und uneingeschränkte Recht der Ausbeutung von Bergwerken, Flüssen, Forsten; das Recht, Zölle aufzulegen, Steuern zu erheben, eigene Justiz und Verwaltung einzurichten, und das Recht, eine bewaffnete Macht zu schaffen."[78] Dem Sultan wird verbürgt, den Titel Muinin Sagara in seiner Familie weitergeben zu dürfen, sein Privatbesitz wird anerkannt, und schließlich gibt es noch eine Anti-Sklaverei-Klausel.

Ein solcher Tauschvertrag muß wohl als Hohn angesehen werden gegenüber Rechten der Einheimischen. Ein paar nicht näher definierte Geschenke gegen Rechte staatlicher Oberhoheit! Nach Vertragsabschluß wird die Fahne gehißt, und schon gehört das Land in den Augen des Kolonisators dem deutschen Volk.[79]

Solche natürlich nicht immer zwanglosen Vertragsabschlüsse[80] gehörten noch zu den harmloseren Aktionen Peters'. Zum Repertoire von Peters gehörten ebenso grausame Niederwerfungen von Aufständen einheimischer Völker, einschließlich der Verstümmelung von Leichen, oder das Auspeitschen von Trägern, solange bis sie sich nicht mehr zu wehren trauten[81]. Auch vor der Zerstörung ganzer Dörfer und willkürlichen Hinrichtungen[82] schreckte Peters nicht zurück. In diesem Sinn soll er als „Hänge-Peters" bezeichnet worden sein.[83]

Derlei Aktionen allerdings lagen jenseits der Akzeptanz durch die Deutschen, und so wurde Peters schlußendlich nach Deutschland zurückberufen.[84] Noch zu Lebzeiten allerdings wurde er teilweise rehabilitiert. Nicht überraschend, wurde der mittlerweilen (1917) verstorbene Peters von den Nationalsozialist/inn/en als einer der Vorkämpfer des „Tausendjährigen Reiches" gefeiert, 1943/44 wurden unter dem Naziregime Peters' „Gesammelte Schriften" herausgegeben.[85]

In seinen Schriften äußert sich Peters auch über das Menschenbild, das hinter seinen Handlungen stand. Aus seinen Erfahrungen in der Emin-Pascha-Expedition, die ich bereits erwähnt habe, hat Peters für sich die Einsicht gewonnen, daß einheimischen Völkern nur rohe Gewalt imponiere. Es sei ja auch nicht zufällig, daß die Bantus nur eine extrem brutale Staatsform hervorgebracht hätten; „absolute Rechtslosigkeit für alle und rohester Blutdurst im Verkehr mit ihren eigenen Untertanen"[86] präge das Zu-

---

[78] Ebd., 171.
[79] Siehe mehrere Ausführungen Peters' in: ebd.
[80] Siehe z. B. ebd., 276-279.
[81] Siehe Peters: Die Deutsche Emin-Pascha-Expedition (1891), in: ders.: Gesammelte Werke, Bd. 2, a. a. O., 1-481, hier 55 und 198-202.
[82] Siehe auch Ki-Zerbo: Die Geschichte Schwarz-Afrikas, a. a. O., 464.
[83] Siehe Loth: Propheten - Partisanen - Präsidenten, a. a. O., 42-43.
[84] Siehe Ki-Zerbo: Die Geschichte Scharz-Afrikas, a. a. O., 464.
[85] Siehe Loth: Propheten - Partisanen - Präsidenten, a. a. O., 52.
[86] Peters: Die Gründung von Deutsch-Ostafrika, a. a. O., 275.

sammenleben. „Massenschlächtereien ganz unschuldiger, harmloser Leute waren an der Tagesordnung. ... Metesa ... ließ gegen zweitausend greifen und einen nach dem anderen abschlachten, bis eine eigens dazu gemachte Grube mit ihrem Blut gefüllt war ..."[87] In „freier Wildnis" sozusagen lerne man den Schwarzen erst „als das brutale Vieh kennen, als welches er aus den Händen der Natur hervorgegangen"[88] sei. Die Schwarzen seien für den Zwang prädestiniert und für überhaupt nichts gut, wenn man sie sich selbst überlasse[89], der „Neger" sei „der geborene Sklave"[90]. Man müsse ihn mittels gesetzlichen Zwanges[91] erziehen „zur Arbeit und dadurch zur Gesittung"[92]. Seine besondere Muskelkraft könne nicht durch seine Faulheit vergeudet werden, sei doch der Schwarze auch „von Gott zur Roharbeit geschaffen"[93].
Peters bestätigt die Ansichten eines gewissen Dr. Dettker hinsichtlich der Sklavennatur des „Negers" und weiterer Merkmale: „Der „Herr" ist ihm so nötig wie dem Fisch das Wasser. Er ist absolut indifferent gegen fremdes Weh, ein unverbesserlicher Gewohnheitslügner[94]. ... An Intelligenz, besonders Auffassungsfähigkeit, steht er dem Europäer nicht nach; aber all seine Bildung wird stets Dressur bleiben. Er ist keineswegs eine „kindliche" Art, die wir zum „Mann" erziehen können, sondern hat sich nur in einer von uns entgegengesetzten Richtung entwickelt. Ich persönlich, über Dettker hinausgehend, halte ihn umgekehrt für im Stadium seniler Degeneration stehend."[95]

Viele Ansichten Peters' über die Schwarzen erinnern an Hegel, Stichwörter: Entwicklungsunfähigkeit, Brutalität, Unmenschlichkeit der Schwarzen; kulturelle Überlegenheit der Europäer/innen, Imperialismus. Peters könnte weiters anknüpfen an (spät)mittelalterliche Theorien von der Herkunft der Schwarzen. Es müßte eigens untersucht werden, wo Peters unmittelbar an jene früheren Überlegungen anschließt. Interessant wäre es ebenso, den Einfluß seiner Lehrer und jener Autoren zu untersuchen, die er studiert hatte. Leicht zu sehen ist aber allein anhand dessen, was ich angeführt habe, daß schon lange eine Diskussion in Gange war, in der Argumente gefallen sind, die bei einem Kolonialisten wie Carl Peters wieder ganz vehement auftauchen. Andere

---

[87] Ebd., 275.
[88] Ebd., 274.
[89] Siehe Peters: Die afrikanische Arbeiterfrage (1901), in: ders.: Gesammelte Schriften, Bd. 1, a. a. O., 413-419, hier 416.
[90] Peters: Gefechtsweise und Expeditionsführung in Afrika (1892), in: ders.: Gesammelte Schriften, a. a. O., 515-528, hier 520.
[91] Peters: Die afrikanische Arbeiterfrage, a. a. O., 418.
[92] Peters: Die Gründung von Deutsch-Ostafrika, a. a. O., 230.
[93] Peters: Die afrikanische Arbeiterfrage, a. a. O., 413. Vgl. dazu auch: ders: Das Deutsch-Ostafrikanische Schutzgebiet, München-Leipzig: R. Oldenbourg, 1985, 40-41; 401-408.
[94] „Er ist verlogen, diebisch, falsch und hinterlistig ..." (Peters: Gefechtsweise und Expeditionsführung in Afrika, a. a. O., 520.)
[95] Peters: Kolonialpolitik und Kolonialskandal (1907), in: ders.: Gesammelte Schriften, Bd. 1, a. a. O., 439-442, hier 441.

Argumente der vorherigen Diskussion fallen freilich unter den Tisch, wohl deshalb, weil sie überhaupt nicht in das Konzept Peters' passen.[96]

4. Ein kurzer Überblick über Kolonialismus und Kolonialpolitik in Afrika

Ich habe oben bereits versucht, Grundzüge kolonialistischen Denkens und kolonialistischer Praxis exemplarisch darzustellen, wobei die Beispiele primär auf den deutschsprachigen Raum beschränkt waren. Nun werde ich zuerst überblicksmäßig vor allem auf Argumente, Theorien und Weltanschauungen hinweisen, die im anglo- und frankophonen Bereich den Boden für den Kolonialismus ebneten, um danach zu den konkreten Ausformungen des Kolonialismus zu kommen.[97]

Was den frankophonen Bereich betrifft, so sei zunächst auf die entsprechende Diskussion zur Zeit der Aufklärung bei Voltaire, Rousseau und Condorcet verwiesen.[98] Vorweg sei festgehalten, daß summa summarum die Menschenbilder über Afrikaner/innen zur Zeit der Aufklärung in Frankreich geprägt waren von der Annahme einer allgemeinen Minderwertigkeit der Afrikaner/innen, sei sie erblich bedingt oder klimatisch, sei es, daß eine Besserung unbegrenzt möglich oder die Perfektibilität der Afrikaner/innen im Gegensatz zu jener der Europäer/innen prinzipiell eingeschränkt sei.[99]

Voltaire kommt nach Bitterli[100] das Verdienst zu, nicht nur vielleicht ein Dutzend Kulturen überblickt zu haben, sondern aus diesem Überblick eine kulturrelativistische Betrachtungsweise gewonnen und das Fremde in seinem Eigenwert erfaßt zu haben. Allerdings muß gleich hinzugefügt werden, daß dies vor allem für seine Einschätzung der Kultur Chinas galt und keineswegs für die Kulturen Afrikas. Die Beurteilung von „archaischen" Kulturen und Völkern, die er als „Wilde" bezeichnet, fällt ganz anders aus als die von „zivilisierten" Völkern wie den Chinesen. Da nämlich nach Voltaire die verschiedenen „Rassen" einen fest zugewiesenen Platz im Schöpfungsganzen haben und diese Schöpfung hierarchisch geordnet sei, befänden sich manche „Rassen" eben auf einem Niveau, das nahe dem der Tiere sei, und dies treffe besonders auf Schwarzafrikaner/innen zu. So bezeichnet er „den" Schwarzen als „schwarzes Tier mit Woll-

---

[96] Ich möchte schließlich darauf hinweisen, daß ich mir bewußt bin, daß meine Quellen (primär Selbstdarstellungen Peters') manche Fakten höchstwahrscheinlich beschönigen. Seine Selbstdarstellung gibt aber sein Menschenbild vermutlich besser wieder als jede Sekundärquelle.

[97] Allgemein zum Kolonialismus vgl. etwa Sheldon Gellar: The Colonial Era, in: Phyllis M. Martin, Patrick O'Meara (Hg.): Africa, Bloomington: Indiana University Press, ²1986, 122-140; Edmond J. Keller: Decolonization, Independence, and Beyond, in: Phyllis M. Martin, Patrick O'Meara (Hg.): Africa, Bloomington: Indiana University Press, ²1986, 141-156, hier 141-151.

[98] Ich halte mich dabei grundsätzlich an Bitterli: Die „Wilden" und die „Zivilisierten", a. a. O., 270-297. Allgemein zum Thema französischer Menschenbilder über Afrikaner/innen in der Zeit zwischen 1530 und 1880 siehe William B. Cohen: The French Encounter with Africans. White Response to Blacks, 1530-1880, Bloomington-London: Indiana University Press, 1980.

[99] Siehe Cohen: The French Encounter with Africans, a. a. O., v. a. 96-98.

[100] Bezüglich der Ausführungen über Voltaire siehe Bitterli: Die „Wilden" und die „Zivilisierten", a. a. O., 270-280.

haar auf dem Kopf"[101]; die meisten von ihnen befänden sich auf einem niedrigen Niveau von Dummheit und instinktiver Bestimmtheit. Sie selbst seien sich nicht einmal klar darüber, „ob sie von den Affen abstammten oder diese von ihnen"[102]. Die menschliche Gattung sei zwar insgesamt fähig zu einer, wenn auch langsam sich vollziehenden perfektionierenden Kulturentwicklung, dies allerdings innerhalb der Gegebenheiten der jeweiligen „Rassen". Ein Indiz für die Minderwertigkeit der Schwarzen und zugleich ein Hemmnis für ihre Entwicklung ist für Voltaire das Fehlen einer schriftlichen Überlieferung, wodurch diese Völker auch keine nennenswerte Geschichte haben könnten.

Jean-Jacques Rousseau[103] ist für den Kontakt mit den Bewohner/inne/n überseeischer Gebiete insofern bedeutend, als er, nicht ganz absichtlich zwar, eine „schwärmerische Bewunderung alles Exotischen"[104] auslöste und das Positive an Kulturen betonte, die in Übersee beheimatet waren und in den Augen der Europäer/innen nicht die Komplexität der abendländischen Kulturen aufzuweisen hatten. So konnten auch afrikanische Kulturen, die als evolutionär rückständig aufgefaßt wurden, in ihrer Nähe zum menschheitsgeschichtlichen Idealzustand, der auf den „homme naturel" gefolgt war, aufgewertet werden.

Die Anthropologie des Marquis de Condorcet[105] wiederum ist von einem Fortschrittsoptimismus gekennzeichnet, wonach sich menschliches Glück in der Entfaltung der menschlichen Möglichkeiten wie von selbst einstelle und technischer und wissenschaftlicher Fortschritt notwendigerweise auch Moral und Sitten der Völker verbessere. Triebkraft des Fortschrittes aber sei die Vernunft. In mehreren Stufen habe sich die Menschheit entwickelt, mit dem vorläufigen Höhepunkt in der Epoche der Französischen Revolution. In dieser Fortschrittskonzeption, in der die eigene Kultur von Condorcet als die zur Zeit höchste und beste bewertet wird und in der gleichzeitig die unbegrenzte Perfektibilität der Menschheit postuliert wird, treten etwa „primitive" afrikanische Kulturen als ideale Objekte auf, um sie geradezu aus Humanität auf den zivilisatorischen und kulturellen Stand zu führen, den man als den höchsten erkannt hat. Condorcet lehnt die zu seiner Zeit bestehende Art des Kolonialismus ab und tritt entschieden gegen die Sklaverei ein, da der praktizierte Kolonialismus und der Sklav/inn/en-handel dem Stand der französischen Kultur nicht entsprächen. Gleichwohl seien die Völker in Übersee unterentwickelt und noch vielfach weit entfernt von den Leistungen Frankreichs zur Zeit der Wende vom 18. zum 19. Jahrhundert. Er argumentiert ganz im Sinne eines Dekretes der Französischen Revolution, in dem der Nationalkonvent die Sklaverei der Schwarzen für abgeschafft erklärt und alle in den französischen Kolonien wohnenden Menschen zu französischen Bürger/inne/n

---

[101] Zit. n. ebd., 274.
[102] Ebd., 275.
[103] Bezüglich der Ausführungen über Rousseau halte ich mich, falls nicht anders angegeben, an ebd., 280-288 und 236-238.
[104] Ebd., 288.
[105] Ich stütze mich auf ebd., 289-297.

macht.[106] Sowohl Condorcet als auch die von ihm so hoch geschätzte Französische Revolution zögern nicht, den in ihrem Land vorhandenen Standard, ohne zu fragen auf andere Völker zu übertragen oder, wertend formuliert, ihnen überzustülpen. Condorcet und der Nationalkonvent treten nicht für das unumschränkte Selbstbestimmungsrecht aller Völker ein, sondern setzen stillschweigend voraus, daß alle Völker unter derselben politischen Ordnung leben wollen wie die Franzosen/Französinnen. Es tritt hier ein zivilisatorisches Sendungsbewußtsein auf mit einer Bevormundung der „unzivilisierten Völker", ganz nach dem Muster der Beziehung zwischen Eltern und Kindern. Wie sich weiter unten zeigen wird, war die offizielle Kolonialdoktrin Frankreichs zunächst den Gedanken Condorcets sehr ähnlich. Allerdings war etwa in der zweiten Hälfte des 19. Jahrhunderts der Einfluß jener Gelehrten sehr groß, die die naturgegebene Inferiorität der Schwarzen annahmen, eine Ansicht, die Arthur de Gobineau[107] bereits in seinem erstmals 1853 erschienenen Werk über die „Ungleichheit der menschlichen Rassen" mit biologistischen Argumenten zu stützen versucht hatte. Darin nun sahen jene Gelehrten naturgemäß ein gewaltiges Hindernis in der Perfektibilität jener „Rasse". Im „Grand dictionnaire universel du XIX siècle", 1874 von Larousse herausgegeben, behauptete man, daß die Schwarzen dem Orangutan fast gleich nahe stünden als den Weißen, und schrieb sich selbst die Verantwortung zu, jenen intellektuell Zurückgebliebenen zu helfen und sie zu beschützen. Dieses Lexikon bzw. eine Kurzfassung davon war noch im 20. Jahrhundert gebräuchlich.[108] Im Bereich der Psychologie trat Gustave Le Bon gegen Ende des 19. Jahrhunderts mit der Überzeugung auf, daß keineswegs alle Menschen gleich geschaffen seien und die Erziehung die Unterschiede niemals wettmachen könnte. In diesem Sinne wäre das Unternehmen zum Scheitern verurteilt, die kolonialisierten Völker über Erziehung auf den Stand Frankreichs bringen zu wollen.[109] Ähnlich argumentierte wenig später Léopold de Saussure, indem er von unveränderlichen und vererbten Unterschieden der mentalen Beschaffenheit zwischen Weißen und Schwarzen sprach, oder in den 20er Jahren des 20. Jahrhunderts Lucien Lévy-Bruhl mit seiner Theorie über die Eigenart des primitiven Denkens bzw. der geistigen und intellektuellen Fähigkeiten primitiven Völker, wobei diese Eigenarten seiner Meinung nach vererbt und unveränderlich seien.[110] Ganz in diesem Sinn ging man von der Politik der Assimilation zur Assoziation über (siehe weiter unten).

Bezüglich der Denkmuster und Ideen, die in Großbritannien den Kolonialismus begünstigten, sei zunächst auf den - übrigens politisch aktiven - Philosophen David Hume aus dem 18. Jahrhundert verwiesen (er war unter anderem Verwalter des britischen Kolonialamtes). Im Streit zwischen Monogenist/inn/en und Polygenist/inn/en

---

[106] Siehe das Dekret des Nationalkonvents über die Abschaffung der Negerklaverei in den Kolonien vom 4. 2. 1794, in: Walter Grab (Hg.): Die Französische Revolution. Eine Dokumentation, München: Nymphenburger Verlagshandlung, 1973, 222.
[107] Siehe Cohen: The French Encounter with Africans, a. a. O., 217-218.
[108] Siehe Janet G. Vaillant: Black, French, and African. A Life of Léopold Sédar Senghor, London-Cambridge, Mass.: Harvard University Press, 1990, 49-50.
[109] Siehe ebd., 50-51.
[110] Siehe ebd., 51.

schlug er sich auf die Seite jener, die annahmen, daß die verschiedenen menschlichen „Rassen" gesonderte biologische Arten seien und keinen gemeinsamen Ursprung aufwiesen, wie es die Monogenist/inn/en behaupteten.[111] Darüber hinaus vertrat er die Ansicht, daß die Schwarzen wie auch alle anderen „Rassen" den Weißen von Natur aus unterlegen seien, was freilich nicht ihre Versklavung legitimiere.[112] Die Schwarzen hätten nirgendwo beachtenswerte Kulturleistungen hervorgebracht, selbst bei Schwarzen, die in Europa lebten, habe man nie Symptome von Einfallsreichtum entdeckt.[113] Besonders einflußreich war später der Darwinismus. Ohne daß man Charles Darwin selber die ideologische Verwertung seiner Theorie anlasten muß, diente, neben späteren Werken aus seiner Feder, seine 1859 erschienene Arbeit „On the Origin of Species by Means of Natural Selection, or the Preservation of Favoured Races in the Struggle for Life" vielen als Legitimation des Kolonialismus. Als Kernstück seiner Abhandlung erscheint ein Ausleseprozeß und ein Formenwandel hin zu immer besser angepaßten Lebewesen, mithin die Evolution zu immer überlebensfähigeren Arten. Resultat des „struggle for existence" ist das „survival of the fittest" (Herbert Spencer).[114] Der Wettstreit zwischen verschiedenen Lebewesen um möglichst weite Verbreitung zur Sicherung ihrer Art ist kontextuell zu betrachten. In einem bestimmten Lebensraum setzen sich bestimmte Lebewesen gegenüber anderen durch. Aus dem Wettstreit der dort vorhandenen Arten gehen sie als die Stärkeren hervor. Nun ist es aber möglich, daß sich dieser Kontext insofern verändert, als Lebewesen, die sich in anderen Räumen durchgesetzt haben, in neue Gebiete vorstoßen und sich gegenüber den dort dominanten Lebewesen als überlegen erweisen. Was in relativer Isolation eine Vormachtstellung einnehmen konnte, kann durch das Auftauchen neuer Arten aus anderen Regionen plötzlich zweitrangig werden. In diesem so modifizierten Kontext müssen sie den besser Angepaßten weichen.[115] Vor allem der letzte Punkt im Verein mit einem evolutionären Fortschrittsglauben sowie in der Verbindung mit der Überzeugung, daß die britische Kultur in der evolutionären Leiter am weitesten hochgeklettert sei, legitimierte den Kolonialismus wie von selbst. Es liegt eben in der Natur der Sache (im wörtlichen Sinn zu verstehen), daß die Besseren die Unfähigen beherrschen und verdrängen.

---

[111] Zum Monogenismus und Polygenismus siehe etwa Stephen Jay Gould: Der falsch vermessene Mensch, Frankfurt am Main: Suhrkamp, ²1994 (engl. Orig. 1981), 35-38. Zu den einschlägigen Meinungen Humes siehe ebd., 37.
[112] Siehe Gould: Der falsch vermessene Mensch, a. a. O., 37; Eugene F. Miller, in: David Hume: Of National Characters, in: Essays. Moral, Political, and Literary, hg., Vorw., Fußnoten u. Glossar von Eugene F. Miller, Indianapolis: Liberty Classics, 1985, 197-215, hier 208, Fußnote 10.
[113] Siehe David Hume: Of National Characters, in: Essays. Moral, Political, and Literary, hg., Vorw., Fußnoten u. Glossar von Eugene F. Miller, Indianapolis: Liberty Classics, 1985, 197-215, hier 208, Fußnote 10.
[114] Vgl. Günter Altner: Darwin, seine Theorie und ihr Zustandekommen, in: ders. (Hg.): Der Darwinismus. Die Geschichte einer Theorie, Darmstadt: Wissenschaftliche Buchgesellschaft, 1981, 5-8, hier 6-7; Hansjoachim W. Koch: Der Sozialdarwinismus. Seine Genese und sein Einfluß auf das imperialistische Denken, München: C. H. Beck, 1973, v. a. 50-73 u. 87-99. In zusammengefaßter Weise ist Darwins Argumentation im letzten Kapitel seines „Origin of Species" nachzulesen (Charles Darwin: Recapitulation of the Arguments Pro and Contra Natural Selection (Orig. 1859), in: Günter Altner (Hg.): Der Darwinismus. Die Geschichte einer Theorie, Darmstadt: Wissenschaftliche Buchgesellschaft, 1981, 27-51).
[115] Siehe Darwin: Recapitulation of the Arguments Pro and Contra Natural Selection , a. a. O., 37.

Selbst Moralvorstellungen können bzw. sollten dieses Naturgesetz nicht aufheben. In der Interpretation von Cecil Rhodes klang der Sozialdarwinismus, zu dem sich der Rassismus gesellt hatte, nun so: „Ich behaupte, daß wir die erste Rasse in dieser Welt sind, und je mehr wir von dieser Welt beherrschen, um so besser ist es für die ganze menschliche Rasse. ... Die Vergrößerung des britischen Imperiums ist das Ziel unseres Strebens, die Unterwerfung der ganzen unzivilisierten Welt unter die britische Herrschaft..."[116] Derartige bzw. ähnliche sozialdarwinistische und rassistische Gedanken waren nicht auf einzelne Extremist/inn/en beschränkt, sondern weitverbreitete Meinung der Zeit, gerade auch unter führenden Persönlichkeiten.[117]

An den Schluß der Erörterung kolonialistischen Denkens in Großbritannien möchte ich einen Vers stellen, der die Überlegenheitsideologie, das Sendungsbewußtsein sowie allgemeine Aspekte des kolonialistischen Menschenbildes deutlich hervorkehrt: „Nehmt auf euch des Weißen Mannes Bürde - / schickt die Besten, die ihr aufzieht, hinaus. / Auf, gebt eure Söhne in die Verbannung, / der Notdurft eurer Gefangenen zu dienen. / Laßt sie schwer gerüstet wachen / über eine Menge, wankelmütig und wild - / eure frisch eingefangenen, tückischen Völkerschaften, / die halb noch Kinder sind, halb Teufel."[118]

Während Kolonialisierung in unterschiedlichen Ausprägungen ein jahrtausendealtes Phänomen in der Weltgeschichte ist und vor allem ab dem 15. Jahrhundert eine zunehmende Verbreitung erfuhr[119], nahm die Kolonialisierung Afrikas in der zweiten Hälfte des 19. Jahrhunderts wiederum spezifische Formen an. Staaten traten zur Kolonialisierung an, deren relativ professionalisierte und spezialisierte „Apparate" ein hohes Maß an Kontrolle über ihre Bürger/innen auszuüben in der Lage waren und die sich auf eine legal-rationale Ordnung berufen konnten; zugleich hatten ihre Bürger einen Status mit Partizipationsrechten erlangt, der sie markant von den kolonisierten bzw. zu kolonisierenden Menschen als eindeutig bevorrechtete unterschied.[120] Die nationale bzw. nationalistische Färbung der kolonisierenden Staaten begünstigte die Identifikation großer Teile der Bevölkerung mit den Kolonialisierungsbestrebungen ihrer Regierungen bzw. einflußreicher Persönlichkeiten[121] (für die eigene Nation und nicht nur für einzelne kleine Segmente der Gesellschaft wird offiziell der Einfluß- oder Herrschaftsbereich des Staates erweitert - eingeschränkt wurde diese Ideologie sicherlich durch die teilweise erfolgte Übertragung der Kolonialisierung an private Firmen mit umfangreichen Rechten, insbesondere am Anfang der Kolonialisierung[122]). Ein wichtiger Faktor war weiters die Verbesserung insbesondere der Kriegs- , Verkehrs-

---

[116] Cecil Rhodes, zit. n. Koch: Der Sozialdarwinismus, a. a. O., 91.
[117] Siehe Koch: Der Sozialdarwinismus, a. a. O., 94.
[118] Rudyard Kipling (engl. Orig. 1897-1898), zit. n. Henning Melber: Der Weißheit letzter Schluß. Rassismus und kolonialer Blick, Frankfurt am Main: Brandes und Apsel, 1992, 16.
[119] Ich möchte hier nicht weiter auf Spezifika früher Kolonialisierungen eingehen, sondern nur verweisen etwa auf Crawford Young: The African Colonial State in Comparative Perspective, New Haven-London: Yale University Press, 1994, 45-70.
[120] Siehe ebd., 73-74.
[121] Siehe ebd., 74.
[122] Siehe ebd., 103-105.

und Kommunikationstechnologien (etwa effizientere und günstigere Waffen, Dampfschiffe, Eisenbahn, interkontinentale Telegraphie) sowie die zunehmende Beherrschung bestimmter Krankheiten (insbesondere Malaria), die die Unterwerfung in vielen Fällen erst ermöglichten und die Kolonialisierung wirtschaftlich attraktiv machten.[123] Zur schon länger bestehenden Herrschaftsideologie gesellte sich nun die Ausweitung der Möglichkeiten, diese Ideologie in die Praxis umzusetzen und zugleich eine Untermauerung jener Ideologie in Form von Theorien, die in der Wissenschaft entwickelt wurden (etwa des Evolutionismus vor, bei und nach Darwin[124]), bzw. ein Fortschrittsglaube, der die Kolonialisierenden an der Spitze der Entwicklung ortete.[125] Man sprach von der „Bürde des weißen Mannes", die „primitiven" Völker zu „zivilisieren" sowie sie gewaltsam vor einheimischen Despoten schützen zu müssen.[126]

Ohne auf den europäischen Wettlauf um Afrika hier näher eingehen zu müssen, sei doch darauf verwiesen, daß das Afrika südlich der Sahara vor dem Ersten Weltkrieg klar in einzelne Kolonialreiche unterteilt war - ausgenommen Äthiopien und Liberia -, nach dem Muster, das sich schon um 1890 entwickelt hatte, wobei die Berliner Kongo-Konferenz (November 1884 bis Februar 1885) unter Bismarck eine zentrale Stellung in dieser Aufteilung einnimmt. Vielfach zog man die Grenzen ohne das Wissen um oder die Rücksicht auf einheimische territoriale Einheiten, sodaß nicht nur unterschiedliche Völker in einem Reich zusammengefaßt, sondern zugleich Völker oder Volksgruppen in mehrere Territorien aufgesplittert und Handels- bzw. Wirtschaftsverbindungen durchbrochen wurden[127]. Nach dem Ersten Weltkrieg verlor Deutschland seine Kolonien, welche unter England, Belgien und Frankreich aufgeteilt wurden.[128]
Was für den Zusammenhang meiner Arbeit wichtiger ist als eine detaillierte Beschreibung der Aufteilung Afrikas, ist eine Untersuchung der Art und Weise, wie die europäischen Mächte zu „ihren" Kolonien kamen, sowie eine Analyse der Politik der Kolonialländer. Ich werde mich hier hauptsächlich auf Züge des Kolonialismus konzentrieren, die sich im wesentlichen bei allen Kolonialmächten fanden; auf Differenzen werde ich im nächsten Kapitel zu sprechen kommen, um dort die Unterschiede der Re-

---

[123] Siehe ebd., 74-75.
[124] Zu denken ist in diesem Zusammenhang auch an die Ethnologie, etwa in ihrer evolutionistischen Ausprägung. (Siehe dazu V. Gordon Childe: Die Evolutionstheorie in der Ethnographie (engl. Orig. 1951), in: Günter Altner (Hg.): Der Darwinismus. Die Geschichte einer Theorie, Darmstadt: Wissenschaftliche Buchgesellschaft, 1981, 303-317.)
[125] Siehe Young: The African Colonial State in Comparative Perspective, a. a. O., 75. Einige Beispiele des Kolonialismus im Sub-Sahara-Afrika beschreibt in sehr bildhafter Weise Loth: Propheten - Partisanen - Präsidenten, a. a. O., v. a. 7-129. Seine Ausführungen sind aus dezidiert kommunistischer Perspektive verfaßt.
[126] Siehe etwa Osterhammel: Kolonialismus, a. a. O., 20; 50-51.
[127] Siehe etwa auch Donald L. Gordon: African Politics, in: April A. Gordon, Donald L. Gordon: Understanding Contemporary Africa, Boulder-London: Lynne Rienner Publishers, 1992, 51-85, hier 53.
[128] Siehe z. B. Bertaux: Afrika, a. a. O., v. a. 174-257. Einen guten visuellen Überblick über die europäische Aufteilung Afrikas in den Jahren 1914 und 1939 geben z. B. die Karten 16, S. 252 und 17, S. 278 bei Bertaux, ebd.

aktionen auf den Kolonialismus etwa zwischen Bewohner/inne/n britischer und belgischer Kolonien verständlich zu machen.[129]

Um einen effektiven Anspruch auf afrikanische Territorien erheben zu können, war es zum einen notwendig, daß einheimische Autoritäten die Vorherrschaft der Europäer/innen anerkannten, was zum Teil mit militärischer Gewalt erreicht, zum Teil durch den Abschluß von (sehr einseitigen) Verträgen (vgl. oben, Carl Peters) besiegelt wurde. Bezeichnenderweise reichte dies jedoch keineswegs aus, dazukommen mußte die Anerkennung der neuen „Besitzungen" durch die Konkurrenz, die anderen Kolonialmächte nämlich.[130] Hier wird es überaus deutlich, wie sehr sich die europäischen Staaten als Herren über Afrika empfanden.

Der Weg der Anerkennung der Vorherrschaft durch die einheimischen Führer mittels Verträgen war nicht nur für die Kolonialist/inn/en vorteilhafter als der Kampf (des Aufwandes wegen), sondern wurde häufig auch von indigenen Oberhäuptern präferiert, teilweise wohl deshalb, weil der Widerstand aussichtslos schien, jedoch ebenso, um in den Europäer/inne/n Verbündete gegen alte einheimische Feinde zu finden; zum Teil fielen sie aber einfach den Täuschungen und dem Betrug der Europäer/innen zum Opfer.[131] Häufig veränderten die Kolonialist/inn/en ihre Interpretation der Verträge. War zunächst von „Schutzverträgen" die Rede, die grundsätzlich keinen Eingriff in die Souveränität des Herrschers implizierten, so änderte man bei Bedarf die Bedeutung von „Schutz": Da man das Beste und damit den Fortschritt und das Wohlergehen für die zu Beschützenden wolle, dieser Fortschritt unter gewissen einheimischen Herrschern aber nicht möglich sei, würde man zum Schutz der Einheimischen vor Stagnation selbst geeignete Herrscher einsetzen (zum Teil unter dem zusätzlichen Vorwand, daß man das Ganze der Kolonie im Auge habe, einzelne Herrscher aber nur an ihre Interessen oder die ihres Volkes dächten).[132]

Gemeinsam war der Politik der jeweiligen Kolonialmächte ihre rassistische Grundlage von der prinzipiellen Überlegenheit der Weißen über die Schwarzen und ihr Ziel, aus Afrika Nutzen zu ziehen, was gewöhnlich nichts anderes hieß, als afrikanische Ressourcen der unterschiedlichsten Art, von Bodenschätzen bis zu afrikanischen Soldaten in europäischen Kriegen, auszubeuten bzw. Afrikaner/innen für Europäer/innen arbeiten zu lassen, sei es unmittelbar auf den angemaßten Besitzungen der Weißen oder mittelbar über die Einhebung von Steuern.[133] Die Afrikaner/innen waren „die Anderen" (und das meinte konkret: die Minderwertigen), sodaß in Afrika europäische Rechte nicht unbedingt angewandt werden mußten und man es jedenfalls versuchen konnte, die Afrikaner/innen als Objekte im Sinne des Kolonialismus zu funktionalisieren.[134] Dabei besagte die herrschende Ideologie der Kolonialländer, daß der

---

[129] Viele Punkte, die ich im folgenden erwähnen werde, sowie einige weitere Aspekte des Kolonialismus sind am Beispiel Ghanas dargestellt in: Nukunya: Tradition and Change in Ghana, a. a. O., 1992.
[130] Siehe Young: The African Colonial State in Comparative Perspective, a. a. O., 90.
[131] Siehe ebd., 90-91.
[132] Siehe ebd., 91.
[133] Siehe etwa Basil Davidson: Modern Africa, London-New York: Longman, ^{3}1984 (^{1}1983), u. a. 3-18.
[134] Vgl. z. B. Young: The African Colonial State in Comparative Perspective, a. a. O., 75.

Kolonialismus ohnehin den Afrikaner/inne/n zugute käme, indem man ihnen, den „wilden", primitiven Kindern[135], kulturellen und sozialen Fortschritt bringe; freilich müsse man zu diesem Zweck wie gute Eltern sowohl mit Zuneigung als auch mit Strenge vorgehen. Als bereits erste Anzeichen auftauchten, daß sich der Kolonialstatus nicht dauernd halten ließe, vertröstete man die Afrikaner/innen damit, daß sie eines Tages das Selbstbestimmungsrecht doch erhalten würden, man müsse aber noch warten, bis sie so weit seien und ihre Lektionen gelernt hätten, um selbständig sein zu können (erwachsen zu sein).[136] Bezeichnenderweise allerdings richteten sich die Legitimationsstrategien der Kolonialist/inn/en primär an die Europäer/innen in Europa; ihnen gegenüber versuchte man den Kolonialismus zu rechtfertigen, nicht gegenüber den Kolonialisierten.[137] (Wozu soll man sich auch mit trotzigen Kindern über das für sie Beste streiten?) Das heißt jedoch nicht, daß es nicht bald auch eine gewisse Zahl von Afrikaner/inne/n, besonders innerhalb der Bildungselite, gab, die den Kolonialismus als gerechtfertig einstuften.[138]

In den sogenannten Siedler/innen/kolonien, wo sich Weiße zu großer Zahl niederließen, aber auch in den übrigen Kolonien wurden Afrikaner/innen gezwungen, für die Weißen zu arbeiten[139], etwa an landwirtschaftlichen Anlagen oder beim Bau von Verkehrswegen, wobei nicht wenige aufgrund der schlechten Arbeitsbedingungen ihren Tod fanden, zu schweigen von psychischen und sozialen Kosten, die derartige Zwangsarbeit verursacht. Besonders „pervers" mag die Situation dort gewesen sein, wo etwa wie in Kenia die fruchtbarsten Gebiete von der Kolonialverwaltung an Weiße vergeben wurden und die dort lebenden Afrikaner/innen bzw. ihre Gemeinschaften enteignet wurden, wo sie jedoch daraufhin als Zwangsarbeiter/innen auf ihrem eigenen Land eingesetzt wurden.[140] Zum Teil war die Zwangsarbeit eine verdeckte, nämlich in Form der Einhebung von Steuern (sehr bald in Form von Geld und nicht Naturalien), um den Kolonialismus zu finanzieren[141], wobei sich die Situation dort noch verschärfte, wo relativ hohe Steuern eingehoben wurden und zugleich die Afrikaner/innen keine Cash Crops auf dem eigenen Land anbauen durften. Der einzige Ausweg, um die Steuern dennoch in ganzer Höhe bezahlen zu können, war für viele die Arbeit an europäischen Besitzungen. Damit wurde zwangsweise Lohnarbeit eingeführt, und durch die Abwanderung, die vielfach damit verbunden war, wurden afrikanische Gemeinschaften

---

[135] Siehe ebd., 224.
[136] Siehe ebd., 165-171.
[137] Siehe Henry S. Wilson: African Decolonization, New York u. a.: Edward Arnold, 1994, 18.
[138] Siehe ebd., 19.
[139] Vgl. auch Bill Freund: The Making of Contemporary Africa. The Development of African Society since 1800, London-Basingstoke: Macmillan, 1984, 114-116. Zwang (Zwangsarbeit, Zwangsbesteuerung, Zwangsbepflanzungen) erlebte in den meisten Gebieten Afrikas in den 1900er und 1910er Jahren seinen Höhepunkt. (Siehe ebd., 115.) In vielen französischen Gebieten dürfte sie auch danach noch weit verbreitet gewesen sein. (Hierzu und allgemein zur Zwangsarbeit in den französischen Kolonien siehe Suret-Canale: French Colonialism in Tropical Africa, a. a. O., v. a. 244-255.) Zur Zwangsarbeit siehe auch Young: The African Colonial State in Comparative Perspective, a. a. O., 129-132 u. 173-176.
[140] Siehe z. B. Davidson: Modern Africa, a. a. O., 11-14.
[141] Zu den Steuern siehe auch Young: The African Colonial State in Comparative Perspective, a. a. O., 126-129 u. 171-173.

weiter destabilisiert.[142] Durch die oft notwendige Migration der Arbeit wegen entstand in der Form von Wanderarbeiter/inne/n[143] eine neue Art von Werktätigen, welche sich weder am Ort der Arbeit niederlassen konnten, noch in ihrer Heimat voll integriert blieben. Sie hatten ihr Feld verlassen und konnten dennoch nicht richtig in das moderne Leben eintauchen, da man sie nur als niedrig bezahlte Arbeiter/innen zuließ und ihnen den Zugang zu den besseren Arbeitsplätzen und den Annehmlichkeiten moderner Lebensweisen großteils verwehrte. Ein effizienter Kampf dagegen war in der Regel unter anderem deshalb nicht möglich, weil keine Arbeiterklasse mit wirksamen Kampfinstrumenten zur Durchsetzung ihrer Rechte entstanden war. Die Einführung von Lohnarbeit brachte gemeinsam mit anderen Faktoren des Kolonialsystems zum Teil tiefgreifende Veränderungen bei der Arbeit und in der Lebensweise sowie gesellschaftlichen Organisation mit sich.[144] Traditionelle Autoritäten sowie Statusstrukturen konnten durch die Wanderarbeiter/innen zum eigenen Vorteil umgangen werden, mit Hilfe des verdienten Geldes konnten sich manche eine soziale Position erarbeiten, die ihnen traditionell nicht zugestanden wäre; andererseits waren die Einkommen häufig so gering und die zu verrichtenden Arbeiten mit so wenig Prestige verbunden, sodaß ein sozialer Aufstieg durch Lohnarbeit zumeist unterbunden wurde.[145]

In manchen Regionen, insbesondere im britischen sowie in Teilen des französischen Westafrika, durften afrikanische Landwirt/-e/-innen Cash Crops auch für den Export erzeugen. Dabei konnten die Menschen zwar in ihren angestammten Gebieten bleiben und Vorteile aus der möglichen Einbindung in das Weltwirtschaftssystem im Sinne erhöhter Geldeinkommen schöpfen. Andererseits entstand dadurch ein hohes Maß an Abhängigkeit, zumal die Preise für ihre Produkte von den Europäer/inne/n sehr niedrig gehalten wurden.[146] Zudem war ein Teil des Erlöses notwendig, um die Steuern bezahlen zu können, wobei die Steuern in erster Linie zur Finanzierung des sie entrechtenden Kolonialismus eingehoben wurden.[147] Viel mehr als die eigentlichen Produzent/inn/en profitierten die ausländischen Firmen von der möglichst großen Handelsspanne. Die Gewinne der ausländischen Firmen wiederum stellten einen realen Abfluß von Vermögen aus Afrika nach Europa oder Amerika dar, weil die Gewinne zu einem großen Teil nicht wieder in Afrika, sondern in Europa oder Amerika investiert oder angelegt wurden. Zusätzlich hatten die afrikanischen Landwirt/-e/-innen mit hohen Produktionskosten zu kämpfen, Kosten, die oft wegen der niedrigen Preise die Gewinne aus dem Verkauf überwogen. Die Orientierung nach Exporterlösen brachte bereits in den 30er Jahren Nahrungsmittelknappheit für die ansässige Bevölkerung mit sich.

---

[142] Siehe Davidson: Modern Africa, a. a. O., 14-15.
[143] Zu den Wanderarbeiter/inne/n in den französischen Kolonialländern siehe Suret-Canale: French Colonialism in Tropical Africa, a. a. O., 244-255.
[144] Siehe Davidson: Modern Africa, a. a. O., 24-26.
[145] Vgl. Freund: The Making of Contemporary Africa, a. a. O., 134-135.
[146] Vgl. auch Siddle; Swindell: Rural Change in Tropical Africa, a. a. O., 145.
[147] Siehe auch Young: The African Colonial State in Comparative Perspective, a. a. O., 126.

Statt genügend für den Eigenbedarf zu erzeugen, bediente man den Weltmarkt, ein Muster, das sich bis heute fortsetzt.[148]

Die Einhebung von Steuern trug direkt und indirekt maßgeblich dazu bei, eine neue Form des Wirtschaftens, und zwar im Sinne des Kapitalismus, zu verbreiten[149], und die Arbeit so einzusetzen, daß man nicht mehr primär sich selbst bzw. die Gemeinschaft, der man unmittelbar angehörte, versorgen konnte, sondern gewissermaßen einen Überschuß produzierte, der freilich in vielen Fällen mehrheitlich nicht zur eigenen Disposition stand, da er über die Steuern enteignet wurde (insbesondere in den ersten Jahrzehnten des Kolonialismus hatte ein großer Teil der Steuerzahler/innen überhaupt keinen Nutzen von der Form, wie die Steuern eingesetzt wurden).[150] Die Steuern hatten zudem die Wirkung einer forcierten Verbreitung des Geldsystems bzw. der Geldwirtschaft.[151]

Die Kolonialländer benötigten Vermittler/innen zwischen den Kolonialist/inn/en und den kolonialisierten Afrikaner/inne/n (nicht zuletzt, um die vorher erwähnten Steuern einzutreiben[152]). Auf politischer Ebene waren dies in der Regel Einheimische, die über eine gewisse Autorität im eigenen Volk verfügten (womöglich einen traditionellen Führungsanspruch behaupten konnten) und bereit waren, sich unter die Oberhoheit der kolonialen Führung zu stellen.[153] Die bekannteste Erscheinung dieser Herrschaftsstrategie war die „indirect rule", die Lord Lugard 1919 theoretisch fundierte, ähnliche Formen waren aber schon vorher und ebenso bei den anderen Kolonialmächten zu finden, wobei die Franzosen/Französinnen im allgemeinen eine klarere Unterordnung unter ihr „Kommando" einforderten als die Brit/inn/en.[154] Da es oft mehrere Leute gab, die sich als Führer in den Dienst der Kolonialbehörden stellen wollten, konnten die Kolonialist/inn/en, diese Rivalitäten für sich nutzend, die kooperativsten unter ihnen auswählen.[155] (Was die Zusammenarbeit mit den Kolonialist/inn/en bedeuten konnte, darauf komme ich im nächsten Kapitel zu sprechen.)

Zusammenarbeitswillige fanden die Kolonialverwaltungen gerade auch unter den Missionierten bzw. zum Christentum Bekehrten, weshalb die Mission vielfach eine Mitspielerin des Kolonialismus war, bzw. auch umgekehrt: der Kolonialismus unterstützte die Mission.[156] Ein deutscher Missionswissenschaftler brachte 1913 seine Sicht des Verhältnisses zwischen Kolonisation und Missionierung damit auf den Punkt, daß er den Satz, „Kolonisieren ist Missionieren", umdrehte zu: „Missionieren ist Kolonisie-

---

[148] Vgl. Davidson: Modern Africa, a. a. O., 15-16.
[149] Vgl. Young: The African Colonial State in Comparative Perspective, a. a. O., 127.
[150] Vgl. ebd., 127-128.
[151] Siehe z. B. Suret-Canale: French Colonialism in Tropical Africa, a. a. O., 59.
[152] Siehe Young: The African Colonial State in Comparative Perspective, a. a. O., 128-129.
[153] Siehe dazu ebd., 107-109.
[154] Siehe ebd., 107-108 u. 149-153; Suret-Canale: French Colonialism in Tropical Africa, a. a. O., 79-83; 322-327; siehe auch Osterhammel: Kolonialismus, a. a. O., 55-56.
[155] Siehe Young: The African Colonial State in Comparative Perspective, a. a. O., 107.
[156] Zur Bedeutung der Mission siehe etwa ebd., 109-110 u. 156-157.

ren".[157] Dabei sind manche Spannungen zwischen Missionar/inn/en und Kolonisator/inn/en nicht außer Acht zu lassen, wenn etwa Missionar/-e/-innen gegen Greueltaten der Kolonialist/inn/en protestierten oder es etwa die britischen Kolonialist/innen im Sudan als vorteilhafter erachteten, eher mit bestimmten islamischen Führern zusammenzuarbeiten als die Afrikaner/innen bekehren zu lassen; der Islam bedeutete in diesem Fall zwar eine Bedrohung des Kolonialismus, man konnte aus ihm aber auch seine Vorteile ziehen, insofern man Rivalitäten zwischen islamischen Gruppen oder bestehende Ordnungen für eigene Zwecke funktionalisierte.[158] Die Missionierung jedenfalls implizierte meist den Versuch, zentrale Momente der Kultur und Lebensweise der Afrikaner/innen zu verändern, zum Teil in Richtung westlicher Kultur, ausgenommen freilich säkulare oder agnostische Tendenzen des Westens. Das Christentum wurde sozusagen als Gesamtpaket bzw. in einem „ready-made"[159]-Zustand geliefert, als Paket, in dem sich nicht nur ein Christentum befand, das in seiner jeweiligen konfessionellen Ausprägung als beinahe unveränderlich angesehen wurde (man sah sich ja im Besitz der Wahrheit), sondern das eben auch eine umfangreiche Auswahl von „Bestandteilen" westlicher Kulturen enthielt, angefangen bei den Namen, über die Art, sich zu kleiden, Gesängen etc. bis hin zu Werten, die die Lebensweisen überhaupt bestimmten. Man weigerte sich, das Christentum zu domestizieren, das heißt, den afrikanischen Kulturen anzupassen. Man verlangte im Gegenteil die möglichst vollständige Übernahme christlichen Glaubens und christlich-westlicher Kultur durch die Afrikaner/innen, gewissermaßen ihre Domestizierung. Freilich, diese Haltung der Missionar/-e/-innen kann kaum überraschen, wenn man die im allgemeinen abwertende Haltung der meisten Missionar/-e/-innen gegenüber afrikanischen Kulturen bedenkt.[160] Meist war die Einrichtung einer Schule wesentlicher Bestandteil der Missionierung.[161] (Zur Bedeutung der Schulen siehe weiter unten!) Insbesondere wo sich die einheimischen Herrscher/innen bzw. die traditionellen Führer/innen der Mission widersetzten, aber auch in den übrigen Fällen, bedeutete die Missionierung eine Beunruhigung oder Unterminierung gesellschaftlicher Ordnungen, insofern etwa die nunmehrigen afrikanischen Christ/inn/en die Herrscher/innen nicht mehr als göttlich legitimiert einstuften und Hierarchien in Frage stellten, gesellschaftlich relevante Rituale nicht mehr befolg-

---

[157] J. Schmidlin, zit. n. Bernhard Mirtschink: Zur Problematik der historischen Rolle christlicher Mission im Kontext kolonialer Gesellschaft, in: Werner Pfennig, Klaus Voll, Helmut Weber (Hg.): Entwicklungsmodell Tansania: Sozialismus in Afrika. Geschichte, Ökonomie, Politik, Erziehung, Frankfurt-New York: Campus, 1980, 119-132, hier 128.
[158] Siehe Young: The African Colonial State in Comparative Perspective, a. a. O., 110-113.
[159] A. B. T. Byaruhanga-Akiiki: Africa and Christianity: Domestication of Christian Values in the African Church, in: Jacob K. Olupona, Sulayman S. Nyang (Hg.): Religious Plurality in Africa. Essays in Honour of John S. Mbiti, Berlin-New York: Mouton De Gruyter, 1993, 179-195, hier 181.
[160] Siehe ebd., 180-181. Im übrigen ist mit dieser Starrheit der großen Kirchen teilweise die Entstehung zahlreicher unabhängiger afrikanischer Kirchen, die mehr Bezug auf afrikanische Kulturen nahmen/nehmen, zu erklären. Anderseits haben nunmehr auch die meisten großen Kirchen die Notwendigkeit der Inkulturation, was immer das konkret heißen mag, erkannt. (Siehe z. B. ebd., 181.)
[161] Exemplarisch siehe etwa Otonti Nduka: Colonial Education and Nigerian Society, in: Gavin Williams (Hg.): Nigeria. Economy and Society, London: Rex Collings, 1976, 90-105, hier 91; allgemein Blakemore; Cooksey: A Sociology of Education for Africa, a. a. O., 28-34.

ten, und vermutlich oft jene sehr abwertende Einstellung zur indigenen Kultur und selbst zu den Schwarzen übernahmen, die bei Missionar/inn/en meist vorherrschte.[162]

Das Rechtssystem des Kolonialismus war eine wichtige Grundlage für die europäische Expansion. Wie kaum anders zu erwarten, begünstigte es die Intentionen des Kolonialismus, als dessen Teil es aufzufassen ist. Im allgemeinen ließen sich drei Rechtsbereiche bzw. drei Grundlagen von Rechtssprechung unterscheiden.[163] Ein erster Bereich betraf das Verhältnis zwischen Weißen und Weißen sowie Weißen und Schwarzen, wobei wenig überraschend die Weißen durch die Gesetze sowie dadurch, daß sie sie besser kannten, bevorzugt waren. Das Gewohnheitsrecht regelte Auseinandersetzungen zwischen Schwarzen und Schwarzen, solange es nicht gewissen Zivilisationsstandards der Kolonialist/inn/en gänzlich zuwiderlief und die koloniale Ordnung nicht aushöhlte, und mit der Einschränkung im Sinne einer Oberhoheit seitens der Kolonialist/inn/en.[164] Drittens wurde selbst niedrigen Rängen der Kolonialadministration während der Etablierung der Kolonialreiche, aber auch noch lange Zeit später, im Grunde ein sehr eigenmächtiger (ad-hoc-) Rechtsvollzug zugebilligt.[165]

Wie schon erwähnt, bediente man sich der Afrikaner auch als Soldaten, und das nicht nur in europäischen Kriegen, sondern schon vorher im Kampf gegen jene Afrikaner/innen, die sich auf irgendeine Weise dem Kolonialismus widersetzten.[166] Grundsätzlich verfolgten alle Kolonialmächte diesen Weg, vor allem um Kosten möglichst gering zu halten (die Afrikaner kamen natürlich billiger als europäische Soldaten). Dabei nahm man vielfach an, daß bestimmte Völker besser als andere zum Militärdienst geeignet seien (in Nigeria waren es die Tiv, in Uganda die Acholi, in Kenya die Kamba; die Franzosen rekrutierten vor allem Wolof, Tukulor, Bambara, Mossi, Sara)[167].

Die Sprachpolitik des Kolonialismus ist vermutlich als einer seiner Angelpunkte einzustufen.[168] Die Sprache war zum einen ein deutliches Unterscheidungsmerkmal: Kolonialist/inn/en versus (nicht schulgebildete) Kolonialisierte; schulgebildete versus nicht schulgebildete Afrikaner/innen; in den Augen der Kolonialist/inn/en: Menschen mit hoher Kultur versus Menschen ohne oder mit sehr niedriger Kultur. In diesem Sinn sind Fälle zu verstehen, wo es verboten war, im Bereich der Schulen die einheimische Sprache zu verwenden; wurde man dabei erwischt, bestand eine Form der Bestrafung darin, um den Hals eine Metallplatte umgebunden zu bekommen mit Aufschriften wie: „Ich bin ein Dummkopf", oder „Ich bin ein Esel"[169]. Die Sprachen der Kolonialist/inn/en zu beherrschen, war in der Regel die Voraussetzung für den sozialen Auf-

---

[162] Siehe Young: The African Colonial State in Comparative Perspective, a. a. O., 109-110.
[163] Siehe dazu ebd., 114-117.
[164] Siehe ebd., 115.
[165] Siehe ebd., 116 u. 154-155. Zu Theorie und Praxis des französischen Rechtes in den Kolonien siehe etwa Suret-Canale: French Colonialism in Tropical Africa, a. a. O., 331-336. Allgemein zu kolonialen Rechtssystemen siehe auch Osterhammel: Kolonialismus, a. a. O., 66-67.
[166] Siehe dazu Young: The African Colonial State in Comparative Perspective, a. a. O., 105-107.
[167] Siehe ebd., 105-106.
[168] Zur Bedeutung der Sprache im Kolonialismus siehe etwa Ngugi wa Thiong'o: Decolonising the Mind. The Politics of Language in African Literature, London u. a.: James Currey u. a., ³1989 (¹1986).
[169] Siehe Ngugi wa Thiong'o: Decolonising the Mind, a. a. O., 11.

stieg. Beherrschte man europäische Sprachen, galt man bei den Mächtigen als kultiviert. (Daß die Lage dieser „zivilisierten" Afrikaner/innen dennoch oft prekär war, darauf komme ich später zu sprechen.) Zugleich war die Kenntnis der jeweiligen europäischen Sprache eine wichtige Voraussetzung im Kampf um eigene Rechte.

Zum anderen (freilich mit dem ersten Punkt zusammenhängend) diente die Sprache dazu, den Kolonialismus zu festigen. Nachdem Sprache und Kultur unmittelbar zusammengehören, bedeutete die Verwendung europäischer Sprachen durch Afrikaner/innen gleichzeitig eine tendenzielle Abkehr von ihrer indigenen Kultur. Man erlernte die Fremdsprache ja nicht, nur um sich mit Ausländer/inne/n verständigen zu können, die europäischen Sprachen wurden vielmehr zum Vehikel für die Kultur der gut Schulgebildeten. Auch die Art, wie man die jeweiligen europäischen Sprachen lernte, konnte dazu beitragen, das Bild von der Minderwertigkeit der Afrikaner/innen zu verbreiten, wenn man beispielsweise im englischsprachigen Unterricht kaum etwas über die eigene Kultur hörte (zumindest nichts Positives), statt dessen aber die Kultur und Geschichte der Europäer/innen angepriesen wurde, oder wenn in Werken der Literatur, die man studieren mußte, jene Vorstellung vom geringen Wert afrikanischer Kulturen implizit oder explizit dargestellt wurden. Die europäischen Sprachen wurden jedenfalls zu einem der Kernstücke des kulturellen Wandels.

Schulen spielten bei der Verbreitung der europäischen Sprachen naturgemäß eine zentrale Rolle. Vorweg sei allerdings darauf hingewiesen, daß der unmittelbare Einfluß der Schulen bis nach dem Zweiten Weltkrieg gering war. So dürften weniger als fünf Prozent jener Bevölkerungsgruppe Afrikas, die das Schulalter erreicht und noch nicht überschritten hatte, westliche Schulen besucht haben.[170] Die mittelbaren Auswirkungen betrafen freilich breitere Bevölkerungsschichten (siehe weiter unten).[171] Mit einem einprägsamen Bild beschreibt Cheikh Hamidou Kane die Wirkung der Schule, insbesondere für die Beständigkeit der Macht des Kolonialismus. „On the Black Continent, one began to understand that their [der Kolonialist/inn/en, A. K.] real power resided not at all in the cannons of the first morning but in what followed the cannons. Therefore behind the cannons was the new school. The new school had the nature of both the cannon and the magnet. From the cannon it took the efficiency of a fighting weapon. But better than the cannon it made the conquest permanent. The cannon forces the body and the school fascinates the soul."[172]

Seit den 1860er Jahren wurden in ganz Afrika vermehrt[173] westlich geprägte Schulen (zunächst vor allem) der diversen Missionsgesellschaften aus Europa und Nordamerika eingerichtet, deren Erziehung und Unterricht einerseits die Implantation westlicher Kulturen in Afrika forcierte und dazu beitrug, einheimische Kulturen zu verändern oder zu verdrängen und Afrikaner/innen ihrer Kultur zu entfremden bzw. eine neue

---

[170] Siehe Gellar: The Colonial Era, a. a. O., 128.
[171] Allgemein zur kolonialen Schulbildung siehe Blakemore; Cooksey: A Sociology of Education for Africa, a. a. O., v. a. 34-39; 44-48; 148-153.
[172] Cheikh Hamidou Kane: L'aventure Ambiguë, zit. n. Ngugi wa Thiong'o: Decolonising the Mind, a. a. O., 9.
[173] Die ersten europäischen Schulen in Afrika waren bereits im späten 15. Jahrhundert eingerichtet worden. (Siehe Blakemore; Cooksey: A Sociology of Education for Africa, a. a. O., 22.)

Schicht städtischer Afrikaner/innen hervorzubringen, die sich mit ihrem ländlichen kulturellen Hintergrund nicht mehr identifizieren konnten. Gleichzeitig eröffneten sie Afrikaner/inne/n vermutlich nicht ganz absichtlich Möglichkeiten, gegen die Kolonisator/inn/en mit Mitteln aus der Kultur der Kolonisator/inn/en aufzutreten[174] sowie Vorteile etwa in der gesellschaftlichen Positionierung zu gewinnen (zum Beispiel durch beruflichen Erfolg, der durch Schulbildung gefördert werden konnte), sodaß formale Schulen westlichen Typs auch von manchen Afrikaner/inne/n gutgeheißen und gefordert bzw. eingerichtet wurden. Die Verbreitung der westlich geprägten Schule ist daher nicht nur im Sinne aktiver europäischer Verbreiter/innen und passiver afrikanischer Empfänger/innen zu verstehen.[175] Aus der Gruppe von schulgebildeten Afrikaner/inne/n, die zum Teil ihre Schulbildung in Übersee erweiterten, gingen in der Regel die ersten Anführer politischer Gruppen hervor. Sie zusammen mit ihren Kolleg/inn/en aus staatlichen Schulen waren es auch, die mit ihrer Einschätzung der afrikanischen Gesellschaft und einer für sie konstruktiv erscheinenden Mischung aus afrikanischen und westlichen Einstellungen und Überlegungen maßgeblich auch die ländliche Entwicklung nach der Unabhängigkeit beeinflußten.[176]

Das Bildungssystem war keineswegs im Sinne der Chancengleichheit für alle „Rassen" gestaltet, sondern vielmehr von der Überzeugung geprägt, daß Weiße und Schwarze womöglich getrennt auszubilden und die Schulen für die Weißen besser auszustatten seien (Qualifikation der Lehrer/innen, Qualität des Lehrmaterials etc.). Auch die Lehrpläne unterschieden sich je nachdem, ob die jeweilige Schule Weiße oder Schwarze unterrichten sollte, vor allem insofern, als Schulen für Schwarze oft mehr Wert auf praktische Fächer wie Landwirtschaft legten, Schulen für Weiße dagegen akademischer ausgerichtet waren.[177] Vom pädagogischen Grundsatz her wurden jedoch westliche Schulkonzepte meist als Ganzes nach Afrika „exportiert", ohne die indigenen Traditionen der Erziehung zu berücksichtigen oder gar zu integrieren. Damit wurde unter der offiziellen Intention, die Afrikaner/innen intellektuell aufzuklären und zu bereichern, ein oft sehr fremdes Erziehungskonzept implementiert.[178]

---

[174] Siehe etwa Siddle; Swindell: Rural Change in Tropical Africa, a. a. O., 141.
[175] Siehe Christel Adick: Die Universalisierung der modernen Schule. Eine theoretische Problemskizze zur Erklärung der weltweiten Verbreitung der modernen Schule in den letzten 200 Jahren mit Fallstudien aus Westafrika, Paderborn-München-Wien-Zürich: Ferdinand Schöningh, 1992, u. a. 47-50. Siehe auch Nduka: Colonial Education and Nigerian Society, a. a. O., v. a. 92-96. Vgl. auch Sorobea Nyachieo Bogonko: A History of Modern Education in Kenya (1895-1991), Nairobi: Evans Brothers, 1992, der sich auf den Seiten 92-109 mit Auswirkungen der kolonialen westlichen Schulbildung in Kenia befaßt.
[176] Siehe Siddle; Swindell: Rural Change in Tropical Africa, a. a. O., 141-142.
[177] Zur Segregation im Bildungssystem siehe etwa Thomas Mulusa: Pluralistic Education in Sub-Saharan Africa. An Overview, *Prospects*, 22/2 (1992), 159-170, hier 160-161.
[178] Siehe z. B. Siehe Robert Serpell: The Significance of Schooling. Life-Journeys in an African Society, Cambridge: Cambridge University Press, 1993, 106. Wie Foster festhält, ist im Bereich formaler Ausbildung die Übertragung von Erziehungs- und Ausbildungskonzepten in andere Kulturen oder Lebensverhältnisse keine afrikanische Besonderheit. (Siehe Philip Foster: Education and Social Change in Ghana, London: Routledge & Kegan Paul, ³1971 (¹1965), 1. Konzepte etwa, die in (und implizit für) großstädtische(n) Zentren entwickelt werden, können für ländliche Kulturen desselben Landes einigermaßen fremd sein. Freilich ist der Unterschied zwischen jenen Kulturen, in denen die Bildungsprinzipien entwickelt wurden, und den Kulturen, auf die sie übertragen wurden, im Falle der kolonialistischen Schulpolitik in Afrika wohl besonders markant.

Schulen wurden zumindest aus zweierlei Gründen zu maßgeblichen Kräften im gesellschaftlichen Wandel: zum einen dadurch, daß sie neue Möglichkeiten einer gesellschaftlichen Positionierung einräumten, zum anderen durch die Lerninhalte. Die Schulen gaben bestimmten Afrikaner/inne/n die Möglichkeit, auf neue Weise und die traditionelle Ordnung umgehend erstrebenswerte gesellschaftliche Positionen zu erlangen. Im Hinblick auf die einheimischen Gesellschaftssysteme waren die formalen Schulen westlichen Typs in der Regel dysfunktional, insofern jeweilige Gesellschaftssysteme inklusive der Regeln des Auf- und Abstiegs aufgebrochen wurden und man ihre Ordnungen weitgehend ignorieren konnte. Man war nicht mehr abhängig von herkömmlichen Regeln, sondern konnte sich etablieren, indem man die Schulbildung und kulturelle Züge der neuen Herrscher/innen übernahm. Insbesondere durch Herkunft bzw. Abstammung und Geschlecht beschriebene Grenzen konnten (eher) überschritten werden. Dabei war es vorderhand zweitrangig, welche Inhalte genau in den Schulen vermittelt wurden, allein die Installierung eines neuen Systems hatte enorme gesellschaftliche Konsequenzen; klarerweise aber wurden diese Konsequenzen durch die Lerninhalte (um ein Vielfaches) verstärkt.[179] Wie das ghanaische Beispiel zeigt, stießen bezeichnenderweise Schulreformen, die die Berufsbildung (insbesondere für landwirtschaftliche und handwerkliche Zwecke) forcierten, bei gewissen afrikanischen Bevölkerungsteilen auf Ablehnung. Ihre Referenzgruppe war die europäische Elite, und so wollte man wie sie ausgebildet und nach der Schule nicht wieder auf das Feld zurückgeschickt werden. Solche vielleicht gut gemeinten Bestrebungen seitens der Kolonialmächte, ihr Schulsystem afrikanischen Verhältnissen anzugleichen, mußten zumindest bei Teilen der Bevölkerung Argwohn erwecken, da die Kolonialist/inn/en selbst bzw. ihre gesellschaftlichen Stellungen zu Orientierungs- und Zielpunkten geworden waren, sodaß eine solche Anpassung als Benachteiligung und weitere Form der Ungleichbehandlung interpretiert werden mußte.[180] Andererseits wurden Schulen gezielt zur Umerziehung und Verbreitung von Werten westlicher Kulturen instrumentalisiert.[181] (Zu einigen Aspekten der Differenz zwischen indigenen Erziehungsmethoden und modernen westlichen siehe weiter unten: Die nachkoloniale Zeit - allgemeine Charakteristika!)

Um Aspekte der kolonialistischen Schulpolitik an einem Beispiel zu erörtern, gehe ich zunächst auf jene Großbritanniens ein mit seiner Konkretion in Tansania, um später einige wenige Vergleiche mit bzw. Ergänzungen anhand der Schulpolitik anderer Kolonialmächte anzustellen. Zuvor möchte ich jedoch klar machen, daß die offizielle Schulpolitik nur einen Teil der Schulbildung direkt beeinflussen konnte; man denke etwa an Missionsschulen, die meist eine gewisse Autonomie beanspruchen konnten (siehe weiter unten).

---

[179] Vgl. Foster: Education and Social Change in Ghana, a. a. O., 6-8.
[180] Siehe ebd., 8 u. 97-103. In diesem Sinne auch Bogonko: A History of Modern Education in Kenya (1895-1991), a. a. O., 45.
[181] Vgl. Mulusa: Pluralistic Education in Sub-Saharan Africa, a. a. O., 159-170, hier 159.

Nachdem es schon um die Mitte des 19. Jahrhunderts in Tanganyika erste westliche Bildungseinrichtungen gegeben hatte, und zwar in Form von Missionsschulen, und die deutsche Kolonialmacht gegen Ende des Jahrhunderts erste Regierungsschulen eingerichtet hatte[182], suchten die Brit/inn/en, die nach dem Ersten Weltkrieg Tanganyika als Mandat zugesprochen erhielten, ihre Bildungspolitik im Sinne ihrer Anpassungsstrategie zu gestalten. Die offizielle Schulpolitik Großbritanniens orientierte sich in der Zeit nach dem Ersten bis nach dem Zweiten Weltkrieg am Grundsatz der britischen Kolonialpolitik von der Anpassung traditioneller Kulturen an moderne, wobei man das zu bewahren versuchte, was den Brit/inn/en als „sound and healthy elements"[183] erschien, und es zu verbinden suchte mit Aspekten moderner (britischer) Kultur. Man wollte von westlichen Standpunkten aus Züge traditioneller Kulturen fördern und zugleich eine gewisse Verwestlichung erreichen, allerdings in einem langsamen Tempo.[184] Die Schule sollte der Hebung des Charakters der Afrikaner/innen (unter anderem durch religiöse Erziehung) sowie der Verbesserung intellektueller, technischer, wirtschaftlicher und vor allem agrarischer Fähigkeiten dienen. Ausgewählten Personen sollte der Zugang zu höheren Bildungseinrichtungen gewährt werden. Besonderes Augenmerk legte man auf die Ausbildung von Mädchen und Frauen, unter anderem weil man sie als Mütter und Erzieherinnen verstand und von daher auf die Multiplikatorwirkung setzte. Die Ausbildung von Mädchen und Frauen sollte die Kindersterblichkeit senken, Hygiene und Gesundheit fördern, die Haushalte auf ein „höheres" Niveau heben. Neben der Ausbildung von Kindern forcierte man die Erwachsenenbildung. Zunehmend setzte sich die Meinung durch, daß Bildungsprogramme, um erfolgreich zu sein, eingebettet sein müßten in die Verbesserung der gesamten Lebensverhältnisse. Die Ausbildung sollte zwar die bestehenden Institutionen und Werte der Gesellschaft einbeziehen, zugleich aber den sozialen Fortschritt fördern und neue Erkenntnisse, Fähigkeiten und Werte verbreiten.[185] Im Sinne der „indirect rule" nutzte man traditionelle Institutionen für die Ziele der britischen Herrschaft.[186]
Diese Grundsätze, die für das gesamte britische Afrika formuliert wurden, suchte man auch in Tanganyika, zum Teil mit Modifikationen, umzusetzen. Man begrüßte die Strategie der Bildung zur Anpassung, wobei man betonte, daß die Afrikaner/innen ihrer Natur gemäß landwirtschaftliche bzw. Tätigkeiten, die an den Boden gebunden waren, ausüben und daher primär in landwirtschaftlichen Belangen unterrichtet werden sollten, um zudem zu verhindern, daß man gut ausgebildete Arbeitslose heranziehe. Gegen Ende der 1920er Jahre richtete man sich jedoch mehr nach den unmittelbaren

---

[182] Siehe Lene Buchert: Education in the Development of Tanzania 1919-90, London u. a.: James Currey u. a., 1994, 15-16. Zu den deutschen Schulen in Tanganyika (v. a. Tanga) siehe auch Hermann Desselberger: Kolonialherrschaft und Schule in Deutsch-Ostafrika, in: Werner Pfennig, Klaus Voll, Helmut Weber (Hg.): Entwicklungsmodell Tansania: Sozialismus in Afrika. Geschichte, Ökonomie, Politik, Erziehung, Frankfurt-New York: Campus, 1980, 94-118.
[183] United Kingdom: Education Policy in British Tropical Africa, London: HMSO, 1925, 4, zit. n. Buchert: Education in the Development of Tanzania, a. a. O., 8.
[184] Siehe Buchert: Education in the Development of Tanzania 1919-90, a. a. O., 8; generell auch 15-31.
[185] Siehe ebd., 17-19.
[186] Vgl. z. B. ebd., 8-9.

Bedürfnissen der Kolonie, in der nicht-landwirtschaftlich arbeitende Afrikaner/innen vermehrt nachgefragt wurden, sodaß man dementsprechend den Bildungsschwerpunkt verlagerte. Nachdem die wirtschaftlichen Probleme zu Beginn der 30er Jahre überwunden waren, wurde ersichtlich, daß zumindest gegenwärtig die Gefahr einer Schaffung von Arbeitslosigkeit durch zu umfangreiche Ausbildung nicht bestand, sondern daß der Arbeitsmarkt durchaus mehr gut ausgebildete Afrikaner/innen aufnehmen könnte. Der Unterricht war nach „Rassen" getrennt und richtete sich nach unterschiedlichen Lehrplänen.[187] In den Grundschulen für Afrikaner/innen lehrte man, mit Schwankungen, meist in der Sprache der lokalen Volksgruppe, in höheren Stufen und höheren Schulen setzte man vor allem Kiswahili und Englisch ein.[188]

1931 waren offiziell 167.523 afrikanische Schüler/innen an allen Schulen zusammen registriert, 1946 waren es 118.550 Schüler/innen (die Reduktion der allgemeinen Schüler/innenzahlen korreliert positiv nur mit der Reduktion von Schüler/innen an selbständigen Missionsschulen), der Anteil weiblicher Schüler/innen war stets wesentlich geringer als der der männlichen.[189] Die weitaus meisten Schüler/innen waren 1931 in Missionsschulen registriert. Nach 1931 allerdings gerieten viele Missionsschulen in finanzielle Abhängigkeit der Regierung, wobei aber die Missionsgesellschaften nach wie vor den größten Einfluß ausübten. Schulen unter der Führung von „native authorities" unterrichteten offiziell 1931 3071 Schüler/innen, 1946 20.376 Schüler/innen, während die Regierungsschulen 1931 4580, 1946 9225 Schüler/innen registrierten.[190] Wenngleich die Missionsschulen und die Schulen unter der Führung der „native authorities" faktisch über eine gewisse Selbständigkeit im Lehrplan verfügten, waren sie doch der Hohheit der britischen Kolonialregierung unterstellt und hatten, insbesondere wenn sie Beihilfen von der Kolonialregierung beziehen wollten, den Grundsätzen der Bildungspolitik zu folgen, die in einem Komitee, dem Vertreter/innen der Regierung, der Missionsgesellschaften als auch beschränkt der Einheimischen angehörten, beschlossen wurden.[191]

Während die Bildungsziele nach dem Ersten Weltkrieg entsprechend der generellen britischen Kolonialpolitik im Sinne der Anpassung gestaltet wurden, verfolgte man ab 1947 bis zur Unabhängigkeit der Kolonien die Strategie der Modernisierung; demgemäß formulierte man die Bildungsgrundsätze.[192]

---

[187] Siehe ebd., 20-23.
[188] Siehe ebd., 21 u. 27.
[189] Siehe ebd., Tab 2.2, S. 24-25. Diese Zahlen geben leider keine Auskunft darüber, wieviele Schüler/innen tatsächlich regelmäßig die Schule besuchten und wie hoch der Anteil der Schulbesucher/innen in den jeweiligen Altersgruppen war! Außerdem verbergen sich hinter diesen Zahlen Individuen, die die Schulbildung vermutlich höchst unterschiedlich genutzt haben bzw. auf die die Schulbildung unterschiedlich gewirkt hat (grundsätzlich dazu vgl. Serpell: The Significance of Schooling, a. a. O., 264-266; diese Problematik ist auch bei allen folgenden Zahlen über den Schulbesuch zu berücksichtigen). Ohne also diesen Zahlen allzu große Bedeutung beizumessen, sind sie hier angeführt, um eine ungefähre Ahnung von der Größenordnung des Schulbesuches zu ermöglichen und zu zeigen, wie weit der unmittelbare Einfluß der Schulen überhaupt gereicht haben könnte.
[190] Siehe Buchert: Education in the Development of Tanzania, a. a. O., Tab 2.2, S. 24-25 u. 26.
[191] Siehe ebd., 20-21.
[192] Siehe im folgenden generell ebd., 49-71.

Kolonialismus 263

Die britische Regierung meinte nun, ihre afrikanischen Kolonien sollten in der Art des Westens modernisiert werden. Man legte daher den Schwerpunkt auf Industrialisierung und kapitalistische Landwirtschaft sowie auf den modernen städtischen Sektor, anstatt prioritär den traditionellen ländlichen Sektor weiterzuentwickeln. Die wirtschaftliche Modernisierung sollte getragen werden von westlichen Modellen in der Politik (Demokratie), wobei den Afrikaner/inne/n, wenn sie ihre Lektionen erlernt hätten, die politische Selbstbestimmung gewährt werden sollte. Wie man schon 1943 erklärte, suchte man für die Afrikaner/innen zu sichern „(1) the improvement of the health and living conditions of the people; (2) the improvement of their well-being in the economic sphere; (3) the development of political institutions and political power until the day arrives when the people can become effectively self-governing"[193]. Ein zentrales Mittel, um diese Ziele zu erreichen, wurde in der weiten und möglichst flächendeckenden Verbreitung von Schulbildung sowohl für Kinder als auch Erwachsene beiderlei Geschlechts gesehen. Offiziell besonders hervorgehoben wurde das Ziel der Schulung in Demokratie und Bürger/innenschaft. Dabei sollte man die lokalen indigenen Bräuche und Institutionen berücksichtigen und womöglich für die neuen Zwecke nützlich machen. Die Lehrpläne sollten das Ziel der demokratischen Selbstbestimmung in verschiedenen Fächern wie Sprachen, Geographie, Geschichte, Naturwissenschaft, Arithmetik und Hauswirtschaft fördern. Auch außerhalb der Schule sollten Prinzipien der Selbstbestimmung und Bürger/innenschaft erlernt werden können, etwa durch Erfahrungen in der Organisation von Aktivitäten oder Gruppen. In einem Bericht von 1945 wurde im besonderen die Notwendigkeit höherer Bildungseinrichtungen wie Universitäten für die nationale Selbstbestimmung und die Ausbildung künftiger Führungskräfte festgestellt. Im ökonomischen Bereich wurde die Förderung einer modernen, wissenschaftlich begründeten Landwirtschaft hervorgehoben. Wenngleich man die Notwendigkeit einer künftigen Selbstbestimmung der Afrikaner/innen so sehr betonte, wurde in der Tat besonders dort, wo es größere weiße Siedler/innengruppen gab, das Prinzip der Priorität der Interessen der Einheimischen durch das Prinzip des Multirassismus oder der Gleichwertigkeit der Interessen von Einheimischen und Zugewanderten verdrängt, auch wenn die Zugewanderten in der Minderzahl waren.[194]

Die Behörden in Tanganyika folgten weitgehend den Londoner Leitlinien. Man erkannte das Ziel der Selbstbestimmung an und die Notwendigkeit der Schulbildung zur Förderung wirtschaftlichen Fortschritts; letzteres war die Basis für die proklamierte Konzentration der Schulbildung für die „rückständigeren" Teile der Bevölkerung bei größerer Vernachlässigung der höheren Ausbildung (was mit den Londoner Vorstellungen nicht konform ging). Man behandelte im Gegensatz zu den generellen britischen Grundsätzen die Erwachsenenbildung als zweitrangig gegenüber einer möglichst umfassenden Grundschulbildung der Kinder. Der Ausbau der höheren Bildung erfolgte

---

[193] United Kingdom: Mass Education in African Society, London: HMSO, 1943, 4, zit. n. Buchert: Education in the Development of Tanzania, a. a. O., 49-50.
[194] Siehe Buchert: Education in the Development of Tanzania, a. a. O., 49-53.

erst ab der Mitte der 50er Jahre.[195] Das Bildungssystem wurde in der Zeit nach dem Zweiten Weltkrieg bis zur Unabhängigkeit weitgehend dem britischen Vorbild angepaßt und formalisiert.[196] Der Großteil der Schulbildung der Afrikaner/innen (1961 waren insgesamt 515.375 afrikanische Schüler/innen registriert) wurde weiterhin von Missionsschulen und Schulen unter den „native authorities" geleistet. Der Anteil von Mädchen und Frauen betrug gegen Ende dieser Zeit etwa ein Drittel, nur ein Prozent aller weiblichen Schüler/innen und Student/innen war 1961 an höheren Schulen registriert, von den männlichen Kollegen erreichten zwei Prozent diesen Ausbildungsgrad. Unverhältnismäßig viele Absolvent/inn/en höherer Schulen waren Europäer/innen und Inder/innen.[197] 1960 war etwa ein Fünftel der entsprechenden Altersgruppe in Grundschulen, weniger als zwei Prozent waren in Sekundarschulen registriert.[198]

Die Schulen in den Kolonialterritorien Frankreichs[199] sollten zum Teil expliziterweise die unterrichteten Afrikaner/innen zu einer französichen Lebensweise führen und zur Erkenntnis, daß Frankreich eine große und mächtige Nation sei und zugleich so großzügig, um den „primitiven" Völkern die Wohltat von Zivilisation und Frieden zu bringen. Man versuchte über die Schulen die Ideologie von der Minderwertigkeit der Schwarzen und der Barbarei ihrer unzivilisierten Vorfahren zu verbreiten und dem das Bild von der fast selbstlosen Güte und Großherzigkeit sowie hochwertigen Kultur der Kolonialmacht gegenüberzustellen. Großen Wert legte man auch auf die möglichst ausschließliche Verwendung der französischen Sprache im Unterricht.[200] Die Assimilationsstrategie als allgemeine Orientierung gab man zu Beginn des 20. Jahrhunderts auf, um die Schulbildung den örtlichen Bedürfnissen anzupassen, worunter man eine Betonung landwirtschaftlicher und handwerklicher Fertigkeiten verstand zuungunsten von Fächern wie Geschichte und Literatur. Nur einige wenige Schulen in größeren Städten durften einen Lehrplan anwenden, der dem in Frankreichs Schulen glich und tatsächlich eine kulturelle Assimilation erst ermöglichte.[201] Es scheint, als wäre die Schulbildung für die französischen Kolonialist/inn/en eher ein notwendiges Übel als ein von sich aus erstrebenswertes Gut gewesen. Man benötigte ein gewisses Ausmaß

---

[195] Siehe ebd., 58.
[196] Siehe ebd., 61.
[197] Siehe ebd., 63 und Tab. 4.4, S. 64-65.
[198] Siehe World Bank: Education in Sub-Saharan Africa. Policies for Adjustment, Revitalization, and Expansion, Washington: World Bank, ³1989 (¹1988), Tab. A-7, S. 131 u. Tab. A-8, S. 132. Die in der Weltbankstudie angeführten Zahlen sind von mir, entsprechend dem Hinweis durch die Autor/inn/en, vage nach unten korrigiert angeführt. Die Studie gibt nämlich Zahlen wieder, die die tatsächlich registrierten Schüler/innen durch die Bevölkerungsgruppe im gemäßen Alter für die jeweiligen Schulen dividiert. Die tatsächlichen Schüler/innen können aber von jenem offiziell angenommenen Alter für die jeweiligen Schultypen abweichen, sodaß im Zähler nicht nur die Schüler/innen der entsprechenden Altersgruppe aufscheinen, sondern zusätzlich ein unbestimmtes Ausmaß an in der Regel älteren Personen. (Siehe ebd., 175.) Diese Ungenauigkeit kommt auch bei den weiter unten aus dieser Untersuchung zitierten Daten zur Schulbildung zum Tragen.
[199] Bis 1945 siehe allgemein Suret-Canale: French Colonialism in Tropical Africa, a. a. O., 369-394.
[200] Siehe Clive Harber: Politics in African Education, London-Basingstoke: Macmillan, 1989, 142-143.
[201] Siehe Vaillant: Black, French, and African, a. a. O., 54-58.

an afrikanischen Schulgebildeten für Wirtschaft und Administration, andererseits sah man in den Absolvent/inn/en westlicher Schulen zugleich eine Bedrohung. Auch aus diesem Grund war die Reichweite des Schulsystems sehr gering.[202] So schätzte man die Zahl der Analphabet/inn/en 1945 auf über 95 Prozent.[203]
In den portugiesischen Kolonien verfolgte man noch rigidere Leitlinien. Schulabsolvent/inn/en sollten als „schwarze Portugies/inn/en" der Kolonialmacht dienlich sein und die weißen Kolonialist/inn/en als ihre Herr/inn/en anerkennen. Dabei achtete man darauf, daß nicht zuviele die Schule besuchten, um nicht ein Potential an gefährlichen, weil die Waffen der Kolonialmacht beherrschenden, Unzufriedenen zu erzeugen. Die Absolvent/inn/en versuchte man, sofern sie nicht irgendwo negativ in Erscheinung traten, durch besondere Vorrechte an die Kolonialmacht zu binden.[204]

Zum Schluß möchte ich auf eine Studie über den belgischen Kongo hinweisen, in der grundlegende Merkmale des Kolonialismus herausgearbeitet werden[205]. Wie der Autor aufzeigt, hatte der Kolonialismus, wo er sich maßgeblich auswirkte, eine grundlegende Umformung des kulturellen Selbstverständnisses der Afrikaner/innen zur Folge, wobei drei Faktoren eine zentrale Rolle spielten: die christliche Religion und Weltanschauung einschließlich christlicher Normen der Lebensführung, die Schulbildung und die Einbindung der Afrikaner/innen in das koloniale Wirtschaftssystem im Sinne der Nutzung primär ihrer Arbeitskraft und ohne wesentliche Mitbestimmungsrechte. Spätestens zu Beginn der 30er Jahre wurden im Kongo Klagen laut, daß die Afrikaner/innen entwurzelt seien und, noch schlimmer, daß sie sich als ebenbürtig oder gar den Weißen überlegen vorstellten[206]. Aufgrund ihrer westlich geprägten Schulbildung vermochten sie diese Überzeugung nun in einer Sprache und mit Argumenten vorbringen, die die Kolonialist/inn/en nicht ohne weiteres ignorieren konnten.
Mit dem Kolonialismus ging ein sozialer und kultureller Wandel einher, sodaß sich viele Afrikaner/innen nun an westlichen Mustern orientierten, anstatt sich nach indigenen Werten und Normen zu richten, was bis zur Kollaboration mit den Kolonialist/inn/en gehen konnte, sich aber auch in der Weise äußern konnte, daß sie mit den Mitteln „ihrer" Kolonialist/inn/en für ihre eigenen Rechte eintraten. Andererseits gab es verschiedene Formen von physischem und kulturellem Widerstand, sodaß der Kolonialismus keineswegs allgemein zu einer Orientierung an westlichen Werten führte. Die Kolonialist/inn/en verfügten über physische Macht, das Leben in den Kolonien bzw. ihrer kolonialen Untertanen einigermaßen nachhaltig nach ihren Vorstellungen zu gestalten sowie der jeweiligen Gesellschaft ihren kulturellen Stempel aufzudrücken. Zudem hatten sie für viele Afrikaner/innen Überzeugungsmacht: Man übernahm bezüglich der eigenen Kulturen (teilweise) jene abwertende Haltung, mit denen die Europäer/innen nach Afrika gekommen waren und durch die sie den Kolonialismus zu rechtfertigen suchten, und schätzte die Kultur der fremden Herrscher/innen selbst als

---

[202] Siehe Suret-Canale: French Colonialism in Tropical Africa, a. a. O., 380.
[203] Siehe ebd., 391.
[204] Siehe Harber: Politics in African Education, a. a. O., 160; 170-171.
[205] Siehe Mudimbe: The Idea of Africa, a. a. O., 105-153.
[206] Siehe ebd., 140.

überlegen ein, sei es aufgrund von Argumenten oder angesichts etwa der technologischen Fertigkeiten der Europäer/innen. Zugleich konnte der Kolonialismus afrikanisches kulturelles Selbstverständnis forcieren. Im folgenden werde ich genauer auf die verschiedenen Reaktionen von Afrikaner/inne/n auf den Kolonialismus eingehen.

III. Reaktionen von Afrikaner/inne/n auf den Kolonialismus

Die Reaktionen der Afrikaner/innen auf die Kolonialpolitk der Weißen fielen naturgemäß unterschiedlich aus.[1] Generell kann man jedoch feststellen, daß ein großer Teil der oberen Schichten, nachdem sich der Widerstand gegen die Europäer/innen als erfolglos erwiesen hatte, sich an das neue System anzupassen suchte und das Beste daraus machen wollte. In Ländern, wo das System der Indirect Rule angewandt wurde, standen den alten oder von der Kolonialmacht ernannten Chiefs besondere Möglichkeiten offen, Vorteile für sich bzw. für Verwandte und Freund/-e/-innen zu erzielen, wenn sie auch einer ausländischen Macht unterstanden. Manche Landwirt/-e/-innen konnten den Exporthandel nutzen. Außerdem waren, wenngleich in eher geringem Ausmaß, Schulen eingerichtet worden, die ihren Schüler/inne/n unter anderem jenes Wissen beibrachten, mit dem sie im kolonialen System besser bestehen konnten, das sie jedoch - Ironie des Schicksals - auch gegen ihre weißen Lehrmeister/innen und weißen Herr/inn/en einsetzen konnten. Für einen Großteil der Afrikaner/innen bedeutete die Kolonialherrschaft jedoch eine Verschlechterung, sie waren in einer Position der Machtlosigkeit und Chancenlosigkeit, sodaß sie sich nicht zur Gruppe jener zählen konnten, die durch Anpassung profitierte. Es blieb die Alternative zwischen resignativer Akzeptanz und Revolte.[2]

Ich werde im folgenden die Reaktionen von Afrikaner/inne/n auf koloniale Ideen und koloniale Praktiken implizit entlang dreier großer Linien verfolgen: im Sinne von Widerstand, resignativer Akzeptanz und opportunistischer Anpassung. Da eindeutige Zuordnungen zu diesen drei Hauptlinien zum Teil schwer möglich und die Reaktionen vielfach als Mischformen aufzufassen sind[3], sollen diese drei Linien nur grobe Orientierungsmuster bereitstellen, ohne von der Differenziertheit der Reaktionen abzulenken. Die Darstellung der Reaktionen ist folgendermaßen gegliedert: Zunächst gehe ich auf frühe Formen des bewaffneten Widerstandes ein, sodann auf spätere Unabhängigkeitsbestrebungen bzw. auf Strategien zur Verbesserung der Rechte von Afrikaner/inne/n und auf Formen der (opportunistischen) Anpassung. Abschließen werde ich mit einer Erörterung politischer Ansätze kurz vor bzw. auch schon nach der Unabhängigkeit.

1. Anfänglicher bewaffneter Widerstand

Als die enormen Ansprüche der Kolonialist/inn/en offen zutage getreten waren und es sich deutlich abzeichnete, daß die Kolonialist/inn/en nicht nur einzelne Herrscher/innen entmachten wollten, sondern direkt und/oder indirekt daran gingen, die

---

[1] Einen prägnanten Überblick darüber liefern etwa Gellar: The Colonial Era, a. a. O., v. a. 123-126, 134-137; Keller: Decolonization, Independence, and Beyond, a. a. O., 141-151.
[2] Siehe Davidson: Modern Africa, a. a. O., 19.
[3] In diesem Sinne auch etwa Freund: The Making of Contemporary Africa, a. a. O., v. a. 104-106.

gesamte Lebensordnung der Afrikaner/innen zum Teil wesentlich zu verändern, intensivierte sich die Auflehnung im Vergleich zu vorherigen Widerständen, in denen es um die Verteidigung der Souveränität einzelner Herrschaften gegangen war.[4]
Unter anderem aus der Erkenntnis, daß Unterwerfung unter den Kolonialismus eine nachhaltige Veränderung des Lebens der Kolonialisierten bedeutete, dürfte der zweite Aufstand unter Chief Hendrik Witbooi (1840-1905), einem indigenen Herrscher in Südwestafrika, resultiert sein.[5] Zunächst konnte er für eine kurze Zeit seine Souveränität gegenüber den deutschen Kolonialist/inn/en verteidigen, die sich gegen Ende des 19. Jahrhunderts seines Reiches bemächtigen wollten. Bald wurde ihm jedoch ein Unterwerfungsvertrag aufgezwungen, den er zehn Jahre lang einhielt. In dieser Zeit unterstützte er sogar die Deutschen gegen andere Volksgruppen in seiner Region. 1904 allerdings rief er neuerdings zum Widerstand auf, verbittert über die Untaten der Kolonialist/inn/en und im Zweifel an der Treue Gottes angesichts des Übels, das ihm und seinen Leuten widerfahren war. Im Verlauf dieser Auflehnung wurde Witbooi getötet.

Wie intensiv dieser Widerstand geführt und mit welcher Vehemenz er niedergeschlagen werden konnte, zeigt etwa das Beispiel der Baule im Hinterland der Elfenbeinküste.[6] Nachdem ein erster Verteidigungsversuch 1902 gescheitert war, führten Baule einen Aufstand im Jahr 1908 bis 1910 als Guerilla-Kampf weiter. Nur 260.000 Baule sollen von den ursprünglich 1,5 Millionen in ihrem Heimatgebiet überlebt haben, wobei diese Reduktion zu einem geringen Teil auf unmittelbare Kriegstode, zu einem größeren Teil auf Folgen des Krieges (Hunger, Krankheit) und Flucht zurückzuführen sind.

Der Maji-Maji-Aufstand 1905 in Deutsch-Ostafrika (Tansania) brachte die interethnische Dimension des Widerstandes ins Spiel:[7] Unter der Führung des Propheten Kinjikitile kämpften mehrere, klar unterschiedene Volksgruppen gegen das koloniale Unrecht, das ihnen gemeinsam widerfuhr; ein gemeinsames Schicksal einte zum Zweck des Widerstandes heterogene Gruppen, ein Muster, das sich deutlich insbesondere in den späteren Unabhängigkeitsbewegungen zeigte.
Ein ähnliches Beispiel repräsentiert der Aufstand in Somalia unter dem gelehrten Moslem Sayyid Muhamad Abdille Hasan (Sayyid Mohammed Abdullah Hassan, 1864-1920), der 1899 zum Krieg gegen die Eindringlinge aufrief und eine Armee von 5000

---

[4] Siehe Franz Ansprenger: Politische Geschichte Afrikas im 20. Jahrhundert, München: C. H. Beck, 1992, 11-12; Young: The African Colonial State in Comparative Perspective, a. a. O., 99. Zum Widerstand siehe auch Coquery-Vidrovitch: Africa, a. a. O., v. a. 168-183. Einige recht bildhaft beschriebene Beispiele für den Widerstand gegen den Kolonialismus im tropischen Afrika sind bei Loth: Propheten - Partisanen - Präsidenten, a. a. O., 7-129 zu finden. Wie schon oben darauf verwiesen, sind seine Ausführungen aus dezidiert kommunistischer Perspektive verfaßt.

[5] Siehe Ansprenger: Politische Geschichte Afrikas im 20. Jahrhundert, a. a. O., 12-13; Raph Uwechue (Hg.): Makers of Modern Africa. Profiles in History, London: Africa Books, ²1991, 782.

[6] Zum Widerstand der Baule siehe Ansprenger: Politische Geschichte Afrikas im 20. Jahrhundert, a. a. O., 13-14.

[7] Siehe ebd., 15.

Mann aufstellte.[8] Er kämpfte mit der Unterstützung mehrerer Somali-Volksgruppen sowohl gegen die Brit/inn/en und Italiener/innen als auch gegen äthiopische Invasor/inn/en und versuchte, eine somalische Nation aus mehreren somalischen Volksgruppen zu schaffen. Erst 1920 wurde dieser Aufstand unter massivem Einsatz militärischer Gewalt durch die Briten endgültig niedergeschlagen.

Der Aufstand 1915 in Njassaland (Malawi) unter der Führung John Chilembwes (1870 bis 1915) läßt sich ebenso im Sinne eines Musters interpretieren, das in späteren Unabhängigkeitsbewegungen wieder auftrat.[9] Nach Ansprenger und anderen[10] kämpfte Chilembwe mit seinen Gefolgsleuten unmittelbar gegen die Verpflichtung, daß Einheimische von Njassaland, die politisch rechtlos waren, gegen Deutsch-Ostafrika in den Krieg ziehen sollten, nach Freund[11] ist das Motiv des Aufstandes nicht ganz geklärt. Beispielgebend war die Struktur und Schichtung der Kämpfer/innen: An der Spitze standen Intellektuelle bzw. Leute, die eine relativ umfassende Schulbildung absolviert hatten, der Großteil der einfachen Kämpfer/innen setzte sich aus afrikanischen Wanderarbeiter/inne/n aus Portugiesisch-Ostafrika zusammen. Eine Bildungselite führte also eine Schicht von sozial Benachteiligteren an, so wie der Großteil späterer Unabhängigkeitsbewegungen von einer Bildungselite gelenkt wurde. Chilembwe selber[12] war ein unabhängiger orthodoxer baptistischer Missionar, theoretisch unterstützt von schwarzamerikanischen Baptist/inn/en, faktisch aber im wesentlichen selbständig, zugleich erzeugte er als Landwirt Cash Crops und war als Geschäftsmann tätig; seine Erscheinung, soweit aus erhaltenen Fotos rekonstruiert, war die eines aufstrebenden afrikanischen „Bourgeois" englischer Prägung. Als Jugendlicher stand er unter dem Einfluß des für die damalige Situation relativ radikalen Missionars Joseph Booth (man brachte ihn in Verbindung mit dem Kampfruf „Afrika den Afrikaner/inne/n"), der den jungen Chilembwe für drei Jahre nach Amerika (Virginia) schickte, um ihn dort ausbilden zu lassen. Sein Leben fand unmittelbar nach dem Aufstand auf der Flucht ein gewaltsames Ende.

Als vordergründiges Fazit dieser Aufstände und Widerstandskämpfe sind militärische Niederlagen zu nennen[13], wobei sich im allgemeinen Hirt/inn/en, insbesondere in Wüstengebieten (unter anderem Somalias, Mauretaniens, Tschads), am erfolgreichsten wehren konnten[14]. Folgen der Niederlagen waren einerseits Resignation und Anpassung. Auf der anderen Seite wurden die Selbstbestimmungs- und Befreiungsziele

---

[8] Zu jenem somalischen Widerstand siehe Davidson: Modern Africa, a. a. O., 20-21; Ansprenger: Politische Geschichte Afrikas im 20. Jahrhundert, a. a. O., 13. Zu Has(s)an siehe auch Uwechue (Hg.): Makers of Modern Africa, a. a. O., 274-276.
[9] Hierzu siehe Ansprenger: Politische Geschichte Afrikas im 20. Jahrhundert, a. a. O., 17-18. Zu Chilembwe siehe auch Uwechue (Hg.): Makers of Modern Africa, a. a. O., 151-152.
[10] In etwa diesem Sinne auch Young: The African Colonial State in Comparative Perspective, a. a. O., 145 und Loth: Propheten - Partisanen - Präsidenten, a. a. O., v. a. 72, 74-75 u. 80.
[11] Siehe Freund: The Making of Contemporary Africa, a. a. O., 167.
[12] Siehe ebd., 166-168.
[13] Siehe Ansprenger: Politische Geschichte Afrikas im 20. Jahrhundert, a. a. O., 18-19.
[14] Siehe Freund: The Making of Contemporary Africa, a. a. O., 115; Young: The African Colonial State in Comparative Perspective, a. a. O., 100.

nunmehr auf neuen Wegen zu erreichen versucht, wie ich bald zeigen werde. Zugleich lag ein radikaler Widerstand weder im Sinne des Großteils der Elite noch der „Massen" (zumeist jedenfalls), da der Kampf oft aussichtlos schien und weil man im Kolonialismus nicht nur Nachteile sah[15] (siehe auch weiter unten!). Nicht vergessen sei zudem, daß Aufstände von den Kolonialist/inn/en nicht nur militärisch, sondern oft auch durch geschickte politische Schachzüge bekämpft oder gar verhindert wurden. Nicht überall waren die Untertanen einer Herrschaft bereit, für ihre Freiheit - und gemeint wäre primär die der Herrscher/innen gewesen - zu kämpfen, da man im Kolonialismus vorderhand nur einen Austausch der Herrschaft wahrnehmen konnte. Vor diesem Hintergrund konnten die Brit/inn/en zum Beispiel einen geplanten Aufstand unter der Führung des gerade gestürzten Herrschers von Benin vereiteln, indem sie den Sklav/inn/en die Befreiung in Aussicht stellen.[16]

2. Einsatz um die Rechte und Anliegen von Afrikaner/inne/n (innerhalb des Kolonialsystems) und Unabhängigkeitsbestrebungen

Der Widerstand gegen das Kolonialsystem ist zum größeren Teil durch moderatere Züge gekennzeichnet als der eben besprochene bewaffnete Widerstand. Vielfach versuchte man durch kleine Schritte die Situation der Afrikaner/innen zu verbessern und/oder durch Nutzung jener Bildung, die einzelne Afrikaner/innen in Schulen europäischer Prägung erworben hatten, den Kolonialist/inn/en Zugeständnisse abzuringen bzw. die Rechte der Afrikaner/innen einzufordern. Bei diesem Einsatz bewegten sich manche Akteur/-e/-innen eindeutig innerhalb des Kolonialsystems, andere wiederum, mit der Dauer des Kolonialismus zunehmend, forderten eine radikale Neugestaltung im Sinne einer uneingeschränkten afrikanischen Selbstbestimmung.

Der Pan-Afrikanismus[17] zählt zu den ersten Bewegungen, in denen Intellektuelle sich für die Rechte von Afrikaner/inne/n in Afrika einsetzten, wenngleich sein ursprüngliches Anliegen weiter gefaßt war. Schon hier sei festgehalten, daß der Pan-Afrikanismus nicht als eine einheitliche Bewegung aufzufassen ist, sondern je nach Zeit und Umständen sowie entsprechend den jeweils führenden Persönlichkeiten unterschiedliche Züge annahm.

Der Pan-Afrikanismus bzw. die Pan-Afrika-Bewegung war in Nordamerika entstanden im Sinne einer Pan-Schwarzen-Bewegung, deren Anliegen es zunächst war, für die Rechte der Schwarzen in Nordamerika und im weiteren auf der ganzen Welt zu kämpfen bzw. für ihre echte Befreiung einzutreten, die die Anhänger/innen dieser Bewe-

---

[15] Siehe Freund: The Making of Contemporary Africa, a. a. O., 168.
[16] Siehe ebd., 106.
[17] Siehe Davidson: Modern Africa, a. a. O., 28-29; S. O. Arifalo: Panafricanism and the Organisation of African Unity, in: Richard Olaniyan (Hg.): African History and Culture, Lagos: Longman: 1982, 127-149, hier 127-138; J. Ayodele Langley: Pan-Africanism and Nationalism in West Africa, 1900-1945. A Study in Ideology and Social Classes, Oxford: Oxford University Press u. Clarendon Press, ²1978 (¹1973).

gung primär (diese Frage wurde jedoch durchaus kontroversiell diskutiert[18]) in der Rückkehr in den Heimatkontinent Afrika sahen, wenngleich man meist nicht mehr wußte, woher genau die Vorfahr/inn/en stammten. Die Gründung Liberias durch schwarze Emigrant/inn/en aus den USA ist ein Ausfluß der frühen Pan-Afrika-Bewegung. Edward Wilmot Blyden (1832 bis 1912) aus der Karibik (später liberianischer Diplomat) war eine der führenden Persönlichkeiten der Bewegung; maßgeblich waren zudem unter anderem der Amerikaner William Burghardt DuBois (1868 bis 1963), ein Afrika-Historiker und späterer Bürger von Ghana, ab etwa 1916 der radikalere Jamaikaner Marcus Moziah Garvey (1887 bis 1940), der 1914 in New York die Organisation „Universal Negro Improvement Association" gegründet hatte. Der in Trinidad geborene George Padmore, ab 1934/35 aktiv bei der Bewegung, gilt als einer der wichtigsten Theoretiker und Organisatoren des Pan-Afrikanismus.
Die erste Konferenz der Pan-Afrika-Bewegung wurde 1900 in London abgehalten, bei der nur vier der 32 Gesandten direkt aus Afrika kamen, die anderen waren von den USA und der Karibik angereist. Die Zielsetzung dieser ersten Konferenz scheint aus heutiger Sicht moderat und ging im wesentlichen in Assimilationsbestrebungen auf, man war weit entfernt davon, die Selbstbestimmung für die Afrikaner/innen zu fordern. Der erste Pan-Afrika-Kongreß fand 1919 in Paris statt, bei dem nun die frankophonen Schwarzen größeres Gewicht erhielten, wobei allerdings ein Großteil der frankophonen Vertreter/innen (primär aus der Karibik, nur einer, der Senegalese Blaise Diagne aus Afrika, der den Vorsitz des Kongresses innehatte) sich in den Augen vor allem der jüngeren Anwesenden allzu sehr mit dem französischen Kolonialismus identifizierte. In einer Resolution forderte man Rechte für die Schwarzen ein inklusive umfangreiche Schulbildung, die Humanisierung des Kolonialismus sowie eine zunehmende Partizipation von Afrikaner/inne/n an der Politik, in dem Ausmaß, wie deren Schulbildung und politische Erfahrung es zuließen[19].
Ab den 20er Jahren setzte sich in der Bewegung die Einsicht durch, daß die Afrikaner/innen selber ihr Schicksal zu bestimmen hätten und sich nicht sosehr von schwarzen Amerikaner/inne/n leiten lassen sollten, wie dies zunächst ja der Fall gewesen war. Zudem begann man, dezidierter als bisher ein politisches Mitspracherecht von Afrikaner/inne/n in den jeweiligen Regierungen zu fordern. Der Pan-Afrika-Kongreß 1945 in Manchester, an dem einige der zukünftig führenden afrikanischen Politiker teilnahmen (beispielsweise Jomo Kenyatta, Hastings Banda, Kwame Nkrumah), brachte diese Einsichten schließlich auf den Punkt. Unter Androhung von Gegengewalt verlangte man das Ende europäischer Gewaltherrschaft; man schlug Streiks und Boykotte vor, mit dem Ziel, dem Imperialismus und Kolonialismus ein möglichst rasches Ende zu setzen. Man trat nun in einer Vehemenz auf, die vorige Kongresse nicht gekannt hatten. Man forderte nicht Reformen des Kolonialsystems, sondern das Ende des Kolonialismus. Man suchte nunmehr intensiven Kontakt zur weniger oder kaum schulgebildeten afrikanischen Bevölkerung. Bezeichnenderweise war dieser Kongreß in Man-

---

[18] Siehe Langley: Pan-Africanism and Nationalism in West Africa, a. a. O., v. a. 19-27.
[19] Siehe ebd., 65-66.

chester der letzte, der auf europäischem Boden abgehalten wurde, man verlegte nun das Zentrum der Aktivitäten nach Afrika.

Als der nächste Kongreß des Pan-Afrikanismus tagte, und zwar 1958 in Accra, Ghana (auch als „All-African Peoples' Conference" bekannt)[20] (abgesehen von einem Kongreß in Kumasi unter Kwame Nkrumah, bei dem nur einige wenige Teilnehmer/innen aus Westafrika anwesend waren[21]), befand sich Afrika bereits in jener Phase, als erste Staaten die politische Selbständigkeit erlangten, sodaß man sich zwar nach wie vor mit Unabhängigkeitsbestrebungen zu befassen hatte; zugleich konnte man aber schon an die Zeit danach denken und intensiver nach Wegen zu einer afrikanischen Einheit suchen, mit dem Ziel von Vereinigten Staaten von Afrika. Es ist bereits deutlich geworden, daß diese Panafrikanist/inn/en keineswegs vorkoloniale Zustände wiederherstellen wollten. Kwame Nkrumah, einer der dezidiertesten Panafrikanist/inn/en auch noch in der nachkolonialen Zeit, hat 1963, als die meisten Länder die völkerrechtliche Selbständigkeit erlangt hatten, die Sinnhaftigkeit einer afrikanischen Union unter anderem mit folgenden Worten begründet: „Proof is therefore positive that the continental union of Africa is an inescapable desideratum if we are determined to move forward to a realization of our hopes and plans for creating a *modern society* which will give our peoples the opportunity to enjoy a full and satisfying life."[22] (Hervorhebung A. K.)

Die nationalistischen Bestrebungen[23] richteten sich zwar ebenso gegen den Kolonialismus, vom Prinzip her aber mit einer anderen Stoßrichtung sowie vor anderen Hintergründen. Hier orientierte man sich am Vorbild Europa, das man in Nationalstaaten organisiert sah[24], worin man die Grundlage der Unabhängigkeit der europäischen Völker ortete. Man verfolgte meist nicht die Idee einer Nation im Sinne gleicher Abstammung, Sprache und Kultur, sondern eher im Sinne von Staatsbürger/innennationen, in denen mehrere Völker oder Volksgruppen zusammengefaßt sein können und die hier primär durch eine gemeinsame Ablehnung kolonialer Fremdherrschaft und im weiteren durch (eine Annäherung an) das Prinzip gleicher Rechte für alle Staatsbürger/innen bestimmt wird.[25] Die Attraktivität nationaler Konzepte lag vermutlich zu einem großen Teil in der europäischen Tradition des Selbstbestimmungsrechtes von Nationen; national zu sein hieß damit gleichzeitig, die Unabhängigkeit zu fordern,

---

[20] Siehe dazu Arifalo: Panafricanism and the Organisation of African Unity, a. a. O., 134-135.
[21] Siehe Langley: Pan-Africanism and Nationalism in West Africa, a. a. O., 366.
[22] Nkrumah: Africa Must Unite, a. a. O., 221.
[23] Siehe generell Davidson: Modern Africa, a. a. O., 29-30; Basil Davidson: The Black Man's Burden. Africa and the Curse of the Nation-State, London: James Currey, 1992; Langley: Pan-Africanism and Nationalism in West Africa, a. a. O.
[24] Dabei ist freilich zu berücksichtigen, daß die Grundlagen und Realisierungen von europäischen Nationalstaaten durchaus unterschiedlich waren. (Siehe dazu etwa M. Rainer Lepsius: Nation und Nationalismus in Deutschland, in: Michael Jeismann, Henning Ritter (Hg.): Grenzfälle. Über neuen und alten Nationalismus, Leipzig: Reclam, 1993, 193-214. Lepsius unterscheidet zwischen Volksnation, Kulturnation, Klassennation und Staatsbürgernation.)
[25] Lepsius definiert die Staatsbürger/innennation folgendermaßen: „Die 'Staatsbürgernation' konstituiert sich über die individuellen staatsbürgerlichen Gleichheitsrechte und die Verfahren der demokratischen Legitimation der Herrschaft durch die Staatsbürger." (Lepsius: Nation und Nationalismus in Deutschland, a. a. O., 209.)

womit in der Regel die Unabhängigkeit von den Kolonialherrscher/inne/n gemeint war und nicht die Unabhängigkeit und Selbständigkeit einzelner Völker oder Volksgruppen innerhalb der im Zuge des Kolonialismus geschaffenen Grenzen oder sie ignorierend[26]. Die primären Abgrenzungs-"Gegenstände" waren für die sogenannten Nationalist/inn/en dieser Zeit, aber auch noch später, eben nicht andere afrikanische Völker, sondern die europäischen Kolonialist/inn/en[27]. Diese nationalistischen Ideen wurden von Leuten propagiert, die westlich gebildet waren, sich an Europa orientierten, im Gegenzug aber vielfach den engen Kontakt zu den afrikanischen Bauern/Bäuerinnen, Hirt/inn/en, Arbeiter/inne/n verloren hatten. Eine Triebfeder für diese frühen, westlich gebildeten Nationalist/inn/en dürfte ihre relative Marginalisierung in der Kolonialgesellschaft gewesen sein; auch wenn sie sehr gut ausgebildet waren und eine westliche Lebensweise pflegten, wurden sie gegenüber den Europäer/inne/n oft stark benachteiligt, und zugleich hatten sie sich von indigenen Kulturen entfernt - eine vergleichsweise machtlose Zwischenstellung, die man durch den Kampf um die Rechte von Schwarzen bis hin zur Forderung nach politischer Selbstbestimmung zu überwinden suchte[28]. Man bemühte sich, wie die meisten anderen Unabhängigkeitsbewegungen dieser Zeit auch, nicht darum, die Masse anzusprechen, sondern im elitären Zirkel die Ideen voranzutreiben und maßvoll umzusetzen.[29] Dabei ist anzunehmen, daß jene intellektuellen Nationalist/inn/en die Unterstützung der kaum schulgebildeten Masse für ihre Ziele auch gar nicht im notwendigen Ausmaß gefunden hätten; später freilich kam es zu einer entsprechenden Konvergenz zwischen den nationalistischen Anführer/inne/n und „dem Volk", sodaß ihr Kampf auf eine breitere Basis gestellt werden konnte.[30] Zum Teil konnten sich die Vertreter/innen der nationalen Bewegungen überhaupt nicht oder kaum mit der afrikanischen Kultur identifizieren, sodaß etwa Rev. S. R. B. Attoh Ahuma von der Goldküste 1911 meinte, die Gründung von Nationen sei ein Weg, sich vom „darkest Africa" und von den „savage backwoods" zu befreien, und das, obwohl er an anderen Stellen die Afrikaner/innen zum Stolz auf Afrika und seine Kulturen aufrief.[31] Es zeigt sich auch hier, daß Nationen in der Realität meist ohne gezielte Bewußtseinsbildung schwer entstehen können (vgl. „Nationalismus kommt vor der Nation"[32]), wobei den Eliten eine besondere Rolle zukommt[33]. Im vorliegenden Zusammenhang ist das Besondere an den Eliten ihre oft sehr große Distanz zu den einheimischen Kulturen und Lebensformen sowie zu jenen Menschen, deren Interessen zu ver-

---

[26] Vgl. Young: The African Colonial State in Comparative Perspective, a. a. O., 32-33.
[27] Vgl. ebd., 44; 240.
[28] Siehe Foster: Education and Social Change in Ghana, a. a. O., 91-97; siehe auch andere Passagen der vorliegenden Arbeit.
[29] Vgl. auch Davidson: Modern Africa, a. a. O., 38.
[30] Exemplarisch siehe Foster: Education and Social Change in Ghana, a. a. O., 139-140.
[31] Siehe Davidson: Modern Africa, a. a. O., 30; Davidson: The Black Man's Burden, a. a. O., 39; Zitate nach ebd. Darauf, daß Ahuma nicht eindeutig und immer negativ gegenüber afrikanischen Kulturen eingestellt war, weist auch Langley: Pan-Africanism and Nationalism in West Africa, a. a. O., 35 hin.
[32] Manfred Prisching: Soziologie. Themen - Theorien - Perspektiven, Wien-Köln-Weimar: Böhlau, ³1995 (erg. und überarb. Aufl.), 298.
[33] Vgl. Prisching: Soziologie, a. a. O., 298.

treten sie versuchten oder wenigsten zu vertreten vorgaben; viele gehörten eher der Kultur der fremden Herrscher/innen (Europäer/innen) an als den Kulturen der beherrschten Afrikaner/innen. Es war meist nicht ihre Bestrebung, staatliche Einheiten zu schaffen nach dem Vorbild afrikanischer Reiche der Vergangenheit, sondern nach dem Vorbild Europas und im Sinne der kolonialen Grenzen.[34] Trotz oder wegen (?) dieser Voreingenommenheit von europäischen Mustern leisteten schon die Nationalist/inn/en der Frühzeit wichtige Beiträge im langen Kampf um die Unabhängigkeit. Zudem ist festzuhalten, daß nicht alle frühen Nationalist/inn/en[35] Attoh Ahuma in seinem oben zitierten negativen Afrika-Bild zugestimmt hätten, sondern sich sehr wohl auch auf afrikanische Traditionen beriefen, wie unter anderem das Beispiel von Joseph Ephraim Casely-Hayford von der Goldküste zu Beginn des 20. Jahrhunderts belegt; Casely-Hayford verwies etwa auf politische Institutionen der Asanti[36] und kritisierte die sklavische Nachahmung europäischer Zivilisation[37]. Bei J. E. Casely-Hayford, Schüler von Blyden, zeigt sich zudem der Zusammenhang zwischen Pan-Afrikanismus und Nationalismus. Hauptthema seiner Reden und Schriften sowie Grundlage seiner Aktionen war die Einheit, die Einheit nämlich der Völker der Goldküste, sodann die Westafrikanische Einheit bis hin zur Einheit aller farbigen Menschen, um gegen ihre Unterdrückung anzukämpfen. Eine Trennung von Nationalismus und Pan-Afrikanismus ist daher nur bedingt gültig. Wenngleich sich die Konzepte in einigen Punkten wesentlich voneinander unterscheiden, zeigte die Praxis häufig die Vereinigung von Nationalismus und Pan-Afrikanismus, nicht selten in einer Person, etwa in der Weise, daß der Nationalismus als eine erste Stufe zum Pan-Afrikanismus verstanden werden kann oder als Unterkategorie, wobei als Grundlage beider Konzepte der Kampf um Rechte der Afrikaner/innen (bzw. bestimmter Schichten von Afrikaner/inne/n) und letztendlich politische Unabhängigkeit der Afrikaner/innen gesehen werden muß.[38]

Als ein relativ frühes Beispiel für den Versuch einer Neuordnung der politischen Verhältnisse mit einem nationalistischen Einschlag, in Unabhängigkeit von den Kolonialherren und -frauen und zugleich über traditionelle Strukturen hinausgehend, kann die „Young Kikuyu Association" (YCA) bzw. die „East African Association" (EAA) gelten. 1921 wurde die YCA in Kenia unter maßgeblicher Beteiligung eines Beschäftigten in der Kolonialverwaltung, Harry Thuku (1895 bis 1970)[39], gegründet. In ebendieser Vereinigung sind Wurzeln des kenianischen Nationalismus zu finden.[40] Um hervorzu-

---

[34] Aus diesem Grund interpretiert Davidson die nationalstaatlich geprägte Unabhängigkeit der afrikanischen Länder als erneute Entfremdung: „Liberation thus produced its own denial. Liberation led to alienation." (Davidson: The Black Man's Burden, a. a. O., 10.)

[35] Spätere nationalistische Bestrebungen, auf die ich im Zuge der weiteren Erörterung von Unabhängigkeitsbewegungen weiter unten eingehen werde, unterschieden sich in ihrem kulturellen Hintergrund zum Teil markant von einigen der ersten Ansätze.

[36] Siehe Thomas Hodgkin: Nationalism in Colonial Africa, London: Frederick Muller, [4]1962 ([1]1956), 171-172.

[37] Siehe Langley: Pan-Africanism and Nationalism in West Africa, a. a. O., 38. Zu Casely-Hayford im weiteren siehe ebd., 37-40; siehe auch Uwechue (Hg.): Makers of Modern Africa, a. a. O., 146-147.

[38] In diesem Sinne etwa auch Kwame Nkrumah: Africa Must Unite, a. a. O., 85-86, der der afrikanischen Union on letztendlich einen eindeutigen Vorrang gewährt gegenüber der nationalen Union.

[39] Zu Thuku siehe Uwechue (Hg.): Makers of Modern Africa, a. a. O., 744-745.

[40] Siehe Davidson: Modern Africa, a. a. O., 21-22.

streichen, daß die Anliegen der Vereinigung nicht volksgruppenspezifisch sind und womöglich alle Volksgruppen für den gemeinsamen Protest zu gewinnen, benannte man die Bewegung noch innerhalb eines Monats nach der Gründung in „East African Association" um.[41] Die Träger/innen dieser Vereinigung gehörten jener kleinen Elite an, die in Missionsschulen erzogen und ausgebildet worden war und die Anliegen der Afrikaner/innen besser zu vertreten suchte als die Chiefs, die von den kolonialen Behörden eingesetzt und bezahlt wurden. Vorderhand konzentrierten sich die Aktivitäten der EAA auf Proteste gegen Einkommenskürzungen, Registrierungspflichten, Zwangsarbeit, hohe Besteuerung und Landenteignungen zugunsten europäischer Siedler/innen.[42] Die Anhänger/innenschaft setzte sich primär aus Menschen zusammen, die für längere Zeit westliche Schulen besucht hatten, sowie aus der städtischen Arbeiter/innenschaft und ländlichen Modernisierer/inne/n. Da die EAA und Thuku mit der Kritik an den von den Kolonialist/inn/en abhängigen Chiefs und mit dem Protest gegen wirtschaftliche und finanzpolitische Zustände an Grundpfeilern des Kolonialsystems rüttelten und die Auflehnungen aufgrund ihrer überethnischen, überregionalen und über Schichtzugehörigkeiten hinausgehenden Unterstützung ohne Zweifel ernst zu nehmen waren, ließen die Repression gegenüber der EAA und die Inhaftierung Thukus (im März 1922) nicht lange auf sich warten.[43] Im Anschluß an die Verhaftung Thukus kam es zu massiven Protesten, die von der Polizei mit Waffengewalt niedergeschlagen wurden. Nach offiziellen Zahlen wurden dabei 21 Menschen getötet[44], andere Schätzungen sprechen von bis zu 150 Toten[45]. Schließlich wurde die EAA verboten.[46]

Irgendwo[47] zwischen Pan-Afrika-Bewegung und Nationalismus einzuordnen ist der „National Congress of British West Africa" (NCBWA)[48], welcher 1920 in Accra vom oben schon erwähnten Ghanaer Rechtsanwalt und Journalisten Joseph E. Casely-Hayford gemeinsam mit anderen Persönlichkeiten der oberen Schichten auch aus Nigeria, Gambia und Sierra Leone ins Leben gerufen wurde. Der NCBWA forderte einerseits die Mitsprache von Afrikaner/inne/n in maßgeblichen nationalen Entscheidungsgremien bis hin zum „Self-government", das Wahlrecht für Afrikaner/innen, die Errichtung einer Universität für Britisch-Westafrika, anderseits appellierte er an die gut ausgebildeten Afrikaner/innen, über die kolonialen Grenzen hinaus sich für die Anliegen der Afrikaner/innen einzusezten. Obwohl nach 1933 keine offiziellen Treffen mehr stattfanden und die vom NCBWA vertretene Idee einer Einheit der vier briti-

---

[41] Siehe Robert Maxon: The Years of Revolutionary Advance, 1920-1929, in: William R. Ochieng' (Hg.): A Modern History of Kenya, 1895-1980, Nairobi: Evans Brothers (Kenya), 1989, 71-111, hier 80. Zur EAA siehe allgemein auch Voll: Politik und Gesellschaft in Kenia, a. a. O., 271-279.

[42] Siehe Maxon: The Years of Revolutionary Advance, a. a. O., 79-80.

[43] Siehe ebd., 80.

[44] Siehe ebd., 80.

[45] Siehe Voll: Politik und Gesellschaft in Kenia, a. a. O., 277.

[46] Siehe Maxon: The Years of Revolutionary Advance, a. a. O., 81.

[47] Diese relativ unbestimmte Zuordnung resultiert aus der Verwendung eines sehr vagen und unschlüssigen Begriffs von „Nation" jener Bewegung und ihren Aktivitäten auf verschiedenen Ebenen (nationalstaatlicher, auf der Ebene Britisch-Westafrikas und panafrikanischer Ebene).

[48] Siehe Davidson: Modern Africa, a. a. O., 31-32; Ansprenger: Politische Geschichte Afrikas im 20. Jahrhundert, a. a. O., 46-47; Langley: Pan-Africanism and Nationalism in West Africa, a. a. O., 107-194.

schen Kolonien Westafrikas (Nigeria, Goldküste, Sierra Leone, Gambia) in Vergessenheit geriet, zeigte diese Vereinigung einen weiteren Weg zu nationaler Selbstbestimmung auf. Zugleich ist darauf zu verweisen, daß der NCBWA, wie viele Bewegungen dieser Zeit, die sich für Rechte von Afrikaner/inne/n einsetzten, stark elitenzentriert war und in hohem Maße die Anliegen einer westlich beeinflußten afrikanischen Oberschicht im Auge hatte[49]. Man war nicht darauf aus, das Kolonialregime zu stürzen, sondern innerhalb der „Pax Britannica" die eigene Position zu verbessern. In nicht wenigen Belangen profitierte jene Elite sogar von der Fremdherrschaft, insofern etwa diese Fremdherrschaft traditionelle Autoritäten teilweise entmachtete und den Raum für eine moderne Elite schuf.

Die meisten Bewegungen, die sich vor dem Zweiten Weltkrieg für die Afrikaner/innen (oder wenigstens für bestimmte afrikanische Schichten) einsetzten, gab es in Westafrika (vornehmlich in den britischen Kolonien), im britischen Ost- und Zentralafrika dagegen war derlei seltener oder gar nicht zu finden, zumal dort die Elite gut ausgebildeter Schwarzer noch sehr klein war. Die britische Kolonialpolitik scheint insbesondere in Westafrika für schwarze Unabhängigkeitsbewegungen durchlässiger gewesen zu sein als die französische, was vermutlich mit einer stärkeren Einbindung von Einheimischen in Verwaltung und Politik zu tun hatte (etwa im Sinne der „indirekten Herrschaft" oder von Regierungsbeteiligungen von Afrikaner/inne/n) sowie mit dem größeren Angebot westlicher Schulen. Darüber hinaus wollte man den afrikanischen Kolonien in der Regel von vornherein ein größeres Ausmaß an kultureller Autonomie gewähren und die Afrikaner/innen - so zumindest die offizielle Leitlinie - langsam, aber stetig in die Unabhängigkeit führen. Dagegen strebten die französischen Kolonialist/inn/en zunächst die Assimilation der Afrikaner/innen an die französische Kultur und die Einbürgerung an. Die Afrikaner/innen sollten keine eigene Zivilisation und Kultur verfolgen, sondern die französische annehmen.[50] Noch vor dem Ersten Weltkrieg erkannte man allerdings, daß die Assimilierung kaum möglich sei und eine Politik der Assoziation den Kolonialinteressen eher genügte.[51] Nur mehr wenige Auserwählte sollten vollen Zugang in das Reich französischer Kultur und Zivilisation erhalten. Man schuf eine Gesellschaft mit zwei Arten von Menschen, jene, die die französische Staatsbürger/innenschaft innehatten und - mit Einschränkungen allerdings - die Vorteile der Gleichberechtigung genossen (was jedoch nur sehr wenige betraf, da für die Bescheinigung der Assimilation strenge und schwerlich erreichbare Kriterien zu

---

[49] Vgl. Freund: The Making of Contemporary Africa, a. a. O., 161-163.
[50] Vgl. Davidson: Modern Africa, a. a. O., 33-34; Omoni: Colonial Policies and Independence Movements, a. a. O., 81-83. Zur Assimilationspolitik siehe auch Michael C. Lambert: From Citizenship to *Négritude:* „Making a Difference" in Elite Ideologies of Colonized Francophone West Africa, *Comparative Studies in Society and History*, 35 (1993), 239-262, hier 241-247. Allgemein zur französischen Kolonialpolitik zwischen 1900 und 1945 siehe etwa Suret-Canale: French Colonialism in Tropical Africa, a. a. O. Mir scheint, daß die zweifellos unübersehbaren Unterschiede zwischen der britischen und der französischen Kolonialpolitik in der Realität nicht ganz so markant waren wie in der Begrifflichkeit.
[51] Siehe Vaillant: Black, French, and African, a. a. O., 51-52; Suret-Canale: French Colonialism in Tropical Africa, a. a. O., 83-86.

erfüllen waren[52]), und jene, die „indigènes", „Eingeborene", geblieben und der rassistischen Herrschaft voll ausgeliefert waren. Diese Politik wurde mit so großer Härte betrieben, daß ein afrikanischer Widerstand bzw. Bewegungen wie im britischen Westafrika erst gar nicht aufkommen konnten.[53] Wohl im Zusammenhang einer repressiven Politik gegenüber den Afrikaner/inne/n ist es zu sehen, daß sich der erste schwarze Deputierte Senegals im Pariser Parlament (ab 1914), Blaise Diagne, als Rekrutierungskommissar für die französische Armee im Ersten Weltkrieg einen Namen machte.[54] In dieser Funktion verpflichtete er 90.000 Mann aus West- und Äquatorialafrika für den Kampf um Frankreichs Interessen, wobei nur etwa 18.000 davon als Freiwillige ihr Leben riskierten.[55] Nicht überraschenderweise hatte mit Diagne ein Mann einigermaßen große Macht erlangt, der mit den Kolonialist/inn/en - man muß hier wohl das pejorative Fremdwort von „zusammen-arbeiten" verwenden - kollaborierte und Afrikaner in den Krieg um nicht-afrikanische Interessen (zwangsweise) schickte. Im selben Atemzug muß wohl erwähnt werden, daß diejenigen, die ihn wählten, die Bewohner/inn/en der vier Stadtgemeinden der Küste (Gorée, Dakar, Rufisque, Saint-Louis) nämlich, schon sehr lange engen Kontakt zur französischen Kultur hatten und sich weitgehend mit französischen Interessen identifizierten[56], d. h. in der Bestimmung, wer das Wahlrecht hatte, wurde bereits eine entscheidende „Vorwahl" durch die französischen Kolonialist/inn/en getroffen. Andererseits konnte Diagne den militärischen Einsatz von Afrikanern im Ersten Weltkrieg erfolgreich als politisches Kapital nutzen, indem er die Kriegsteilnahme daran band, daß den Bewohner/inne/n der vier Stadtgemeinden die französische Staatsbürger/innen-schaft weiterhin (ein Dekret von 1912 hatte die Bedeutung dieses schon länger bestehenden Rechtes unklar werden lassen) gewährt wurde, ohne daß sie sich dem Familienrecht des „Code Civil" unterwerfen mußten, was für die mehrheitlich moslemischen Bewohner/innen sehr wichtig war.[57] Am Pan-Afrika-Kongress 1919 in Paris sowie am Pan-Afrika-Kongress 1921 war Blaise Diagne einer der führenden Persönlichkeiten und galt als der herausragende Sprecher der frankophonen Afrikaner/innen[58], wobei er im Gegensatz zu DuBois, der zu dieser Zeit für den Pan-Afrikanismus maßgeblich war, eine Assimilati-

---

[52] Siehe etwa Suret-Canale: French Colonialism in Tropical Africa, a. a. O., 333-334.
[53] Siehe Davidson: Modern Africa, a. a. O., 34.
[54] Siehe Ansprenger: Politische Geschichte Afrikas im 20. Jahrhundert, a. a. O., 47; G. Wesley Johnson: African Political Activity in French West Africa, 1900-1940, in: J. F. A. Ajayi, Michael Crowder (Hg.): History of West Africa, Bd. 2, London: Longman, 1974, 542-567, hier 548-558. Zu B. Diagne siehe auch Uwechue (Hg.): Makers of Modern Africa, a. a. O., 183-186.
[55] Die angeführten Zahlen sind bei Ansprenger: Politische Geschichte Afrikas im 20. Jahrhundert, a. a. O., 47 zu finden. Nach Uwechue (Hg.): Makers of Modern Africa, a. a. O., 185 hatte er insgesamt 60.000 Mann rekrutiert.
[56] Siehe Lambert: From Citizenship to *Négritude*, a. a. O., 246-247.
[57] Dieser Erfolg kann als Einsatz um die Rechte von Afrikaner/inn/en interpretiert werden, man kann in ihm zugleich einen Aspekt der Zusammenarbeit bzw. Kollaboration mit den Kolonialist/inn/en sehen: Statt sich gegen das Kolonialsystem überhaupt zu wehren, sucht man im System die Position des Volkes zu verbessern.
[58] Siehe Colin Legum: Pan-Africanism and Nationalism, in: Joseph C. Anene, Godfrey N. Brown (Hg.): Africa in the Nineteenth and Twentieth Centuries, Ibadan: Ibadan University Press u. a., 1981 ([1]1966), 529-539, hier 530; Langley: Pan-Africanism and Nationalism in West Africa, a. a. O., 71-84.

onsstrategie verfolgte bzw. dafür plädierte, innerhalb des Kolonialsystems die Position der Afrikaner/innen zu verbessern anstatt unmittelbar für dessen Beseitigung zu kämpfen[59]. Während er sich zu dieser Zeit dennoch immer wieder kritisch gegenüber den Kolonialist/inn/en äußerte, ging er - zum Mißfallen vor allem der jüngeren Mitstreiter/innen - ab 1923 eindeutiger auf Kooperations- bzw. Kollaborationskurs mit den Kolonialist/inn/en. Diagne, der in einer kreolischen Familie aufgewachsen war, in Paris ausgebildet wurde, sich zum Katholizismus bekannte, in französischen Behörden in mehreren Kolonien gearbeitet und eine Französin geheiratet hatte, war einerseits ein Symbol des Aufbruchs, in dem Sinn, daß er der erste Schwarze im französischen Parlament war, andererseits war er ein Repräsentant jener Elite, die sich in der Kultur der Kolonialist/inn/en beheimatete und eine Politik mit dem Ziel der allgemeinen Assimilation, d. h. Annahme der französischen Kultur, verfolgte[60]. Bis zu seinem Ableben 1934 beherrschte Diagne die Politik Senegals.

Freilich, einige frankophone Afrikaner/innen stellten schon zu dieser Zeit vor allem in Paris Fragen, die den Nerv der französischen Kolonialpolitik treffen sollten. Nicht nur daß man im Verweis darauf, daß im Ersten Weltkrieg Afrikaner für Frankreich gekämpft hatten, mehr Rechte forderte, man betonte auch den Widerspruch zwischen den Idealen der Französischen Revolution von 1789 und der unterdrückenden und nicht gerade vom Zugeständnis allgemeiner Freiheit, Gleichheit und Brüderlichkeit geprägten Kolonialpolitik Frankreichs.[61] Zu diesen radikaleren Vertreter/inne/n gehörte der großteils in Frankreich lebende Jurist Marc Kojo Tovalou Houénou (1877 bis 1936) aus einer wohlhabenden Familie aus Cotonou, Dahomey (Benin), Pan-Afrikanist mit kommunistischem Einschlag, an führender Position bei Zeitschriften und Journalen tätig und 1924 in Paris Gründer der „Ligue Universelle de la Défense de la Race Noire", die sich gegen den Kolonialismus wandte, sich für die Rechte aller Schwarzen einsetzte und gegen die Ideologie der Inferiorität von Schwarzen auftrat sowie die Entwicklung der Schwarzen vorantreiben wollte mittels allgemeiner Schulpflicht und der Einrichtung höherer Bildungsstätten und Bibiliotheken und der Gründung von Zeitungen und Journalen. Houénou, der sich zu französischen Idealen bekannte, forderte entweder die gänzliche Gleichstellung der Bewohner/innen der französischen Kolonien mit den Bürger/inne/n Frankreichs (eben in Einklang mit den französischen Idealen von Freiheit, Gleichheit und Brüderlichkeit), mithin vollkommene Assimilation und Integration, oder aber die Autonomie.[62] Zu nennen ist in diesem Zusammenhang ebenso der Senegalese Lamine Senghor (1889 bis 1927) (nicht zu verwechseln mit Léopold Sédar Senghor), der, nachdem er in der französischen Armee gedient hatte und dafür ausgezeichnet worden war, einen Wandel zu einem kommunistischen, antikolonialistischen Aktivisten für die Interessen aller Schwarzen durchgemacht hatte und die radikalere Nachfolgeorganisation Houénous „Ligue", das „Comité de Défense de la Race

---

[59] Siehe Johnson: African Political Activity in French West Africa, 1900-1940, a. a. O., 565.
[60] Siehe Lambert: From Citizenship to *Négritude*, a. a. O., 244-246; Young: The African Colonial State in Comparative Perspective, a. a. O., 225-226.
[61] Siehe Langley: Pan-Africanism and Nationalism in West Africa, a. a. O., 288-289.
[62] Siehe ebd., 290-300; Uwechue (Hg.): Makers of Modern Africa, a. a. O., 757-758.

Nègre" (CDRN) mit Sitz in Paris, anführte, das sich unter anderem auf ein Konzept einer „schwarzen Persönlichkeit" berief und Lenin als Ehrenpräsidenten einsetzte.[63] Eher in Paris als irgendwo in Afrika konnten sich frankophone Gruppen formieren, die das Erbe Afrikas und seine Stellung in der Geschichte anders (höher) als die Kolonialist/inn/en bewerteten. In diesem Sinn überrascht es auch nicht, daß die Bewegung der „Négritude" in den 30er Jahren in Paris entstanden ist.[64] Daß im speziellen Fall die Négritude von intellektuellen Schwarzen dort entwickelt wurde, hängt auch damit zusammen, daß man sich in dieser französischen Großstadt eher als in Afrika selbst der Problematik der Assimilation und damit jenes Restes an afrikanischer Identität bewußt wurde, die sich selbst weitgehend assimilierte Schwarze bewahrt hatten.[65]
Die Négritude bzw. ihre Gründer Aimé Césaire, Alioune Diop, Léon-Gontran Damas, Léopold Sédar Senghor suchten die Geschichte der Schwarzen und ihrer kulturellen Erfahrungen neu und höher zu bewerten, wobei sie sich wie ebenso einige spätere Autor/inn/en bzw. politische Aktivist/inn/en unter anderem auf altgriechische Texte beriefen, in denen man zum Teil ein positiveres Bild über Afrika und seine Kulturen fand als in späteren europäischen Schriften.[66] Man griff weiters zurück auf neuere Literatur vom edlen Wilden sowie auf anthropologische Schriften etwa von Levy-Bruhl, dessen Beschreibung des primitiven Denkens mit seinen alogischen Zügen Senghor für die afrikanische Mentalität als angemessen einstufte.[67] Man schuf mit der Négritude ein Gegenbild zur Ideologie des kolonialen Frankreich, wonach die Afrikaner/innen weder eine eigene Kultur noch Geschichte hätten und daher letztendlich die Assimilation im Sinne einer vollkommenen Übernahme der französischen Kultur anzustreben sei.[68] Mit Hilfe der Literatur und Poesie suchte man, ein neues afrikanisches Selbstwertgefühl zu schaffen oder seine Entwicklung zu unterstützen. Man malte ein Bild von Afrika als weiblich, emotional, rhythmisch, familienbetont und stellte dies einem Bild von Europa als männlich, technisch, rational, kalt, individualistisch gegenüber.
Vor allem in der Anfangszeit der Négritude kam ihr Bestreben dem, was Jean-Paul Sartre als anti-rassistischen Rassimus bezeichnete, gleich.[69] Zugleich erkennt man, wie sehr etwa Senghor, vermutlich der bekannteste Vertreter jener Richtung, Teile der französischen Kultur, vielleicht kann man sagen: internalisiert hatte, wenn er in poetischer Weise den Vorzug der französischen Sprache gegenüber afrikanischen Sprachen beschreibt. Zum Dank für seine theoretische und praktische Hochachtung der französi-

---

[63] Siehe Langley: Pan-Africanism and Nationalism in West Africa, a. a. O., 300-306.
[64] Siehe Mudimbe: The Idea of Africa, a. a. O., 20. Allgemein zur Négritude siehe auch Vaillant: Black, French, and African, a. a. O., 243-271.
[65] Siehe Lambert: From Citizenship to *Négritude*, a. a. O., 254-257.
[66] Siehe Mudimbe: The Idea of Africa, a. a. O., 19-26.
[67] Siehe Lambert: From Citizenship to *Négritude,* a. a. O., 249-250. Wenn Senghors Konzept einer afrikanischen Mentalität Levy-Bruhls Begriff des primitiven Denkens integrierte, grenzte sich Senghor als Intellektueller damit nolens volens von jener afrikanischen Mentalität ab bzw. beschrieb er eine wesentliche Differenz zwischen ihm und den typischen Afrikaner/inne/n.
[68] Siehe Arifalo: Panafricanism and the Organisation of African Unity, a. a. O., 134.
[69] Siehe Lambert: From Citizenship to *Négritude*, a. a. O., 249; Vaillant: Black, French, and African, a. a. O., v. a. 252-259.

schen Kultur und Sprache wurde Senghor denn auch als höchste Anerkennung, die Frankreich an ihre Staatsmänner und Gelehrten bzw. Schriftsteller verleihen kann, 1984 in die Académie Française aufgenommen, jene Institution, die sich auch um die Reinheit der französischen Sprache bemüht.[70] Senghor war nicht der Überzeugung, nur das afrikanische Erbe sei lebenswert, er sah vielmehr in der Négritude den Beitrag Afrikas zu einem allgemeinen und weltweiten menschlichen Fortschritt, der nur durch gegenseitiges Geben und Nehmen möglich sei. Das heißt also, daß er mit der Négritude die europäische Kultur keineswegs ablehnte, sondern lediglich ihren Absolutheitsanspruch negierte und auf den Wert afrikanischer Kulturen an sich und für andere Kulturen, etwa Europas, verwies.[71] Bei all ihrem Bemühen um die Achtung afrikanischer Kulturen waren die Vertreter/innen der Négritude durch die Art und Weise, wie sie sich ausdrückten, für einen Großteil derer, über die sie schrieben, unverständlich. Man hat zum Teil den Eindruck, daß es ihnen nicht so sehr um die Förderung eines afrikanischen Selbstbewußtseins ging als vielmehr um die Anerkennung afrikanischer Kulturen durch Nicht-Afrikaner/innen bzw. durch eine Elite schulisch gut ausgebildeter Afrikaner/innen.[72]

Ich habe auf die Nähe zur französischen Kultur hingewiesen, die bei einem der maßgeblichsten Vertreter der Négritude, Senghor, zu bemerken ist. Ein kurzer Blick auf die Lebensgeschichte Senghors kann diesen Umstand vermutlich leicht ergründen und jene Beobachtung verdeutlichen.[73] Senghor, dem Volk der Serer angehörend, wurde 1906 in einer kleinen Küstenstadt (Joal) geboren als Sohn eines katholischen, wohlhabenden Händlers, der über seine Familie mit mehreren Frauen und vielen Kindern mit der Autorität eines Patriarchen „herrschte" und eine Mittlerposition zwischen einheimischer und französischer Lebensweise einnahm. Seine frühe Kindheit verbrachte Léopold Sédar Senghor bei seiner anscheinend ziemlich emanzipierten Mutter, einer Tochter des Dorfvorstehers, in ihrem Heimatdorf. Zu seinem Vater hatte er in dieser Zeit nur wenig Kontakt.[74] Ab seinem achten Lebensjahr besuchte er französische (zum Teil Missions-) Schulen, die seine Liebe zur französischen Sprache und Kultur weckten und seine Verbundenheit mit Frankreich festigten.[75] 1928, gerade 21 Jahre alt, ging er nach Paris, um dort seine Ausbildung an elitären Bildungsstätten fortzusetzen, zu studieren (mit sehr großem Erfolg), später sogar mit dem - realistischen - Ziel, Universitätsprofessor oder wenigstens Gymnasiallehrer zu werden.[76] Er hatte beinahe familiären Kontakt mit Blaise Diagne, durch den er einflußreiche Politiker/innen sowie Politik „von innen" kennenlernte.[77] Der junge Georges Pompidou, ein guter Freund Senghors, führte ihn in das Pariser Leben ein, brachte ihm die Pariser Kultur näher und förderte

---

[70] Siehe Ngugi wa Thiong'o: Decolonising the Mind, a. a. O., 18-19; Vaillant: Black, French, and African, a. a. O., 1.
[71] Siehe Vaillant: Black, French, and African, a. a. O., 265-267.
[72] Vgl. Lambert: From Citizenship to *Négritude*, a. a. O., 249.
[73] Siehe allgemein Vaillant: Black, French, and African, a. a. O.
[74] Siehe ebd., 5-16.
[75] Siehe ebd., 19-22.
[76] Siehe ebd., 64-127.
[77] Siehe ebd., 71-73.

seine Beschäftigung mit französischer Literatur. Später sollten sie bei den Unabhängigkeitsverhandlungen einander gegenüber sitzen und schließlich als Staatspräsidenten zusammenarbeiten.[78] Er schloß Freundschaften mit Aimé Césaire, Léon Damas[79] und anderen, mit denen er die Bewegung der „Négritude" gründete, und wurde langsam politisch aktiv (die Betonung sollte auf „langsam" liegen). 1935 wurde er Lehrer für Latein, Altgriechisch und Französisch an einem Gymnasium in Tours und begann zugleich, Afrikanistik (Afrika-Linguistik) zu studieren, wobei er mit den Schriften europäischer Ethnographen (insbesondere Maurice Delafosse, Leo Frobenius[80]) vertraut wurde, die den Afrikaner/inne/n und ihrer Kultur Eigenwert beimaßen und sie zum Teil als prinzipiell gleichwertig mit europäischen Kulturen einstuften.[81] In diese Zeit in Tours fällt der Anfang einer intensiven schriftstellerischen bzw. dichterischen Tätigkeit, in der er nicht zuletzt der brennenden Frage nach seiner Identität zwischen afrikanischer Herkunft und - auf seine frühe Kindheit folgender - europäischer Sozialisation nachging (zwischenzeitig hatte er sogar das gängige Vorurteil über Afrika übernommen, wonach es keinen nennenswerten Beitrag zur Weltkultur geleistet habe).[82] Die 18 Monate in deutscher Kriegsgefangenschaft (ab 1940) waren nicht nur von äußerst negativen Erlebnissen geprägt, sie waren zugleich Monate, in denen Senghor über die Lektüre von Goethe und griechischen Klassikern seine Einsicht festigte, daß große Zivilisationen und Kulturen nicht entstünden bei völkischer Reinheit im Sinne etwa des Nationalsozialismus, sondern im Zusammenspiel von kultureller und biologischer Vielfalt. Bezogen auf die Zukunft Afrikas, mußte das bedeuten, daß weder eine ausschließliche Ausrichtung nach afrikanischen Kulturen noch eine einseitige Übernahme westlicher moderner Lebensformen anzustreben sei, sondern vielmehr die Assimilation, wobei allerdings die Afrikaner/innen nicht (passiv) assimiliert werden, sondern eigenständig assimilieren sollten. Afrikaner/innen sollten sich das Beste aus der Kultur Frankreichs nehmen und gleichzeitig auf ihr eigenes kulturelles Erbe zurückgreifen. Für Europa sollte jene Erkenntnis die Folgerung nach sich ziehen, auch von Afrika zu lernen.[83] Bald nach der Befreiung von Paris von den Nazis (August 1944) begann Senghors offizielle politische Karriere als anerkannter Afrika-Experte, zuständig primär für Fragen, die die französischen Kolonien betrafen, wobei er seine Ohnmacht in den entsprechenden Gremien erfahren mußte. Trotz dieses Einstiegs in die Politik hatte er seinen Plan, Universitätsprofessor zu werden, noch keineswegs aufgegeben.[84] Ganz in diesem Sinn war seine Reise nach Senegal im Jahr 1945 dazu gedacht, linguistische Studien zu betreiben, die Teil seiner Dissertation über Formen se-

---

[78] Siehe ebd., 73-75.
[79] Siehe ebd., 89-91.
[80] Zum Einfluß von Leo Frobenius auf Senghor und zur Einschätzung Frobenius´ durch Senghor sowie darüber hinaus zur Faszination Senghors an deutscher Kultur und Philosophie siehe (auch) Christopher L. Miller: Theories of Africans. Francophone Literature and Anthropology in Africa, Chicago-London: University of Chicago Press, 1990, 16-20.
[81] Siehe Vaillant: Black, French, and African, a. a. O., 116-125.
[82] Siehe ebd., 127-146.
[83] Siehe ebd., 166 u. 175-177. Hier wäre natürlich danach zu fragen, was mit dem jeweils Besten gemeint sei.
[84] Siehe ebd., 191-199.

282   *Kulturelle Grundlagen*

negalesischer Sprachen werden sollten.[85] Im übrigen war dies (erst) seine dritte Reise nach Senegal, nachdem er 1928 sein Heimatland verlassen hatte. Bis auf ein paar Wochen 1932 und 1937 hatte er ständig in Frankreich, großteils in Paris, gelebt.[86] Allerdings kam seinen Plänen das Drängen Lamine Guèyes in die Quere, für den zweiten Sitz Senegals in der konstituierenden Nationalversammlung zu kandidieren. Der erste Sitz war den Bürger/inne/n der vier Küstenstädte mit Sonderstatus vorbehalten, für den Lamine Guèye mit großer Unterstützung kandidierte, der zweite sollte die wenigen Wahlberechtigten der übrigen Landesteile Senegals und Mauretaniens vertreten (nur bei Erfüllung bestimmter Kriterien waren die Bewohner/innen jener Landesteile wahlberechtigt). Erst nach langem Zögern und nachdem er sich einer ausreichenden Anhänger/innenschaft vergewissert hatte, nahm Senghor das Angebot an - jener Mann, der die Laufbahn eines Intellektuellen eingeschlagen hatte und sie im Prinzip weiterverfolgen wollte, seit 1928 in Paris gelebt hatte und die Verhältnisse in Senegal nur als Außenseiter und Fremdgewordener kannte. Aus den Wahlen gingen sowohl Guèye als auch Senghor als klare Sieger über rivalisierende Gruppen hervor. Als er bald darauf nach Paris zurückkehrte, war er offizieller Vertreter seiner afrikanischen Landsleute.[87] Doch selbst jetzt war die Entscheidung noch nicht endgültig gefallen: Sollte er sich den Sprachen widmen als bereits gefeierter Dichter und/oder Wissenschaftler, sollte er voll in die Politik einsteigen und wenn ja, in welcher Form.[88] Im Jahr 1948 hatte er sich schließlich zur Entscheidung durchgerungen, mit aller Kraft in den Kampf um politische Macht einzusteigen und sich zugleich von einem seiner politischen Ziehväter, Guèye, unabhängig zu machen. Er intensivierte zunächst vor allem seine Bemühungen um eine Verbesserung der Schulbildung in den Kolonien, was insbesondere den Einsatz für Lehrpläne bedeutete, die den französischen gleichwertig waren und den besten Schüler/inne/n die Möglichkeit für eine profunde akademische Weiterbildung anbieten konnten, sowie ein Lobbyismus für die Gründung einer Universität in Dakar.[89] Er gründete im selben Jahr den „Bloc Démocratique Sénégalais" (BDS) mit einer demokratischen, sozialistischen Ausrichtung, der sich als Interessensvertretung Senegals und Westafrikas innerhalb der Französischen Union verstand und ausdrücklich traditionelle Führer und indigene Religionen respektierte.[90] Er suchte wie nie zuvor Kontakt zu seinen potentiellen Wähler/inne/n, um sie für seine neue Partei zu gewinnen, fuhr in die Dörfer, diskutierte mit seinen Landsleuten und hörte sich ihre Meinungen an. Wahlen in den folgenden Jahren bestätigten seine Strategie.[91] Wie sehr Senghor bei aller Frustration über die Unflexibilität Frankreichs in der Kolonialpolitik[92] die Zusammenarbeit mit europäischen Mächten suchte, zeigt etwa eine Rede 1953 in Straßburg, wo er

---

[85] Siehe ebd., 198-199.
[86] Siehe ebd., 103 u. 148.
[87] Siehe ebd., 198-202.
[88] Siehe ebd., 213-214.
[89] Siehe ebd., 214-216.
[90] Siehe ebd., 230; 235.
[91] Siehe ebd., 235-239.
[92] Siehe ebd., 273-274.

für eine europäisch-afrikanische Gemeinschaft plädierte. Er bot dafür Afrika bzw. die Afrikaner/innen sogar als Pagen in jener Vernunftehe zwischen Europa und Afrika an, die den Brautschleier tragen sollten (Braut oder Bräutigam und Diener/in zugleich?), freilich um zu verhindern, das Brautgeschenk zu werden, das heißt, daß sich Europa zusammenschließt und in alter Manier, ohne die Afrikaner/innen zu fragen, Entscheidungen trifft, die auch in ihr Leben eingreifen.[93] 1957 heiratete er zum zweiten Mal, nachdem seine erste Ehe (geschlossen 1946) gescheitert war. Diese zweite Heirat unterstreicht einmal mehr seine Verbundenheit zu Frankreich. Während er das erste Mal in Übereinstimmung mit seinen damaligen politischen und kulturellen Überzeugungen eine Schwarze aus Französisch Guyana geheiratet hatte, die allerdings in Frankreich aufgewachsen war, heiratete er nun eine weiße Französin.[94] Wenngleich Senghor Mitte der 50er Jahre für die Autonomie Senegals auftrat, war das noch nicht gleichzusetzen mit Unabhängigkeit, einem Begriff, den er in Frankreich noch 1957 zu vermeiden suchte.[95] Selbst beim Referendum 1958, in dem darüber abgestimmt wurde, ob die französischen Kolonialgebiete innerhalb der Französischen Union verbleiben sollten oder nicht, plädierte Senghor für ein Ja, und mit ihm die Mehrheit der Senegales/inn/en. Innerhalb Französisch-Westafrikas hatte übrigens nur Guinea unter Sekou Touré für ein Nein gestimmt.[96] Senghor gelangte schließlich zur Überzeugung, daß eine politische Unabhängigkeit unabdingbar sei, allerdings innerhalb einer Föderation westafrikanischer Staaten und in einem freundschaftlichen Verhältnis zu Frankreich. Während Senghor 1961 zum Präsidenten Senegals gewählt wurde, das bereits 1960 die Unabhängigkeit erlangt hatte, und das Verhältnis zu Frankreich freundschaftlich blieb, war sein Traum einer westafrikanischen Föderation nur kurzfristig ansatzweise Realität geworden.[97] (Zum weiteren Lebenslauf Senghors siehe den nächsten Abschnitt!)

In den übrigen Kolonialreichen (Belgiens, Portugals, Spaniens, Italiens) war die Politik sogar noch rigoroser und unterdrückender, weshalb hier in den ersten Jahrzehnten dieses Jahrhunderts Unabhängigkeitsbestrebungen noch weniger artikuliert werden konnten.[98]

Neben politischen Organisationen im engeren Sinn oder politisch motivierten Aufständen sind als weitere Form der Reaktion auf den Kolonialismus unabhängige Kirchen und religiöse Protestbewegungen zu nennen[99], wobei festzuhalten ist, daß die meisten unabhängigen Kirchen keineswegs primär antikoloniale Ziele verfolgten, sondern vielmehr als eine Form der Erleichterung der Anpassung zu verstehen sind: Man übernahm das Christentum, minderte jedoch den Konflikt mit indigenen Traditionen,

---

[93] Léopold Sédar Senghor: Rede in Straßburg vor der Ad-hoc-Versammlung zur Vorbereitung einer Europäischen Politischen Gemeinschaft (1953), in: Falk; Wahl (Hg.): Befreiungsbewegungen in Afrika, a. a. o., 107-109.
[94] Siehe Vaillant: Black, French, and African, a. a. O., 210-211; 280.
[95] Siehe ebd., 279; 291.
[96] Siehe ebd., 294-295.
[97] Siehe ebd., 295-299.
[98] Siehe Davidson: Modern Africa, a. a. O., 34; Omoni: Colonial Policies and Independence Movements, a. a. O., 82-85.
[99] Siehe Davidson: Modern Africa, a. a. O., 23; Coquery-Vidrovitch: Africa, a. a. O., 192-194.

indem man Aspekte von letzteren in das Christentum integrierte (vgl. auch weiter unten!)[100]. Ausgehend von Südafrika, welches selber wiederum bezüglich unabhängiger Kirchen von Äthiopien angeregt wurde, verbreitete sich die Botschaft, daß der Gott der Bibel nicht der Gott der Weißen sei, sondern Heil und Gerechtigkeit für alle Menschen fordere. Man hatte es längst durchschaut, daß die Missionar/-e/-innen meist zumindest geheime Mitspieler/innen der Kolonialist/inn/en waren. Von diesen neuen Kirchen sei etwa der in den 1890er Jahren in Zentralafrika gegründete „Watchtower" (Wachtturm) erwähnt, deren Anhänger/innen später in mehreren Kolonien tätig wurden. Ausgehend von „Watchtower" initiierte Kenon Kamwana in Nyasaland (Malawi) 1937 die „Watchman's Society". Im Gegensatz zur Mehrzahl dieser religiösen Bewegungen, die häufig keine unmittelbaren politischen Ziele verfolgten, sondern sich prinzipiell gegen das Böse oder gegen die Ungerechtigkeit wandten (die Kolonialist/inn/en bzw. das Kolonialsystem waren ein Beispiel solchen Übels), war die „Watchman's Society" direkt antikolonial ausgerichtet und forderte zum Bruch kolonialer Gesetze auf.[101] Die 1921 im belgischen Kongo (Zaire) von Simon Kimbangu (ca. 1887 bis 1951) ins Leben gerufene „Kirche von Jesus Christus auf dieser Erde" ging auf größere Distanz zu einheimischen Religionen und Lebensformen, schien aber dennoch eine Gefahr für den Kolonialismus zu sein.[102] Die Anhänger/innen jener Kirche, deren Gründer gegen indigene Religionen auftrat und die Polygamie ablehnte[103], wurden von den Kolonialist/inn/en heftig verfolgt, ihr geistlicher Führer war 30 Jahre lang bzw. bis zu seinem Tod inhaftiert. Daß die Missionar/-e/-innen und Kolonialist/inn/en hart gegen ihn vorgingen, scheint aus deren Perspektive nur allzu verständlich. Er trat nämlich mit keiner geringeren Botschaft auf, als daß er der Sohn Gottes sei, und konnte eine große Zahl von Anhänger/inne/n für seine Kirche gewinnen[104], nicht zuletzt wegen seiner Heilkraft[105].

Es gab nicht nur christliche Widerstandsbewegungen, sondern ebenso solche, die ihre spirituellen Wurzeln in indigenen Religionen fanden oder im Islam.[106] Was den Islam betrifft, ist ebenso wie für die unabhängigen christlichen Kirchen festzuhalten, daß er keineswegs generell antiklonialen Bestrebungen zuzuordnen ist.[107]

Der Einsatz um die Rechte von Afrikaner/inne/n wurde sowohl durch bestimmte weltpolitische Faktoren als auch durch die Gewinnung einer breiteren Basis für den Widerstand unterstützt. Zu erwähnen ist der Zweite Weltkrieg mit dem Kampf der Alliierten gegen den Rassismus Nazi-Deutschlands (mit der Unterstützung auch von afrikanischen Soldaten) und der Generalisierung des Anti-Rassismus durch Afrika-

---

[100] Siehe Freund: The Making of Contemporary Africa, a. a. O., 159.
[101] Siehe Davidson: Modern Africa, a. a. O., 23.
[102] Siehe Uwechue (Hg.): Makers of Modern Africa, a. a. O., 359-360; Davidson: Modern Africa, a. a. O., 23.
[103] Siehe Uwechue (Hg.): Makers of Modern Africa, a. a. O., 359.
[104] Siehe Freund: The Making of Contemporary Africa, a. a. O., 158-159; Davidson: Modern Africa, a. a. O., 23. Nach Uwechue (Hg.): Makers of Modern Africa, a. a. O., 360 war sein Anspruch geringer, demnach stufte er sich (lediglich) als Prophet ein.
[105] Siehe Uwechue (Hg.): Makers of Modern Africa, a. a. O., 359.
[106] Siehe Davidson: Modern Africa, a. a. O., 23-24; Coquery-Vidrovitch: Africa, a. a. O., v. a. 195-198.
[107] Siehe Freund: The Making of Contemporary Africa, a. a. O., 159; Coquery-Vidrovitch: Africa, a. a. O., 195.

ner/innen;[108] zudem unterminierten die Kriegserfahrungen einmal mehr die Ideologie von einer Überlegenheit der Weißen gegenüber den Schwarzen: Afrikanische Soldaten erlebten Weiße in Angst, Niederlage und Tod; europäische Soldaten hatten letztendlich das Gleiche durchzumachen wie die afrikanischen.[109] Genannt seien weiters die Gründung der UNO 1945 mit ihren antikolonialen Prinzipien[110], erfolgreiche Unabhängigkeitsbestrebungen in Asien[111] und der Affront des italienischen Überfalls auf das kulturell reiche Äthiopien, das als „das freie Afrika" gegolten hatte und daher den afrikanischen Widerstand einmal mehr geradezu mit Nachdruck provozierte[112]. Die neuen Machtverhältnisse nach dem Krieg, mit den USA als Supermacht, der sich bald die UdSSR entgegenstellte, verbesserten die Chancen auf die Unabhängigkeit deshalb, weil beide Mächte für die Autonomie der Kolonien eintraten.[113] Das globale politische Klima wurde für den Kolonialismus also immer ungünstiger.[114] In den Kolonien wiederum wurden zunehmend breite Bevölkerungsschichten gegen Mißstände des Kolonialismus aktiv (unter anderem Arbeiter/innenorganisationen, Gewerkschaften, Bauern-/Bäuerinnenschaft).[115] Je länger das Kolonialsystem installiert war, umso schlechter gestaltete sich im allgemeinen die Situation der Bevölkerung, auch wenn es Verbesserungen etwa in der Gesundheitsversorgung gab. Selbst die zunehmende Migration in die Städte bedeutete meist nur den Tausch von alter gegen neue Armut, da den Kolonialmächten wenig daran lag, die Städte für Afrikaner/innen lebenswert zu gestalten und damit eine dauerhafte Niederlassung in den Städten zu begünstigen.[116] Die Zahl der Unzufriedenen wurde daher immer größer.

Schon vor dem Zweiten Weltkrieg hatte ein neuer Trend in den Unabhängigkeitsbewegungen eingesetzt. Man begann langsam, den Unabhängigkeitskampf auf eine breitere Basis zu stellen und sich an einen größeren Teil der Bevölkerung zu wenden, anstatt im elitären Zirkel weniger Schulgebildeter zu verharren. In diesem Zusammenhang ist das „Nigerian Youth Movement" (NYM) zu erwähnen, welches 1933 gegründet wurde, auf die Schaffung einer selbständigen nigerianischen Nation zielte und dabei die Unterstützung nicht nur prominenter Persönlichkeiten, sondern auch einer breiten Mas-

---

[108] Siehe Davidson: Modern Africa, a. a. O., 60-61; auch Gordon: African Politics, a. a. O., 58; Omoni: Colonial Policies and Independence Movements, a. a. O., 87-88. Inwiefern und ob der Krieg die Kolonialmächte dazu veranlaßte, über eine Entkolonialisierung nachzudenken, darüber gibt es unterschiedliche Meinungen. (Siehe Wilson: African Decolonization, a. a. O., 53-54.) Mir geht es hier jedoch um die andere Seite, nämlich die Auswirkungen des Krieges auf afrikanische Unabhängigkeitsbestrebungen.

[109] Siehe etwa Omoni: Colonial Policies and Independence Movements, a. a. O., 87-88.

[110] Siehe Davidson: Modern Africa, a. a. O., 62; Young: The African Colonial State in Comparative Perspective, a. a. O., 188-189.

[111] Siehe Davidson: Modern Africa, a. a. O., 62-63.

[112] Siehe Davidson: Modern Africa, a. a. O., 71-72; Langley: Pan-Africanism and Nationalism in West Africa, a. a. O., 327-337; Thomas Hodgkin: Nationalism in Colonial Africa, London: Frederick Muller, ^{4}1962 (^{1}1956), 180-181.

[113] Siehe Davidson: Modern Africa, a. a. O., 75-76; vgl. auch Young: The African Colonial State in Comparative Perspective, a. a. O., 146-147.

[114] Siehe auch Young: The African Colonial State in Comparative Perspective, a. a. O., 187.

[115] Siehe Freund: The Making of Contemporary Africa, a. a. O., 203-205; Davidson: Modern Africa, a. a. O., 84-85.

[116] Siehe Davidson: Modern Africa, a. a. O., 76-81.

se suchte und fand. 1938 veröffentlichte das NYM die „Nigerian Youth Charter", mit der das NYM eine Vorreiterrolle in der Forderung nach vollständiger Selbstbestimmung für ganz Afrika einnahm (außer für Kamerun, Algerien und Madagaskar, wo derartige Forderungen schon früher erhoben wurden), eine Vorreiterrolle, die von den kolonialen Herrscher/inne/n zwar noch mehr oder weniger ignoriert wurde, die aber einen neuen Trend markierte und neues Selbstbewußtsein ausdrückte und schuf.[117] Allerdings sollte diese Selbstbestimmung für Nigeria insofern eingeschränkt werden, als man jenes selbständige Nigeria im britischen Empire bzw. im britischen „Commonwealth of Nations" integriert sehen wollte.[118]

Ähnlich wie das NYM trat die 1935 unter I. T. A. Wallace-Johnson in Sierra Leone gegründete „West African Youth League" (WAYL) auf.[119]

Die Kraft einer Massenbewegung zeigte sich 1937 in einem wirtschaftlichen Bereich sehr deutlich. Kakao-Produzent/inn/en der Goldküste verweigerten den Verkauf ihres Produktes zu einem viel zu niedrigen Preis und konnten damit durchsetzen, daß die Preise erhöht wurden. Man sah an diesem Beispiel, daß die Masse viel erreichen konnte.[120] Es ist auch darauf hinzuweisen, daß die durch den Börsenkrach 1929 unübersehbar gewordene bzw. dadurch verschärfte Krise der Weltwirtschaft mit ihren negativen Auswirkungen auf die afrikanische Wirtschaft (insbesondere markanter Verfall der Preise für Exportpordukte bzw. Verschlechterung der „terms of trade") sowohl die Bildungselite als auch die Bauern/Bäuerinnen und Arbeiter/innen (verstärkt) motivierte, gegen die kolonialen Strukturen aufzutreten.[121]

Es wurde nun großen Teilen der Bevölkerung immer klarer, daß das Kolonialsystem derartig ungerecht und menschenverachtend sei, daß es nicht reformierbar sei, sondern beseitigt werden müsse.[122]

Der Freiheitskampf in den französischen Kolonien gestaltete sich auch jetzt noch viel schwieriger als in den britischen. Vom Ausland, vor allem von Paris aus, konnte man diese Aktivitäten eher durchführen.[123] Gabriel d´Arboussier, 1949 zum Generalsekretär der franko-afrikanischen „Rassemblement Démocratique Africain" (RDA) gewählt, war einer der maßgeblichsten Programmatiker der frankophonen Unabhängigkeitsbewegungen nach dem Zweiten Weltkrieg, der allerdings in seiner Kritik am Kolonialismus klarer Stellung bezog als andere einflußreiche Persönlichkeiten in der RDA, wie etwa Félix Houphouet-Boigny, späterer Präsident der Elfenbeinküste.[124] Die

---

[117] Siehe ebd., 68-70.
[118] Siehe Das offizielle Programm der Nigerianischen Jugendbewegung (1938), in: Falk; Wahl (Hg.): Befreiungsbewegungen in Afrika, a. a. O., 70-72, hier 70.
[119] Siehe Davidson: Modern Africa, a. a. O., 70.
[120] Siehe ebd., 70-71.
[121] Siehe Wilson: African Decolonization, a. a. O., 32-40.
[122] Vgl. Ansprenger: Politische Geschichte Afrikas im 20. Jahrhundert, a. a. O., 58; Rainer Falk: Einleitung: Politische Entwicklungstendenzen und soziale Grundlagen der nationalen Befreiungsbewegung in Afrika, in: ders. und Peter Wahl (Hg.): Befreiungsbewegungen in Afrika. Politische Programme, Grundsätze und Ziele von 1945 bis zur Gegenwart, Köln: Pahl-Rugenstein, 1980, 13-42, hier 20-21.
[123] Siehe Davidson: Modern Africa, a. a. O., 72-73.
[124] Zu d´Arboussier siehe allgemein Uwechue (Hg.): Makers of Modern Africa, a. a. O., 63. Zur RDA siehe auch Gabriel d´Arboussier: Die theoretischen Grundlagen der RDA (1948), in: Falk; Wahl (Hg.): Befrei-

1946 in Bamako (Französisch Sudan, später „Mali") gegründete[125] RDA, die grundsätzlich marxistisch ausgerichtet (1951 trennte sich die RDA von der KPF, woraufhin es zum endgültigen Bruch zwischen d'Arboussier und der RDA kam) und die führende Bewegung an der Elfenbeinküste, in Mali, Niger, Guinea, Tschad und bis 1955 in Kamerun war, suchte die Einheit aller Klassen und die Masse der Bevölkerung für den Unabhängigkeitskampf zu gewinnen und sich von Unterdrückung und Vormundschaft zu befreien, wobei man (vorderhand) in der RDA eine größere Kompromißbereitschaft mit der französischen Kolonialmacht an den Tag legte als die anglophonen Unabhängigkeitsbewegungen jener Zeit. Bezüglich der angestrebten innenpolitischen Strukturen übernahm man die Verfassung der Fünften Französischen Republik mit nur wenigen Änderungen (eine davon war eine tendenzielle Einschränkung eines Gegenpols zur Macht des Staatsoberhauptes mit der Folge einer Begünstigung von Diktaturen).[126]

Nach dem Zweiten Weltkrieg begannen vor allem die Brit/inn/en, aber auch Franzosen/Französinnen über die Neugestaltung der Beziehung zu den afrikanischen Territorien nachzudenken. Man sah sich wachsendem Widerstand gegenüber, der nur durch größeren Einsatz von Polizei und anderen Beamt/inn/en hätte unterdrückt werden können, ein Einsatz, für den das Geld jedoch kaum vorhanden war. Man suchte also die Kolonien in einer neuen Form nutzen zu können. Die Entkolonialisierung ist daher wesentlich als Neokolonialisierung bzw. als Kolonialisierung unter neuem Mantel zu verstehen.[127] Die neuen Ansätze der Europäer/innen konnten mit Mitspieler/inne/n auf afrikanischer Seite rechnen. Nur wenige führende Persönlichkeiten suchten wie etwa Amilcar Cabral[128] im portugiesischen Guinea-Bissau einen revolutionären Wandel, die meisten strebten eine gewisse Kontinuität an.[129] Fast alle Unabhängigkeitskämpfer/innen verfolgten einen nationalen Kurs, wenn überhaupt, dann sollten erst später pan-afrikanische Ideen zum Tragen kommen.[130]

3. Opportunistische Anpassung

Wie ich schon darauf hingewiesen habe, konnten einige Afrikaner/innen durch das Kolonialsystem auf verschiedene Weise profitieren. Zum Teil fühlten sie sich selbst mit einigen Voraussetzungen des Kolonialismus verbunden, etwa mit der Vorstellung, daß man die indigenen Afrikaner/innen von ihrer minderwertigen Kultur befreien und daß ihnen der Weg in die Zivilisation eröffnet werden müsse. Afrikanische Missiona-

---

ungsbewegungen in Afrika, a. a. O., 111-116; Omoni: Colonial Policies and Independence Movements, a. a. O., 96-97.
[125] Siehe Rainer Falk, Peter Wahl: Vorbemerkungen, in: diess. (Hg.): Befreiungsbewegungen in Afrika, a. a. O., 47-58, hier 53.
[126] Siehe Ansprenger: Politische Geschichte Afrikas im 20. Jahrhundert, a. a. O., 60-63.
[127] Siehe Davidson: Modern Africa, a. a. O., 91-93.
[128] Zu Cabral siehe etwa Uwechue (Hg.): Makers of Modern Africa, a. a. O., 141-144.
[129] Siehe Davidson: Modern Africa, a. a. O., 93-94; auch Gordon: African Politics, a. a. O., 61.
[130] Siehe Davidson: Modern Africa, a. a. O., 94.

re/Missionarinnen oder Missionsgehilf/inn/en im Nigeria des 19. Jahrhunderts etwa sahen sich nicht nur als Verkünder/innen der wahren Religion, sondern ebenso und damit einhergehend als Verbreiter/innen „der" Zivilisation, womit primär die des viktorianischen England gemeint war. Sie nahmen die „Bürde" auf sich, ihren „Brüdern" und „Schwestern" den „zivilisatorischen Fortschritt" zu bringen.[131] Zugleich dürften viele Afrikaner/innen, die sich taufen ließen, im Bekenntnis zum Christentum eine Möglichkeit gesehen haben, sich unter den Bedingungen einer neuen Herrschaft (mit „neuer" Religion) zu etablieren[132], was insbesondere für jene galt, die im Sinne traditioneller Ordnungen marginalisiert waren bzw. für die soziale Aufstiegschancen darin auf ein sehr niedriges Niveau beschränkt waren[133]. In jenen Regionen, in denen die meisten Schulen von Missionsgesellschaften geführt wurden (Missionsgesellschaften waren in vielen Gebieten in dieser Hinsicht dominant), war die „Bekehrung" oft Voraussetzung für einen Schulbesuch überhaupt.[134] In Schulen wiederum konnte man Wissen erwerben, das unter den damaligen Verhältnissen nach Ansicht vieler Afrikaner/innen eindeutige Vorteile mit sich brachte, sodaß also formales, westlich geprägtes Schulwissen Hand in Hand ging mit der Annahme des Christentums - profunde kulturelle Neuorientierung!

Für die Kolonialist/inn/en stellten die „Bekehrten" in der Regel ein willkommenes Reservoir an Leuten dar, die für die Zwecke des Kolonialismus einsetzbar waren[135]. Das Bekenntnis zum Christentum implizierte nicht überall die Annahme eines Christentums europäischer kultureller Prägung, in Fällen nämlich, wo man einer unabhängigen afrikanischen christlichen Kirche angehörte. Diese Kirchen waren zum Teil als Reaktion auf rassistische Züge der herkömmlichen Missionsgesellschaften entstanden. Zudem konnten Afrikaner/inne/n selber diese Kirchen leiten und die Führungsämter bekleiden; manche unabhängige Kirchen nahmen indigene Traditionen auf, wie etwa die Polygynie, sodaß die Zugangshürden für Afrikaner/innen dadurch erheblich verkleinert und kulturelle Brüche eingedämmt wurden.[136]

Aber nicht nur jene Afrikaner/innen, die die neue Religion angenommen hatten und als ihre Verkünder/innen einen besonderen Status in der Kolonialgesellschaft erlangten, in einer Form, daß für sie der Kolonialismus samt Mission vorteilhaft war, profitierten vom Kolonialismus. Auch und besonders auf politischer Ebene nutzten manche Afrikaner/innen die neuen Machtverhältnisse zu ihren Gunsten aus.[137] In britischen Kolonialgebieten, die mit Hilfe der Indirect Rule regiert wurden[138], konnten neu eingesetzte Machthaber/innen eine soziale Position erreichen, die ihnen vorher womöglich verwehrt gewesen wäre; im Falle, daß die alten Herrscher/innen weiterregier-

---

[131] Siehe Echeruo: Victorian Lagos, a. a. O., 112-113.
[132] Siehe Freund: The Making of Contemporary Africa, a. a. O., 156.
[133] Siehe Young: The African Colonial State in Comparative Perspective, a. a. O., 109.
[134] Siehe Freund: The Making of Contemporary Africa, a. a. O., 156.
[135] Siehe Young: The African Colonial State in Comparative Perspective, a. a. O., 109.
[136] Siehe Freund: The Making of Contemporary Africa, a. a. O., 157-158.
[137] Ein kurzer Überblick davon ist bei Young: The African Colonial State in Comparative Perspective, a. a. O., 107-109 zu finden. (Siehe auch weiter oben!)
[138] Vgl. Ansprenger: Politische Geschichte Afrikas im 20. Jahrhundert, a. a. O., 23-24.

Reaktionen auf den Kolonialismus 289

ten, konnten sie, indem sie die Regeln der Kolonialist/inn/en akzeptierten, wenigstens innerhalb des vorgegebenen Rahmens ihren Einfluß wahren; hätten sie sich widersetzt, wären sie in der Regel vollkommen entmachtet, wenn nicht gar getötet worden. Zusammenarbeit mit der Kolonialmacht konnte eine Stabilisierung von bestehenden Machtverhältnissen (unter geändertem Rahmen freilich) bedeuten, zugleich aber auch eine Erstarrung des Systems, was längerfristig in der Regel zu einer inneren Verkümmerung führen mußte.[139] Manche einheimische „Fürsten", wie etwa der Mangi Marealle von Marangu[140], einer der „Fürsten" der Dschagga im damaligen Deutsch-Ostafrika, nutzten die Zusammenarbeit mit den Kolonialist/inn/en in geschickter Weise dazu, vormals konkurrierende einheimische „Fürstentümer" auszubooten, indem sie einerseits das Vertrauen der Kolonialherren und -frauen gewannen und/oder durch gezielte Intrigen versuchten, Rival/inn/en bei den Kolonialist/inn/en in Ungnade fallen zu lassen. Die zwiespältige Zusammenarbeit bzw. Kollaboration mit den kolonialen Herrscher/inne/n (Zusammenarbeit mit den Unterdrücker/inne/n, die man vielleicht doch lieber ausdauernder hätte bekämpfen oder deren Politik man wenigstens boykottieren oder sabotieren hätte sollen) bezahlte der gegenüber den Brit/inn/en keineswegs nur duldsame Kabaka von Buganda, Mutesa II, bald nach der Unabhängigkeit mit seinem Sturz und seiner Vertreibung. Die Ermordung des Premierministers der Nordregion Nigerias, Alhadj Sir Ahmadu Bello, 1966 durch Offiziere war unter anderem damit motiviert, daß dieser als Sardauna von Sokoto in Kollaboration mit den Brit/inn/en zu seiner Position nach der Unabhängigkeit gelangt war.[141]

Auch in wirtschaftlichen Belangen im engeren Sinn machte sich die Zusammenarbeit mit den Kolonialist/inn/en zumindest vorherhand für manche bezahlt. Auf diese Weise konnte sich ein Berater des schon erwähnten Marealle 1900 eine große Kaffeepflanzung sichern und damit beträchtlichen Reichtum erlangen.[142] Auch „einfache" Bauern/Bäurinnen konnten durch die Akzeptanz der neuen Herrschaft und ihres Wirtschaftssystems profitieren oder wenigstens ihre durch den Kolonialismus entstehenden Schäden teilweise ausgleichen. Durch eine gezielte Überschußproduktion zu Verkaufszwecken konnte man einerseits den durch die Kolonialherrschaft auferlegten Steuerverpflichtungen nachkommen (was natürlich indirekten Zwang zu neuer Wirtschaftsweise bedeutete) und zum anderen den Lebensunterhalt sichern. Summa summarum dürfte die Cash Crop-Produktion für den Großteil der bäuerlichen Bevölkerung wohl nicht mehr als ein Abfedern von kolonialen Belastungen dargestellt haben. Jedenfalls aber wirkte sie sich zum Teil nachhaltig auf Kultur und Lebensweise der ländlichen Bevölkerung aus, indem der Warencharakter der Erzeugnisse hervorgehoben wurde und dem Geld ein gesellschaftliches Gewicht zugesprochen wurde, das indigenen Arten des „Geldes" zumindest in jener Quantität verwehrt geblieben war. Man war zunehmend auf den Verkauf angewiesen, um Überleben zu können und den Verpflich-

---

[139] Vgl. ebd., 24.
[140] Siehe ebd., 25.
[141] Zu Mutesa und Bello siehe ebd., 23-24.
[142] Siehe ebd., 26.

tungen zugunsten der Kolonialmächte nachzukommen, ja sogar um die eigene Reproduktivität sicherzustellen, indem man den Brautpreis, gewöhnlich Voraussetzung für eine Heirat, oder Teile davon in Form von Geld leisten mußte.[143]

Eine sehr markante Form von Kollaboration - wo die nun genannte Art der Zusammenarbeit nicht auf Zwang beruhte - repräsentierten afrikanische Soldaten im Dienst der Kolonialmächte im Kampf gegen Afrikaner/innen, eine Form, die in Variationen in grundsätzlich allen Kolonien anzutreffen war (siehe oben)[144], aber auch im Kampf gegen Feinde der „Mutterländer"[145].

Trotz aller Fälle von Zusammenarbeit und Kollaboration mit den Kolonialist/inn/en sollte nicht übersehen werden, daß nur ein kleiner Teil der Bevölkerung diese Strategie zu ihren Gunsten wählen konnte, der Rest war nicht selten durch die Kollaboration einiger weniger verstärkt von negativen Auswirkungen des Kolonialismus betroffen. Selbst anscheinend Begünstigte konnten sich in wenig beneidenswerter Lage befinden, etwa wenn in den französischen Kolonialgebieten[146] (man könnte auch Beispiele aus anderen Territorien zitieren) Chiefs, die von den Kolonialist/inn/en eingesetzt oder bestätigt worden waren und Funktionen im Dienst der Kolonie übernahmen, einerseits nur einen Bruchteil jener Macht zugesprochen bekamen, die entsprechende traditionelle Führer/innen in vorkolonialer Zeit innegehabt hatten, bedeutende finanzielle Einbußen hinzunehmen hatten und sich zugleich durch die Kollaboration mit den Kolonialist/inn/en sowie durch Versuche, über Zwangsarbeit ihre Einbußen auszugleichen, bei ihren „Untertanen" unbeliebt machten. Überdies waren sie weitgehend den Launen ihrer kolonialen Herr/inn/en ausgesetzt.

Eine besondere Form von Anpassung stellt die Annahme des kolonialen Schulbildungsangebotes dar. Welchen Einschnitt man mit dem Schulbesuch zum Teil verband, zeigt sich sehr deutlich in „Negativ"-Fällen: So gab es Chiefs, die lieber Sklaven als ihre eigenen Kinder in die neuen Schulen schickten.[147] Man wollte anscheinend verhindern, daß jene jungen Menschen, die später führende Positionen innehaben sollten, dem Einfluß jener fremden Kultur im Bereich der Bildung ausgesetzt würden. Trotz der Skepsis und des Bewußtseins darüber, was der Schulbesuch bedeuten könnte, bildete der Schulbesuch bald eine der folgenschwersten Formen der Anpassung an das Kolonialsystem.[148] Auch führende Persönlichkeiten indigener Gesellschaften zählten zu den Anhänger/inne/n einer modernen westlichen Schulbildung.[149] Dabei fielen die Schulgebildeteten in mancher Hinsicht zwischen zwei Stühle: Den Stuhl der Akzeptanz durch traditionelle Autoritäten hatten sie oft mehr oder weniger bewußt durch eine westliche kulturelle Orientierung aufgegeben bzw. verloren. Ein Sitzplatz auf der Seite

---

[143] Siehe Freund: The Making of Contemporary Africa, a. a. O., 128.
[144] Siehe Young: The African Colonial State in Comparative Perspective, a. a. O., 105-107.
[145] Siehe ebd., 143-145.
[146] Siehe Suret-Canale: French Colonialism in Tropical Africa, a. a. O., 80-83.
[147] Siehe Ansprenger: Politische Geschichte Afrikas im 20. Jahrhundert, a. a. O., 29; Suret-Canale: French Colonialism in Tropical Africa, a. a. O., 387-388.
[148] Siehe Ansprenger: Politische Geschichte Afrikas im 20. Jahrhundert, a. a. O., 30.
[149] Siehe etwa Blakemore; Cooksey: A Sociology of Education for Africa, a. a. O., 42-43.

der Kolonialist/inn/en wurde ihnen zur selben Zeit deshalb verwehrt, weil viele Kolonialist/inn/en diesen „europäisierten" Afrikaner/inne/n mit großer Skepsis und mit Argwohn gegenüberstanden. Die Vorbehalte seitens der Kolonialist/inn/en konnten die Form annehmen, daß man den schulgebildeten Afrikaner/inne/n die Legitimation absprach, führende politische Ämter zu bekleiden, da sie ja doch nur europäisierte Einheimische seien, die gar nicht in der Lage und willens seien, die Anliegen ihrer Völker zu vertreten.[150]

4. Auf dem Weg zur Unabhängigkeit: Politiker/innen, politische Parteien und ihre Ziele sowie kulturellen Orientierungen

Trotz der eben erwähnten Problematik, in der sich viele Menschen fanden, die in der Hierarchie der westlichen Schulbildung weit emporgeklettert waren, setzten sich die Vorkämpfer/innen für die Unabhängigkeit und die spätere einheimische Führungsschicht nicht primär aus traditionellen Führer/inne/n und auch nicht aus der Mehrzahl an Bauern/Bäurinnen und Arbeiter/inne/n zusammen, sondern gerade aus jener Bildungselite, die eine relativ umfangreiche westliche Schulbildung absolviert hatte.[151] Der deutsche Wissenschaftler Diedrich Westermann dürfte nicht ganz unrecht gehabt haben, wenn er 1937 in der Diktion seiner Zeit ein beobachtbares Phänomen und den zugrundeliegenden Mechanismus folgendermaßen beschrieb: „Auch solche Neger, die als gebildete und selbstbewußte Vertreter ihrer Rasse die europäische Herrschaft kritisch oder feindselig ansehen, beanspruchen für sich selber das Recht, die europäische Kultur sich voll anzueignen, denn sie sind sich darüber klar, daß sie nur dann mit dem Weißen in Wettbewerb treten und sich ihm gegenüber behaupten können, wenn sie seine Waffen gebrauchen."[152]
Trotz des Widerstandes gegen den Kolonialismus bzw. wegen einer der maßgeblichen Grundlagen des Erfolges des Widerstandes (westlich geprägte Ausbildung) stand die sich formierende indigene Führungselite ihrem traditionellen Kulturerbe in vielen Punkten distanziert gegenüber, ihre kulturelle Orientierung war unübersehbar durch

---

[150] Siehe Young: The African Colonial State in Comparative Perspective, a. a. O., 164. Exemplarisch siehe etwa auch K. E. de Graft-Johnson: The Evolution of Elites in Ghana, in: P. C. Lloyd (Hg.): The New Elites of Tropical Africa. Studies Presented and Discussed at the Sixth International African Seminar at the University of Ibadan, Nigeria, July 1964, London: Oxford University Press, 1966, 104-115, hier 109. (Natürlich bedeutete Schulbildung nicht immer und automatisch Prestigeverlust bei traditionellen Führer/inne/n bzw. bei traditionell ausgerichteten Bevölkerungsgruppen. Siehe weiter unten sowie ebd., 109-110). Weiters Foster: Education and Social Change in Ghana, a. a. O., 91-97.
[151] Siehe z. B. Ansprenger: Politische Geschichte Afrikas im 20. Jahrhundert, a. a. O., 43; Omoni: Colonial Policies and Independence Movements, a. a. O., 93. Siehe auch P. Mercier: Élites et forces politiques, in: P. C. Lloyd (Hg.): The New Elites of Tropical Africa. Studies Presented and Discussed at the Sith International African Seminar at the University of Ibadan, Nigeria, July 1964, London: Oxford University Press, 1966, 367-380, hier 379-380; De Graft-Johnson: The Evolution of Elites in Ghana, a. a. O., 111-112; Stefanie Knauder: The West African New Elite: Value Systems Old and New, Thesis, Brooklyn College, 1975.
[152] Zit. n. Ansprenger: Politische Geschichte Afrikas im 20. Jahrhundert, a. a. O., 44.

westliche Werte und Normen mitgeprägt.[153] Daß gerade diese Bildungselite die ersten Staatspräsidenten und führenden Politiker/innen nach der Unabhängigkeit stellen sollte, hängt zum einen eben damit zusammen, daß sie sich in dem von den Kolonialist/inn/en hinterlassenen (internationalen) politischen und wirtschaftlichen System am besten zurecht fanden. Indem man langsam dazu überging, Volksvertreter/innen wählen zu lassen, unterminierte man die Macht traditioneller Herrscher/innen bzw. hob man - und das gilt für einen Großteil der Fälle - die Art auf, wie sie traditionellerweise an die Macht gelangten; wollten sie nun weiterhin politisch maßgeblich sein, mußten sie sich auf den demokratischen Kampf um Stimmen und Macht einlassen.[154] Zum anderen hat es damit zu tun, daß die Kolonialmächte - allen voran Großbritannien und Frankreich -, als sie erkannten, daß die Unabhängigkeit unausweichlich bevorstand, ganz bewußt jene Bildungselite mit zumindest gewisser westlicher Orientierung für Führungspositionen mit entsprechenden Privilegien aufbauten, um damit auch nach der formalen Unabhängigkeit den Einfluß ihrer Länder - wenngleich in veränderter Form - wahren zu können.[155] Wie die Entwicklung in den meisten Ländern zeigen sollte, war diese Strategie durchaus wirkungsvoll.

Die Spannung zwischen den neuen afrikanischen Machthaber/inne/n bzw. ihrem Erfolg, die Unabhängigkeit erreicht zu haben, und den einheimischen traditionellen Oberhäuptern zeigt sich beispielsweise sehr deutlich im Fernbleiben des Asante-Königs von den großen Feierlichkeiten zur Unabhängigkeit Ghanas 1957.[156] Darin dürfte sicherlich zum einen die persönliche Niederlage des Königs Ausdruck gefunden haben, insofern nun seine Machteinbuße besiegelt schien. Zum anderen wirft seine Absenz ein helles Licht auf die massiven Veränderungen nicht nur der politischen Strukturen, sondern ebenso kultureller Muster, die untrennbarer Teil der kolonialen Geschichte wurden und in modifizierter Form in der nachkolonialen Zeit ihre Fortsetzung fanden, anstatt radikal gestoppt zu werden.

Zunutze machen konnte sich die neue Elite zuerst die eben aufkommende afrikanische (obere) Mittelklasse aus Händler/inne/n, Jurist/inn/en, Lehrer/inne/n, Journalist/inn/en, Transportunternehmer/inne/n[157]. Schauplatz der ersten größeren organisierten Unabhängigkeitsbewegungen waren Städte, jene Orte also, an denen sich die Bildungselite und ihre ersten Gefolgsleute in der Regel aufhielten und die zugleich den Freiraum

---

[153] Vgl. Richard Olaniyan: African History and Culture: an Overview, in: ders. (Hg.): African History and Culture, Lagos: Longman, 1982, 1-12, hier 3.

[154] Vgl. Young: The African Colonial State in Comparative Perspective, a. a. O., 199-200. Die Spannung zwischen den neuen afrikanischen Machthaber/inne/n bzw. ihrem Erfolg, die Unabhängigkeit erreicht zu haben, und den einheimischen traditionellen Oberhäuptern zeigte sich beispielsweise sehr deutlich im Fernbleiben des Asante-Königs von den großen Feierlichkeiten zur Unabhängigkeit Ghanas 1957. Darin dürfte sicherlich zum einen die persönliche Niederlage des Königs Ausdruck gefunden haben, da nun seine Machteinbuße besiegelt schien. Zum anderen wirft seine Absenz ein helles Licht auf die massiven Veränderungen nicht nur der politischen Strukturen, sondern ebenso kultureller Muster, die untrennbarer Teil der kolonialen Geschichte wurden und in modifizierter Form in der nachkolonialen Zeit ihre Fortsetzung fanden.

[155] Siehe Young: The African Colonial State in Comparative Perspective, a. a. O., 192-199.

[156] Siehe Davidson: The Black Man's Burden, a. a. O.,, 73.

[157] Siehe Ansprenger: Politische Geschichte Afrikas im 20. Jahrhundert, a. a. O., 43.

Reaktionen auf den Kolonialismus

boten, unabhängig von traditionellen Strukturen und Vorschriften zu agieren.[158] Wie allerdings schon gezeigt wurde, verstanden es immer mehr Politiker/innen, die einen Oberschicht-Hintergrund hatten, das „einfache" Volk bzw. die Masse zu mobilisieren. Da die Entwicklung an der Goldküste, dem späteren Ghana, für den Großteil Afrikas wegweisend war, möchte ich hier noch darauf sowie auf die Lebensgeschichte und das Programm seines bekanntesten Politikers jener Zeit eingehen.

Eine der einflußreichsten Persönlichkeiten des Unabhängigkeitskampfes nach dem Zweiten Weltkrieg in Ghana war Kwame Nkrumah (1909 bis 1972), der weit über seine Landesgrenzen hinaus politisch aktiv war (an vorderer Stelle im Panafrikanismus[159], einer der Gründer der Organisation of African Unity (OAU), international agierender Vertreter der Blockfreien Staaten).[160] Der 1909 geborene Nkrumah besuchte nach den Missionsschulen das elitäre Achimota College in Ghana, um danach von 1935 bis 1945 an Universitäten in den USA und später kurz in London zu studieren. Am Pan-Afrika-Kongreß 1945 in Manchester, an dem zumindest für Westafrika echte Unabhängigkeit nachdrücklich und vehement gefordert wurde, war er aktiv beteiligt. Als die Verbraucher/innen-Boykotte 1948 in Accra gegen zu hohe Preise in Übergriffen durch die Polizei und mehr als zwei Dutzend Toten endeten, wurde er als einer der mutmaßlichen „Anstifter" der Proteste kurzzeitig verhaftet, was seine Autorität im Volk untermauern sollte. 1949 gründete er die Convention People's Party (CPP)[161], die sich die Parole des „Self Government Now" zu einem Teil ihres Programms machte und damit entschieden gegen den Kolonialismus auftrat. Weitere Grundpfeiler des Parteiprogramms waren der Einsatz für eine demokratische Regierung, für eine Verbesserung der Situation der Arbeiter/innen, für die nationalstaatliche Einheit der Goldküste sowie im weiteren für ein vereinigtes und selbstbestimmtes Westafrika. Ideologische Quellen Nkrumahs liegen in der ersten Generation modernistischer afrikanischer Intellektueller, in der bürgerlichen Demokratie Europas und im Marxismus. So gesellt sich zu Nkrumahs Kolonialismuskritik die marxistisch-leninistische Kritik am Kapitalismus. In seinen Aktionen suchte er sich auf die breite Masse der durch den Kolonialismus Unterdrückten zu stützen. In einem Essay, den er 1947 verfaßt hatte, betonte er die Notwendigkeit der Organisierung und politischen Schulung der Massen, insbesondere der Arbeiter/innen und der Jugend, im Kampf gegen die kolonialistische Unterdrückung und Ausbeutung bzw. für die Beseitigung des Kolonialismus überhaupt sowie für politische und demokratische Freiheit und sozialen und wirtschaftlichen

---

[158] Vgl. ebd., 43-44. Auf die Bedeutung der Städte für afrikanische Unabhängigkeitsbewegungen hat bereits Hodgkin 1956 hingewiesen. (Siehe Hodgkin: Nationalism in Colonial Africa, a. a. O., v. a. 18 u. 84-85.)
[159] Bezüglich seines panafrikanischen Einsatzes siehe u. a. Nkrumah: Africa Must Unite, a. a. O., v. a. xvii; 133-149; 177; 216-222.
[160] Siehe Ansprenger: Politische Geschichte Afrikas im 20. Jahrhundert, a. a. O., 54-56; 59-60; Freund: The Making of Contemporary Africa, a. a. O., 207-208; Uwechue (Hg.): Makers of Modern Africa, a. a. O., 558-566; David Birmingham: Makers of the Twentieth Century: Kwame Nkrumah, London: Cardinal, 1990.
[161] Siehe dazu Uwechue (Hg.): Makers of Modern Africa, a. a. O., 559-560.

Wiederaufbau[162]. War er auf gesamtafrikanischer Ebene als Pan-Afrikanist engagiert, so konnte er innerhalb der Grenzen der Goldküste die nationale Einheit erfolgreich propagieren.[163]

Mit der ghanaischen Verfassung von 1946 und ihrer Verbesserung der Rechte für Afrikaner/innen war ein zwar kleiner, jedoch unumkehrbarer Schritt in Richtung Unabhängigkeit gemacht worden. 1948, in einer Zeit großer sozialer Spannungen, weitete sich eine Demonstration nach gewalttätigen Übergriffen seitens der Kolonialverwaltung zu einem mehrtägigen Aufruhr aus. Auch am Land gab es Proteste. Den Höhepunkt bildete Anfang 1950 ein Generalstreik, den Nkrumah, obwohl er nicht von ihm initiert war, geschickt nutzen konnte und durch den er weiter an Bedeutung gewann. Noch im Jänner 1950 wurde er (aber) zu einer dreijährigen Haftstrafe verurteilt[164]. Die Wahlen, die aufgrund der Verfassung von 1951 landesweit abgehalten wurden, um Ministerämter zu bestellen, gewann die Partei des nach wie vor inhaftierten Nkrumah, die Convention People's Party (CPP), mit großer Mehrheit, Nkrumah, daraufhin frühzeitig aus der Haft entlassen, wurde „Leader of Government Business". Sechs Jahre lang war er „kolonialer" Premierminister. Er stand in enger Verbindung mit dem britischen Gouverneur, Sir Charles Arden-Clarke. Man ließ allmählich immer mehr Afrikaner/innen im Staatsdienst zu, vervielfachte die Posten im öffentlichen Dienst (sowohl für weiße Ausländer/innen als auch für schwarze Einheimische) und führte Entwicklungspläne weiter, die von den Kolonialist/inn/en ausgearbeitet worden waren, wobei man die Schulbildung besonders betonte. Diese enge Kooperation mit den Kolonialist/inn/en brachte Nkrumah und seiner Partei jedoch bald Kritik ein. Die Wahl von 1954 gewann Nkrumah mit der CPP abermals, allerdings nicht mit einer überwältigenden Mehrheit.[165] Die CPP präsentierte sich als die Kraft zur Befreiung Ghanas vom Kolonialismus und zugleich als einzige ghanaische Organisation, die sich für die Westafrikanische Einheit und die Rechte und Freiheit der Afrikaner/innen auf der ganzen Welt einsetze. Man stellte wirtschaftliche Entwicklung sowohl im Bereich der Landwirtschaft als auch der Industrie in Aussicht und legte besonderes Gewicht auf die Elektrifizierung des ganzen Landes, vorzugsweise zum Zweck der Förderung einer möglichst landesweiten Industrialisierung. Man verschrieb sich der Demokratie, äußerte das Vorhaben, die traditionellen Führer/innen dem demokratischen System unterzuordnen, und stufte es als wesentlich ein, daß sie sich der Parteipolitik fernhalten. Man versprach, für die Rechte der Frauen aufzutreten, nominierte Frauen für die Wahlen und verpflichtete sich dem Prinzip „Gleicher Lohn für gleiche Arbeit".[166] Widerstand gegen Nkrumah formierte sich insbesondere im Gebiet der Asante, wo lokale Autoritä-

---

[162] Siehe Kwame Nkrumah: Was zu tun ist (engl. Orig.: Towards Colonial Freedom, 1947), Rainer Falk, Peter Wahl (Hg.): Befreiungsbewegungen in Afrika. Politische Programme, Grundsätze und Ziele von 1945 bis zur Gegenwart, Köln: Pahl-Rugenstein, 1980, 60-63.
[163] Siehe Freund: The Making of Contemporary Africa, a. a. O., 207.
[164] Siehe Birmingham: Makers of the Twentieth Century: Kwame Nkrumah, a. a. O., 34.
[165] Siehe Freund: The Making of Contemporary Africa, a. a. O., 211-213.
[166] Siehe Wahlmanifest der Volkskongreß-Partei Ghanas - CPP (1954), in: Rainer Falk, Peter Wahl (Hg.): Befreiungsbewegungen in Afrika. Politische Programme, Grundsätze und Ziele von 1945 bis zur Gegenwart, Köln: Pahl-Rugenstein, 1980, 63-70.

ten im System der Indirect Rule eine Position innehatten, die durch die Entkolonialisierung gefährdet schien. Trotzdem gewann die CPP bei den Wahlen im Jahr 1956 72 von 104 Sitzen. 1957 erlangte das nunmehrige Ghana unter der Führung von Nkrumah seine Unabhängigkeit. Ein wesentlicher Punkt bei diesem Übergang zu afrikanischer politischer Selbstbestimmung war die Wahrung westlicher Sicherheits- und Wirtschaftsinteressen, und das, obwohl Nkrumah grundsätzlich einen sozialistischen Weg verfolgte.[167] Programmatisch hörte sich die Rede Nkrumahs an, die im Dezember 1957 im Rundfunk gesendet wurde: „My first objective is to abolish from Ghana poverty, ignorance and disease. We shall measure our progress by the improvement in the health of our people; by the number of children in school; and by the quality of the education; by the availability of water and electricity in our towns and villages, and by the happiness which our people take in being able to manage their own affairs."[168] Modernisierung war ein zentrales Ziel Nkrumahs.[169]

Während seiner Amtszeit als Präsident Ghanas suchte er die Industrialisierung zu forcieren; ihr sollte auch die Errichtung des Voltastaudammes dienen. Überhaupt sah er in der Elektrifizierung einen wesentlichen Beitrag zur Förderung des Wohlstandes. Allerdings erzielten viele seiner wirtschaftspolitischen Maßnahmen aufgrund von Fehlkalkulationen und neokolonialen Strukturen der internationalen Wirtschaft nicht den gewünschten Erfolg. Zusehends wuchs die ghanaische Opposition gegen ihn und seine Regierung aufgrund einer sich verschlechternden wirtschaftlichen Situation, man kritisierte Korruption und Günstlingswirtschaft. Nkrumah jedoch reagierte immer restriktiver auf die Kritik. Am 24. Februar 1966 schließlich wurde er in einer Gemeinschaftsaktion von Militärs und der Polizei gestürzt.[170] Nkrumah lebte fortan im Exil in Guinea, bis er 1972 infolge eines Krebsleidens in Rumänien starb. Sein politischer Ruf allerdings schien sich mit zunehmendem Abstand zu seiner Regierungszeit zu verbessern, viele schätzten in ihm den Unabhängigkeitskämpfer und Visionär für ein befreites Afrika und erkannten zudem die Bedeutsamkeit seiner Analysen des Neokolonialismus bzw. seine Warnung davor.[171]

---

[167] Siehe Freund: The Making of Contemporary Africa, a. a. O., 213; Nkrumah: Africa Must Unite, a. a. O., 118-131.
[168] Kwame Nkrumah, zit. n. Uwechue (Hg.): Makers of Modern Africa, a. a. O., 563.
[169] Siehe etwa auch Nkrumah: Africa Must Unite, a. a. O., 119-120; 221.
[170] Siehe Birmingham: Makers of the Twentieth Century: Kwame Nkrumah, a. a. O., 63-93.
[171] Siehe ebd., 94-120.

IV. Die nachkoloniale Zeit

Die ideellen Orientierungen nach der Kolonialzeit wurzelten unter anderem in antikolonialen Bewegungen, in afrikanischen Kulturen und in den Kulturen der Kolonialist/inn/en; sie sind als Reaktionen auf den Kolonialismus zu interpretieren sowie hals Versuche, angesichts der weltpolitischen Lage mit einer Polarität zwischen Sozialismus und Kapitalismus einen geeigneten Weg zu finden. Wiewohl der bekannte Afrika-Historiker Basil Davidson richtig liegen mag, wenn er schreibt: „the years since independence have been the most important time of change in all of Africa's long history"[1], ist zugleich festzuhalten, daß die Veränderungen der nachkolonialen Zeit vielfach ihre Quellen in der Kolonialzeit hatten/haben.[2]

Auf die Grundzüge der nachkolonialen ideellen Orientierungen im tropischen Afrika gehe ich im folgenden allgemein und anhand von Beispielen ein, wobei ich wie schon vorher hinsichtlich der Konkretisierungen besonderes Augenmerk auf politische Strategien und Schulbildung lege.

1. Allgemeine Charakteristika

Die nachkoloniale Zeit wurde auf führender politischer Ebene im wesentlichen bestimmt durch eine Schicht einheimischer Afrikaner/innen, die so etwas wie einem (Klein-) Bildungsbürgerinnentum angehörten und in der Kolonialzeit aufgrund des kolonialen Rassismus, gemessen an ihrer Ausbildung, benachteiligt waren, gegenüber Afrikaner/inne/n, die keine Schulbildung westlichen Typs absolviert hatten, jedoch vielfach eine vorteilhafte Position innehatten; mit dem weitgehenden „Auszug" der Kolonialist/inn/en sahen sie sich als quasi logische Nachfolger/innen der kolonialen Führung. Für sie war Fortschritt auf vielen Ebenen gleichzusetzen mit „Verwestlichung", einer „westlichen" Modernisierung, die allerdings durch indigene afrikanische Traditionen gefärbt sein sollte. Entwicklung wurde meist an wirtschaftlichem Wachstum gemessen, Entwicklung und Wirtschaftswachstum hielt man für untrennbar miteinander verbunden. Nur in Ausnahmefällen suchte man einen einigermaßen radikalen Bruch mit kolonialen bzw. nunmehr neokolonialen (globalen) Strukturen.[3]

Wie bereits festgehalten, wurzelten die ersten führenden Politiker/innen der Nachkolonialzeit weder in der Arbeiter/innen- noch in der Bauern/Bäurinnenschaft, und nur ausnahmsweise und meist nicht lange hatten traditionelle Autoritäten führende Positionen inne[4]. Leitende Ämter übernahmen vielmehr jene, die in der Lage und wil-

---

[1] Davidson: Modern Africa, a. a. O., 157.
[2] Zur nachkolonialen Zeit allgemein vgl. etwa Keller: Decolonization, Independence, and Beyond, a. a. O., 151-155; N. Brian Winchester: African Politics Since Independence, in: Phyllis M. Martin, Patrick O'Meara (Hg.): Africa, Bloomington: Indiana University Press, ²1986, 297-308.
[3] Vgl. Claude Ake: Ideology and Objective Conditions, in: Joel D. Barkan (Hg.): Politics and Public Policy in Kenya and Tanzania, Revised Ed., New York u. a.: Praeger, 1984, 127-139, hier 130.
[4] Siehe Freund: The Making of Contemporary Africa, a. a. O., 241.

lens waren, die europäischen Kolonialist/inn/en in der staatlichen Bürokratie und Hierarchie zu ersetzen und dabei auf die Interessen der ehemaligen Kolonialmächte Rücksicht zu nehmen bzw. Anliegen der eigenen (und damit oberen) Schicht von Afrikaner/inne/n voranzutreiben.[5] Eine besondere Rolle bei der Selektion der Führungsschicht spielte in den meisten Staaten die Schulbildung, darunter die Beherrschung jener Sprachen, die durch den Kolonialismus eingeführt wurden und für die Einheit der Staaten mit vielen Völkern unterschiedlicher Sprachen wichtig waren/sind; zugleich spiegelt sich gerade im großen Gewicht der Kolonialsprachen die - nicht nur - kulturelle Abhängigkeit der neuen Staaten und ihrer Politiker/innen von den ehemaligen Kolonialmächten wider.[6] Das Beispiel von Ghana kann diese Problematik gut verdeutlichen. War man in den ersten Jahren der Selbstbestimmung (teils schon ab 1951) überhaupt eher zögerlich, was eine Afrikanisierung des Unterrichts betraf, so galt das insbesondere für die Sprachen. Anstatt einheimische Sprachen zu fördern, ging man dazu über, möglichst früh (also schon in den ersten Stufen der Primary Schools) den Unterricht auf Englisch zu halten, entgegen der Praxis unter den britischen Kolonialist/inn/en. Hierin zeigt sich einmal mehr die Spannung, in der sich die unabhängigen Länder befanden. Einerseits hatte man um die Selbstbestimmung gekämpft und suchte von der abwertenden Haltung der Kolonialist/inn/en gegenüber afrikanischen Kulturen bzw. Afrikaner/inne/n wegzukommen und dem ein positives Bild entgegenzustellen und dementsprechend das jeweilige afrikanische kulturelle Erbe zu beleben. Andererseits sahen die führenden Persönlichkeiten keine Möglichkeit, unmittelbar an die vorkoloniale Zeit anzuknüpfen. Man strebte vielmehr nach Modernisierung und Fortschritt, in der Regel im westlichen Sinne verstanden.[7] Man übernahm wohl oder übel das Erbe der kolonialen Staatsgrenzen und strebte eine weitgehende nationale Vereinheitlichung an. Da es, wie in den meisten anderen Ländern auch, in Ghana keine Sprache gab, die jenseits der Grenzen der Volksgruppenzugehörigkeit stand und somit ein verbindendes gesellschaftliches Element werden konnte, sollte Englisch als von möglichst allen beherrschte Nationalsprache dazu dienen, die verschiedenen Volksgruppen in ein Staatsganzes zu integrieren.[8]

Beispielhaft für die relativ starke Verwurzelung der neuen afrikanischen Staatsoberhäupter in europäischen Kulturen - auch wenn man sich gleichzeitig um eine Integration indigener traditioneller Kulturmuster bemühte - sei auf Léopold Sédar Senghor verwiesen, der sicherlich nicht als Extremfall westlicher kultureller Verwurzelung eingestuft werden kann. Ich habe bereits oben sein Leben bis zur Unabhängigkeit Senegals verfolgt, wobei vermutlich sehr klar geworden ist, warum Senghor trotz seiner Propagierung der „Négritude" der französischen Kultur so nahe war. Der Schlüssel zum Verständis Senghors kann nicht in der „Négritude" alleine liegen, sondern vielmehr in seinem Bestreben der Assimilation der Kulturen bzw. in seiner Überzeugung,

---

[5] Siehe ebd., 241-242.
[6] Siehe ebd., 247.
[7] Allgemein zur Modernisierungsmaxime siehe auch Davidson: The Black Man's Burden, a. a. O., 199-200.
[8] Siehe Foster: Education and Social Change in Ghana, a. a. O., 185-186.

daß alle Kulturen voneinander zu lernen hätten und sowohl die französische Kultur den Afrikaner/inne/n etwas anzubieten hätte wie auch umgekehrt, afrikanische Kulturen den Franzosen/Französinnen. Die Politik, die Senghor als Staatspräsident von Senegal verfolgte, spiegelt viel von dieser Einstellung wider. Auch wenn er häufig die Begriffe von Négritude bzw. nun öfter von Africanité (mit ähnlichem Sinn wie der erstgenannte Begriff) verwendetete bzw. einen afrikanischen Sozialismus zu verfolgen suchte, übernahm er europäische Wirtschaftsweisen und Produktionstechnologien, gewährte er genügend Raum für ausländische Firmen, garantierte französichen Investor/inn/en besondere Vorrechte, besprach wichtige außenpolitische Entscheidungen grundsätzlich zuvor mit Frankreich, stellte französische Berater/innen an, band die senegalesische Währung an jene Frankreichs, räumte französischen Bürger/inne/n die gleichen Rechte wie den senegalesischen ein oder ließ die Errichtung eines französischen Militärstützpunktes zu.[9] Erst in den frühen 70er Jahren machte er sich von Frankreichs Politik unabhängiger, im wirtschaftlichen Bereich drängte er französische Firmen in Senegal, mehr Senegales/inn/en in Managementpositionen aufzunehmen.[10] Auf persönlicher Ebene ist es bezeichnend, daß Senghor, der (erst) 1960 seinen Hauptwohnsitz von Paris nach Dakar verlegt hatte, fortan seinen Sommerurlaub gewöhnlich in Frankreich verbrachte, was sehr an die Gepflogenheiten der früheren französischen Kolonialadministratoren erinnert.[11] Ende 1980 kündigte Senghor, dem das Volk immer weniger zu folgen vermochte und dessen Rhetorik oberflächlich geworden war, seinen Rücktritt als Präsident an, um sein Amt Abdou Diouf zu übergeben, den er für seine Nachfolge aufgebaut hatte.[12] Nachdem er danach zunächst weiter in nationalen und internationalen Belangen politisch tätig blieb, zog er sich um die Mitte der 1980er Jahre zusehends aus der Politik zurück, widmete sich mehr der Dichtung und Philosophie und verlegte seinen Hauptwohnsitz langsam nach Frankreich.[13]

Als bald nach der Unabhängigkeit in Afrika in der Mehrzahl der Länder Ein-Parteien-Systeme eingeführt wurden (teils mit Wahlmöglichkeiten innerhalb der Partei, zu einem größeren Teil gänzlich ohne allgemeine freie Wahl unter mehreren wahlkämpfenden Politiker/inne/n), konnten insbesondere zwei Gründe dafür angeführt werden: Modernisierung im Sinne westlicher Wohlstandsniveaus durch ungeteilte und einheitliche Anstregung aller Staatsbürger/innen, „Anti-Tribalismus" im Sinne einer Verhinderung von Abspaltungen einzelner Völker bzw. Volksgruppen aus dem von den Kolonialist/inn/en übernommenen Staatsganzen.[14] Die Ziele waren „nation-

---

[9] Siehe Vaillant: Black, French, and African, a. a. O., v. a. 305; 319; 325-326.
[10] Siehe ebd., 328.
[11] Siehe ebd., 306-307.
[12] Siehe ebd., 332.
[13] Siehe ebd., 339-340.
[14] Siehe Ansprenger: Politische Geschichte Afrikas im 20. Jahrhundert, a. a. O., 76; Gordon: African Politics, a. a. O., 65-66; Winchester: African Politics Since Independence, a. a. O., 299-301. Im übrigen, das erste Ziel, Modernisierung bzw. das Erreichen westlicher Wohlstandsniveaus, haben diese Regime sehr weit verfehlt, mit der Verhinderung von Abspaltungen waren sie, abgesehen von Äthiopien, dagegen erfolgreich. (Vgl. Ansprenger: Politische Geschichte Afrikas im 20. Jahrhundert, a. a. O., 92.)

building" und „Entwicklung", Ziele die mit geeinten Kräften verfolgt werden sollten.[15] Sowohl politisch linke als auch politisch rechte Regierungen suchten mit dem Verweis auf jene Ziele, die gefährdet schienen, ihr „development dictatorship"[16] zu legitimieren. Es ist unschwer zu erkennen, daß beide Ziele stark nach westlichen Traditionen ausgerichtet waren. Man versuchte mit aller Kraft (auch mit militärischen Mitteln, siehe etwa Nigeria - Stichwort: Biafra) jene Territorien zu erhalten, die die Kolonialist/inn/en großteils in Unwissenheit über Bevölkerung und indigene Grenzen konzipiert hatten, und ein Modell der Nation aus Europa zu übernehmen sowie das zu erreichen, was im Westen und mittlerweile natürlich ebenso bei vielen Afrikaner/inne/n als Wohlstand galt, wobei nicht zu vergessen ist, daß eine Wohlstandsdefinition, wenn auch vermutlich nicht in allen Punkten, kulturell bedingt ist. Wenn also die führenden Politiker/innen ein westliches Entwicklungsmodell verfolgten und westliche Wohlstandsniveaus zu erreichen suchten, liegt dem eine deutliche Ausrichtung an Werten und Normen bzw. kulturellen Mustern zugrunde, die man zumindest teilweise[17] aus dem Westen übernahm, auf jeden Fall jedoch übertrug man die Art und Weise (Modernisierung), wie bestimmte Werte als Zielvorstellungen (in materiellem Wohlstand zu leben, was immer das heißt) erreicht werden könnten. In geringerem Ausmaß ahmte man damalige westliche soziopolitische Standards nach bzw. den Weg, auf dem jener erstrebte Wohlstand politisch zu erreichen sei; hier dürfte man sich teilweise eher an jenen Standards - sofern sie von nicht-afrikanischen Quellen stammten - orientiert haben, an die sich die europäischen Kolonialist/inn/en noch kurz zuvor in Afrika gehalten hatten.[18] Unterdrückung von Meinungsfreiheit, Ausschaltung der Opposition, Konzentration der Macht in den Händen der Regierenden etc. zählten in vielen Ländern bald zum Grundrepertoire politischen Handelns seitens der Regierenden, wenngleich die Verfassungen (zunächst) meist auf demokratischen Ordnungen nach europäischem Vorbild beruhten[19]. An die Stelle ziviler Regierungen traten in vielen Ländern zumindest zwischenzeitig militärische Regime. Die Mehrheit der afrikanischen Staaten erlebte mindestens einen erfolgreichen Putsch, die meisten davon mehrere. In den ersten 25 Jahren der Unabhängigkeit wurden in 29 Staaten mehr als 70 Staatschefs durch das Militär entmachtet. Diese militärischen Revolten resultierten meist nicht nur aus der Unzufriedenheit der Militärs an ihrer eigenen Lage; man konnte sich häufig zudem der Unterstützung der Bevölkerung gewiß sein, die von einer militärischen Füh-

---

[15] Siehe auch Peter Anyang' Nyong'o: The One-Party State and its Apologists: The Democratic Alternative, in: ders. (Hg.): 30 Years of Independence in Africa: The Lost Decades?, Nairobi: Academy Science Publishers, 1992, 1-8, hier 3.
[16] Winchester: African Politics Since Independence, a. a. O., 300.
[17] Ich formuliere hier einigermaßen vorsichtig, weil es schwer zu entscheiden ist, ob nicht indigene afrikanische Lebensformen und moderne westliche zumindest in einigen wesentlichen Punkten auf den gleichen Grundwerte beruhen und die Differenz nur in der Form, wie jene Werte sozusagen zu realisieren sind, besteht.
[18] Vgl. Gordon: African Politics, a. a. O., 55.
[19] Siehe auch Naomi Chazan, Robert Mortimer, John Ravenhill, Donald Rothchild: Politics and Society in Contemporary Africa, Boulder, Col.: Lynne Rienner Publishers, 1992 (Second Ed.), 46-54. Zur Übernahme europäischer Modelle der Demokratie in den französischen und britischen Ex-Kolonien siehe etwa Gordon: African Politics, a. a. O., 62.

rung eine Lösung wirtschaftlicher und sozialer Probleme erhoffte bzw. die Erfüllung jener Versprechen erwartete, die die zivile Regierung hinsichtlich ökonomischer und sozialer Standards nicht erfüllt hatte sowie die Beseitigung von Korruption der Regierenden - rückblickend freilich waren diese Hoffnungen in der Regel weit überzogen oder überhaupt schlecht begründet.[20]

In weitaus geringerer Zahl und vornehmlich erst seit den letzten Jahren und nicht zuletzt angesichts des Zusammenbruchs des Ostblocks einerseits und des Drucks durch Weltbank, Weltwährungsfonds und westliche Staaten andererseits wurde das politische System (wieder) nach dem Modell von Mehr-Parteien-Demokratien gestaltet.[21] Demokratische Ansätze prinzipiell dürften allerdings zu einem großen Teil aufgrund des Drucks von verschiedenen Teilen der Völker realisiert worden sein.[22]

Ein-Parteien-Systeme bzw. später Mehr-Parteien-Systeme und militärische Führung wurden in unterschiedlichen Formen mit sozialistischen und marktwirtschaftlichen Ansätzen verbunden.[23] Dabei war der sozialistische Weg in der frühen nachkolonialen Zeit viel populärer, sodaß sich nur wenige Regierungen dezidiert zur Marktwirtschaft bekannten und einige Staaten, die de facto marktwirtschaftlich orientiert waren, ihren Weg sozialistisch benannten.[24] Crawford Young unterscheidet zwischen zwei sozialistisch ausgerichteten Wegen, den populistischen Sozialismus und den Afro-Marxismus.[25] Der erstere wird vor allem exemplifiziert durch Tansania (daneben durch Guinea-Bissau, Ghana, Guinea und Mali - jeweils in unterschiedlich langen Phasen ihrer Geschichte) und ist gekennzeichnet durch eine Stilisierung vorkolonialer afrikanischer Gesellschaften als egalitär und damit dem Sozialismus ähnlich (was eine - selektive - Anknüpfung an indigene Traditionen erlauben würde) sowie durch eine radikale Ablehnung des Kapitalismus. Da man die afrikanischen Gesellschaften als relativ homogen und frei von klar unterscheidbaren Klassen denkt, erachtet man den Klassenkampf als ein für afrikanische Verhältnisse fremdes Element. Nicht um den Klassenkampf geht es, sondern um den Kampf gegen den Imperialismus von außen. Leitlinie sind weniger Marx und Engels sondern vielmehr die afrikanische Vergangenheit bzw. besser: ein bestimmtes Bild afrikanischer Geschichte. Zweiterer (der Afro-Marxismus) findet sich vor allem in der jüngeren Geschichte Kongos, Äthiopiens, Mosambiks und Angolas. Hier wird die Staatsideologie dezidiert an Marx und Engels ausgerichtet einschließlich der Überzeugung von der Unabdingbarkeit des Klassenkampfes sowie natürlich der heftigen Kritik an Kapitalismus und Imperialismus. Die Wirtschaft wird in beiden Fällen weitgehend zentral geplant, so wie überhaupt der Staat

---

[20] Siehe Winchester: African Politics Since Independence, a. a. O., 301-304; Chazan; Mortimer; Ravenhill; Rothchild: Politics and Society in Contemporary Africa, a. a. O., 215-219.
[21] Siehe Gordon: African Politics, a. a. O., 79-82; Chazan; Mortimer; Ravenhill; Rothchild: Politics and Society in Contemporary Africa, a. a. O., 66.
[22] Vgl. Ansprenger: Politische Geschichte Afrikas im 20. Jahrhundert, a. a. O., 125-154.
[23] Siehe ebd., bes. 129-130. Zur ideologischen Positionierung der unabhängigen Staaten siehe generell auch Chazan; Mortimer; Ravenhill; Rothchild: Politics and Society in Contemporary Africa, a. a. O., 154-161.
[24] Siehe Ahmed Mohiddin: African Socialism in Two Countries, Totowa: Barnes & Noble Books, 1981, 13-14.
[25] Siehe Crawford Young: Ideology and Development in Africa, New Haven-London: Yale University Press, 1982, 12.

zentrale Lebensbereiche der Menschen zu gestalten versucht (wozu auch umfangreiche Verstaatlichungen dienen). Zur Hebung des materiellen Wohlstandes, den man insbesondere mit „nördlichen" Ländern vergleicht, soll rasches Wirtschaftswachstum dienen.[26] Obwohl afrikanische sozialistische Staaten den „nördlichen" sowie asiatischen sozialistischen Staaten ideologisch nahe sind und den westlichen Imperialismus bekämpfen, arbeiten sie insbesondere in wirtschaftlicher Hinsicht keineswegs nur mit anderen sozialistischen Ländern zusammen, sondern auch mit kapitalistischen Ländern des „Nordens".[27] Im wesentlichen haben alle diese Länder eine Modernisierung im Sinne der Hebung von Lebensstandards, gemessen an Verhältnissen des „Nordens", angestrebt, aber kaum erreicht, wenngleich man anderen Zielen (zum Beispiel Verhinderung enormer „Klassengegensätze") näher gekommen ist.[28]

Als typische kapitalistische Länder gelten Kenia, die Elfenbeinküste und Nigeria (nach einer Schätzung von Crawford zu Beginn der 80er Jahre verfolgte rund die Hälfte aller afrikanischen Staaten - modifizierte - marktwirtschaftliche bzw. kapitalistische Wege[29], darunter auch Zaire).[30] Während sozialistische Staaten sich in ihrer ideologischen Grundlage teils explizit auf vorkoloniale Gegebenheiten (oder auf das, was man dafür hält) berufen, knüpfen die kapitalistischen Strategien - nolens volens - primär an die koloniale Zeit an, wenn auch Versuche unternommen wurden, bestimmte Aspekte vorkolonialer Verhältnisse für die kapitalistische Ausrichtung fruchtbar zu machen. Abgesehen davon soll nicht vergessen werden, daß Teile der Wirtschaft vielfach bereits in vorkolonialer Zeit markwirtschaftlich geregelt waren.[31] Im Zentrum afrikanischer kapitalistischer Staaten steht die Überzeugung von der Effizienz des Marktes als Verteiler von Ressourcen, wenngleich man dem Staat durchaus regulative Maßnahmen zubilligt. Nicht der freie Markt gilt als Vehikel für „Entwicklung", sondern ein regulierter Markt. Privates Kapital sowie privatwirtschaftliche Aktivitäten betrachtet man als weitere ausschlaggebende Faktoren zur Hebung des Wohlstandes. Die Wirtschaftspolitik wird gegenüber dem Ausland relativ offen gestaltet, wenngleich nicht gänzlich ohne Restriktionen. Förderung ausländischer Investitionen ist ein Ausdruck dieser Offenheit gegenüber dem Ausland. Trotz eines Bekenntnisses zur Blockfreiheit der meisten afrikanischen kapitalistischen Staaten erachtet man wirtschaftliche Beziehungen zum Westen als besonders wichtig. Gleichheit wird hinsichtlich der Chancen angestrebt, Ungleichheit in der Verteilung ist, sofern sie auf ungleichen Leistungen oder besonderem Geschick beruht, durchaus nicht unerwünscht. Die Schaffung einer sozialen Infrastruktur durch öffentliche Gelder (Schulen, Spitäler etc.) wird

---

[26] Siehe ebd., 12; 22-182 u. 188; auch Keller: Decolonization, Independence, and Beyond, a. a. O., 154-155.
[27] Siehe Young: Ideology and Development in Africa, a. a. O., 253-296.
[28] Vgl. auch Winfried Veit: Zu Theorie und Praxis sozialistischer Entwicklungswege in Afrika, in: Werner Pfennig, Klaus Voll, Helmut Weber (Hg.): Entwicklungsmodell Tansania: Sozialismus in Afrika. Geschichte, Ökonomie, Politik, Erziehung, Frankfurt-New York: Campus, 1980, 33-41, hier, 40.
[29] Siehe Young: Ideology and Development in Africa, a. a. O., 183.
[30] Siehe generell Young: Ideology and Development in Africa, a. a. O., 183-252. Siehe auch Keller: Decolonization, Independence, and Beyond, a. a. O., 154-155.
[31] Vgl. John Sender, Sheila Smith: The Development of Capitalism in Africa, London-New York: Methuen, 1986, 6-66.

als wichtige Aufgabe des Staates betrachtet (auch im Sinne der Chancengleichheit). Gegenüber „nördlichen" Ländern stuft man sich in sozioökonomischer Hinsicht als unterentwickelt ein. Diesen Entwicklungs- und zugleich Modernisierungsrückstand versucht man über ein rasches Wirtschaftswachstum auszugleichen, das man jedoch nicht ausschließlich einer „unsichtbaren Hand" marktwirtschaftlicher Mechanismen überläßt, sondern das vom Staat gelenkt werden müsse.[32]

Die Industriepolitik der unabhängigen Staaten variierte nicht zuletzt im Sinne ihrer ideologischen Orientierung. Allgemein gilt, daß die meisten afrikanischen Staaten eine Wirtschaftsstruktur „erbten", in der der industrielle Sektor weit weniger als ein Fünftel des BIP erwirtschaftete. Man suchte darauf mit einer gezielten Ausweitung dieses Sektors zu antworten, zumal man in der Industrie einen Eckstein für wirtschaftliche „Entwicklung" und Modernisierung sah.[33] Importsubstitution nahm dabei einen prioritären Rang ein[34], wobei diese Anstrengungen unter anderem mit Problemen eines kleinen einheimischen Marktes, relativ hoher Herstellungskosten, mangelhafter Infrastruktur, Knappheit an Fachkräften und an privatem Kapital zu kämpfen hatten[35]. Alles in allem erwies sich diese Strategie als ineffizient; zudem konnte sie nicht den erwünschten Erfolg hinsichtlich des Umfanges der Industrialisierung erzielen, im Gegenteil, der industrielle Output stagnierte in den 80er Jahren sogar, in einigen Ländern ging er zurück.[36] Gegenüber der Industrie wurde die Landwirtschaft oft vernachlässigt, wenngleich sie durchschnittlich etwa ein Drittel des BIP erwirtschaftet, mehr als 70 Prozent der Erwerbstätigen beschäftigt und mehr als 40 Prozent aller Exporte stellt. Viele Regierungen betrachteten sie als traditionellen Sektor, der nach und nach insbesondere vom modernen industriellen Sektor zurückgedrängt werden sollte, wobei die Landwirtschaft wesentlich zur Finanzierung der Industrialisierung beitragen sollte. Diese Politik zusammen mit Bedingungen des Weltmarktes und ökologischen Problemen führte dazu, daß der landwirtschaftliche Ertrag pro Kopf seit den frühen 70er Jahren rückgängig ist.[37]

In den 80er Jahren implementierten viele afrikanische Staaten vielfach aus Mangel an Alternativen Strukturanpassungsprogramme angesichts des internationalen Drucks von „Geld-Geberländern" und vehementer Forderungen mancher afrikanischer Staatsbürger/innen; Strukturanpassungsprogramme, die vom Weltwährungsfonds und der Weltbank empfohlen wurden bzw. deren Einführung Bedingung für dringend benötigte Kredite war.[38] Seit etwa 1990 fordert man zusätzlich zu den ökonomischen

---

[32] Siehe Young: Ideology and Development in Africa, a. a. O., 185-190.
[33] Siehe Chazan; Mortimer; Ravenhill; Rothchild: Politics and Society in Contemporary Africa, a. a. O., 250. Zur Industriepolitik siehe allgemein ebd., 250-258.
[34] Siehe ebd., 251-252.
[35] Siehe ebd., 252-253.
[36] Siehe ebd., 256.
[37] Siehe ebd., 258-266.
[38] Siehe z. B. Becker; Hamer; Morrison: Beyond Urban Bias in Africa, 3-4; DeLancey: The Economies of Africa, a. a. O., 114-116; Gordon: African Politics, a. a. O., 78-80; Barkan: Divergence and Convergence in Kenya and Tanzania: Pressures for Reform, a. a. O., 1-4; J. Barry Riddell: Things Fall Apart Again: Structural Adjustment Programmes in Sub-Saharan Africa, *Journal of Modern African Studies*, 30/1 (1992), 53-68.

Strukturanpassungsprogrammen verstärkt politische Reformen hin zu Mehr-Parteien-Demokratien. Erst beide Reformansätze zusammen könnten nach Ansicht immer mehr Betroffener und ausländischer Expert/inn/en langfristig den Lebensstandard in Afrika heben und die Modernisierung vorantreiben (kurzfristig nehmen die Befürworter/innen dieser Programme soziale und politische Probleme in Kauf).[39] Im wesentlichen wurden zwei Ziele ins Auge gefaßt: Erhöhung der Produktion für heimische und ausländische Märkte und Reduktion zentralstaatlicher Aktivitäten. Um das zu erreichen, wurden unter anderem die Währungen teilweise massiv abgewertet, Handelsbeschränkungen abgebaut, Agrarpreise dem Markt überlassen, statt sie staatlich festzusetzen, Staatsausgaben reduziert und/oder Steuern erhöht. Man förderte private Initiativen und schränkte zugleich staatliche ein. Dienstleistungen etwa im Gesundheits- oder Schulwesen sind zum Teil von den Konsument/inn/en selbst zu bezahlen.[40]
Manche dieser Maßnahmen dürften mittelfristig die Wachstumsrate der Städte eindämmen. Besonders hervorgehoben wird in diesem Zusammenhang die häufige Reduktion von staatlichen Bildungsausgaben[41] und damit de facto die Einschränkung der Schulbildung. Man vermutet, daß dies die Migration in die Städte minimieren würde, da empirisch nachweisbar im allgemeinen mit der Zunahme der Ausbildung die Bereitschaft zur Migration steigt bzw. umgekehrt, je geringer die Ausbildung, desto eher bleibt man am Land.[42] Ebenso gegen städtisches Wachstum dürfte sich die Reduktion von öffentlichen Dienstleistungen auswirken, die ja in Städten konzentriert sind; dadurch verlieren die Städte weiter an Attraktivität.[43] Eine weitere Maßnahme, die zur Einschränkung städtischer Wachstumsraten beitragen dürfte, ist die Verringerung von Staatsausgaben zur Schaffung und Aufrechterhaltung von (städtischen) Arbeitsplätzen, sodaß Arbeitsmigration weniger sinnvoll wird.[44] Geldabwertung und Handelsliberalisierung, die beide die Exporte und gewisse Importe erleichtern, dürften unter dem Strich auch deshalb einen ähnlichen Einfluß auf die Verstädterung haben wie die vorher genannten Strategien, weil ein beträchtlicher Teil der afrikanischen Exportprodukte aus ländlichen Regionen stammt (landwirtschaftliche Produkte, Bodenschätze), städtische importsubstituierende Industrien aufgrund der Konkurrenz von Importen an Marktanteil verlieren und damit Arbeitsplätze abzubauen sein werden.[45] Nicht zu vergessen ist die Freigabe der Preise für landwirtschaftliche Produkte, die zu einer Erhö-

---

[39] Siehe v. a. Barkan: Divergence and Convergence in Kenya and Tanzania: Pressures for Reform, a. a. O., 2.
[40] Siehe Becker; Hamer; Morrison: Beyond Urban Bias in Africa, a. a. O., 4; DeLancey: The Economies of Africa, a. a. O., 114; Gordon: African Politics, a. a. O., 78.
[41] Eine Weltbankpublikation von 1988 propagiert für den Durchschnittsfall allerdings nur eine *relative* Reduktion, daß also zwar die Staatsausgaben unter bestimmten Bedingungen steigen sollten, jedoch womöglich geringer als die nicht-staatlichen Investitionen in das Schulbildungssystem. (Siehe World Bank: Education in Sub-Saharan Africa. Policies for Adjustment, Revitalization, and Expansion, Washington: World Bank, ³1989 (¹1988), v. a. 27.) Zur Auswirkung der Strukturanpassungsprogramme auf die Bildung siehe auch Fernando Reimers: Education and Structural Adjustment in Latin America and Sub-Saharan Africa, *Int. J. Educational Development*, 14/2 (1994), 119-129.
[42] Siehe Becker; Hamer; Morrison: Beyond Urban Bias in Africa, a. a. O., 4.
[43] Siehe ebd., 21.
[44] Siehe ebd., 4-5.
[45] Siehe ebd., 5.

hung der Preise führte, was insbesondere Städter/innen belastet. Sollten die Maßnahmen allerdings zum gewünschten Erfolg führen und einen wirtschaftlichen Aufschwung initiieren, so würden sie langfristig städtisches Wachstum indirekt fördern, zumal wirtschaftliche Entwicklung in der Regel mit städtischem Wachstum einhergeht (in welche Richtung die Verursachung läuft, ist nicht ganz klar[46]).[47] Daß diese Maßnahmen einer Schocktherapie gleichkommen, ist wohl kaum zu verhehlen. Wie bisherige Konsequenzen der Strukturanpassungsprogramme zeigen, sind die sozialen Kosten dafür relativ hoch, der Lebensstandard der meisten Städter/innen ist in der letzten Dekade merklich gesunken.[48]

Ein wichtiger Punkt nach der Erlangung der formellen politischen Unabhängigkeit der afrikanischen Länder war die Neugestaltung des Unterrichts.[49] Zu Kolonialzeiten hatte es zum einen, gemessen an der Bevölkerungszahl, sehr wenige Schulen gegeben, zum anderen waren diese Schulen meist in ihrer Lehre geprägt von rassistischen Vorurteilen und vom Zweck, den kolonialen Autoritäten dienlich zu sein. Der Schwerpunkt lag nicht auf afrikanischer Kultur, sondern auf der jeweiligen Kultur der Kolonialist/inn/en. Die neuen Regierungen wollten daher sowohl die Qualität ändern als auch die Quantität der Ausbildung erhöhen, was im wesentlichen auch gelang, wenngleich man hinsichtlich der Quantität mit einer schnell wachsenden Bevölkerung in einen Wettlauf geriet und die Qualität durchaus unter dem hohen Tempo der Ausweitung des Schulsystems litt/leidet, da adäquate zusätzliche finanzielle Ressourcen fehl(t)en.[50] Man legte nun mehr Wert auf afrikanische Kulturen und ihre Geschichte und diversifizierte das Angebot, um den realen Anforderungen entgegenzukommen.[51] Die Schulbesuchsraten sind zunächst deutlich gestiegen. So ist im Afrika südlich der Sahara der Anteil von registrierten Grundschüler/inne/n an der Bevölkerungsgruppe im entsprechenden Schulalter von ungefähr einem Drittel 1960 auf rund drei Viertel 1983 gestiegen, von den Sekundarschüler/inne/n von drei Prozent auf ein Fünftel, von den Besucher/inne/n höherer Schulen von etwa 0,2 Prozent auf 1,4 Pozent (diese Zahlen sind jedoch aufgrund von Ungenauigkeiten etwas nach unten zu korrigieren).[52] Nach einer Schätzung der UNESCO fiel der entsprechende Anteil im Bereich der Primarschulen bis 1992 auf 73 Prozent, im Bereich der Sekundarschulen erhöhte er sich leicht (23 Prozent).[53] Für 1995 schätzte die UNESCO den Anteil der Alphabet/inn/en an der Bevölkerung der mindestens 15-Jährigen im Afrika südlich der Sahara auf 56,8 Prozent

---

[46] Vgl. ebd., 6-9.
[47] Siehe ebd., 21-22.
[48] Siehe ebd., 22.
[49] Siehe dazu allgemein auch Chazan; Mortimer; Ravenhill; Rothchild: Politics and Society in Contemporary Africa, a. a. O., 237-244; Blakemore; Cooksey: A Sociology of Education for Africa, a. a. O., u. a. 153-158.
[50] Siehe Davidson: Modern Africa, a. a. O., 160-163. Zur Problematik des Bevölkerungswachstums und staatlicher finanzieller Knappheit im Zusammenhang mit der Schulbildung siehe auch World Bank: Education in Sub-Saharan Africa, a. a. O., v. a. 1-2; 18-21.
[51] Siehe Davidson: Modern Africa, a. a. O., 161-162.
[52] Siehe World Bank: Education in Sub-Saharan Africa, a. a. O., Tab. 1-1, S. 13.
[53] Siehe UNESCO: Weltbildungsbericht 1995, Bonn: UNESCO, 1996 (engl. Orig. 1995), Anhang II, Tab. 6 u. 7, S. 108-109.

(männlich: 66,6, weiblich: 47,3 Prozent), womit das Sub-Sahara-Afrika deutlich unter dem Durchschnitt der „südlichen Länder" liegt (im Mittel: 70,4 Prozent).[54] Weitere kritische Aspekte liegen in der Ungleichheit der Bildungsmöglichkeiten nicht nur je nach Geschlecht, sondern auch je nach Region (etwa Disparitäten zwischen dünn und dicht besiedelten Gebieten oder historisch bedingte Unterschiede hinsichtlich schulischer Chancen) und Schichtzugehörigkeit. Da in der Regel Schulgelder zu bezahlen sind, sind Familien der unteren Einkommensschichten in ihren Bildungsmöglichkeiten stark eingeschränkt, wobei hier nicht nur das Schulgeld relevant ist, sondern ebenso oder vielleicht sogar noch viel mehr die Arbeitskraft der Kinder, die bei einem Schulbesuch für die Familie während der Schulzeit verloren geht.[55]

Die Ausweitung und Förderung der Schulbildung wurzelte in nicht geringem Ausmaß in kolonialen Ideologien. Die neue führende Elite und viele Bürger/innen waren wie die Kolonialist/inn/en davon überzeugt, daß formale Schulbildung vorteilhaft sei, um den Lebensstandard zu erhöhen. Schulbildung sah man als ein Instrument zu jener Modernisierung, die man allgemein anstrebte, einer Mondernisierung, die sich an westlichen Standards zu bemessen hatte.[56] Zudem setzte man damit jene Entwicklung fort, die traditionelle Gesellschaftssysteme unterminierte, indem man mit den Schulen Einrichtungen schuf, durch die man unabhängig von traditionellen Vorstellungen bestimmte soziale Positionen erlangen konnte (siehe oben). Die Schulen erfüllten damit tatsächlich ihre zugeschriebene Funktion der Forcierung gesellschaftlichen Wandels.[57] Wenn man auch nach der Unabhängigkeit im Normalfall das Schulsystem zu reformieren begann, so geschah dies je nach Land in unterschiedlicher Geschwindigkeit, wobei in der Regel die Länder, die ehemals von Frankreich beherrscht worden waren, eine geringere Reformfreudigkeit aufwiesen als der Durchschnitt der vorhin britischen Kolonien.[58]

Am Beispiel Sambias lassen sich weitere kritische Punkte der Schulbildung erkennen. Man unternahm dort nach der Unabhängigkeit 1964 große Anstrengungen, um das formale Bildungssystem auszubauen, sodaß man die Grundschulbildung (Primary School) beinahe für alle bereitstellte, die Anzahl der Secondary Schools vervielfachte, eine Universität gründete und andere höhere Bildungseinrichtungen schuf.[59] Einem Weltbankbericht von 1988 zufolge, der bezüglich Samiba auf Zahlen von 1983 zurückgreift, konnte die Grundschulausbildung für alle geboten werden,[60] wobei 47 Prozent der Schüler/innen weiblichen Geschlechts waren[61]. In Sekundarschulen war etwas weniger als ein Sechstel der Altersgruppe eingeschrieben (1960 lag der entsprechende

---

[54] Siehe ebd., Tab. 1.1, S. 19.
[55] Siehe Mulusa: Pluralistic Education in Sub-Saharan Africa, a. a. O., 162-164; Blakemore; Cooksey: A Sociology of Education for Africa, a. a. O., 53-62.
[56] Siehe Foster: Education and Social Change in Ghana, a. a. O., 183-184.
[57] In diesem Sinne auch Roy A. Carr-Hill: Social Conditions in Sub-Saharan Africa, Basingstoke-London: Macmillan, 1990, 109.
[58] Siehe Harber: Politics in African Education, a. a. O., 143-147.
[59] Siehe Serpell: The Significance of Schooling, a. a. O., 9.
[60] Siehe World Bank: Education in Sub-Saharan Africa, a. a. O., Tab. A-7, S. 131.
[61] Siehe ebd., Tab. A-1, S. 125.

Prozentsatz unter 2), mit einer sehr deutlichen quantitativen Dominanz der Schüler über die Schülerinnen.[62] Die Alphabetisierungsrate lag bei etwa drei Viertel.[63] Was als Erfolgsgeschichte erzählt werden könnte (zumindest was die Grundschulausbildung betrifft), entpuppt sich bei näherem Hinsehen als durchaus problematisch. Mit der Verbreitung dieses Schulsystems mit seiner westlichen Orientierung vergrößerte man den Bruch in der Gesellschaft zwischen der älteren Generation, die großteils noch (ausschließlich) in einer indigenen Tradition erzogen worden war, und der jungen Generation mit moderner Schulbildung und zunehmend westlichen Werthaltungen bei gleichzeitiger Abwertung der indigenen Kulturen.[64] Wie eine Studie zeigt, orientiert sich bei den Chewa im Osten Sambias das indigene Konzept der intellektuellen Entwicklung der Kinder[65] an der Ganzheit aus kognitiven Fähigkeiten, sozialer Verantwortung und Kooperationsfähigkeiten; ausgeprägte kognitive Entwicklung ohne soziale Entwicklung will man vermeiden. Die Erziehung und Sozialisierung der Kinder faßt man als gemeinsame Aufgabe der Erwachsenen einer Gemeinschaft auf, wobei man meist implizite Vorstellungen davon hat, wie sich bestimmte Eingriffe seitens der Erwachsenen bzw. Erziehungsmethoden auf die Kinder in den jeweiligen Altersstufen auswirken. Kinder lernen kognitive und soziale Fähigkeiten durch verschiedene Spiele und bei der täglichen Arbeit, sodaß zwischen „Schule" und „Alltag" keine Trennlinie gezogen wird. Dem steht die formale Schulbildung in vielen Bereichen konträr gegenüber.[66] So werden in den relativ expliziten pädagogischen Konzepten der Schulen kognitive Funktionen viel schärfer von emotionalen, psychischen sowie moralischen Kompetenzen getrennt und letztere weit weniger als erstere explizit gefördert. Vielfach wird den Schüler/inne/n Wissen geradezu eingedrillt, Lernen durch Erfahrung sowie inhaltliches Lernen wird gegenüber dem Erlernen von Grundfähigkeiten im Lesen, Schreiben und Rechnen zumindest in den ersten Jahren der Grundschule klein geschrieben[67]. Es besteht ein eindeutiger Unterschied zwischen der Schule und dem Alltag zu Hause. Die Erziehung ist stark partialisiert, wobei unterschiedliche Menschen (zum Teil Fachleute, etwa Lehrer/innen) unterschiedliche Funktionen zu erfüllen haben und zugleich die einzelne Familie hinsichtlich der Erziehung ihrer Kinder an Einfluß gegenüber der Gemeinschaft gewinnt. Menschliche Entwicklung und mithin Erziehung sollte sich nach dem modernen formalen Schulbildungskonzept an der möglichst weitgehenden technologischen Beherrschung der Umwelt orientieren. Die Probleme des formalen Schulsystems verschärfen sich unter anderem aufgrund seiner Starrheit.[68] So gibt es offiziell keine Möglichkeit, den Lernstoff dem Alter der Schüler/innen anzupassen, was angesichts eines in der Realität oft höheren Schulantrittsalters (in der genann-

---

[62] Siehe ebd., Tab. A-8, S. 132.
[63] Siehe ebd., Tab. C-4, S. 168. Zu den eben angeführten Daten siehe auch Serpell: The Significance of Schooling, a. a. O., 248.
[64] Siehe auch Serpell: The Significance of Schooling, a. a. O., 107.
[65] Siehe ebd., 73-74.
[66] Siehe ebd., 75 und 107.
[67] Siehe ebd., 93-94.
[68] Siehe ebd., 94.

ten Studie begannen viele ihre Schulbildung mit etwa zwölf Jahren) äußerst notwendig wäre, zumal wenn man die Anforderungen im offiziellen Schulsystem vergleicht mit den Erwartungen gegenüber den Heranwachsenden in der indigenen Kultur, wo etwa ein 14-jähriger Bursch ein eigenes Haus bauen und ein Mädchen dieses Alters das erste Kind bekommen sollte. Dazu kommt noch, daß die Unterrichtssprache in allen Schulen Englisch ist, selbst die ersten indigenen Politiker/innen nach der Unabhängigkeit befürworteten nicht mehrheitlich indigene Sprachen im Unterricht, wenigstens in der Grundschule.[69]

Freilich, wie alle Beispiele gibt auch dieses nur eine Variation bzw. Möglichkeit wider, wobei allerdings die Grundstruktur der angesprochenen Probleme in vielen Fällen zu finden ist.[70] Trotzdem ist zu bedenken, daß westlich geprägte Schulen nicht überall zu gesellschaftlichen Dissonanzen und Entfremdungserscheinungen führen[71] und manche Dissonanzen sogar wünschenswert sein mögen.

Ein weiterer Aspekt der bildungspolitischen Ausrichtungen in den meisten Ländern, der den sozialen Wandel forciert, ist die Förderung des Schulbesuchs von Mädchen, was unter Gleichstellungsgesichtspunkten umso wichtiger war, als zu Kolonialzeiten weitaus weniger Mädchen als Burschen die Schule besuchten.[72] Wie das Beispiel Kenia zeigt, muß der Schulbesuch von Mädchen nicht immer und nicht nur emanzipatorisch wirken, sondern kann (zugleich und dem widersprechend) sehr wohl soziale Ungleichheiten entlang geschlechtlicher Linien fördern oder weiter festigen, indem etwa bei diversen Übungen Texte und Textbeispiele verwendet werden, die geschlechtsspezifische Stereotype festsetzen und den Schülerinnen soziale Positionen nahelegen, die Frauen herkömmlicherweise innehatten/innehaben sowie die Erwartungshaltungen der Schüler an ihre künftige Ehefrau im Sinne geschlechtlich bestimmter Rollenbilder prägen - und das bei proklamierter bildungspolitischer Ausrichtung am Ziel sozialer Gleichheit bzw. Gleichberechtigung.[73] Darüber hinaus haben Zahlen, die ich weiter oben angeführt habe, gezeigt, daß Mädchen bzw. Frauen nach wie vor deutlich geringere Chancen insbesondere auf eine umfangreiche Schulbildung haben als Burschen bzw. Mädchen.[74]

Im folgenden werde ich die nachkoloniale Entwicklung an den zwei Beispielen Tansania und Kenia behandeln. Tansania galt bis in die 80er Jahre als ein Paradebei-

---

[69] Siehe ebd., 95-98. Serpell weist darauf hin, daß die Verwendung fremder Unterrichtssprachen in der Geschichte der Schule ein sehr altes und weitverbreitetes Phänomen war/ist. (Siehe ebd., 96.)
[70] Beispielhaft und im Sinne voriger Ausführungen, jedoch über die Kolonialzeit siehe Nduka: Colonial Education and Nigerian Society, a. a. O., 91-93. Zu indigenen Erziehungsmethoden siehe auch Blakemore; Cooksey: A Sociology of Education for Africa, a. a. O., v. a. 15-21, die dieses Thema allgemeiner behandeln, aber im wesentlichen zu ähnlichen Ergebnissen kommen wie Serpell.
[71] Siehe Adick: Die Universalisierung der modernen Schule, a. a. O., 45.
[72] Siehe Davidson: Modern Africa, a. a. O., 161.
[73] Siehe Harber: Politics in African Education, a. a. O., 43-45.
[74] Siehe auch Florence Ebam Etta: Gender Issues in Contemporary African Education, *Africa Development*, 19/4 (1994), 57-84, hier v. a. 59-70.

spiel eines afrikanischen Sozialismus[75], Kenia hingegen kann exemplarisch für kapitalistisch orientierte Länder erörtert werden. Diese beiden Länder repräsentieren zudem zwei gute Beispiele für die heutige Konvergenz vor allem politischer und ökonomischer Strategien vor dem Hintergrund von Strukturanpassungsprogrammen.[76] Zuvor möchte ich noch unterstreichen, daß die folgenden Ausführungen nicht den Zweck einer umfassenden Darstellung der jüngeren Geschichte der beiden Länder haben. Es geht mir neben einer Konkretisierung von Sozialismus und Kapitalismus in Afrika darum, die Positionierung dieser beiden Länder hinsichtlich der idealtypischen Polarität zwischen Tradition und Moderne aufzuzeigen.

2. Tansania - von Ujamaa bis zu den Strukturanpassungsprogrammen

Nach der Unabhängigkeit entwickelten in Tansania maßgebliche Politiker/innen und Intellektuelle unter der Führung Julius Nyereres Grundsätze eines afrikanischen Sozialismus, Ujamaa (kiswahili: „Familiengemeinschaft", „Familiensinn"), in dem Gleichheit (in den Chancen und in der Verteilung) und Partizipation aller Bürger/innen zentrale Größen sein sollten[77] und der nicht im Sinne eines Marxismus-Leninismus auf Revolution setzte, sondern auf Evolution, und den Klassenkampf ebenso wenig propagierte wie eine „Diktatur des Proletatriats"[78]. Als wichtigste Grundlage der sozialistischen Gesellschaft sah man die Bauern/Bäuerinnen sowie daneben die Arbeiter/innenschaft an.[79] In den ersten Jahren der Unabhängigkeit jedoch wurden die sozialistischen Grundsätze jener tansanischen Prägung vor allem in der Ökonomie nur rudimentär umgesetzt.[80] Die Schwerpunkte lagen auf der Konsolidierung der nationalen Einheit, auf sozioökonomischer Entwicklung und im Prinzip westlich verstandener Modernisierung.[81] 1965 wurde eine Konstitution verabschiedet, in der das Ein-Parteien-System festgelegt wurde (bis 1977 bestanden allerdings zwei Parteien, die TANU und die ASP, nebeneinander, die eine in Tanganyika, die andere auf Sansibar).

---

[75] Wohlgemerkt nur *ein* gutes Beispiel eines Sozialismus in Afrika von mehreren afrikanischen Sozialismen. (Vgl. weiter oben sowie Veit: Zu Theorie und Praxis sozialistischer Entwicklungswege in Afrika, a. a. O., 33-34.) Gleiches gilt für Kenia als kapitalistisches Land!

[76] Siehe Joel D. Barkan: Preface, in: ders. (Hg.): Beyond Capitalism vs. Socialism in Kenya and Tanzania, Boulder-London: Lynne Rienner, xiii-xiv, hier xiii.

[77] Siehe Buchert: Education in the Development of Tanzania, a. a. O., 90-93; David Court: The Education System as a Response to Inequality, in: Joel D. Barkan (Hg.): Politics and Public Policy in Kenya and Tanzania, Revised Ed., New York u. a.: Praeger, 1984, 265-295, hier 266.

[78] Siehe Ake: Ideology and Objective Conditions, a. a. O., 133. Zu Nyereres politischer Philosophie dieser Zeit siehe etwa Rodger Yeager: Tanzania. An African Experiment, Boulder: Westview Press, 1982, 43-48.

[79] Siehe Young: Ideology and Development in Africa, a. a. O., 105. Zum tansanischen Weg des afrikanischen Sozialismus siehe allgemein auch ebd., 103-124.

[80] Siehe Jens Peter Breitengroß: Wirtschaft und Wirtschaftspolitik in Tansania, in: Werner Pfennig, Klaus Voll, Helmut Weber (Hg.): Entwicklungsmodell Tansania: Sozialismus in Afrika. Geschichte, Ökonomie, Politik, Erziehung, Frankfurt-New York: Campus, 1980, 133-167, hier 133.

[81] Siehe Kjell J. Havnevik: Tanzania. The Limits to Development from Above, Uppsala: Nordiska Afrikainstitutet, 1993, 34-42.

Die nachkoloniale Zeit

1965 wurde Julius Nyerere als Präsident des nunmehrigen Ein-Parteien-Staates wiedergewählt. Mit der Arusha-Deklaration[82] legte Nyerere 1967 sein sozialistisches Programm vor mit den Prinzipien des Egalitarismus sowie der „self-reliance" (Entwicklung aus eigener Kraft) bzw. der nationalen Selbstbestimmung (in den originalen Kiswahilibegriffen: „Ujamaa" und „Kijitegemea"), ein Programm, das sich nun deutlich auf die realen Verhältnisse auswirkte.[83] Man berief sich in der Arusha-Deklaration bzw. in der darauf basierenden Politik auf indigene Traditionen des gemeinsamen Landbesitzes sowie gemeinsamer Arbeit, modifizierte jene Traditionen aber insofern, als man die gemeinsame Arbeit, die ehemals prinzipiell innerhalb der Verwandtschaft geleistet wurde, nun über Verwandtschaftsgrenzen hinweg organisierte und das Produkt der Arbeit Gemeingut war und nicht der jeweiligen Familie gehörte.[84] Nyerere definiert seinen afrikanischen Sozialismus, Ujamaa, denn auch als „Übertragung des Familiensinns auf die 'Gesellschaft'"[85]. Man suchte selektiv afrikanische Werte mit sozialistischen Idealen zu verbinden und möglichst unabhängig zu sein, insbesondere vom westlichen Weltwirtschaftssystem.[86] Die Wirtschaft sollte nun nicht mehr wie zu Kolonialzeiten auf Mechanismen des freien Marktes und den individuellen ökonomischen Initiativen zur privaten Gewinnmaximierung beruhen, sondern auf der moralischen Verpflichtung, die individuellen Kräfte für das Gemeinwohl einzusetzen. Ausgedehnte Verstaatlichungen wichtiger wirtschaftlicher Einrichtungen inklusive landwirtschaftlicher Großbetriebe und Banken wurden gefordert und durchgeführt. (Neben dem staatlichen Sektor blieb jedoch ein privater stets bestehen.) Ganz im Sinne des Zieles der „self-reliance" setzte man einen Schwerpunkt auf Importsubstitution[87]. Als Grundlage der wirtschaftlichen Eigenentwicklung stufte die Arusha-Deklaration jedoch nicht die Industrie, sondern die Landwirtschaft ein[88], erst Mitte der 70er Jahre begann man die Industrie wieder stärker zu fördern[89]. Die neue Programm-

---

[82] Julius Nyerere: Die Erklärung von Arusha, 1967, in einer Übersetzung des Wiener Instituts für Entwicklungsfragen, Wien, o. J., 3-23. Von der umfangreichen Literatur zur Arusha-Deklaration sei hier nur auf folgende relativ kurze Ausführungen hingewiesen: Mohiddin: African Socialism in Two Countries, a. a. O., 82-93; Satzinger: Stadt und Land im Entwicklungsland, a. a. O., 91-96 (letzterer untersucht vor allem die stadtpolitischen Aussagen des Dokumentes); K. Ngombale-Mwiru: The Arusha Declaration on Ujamaa na Kujitegemea and the Perspectives for Building Socialism in Tanzania (erstmals 1967), in: Lionel Cliffe, John S. Saul (Hg.): Socialism in Tanzania, Vol. 2: Policies. An Interdisciplinary Reader, Dar es Salaam: East African Publishing House, 1973, 52-61.

[83] Siehe Matthews: Tanzania: Recent History, a. a. O., 949.

[84] Siehe Siddle; Swindell: Rural Change in Tropical Africa, a. a. O., 159.

[85] Julius Nyerere: Ujamaa, 1970, zit. n. Heide Traeder: Tansania - Außenpolitik zwischen Abhängigkeit und Disengagement, in: Werner Pfennig, Klaus Voll, Helmut Weber (Hg.): Entwicklungsmodell Tansania: Sozialismus in Afrika. Geschichte, Ökonomie, Politik, Erziehung, Frankfurt-New York: Campus, 1980, 241-260, hier 247.

[86] Siehe Siddle; Swindell: Rural Change in Tropical Africa, a. a. O., 157-158. Im folgenden siehe, falls nicht anders angegeben, Breitengroß: Wirtschaft und Wirtschaftspolitik in Tansania, a. a. O., 133-134; Traeder: Tansania - Außenpolitik zwischen Abhängigkeit und Disengagement, a. a. O., 249; Buchert: Education in the Development of Tanzania, a. a. O., 91.

[87] Siehe Benno J. Ndulu, Francis W. Mwega: Economic Adjustment Policies, in: Joel D. Barkan (Hg.): Beyond Capitalism vs. Socialism in Kenya and Tanzania, Boulder-London: Lynne Rienner, 1994, 101-127, hier 117.

[88] Siehe Yeager: Tanzania, a. a. O., 60.

[89] Siehe Havnevik: Tanzania, a. a. O., 52-53.

matik betonte die Notwendigkeit der ländlichen „Entwicklung". Man befürchtete, daß der neue gesellschaftliche Gegensatz nicht zwischen Kapitalist/inn/en sowie Feudalist/inn/en einerseits und Arbeiter/inne/n und Landwirt/inn/en andererseits verlaufen, sondern sich zu einem Konflikt zwischen Städter/inne/n und Bauern/Bäurinnen verschieben könnte. Daher sollten im besonderen ländliche Gebiete gefördert werden, anstatt daß Städte auf Kosten des Landes florieren würden[90]. Allerdings verfolgte man im Zweiten Fünf-Jahresplan (1969 bis 1974), der die Arusha-Deklaration umsetzen sollte, keineswegs eine generelle antistädtische Linie. Als Fernziel hatte man durchaus eine industrialisierte und urbanisierte Gesellschaft vor Augen. Zunächst aber müsse man das Land „entwickeln", das städtische Wachstum zu begrenzen versuchen und die Verfestigung der Primatstellung einer einzigen Stadt verhindern[91] (was bisher allerdings mißlang). Die Verteilung des nationalen Einkommens sollte auf sozioökonomische Gleichheit aller Bürger/innen abzielen, private Einkommensunterschiede minimieren und ländlich-städtische sowie ländlich-ländliche Disparitäten überwinden. Besonders am Land sollte die Infrastruktur (Gesundheitseinrichtungen, Wasserversorgung, Schulen) verbessert werden. Man konzentrierte sich nach wie vor auf wirtschaftliches Wachstum und die Hebung des Lebensstandards, nur sollte dieses Wachstum gleichmäßig auf die gesamte Bevölkerung verteilt werden. Ausländische Hilfe und ausländischer Einfluß sollten im Sinne einer Politik der Entwicklung aus eigener Kraft kontinuierlich verringert werden, was aber keineswegs das Ziel einer gänzlichen ökonomischen Entflechtung und der rigiden Ablehnung etwa ausländischer Expert/inn/en meinte.

In der Außenpolitik gegenüber den beiden großen Blöcken (Ost- und Westblock) verfolgte Nyerere eine Politik des „non-alignment" bzw. einer Ungebundenheit. Wenngleich diese Politik damit nicht prinzipiell anti-westlich ausgerichtet war (Tansania erhielt unter Nyerere beispielsweise Kredite und Entwicklungshilfegelder etwa von Großbritannien, der BRD, skandinavischen Ländern, Nordamerika), bedeutete sie in der Praxis doch den Versuch, sich zumindest von der alten Kolonialmacht mehr und mehr zu lösen und statt dessen Kontakte zum östlichen Lager und insbesondere zu China zu intensivieren. Im Gegensatz zur proklamierten Politik des „non-alignment" in Bezug auf die großen Blöcke forderte Nyerere eine enge Kooperation der südlichen Staaten und im speziellen afrikanischer Staaten miteinander.[92]

Ein Kernstück von Ujamaa war die Umsiedlung der meist zerstreut lebenden ländlichen Bevölkerung in Dörfer.[93] Nyerere war in diesem Dorfentwicklungs- und Umsiedlungsprogramm beeinflußt von Mao und seinen Unternehmungen zur Bildung von chinesischen Bauerngemeinschaften; er ließ sich leiten von der Überzeugung, daß

---

[90] Siehe Matthews: Tanzania: Recent History, a. a. O., 949; Nyerere: Die Erklärung von Arusha, a. a. O., 15.
[91] Siehe Satzinger: Stadt und Land im Entwicklungsland, a. a. O., 105.
[92] Siehe Traeder: Tansania - Außenpolitik zwischen Abhängigkeit und Disengagement, a. a. O., 250-255.
[93] Vgl. auch Peter Meyns: Die Landwirtschaft Tansanias nach der Nahrungsmittelkrise von 1974/75, in: Werner Pfennig, Klaus Voll, Helmut Weber (Hg.): Entwicklungsmodell Tansania: Sozialismus in Afrika. Geschichte, Ökonomie, Politik, Erziehung, Frankfurt-New York: Campus, 1980, 168-203, hier 169-173; Satzinger: Stadt und Land im Entwicklungsland, a. a. O., 306-309.

eine sozialistische Transformation auch von einer Bauerngesellschaft ausgehen könnte und nicht notwendigerweise nur von einer städtischen Arbeiter/innenschaft.[94] Die Verdörflichung wurde als ein wichtiger Schritt zur Modernisierung des Landes betrachtet.[95] Die Menschen sollten in Dorfgemeinschaften von maximal 300 Einwohner/inne/n zusammenleben und vom Dorf aus ihre Felder und die der Gemeinschaft bewirtschaften, wozu sie, wo nötig, in Dörfer umgesiedelt wurden. Jedem Haushalt stand dem Modell nach ein privat zu bewirtschaftendes Grundstück von 0,8 Hektar zu. Das übrige Land des Dorfes sollte der gesamten Gemeinschaft gehören und von dieser bearbeitet werden, wobei die Dorfbewohner/innen wenigstens die Hälfte ihrer Arbeitszeit auf den Gemeinschaftsfeldern verbringen sollten. Man erwartete von den Menschen, daß sie jene Solidarität, die sie traditionell innerhalb der Großfamilie übten, auf die dörfliche Gemeinschaft und letztlich auf den Staat ausdehnten, wodurch Ausbeutung und stark ausgeprägte sozioökonomische Ungleichheit, die dem Kapitalismus zugeschrieben wurden, verhindert werden sollten.[96] Die Bauern/Bäuerinnen sollten dazu gebracht werden, traditionelle landwirtschaftliche Methoden durch moderne zu ersetzen. „Alle Bauern müssen moderne landwirtschaftliche Techniken verstehen und damit beginnen, sie anzuwenden. Moderne Landwirtschaft schließt ein, alle Arten von Düngemitteln, besseres Saatgut einzusetzen, richtiges Pflanzen und richtiges Jäten zu praktizieren."[97] Um solche Methoden einsetzen zu können, sollten sich die Bauern/Bäuerinnen eben zu den Dorfgemeinschaften bzw. zu landwirtschaftlichen Kollektiven zusammenschließen. Die Forschung sollte bessere landwirtschaftliche Hilfsmittel und Techniken entwickeln.[98] Nachdem die auf Freiwilligkeit beruhende Dorfentwicklung nicht entsprechend fruchtete, entschloß man sich zu Beginn der 70er Jahre zu Zwangsumsiedlungen.[99] Infolge dessen stieg der Anteil der Dorfbewohner/innen an der gesamten Bevölkerung des Festlandes von 14 Prozent im Jahr 1974 auf 79 Prozent im Jahr 1978. Die durchschnittliche Dorfgröße lag danach weit über den konzipierten 300 Einwohner/inne/n (1977 durchschnittlich 1700 Bewohner/innen). Als ländliches Entwicklungsprogramm erfüllten die Zwangsumsiedlungen jedoch bei weitem nicht den intendierten Zweck, sodaß man schon 1977 offiziell davon Abstand nahm.[100] Bei einem Großteil der Bevölkerung waren die neuen Dörfer nicht allzu beliebt, da nun der Weg zu den Feldern weiter war als vorher, was zusätzlichen Zeitaufwand als auch eine geringere Kontrollmöglichkeit der Felder mit sich brachte. Zum Teil waren die neu

---

[94] Siehe Siddle; Swindell: Rural Change in Tropical Africa, a. a. O., 157.
[95] Siehe Havnevik: Tanzania, a. a. O., 47.
[96] Siehe Siddle; Swindell: Rural Change in Tropical Africa, a. a. O., 157; Buchert: Education in the Development of Tanzania, a. a. O., 92; Coquery-Vidrovitch: Africa, a. a. O., 152-153.
[97] TANU: Siasa ni Kilimo, 1972, zit. n. Meyns: Die Landwirtschaft Tansanias nach der Nahrungsmittelkrise von 1974/75, a. a. O., 174.
[98] Siehe ebd., 174.
[99] Siehe Siddle; Swindell: Rural Change in Tropical Africa, a. a. O., 158. Ein Beispiel für eine kaum an die soziokulturellen Verhältnisse angepaßte Umsiedlung mit Zwangsmaßnahmen im Raum Dodoma wird erörtert in: Carola Donner-Reichle: Ujamaadörfer in Tanzania. Politik und Reaktionen der Bäuerinnen, Hamburg: Institut für Afrika-Kunde, 1988, v. a. 123-127; 279-288.
[100] Siehe Becker; Hamer; Morrison: Beyond Urban Bias in Africa, a. a. O., 123; Meyns: Die Landwirtschaft Tansanias nach der Nahrungsmittelkrise von 1974/75, a. a. O., 170.

zugeteilten Felder gegenüber den alten minderwertig. Mit der Konzentration der Bevölkerung in Dörfern mußten die Bauern/Bäurinnen zum Teil auch landwirtschaftliche Praktiken ändern, und wegen der Bevölkerungskonzentration traten ökologische Probleme auf, die mit landwirtschaftlichen Aktivitäten zusammenhingen (zum Beispiel Überweidung rund um die Dörfer).[101] Ein wesentlicher Faktor für das weitgehende Scheitern des Programms dürfte darin liegen, daß man die Landbevölkerung zwang, innerhalb kürzester Zeit viele ihrer gewohnten Lebensformen und ihren Lebensraum aufzugeben. Der eher geringe Anklang dieses Ujamaa-Programmes zeigte sich auch darin, daß die Landwirt/-e/-innen bevorzugt jene Felder bearbeiteten, die ihnen privat zur Verfügung standen, anstatt die Gemeinschaftsfelder zu pflegen[102].

Nicht nur die Umsiedlungen verfehlten ihr Ziel, selbst der Unterschied zwischen reichen und armen Afrikaner/inne/n wurde zunächst größer, insbesondere gewisse Staatsbeamte konnten ein relativ großes Stück des Staatskuchens für sich reservieren. Es kristallisierten sich Disparitäten heraus zwischen Bauern/Bäurinnen, die Technologie als auch Lohnarbeit relativ umfangreich einsetzten und sehr gewinnbringend wirtschaften konnten, und solchen, die traditioneller arbeiteten. Städtische Lohnarbeiter/innen erhielten höhere Einkommen als die ländlichen Landwirt/-e/-innen; die Kaufkraft letzterer war in den ausgehenden 60er und frühen 70er Jahren im Schnitt um ca. 20 Prozent gesunken, wobei es große regionale Unterschiede gab.[103] Das allgemeine Wirtschaftswachstum verringerte sich nach der Arusha-Deklaration auf durchschnittlich rund 4 Prozent zwischen 1967 und 1975 (von 6,4 Prozent zwischen 1964 und 1967).[104] Im Agrarsektor, den man besonders zu fördern trachtete und der Mitte der 70er Jahre mehr als 40 Prozent des BIP erwirtschaftete, lag das Wachstum bei (lediglich) 2,7 Prozent jährlich zwischen 1967 und 1973, was in etwa dem Bevölkerungswachstum entspricht, das heißt die Pro-Kopf-Produktion stagnierte.[105] Wenn also das Wachstum des BIP dem internationalen Vergleich standhalten kann, so ist vor allem die reale Stagnation im Bereich der Landwirtschaft bedenklich. Während der Staat seinen Anteil am Sozialprodukt kräftig erhöhte, folgten daraus allerdings keine äquivalenten Steigerungen in der Produktion.[106] Auch die außenwirtschaftliche Abhängigkeit nahm nach 1967 insofern zu, als der Anteil der Importe am BIP bis auf 30 Prozent zwischen 1974 und 1976 gestiegen war, während der Anteil der Exporte auf 18 Prozent (1976) sank. Damit korrespondiert ein merklich gestiegenes Handelsbilanzdefizit.[107] Die Arbeitslosigkeit, gerade in einem sozialistischen Staat höchst unangenehm, nahm in urbanen Zentren in der Zeit von Mitte der 60er bis Mitte der 70er Jahre zu, von unter 5 Prozent bis zu fast 16 Prozent, beinahe die Hälfte der potentiellen städtischen Ar-

---

[101] Siehe Siddle; Swindell: Rural Change in Tropical Africa, a. a. O., 159.
[102] Siehe ebd., 160.
[103] Siehe Buchert: Education in the Development of Tanzania, a. a. O., 99; Breitengroß: Wirtschaft und Wirtschaftspolitik in Tansania, a. a. O., 151-152 u. 163-165.
[104] Siehe Breitengroß: Wirtschaft und Wirtschaftspolitik in Tansania, a. a. O., 135.
[105] Siehe ebd., 137-138
[106] Siehe ebd., 140-141.
[107] Siehe ebd., 141.

beitskräfte fand 1975 keine regelmäßige unselbstständige Beschäftigung. Eine informelle Beschäftigung bot offensichtlich für viele keine Alternative.[108] Es ist freilich anzunehmen, daß manche Schwierigkeiten größer wären, hätte der Staat nicht mit seinen sozialistischen Maßnahmen eingegriffen (etwa Arbeitslosigkeit), in einigen Bereichen führte dieses Engagement aber sicherlich zur Verschärfung der Probleme (etwa Staatshaushalt).[109]

Erst um 1980, als allerdings die Staatsfinanzen in großer Bedrängnis waren und das Ausmaß an ausländischer Finanzhilfe stark gestiegen war[110], zeigten mehrere Indikatoren einen gewissen Erfolg des Konzeptes an: 90 Prozent der städtischen und 42 Prozent der ländlichen Bevölkerung waren unmittelbar mit Wasser versorgt, die Analphabet/inn/enrate war auf etwa ein Fünftel gesunken, 70 Prozent der Kinder im Primary School-Alter waren in den entsprechenden Schulen eingeschrieben, Gehälter der Besserverdienenden wurden drastisch reduziert und die Differenz zwischen hohem und niedrigem Staatseinkommen verringerte sich im Verhältnis von 30 zu 1 auf 6 zu 1. Ein großer Teil der Bevölkerung allerdings mußte nicht selten starke Einkommensverluste hinnehmen. Zu Beginn der 80er Jahre sah man aber trotz mancher Erfolge vieles von den Konzepten und Jahresplänen unerfüllt. Zum Teil war dies das Ergebnis ausländischer Bedenken und Vorbehalte gegenüber dem politischen Weg Tansanias, zum Teil waren die Programme einfach zu kostspielig. Zudem dürfte die Ujamaa-Politik der Bevölkerung zu sehr, ohne sich damit zu identifizieren, übergestülpt worden sein.[111]

Als Antwort auf die wirtschaftlichen Probleme Tansanias wurden zu Beginn der 80er Jahre Strukturanpassungsprogramme unter der Leitung vor allem von Weltbank und Weltwährungsfonds installiert, was eine zumindest graduelle Abkehr vom tansanischen Weg des Sozialismus implizierte, zumal das mächtige Duo Weltbank und Weltwährungsfonds vor allem tansanische, interne Fehler für die Krise verantwortlich machte.[112] Als treibende Kräfte hinter den Reformmaßnahmen sind daneben vor allem ehemalige Politiker/innen und/oder Angehörige der städtischen Mittelklasse mit westlichen Vorstellungen einer freien Demokratie zu orten.[113] Radikale Reformmaßnahmen wurden jedoch erst 1986 mit einem Economic Recovery Program (ERP) eingeleitet, nachdem Nyerere bereits als Staatspräsident Ali Hassan Mwinyi Platz gemacht hatte.[114] Man suchte nun auf längere Sicht eine bessere Lebensqualität der tansanischen Bevölkerung und die Erhöhung des BNP pro Kopf durch Liberalisierungsmaßnahmen bzw. durch die Einführung der Marktwirtschaft zu erreichen, unter Berücksichtigung privater und öffentlich-staatlicher Unternehmungen. Man förderte private Initiativen in Industrie, Handel, Landwirtschaft und legitimierte privaten Landbesitz.

---

[108] Siehe ebd., 162.
[109] Vgl. ebd., 167.
[110] 1970 betrug die ausländische Finanzhilfe 51 Millionen USD, 1981 rund 700 Millionen USD. (Siehe Havnevik: Tanzania, a. a. O., 21.)
[111] Siehe Buchert: Education in the Development of Tanzania, a. a. O., 102-103.
[112] Siehe ebd., 145.
[113] Siehe Michael Chege: The Return of Multiparty Politics, in: Joel D. Barkan (Hg.): Beyond Capitalism vs. Socialism in Kenya and Tanzania, Boulder-London: Lynne Rienner, 1994, 47-74, hier 56 u. 62-67.
[114] Siehe Barkan: Divergence and Convergence in Kenya and Tanzania: Pressures for Reform, a. a. O., 29.

Man führte Privatisierungen durch und gab zum Teil staatliche Pflichten ab, um das Budget zu entlasten. Der tansanische Schilling wurde massiv abgewertet, die Erzeuger/innenpreise landwirtschaftlicher Produkte erhöhten sich, und staatliche Stützungen, die die Konsument/inn/en begünstigt hatten, wurden reduziert. Überhaupt nahm man von staatlichen Preiskontrollen immer größeren Abstand.[115] Bald waren positive Trends in der Landwirtschaft hinsichtlich der Ausweitung der Exporte, der Nahrungsmittelerzeugung und der Verringerung von Nahrungsmittelimporten zu verzeichnen (ermöglicht freilich auch durch relativ günstiges Wetter[116]). Im Bereich des BIP pro Kopf stellte man zunächst eine deutliche Erhöhung fest, die allerdings bis 1990 beinahe wieder der Stagnation gewichen war; in den frühen 90ern hatte das BIP ein Niveau erreicht, das höher lag als irgendwann in den letzten 25 Jahren.[117] Andererseits blieb eine große allgemeine Abhängigkeit von Importen bestehen, infrastrukurelle Probleme hemmten die Landwirtschaft, die Verschuldung des öffentlichen Haushaltes nahm weiter zu (1984: 3,431 Milliarden USD, 1989: 4,918 Milliarden USD). Die relativ hohe Inflation ohne entsprechende gleichzeitige nominelle Erhöhung der Einkommen schränkte die Kaufkraft stark ein und erzeugte vielfach problematische soziale Verhältnisse. Der formelle Arbeitsmarkt konnte bei weitem nicht alle Arbeitsuchenden aufnehmen, sodaß der informelle Sektor stark wuchs (schätzungsweise waren gegen Ende der 80er Jahre 40 bis 60 Prozent der städtischen Arbeitskräfte informell beschäftigt).[118] Im Zuge der Umsetzung der Programme senkte man die staatlichen Ausgaben im Sozial- und Gesundheitsbereich, einschließlich in der Schulbildung. In dieser Zeit nahm die soziale Ungleichheit wieder zu.[119]

Politisch wurde eine Entflechtung zwischen der regierenden CCM (Partei der Revolution) und der Regierung eingeleitet. 1985 wurde die frühere Personalunion zwischen Staatspräsident und Parteivorsitzendem aufgelöst, als Mwinyi Präsident wurde und Nyerere Parteivorsitzender blieb, 1990 übernahm allerdings Mwinyi zugleich den Parteivorsitz. 1992 wurde ein Mehr-Parteien-System eingeführt.[120]

Die Bildungspolitik der Regierung nach 1967 spiegelte die Ausrichtung auf Sozialismus und „self-reliance" (Entwicklung aus eigener Kraft) wider, Ziele, die allgemein für den Entwicklungsprozeß Tansanias formuliert worden waren.[121]
Während unter der britischen Kolonialherrschaft, wie oben dargestellt wurde, zunächst der Weg der Anpassung bzw. Assimilation und später der der Modernisierung verfolgt

---

[115] Siehe Havnevik: Tanzania, a. a. O., 289-298; Ndulu; Mwega: Economic Adjustment Policies, a. a. O., 120-121; Buchert: Education in the Development of Tanzania, a. a. O., 145.
[116] Siehe Havnevik: Tanzania, a. a. O., 304.
[117] Siehe Barkan: Divergence and Convergence in Kenya and Tanzania: Pressures for Reform, a. a. O., 29; Buchert: Education in the Development of Tanzania, a. a. O., 145.
[118] Siehe Buchert: Education in the Development of Tanzania, a. a. O., 146; Havnevik: Tanzania, a. a. O., 294-295.
[119] Siehe Barkan: Divergence and Convergence in Kenya and Tanzania: Pressures for Reform, a. a. O., 30.
[120] Siehe ebd., 31-33; Buchert: Education in the Development of Tanzania, a. a. O., 146.
[121] Im folgenden werde ich das schon genannte Beispiel der Bildungsstrategien in Tansania weiterverfolgen. Die entsprechenden Strategien und Pläne des weiter unten zu besprechenden Landes werde ich weniger ausführlich behandeln.

Die nachkoloniale Zeit

worden war, legte man das Augenmerk nun auf Gleichheit und Partizipation aller Bürger/innen als Grundlage einer sozialistischen Gesellschaft.[122] Schulbildung sollte eine Schlüsselstellung im Wertewandel hin zu Sozialismus und „self-reliance" einnehmen[123] und wesentlich zur Schaffung einer sozialistischen Gesellschaft mit hohem politischen Bewußtsein und zugleich gediegener agrarischer Grundlage beitragen, eine Schulbildung, die möglichst alle Bürger/innen absolvieren (können) sollten.[124]

In den ersten Jahren nach der Unabhängigkeit orientierte sich die formale Ausbildung noch an den Grundsätzen des „manpower development" für relativ wenige mit den Zielen einer raschen Industrialisierung des Landes und der Steigerung der wirtschaftlichen Wachstumsrate, unter weitgehender Vernachlässigung nicht wirtschaftlich verwertbarer Bildung.[125] Auffallend war, daß man in dieser Phase dezidiert von der Betonung landwirtschaftlicher Ausbildung abging.[126] Nach 1967 legte man ausdrücklich Wert auf soziale, politische, kulturelle Aspekte der Schulbildung - neben wirtschaftlich verwertbarem Wissen -, und wollte, wie gesagt, mit der Schulbildung möglichst die ganze Bevölkerung erfassen. Es ging dem Hauptinitiator dieser Bildungspolitik, dem Präsidenten Julius Nyerere, explizit um menschliche Entwicklung und nicht primär um die Vermehrung materiellen Wohlstandes. Die Schulabsolvent/inn/en sollten das Rüstzeug für die Arbeit in einer ländlich geprägten Gesellschaft haben, mündige Teilnehmer/innen in einer freien und demokratischen Gesellschaft sein und von Gemeinschaftsgeist und Solidarität geprägt sein. Um die Schüler/innen von vornherein in die so verstandene Gesellschaft zu integrieren und mit den Anforderungen des Alltags zu konfrontieren, sollte es eine enge Beziehung zwischen den Schüler/inne/n und den Bewohner/inne/n der Region der Schule geben. Letztere sollten am Schulleben teilhaben können, erstere am Dorfleben. Die Erziehung zu „self-reliance", Selbstvertrauen, sollte ein Gegenstück sein zur langen Erfahrung von Sklaverei, Kolonialismus und Abwertung der afrikanischen Kulturen.[127]

1961 wurde das Schulsystem vereinheitlicht und in einem einzigen nationalen Kurrikulum geordnet. Unabhängig von „Rasse" und Religion sollte ein/e jede/r Zugang zum Bildungssystem haben. Auch private Bildungseinrichtungen wurden der Kontrolle des Staates unterstellt.[128] Vorbedingung zur Zulassung zum Studium an höheren Schulen

---

[122] Siehe Buchert: Education in the Development of Tanzania, a. a. O., 90. Im folgenden siehe generell ebd., 90-122; vgl. auch Brian Cooksey, David Court, Ben Makau: Education for Self-Reliance and Harambee, in: Joel D. Barkan (Hg.): Beyond Capitalism vs. Socialism in Kenya and Tanzania, Boulder-London: Lynne Rienner, 1994, 201-233, hier 201-205 u. 215-228.
[123] Siehe Harber: Politics in African Education, a. a. O., 58.
[124] Siehe Buchert: Education in the Development of Tanzania, a. a. O., 92. Zur Erziehung zu „self-reliance" siehe auch Henning Melber: Erziehung zum Vertrauen in die eigene Kraft. Anspruch und Wirklichkeit, in: Werner Pfennig, Klaus Voll, Helmut Weber (Hg.): Entwicklungsmodell Tansania: Sozialismus in Afrika. Geschichte, Ökonomie, Politik, Erziehung, Frankfurt-New York: Campus, 1980, 402-422, hier 410-415.
[125] Siehe Buchert: Education in the Development of Tanzania, a. a. O., 93-94; A. J. M. van de Laar: Toward a Manpower Development Strategy in Tanzania, in: Lionel Cliffe, John S. Saul (Hg.): Socialism in Tanzania, Vol. 2: Policies. An Interdisciplinary Reader, Dar es Salaam: East African Publishing House, 1973, 224-245.
[126] Siehe Melber: Erziehung zum Vertrauen in die eigene Kraft, a. a. O., 408-409.
[127] Siehe Buchert: Education in the Development of Tanzania, a. a. O., 94-96.
[128] Siehe ebd., 107; van de Laar: Toward a Manpower Development Strategy in Tanzania, a. a. O., 226-227.

war die Absolvierung eines Jahres im Nationaldienst (besonders paramilitärisches Training und gemeinnützige Tätigkeiten) nach Form VI (Advanced Certificate of Secondary Education) und von 1974 bis 1984 grundsätzlich, aber mit Ausnahmen, zwei Jahre Berufspraxis.[129] Zudem mußten die angehenden Hochschulstudent/inn/en ihre charakterliche Eignung (im Sinne der sozialistischen Ideologie Tansanias) unter anderem durch eine Bestätigung örtlicher Parteifunktionär/-e/-innen nachweisen.[130] Hochschulabsolvent/inn/en mußten außerdem für mindestens fünf Jahre im Land im öffentlichen (staatlichen) Dienst arbeiten. Mit all diesen Maßnahmen versuchte man, die Studierenden von Anfang an in die Arbeitswelt einzubinden und, allerdings mit eher bescheidenem Erfolg, sicherzustellen, daß sie zur Arbeit an der Allgemeinheit positiv eingestellt wären.[131]

Entsprechend der Lehrpläne von 1961 bis 1966 hatten die Schulen primär Wissen zu vermitteln, das für Führungspositionen in Wirtschaft und Verwaltung geeignet war. Die Kurrikula waren afrikanisiert und im Sinne nationalstaatlicher parteiideologischer Interessen politisiert. Man wollte die ethnische Identifikation zurückdrängen und zugleich ein nationalstaatliches tansanisches und afrikanisches Bewußtsein fördern.[132]

Nach einer bildungspolitischen Wende im Jahr 1967 wurde die Ausbildung für handwerkliche Berufe im gesamten Schulwesen wieder stärker betont. Grundlegende landwirtschaftliche Kenntnisse wurden schon in der Primary School durch Erfahrung an der schuleigenen Landwirtschaft vermittelt.[133] Die Betonung landwirtschaftlicher Tätigkeit schon in der Grundschule sollte den Schüler/inne/n ein besonderes Naheverhältnis zur Landwirtschaft bzw. zu ländlichen Berufen vermitteln, um so den Zustrom in die Städte zu verringern.[134] Man dürfte zwar erreicht haben, daß die Absolvent/inn/en ihre Erwartungen an städtische unselbständige Arbeit nach unten revidierten, womit ländliche Arbeit an Wertschätzung relativ gewann; da das landwirtschaftliche Ausbildungsniveau an den Primary Schools jedoch zu niedrig war, um notwendige substantielle Kenntnisse zu vermitteln und so die Lebensverhältnisse am Land wesentlich zu verbessern, zog es viele Schulabgänger/innen trotzdem in die Städte.[135] Eine Regionalstudie hat überdies aufgezeigt, daß die Schüler/innen in den untersuchten Schulen im allgemeinen keineswegs positiv zur Handarbeit eingestellt waren.[136] Die Vermittlung sowohl politischen Bewußtseins als auch der Staatsideologie war weiterhin ein wichtiger Aspekt der Schule, wobei aufgrund der Konzentration auf eine einzige Ideologie selbständiges politisches Denken kaum gefördert wurde.[137] Zu jener politischen Bildung zählte bezeichnenderweise neben der Vermittlung allgemeiner poli-

---

[129] Siehe Buchert: Education in the Development of Tanzania, a. a. O., 107 u. 117.
[130] Siehe Court: The Education System as a Response to Inequality, a. a. O., 273.
[131] Siehe Buchert: Education in the Development of Tanzania, a. a. O., 117-118.
[132] Siehe ebd., 114-115.
[133] Siehe ebd., 115; siehe auch Harber: Politics in African Education, a. a. O., 58-59.
[134] Siehe Buchert: Education in the Development of Tanzania, a. a. O., 115.
[135] Siehe ebd., 115; Ishumi: The Urban Jobless in Eastern Africa, a. a. O., 97-99.
[136] Siehe Melber: Erziehung zum Vertrauen in die eigene Kraft, a. a. O., 414-415.
[137] Siehe Buchert: Education in the Development of Tanzania, a. a. O., 116; Harber: Politics in African Education, a. a. O., 61-64.

tischer Werte der Nation unter anderem auch die Kenntnis der Parteifahne (der CCM), des Parteiliedes, der Parteiführer, der Geschichte und Organisation der Partei.[138] 1967 wurde Kiswahili als Unterrichtssprache in allen Primary Schools eingeführt, ein Pflichtfach war es an den Secondary Schools schon ab 1964, ersetzte an den Sekundar- und höheren Schulen jedoch nie das Englisch als Unterrichtssprache.[139] Die Reformen im Schulsystem bis 1981 bewirkten gegenüber der Kolonialzeit eine markante Ausweitung der Bildung auf die gesamte Bevölkerung und zugleich eine gewisse Einebnung des regionalen Bildungsgefälles. Wie schon oben angeführt, konnte die Analphabet/inn/enrate stark nach unten gedrückt werden (von 90 Prozent 1962 auf 20 Prozent 1981), und in den Primary Schools waren immerhin 70 Prozent des entsprechenden Alters registriert. Auf die Ausbildung nach den sieben Jahren Primary School wurde weniger Wert gelegt, entsprechend gering fiel die Steigerung in absoluten Zahlen seit der Unabhängigkeit aus (relativ zur Bevölkerung dürfte die höhere Bildung zumindest im Zeitraum von Mitte der 70er bis Anfang der 80er Jahre an Umfang eingebüßt haben).[140] Gegen Ende der 80er Jahre lag der Anteil der Sekundarschüler/innen an der Bevölkerung in der entsprechenden Altersgruppe bei 3,4 Prozent (in den höheren Stufen der Sekundarschulen bei 0,7 Prozent).[141] Für 1992 schätzte die UNESCO die Bruttoschulbesuchsrate in den Primarschulen auf 70 Prozent, in den Sekundarschulen auf 5 Prozent.[142]

Tabelle 19: *Anzahl von Schüler/inne/n in Primarschulen und in Form I der Sekundarschulen in Tansania, 1961 bis 1981*

	1961	1969	1976	1981
Standard 1	121 386	171 500	542 977	576 347
Standard 7	k. D.	k. D	156 114	212 446
Form I	4 196	7 149	8 620	8 907

k. D.: keine Daten vorhanden

Quelle: Ishumi: The Urban Jobless in Eastern Africa, a. a. O., Tab. II.1, S. 27 (nach Regierungsangaben).

Nach Angaben der Weltbank war 1970 etwa ein Drittel des entsprechenden Alters in Grundschulen eingeschrieben, 1980 stieg der Anteil auf ungefähr 90 Prozent, bis 1983 war ein Rückgang bemerkbar.[143] In den Sekundarschulen betrug der entsprechende

---
[138] Siehe Harber: Politics in African Education, a. a. O., 62.
[139] Siehe Buchert: Education in the Development of Tanzania, a. a. O., 115-116.
[140] Siehe ebd., 110-118.
[141] Siehe Manuel Zymelman: Science, Education, and Development in Sub-Saharan Africa, Washington, D. C.: World Bank, ²1993 (¹1990), Tab. III-1, S. 53.
[142] Siehe UNESCO: Weltbildungsbericht 1995, a. a. O., Anhang III, Tab. 4 u. 6, S. 132 u. 140.
[143] Siehe World Bank: Education in Sub-Saharan Africa, a. a. O., Tab. A-7, S. 131. Zur Ungenauigkeit dieser Weltbankdaten siehe weiter oben!

Prozentsatz im Zeitraum von 1970 bis 1983 weniger als drei Prozent[144], in den höheren Schulen (z. B. Universitäten) wenige Zehntel Prozent[145].

Tabelle 20: *Einige Daten zur Situation der Bildung in Tansania, 1991*

Grundschüler/innen	3 507 384
Lehrer/innen in öffentlichen Grundschulen	98 174
Lehrer/innen - Schüler/innenverhältnis	1 : 35,7
Einschreibungsverhältnis[a]	54,5
Sekundarschüler/innen	166 812
Lehrer/innen in Sekundarschulen	8 649
Lehrer/innen - Schüler/innenverhältnis	1 : 19,3
Universitätsstudent/inn/en	3 146[b]

[a] Anzahl der Schüler/innen zur Bevölkerungsgruppe der Sechs- bis Dreizehnjährigen (beachte die Differenz zu einer entsprechenden Angabe der UNESCO - siehe oben!)
[b] Daten von 1990

Quellen: Brian Cooksey, David Court, Ben Makau: Education for Self-Reliance and Harambee, in: Joel D. Barkan (Hg.): Beyond Capitalism vs. Socialism in Kenya and Tanzania, Boulder-London: Lynne Rienner, 1994, 201-233, hier Tab. 7.1, S. 204; The United Republic of Tanzania: Selected Statistical Series: 1951-1993, Dar es Salaam: Bureau of Statistics, President's Office - Planning Commission, 1995, Tab. 15.1; 15.2; 15.4 auf den Seiten 74; 75; 77 (teilweise weichen beide Quellen ein wenig voneinander ab).

Das Bestreben, die Benachteiligung von Frauen hinsichtlich der Ausbildung zu beheben, wurde nicht ganz erreicht, vor allem nicht im Bereich höherer Bildung; gegenüber der Kolonialzeit waren jedoch merkliche Besserungen zu verzeichnen.[146]
Wie die relativ starke Zunahme an privaten Bildungseinrichtungen im Sekundarschulbereich zeigt, dürfte die Regierung vor allem im Bereich mittlerer bzw. höherer Bildung nicht den Bedarf gedeckt haben, und das insbesondere in städtischen Zentren und florierenden ländlichen Regionen.[147] Ein wesentliches Problem im tansanischen Bildungssystem war/ist die unzureichende personelle und materielle Ausstattung der Schulen.[148] In den späten 60er bzw. frühen 70er Jahren reduzierte man die Ausbildungsdauer für das Lehramt von zwei Jahren auf ein Jahr und bald auf nur acht Monate, mit der Begründung eines akuten Lehrer/innenmangels. Naturgemäß haben nur wenige, besonders begabte Lehrer/innen damit die Fähigkeiten, ihre Schüler/innen fundiert und auf der Grundlage effizienter pädagogischer Modelle zu unterrichten. Zu-

---

[144] Siehe ebd., Tab. A-8, S. 132.
[145] Siehe ebd., Tab. A-9, S. 133.
[146] Siehe Buchert: Education in the Development of Tanzania, a. a. O., 112-113.
[147] Siehe ebd., 110-114 u. 118.
[148] Siehe Ishumi: The Urban Jobless in Eastern Africa, a. a. O., 97-98.

Die nachkoloniale Zeit 319

dem lag das Zahlenverhältnis von Lehrer/inne/n zu Schüler/inne/n noch zu Beginn der 80er Jahre zum Teil bei 1 zu 55.[149]

Als sich zu Beginn der 80er Jahre Tansania wie viele nicht nur afrikanische Staaten in einer kritischen ökonomischen Lage befand, wurden unter dem Einfluß von Weltbank und Weltwährungsfonds sozioökonomische Prinzipien neu bestimmt und im Zuge dessen auch die Bildungspolitik verändert. Grundsätze der „Strukturanpassung" prägten von nun an die Politik in den verschiedensten Bereichen.[150] In der Bildungspolitik schlug sich das Strukturanpassungsprogramm in einer Reduktion der staatlichen Mittel für das Schulwesen nieder und hatte eine quantitative Einschränkung der Bildung, insbesondere der Erwachsenenbildung, zur Folge sowie ein Abrücken vom vorher bestehenden Ziel der Gleichheit im Bildungssystem, das nun hinter dem Ziel der Qualität rangierte.[151]

Bildungspolitische Vorschläge, die von einer 1980 eingesetzten Kommission erarbeitet worden waren, wurden 1982 als Richtlinien für die künftige Bildungspolitik akzeptiert. Demzufolge sollte die Erziehung zu „self-reliance" ein Eckstein im Bildungswesen bleiben. Naturwissenschaften, technische und berufliche Bildung wurden als zentrale Bereiche auf allen Ebenen der Ausbildung außer Frage gestellt, um die bestmögliche Nutzung der Umwelt und Ressourcen des Landes zu gewährleisten. Es ging nun nicht mehr primär um die Fragen nach Zugang zum und Gleichheit im Bildungssystem, sondern um die akademische Qualität, um Kosten und Verwertbarkeit der Bildung. Bildungskompetenzen wurden nun zum Teil dezentralisiert und lokalen Behörden übertragen. Ebenso sollten für einen Teil der Kosten des Bildungswesens lokale Körperschaften aufkommen, was jedoch für die Bewohner/innen ärmerer Regionen eine Benachteiligung und zusätzliche Beschränkung der Bildungsmöglichkeiten mit sich brachte. Wie man an den Ausgaben des Staatshaushaltes für Bildung ablesen kann, nahm sich der Staat in finanzieller Hinsicht stark zurück (etwa Halbierung der relativen Anteile am Gesamtbudget zwischen 1982 und Ende der 80er Jahre), zugleich nahm der Anteil ausländischen Geldes im Bildungswesen markant zu. Sowohl in absoluten als auch relativen Zahlen sanken zwischen 1982 und 1989 die amtlichen Schüler/innenzahlen an den Primary Schools (nur mehr 60 Prozent statt der vorher etwa 70 Prozent an Kindern des entsprechenden Alters waren nun in den Primaries angemeldet), in den mittleren und höheren Schulen stieg die absolute Zahl durchschnittlich ein wenig an. Mädchen und Frauen waren nun bis auf die höchsten Ausbildungsebenen stärker vertreten. Besonders große Zuwachsraten verzeichneten die privaten Schulen in den Secondary Schools, wo sie die staatlichen Schulen mit ihrer Schüler/innenzahl sogar übertrafen. Die Analphabet/inn/enrate war seit 1982 weiter gesunken (auf etwa zehn Prozent), gegen Ende der 80er Jahre dürfte sie jedoch wieder etwas gestiegen

---

[149] Siehe ebd., 88-89.
[150] Zur Strukturanpassung in Tansania allgemein siehe oben. Zur Bildungspolitik Tansanias unter dem Einfluß der Strukturanpassungsprogramme siehe generell Buchert: Education in the Development of Tanzania, a. a. O., 144-166.
[151] Siehe ebd., 147.

sein.[152] Für 1995 schätzte die UNESCO die Analphabet/inn/enrate auf 32,2 Prozent der Bevölkerungsgruppe der mindestens 15-Jährigen (nur bedingt mit obigen Daten vergleichbar!). Zwischen Frauen und Männern war der Unterschied recht deutlich: 20,6 Prozent Analphabeten und 43,2 Prozent Analphabetinnen.[153]

1990 wurde unter dem Schlagwort „Erziehung für alle" in einer internationalen Konferenz in Thailand unter maßgeblicher Beteiligung von UN-Einrichtungen im wesentlichen die tansanische Bildungspolitk seit 1982 bestätigt. In den Zielvorstellungen suchte man das Streben nach breitem Zugang zu und Gleichheit im Bildungswesen zu vereinen mit Qualität, Effizienz und Effektivität der Bildung. Man schlug Wege vor, Teile der Bildungskosten vom Staat abzutreten, etwa an private Organisationen, an die Eltern, religiöse Gruppen und Kirchen. Auch forderte man begleitende Maßnahmen in der Wirtschaft, um größtmöglichen Nutzen aus dem Schulwesen ziehen zu können, und appellierte an internationale Solidarität, um die Bildungsschere zwischen den verschiedenen Weltregionen und Nationen zumindest etwas weiter zu schließen.[154]

Im nächsten Abschnitt werde ich ausführlich auf die Verstädterung in Tansania eingehen, soviel aber vorweg: im internationalen Vergleich zählten Tansanias städtische Wachstumsraten seit der Unabhängigkeit zu den höchsten, wobei das Wachstum zum größeren Teil auf Migration in Städte zurückzuführen war und weniger auf den Geburtenüberschuß in den Städten selber[155]. Dies mag verwundern, wenn man an die dezidierte Politik der Dorf- und Landentwicklung bei gleichzeitiger relativer Vernachlässigung der Städte denkt. Es scheint klar zu sein, daß die Aussicht auf bessere Lebensverhältnisse in der Stadt trotz aller Programme realistisch blieb. Zudem dürften die wohl gut gemeinten Programme vielfach den Effekt einer Steigerung des ländlichen Lebensstandards verfehlt haben[156]. Im weiter unten folgenden Abschnitt über Arusha wird sich zudem deutlich zeigen, daß ebenso kulturelle Faktoren eine zentrale Rolle für die Migration in Städte spielen. Es scheint, daß auch in diesem Bereich die Politik der Aufwertung ländlichen Lebens und landwirtschaftlicher Tätigkeit nicht ausreichend gefruchtet hat (was nicht heißt, daß sie den Zustrom in Städte nicht eingedämmt haben könnte). Daneben muß ein weiterer Faktor berücksichtigt werden, nämlich die Verdörflichungsprogramme. Wenn sich auch die Regierung in ihren Programmen vielfach auf vorkoloniale Traditionen berief, so bedeuteten die Umsiedlungen doch einen ganz massiven Einschnitt in traditionelle Lebensverhältnisse bzw. einen markanten kulturellen Bruch. Diese Umsiedlungsprogramme haben indigene Lebensformen zum Teil geradezu unmöglich gemacht, und das in nur wenigen Jahren. Wer nun seinen gewohnten Lebensraum so abrupt und eventuell sogar unfreiwillig verläßt/verlassen muß, für den/die ist eine Hemmschwelle gegen Mobilität bereits gefallen, dem/der fällt es damit auch leichter, in eine Stadt zu ziehen. Wenn man schon nicht „in der Heimat" bleiben kann, warum soll man dann nicht gleich in eine Stadt ziehen, wo die Beschäf-

---

[152] Siehe ebd., 147-150.
[153] Siehe UNESCO: Weltbildungsbericht 1995, a. a. O., Anhang III, Tab. 2, S. 124.
[154] Siehe Buchert: Education in the Development of Tanzania, a. a. O., 148.
[155] Siehe Stren; Halfani; Malombe: Coping Urbanization and Urban Policy, a. a. O., 188.
[156] Siehe ebd., 188.

Die nachkoloniale Zeit 321

tigungsmöglichkeiten diversifizierter und womöglich besser sind? - Eine (bewußte oder unbewußte) Fragestellung, die wohl viele in die Städte geführt hat.[157] Wenn man die hohen städtischen Wachstumsraten Tansanias analysiert, muß man freilich auch bedenken, daß das Ausgangsniveau ein sehr geringes war und Tansania noch heute eines der am wenigsten verstädterten Länder ist (Zahlen sind unter D.I.1 zu finden!).

Die bisherigen Ausführungen haben gezeigt, daß es den tansanischen Regierungen lange Zeit zwar explizit darum ging, traditionelle afrikanische Werte wiederzubeleben (Ujamaa), allerdings nur so weit, wie es der Modernisierung des Landes in technischen, wirtschaftlichen, agrartechnologischen Bereichen dienlich war. Man suchte indigene Werthaltungen unter veränderten Umständen fruchtbar zu machen und damit den materiellen Wohlstand des Landes zu fördern. Vor allem den Familiensinn afrikanischer Gesellschaften wollte man nutzbar machen, allerdings in modifizierter Weise: Er sollte nicht mehr beschränkt sein auf die Verwandtschaft, sondern auf die gesamte Gesellschaft übertragen werden, um einen afrikanischen Sozialismus zu realisieren. Wie die Umsiedlungsprogramme zeigen, schreckte man nicht davor zurück, in gewachsene Lebensformen einzugreifen, da man sich von den Programmen nicht zuletzt die Forcierung des materiellen Wohlstandes erhoffte. Solche Eingriffe trugen aber dazu bei, einen Prozeß zu beschleunigen, den man eigentlich bremsen wollte: die Urbanisierung. In den Zeiten der Strukturanpassungsprogramme spricht man kaum mehr vom indigenen Erbe. Es geht nun vielmehr darum, möglichst effizient (inwieweit es gelingt, das ist eine andere Frage) die wirtschaftliche Krise zu überwinden.

3. Kenia - ein westlich orientierter marktwirtschaftlicher Weg

Als die kenianische Regierung zwei Jahre nach Erlangung der Unabhängigkeit ein Dokument veröffentlichte, das die grundsätzliche Ausrichtung der kenianischen Wirtschafts- und Sozialpolitik der nächsten Jahre darlegen sollte, betitelte man diese Schrift mit „African Socialism and Its Application to Planning in Kenya".[158] Wenngleich man also einen afrikanischen Sozialismus proklamierte und sich keinem der großen weltpolitischen Lager und ideologischen Systeme eindeutig zuordnen wollte, ist die Entwicklungsstrategie Kenias klar von einem marktwirtschaftlichen Kurs gekennzeichnet, wobei man allerdings keine Laissez-faire-Politik verfolgte, sondern die Marktwirtschaft staatlich zu lenken versuchte (staatlich festgesetzte Preise für bestimmte Güter

---

[157] Zum Zusammenhang zwischen den Umsiedlungsprogrammen und der Verstädterung vgl. auch Walter Satzinger: Stadt, Land, Region: Die raumordnungspolitische Dimension der tansanischen Entwicklungsstrategie, in: Werner Pfennig, Klaus Voll, Helmut Weber (Hg.): Entwicklungsmodell Tansania: Sozialismus in Afrika. Geschichte, Ökonomie, Politik, Erziehung, Frankfurt-New York: Campus, 1980, 340-373, hier v. a. 354.
[158] Siehe Ndulu; Mwega: Economic Adjustment Policies, a. a. O., 107; recht ausführlich auf dieses Dokument sowie auf seinen Kontext geht Mohiddin ein (Mohiddin: African Socialism in Two Countries, a. a. O., 67-81). Zu Kenias Weg siehe generell auch Young: Ideology and Development in Africa, a. a. O., 203-219; Neubert: Sozialpolitik in Kenya, a. a. O., v. a. 101-123.

sowie staatlich kontrollierte Lohnniveaus; protektive Maßnahmen in der Industrie; kontrollierte agrarische Vermarktung). Damit wurden einerseits koloniale Trends fortgesetzt, andererseits konnte man sich auf gewisse afrikanische marktwirtschaftliche Tendenzen stützen, die bereits in vorkolonialer Zeit bestanden hatten; einen bedeutenden Beitrag in dieser relativ liberalen Ökonomie leisteten Kenianer/innen, deren Familien aus dem indischen Raum stammten und teilweise bereits in vorkolonialer Zeit in Ostafrika wirtschaftlich aktiv waren[159]. Man setzte in der nachkolonialen Zeit vor allem auf rasantes wirtschaftliches Wachstum und hoffte auf einen Durchsickereffekt: Wenn die Wirtschaft floriert, dann würden zumindest mittel- oder langfristig auch die benachteiligten Gruppen profitieren. Soziale Gerechtigkeit sollte mit Hilfe einer boomenden Wirtschaft erreicht werden; sozialpolitische Maßnahmen seien so zu gestalten und zu realisieren, daß sie ein rasches Wirtschaftswachstum nicht gefährden.[160] Ausländische Investor/inn/en wurden mit offenen Armen begrüßt, in der Überzeugung, daß sie den materiellen Wohlstand des Landes fördern würden.[161] Privatbesitz an Land, Produktionsmitteln etc. wurde gutgeheißen, zugleich bekannte man sich zu Verstaatlichungen in eingeschränktem Umfang.[162] Man setzte darauf, daß unterschiedliche Leistungen unterschiedlich belohnt werden müßten, weil man glaubte, daß dies die Menschen zu höheren Leistungen motiviert als wenn man gleichen Lohn für unterschiedliche Leistungen erhielte. In diesem Sinn war man sich gewiß, daß im weiteren Verlauf soziale Schichtung den Wohlstand des Landes allgemein heben würde.[163] Sofern man sich um Gleichheit bemühte, meinte man vor allem die Chancengleichheit und seltener eine Gleichheit in der Verteilung.[164] Dieses leistungsorientierte Modell sah man in Einklang mit „traditionellen" afrikanischen Gesellschaften, in denen soziale Verantwortung füreinander nicht nur eine egalitäre Stoßrichtung hatte, sondern gegebenenfalls auch die Vernachlässigung oder Bestrafung von Personen vorsah, die ihren Beitrag nicht leisteten. Soziale Ungleichheit konnte, so die Ansicht führender nachkolonialer Politiker/innen, schon in „traditionellen" Gesellschaften durch ungleiche Leistungen gerechtfertigt werden.[165] Ganz im Gegenteil zu Tansania, wo politische Funktionär/-e/-innen sich von der Privatwirtschaft fernzuhalten hatten, waren kenianische Politiker/innen eng mit der Privatwirtschaft verbunden, insbesondere in einem sogenannten „patron-client"-System mit Politiker/inne/n als Verteiler/innen von öffentlichen Ressourcen und den Wirtschaftstreibenden als Unterstützer/innen der Politiker/innen. Zudem stiegen viele öffentlich Bedienstete neben ihrem Beruf in die Privatwirtschaft

---

[159] Siehe David Himbara: Kenyan Capitalists, the State, and Development, Nairobi: East African Educational Publishers, 1994, u. a. 20-25 u. 35-74.
[160] Siehe Ndulu; Mwega: Economic Adjustment Policies, a. a. O., 107; diese Strategie wurde im wesentlichen nicht nur von Kenyatta, sondern ebenso von Moi verfolgt (siehe Miller: Kenya, a. a. O., 99).
[161] Siehe Miller: Kenya, a. a. O., 58.
[162] Siehe Mohiddin: African Socialism in Two Countries, a. a. O., 74-75.
[163] Siehe Court: The Education System as a Response to Inequality, a. a. O., 270-271. Theoretisch allerdings sprach man sich gegen die Bildung insbesondere antagonistischer Klassen aus (siehe Mohiddin: African Socialism in Two Countries, a. a. O., 71-72).
[164] Siehe Court: The Education System as a Response to Inequality, a. a. O., 266.
[165] Siehe Mohiddin: African Socialism in Two Countries, a. a. O., 69-70.

Die nachkoloniale Zeit

ein[166]. In diesem Klima nahm die Zahl von Unternehmen stark zu und bildete sich bald eine Mittelschicht, unter anderem aus den Reihen der afrikanischen Unternehmer/innen[167], ihr Gewicht ist aber im allgemeinen gerade im Vergleich zu indischkenianischen Wirtschaftstreibenden nach wie vor gering[168]. Das „patron-client"-System schlug sich auch im sozialen Bereich nieder, insbesondere in der grundsätzlich nicht parteipolitischen Harambee-Bewegung (kiswahili, gemeinsam an einem Strang ziehen). Während die formelle politische Struktur um den Präsidenten zentriert war, der sich umfangreiche Vollmachten sicherte, waren die Harambee-Aktivitäten auf lokaler Ebene angesiedelt. Der Aufruf zu Harambee erfolgte vor allem dann, wenn eine Gemeinschaft (etwa auf Dorfebene) ein gemeinnütziges Projekt, wie beispielsweise die Errichtung einer Schule, starten wollte. Die lokale Bevölkerung war dabei aufgefordert, ihre Beiträge zu leisten. Vor allem „Big Men", die sich politisch behaupten wollten, waren mehr oder minder gezwungen, namhafte Beträge zu spenden, um sich im Gegenzug die Unterstützung der Bevölkerung bei Wahlen zu sichern. Diese Bewegung, die von Kenyatta ausdrücklich begrüßt und propagiert wurde, sicherte dem Präsidenten weiteren politischen Freiraum, insofern sich ein Großteil der Politiker/innen auf lokaler Ebene engagieren mußte und damit über weniger Kapazitäten verfügte, sich im präsidialen Machtapparat mit Zentrum Nairobi festzusetzen und den Einfluß des Staatschefs zu mindern.[169] Die Harambee-Bewegung fügt sich mit ihren auf Kleingruppeninteressen basierenden Initiativen im übrigen gut in das marktwirtschaftliche ökonomische System, insofern bestimmte Sozialleistungen nicht von vornherein vom Staat übernommen wurden, sondern auf dem privaten Engagement basierten.

In den ersten Jahren der Unabhängigkeit wurden umfangreiche Landreformen durchgeführt, im Zuge derer viele Großgrundbesitzungen aufgeteilt wurden, mit der Folge einer intensiveren Bewirtschaftung. Gleichzeitig weitete man die Fläche aus, die zum Anbau gewinnbringender Cash Crops genutzt wurde.[170] Nun konnten zwar viele der ehemals Landlosen eigene Felder bewirtschaften, der Umfang der agrarischen Produktion und des verkaufbaren Überschusses sank allerdings, da die Kleinlandwirt/-e/-innen trotz intensiver Bewirtschaftung mit ihren Methoden weniger Gewinne erzielen konnten als eine höher technisierte Großlandwirtschaft und zudem mehr dem Eigenbedarf diente.[171] Das neue Landrecht sah das Privateigentum an Land vor, sodaß man nun nicht wie in indigenen Landrechtssystemen von der Gemeinschaft das Land zur Bewirtschaftung erhielt, das Land aber nicht in den Individualbesitz des Bauern überging; nun mußten bzw. konnten Einzelpersonen vom Staat, der mit ausländischer Hilfe den Siedler/inne/n das Land abgekauft hatte, oder von anderen Einzelpersonen das Grund-

---

[166] Dies war allerdings erst seit 1971 gesetzmäßig. (Siehe Mohiddin: African Socialism in Two Countries, a. a. O., 126).
[167] Siehe Miller: Kenya, a. a. O., 37.
[168] Siehe Himbara: Kenyan Capitalists, the State, and Development, a. a. O., 75 u. 97.
[169] Siehe Miller: Kenya, a. a. O., 42-43.
[170] Siehe Ndulu; Mwega: Economic Adjustment Policies, a. a. O., 109.
[171] Siehe Miller: Kenya, a. a. O., 48; Young: Ideology and Development in Africa, a. a. O., 207-209.

stück erwerben, womit es ohne Befristung in das Eigentum des/der Käufer/-s/-in überging und es zu dessen/deren freier Disposition stand.[172]
Die Industrialisierung wurde vor allem durch die Errichtung importsubstituierender Betriebe rasch vorangetrieben.[173]
Wenngleich auch in Kenia von der Notwendigkeit ländlicher Entwicklung die Rede war, war die nationale Entwicklungsstrategie im wesentlichen stadtzentriert. Gesellschaftlicher Fortschritt wurde mit Modernisierung gleichgesetzt, wobei Modernisierung vor allem Folgendes bedeutete: „Seßhaftmachung der gesamten Bevölkerung; Intensivierung und, da Landmangel herrsche, Rationalisierung der Landwirtschaft; landesweite Durchsetzung der Geld- und Marktwirtschaft; Ausbau des Binnen- und vor allem Außenhandels; Industrialisierung, insbesondere für den Export; Erweiterung des urbanen Wirtschaftssektors. - Die Quintessenz der Konzeption ... heißt 'urbaniza-tion'. Verstädterung *ist* Entwicklung, ist ihr Weg und ihr Ziel."[174] Von den Städten erhoffte man sich positive Effekte für die Modernisierung der gesamten Gesellschaft sowie Wachstumsimpulse für ländliche Gebiete, was wiederum günstig für die Städte wäre.[175]
In den 70er Jahren schwand die Hoffnung auf den Durchsickereffekt angesichts wachsender Armut, sodaß man nun dezidiertere Umverteilungsmaßnahmen ergriff und Schwerpunkte auf ländliche Entwicklung und Armutsbekämpfung setzte.[176] Der Weg einer relativ freien Marktwirtschaft wurde allerdings nicht in Frage gestellt.[177] Insofern man ein hohes Wirtschaftswachstum anstrebte, war die kenianische Wirtschaftspolitik durchaus erfolgreich. So lag die durchschnittliche jährliche Wachstumsrate des BNP pro Kopf zwischen 1965 und 1990 mit 1,9 Prozent deutlich höher als im Schnitt aller Sub-Sahara-Länder; die Inflationsrate hingegen war mit 7,9 Prozent jährlich fast um die Hälfte niedriger. Die besten Wirtschaftsdaten stammen aus dem ersten Jahrzehnt der Unabhängigkeit, als das reale BIP um 5,9 Prozent anstieg, während die Preise nur um 3,4 Prozent erhöht wurden. Die Verteilung dieses Wachstums allerdings erfolgte höchst ungleichmäßig.[178]
Nach diesem ersten Jahrzehnt der Unabhängigkeit verlangsamte sich das Wirtschaftswachstum; zugleich stieg die Inflationsrate in den Jahren von 1974 bis 1990 auf durchschnittlich 11 Prozent, um sich bis 1992 auf 30 Prozent und im darauffolgenden Jahr gar auf 101 Prozent zu erhöhen. Danach fiel die Rate wieder. Im Jahr 1993 war ein kaum noch meßbares (positives) Wirtschaftswachstum zu verzeichnen. Die laufenden Ausgaben im öffentlichen Dienst, die Schuldenlast, ungenügende Steuereinkommen und unzureichende Kontrolle und Effizienz bei den Ausgaben waren interne Faktoren für die Schwierigkeiten, auf externer Seite sind zu nennen: die beiden Ölschocks (1973

---

[172] Siehe Miller: Kenya, a. a. O., 48.
[173] Siehe Ndulu; Mwega: Economic Adjustment Policies, a. a. O., 109.
[174] Satzinger: Stadt und Land im Entwicklungsland, a. a. O., 259.
[175] Siehe ebd., 259.
[176] Siehe Ndulu; Mwega: Economic Adjustment Policies, a. a. O., 107-108.
[177] Vgl. Miller: Kenya, a. a. O., 57.
[178] Siehe Ndulu; Mwega: Economic Adjustment Policies, a. a. O., 108-109.

und 1979), der Zusammenbruch der Ostafrikanischen Gemeinschaft 1977 mit einem darauffolgenden Rückgang an Exporten, das Ende des Kaffeebooms 1977, Rückgang des Vertauens in die Stabilität Kenias infolge eines versuchten Staatsstreichs 1982, (zusammenhängend mit bereits genannten Faktoren:) eine Verschlechterung der Terms of Trade sowie Dürrekatastrophen. 1992 waren die Schulden so hoch, daß die Zinszahlung bzw. Schuldentilgung rund ein Drittel der Exporterlöse verschlang.[179]

In den 80er und frühen 90er Jahren verzeichnete Kenia im wesentlichen einen sozioökonomischen Abwärtstrend, der auch mit einer zunehmenden politischen Instabilität und blutigen Unruhen zusammenhing. Die Regierung unter Moi führte die Eskalationen darauf zurück, daß das eben unter nationalem und internationalem Druck eingeführte Mehr-Parteien-System offensichtlich interethnische Konflikte forciere und die Einheit und Stabilität des Landes gefährde. Regierungskritische Stimmen führen die Unruhen auf politische Ursachen zurück und machen die Regierung zumindest mitverantwortlich, wenn man nicht gar davon ausgeht, daß die Regierung die Unruhen geschürt hatte, um daraus politisches Kapital für ihre Linie zu gewinnen. Bei den Mehr-Parteien-Wahlen 1992 konnte sich der Präsident sein Amt sichern. Seither wurden gewisse politische und ökonomische Reformen eingeleitet, es ist aber fraglich, bis wann sich die schwierige sozioökonomische Lage Kenias maßgeblich verbessern wird.[180] Wie auch in Tansania kommt der massivste Widerstand gegen die Regierung bzw. der größte Druck für Reformen, wenn man vor allem vom westlichen Ausland absieht, aus den Reihen der städtischen relativ gut schulgebildeten Mittelklasse.[181]

Bereits in den 80er Jahren begann man, die Wirtschaftspolitik im Sinne von Strukturanpassungsprogrammen des IMF und der Weltbank zu modifizieren.[182] Man erhöhte die Erzeuger/innenpreise für landwirtschaftliche Proukte, um die Produktion insbesondere von Nahrungsmitteln zu stimulieren; man forcierte zur Effizienzsteigerung die Außenorientierung des industriellen Sektors, liberalisierte den Handel und wertete den kenianischen Schilling deutlich ab.[183]

Der weitgehende Ausschluß der afrikanischen Bevölkerung aus dem modernen Bildungssystem während der Kolonialzeit wurde von führenden kenianischen Politiker/inne/n nach der Unabhängigkeit als eines der größten Übel des Kolonialsystems eingestuft. Daher legten sie, die selber eine moderne Schulbildung absolviert hatten und an den Wert der formalen Bildung für die Entwicklung Kenias glaubten, einen besonderen Schwerpunkt auf die Ausweitung des Schulsystems.[184]

---

[179] Siehe ebd., 109-111.
[180] Siehe vor allem Barkan: Divergence and Convergence in Kenya and Tanzania, a. a. O., 35-40.
[181] Siehe Chege: The Return of Multiparty Politics, a. a. O., 56-61.
[182] Siehe Ndulu; Mwega: Economic Adjustment Policies, a. a. O., 108.
[183] Siehe ebd., 113-116.
[184] Siehe Cooksey; Court; Makau: Education for Self-Reliance and Harambee, a. a. O., 205. Bezüglich folgender Ausführungen zur Schulbildung siehe allgemein auch ebd., 201-215; Neubert: Sozialpolitik in Kenya, a. a. O., 123-127; Bogonko: A History of Modern Education in Kenya (1895-1991), a. a. O., 110-170.

Kulturelle Grundlagen

Die Ziele der kenianischen Bildungspolitik nach der Unabhängigkeit sind klar ausgedrückt in einem Dokument des Erziehungsministeriums.[185] So sollte die Schulbildung die Identifikation mit der kenianischen Nation und die nationale Einheit fördern, die nationale Entwicklung in sozialer und wirtschaftlicher Hinsicht sowie im Sinne einer modernen und unabhängigen Wirtschaft forcieren. Schüler/innen sollten die Fähigkeit erwerben, die besten traditionellen Werte zu übernehmen und sie den durch eine rasche Entwicklung veränderten Anforderungen anzupassen, wobei in den Schulbüchern im allgemeinen moderne Lebensweisen implizit und explizit vor traditionelle gestellt werden und die Angleichung in Richtung moderner Lebensweisen nahegelegt wird[186]. Die Schulbildung sollte zudem zur persönlichen Entwicklung einschließlich des Sinnes für soziale Gleichheit und Verantwortung beitragen, obwohl man sich zur selben Zeit zum Grundsatz bekannte, daß unterschiedliche Leistung unterschiedlich belohnt werden müsse. Im Vergleich zu Tansania waren die Lehrpläne und -bücher weniger explizit (partei)politisch gefärbt.[187] Die Schulen allerdings wurden teils ganz gezielt von einzelnen Politiker/inne/n genutzt, indem sie etwa besonders in Vorwahlzeiten Schulen finanziell unterstützten, was insofern leicht möglich war, als das Schulsystem im Sinne des Mottos von Harambee (siehe oben) finanziell ganz wesentlich von den jeweiligen Gemeinschaften bzw. einzelnen Personen jener Gemeinschaften getragen wurde.[188] Der Unterricht war im allgemeinen kaum ausgerichtet auf manuelle Fähigkeiten, die später in handwerklichen Berufen hätten eingesetzt werden können; man orientierte sich vielmehr an den Anforderungen für sogenannte „white-collar"-Jobs.[189] Ein Weiterkommen im Bildungssystem war, sofern die ökonomischen Verhältnisse der Schüler/innen eine Weiterbildung erlaubten, bedingt durch akademische Qualifikation und Leistung, nicht durch charakterliche Eignung (wie in Tansania).[190] Eingeschränkt wurde der Zugang zur Bildung unter anderem durch eine ungleichmäßige regionale Verteilung der Bildungseinrichtungen sowie dadurch, daß die Eltern finanzielle oder anderweitige Beiträge zur Ausbildung ihrer Kinder leisten mußten.[191] Im Gegensatz zu Tansania legte man relativ großen Wert auf die weitere Schulbildung nach der Grundschule.[192] So reichte die Ausbildung zu Beginn der 80er Jahre bei etwa 30 Prozent über die Primary School hinaus, der Rest geht auf - oft lange Zeit erfolglose - Jobsuche bzw. muß mit vergleichsweise wenig angesehenen und unsicheren Arbeitsplätzen Vorlieb nehmen.[193] Zugleich ist darauf hinzuweisen, daß zum Teil gerade gut Ausgebildete große Schwierigkeiten haben, einen geeigneten Job zu finden.[194]

---

[185] Hier zitiert nach Harber: Politics in African Education, a. a. O., 40-41. Dort sind Auszüge jenes Dokumentes wiedergegeben.
[186] Siehe Harber: Politics in African Education, a. a. O., 46-47.
[187] Siehe ebd., 41; Court: The Education System as a Response to Inequality, a. a. O., 282-283.
[188] Siehe Cooksey; Court; Makau: Education for Self-Reliance and Harambee, a. a. O., 206-207.
[189] Siehe ebd., 205.
[190] Siehe Court: The Education System as a Response to Inequality, a. a. O., 283-284.
[191] Siehe Cooksey; Court; Makau: Education for Self-Reliance and Harambee, a. a. O., 205 u. 207.
[192] Siehe Court: The Education System as a Response to Inequality, a. a. O., 283.
[193] Siehe Harber: Politics in African Education, a. a. O., 42.
[194] Siehe etwa Cooksey; Court; Makau: Education for Self-Reliance and Harambee, a. a. O., 206 u. 208-209.

Die nachkoloniale Zeit 327

Einer UNESCO-Studie zufolge gab es 1995 21,9 Prozent erwachsene Analphabet/inn/en (im Alter von mindestens 15 Jahren), 13,7 Prozent der Männer und 30 Prozent der Frauen.[195] Die Bruttoschulbesuchsrate (alle eingeschriebenen Schüler/innen der der Schulstufe entsprechenden Bevölkerungsgruppe) in den Primarschulen betrug 1992 92 Prozent (stark abweichend von den Daten der Tabelle 22), in den Sekundarschulen 27 Prozent.[196]

Tabelle 21: *Relativer Anteil der Schüler/innen an der den Schulen entsprechenden Altersgruppe in Kenia, 1960 bis 1983*[a]

	1960	1970	1980	1983
Primarschulen	47	58	104	100
Sekundarschulen	2	9	18	19
Höhere Schulen	0,1	0,8	0,9	0,9

[a] Die Zahlen geben das Verhältnis aller in den entsprechenden Schulen registrierten Schüler/innen (auch wenn sie das offizielle Alter für die jeweiligen Schulen überschreiten) zum Teil der Gesamtbevölkerung im offiziell für die jeweiligen Schulen entsprechenden Alter wieder. Daher sind Prozentsätze über 100 möglich.

Quelle: World Bank: Education in Sub-Saharan Africa, a. a. O., Tab. A-7, S. 131, Tab. A-8, S. 132, Tab. A-9, S. 133.

Tabelle 22: *Einige Daten zur Situation der Bildung in Kenia, 1991*

Grundschüler/innen	5 456 000
Lehrer/innen in Grundschulen	173 370
Lehrer/innen - Schüler/innenverhältnis	1 : 31,5
Einschreibungsverhältnis[a]	76,3
Sekundarschüler/innen	614 161
Lehrer/innen in Sekundarschulen	30 120
Lehrer/innen - Schüler/innenverhältnis	1 : 20,4
Universitätsstudent/inn/en	41 000

[a] Anzahl der Schüler/innen zur Bevölkerungsgruppe der Sechs- bis Vierzehnjährigen

Quelle: Cooksey; Court; Makau: Education for Self-Reliance and Harambee, a. a. O., Tab. 7.1, S. 204.

Die Situation der Bildung zu Beginn der 90er Jahre ist durch mehrere Schwierigkeiten gekennzeichnet: Zwar weitet sich das System quantitativ aus, die Qualität verschlechtert sich jedoch; die Finanzierung ist ungesichert, trotz ausländischer Unterstützung;

---
[195] Siehe UNESCO: Weltbildungsbericht 1995, a. a. O., Anhang III, Tab. 2, S. 124.
[196] Siehe ebd., Anhang III, Tab. 4 u. 6, S. 132 u. 140.

der Zugang wird regional, geschlechts- und schichtsspezifisch ungleichmäßig gewährt; dazu kommt, daß es auf der einen Seite viele gut ausgebildete jugendliche Arbeitslose gibt, auf der anderen Seite bestimmte Jobs in der Wirtschaft vakant bleiben - ein klarer Hinweis darauf, daß die Ausbildung nur unzureichend auf die Anforderungen in der Wirtschaft abgestimmt ist.[197]

Kenia dürfte wohl eine noch explizitere Modernisierungsstrategie verfolgt haben als Tansania. In Kenia sah man die Modernisierung in technologischer und wirtschaftlicher Hinsicht eng verknüpft mit der Urbanisierung. Modernisierung beschränkte sich nicht auf materielle Aspekte, sondern schloß, wie großteils auch in Tansania, vielfach Lebensformen und Werthaltungen ausdrücklich mit ein.

---

[197] Siehe Cooksey; Court; Makau: Education for Self-Reliance and Harambee, a. a. O., 206.

V. Ideen über Afrikaner/innen, Europäer/innen und Nordamerikaner/innen und ihre Kulturen und die Verstädterung im tropischen Afrika

Der Kolonialismus beruhte wesentlich auf der Annahme, daß die europäischen Kulturen den afrikanischen bei weitem überlegen seien; daß die Unterwerfung afrikanischer Völker nicht nur im Sinne der europäischen Kolonialist/inn/en sei, sondern ebenso den Kolonisierten zum Vorteil gereiche, würden doch die Kolonialist/inn/en auch Erziehungsarbeit leisten und den Afrikaner/inne/n die bessere Kultur näherbringen. Man würde sie befreien von ihren Lastern und sie nicht zuletzt durch die Verkündigung der wahren Religion erlösen. Die Kolonialist/inn/en waren nicht nur selber von ihrem Auftrag und der Legitimation ihres Tuns überzeugt, sondern konnten ebenso in Form militärischer Macht und technologischer Fähigkeiten ihre Überlegenheit sinnfällig demonstrieren. Mit anderen Worten, sie hatten nicht nur repressive Macht, sondern zugleich Überzeugungsmacht. So waren bald manche Afrikaner/innen der Meinung, daß ein Widerstand nichts nützen würde und man sich der neuen Herrschaft besser fügen und bei all den Nachteilen möglichst viele Vorteile in der gegebenen Situation suchen sollte. Andere wiederum fanden die Kultur der Kolonialist/inn/en attraktiver als traditionelle afrikanische Kulturen und beteiligten sich aktiv daran, die Afrikaner/innen zu „erziehen". Dazu kamen Schwarze, die ehemals Sklav/inn/en gewesen waren und mit einer eigenen, westlich geprägten Kultur nach Afrika zurückkehrten, wo sie, insbesondere wenn sie eine umfassende Schulbildung absolviert hatten, zum Teil im Kolonialsystem die erste Stelle nach den Kolonialherr/inn/en einnehmen konnten.

Selbst jene Afrikaner/innen, die sich, nachdem militärischer Widerstand gescheitert war, um die Rechte von Afrikaner/inne/n innerhalb des Kolonialsystems einsetzten und schließlich mit politischen Mitteln die Unabhängigkeit von den Kolonialmächten einforderten, waren durchwegs westlich erzogen worden, hatten zum Teil in den „Mutterländern" oder in den Vereinigten Staaten studiert, lebten meist nicht entsprechend überkommener afrikanischer Kulturen, sondern versuchten mit den Mitteln ihrer Beherrscher/innen für ihre Rechte einzutreten und zu kämpfen. Gerade auch jene, die in den Unabhängigkeitsbewegungen aktiv waren und als erste Staatsmänner formell unabhängiger afrikanischer Staaten amtierten, hatten in der Regel einen westlich geprägten Bildungshintergrund und orientierten sich in ihrer Politik der Modernisierung an westlichen Standards. Nicht traditionelle afrikanische Führer/innen wurden die maßgeblichen Gestalter/innen der Politik vor und insbesondere nach der Unabhängigkeit, und nicht vorkoloniale afrikanische Reiche erlebten ihre Wiedergeburt, sondern westlich orientierte Politiker waren die ersten Männer in Staaten, deren Grenzen die Kolonialist/inn/en meist ohne Rücksicht auf bestehende Herrschaftsgebiete gezogen hatten. Diese kulturelle Verortung der führenden Persönlichkeiten (und nicht nur dieser) hat sich bis heute im wesentlichen kaum verändert. Um nur ein Beispiel zu erwähnen: Yoweri Kaguta Museveni, Präsident der Republik Uganda, sprach sich bei einem 1994 in Kampala gehaltenen Vortrag zur Verfassung Ugandas vehement für eine umfassende sozioökonomische Modernisierung des Landes im Sinne westlicher Modernitäts- und Wohlstandsniveaus aus. Der „zurückgebliebene Charakter unserer Gesellschaft" (der Ugandas nämlich) sollte überwunden und an dessen Stelle eine moderne Gesellschaft gesetzt werden mit einem wachsenden industriellen Sektor und damit einhergehend mit einem zunehmenden städtischen Bevölkerungsanteil.[1] Hier finden sich sowohl die Orientierung an westlichen Modernisierungsmodellen, die Idee vom Fortschritt sowie dessen Koppelung mit der Urbanisierung. Der Bogen von kolonialen Fortschrittsideen und ethnozentrisch gefaßten Entwicklungsstandards bis hin zur Verstädterung könnte kaum augenscheinlicher gespannt werden.

Man führte in der nachkolonialen Zeit also eine Entwicklung weiter (wenn auch mit manchen Modifikationen), die durch Vorstellungen über Afrikaner/innen und ihre Kulturen eingeleitet wurde, wonach jene gegenüber den europäischen Kulturen minderwertig seien und es gelte, die Afrikaner/innen in die Höhen europäischer Kulturen zu führen. Es hatte ein sozialer und kultureller Wandel stattgefunden, als dessen (vorläufiges) Ergebnis eine gewisse Orientierung an westlichen Werten und Normen herauskam. Freilich vollzogen keineswegs alle Afrikaner/innen diesen Wandel, für jene aber, die diese Bewegung mitmachten, boten und bieten die Städte grundsätzlich eine attraktive Möglichkeit, entsprechend ihren Vorstellungen zu leben. Städte lassen es viel eher als Dörfer zu, unabhängig von traditionellen Autoritäten und nach eigenem Gutdünken das Leben zu gestalten; gesellschaftliche Positionen zu erlangen, die zumindest vorderhand nichts mit der Herkunft und dem Status der Eltern zu tun haben, sondern die man sich eigenständig erarbeiten kann; Gemeinschaften relativ frei und, sofern man es will, weitgehend unabhängig von verwandtschaftlichen Schranken zu bilden; geschlechtsspezifischen Rollen und Machtverhältnissen leichter zu entgehen, was vor allem für Frauen eine Befreiung von sexistischer Unterdrückung und einen Gewinn an Rechten bedeuten kann.

---

[1] Siehe Yoweri Kaguta Museveni: Vortrag bei einem Seminar über politische Systeme, organisiert v. d. Uganda Think Tank Foundation in Zsarb. m. d. Friedrich Ebert Stiftung, am 13. 12. 1994 in Kampala. (Mir liegt eine unveröffentlichte deutsche Übersetzung vor.)

D. KULTURSOZIOLOGISCHE FALLSTUDIEN:
Über Leben und Lebensgeschichten einiger Bewohner/innen einer „low-cost-housing-area" von Arusha, Tansania

Mit den folgenden kultursoziologischen Fallstudien werde ich das Phänomen der Urbanisierung und des Urbanismus im tropischen Afrika auf der Ebene von Individuen (Personen) konkretisieren. Zum Teil werden Momente, die oben allgemein dargestellt wurden, exemplifiziert, zum Teil werden noch nicht genannte Facetten beschrieben und untersucht. Ich werde eingehen auf die Geschichte einzelner Bewohner/innen von Arusha sowie auf ihre jetzige Situation. Ich werde versuchen, bestimmte Aspekte ihrer Weltbilder zu erörtern und Grundzüge ihrer sozialen Beziehungen und materiellen Lebensverhältnisse darzustellen. Ich werde ihren Alltag beschreiben ebenso wie ihre Möglichkeiten, den Alltag und das Alltägliche zu verlassen. Zur Sprache bringen werde ich weiters ihre Vorstellungen von der Zukunft sowie ihre Hoffnungen und/oder Befürchtungen. Ein wesentliches Thema wird ihre kulturelle Verortung in jener idealtypischen Polarität zwischen Stadt und Land sein.

Zuvor befasse ich mich allgemein vor allem mit der Stadt Arusha sowie mit der Geschichte Tansanias und seiner derzeitigen Lage, um den Kontext herstellen zu können und Interpretationen zu erleichtern.[1] Es ist zweckmäßig, über allgemeine Kenntnisse vom Land und speziell von der Stadt zu verfügen, Daten aus der Geschichte und Gegenwart zu kennen, etwa über Bevölkerungsausmaß und -qualität (Geschlechterverhältnis, Altersstruktur, ethnische Zugehörigkeiten, Verteilung bestimmter Bevölkerungsschichten in bestimmten Regionen der Stadt usw.), über die wirtschaftliche Situation, die rechtliche und politische Verfassung und dergleichen mehr, um Daten, die auf Mikro-Ebene gewonnen werden, im Zusammenhang sehen zu können und sich der Verallgemeinerungsmöglichkeit wenigstens einigermaßen bewußt zu sein. Darüber hinaus beschäftige ich mich mit Arusha im Sinne eines weiteren Beispiels von Städten und Stadtgeschichten im tropischen Afrika.

Naturgemäß hängt die Vollständigkeit meiner soziologischen Beschreibung Arushas nicht zuletzt vom vorhandenen Datenmaterial und von zugänglichen Untersuchungen ab. Einige Bereiche, insbesondere soziale Beziehungen oder soziale Schichtung, wurden meines Wissens zumindest in letzter Zeit nicht umfassend untersucht, sodaß sie hier nur oberflächlich berührt bzw. implizit behandelt werden können, wenngleich natürlich gerade die genannten Beispiele für eine soziologische Arbeit sehr relevant wären.

---

[1] Für die Stadtanthropologie hat etwa Gutkind auf die Notwendigkeit einer Kontextkenntnis und Kontextanalyse beim Studium von Städten hingewiesen (siehe Peter C. W. Gutkind: Urban Anthropology. Perspectives on 'Third World' Urbanisation and Urbanism, Assen: Van Gorcum & Comp. B. V., 1974, 61).

I. Zum Kontext

Ich möchte eingangs darauf verweisen, daß ich die Geschichte der Schulbildung in Tansania bereits in vorigen Kapiteln und die allgemeine politische und soziale Ausrichtung Tansanias nach der Unabhängigkeit ebenso schon weiter oben behandelt habe. Ich werde diese Informationen, die als Hintergrundwissen für das weiter unten Folgende sehr dienlich sind, im wesentlichen nicht mehr wiederholen.

1. Tansania

Geographie, Klima, Vegetation

Fläche: 945.087 km^2 einschließlich der Inseln Sansibar, Pemba und Mafia.[2]
Das Festland besteht zu einem großen Teil aus einem zwischen 1000 und 1500 Meter hohen Plateau mit Savannenvegetation, wobei sich die höchsten Gebiete, die zugleich die größten Niederschlagsmengen erhalten und am fruchtbarsten sind, an den Landesgrenzen befinden. Das Plateau wird vom östlichen Arm des Rift Valley begrenzt und fällt allmählich ab zur Küste am Indischen Ozean.
Die Niederschlagsmenge am Plateau überschreitet selten 1000 Millimeter pro Jahr bzw. beträgt oft sogar weniger, etwa im semiariden Zentraltansania mit einer Niederschlagsmenge von weniger als 500 Millimetern. Im Großteil des Landes fällt der Regen während einer einzigen Regenperiode von Dezember bis Mai, in manchen Regionen gibt es zwei Regenzeiten. Der größte Fluß des Landes, der Rufiji, entwässert das südliche Hochland sowie weite Teile des südlichen Tansania. Wie der Rufiji so fließen auch der Ruvu, Wami und Pangani in den Indischen Ozean. Mehrere Flüsse speisen Binnenseen, unter anderem die Seen Tanganyika, Victoria und Nyasa (Malawi).
Höchste Erhebung Tansanias und zugleich Afrikas ist der Mount Kilimanjaro mit 5895 Metern über dem Meeresspiegel. Die mittleren Temperaturen reichen von 23 bis 29° Celsius in Meeresnähe, über 18 bis 27° C in Höhen zwischen 700 und 1500 Metern, bis 15 bis 22° C in Höhen zwischen 1500 und 2300 Metern.
An Vegetation herrschen Waldland, Busch und Grasland vor.[3]

---

[2] Siehe L. Berry: Tanzania: Physical and Social Geography, in: Africa South of the Sahara 1996, London: Europa Publications, 1995, 948.

[3] Siehe Jocelyn Murray: Tanzania, in: ders. (Hg.): Cultural Atlas of Africa, Oxford: Phaidon, 1981, 189-191, hier 189; Berry: Tanzania: Physical and Social Geography, a. a. O., 948; The United Republic of Tanzania: Selected Statistical Series: 1951-1993, Dar es Salaam: Bureau of Statistics, President's Office - Planning Commission, 1995, 1; The United Republic of Tanzania: National Report on Human Settlements Development in Tanzania, Prepared For Habitat II, Dar es Salaam, 1996, 5 (die Seitenangaben zu dieser Studie mögen teilweise nicht ganz korrekt sein, da mir jene Arbeit nur auf Diskette zugänglich ist und sich dort die Seiten ein wenig verschoben haben).

Bevölkerung

Die Volkszählung von 1988 ermittelte eine Gesamtbevölkerung von 23.174.336. Bei der Volkszählung 1978 betrug die Bevölkerungszahl 17.512.610, wobei die durchschnittlichen jährlichen Wachstumsraten für das Festland 2,8 Prozent und für Sansibar 3 Prozent ausmachten (entsprechende Raten für den Zeitraum von 1967 bis 1978: 3,2 Prozent bzw. 2,7 Prozent). Für Mitte der 1990er Jahre schätzte man die Bevölkerung auf 25,6 Millionen, die Wachstumsrate zwischen 1990 und 1995 auf 3,36 Prozent. 1988 lebten am Festland durchschnittlich 25,5 Personen pro Quadratkilometer, mit der höchsten Dichte - abgesehen von Städten - am Fuß des Kilimanjaro und am Malawi See (über 250 Personen pro Quadratkilometer). 1988 standen am Festland 100 Frauen 96 Männern gegenüber.[4]

Tansania ist zwar eines der am wenigsten verstädterten Gebiete weltweit, die städtischen Wachstumsraten zählen aber zu den höchsten.[5] Von 100 Bewohner/inne/n ganz Tansanias lebten 1967 etwas mehr als 6 Menschen in Städten, 1978 nicht ganz 14 und 1988 rund 21 Personen. Diese Steigerung resultiert aus einem jährlichen städtischen Wachstum von 11 oder 8,9 Prozent zwischen 1967 und 1978 bzw. 7,3 Prozent zwischen 1978 und 1988.[6] Einer anderen Studie zufolge lag das städtische Wachstum 1985 bei 11,6 und 1990 bei 8 Prozent.[7] Im gesamten Sub-Sahara-Afrika lag der Anteil der städtischen Bevölkerung an der Gesamtbevölkerung 1965 bei 13 Prozent, 1985 bei 25 Prozent. Die durchschnittlichen jährlichen Wachstumsraten für den Zeitraum zwischen 1965 und 1980 beliefen sich auf 6,2 Prozent, zwischen 1980 und 1985 auf 5,7.[8]

1985 gehörten 48,6 Prozent der Gesamtbevölkerung der Altersgruppe unter 14 Jahren an, 1990 waren es 49,3 Prozent; 1990 waren 2 Prozent älter als 65 Jahre. Die Lebenserwartung bei Geburt lag in den Jahren von 1985 bis 1990 bei durchschnittlich 51,8, 1990 bei 50,9 Jahren.[9]

---

[4] Siehe The United Republic of Tanzania: Tanzania Sensa 1988, 1988 Population Census: Preliminary Report, Dar es Salaam: Bureau of Statistics, Ministry of Finance, Economic Affairs and Planning, 1989, 5-6; The United Republic of Tanzania: National Report on Human Settlements Development in Tanzania, a. a. O., Tab. 1.1, S. 10; L. Berry: Tanzania: Physical and Social Geography, a. a. O., 948.

[5] Siehe A. C. Mosha: Slum and Squatter Settlements in Mainland Tanzania, in: R. A. Obudho, Constance C. Mhlanga (Hg.): Slum and Squatter Settlements in Sub-Saharan Africa. Toward a Planning Strategy, New York-Westport-London: Praeger, 1988, 145-157, hier 145.

[6] Siehe The United Republic of Tanzania: 1988 Population Census: National Profile. The Population of Tanzania: The Analytical Report, Dar es Salaam: Bureau of Statistics, President's Office, Planning Commission, 1994, Tab. 3.4, S. 35; zum Teil nach eigenen Berechnungen aufgrund der dort angeführten Zahlen. Die niedrigere Zahl wird hier zitiert nach Stren; Halfani; Malombe: Coping Urbanization and Urban Policy, a. a. O., 175, wobei sich die Differenz teils aus einer unterschiedlichen Klassifizierung städtischer Randgebiete als städtisch oder ländlich ergibt (siehe ebd., Anm. 2).

[7] Siehe The United Republic of Tanzania: National Report on Human Settlements Development in Tanzania, a. a. O., Tab. 1.1, S. 10.

[8] Siehe Philip Amis: Introduction: Key Themes in Contemporary African Urbanisation, in: Philip Amis, Peter Lloyd (Hg.): Housing Africa's Urban Poor, Manchester-New York: Manchester University Press, 1990, 1-31, hier Tab. 2, S. 10 (nach Weltbankdaten).

[9] Siehe The United Republic of Tanzania: National Report on Human Settlements Development in Tanzania, a. a. O., Tab. 1.1, S. 10 (nach Berechnungen von UN und der University of Dar es Salaam).

In Tansania leben mehr als 120 ethnische Gruppen; die beiden größten sind die Sukuma und Nyamwezi, wobei aber keine Volksgruppe einen Anteil von mehr als zehn Prozent an der Gesamtbevölkerung stellt. Neben der indigenen afrikanischen Bevölkerung gibt es eine Minderheit an Menschen indischer oder pakistanischer Abstammung[10] sowie einige Weiße.
Als Amtssprache dient Kiswahili.
Am Festland bekennt sich etwa die Hälfte der Bevölkerung zum Christentum, ungefähr ein Drittel zum Islam; die meisten übrigen folgen indigenen afrikanischen Religionen, dem Bahai oder dem Hinduismus. Auf Sansibar leben fast ausschließlich Muslime.[11]

Soziale und politische Geschichte

Die ostafrikanische Küste und das Binnenland unterschieden sich bis ins 20. Jahrhundert wesentlich in ihrer Entwicklung, nicht weil es keine Kontakte miteinander gegeben hätte, sondern weil an der Küste der kulturelle, wirtschaftliche und selbst politische Einfluß aus der Welt des Indischen Ozeans ungleich stärker war als im Binnenland.[12] Am Festland hatten sich spätestens im 17. Jahrhundert, in manchen Teilen schon früher, indigene zentralisierte „Fürstentümer" oder Staaten herausgebildet. Vor allem im westlich-zentralen Gebiet des heutigen Tansania, in einer klimatischen bzw. geographischen Zone, die für große menschliche Ansiedlungen wenig geeignet war, lebten die Menschen meist in kleineren organisierten Gruppen zusammen.[13] Bis zum Ende des 19. Jahrhunderts betrieben die meisten tansanischen Volksgruppen am Festland in erster Linie Subsistenzwirtschaften, also ohne einen nennenswerten Überschuß zu erzeugen. Erst allmählich wurde die Überschußproduktion üblicher, was sowohl den Handel als auch eine weitere Zentralisierung förderte. Einzelne Herrscher/innen konnten aus diesem ökonomischen Wandel, der auch eine zunehmende Spezialisierung implizierte, Nutzen für ihre Gefolgschaft ziehen und ihre Machtbasis absichern.[14]
Die Ausweitung des Karawanenhandels von Sansibar aus bis weit in das Landesinnere (bis zum östlichen Kongo und Buganda) im 19. Jahrhundert hatte daher zum einen mit den genannten Entwicklungen im Binnenland zu tun. Anderseits war die wirtschaftliche und politische Bedeutung Sansibars dadurch gestiegen, daß Seyyid Said um 1840 den Sitz der Omanis, welche den örtlichen Handel beherrschten und schon im 18. Jahrhundert eine gewisse Autorität an der ostafrikanischen Küste für sich beanspruchen konnten, von Oman hierher verlegt hatte. Mit dem Handel intensivierte man nicht nur den wirtschaftlichen Kontakt zum Binnenland (inklusive Sklav/inn/enhandel);

---

[10] Siehe Berry: Tanzania: Physical and Social Geography, a. a. O., 948.
[11] Siehe Africa South of the Sahara 1996: Tanzania. Directory, London: Europa Publications, 1995, 963-970, hier 966.
[12] Siehe Maxon: East Africa, a. a. O., 35. Siehe auch oben, Anfänge der Verstädterung - ostafrikanische Küste!
[13] Siehe Maxon: East Africa, a. a. O., 74-79.
[14] Siehe ebd., 101.

damit wurden ebenso das Kiswahili als lingua franca sowie der Islam verbreitet.[15] Mit der Niederlassung der Omanis auf Sansibar gab es nun eine soziale Hierarchie, deren Spitze der Sultan sowie eine arabische Oberschicht bildeten. Die länger ansässige Bevölkerung war nicht nur von den höheren politischen Ämtern ausgeschlossen, sie mußte zudem den Interessen der neuen Machthaber/innen buchstäblich weichen, wenn es etwa darum ging, auf geeignetem Boden Gewürznelkenplantagen zu errichten.[16]

1885 wurde das tansanische Festland zum Deutschen Protektorat erklärt und später mit dem heutigen Ruanda und Burundi zu Deutsch-Ostafrika zusammengeschlossen.[17] Sansibar hingegen war ab 1890 britisches Protektorat. Die dortige arabische Oberschicht wurde weitgehend politisch entmachtet, im sozialen und wirtschaftlichen Bereich war sie aber nach wie vor dominant, und in der sozialen Hierarchie stand sie weit über den Schwarzafrikaner/inne/n.[18]

Gegen Ende des Jahrhunderts hatten die Deutschen den größten Teil Deutsch-Ostafrikas unter ihrer Kontrolle, wobei dem teils heftige Kämpfe gegen Einheimische vorangegangen waren. Wo einheimische Führer/innen mit der Kolonialmacht zu kooperieren bereit waren, setzten die Deutschen sie in der Administration der Kolonie ein, andernfalls bediente man sich von der Bevölkerung nicht autorisierter Mittelsmänner. Sofort ging man daran, die Kolonie wirtschaftlich zu nutzen, indem man Einheimische zum Anbau von Exportprodukten zwang und die Ansiedlung von Weißen förderte, die ihrerseits einen Beitrag zur Wirtschaftlichkeit der Kolonie leisten sollten. Vor allem um die Produkte entsprechend vermarkten zu können, errichtete man zwei größere Eisenbahnlinien (Tanga - Moshi, Dar es Salaam - Kigoma). Kaffee, Baumwolle und vor allem Sisal waren am gewinnbringendsten.[19] Zwangsarbeit in Baumwollplantagen bzw. der verpflichtende Anbau von Baumwolle war ein Auslöser für den Maji Maji-Aufstand 1905 bis 1906, in dem sich ein großer Teil des südlichen Deutsch-Ostafrika gegen die Unrechtmäßigkeit der deutschen Kolonialist/inn/en erhob. Nicht zuletzt durch eine Strategie der Aushungerung und da das Wasser (maji), das nach dem charismatischen Aufstandsanführer gegen die Gewehrkugeln schützen sollte, die Kämpfer/innen doch nicht unverletzbar machte, wurde dieser Aufstand schließlich von den Deutschen niedergeschlagen. Es wird geschätzt, daß dabei zwischen 75.000 und 300.000 Menschen ihr Leben verloren.[20] Nach der Niederschlagung der Rebellion wurden unter einem neuen Gouverneur Reformen durchgeführt. Anstatt die ökonomische Hoffnung auf die Siedler/innen zu setzen, versuchte man nun, die Produktivität

---

[15] Siehe ebd., 49-51; 113-114; Graham Matthews: Tanzania: Recent History (auf der Grundlage eines früheren Artikels von John Lonsdale), in: Africa South of the Sahara 1996, London: Europa Publications, 1995, 949-952, hier 949.
[16] Siehe Gerhard Grohs: Tanzania - Zur Soziologie der Dekolonisation, in: ders. und Bassam Tibi (Hg.) Zur Soziologie der Dekolonisation in Afrika, Frankfurt a. M.: Fischer, 1973, 123-145, hier 125; Maxon: East Africa, a. a. O., 114.
[17] Zur deutschen Kolonialisierung in Ostafrika siehe auch weiter oben, „Kolonialismus und seine Voraussetzungen - Carl Peters" sowie Yeager: Tanzania, a. a. O., 9-11.
[18] Siehe Maxon: East Africa, a. a. O., 134, 171-172 u. 204-205; Yaeger: Tanzania, a. a. O., 12.
[19] Siehe Maxon: East Africa, a. a. O., 164-167.
[20] Siehe Matthews: Tanzania: Recent History, a. a. O., 949; Maxon: East Africa, a. a. O., 167-169.

der kostengünstiger arbeitenden afrikanischen Bauern/Bäurinnen durch finanzielle Anreize zu fördern; zugleich ging man von umfangreichen Zwangsmaßnahmen ab. Als Zwischenhändler/innen fungierten zunehmend Asiat/inn/en. Obwohl die Reformen wirtschaftlich erfolgreich waren, kehrte man nach einigen Jahren von diesem Kurs ab und begünstigte nun wieder verstärkt die Siedler/innen.[21] Während des Ersten Weltkriegs, in dem in Ostafrika heftige Kämpfe vor allem zwischen den Deutschen und Briten geführt wurden, wurden viele Afrikaner zum militärischen Dienst gezwungen, sei es als Soldaten oder als Hilfskräfte (Träger etc.). Aber auch die Zivilbevölkerung war stark von den Auseinandersetzungen betroffen, die bis zu Hungersnöten in einigen Gebieten führten.[22]

Nach dem Ersten Weltkrieg, als Deutschland alle Kolonien verlor, wurde Deutsch-Ostafrika (ohne Ruanda und Burundi) als Tanganyika ein Mandat des Völkerbundes, das an Großbritannien als „verwaltende Macht" übertragen wurde. Belgien sicherte sich die Herrschaft über Ruanda und Burundi. 1946 wurde das Gebiet unter die sogenannte „Treuhandverwaltung" der UNO gestellt, mit Großbritannien weiterhin als „Verwalter".[23] Die Brit/inn/en installierten bald das vor allem in Nigeria bereits erprobte System der Indirect Rule, in dem man traditionelle Autoritäten in das Kolonialsystem integrierte, wobei sie natürlich eine untergeordnete bzw. dem Kolonialismus dienende Funktion zu erfüllen hatten. Man forcierte weiterhin den Anbau von Cash Crops und ließ nur in vergleichsweise beschränktem Ausmaß die Ansiedlung weißer Landwirt/-e/-innen zu.[24] Der Zweite Weltkrieg betraf Tanganyika weit weniger als der Erste, da hier nun keine Kämpfe ausgetragen wurden, wohl aber mußten Männer aus Tanganyika in anderen Ländern für Großbritannien als Soldaten dienen.[25] Nach dem Krieg wurden die politischen Rechte der Schwarzafrikaner/innen langsam ausgeweitet, nicht zuletzt unter dem Druck der Vereinten Nationen.[26] Die bereits 1929 gegründete Tanganyika African Association, die 1954 vom damaligen Vorsitzenden Julius Nyerere in Tanganyika African National Union (TANU) umbenannt wurde, erlangte als oppositionelle Kraft immer mehr Einfluß, sodaß diese Partei aus den ersten allgemeinen Wahlen in Tanganyika 1958 bis 1959 als klare Siegerin hervorging. 1959 nahmen die ersten Afrikaner als Minister ihre Arbeit auf. 1961 wurde Julius Nyerere Premierminister, 1962 Staatspräsident. Noch im Dezember 1991 erlangte Tanganyika seine völkerrechtliche Unabhängigkeit.[27] Daß Tanganyika die Unabhängigkeit im Vergleich zu anderen afrikanischen Ländern recht friedlich und auch ohne tiefgreifende innerafrikanische Konflikte erreichte, ist unter anderem darauf zurückzuführen, daß die koloniale Durchdringung in Tanganyika nicht so tiefgreifend war wie in anderen Ländern,

---

[21] Siehe Maxon: East Africa, a. a. O., 169-170.
[22] Siehe ebd., 176-178.
[23] Siehe Matthews: Tanzania: Recent History, a. a. O., 949; Maxon: East Africa, a. a. O., 178. Zu Tanganyika und Sansibar während der britischen Kolonialherrschaft siehe auch Yaeger: Tanzania, a. a. O., 12-23.
[24] Siehe Maxon: East Africa, a. a. O., 178-184.
[25] Siehe ebd., 208.
[26] Siehe ebd., 211-213.
[27] Siehe Matthews: Tanzania: Recent History, a. a. O., 949.

etwa Kenia, und sich hier keine große Gruppe von weißen Siedler/inne/n niedergelassen hatte; daß nur in geringerem Ausmaß Rivalitäten zwischen den einzelnen Volksgruppen bestanden und sich mit Nyerere ein wenig umstrittener führender Politiker etabliert hatte; zudem wirkte sich das Kiswahili als weit verbreitete afrikanische Sprache einigend aus.[28]
Sansibar, in dem sich auch nach dem Zweiten Weltkrieg die arabische Oberschicht weiterhin ihre Vorrechte und ihre Dominanz gegenüber den Schwarzafrikaner/inne/n sichern konnte - mit dem Wohlwollen der britischen Kolonialmacht -, erreichte den Status der Unabhängigkeit von Großbritannien im Jahr 1963. 1964 wurde die arabische Regierung in einer blutigen Revolution gestürzt und die Republik ausgerufen. In diesem Jahr wurde nun auch die Vereinigung von Tanganyika und Sansibar vollzogen, wobei der Führer der Revolution auf Sansibar bzw. der Parteiführer der Afro-Shirazi Party (ASP), der im Vergleich zu Nyerere radikalere Abeid Karume, zum Vizepräsidenten Tansanias ernannt wurde.[29]

1965 wurde Nyerere als Präsident des nunmehrigen Ein-Parteien-Staates wiedergewählt (bis 1977 bestanden allerdings die TANU und die ASP nebeneinander, die eine in Tanganyika, die andere auf Sansibar; 1977 vereinigten sich beide Parteien in der Chama Cha Mapinduzi (CCM), der Partei der Revolution). Mit der Arusha-Deklaration legte er 1967 sein sozialistisches Programm vor mit den Prinzipien des Egalitarismus und der nationalen Selbstbestimmung. Im besonderen sollten ländliche Gebiete gefördert werden, anstatt daß Städte auf Kosten des Landes (so die Ansicht der Ideologen) florierten. Im Zentrum der ländlichen Entwicklung standen die Ujamaa-Dörfer, in denen die Menschen im Geist des Sozialismus zusammenleben und arbeiten sollten.[30] (Zu Ujamaa, seinen Erfolgen und Fehlschlägen, und dem tansanischen Weg des Sozialismus siehe ausführlicher oben, Kapitel C.IV.2!)
Die Beziehungen zu den unmittelbaren Nachbarländern waren vielfach von Spannungen gezeichnet, insbesondere zu Idi Amins Uganda, an dessen Sturz Tansania aktiv beteiligt war.[31]

1985 wurde Ali Hassan Mwinyi aus Sansibar Nachfolger Nyereres als Staatspräsident. Damit sollte nicht zuletzt die unter Druck geratene Einheit von Tanganyika und Sansibar gestärkt werden. Aufgrund immer eklatanter werdender ökonomischer Probleme entschied sich die Regierung unter Mwinyi, langsam vom sozialistischen Weg abzukehren und den privaten Sektor mehr zu fördern, wobei dieser Wandel unter anderem aufgrund des Drucks von IMF und westlichen Investor/inn/en zustande kam. Innerhalb der CCM formierte sich Widerstand gegen diese wirtschaftspolitischen Veränderungen. Als Ausdruck dessen ist etwa die Wiederwahl Nyereres 1987 zum Vorsitzenden der Partei zu bewerten, der nun in vielen Belangen ein Gegengewicht zum Staatspräsidenten und stellvertretenden Parteivorsitzenden Mwinyi bildete.

---

[28] Siehe Gerhard Grohs: Tanzania, a. a. O., 123-125.
[29] Siehe Grohs: Tanzania, a. a. O., 125; Matthews: Tanzania: Recent History, a. a. O., 949; Maxon: East Africa, a. a. O., 238.
[30] Siehe Matthews: Tanzania: Recent History, a. a. O., 949.
[31] Siehe ebd., 952.

1992 wurde das Mehr-Parteien-System formell eingeführt. Die Parteien mußten, um als solche anerkannt zu werden, Unterstützung sowohl am Festland als auch auf den Inseln finden und durften weder ethnisch noch religiös ausgerichtet sein, um die nationale Einheit nicht zu gefährden.[32] Die Wahlen im Jahr 1995 gewann abermals die CCM mit ihrem Kandidaten Benjamin Mkapa, der die marktwirtschaftliche Liberalisierung und Privatisierung fortsetzt. Es gelang seiner Regierung, die Inflation weiter einzubremsen (schon zuvor war die Inflationsrate von 44 Prozent oder 32 Prozent - je nach Studie - im Jahr 1986 auf 23,5 Prozent 1993 gesunken[33], 1995 lag sie bei 26 Prozent[34]) und das jährliche Budgetdefizit einzuschränken, obwohl mehr als die Hälfte der staatlichen Einnahmen zur Tilgung der Auslandsschulden aufgewendet wird. Zugleich weitet sich die Schere zwischen Armen und Reichen aus, Gesundheitswesen und Schulbildung haben unter teils massiven finanziellen Engpässen zu leiden. Bei internationalen Investor/inn/en scheint Tansania ein Liebkind zu werden, wobei umstritten bleibt, wie sich die Macht ausländischer Konzerne langfristig auf die sozioökonomische Situation in Tansania auswirken wird. Attraktiv für Wirtschaftstreibende ist nicht nur die marktwirtschaftliche Liberalisierung, sondern ebenso die relative politische Stabilität des Landes, die sich auch darin äußert, daß interethnische Rivalitäten kaum bestehen bzw. nicht offen und gewalttätig ausgetragen werden. Freilich könnten insbesondere Konflikte in und um Sansibar, zunehmende soziale Disparitäten sowie Spannungen zwischen Schwarzafrikaner/inne/n und asiatischen Tansanier/inne/n die Stabilität und Einheit des Landes gefährden.[35]

Außenpolitisch kam es zu Beginn der 1990er Jahre wiederum zu einer Annäherung der ehemaligen Mitgliedstaaten der East African Community. Als schwierig gestaltete sich das Verhältnis zu den vom Bürger/innenkrieg weitgehend zerstörten Ländern Ruanda und Burundi; unter anderem scheint die Frage, bis wann die vielen Flüchtlinge, die in Tansania vorübergehend Sicherheit gesucht hatten, in ihre Heimatländer zurückkehren müßten, kaum einvernehmlich und im Sinne der Betroffenen zu klären zu sein.[36]

Wirtschaft und Beschäftigung

Noch 1995 galt Tansania, gemessen an ökonomischen Eckdaten, als eines der ärmsten Länder der Welt. Der tansanische Weg des Sozialismus konzentrierte sich auf die weitestmögliche Verbreitung des Sozial- und Schulwesens und auf die Verminderung

---

[32] Siehe ebd., 949-950.
[33] Siehe Buren: Tanzania: Economy, a. a. O., 953; die niedrigere Angabe für 1986 findet sich bei C. George Kahama: Tanzania into the 21st Century, Dar es Salaam: Tema Publishers Company, 1995, Tab. 3.1, S. 11.
[34] Siehe The United Republic of Tanzania: National Report on Human Settlements Development in Tanzania, a. a. O., 17.
[35] Siehe etwa Haroub Othman: President Mkapa Must Learn to Listen to All Tanzanians, *The East African*, November 18-24, 1996, New Focus S. 17; Bob Karashani: Economy Boosted but a Tough First Year for Mkapa, *The East African*, November 18-24, 1996, New Focus S. 17; Matthews: Tanzania: Recent History, a. a. O., 951-952.
[36] Siehe Matthews: Tanzania: Recent History, a. a. O., 952.

der Armut der unteren Schichten. Zum Teil konnten die Dorfentwicklungsprogramme sowie Verstaatlichungen diesen Zielen dienen, vom ökonomischen Output her betrachtet, schlitterte das Land in eine immer tiefere Krise, bis man sich in den 1980er Jahren gezwungen sah, Strukturanpassungsprogramme im Sinne des IMF durchzuführen und die Ökonomie in Richtung Marktwirtschaft zu reformieren.[37] Nach den gravierenden Problemen in den Jahren um 1980 begann die Wirtschaft, langsam und unstetig wieder zu wachsen (1993 erreichte die Wachstumsrate des BIP einen Wert von 4,1 Prozent). Nun geht man wieder daran, die sozialen Kosten der Reformprogramme zu minimieren, sodaß man in den jährlichen Entwicklungsplänen von 1990 bis 1993 nicht nur einen Schwerpunkt auf die Transportinfrastruktur legte, sondern auch das Gesundheitswesen und das Ausbildungssystem prioritär zu behandeln suchte (bis jetzt anscheinend nicht mit überzeugendem Erfolg - siehe oben).[38]

Den größten Teil des BIP (2086 Millionen USD 1993 am Festland, nach Weltbankberechnungen; das BNP pro Kopf betrug 90 USD) erwirtschaftete 1993 nach einer Schätzung der Weltbank die Landwirtschaft (56 Prozent), gefolgt vom Dienstleistungssektor (30 Prozent); an letzter Stelle rangierte die Industrie (14 Prozent, davon Manufaktur 5 Prozent). Gegenüber 1965 bedeutet das ein relatives Wachstum des Agrarsektors um 10 Prozent und ein relatives Schrumpfen der Dienstleistungen um ebenfalls 10 Prozent.[39] Beinahe 90 Prozent der Erwerbstätigen sind in der Landwirtschaft beschäftigt, ein großer Teil davon betreibt Subsistenz-Landwirtschaft. Zur Nahrungsmittelversorgung werden primär Mais, Kassava, Hirse, Reis und Bananen angebaut. Die wichtigsten agrarischen Exportprodukte sind Kaffee, Baumwolle, Tabak, Tee, Sisal, Pyrethrum, Kokosnüsse, Erdnüsse und Cashewnüsse sowie Gewürznelken. Von den gesamten tansanischen Exporterlösen stammten 1993 mehr als vier Fünftel aus landwirtschaftlicher Produktion, wenngleich zu Beginn der 1990er Jahre weniger als zehn Prozent des Landes bebaut wurden.[40] (45 Prozent der gesamten Fläche Tansanias gelten als mögliches Ackerland.)[41] Zur Landwirtschaft kommt als Nahrungsmittellieferant die Viehzucht hinzu.

Der industrielle Sektor verzeichnete in den letzten beiden Jahrzehnten sinkende Wachstumsraten, verursacht nicht zuletzt durch die temporäre oder endgültige Schließung vieler Betriebe. Es gab Probleme mit der Aufrechterhaltung und Verbesserung der maschinellen Ausstattung, die Betriebskosten stiegen etwa aufgrund erhöhter Treibstoffpreise, die Versorgung mit Elektrizität war mangelhaft. Noch 1990, als bereits eine leichte Besserung zu verzeichnen war, lag die Auslastung der meisten Industriebetriebe zwischen 20 und 40 Prozent, nur wenige erreichten bis zu 70 Prozent ihrer

---

[37] Siehe Linda van Buren: Tanzania: Economy, in: Africa South of the Sahara 1996, London: Europa Publications, 1995, 952-958, hier 952; zur Wirtschaftspolitik Tansanias vor allem im letzten Jahrzehnt siehe allgemein auch Kahama: Tanzania into the 21st Century, a. a. O.
[38] Siehe Buren: Tanzania: Economy, a. a. O., 953.
[39] Siehe ebd., 952-953.
[40] Siehe L. Berry: Tanzania: Physical and Social Geography, a. a. O., 948; Buren: Tanzania: Economy, a. a. O., 953-954.
[41] Siehe The United Republic of Tanzania: National Report on Human Settlements Development in Tanzania, a. a. O., 17.

Kapazität. Der Großteil der industriellen Betriebe erzeugt Waren für den lokalen Markt, teilweise im Sinne einer Exportsubstitution. Die Regierung ist allerdings bestrebt, diesen Sektor auch im Bereich des Exports zu aktivieren, was für einzelne Zweige wie die Textilerzeugung und -verarbeitung in Ansätzen bereits gelungen ist (Export vor allem in benachbarte Länder).[42] Die Industriebetriebe sind vor allem in folgenden Branchen tätig: Nahrungsmittelverarbeitung, Textilien, Brauerei, Zigarettenproduktion, Rohölverarbeitung, Mahlen von Getreide, Düngemittel-, Papier- und Zementerzeugung, Metallbearbeitung, Kraftfahrzeugmontage, Herstellung von Getränken und Elektrogeräten.[43]

Zu den geförderten mineralischen Rohstoffen Tansanias zählen Diamanten und andere Edelsteine, Gold, Salz, Phosphate, Kohle, Gips, Zinn und Kaolin.[44]

Der Tourismus erlebte nach dem Zerfall der East African Community einen empfindlichen Rückgang, da nun aufgrund der geschlossenen Grenzen die Kenia-Tourist/inn/en, die häufig einen Kurzausflug nach Tansania machten, ausblieben und zu wenige Urlauber/innen direkt nach Tansania flogen. Seit etwa 1986 steigen die Besucher/innenzahlen wieder, nachdem man die touristische Attraktivität Tansanias erkannt hat (Fauna und Flora der Nationalparks, Strände, politische Stabilität). 1995 besuchten etwa 300.000 Tourist/inn/en Tansania (im Vergleich dazu Kenia, das in den letzten Jahren markante Rückgänge zu verzeichnen hatte: nicht ganz 700.000). Damit ist der Tourismus zum zweitwichtigsten Devisenbringer nach Kaffee geworden.[45]

Ein Problem nicht nur für den Tourismus, sondern ganz allgemein für die Wirtschaft stellt die mangelhafte Transport- und Kommunikationsinfrastruktur dar. Während die Straßenverbindungen zwischen einzelnen Städten (Dar es Salaam - Arusha; Dar es Salaam - Dodoma, Dar es Salaam - Mbeya) zufriedenstellend hergestellt sind, sind andere Strecken (etwa Dodoma - Mwanza, Arusha - Mwanza über Singida) großteils weder asphaltiert noch anderweitig gut befestigt (Stand 1996).[46] Die TAZARA (Tanzania-Zambia Railway Authority) betreut eine mit Hilfe Chinas erbaute Strecke, die über Mbeya nach Sambia führt. Die TRC (Tanzania Railway Corporation) ist für die zentralen Zugverbindungen und ihre Nebenlinien verantwortlich. Beide Kompanien haben mit mangelnder Ausstattung und Erhaltungsproblemen zu kämpfen. 1992 entfielen auf 1000 Bewohner/innen drei Telephonanschlüsse.[47]

Die schwierige wirtschaftliche Lage schlägt sich natürlich auch am Arbeitsmarkt nieder. So lag Mitte der 90er Jahre die offizielle Arbeitslosenquote bei 22 Prozent (60

---

[42] Siehe Buren: Tanzania: Economy, a. a. O., 954.
[43] Siehe ebd., 954-955.
[44] Siehe Berry: Tanzania: Physical and Social Geography, a. a. O., 948; Buren: Tanzania: Economy, a. a. O., 955.
[45] Siehe Buren: Tanzania: Economy, a. a. O., 956; Paul Redfern: Fresh Hope For Regional Tourism, Despite Downturn, *The East African*, November 18-24, 1996, 23; Sylvester Hanga: Tanzania Tourism Wakes Up From a Long Slumber, *The East African*, November 18-24, 1996, Beilage „Tourism", 10.
[46] Nach dem Augenschein des Autors.
[47] Siehe Buren: Tanzania: Economy, a. a. O., 956.

Prozent bei den Frauen).[48] Entstanden im formellen Sektor zu Mitte der 1970er Jahre noch 30.000 Arbeitsplätze jährlich, waren es in den frühen 90ern lediglich 2000. Erschwerend für den Arbeitsmarkt kommen Entlassungen bzw. Planstellenreduktionen im öffentlichen Dienst hinzu sowie die Privatisierung staatlicher Betriebe, die nun ebenso Arbeitsplätze abbauen. Der informelle Sektor, der eine Alternative hätte darstellen können, war bis in die späten 80er Jahre vernachlässigt worden. Mittlerweilen werden jedoch bereits Programme realisiert, die den Einstieg und beruflichen Erfolg im informellen Sektor ermöglichen bzw. fördern sollen.

Nach einer Studie, die 1991 durchgeführt wurde, waren zu diesem Zeitpunkt 22 Prozent der Arbeitskräfte im informellen Sektor beschäftigt; in den Städten waren 56 Prozent aller Erwerbstätigen im informellen Sektor tätig. 1991 leistete dieser Bereich einen Beitrag zum BIP von 32 Prozent (der Großteil dieser 32 Prozent wurde im Kleinhandel erwirtschaftet). 67 Prozent der informell Beschäftigten waren Männer. Die Verdienste dieser Erwerbstätigen liegen im Schnitt (teils weit) über den durchschnittlichen Gehältern im öffentllichen Dienst.[49]

Verstädterung und Städtestruktur

Die vorkoloniale Städtestruktur mit dem Schwergewicht auf der Küste und nur wenigen größeren Siedlungen im Hinterland wie Tabora oder Ujiji (letztere am Tanganyika-See)[50] wurde im Zuge des Kolonialismus nach und nach verändert, indem immer mehr städtische Zentren auch im Landesinneren errichtet wurden.[51] Diese kolonialen Städte entstanden vielfach an (neuen) Verkehrsknotenpunkten, als administrative und wirtschaftliche Zentren. Sie waren in der Regel nicht nur funktional gegliedert (Verwaltung, Wirtschaft, Wohnen), sondern der herrschenden Rassenideologie zufolge auch nach Hautfarben, wobei natürlich den Afrikaner/inne/n die schlechtesten Viertel zugesprochen wurden, wenn sie nicht überhaupt in Randsiedlungen außerhalb der Stadtgrenzen untergebracht wurden. Abgesehen davon beschränkte man den Zuzug von Afrikaner/inne/n in die Städte in dem Maße, wie sie für die Kolonialherrschaft dienlich waren, und mit dem Argument, daß Städte von Haus aus den Afrikaner/inne/n nicht entsprächen.[52] 1948 dürften rund drei Prozent der Bevölkerung in Ansiedlungen

---

[48] Siehe The United Republic of Tanzania: National Report on Human Settlements Development in Tanzania, a. a. O., 44.
[49] Siehe ebd., 19-20.
[50] Siehe Beverly Brown, Walter T. Brown: East African Trade Towns: A Shared Growth, in: W. Arens (Hg.): A Century of Change in Eastern Africa, The Hague-Paris: Mouton, 1976, 183-200.
[51] Zur vorkolonialen Verstädterung in Ostafrika vgl. weiter oben: Anfänge der Verstädterung - ostafrikanische Küste! Siehe auch Satzinger: Stadt und Land im Entwicklungsland, a. a. O., 319. Zur Städtestruktur und Verstädterung Tansanias siehe allgemein auch Hecklau: Ostafrika, a. a. O., 336-356; Joel L. P. Lugalla: Socialist Construction and the Urbanization Process in Tanzania, Diss., Universität Bremen, 1989, 138-146; 184-196; 203-236.
[52] Siehe Satzinger: Stadt, Land, Region, a. a. O., 359-361; Satzinger: Stadt und Land im Entwicklungsland, a. a. O., 319-322; 333.

mit mehr als 10.000 Einwohner/inne/n gelebt haben. Die Wachstumsrate betrug zwischen 1900 und 1948 ungefähr drei Prozent jährlich.[53] Mit dem Ende des Kolonialismus fielen im wesentlichen die rechtlichen Restriktionen.

Obwohl mehrere städtische Zentren im Landesinneren entstanden waren, übernahm die tansanische Regierung ein koloniales Erbe mit einer sehr unausgewogenen nationalen städtischen Struktur, die man nun auszugleichen versuchte. Nachdem man in den 1960er Jahren eine Bevorzugung der damaligen Hauptstadt und zugleich größten Stadt des Landes, Dar es Salaam, feststellte sowie ihre Primatstellung als Gefahr für die nationale Entwicklung einstufte, entwarf man in den 70er Jahren eine Politik, derzufolge neun Wachstumszentren in verschiedenen Landesteilen sowie vor allem die ländliche „Entwicklung" (insbesondere mit Hilfe der Ujamaa-Dörfer) gefördert werden sollte. Zudem entschloß man sich zur Verlegung der Hauptstadt ins Landeszentrum (Dodoma). Es sollte zu einer Dezentralisierung kommen, wobei die politischen Strukturen gleichzeitig zentralisiert wurden. Die Realisierung dieser Politik hinkte freilich in vielen Punkten dem Programm nach, die Tendenz allerdings war mit dem Konzept vorgegeben.[54] Seit den späten 1970er bzw. frühen 80er Jahren geht man wieder viel dezidierter davon aus, daß Städte einen positiven Beitrag zur nationalen „Entwicklung" leisten und die politischen Strukturen zu dezentralisieren seien; zugleich ließ man von der damaligen Form der Dorfentwicklungsprogramme ab.[55]

Tansania verzeichnete schon in den 50er bis 60er Jahren ein hohes städtisches Wachstum (zwischen 1957 und 1967 jährlich 6,5 Prozent).[56] Aber gerade in der Zeit der Dezentralisierungspolitik waren die Wachstumsraten mit rund 11 Prozent die bisher höchsten (siehe oben zur Bevölkerung; zu den möglichen Ursachen dieser Entwicklung siehe weiter oben: Die nachkoloniale Zeit - Tansania!).

Fast drei Viertel des tansanischen Städtewachstums ergeben sich nach Zahlen aus den frühen 70er Jahren durch die Migration vom Land in die Städte. Anfang der 70er Jahre waren etwa 85 Prozent der erwachsenen Städter/innen nicht in der Stadt, in der sie zum Zeitpunkt der Erhebung lebten, geboren, fast zwei Drittel waren älter als zwölf Jahre, als sie in die Stadt zogen. Etwa die Hälfte der Migrant/inn/en ließ sich in Dar es Salaam nieder[57]; die Volkszählung von 1988 zeigt zugleich auf, daß 48 Prozent der Bevölkerung Dar es Salaams in jener Stadt geboren waren.[58] 1975 lebten in bestimmten Städten schätzungsweise bis zu 80 Prozent der Bewohner/innen in Squatters (so in Mbeya, in Kigoma und Bukoba); für Dar es Salaam schätzte man jenen Anteil auf 58 Prozent, für Arusha auf 54 Prozent, für Moshi auf 42 Prozent, für Tanga auf 27 und

---

[53] Siehe Lugalla: Socialist Construction and the Urbanization Process in Tanzania, a. a. O., 140.
[54] Siehe The United Republic of Tanzania: National Report on Human Settlements Development in Tanzania, a. a. O., 25; 37; Satzinger: Stadt und Land im Entwicklungsland, a. a. O., v. a. 101-118.
[55] Siehe The United Republic of Tanzania: National Report on Human Settlements Development in Tanzania, a. a. O., 25; 37; Satzinger: Stadt und Land im Entwicklungsland, a. a. O., v. a. 119-129.
[56] Siehe The United Republic of Tanzania: National Report on Human Settlements Development in Tanzania, a. a. O., 43.
[57] Siehe Mosha: Slum and Squatter Settlements in Mainland Tanzania, a. a. O., 145.
[58] Siehe The United Republic of Tanzania: National Report on Human Settlements Development in Tanzania, a. a. O., 8.

Mtwara auf 13 Prozent.[59] Zu Beginn der 90er Jahre dürften landesweit rund 75 Prozent der städtischen Bevölkerung in offiziell nicht geplanten Siedlungen bzw. Squatters (meist mit sehr mangelhafter infrastruktureller Ausstattung und niedriger Wohnqualität[60]) gelebt haben, wobei diese Form der Niederlassungen viel stärker zunimmt als die offiziell geplante. Nach Untersuchungen im Jahr 1995 lebten 70 Prozent aller Bewohner/innen von Dar es Salaam, Arusha und Mbeya in offiziell nicht geplanten Siedlungen.[61]

Der große Anteil von Wohnungen geringer Qualität ist nur ein Ausdruck allgemeiner städtischer Armut, die gerade durch die Strukturanpassungsprogramme (etwa Entlassungen im öffentlichen Dienst, Erhöhung der Lebensmittelkosten etc.) weiter zunimmt.[62]

Die größte sowie wirtschaftlich und politisch wichtigste Stadt (mit Sitz der meisten Ministerien) ist nach wie vor Dar es Salaam, seit Mitte der 70er Jahre ist Dodoma jedoch die offizielle Hauptstadt (1996: geschätzte 672.872 Einwohner/innen[63]).

Tabelle 23, die nicht notwendigerweise die 20 größten Städte aufweist, wohl aber im Bereich der mehr als 100.000-Einwohner/innen-Städte vollständig ist, zeigt die Primatstellung von Dar es Salaam hinsichtlich des Bevölkerungsausmaßes deutlich auf: Die zweitgrößte Stadt (nach Schätzungen), Dodoma, hatte nicht viel mehr als etwa ein Drittel der Bewohner/innen der größten, Dar es Salaam. Mit einem klaren Abstand folgt die drittgrößte, Mwanza. Ab der viertgrößten sind die Unterschiede in der Einwohner/innenzahl relativ gering.

Die Wachstumsraten in einigen Städten sind sehr hoch. So verdoppelte sich etwa in Dar es Salaam die Einwohner/innenzahl seit 1948 im Schnitt alle zehn Jahre, in Arusha lag die Rate im Durchschnitt der letzten 50 Jahre sogar darüber, ebenso wie in Musoma. In Mbeya war die Steigerung noch höher. Die höchste durchschnittliche jährliche Wachstumsrate erlebte Mbeya zwischen 1967 und 1978 mit 17,9 Prozent jährlich[64].

Sansibar Stadt, in Tabelle 23 nicht enthalten, zählte 1985 schätzungsweise 133.000 Einwohner/innen.[65]

---

[59] Siehe Mosha: Slum and Squatter Settlements in Mainland Tanzania, a. a. O., Tab. 10.1, S. 146.
[60] Als Squatter werden in Tansania grundsätzlich alle Wohngebiete bezeichnet, die nicht offiziell genehmigt wurden und daher meist nur über eine mangelhafte Infrastruktur verfügen. Die bauliche Qualität der Häuser erfüllt aber zum Teil durchaus höhere Standards. (Siehe Stren; Halfani; Malombe: Coping Urbanization and Urban Policy, a. a. O., 190.)
[61] Siehe The United Republic of Tanzania: National Report on Human Settlements Development in Tanzania, a. a. O., 44.
[62] Siehe ebd., 44-45.
[63] Nach meiner Einschätzung dürfte diese Zahl mehr mit dem Wunsch der nationalen Planer/innen zu tun haben als mit dem tatsächlichen Bevölkerungsausmaß.
[64] Siehe The United Republic of Tanzania: National Report on Human Settlements Development in Tanzania, Prepared For Habitat II, Dar es Salaam, 1996, Tab. 1.3, S. 14.
[65] Siehe Africa South of the Sahara 1996: Tanzania. Statistical Survey, London: Europa Publications, 1995, 959-963, hier 959.

Tabelle 23: *Bevölkerungsentwicklung von 20 Städten des Festlandes von Tansania, geordnet nach den geschätzten Einwohner/innenzahlen von 1996; 1948 bis 1996*

	1948	1957	1967	1978	1988	1996
1. D'Salaam	69 227	128 742	272 515	737 836	1 360 850	2 168 988
2. Dodoma	9 414	13 435	23 569	45 637	203 833	672 872
3. Mwanza	11 296	19 877	34 855	109 480	223 013	391 857
4. Shinyanga	2 596	2 907	4 732	20 448	100 724	344 129
5. Songea	612	1 401	5 403	17 944	86 880	311 389
6. Tanga	20 619	38 053	60 935	102 560	187 155	300 555
7. Arusha	5 320	10 038	32 348	55 240	134 708	274 381
8. Mbeya	3 179	6 932	12 469	75 948	154 844	266 567
9. Su'wanga	-	-	10 422	28 389	91 972	234 307
10. Morogoro	8 173	14 507	25 263	61 890	177 760	196 361
11. Singida	-	3 938	9 540	29 252	80 987	182 640
12. Moshi	8 048	13 726	26 696	52 223	96 838	159 067
13. Kigoma	1 106	16 255	21 369	49 900	84 647	128 925
14. Musoma	2 962	7 707	15 415	30 976	68 536	124 064
15. Tabora	12 768	15 561	20 994	67 392	93 506	121 239
16. Iringa	5 702	9 578	21 946	57 182	84 860	116 137
17. Mtwara	4 125	15 266	20 414	48 366	76 632	110 658
18. Bukoba	3 247	5 297	8 186	20 431	47 009	91 626
19. Lindi	8 577	10 315	13 351	27 019	41 587	58 241
20. Kibaha	-	-	-	2 217	37 638	32 640
	176 971	333 535	640 422	1640330	3 433 979	6 286 643

Quelle: The United Republic of Tanzania: National Report on Human Settlements Development in Tanzania, a. a. O., Tab. 1.2, S. 12 (nach Daten der Volkszählungen).

Geographisch sind diese städtischen Zentren ungefähr gleichmäßig verteilt, wobei aber auf einige westlich-zentrale sowie südliche Landesteile Tansanias die wenigsten großen Niederlassungen entfallen. Bemerkenswert ist weiters, daß sich relativ viele größere Städte in Grenznähe sowie (natürlich) an der Küste befinden.

2. Arusha

Lage, Umwelt, Klima

Arusha[1] liegt im nördlichen Tansania in einem ehemals vulkanisch aktiven Gebiet am Fuß des Viertausenders Mount Meru; die Seehöhe beläuft sich zwischen 1450 und 1180 Metern.[2] Die jährliche Durchschnittstemperatur beträgt 19,7° C, wobei im wärmsten Monat, dem März, durchschnittlich 21,3° C und im kältesten, dem Juli, 17,2° C zu messen sind. (Höchstwerte übersteigen natürlich die 30°-Celsius-Marke.) Die jährliche Niederschlagsmenge summiert sich auf etwa 844 Millimeter (mit dem höchsten monatlichen Wert im April: 233 Millimeter, und dem niedrigsten im August: 6 Millimeter). An 182 Tagen regnet es mindestens einen Millimeter.

Durchzogen ist der Arusha District[3] (ist gegenwärtig gleich Arusha Municipality bzw. Arusha Stadt) von mehreren Flüssen (Burka, Ngarenarok, Naura, Themi, Kijenge, Goliondoi), die im südlichen Stadtgebiet zum Themi River zusammenfließen. Das Gefälle beträgt im Norden der Stadt 1 auf 30, im Süden 1 auf 100. Die höchsten Erhebungen in der Stadt, die auf vulkanische Aktivitäten zurückgehen, sind Themi (1450 Meter), Njiro (1350 Meter) und Suia (1450 Meter).[4]

Arusha ist die Hauptstadt der Arusha Region, die mit einer Fläche von 82.306 Quadratkilometern (plus 2261 Quadratkilometer an Gewässern) und einer durchschnittlichen Bevölkerungsdichte von 16,4 Menschen pro Quadratkilometer[5] in acht Districts untergliedert ist[6]. Die Region gehört zu den fruchtbarsten Tansanias. Hier werden unter anderem Kaffee, Sisal, Pyrethrum; Bananen, Weizen, Mais, Bohnen, Kartoffeln, Zwiebeln und weiteres Obst und Gemüse angebaut.[7] Hier wird Meerschaum verarbeitet[8], ein weiches, erdiges Mineral aus wasserhaltigem Magnesiumsilikat, das an der Grenze zum kenianischen Amboseli Park abgebaut wird.

---

[1] Wenn ich im folgenden von „Arusha" spreche, so meine ich damit Arusha-Stadt, nicht die gleichnamige Region.

[2] Siehe Bakar J. Nnunduma, Martin L. Zacharia: Urban and Housing Indicators Study for the Municipality of Arusha, Dar es Salaam: Centre for Human Settlements Studies (CHS), Ardhi Institute, 1995, 1. (Von dieser Studie gibt es, was das Layout betrifft, mehrere Versionen, sodaß die Seitenangaben mit anderen Versionen zum Teil nicht ganz übereinstimmen.) Zu Lage und Geographie siehe auch Ardhi Institute: Arusha Master Plan Review. Draft Master Plan Interim Stage, Dar es Salaam: Ardhi Institute, 1987, 2-11.

[3] Ich verwende im folgenden absichtlich immer die ortsüblichen englischen Bezeichnungen, wie etwa „District" oder „Ward", um Mißverständnisse zu vermeiden.

[4] Siehe Ardhi Institute: Arusha Master Plan Review, a. a. O., 2; 6; 10.

[5] Siehe The United Republic of Tanzania: Tanzania Sensa 1988, 1988 Population Census: Preliminary Report, a. a. O., Tab. 2, S. 25; The United Republic of Tanzania: Selected Statistical Series: 1951-1993, a. a. O., Tab. 1.1.5, S. 3.

[6] Siehe Nnunduma; Zacharia: Urban and Housing Indicators Study for the Municipality of Arusha, a. a. O., 2.

[7] Siehe Bernadetta N. J. Gambishi: Industrialization and Urban Development in Tanzania 1969-1981: The Case of Arusha and Morogoro Towns, Thesis, Dar es Salaam: University of Dar es Salaam, 1983, 29; Michael B. K. Darkoh: Tanzania's Growth Centre and Industrial Decentralisation Strategy, Report for the Organisation of Social Science Research in Eastern Africa (OSSREA), Nairobi, 1990, 120.

[8] Siehe Gambishi: Industrialization and Urban Development in Tanzania 1969-1981, a. a. O., 29.

Mehrere touristische Attraktionen befinden sich in der Umgebung von Arusha (etwa die National Parks Arusha, Mount Meru, Serengeti, Lake Manyara, Tarangire und Kilimanjaro sowie die Ngorongoro Conservation Area), was die Stadt zu einem bedeutenden Tourismuszentrum macht.[9] Das Arusha International Conference Centre bringt weitere Gäste in die Stadt.

Arusha ist verkehrsmäßig günstig gelegen auf den Hauptverbindungsstraßen von Nairobi nach Dar es Salaam und von Nairobi nach Dodoma. Die Straße von Nairobi nach Dar es Salaam, im Stadtgebiet als Arusha Moshi Road bezeichnet, liegt am nördlichen Stadtrand, die Sokoine Road führt weiter südlich nach Dodoma, verbunden werden beide durch die Great North Raod und die Moshi Road.[10] Zudem führt eine Eisenbahnlinie von Dar es Salaam über Moshi nach Arusha. Allerdings gibt es von Arusha aus keinen Personenverkehr per Bahn, die Eisenbahngesellschaft bietet nur Warentransporte an, die nicht regelmäßig, sondern entsprechend der Nachfrage durchgeführt werden.

Etwa 40 Kilometer von Arusha entfernt liegt der Kilimanjaro International Airport.

Geschichte (einschließlich Bevölkerungsentwicklung und -struktur)

Die Ursprünge von Arusha lassen sich bis in die vorkoloniale Zeit zurückverfolgen, als sich im jetzigen Stadtgebiet ein lokaler Viehmarkt befand. 1896 richtete die deutsche Kolonialverwaltung hier ein „native administrative centre" ein.[11] Arusha diente fortan als administratives Zentrum, es war Erholungsort für die Kolonialist/inn/en und Marktzentrum für landwirtschaftliche Produkte der Region.[12] Die Größe der Siedlung betrug etwa 20 Quadratkilometer.[13] Im Laufe der Zeit und bedingt durch den Zuwachs an Einwohner/inne/n wurden die Rechte der Gemeinde erweitert bzw. dem zunehmend urbanen Gepräge der Siedlung hinsichtlich ihres rechtlichen Status Rechnung getragen (1920 Township, 1955 Town Council, 1980 Municipality)[14]. In der Literatur spricht man teils davon, daß Arusha in den 1940er und 1950er Jahren eine städtische Form und einen städtischen Charakter annahm.[15] In dieser Zeit erlebte die Region einen Hö-

---

[9] Siehe etwa PADCO: Arusha, Tansania: Master Plan and Five-Year Development Program, Parts I and II, Washington, D. C.: PADCO, 1970, 15; Geoff Crowther, Hugh Finlay: East Africa. A Travel Survival Kit, Hawthorn: Lonely Planet, ³1994 (¹1987), 574.
[10] Siehe etwa Ardhi Institute: Arusha Master Plan Review, a. a. O., 10. (Die Straßennamen variieren zum Teil, anstatt Arusha Moshi Road teilweise Moshi Nairobi Raod.)
[11] Siehe Nnunduma; Zacharia: Urban and Housing Indicators Study for the Municipality of Arusha, a. a. O., 1.
[12] Siehe Verdiana A. Mashingia: Improvement of Engarenarok Unplanned Settlement, Arusha Municipality, Diploma Project, Department of Urban and Rural Planning, Ardhi Institute, Dar es Salaam, 1986, 3.
[13] Siehe Ardhi Institute: Arusha Master Plan Review, a. a. O., 43.
[14] Siehe Nnunduma; Zacharia: Urban and Housing Indicators Study for the Municipality of Arusha, a. a. O., 1. Den Tippfehler bezüglich des Town Councils habe ich anhand von Ardhi Institute: Arusha Master Plan Review, a. a. O., 46 ausgebessert.
[15] Siehe Mashingia: Improvement of Engarenarok Unplanned Settlement, a. a. O., 3; Rangya K. N. Muro: A Redevelopment Plan for Arusha Central Area, Dissertation, Department of Urban and Rural Planning, Ardhi Institute, Dar es Salaam, 1989, 10; Ardhi Institute: Arusha Master Plan Review, a. a. O., 43.

hepunkt an landwirtschaftlicher Produktion, wobei die Stadt als Markt- und Administrationszentrum florierte.[16]
Einen rasanten Aufschwung erlebte Arusha zwischen 1967 und 1972, als es Hauptsitz der East African Community (EAC) war. Die Bevölkerungszahl wuchs vor allem aufgrund der Zuwanderung aus ländlichen Gebieten rund um Arusha sowie aus anderen Ländern primär der EAC.[17] Schon zuvor, bei der Volkszählung 1967, wurde ein 70-prozentiger Anteil von Immigrant/inn/en an der Gesamtbevölkerung der Region Arusha festgestellt, wobei die meisten Immigrant/inn/en aus angrenzenden Regionen stammten (aus den Regionen Kilimanjaro, Singida, Dodoma und Tanga).[18] Dieselbe Volkszählung wies einen über 50-prozentigen Anteil von Immigrant/inn/en an der gesamten Stadtbevölkerung auf.[19] In der Stadt Arusha wurden zahlreiche Büros eingerichtet und Wohnungen für Beamte, Angestellte und Arbeiter/innen erbaut, die nunmehr in Arusha erwerbstätig waren. Nicht nur der Dienstleistungssektor wuchs, sondern ebenso der industrielle[20]; im Zeitraum von 1969 bis 1978 war von allen Sektoren im industriellen Sektor gar die stärkste Zunahme an Beschäftigten zu verzeichnen[21]. Nach dem Zerfall der EAC allerdings und der Schließung der Grenzen zu Kenia (1977 bis 1984) wurde das Bevölkerungswachstum deutlich gebremst, sodaß die durchschnittliche jährliche Wachstumsrate der Stadt zwischen 1967 und 1978 weniger als die Hälfte von jener zwischen 1957 und 1967 betrug.[22] (Siehe Tabelle!) Neben den Auswirkungen der Auflösung der EAC gilt als ein weiterer Faktor für den Rückgang der Wachstumsrate die Forcierung ländlicher Entwicklung bei gleichzeitiger Vernachlässigung der städtischen Infrastruktur und anderer Maßnahmen, die das Wachstum der Städte fördern könnten, womit man Leitlinien der Arusha-Deklaration von 1967 umzusetzen versuchte.[23] Ein anderer Grund dürfte darin gelegen sein, daß private Investor/inn/en wegen der Verstaatlichung von Gebäuden zusehends davon Abstand nahmen, Häuser zu errichten, da man dadurch fürchten mußte, eigenes Kapital zu verlieren.[24] Die beiden letztgenannten Ursachen sind nicht nur für Arusha relevant, sondern erklären (zum Teil) die Stagnation städtischer „Entwicklung" in ganz Tansania zu die-

---

[16] Siehe Ardhi Institute: Arusha Master Plan Review, a. a. O., 57.
[17] Siehe ebd., 43; Mashingia: Improvement of Engarenarok Unplanned Settlement, a. a. O., 3.
[18] Siehe Wilfred Mlay: Assessment of Inter- and Intra-Regional Migration in Arusha Region, Dar es Salaam: University of Dar es Salaam, 1981, iv und 2.
[19] Siehe Ardhi Institute: Arusha Master Plan Review, a. a. O., 57.
[20] Siehe Mashingia: Improvement of Engarenarok Unplanned Settlement, a. a. O., 3; Ardhi Institute: Arusha Master Plan Review, a. a. O., 43.
[21] Siehe Gambishi: Industrialization and Urban Development in Tanzania 1969-1981, a. a. O., Tab VI, S. 45.
[22] Siehe Ardhi Institute: Arusha Master Plan Review, a. a. O., 60 u. 71. Siehe etwa auch C. Lwechungura Kamuzora: Monitoring Population Growth in Arusha Region: Population Data Collection Systems and Suggestions for Improvement, Dar es Salaam: University of Dar es Salaam, 1981, 18.
[23] Siehe Nnunduma; Zacharia: Urban and Housing Indicators Study for the Municipality of Arusha, a. a. O., 4; Ardhi Institute: Arusha Master Plan Review, a. a. O., 44.
[24] Siehe Ardhi Institute: Arusha Master Plan Review, a. a. O., 43-44. Zudem stand die politische Führung den Einkünften aus Vermietungen äußerst negativ gegenüber, was sich etwa aus jener Passage der Arusha-Deklaration ableiten läßt, in der jedem/jeder leitenden Parteifunktionär/-en/-in ein derartiges Einkommen verboten wird. (Nyerere: Die Erklärung von Arusha, a. a. O., 22.)

ser Zeit.[25] Dem steht der zweite Fünfjahresplan der tansanischen Regierung gegenüber (1969 bis 1974), der Arusha neben anderen Städten in verschiedenen Landesteilen als Wachstumszentrum bestimmt.[26] So siedelten sich in den Jahren von 1969 bis 1975 12 Industriebetriebe in Arusha an, sodaß 1975 eine Gesamtzahl an Industrieanlagen von 49 erreicht wurde.[27] 1978 setzte eine erneute Ausweitung ein, die wiederum Hand in Hand ging mit weiterer Zuwanderung.[28] Die gegenwärtige Wachstumsrate beträgt schätzungsweise 6,4 bzw. 9,5 Prozent (siehe unten) und ist wohl keineswegs als niedrig einzustufen.

Tabelle 24: *Bevölkerungsentwicklung Arushas, 1948 bis 1996*

Jahr	Bevölkerung	*Zeitraum*	Wachstumsrate[a]
1948	5 320		
1957	10 038	*1948-1957*	7,3 %
1967	32 452	*1957-1967*	12,4 %
1978	55 281	*1967-1978*	5,0 %
1988	134 708[b]	*1978-1988*	9,3 %
1996	221 272[c] / 278 424[d]	*1988-1996*	6,4 % / 9,5 %

[a] Durchschnittliche jährliche Wachstumsrate
[b] Angabe für Arusha Urban District (ist derzeit gleich Arusha Municipality). Von den 134.708 wurden in der Volkszählung 17.086 Menschen ländlichen und 40.530 Personen gemischten (ländlich-städtischen) Gebieten zugeordnet, bleiben als städtisch 77.092 Einwohner/innen.
[c] Schätzung, basierend auf der angenommenen Wachstumsrate von 6,4 Prozent, die von Ardhi Institute: Arusha Master Plan Review, a. a. O., 70 als realistisch erachtet wird.
[d] Nach Nnunduma; Zacharia: Urban and Housing Indicators Study for the Municipality of Arusha, a. a. O., Tab. 2, S. 20, die eine Wachstumsrate von 9,5 Prozent annehmen.

Quellen: 1948 bis 1967: Ishumi: The Urban Jobless in Eastern Africa, a. a. O., Tab. 1.1, S. 22 (dortige Angabe für 1978 mit 86.845 Einwohner/inne/n bezieht sich auf Arusha Town, die in meiner Tabelle wiedergegebene Zahl auf den Urban District; vgl. Ardhi Institute: Arusha Master Plan Review, a. a. O., 48); 1957-1978: Saitiel M. Kulaba: Urban Growth and the Management of Urban Reform in Tanzania, Second Report, Dar es Salaam: Centre for Housing Studies, Ardhi Institute, 1985, Tab. 2.1, S. 3; 1988: The United Republic of Tanzania: Tanzania Sensa 1988, 1988 Population Census: Preliminary Report, Dar es Salaam: Bureau of Statistics, Ministry of Finance, Economic Affairs and Planning, 1989, Tab. 3, S. 39 (übrigens, die verschiedenen Publikationen zur Volkszählung 1988 stimmen in Einzelheiten oft nicht ganz überein, die Abweichungen sind meist aber nicht markant); 1996: siehe Anmerkung a.

---

[25] Siehe Ardhi Institute: Arusha Master Plan Review, a. a. O., 60.
[26] Siehe Gambishi: Industrialization and Urban Development in Tanzania 1969-1981, a. a. O., 34.
[27] Siehe Darkoh: Tanzania's Growth Centre and Industrial Decentralisation Strategy, a. a. O., Tab. 4.1, S. 99. Nach Satzinger: Stadt und Land im Entwicklungsland, a. a. O., Tab. 4, S. 230 waren 13 Industriebetriebe mit über 20 Beschäftigten dazugekommen.
[28] Siehe Mashingia: Improvement of Engarenarok Unplanned Settlement, a. a. O., 3.

Das heutige Wachstum hat vermutlich zu einem bedeutenden Teil mit der Ausweitung des Tourismus, vor allem im nördlichen Tansania, zu tun. Es ist anzunehmen, daß diese Branche in den nächsten Jahren für Arusha noch wichtiger wird.[29] Der formelle industrielle Sektor hingegen ist in den letzten Jahren deutlich geschrumpft (siehe weiter unten).

Die Bevölkerungswachstumsraten sind natürlich nicht isoliert von der Expansion des Stadtgebietes zu sehen. Entsprechend der Bevölkerungsentwicklung (und politischen Entscheidungen) wurden die Stadtgrenzen mehrmals ausgeweitet (1952, 1967, 1972, 1978, 1985).[30] Seit 1985 beträgt die Fläche der Stadt etwa 92 Quadratkilometer[31], womit im Jahr 1996 die durchschnittliche Bevölkerungsdichte 2405 Menschen pro Quadratkilometer ausmachte (bzw. 24 Menschen pro Hektar); innerhalb der Stadtgrenzen sind allerdings höchst unterschiedliche Bevölkerungsdichten vorzufinden (siehe weiter unten).

Tabelle 25: *Altersstruktur im Arusha District, 1988 (prozentuelle Verteilung der Bevölkerung nach Fünfjahres-Altersgruppen)*

Alter	Anteil	*Alter*	Anteil	*Alter*	Anteil
0-4	14,25	*30-34*	7,65	*60-64*	0,88
5-9	12,63	*35-39*	5,71	*65-69*	0,67
10-14	9,91	*40-44*	3,34	*70-74*	0,53
15-19	12,74	*45-49*	2,54	*75-79*	0,29
20-24	13,29	*50-54*	1,84	*80+*	0,44
25-29	12,08	*55-59*	1,04		

Quelle: The United Republic of Tanzania: Tanzania Sensa 1988. Population Census, Regional Profile: Arusha, a. a. O., Tab. 2, S. 22.

Nach der Volkszählung von 1988 gehörten 61,1 Prozent der Bevölkerung Arushas der sogenannten wirtschaftlich aktiven Altersgruppe von 15 bis 64 Jahren an[32], 36,8 Prozent waren jünger und 1,9 Prozent älter.[33] Die entsprechenden Zahlen für die Volkszählung 1978 lauten: 62,3, 36,7 und 1,[34] was eine leichte Steigerung der sogenannten

---

[29] Siehe auch beispielsweise Dan Lutte: Arusha: Mecca of Tourism, *The Arusha Times,* November 1-15, 1996, Tourism Supplement 7, S. 11.
[30] Siehe Ardhi Institute: Arusha Master Plan Review, a. a. O., 44; Nnunduma; Zacharia: Urban and Housing Indicators Study for the Municipality of Arusha, a. a. O., 1-2. An anderer Stelle von Ardhi Institute: Arusha Master Plan Review, a. a. O., nämlich Seite 47, auch 1954.
[31] Siehe Nnunduma; Zacharia: Urban and Housing Indicators Study for the Municipality of Arusha, a. a. O., 2.
[32] Es ist offensichtlich, daß nicht nur diese Altersgruppe wirtschaftlich aktiv ist.
[33] Siehe The United Republic of Tanzania: Tanzania Sensa 1988. Population Census, Regional Profile: Arusha, Dar es Salaam: Takwimu - Bureau of Statistics, President's Office, Planning Commission, 1991, Tab. 2, S. 22.
[34] Siehe Volkszählungsdaten, hier zit. n. Ardhi Institute: Arusha Master Plan Review, a. a. O., Tab. 4, S. 62.

wirtschaftlich abhängigen Bevölkerungsgruppe bedeutet; in absoluten Zahlen nahm natürlich auch die wirtschaftlich aktive Gruppe stark zu. Der weitaus überwiegende Anteil in dieser Altergruppe von 15 bis 64 Jahren ist 1988 in der Gruppe von 15 bis 34 Jahren zu finden (45,8 Prozent der Gesamtbevölkerung).[35]
Die durchschnittliche Lebenserwartung ab der Geburt sank von 55 Jahren 1985 auf 50 Jahre 1994.[36]

Graphik 2: *Alterspyramide und Geschlechterverhältnis für Arusha District, 1988*

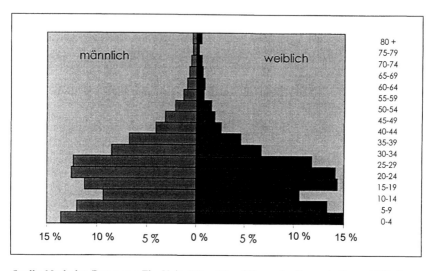

Quelle: Nach den Daten von The United Republic of Tanzania: Tanzania Sensa 1988. Population Census, Regional Profile: Arusha, a. a. O., Tab. 2, S. 22.

Standen 1978 noch 122 Männer 100 Frauen gegenüber, so lag dieses Verhältnis 1988 bei 108 zu 100. In absoluten Zahlen ausgedrückt, bewohnten 1988 69.875 Männer und 64.833 Frauen den Arusha District, 1978 waren es für Arusha Stadt 30.350 Männer und 24.873 Frauen.[37] Damit scheint sich das zahlenmäßige Geschlechterverhältnis anzugleichen. Im Detail gesehen, haben die Männer den höchsten Anteil in der Altersgruppe von 55 bis 59 (Geschlechterverhältnis von 185), unter 100 liegt das Verhältnis in den Altersgruppen von 0 bis 24 und von 80 aufwärts. Die niedrigste Zahl für das

---

[35] Siehe The United Republic of Tanzania: Tanzania Sensa 1988. Population Census, Regional Profile: Arusha, a. a. O., Tab. 2, S. 22.
[36] Siehe Nnunduma; Zacharia: Urban and Housing Indicators Study for the Municipality of Arusha, a. a. O., 3.
[37] Siehe Volkszählung 1978, hier zit. n. Ardhi Institute: Arusha Master Plan Review, a. a. O., Tab. 4, S. 62 (in der Summe ergibt sich eine kleine Abweichung von der entsprechenden Zahl in der Tabelle); The United Republic of Tanzania: Tanzania Sensa 1988, 1988 Population Census: Preliminary Report, a. a. O., Tab. 3, S. 39.

Geschlechterverhältnis findet sich bei der Gruppe der über 80-Jährigen mit 80 Männern pro 100 Frauen.[38]

58 Prozent der Bevölkerung Arushas waren 1985 einer Hochrechnung zufolge Immigrant/inn/en (vor allem aus Arusha Region, Kilimanjaro Region, Singida Region und Dodoma Region).[39]

Die vier größten ethnischen Gruppen in der Arusha Region sind die Arusha, Meru, Maasai und Iraqw.[40]

Daten zur Religionszugehörigkeit waren mir leider nicht zugänglich. Stark vertreten sind jedenfalls Moslems und Christ/inn/en, weniger zahlreich sind Angehörige indigener Religionen.

Räumliche Struktur

Administrativ wird das Stadtgebiet in 15 Wards gegliedert. (Siehe auch folgende Karte.) Nach Auskunft der Stadtverwaltung bestehen Pläne, Sombetini und Lemara jeweils zu teilen, was jedoch bis zum Zeitpunkt der Erhebungen (Dezember 1996) nicht realisiert wurde.

Die Art der Nutzung der einzelnen Stadtgebiete geht im wesentlichen auf die Kolonialzeit zurück. Östlich des Themi River liegt das sehr dünn besiedelte Wohngebiet, das vormals Europäer/inne/n vorbehalten war (insbesondere Sekei Ward). Die Grundstücksgröße variiert in der Regel zwischen 4000 und 8000 Quadratmetern. Deren Besitzer/innen gehören in der Mehrzahl den sehr gut verdienenden Schichten an. Dem steht der dicht besiedelte Stadtteil westlich des Themi gegenüber (vor allem Daraja Mbili, Ngarenaro und Unga Ltd.).[41] Zu den Zonen mit hohen Bevölkerungsdichten gehören Squatters bzw. jene Gebiete, die nicht für Wohnzwecke erschlossen wurden, dennoch aber dafür genutzt werden, insbesondere in Ngarenaro, Unga Ltd., Sombetini, Daraja Mbili, Olorien und Kimandolu. Zwischen 1975 und 1985 hat sich das Ausmaß an Squatters in etwa verdreifacht.[42] Am dünnsten besiedelt ist das ländliche Terrat im Süden (siehe Tabelle 26).

---

[38] Siehe The United Republic of Tanzania: Tanzania Sensa 1988. Population Census, Regional Profile: Arusha, a. a. O., Tab. 2, S. 22.
[39] Siehe Ardhi Institute: Arusha Master Plan Review, a. a. O., 65.
[40] Siehe ebd., 3. Detaillierte Studien zur ethnischen Zusammensetzung sind nicht vorhanden, was unter anderem mit dem politischen Willen zu tun hat, Ethnizität möglichst zu ignorieren, um sie damit als mögliche Quelle von Konflikten von vornherein auszuschalten.
[41] Eigene Erhebungen 1996; Ardhi Institute: Arusha Master Plan Review, a. a. O., 11.
[42] Siehe Ardhi Institute: Arusha Master Plan Review, a. a. O., 280-281.

Karte 10: *Arusha District (ist gleich Arusha Stadt)*

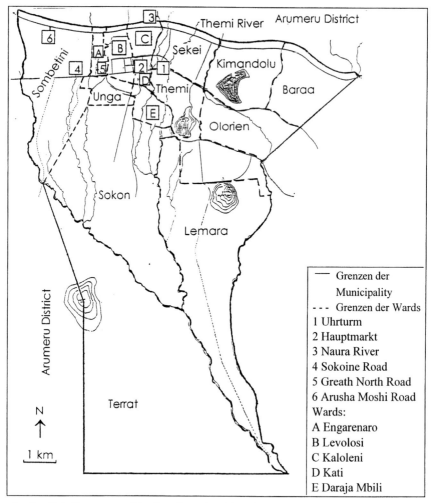

Quelle: Alois Krammer, auf der Grundlage einer Karte der Stadtverwaltung

Tabelle 26: *Größe und Bevölkerung der Wards im Arusha District, 1988*

Ward	Art	Fläche[a]	Bevölkerung	Dichte[b]	Haush.[c]	Größe[d]
Kati	städtisch	54	5399	100,0	880	6,1
Kaloleni	städtisch	96	8741	91,0	1893	4,6
Sekei	städtisch	275	7709	28,0	1720	4,4
Themi	städtisch	698	5868	8,4	1204	4,8
Daraja Mbili	städtisch	90	13674	151,9	4013	3,4
Unga Ltd.	städtisch	106	13901	131,1	3891	3,5
Ngarenaro	städtisch	83	10952	132,0	2597	4,2
Levolosi	städtisch	117	10848	92,7	2243	4,8
Olorien	ländlich	279	4115	14,8	893	4,6
Kimandolu	gemischt	565	11815	21,0	3153	3,7
Baraa	ländlich	412	2512	6,1	408	6,1
Terrat	ländlich	2250	5448	2,4	868	6,2
Lemara	ländlich	1275	5011	3,9	1019	4,9
Sokon	gemischt	2150	11518	5,4	2722	4,2
Sombetini	gemischt	750	17197	23,0	3992	4,3
gesamt		*9200*	*134708*	*14,6*	*31496*	*4,3*

[a] Fläche in Hektar (diese Zahlen haben sich seit 1988 nicht verändert und sind noch für das Jahr 1996 gültig)
[b] Anzahl von Menschen pro Hektar
[c] Anzahl der Haushalte (Haushaltsdefinition für den Zensus 1988: „a group of persons who live together and share their expenses"; herkömmlicherweise eine Kern- oder Großfamilie, dazugezählt wurden ebenso anwesende Besucher/innen und Hausangestellte - siehe The United Republic of Tanzania: Tanzania Sensa 1988. Population Census, Regional Profile: Arusha, Dar es Salaam: Takwimu - Bureau of Statistics, President's Office, Planning Commission, 1991, 279)
[d] durchschnittliche Anzahl von Personen pro Haushalt

Quellen: The United Republic of Tanzania: Tanzania Sensa 1988, 1988 Population Census: Preliminary Report, a. a. O., Tab. 3, S. 39 (in The United Republic of Tanzania: Tanzania Sensa 1988. Population Census, Regional Profile: Arusha, a. a. O., 396-401 finden sich leichte Abweichungen zu den hier angeführten Bevölkerungszahlen); Ardhi Institute: Arusha Master Plan Review, a. a. O., Tab. 40 (b), S. 230.

Zwei Stadtzentren werden in der „Central Area" von Arusha (Teile von Sekei, Themi, Levolosi und Kati) unterschieden. Das östliche Zentrum rund um den Uhrturm und begrenzt durch den Themi River und den Naura River beherbergt vor allem Dienstleistungs- und Tourismuseinrichtungen (Regional Administration Offices, Arusha Municipal Council Offices, Arusha International Conference Centre (AICC), Hauptpostamt; Handelsbetriebe und Geschäfte; Hotels und Guest Houses (darunter drei größere),

Banken. Das höchste Gebäude ist das AICC mit sieben Stockwerken, die meisten haben zwei bis drei Stockwerke.

Das westliche Zentrum, das einen niedrigeren Standard erfüllt, ist rund um den Hauptmarkt zu lokalisieren. Dieses Gebiet wird als Wirtschafts- und Wohnraum genützt (Geschäfte, Hotels, Bars, Restaurants; aber etwa auch Schneidereibetriebe). Einige Gebäude haben zwei bis drei Stockwerke, die meisten nur ein Erdgeschoß.[43]

Der industrielle Sektor konzentriert sich vor allem auf das südliche Themi (hier befinden sich mehrere größere Anlagen), auf Unga Ltd. (gilt als das erste Industriegebiet der Stadt, vor allem Leichtindustrie und kleinere Betriebe), Lemara und Sombetini.[44] Kommerzielle Betriebe haben sich primär in Sekei, Kati, Levolosi und Kaloleni niedergelassen.[45]

Die Arusha Municipality bzw. der Arusha District schließen große ländliche Gebiete ein. 1985 wurde mehr als die Hälfte des Stadtgebietes als ländlich ausgewiesen (Terrat: 2250 Hektar, Baraa: 410 Hektar, 206 von 279 Hektar in Olorien, 1228 Hektar von 1275 in Lemara, 162 von 750 Hektar in Sombetini und 480 Hektar von 566 Hektar in Kimandolu; zusammen ergeben deren ländliche Gebiete 51,5 Prozent des Stadtgebietes).[46] Bei der Volkszählung 1988 wurden vier Wards als ländlich eingestuft (Olorien, Baraa, Lemara und Terrat), weitere drei als gemischt städtisch/ländlich (Kimandolu, Sokon, Sombetini).[47] Demnach waren 1988 4216 Hektar bzw. 46 Prozent des Stadtgebietes ländlich und 3465 Hektar bzw. 38 Prozent gemischt ländlich/städtisch. Naturgemäß findet man hier die meisten landwirtschaftlichen Betriebe. Abgesehen von Terrat waren diese Gebiete schon 1985 für ländliche Verhältnisse durchwegs relativ dicht besiedelt.[48]

---

[43] Siehe ebd., 244 und eigene Beobachtungen, 1996.
[44] Siehe Nnunduma; Zacharia: Urban and Housing Indicators Study for the Municipality of Arusha, a. a. O., 9; Darkoh: Tanzania's Growth Centre and Industrial Decentralisation Strategy, a. a. O., 120.
[45] Siehe Ardhi Institute: Arusha Master Plan Review, a. a. O., 282.
[46] Siehe ebd., 288. Auf derselben Seite stehen zwei unterschiedliche Angaben zum Prozentsatz des ländlichen Gebietes vom gesamten Stadtgebiet: im Text 71 Prozent, nach der Tabelle 51,5 Prozent; vermutlich sind in der Tabelle nicht alle ländlichen Gebiete angeführt).
[47] Siehe The United Republic of Tanzania: Tanzania Sensa 1988, 1988 Population Census: Preliminary Report, a. a. O., Tab. 3, S. 39.
[48] Siehe Ardhi Institute: Arusha Master Plan Review, a. a. O., 288.

Abbildung 3: *Arusha, im westlichen Stadtzentrum, 1996 (Foto: Krammer)*

Abbildung 4: *Arusha, Unga Ltd., 1996 (Foto: Krammer)*

Wirtschaft und Beschäftigung

Angefangen von Industrieanlagen bis zu Dienstleistungsunternehmen und landwirtschaftlichen Betrieben findet man in Arusha eine große Anzahl wirtschaftlicher Einrichtungen. Hier befinden sich einige Banken, Telekommunikationsbetriebe; eine Reihe von Hotels, Guest Houses, Bars, Restaurants; Safariagenturen (Ende 1996 mehr als 150[49] - zur gegenwärtigen Bedeutung des Tourismus siehe weiter oben); Geschäfte und Märkte mit Waren aller Art; Industrien, die in folgende Gruppen unterteilbar sind (1985: 152 formelle Industriebetriebe): Nahrungs- und Genußmittel (etwa Tanzania Food Products, National Milling Corporation, Kilima Bottlers, Tanzania Breweries[50]), chemische Industrie (unter anderem Alfi E. A. Ltd.), Textilindustrie (Sunflag, Kiltex), Gummiwaren (General Tyre E. A. Ltd.), Ledererzeugung (Tanzania Letho), Holzverarbeitung (Fibreboards Africa, Standard Furniture Works), Elektronik (Philips), Baugewerbe (Ran Singh); landwirtschaftliche Betriebe, die unter anderem Kaffee, Sisal, Bananen, Blattgemüse, Mais, Bohnen für den Eigenbedarf und/oder für den Verkauf produzieren und die Vieh halten (Rinder, Ziegen, Schweine, Schafe, Hühner).[51] Gegen Ende der 80er Jahre verarbeitete mehr als die Hälfte aller Industrien primär nichtlokale Ressourcen; allerdings expandierte der Bereich an Firmen, die in erster Linie lokale Rohstoffe nutzten, relativ stark.[52] Trotz des Wachstums in diesem Bereich ist alles in allem ein markanter Rückgang an registrierten Firmen im industriellen Sektor festzustellen. Waren 1985 noch 152 Firmen verzeichnet (siehe oben), so bestanden nach einer amtlichen Erhebung 1996 lediglich 82 industrielle Firmen, davon 19 mit einer Beschäftigtenzahl zwischen 1000 und 4000, 33 Firmen mit 50 bis 999 Beschäftigten und 30 mit weniger als 50 Arbeitnehmer/inne/n[53]. Allein informelle Kleinstbetriebe sind in dieser Statistik nicht erfaßt. Zugenommen dürfte der Dienstleistungssektor haben (insbesondere im Tourismus) und wohl auch der landwirtschaftliche Sektor (vgl. nächste Tabelle).

Nach einem Survey von 1985 waren 57,5 Prozent oder 77.040 Bewohner/innen von Arusha als (potentielle) Arbeitskräfte zu verzeichnen, davon galten 27,3 Prozent als arbeitslos. Von den Erwerbstätigen waren 27,3 Prozent im informellen Sektor bzw. in der „petty-commodity production" beschäftigt, im formellen Sektor fanden 45,4 Prozent eine Arbeit.[54] Neben der dezidierten Arbeitslosigkeit ist weiters eine relativ hohe Rate an Unterbeschäftigung anzunehmen.[55]

---

[49] Siehe Dan Lutte: Arusha: Mecca of Tourism, a. a. O., 11.
[50] Da diese und alle folgenden Beispiele dem Arusha Master Plan Review von 1987 entnommen sind, geben sie den Stand von Mitte der 80iger Jahre wieder.
[51] Siehe Ardhi Institute: Arusha Master Plan Review, a. a. O., 104-129.
[52] Siehe Darkoh: Tanzania's Growth Centre and Industrial Decentralisation Strategy, a. a. O., 128.
[53] Siehe Halmashauri ya Manispaa ya Arusha: Program/Mpango wa Maendeleo 1996-2000, Arusha: Ukumbi wa Minisipa, 1996, 12.
[54] Siehe Ardhi Institute: Arusha Master Plan Review, a. a. O., 77-78.
[55] Siehe ebd., 83.

Tabelle 27: *Anzahl der formellen Arbeitsplätze im Arusha District nach Art der Beschäftigung, 1977, 1980 und 1985*

Art der Beschäftigung	1977	1980	1985
Manufaktur und Bau	6583	10618	9450
Dienstleistungen	4177	10762	14000
Landwirtschaft und verwandte Bereiche	2234	2256	11550
Gesamtbeschäftigung im formellen Sektor	*12994*	*23636*	*35000*

Quelle: Nach Ardhi Institute: Arusha Master Plan Review, a. a. O., Fig. 6, S. 79.

Hervorhebenswert an den Zahlen dieser Tabelle ist insbesondere der Rückgang an Arbeitsplätzen im Bereich Manufaktur und Bau seit 1980 und ein deutlicher Anstieg der landwirtschaftlich Beschäftigten, ebenfalls seit 1980. Vergleicht man die Zahlen zur Beschäftigung mit den Angaben zum Bevölkerungsausmaß, so ist festzustellen, daß die Zahl der Arbeitsplätze viel stärker gestiegen ist als die Bevölkerungszahl. (Wachstumsrate an formellen Arbeitsplätzen 1977 bis 1985: 13,2 Prozent; hypothetische Wachstumsrate der Bevölkerung 1977 bis 1985: 8,7 Prozent.[56]) Im Zeitraum von 1985 bis 1996 dürfte dieser Verlgeich aufgrund der zahlreichen Schließungen von Betrieben zuungunsten der formellen Beschäftigung ausfallen oder zumindest deutlich schlechter als in der Zeit von 1977 bis 1985 (genaue Zahlen zur Beschäftigung liegen mir diesbezüglich nicht vor.).

Die Angaben zu Erwerbstätigkeit versus Arbeitslosigkeit in der Volkszählung von 1988 sind meines Erachtens kaum aussagekräftig, da man jede/n als beschäftigt (erwerbstätig) einstufte, der/die in den letzten zwölf Monaten gearbeitet hatte.[57] Damit werden alle temporär Erwerbstätigen den Erwerbstätigen zugeordnet, womit ein hoher Anteil faktischer Arbeitslosigkeit verschwiegen wird. Nicht überraschend war denn auch der Umstand, daß dieser Statistik zufolge 63 Prozent der Altersgruppe ab 10 Jahren erwerbstätig waren, nur zwei (!) Prozent suchten eine Arbeit, 17 Prozent standen in einer Ausbildung, 16 Prozent arbeiteten zu Hause, ein Prozent war im Ruhestand und ein Prozent arbeitsunfähig.[58] Interessant erscheinen mir die Daten zur Erwerbstätigkeit in einigen Details. So waren demnach immerhin 12 Prozent der 10- bis 14-Jährigen erwerbstätig oder zu Hause beschäftigt (der größere Teil davon war zu Hause tätig) und 55 Prozent der mindestens 65-Jährigen gingen einer Erwerbstätigkeit nach.[59] Vergleicht man die entsprechenden Angaben nach Geschlecht, so ergibt sich folgendes Bild: Bei gegebener Definition (immer in der Altersgruppe der mindestens 10-Jährigen) waren 76 Prozent der Männer und 49 Prozent der Frauen erwerbstätig, drei

---

[56] Die Bevölkerungswachstumsrate habe ich nach den Angaben der Tabelle zur Bevölkerungsentwicklung errechnet.
[57] Siehe The United Republic of Tanzania: Tanzania Sensa 1988. Population Census, Regional Profile: Arusha, a. a. O., 153.
[58] Nach ebd., Tab. 15, S. 161.
[59] Nach ebd., Tab. 15, S. 161.

Prozent der Männer sowie 29 Prozent der Frauen arbeiteten zu Hause (in den übrigen Kategorien wurden keine nennenswerten Differenzen verzeichnet). Ein markanter Unterschied ist im Anteil der Ruhestände in der Altersgruppe der 65-Jährigen und Älteren zu finden. Während sich 32 Prozent der Frauen dieser Altersgruppe im Ruhestand befanden, waren es bei den Männern 17 Prozent.[60]

Arbeitsplätze für unselbständig Beschäftigte sind in den letzten Jahren deutlich reduziert worden (siehe auch oben), unter anderem wegen der Schließung staatlicher Betriebe. Viele von den Entlassenen suchen ihren Unterhalt durch selbständige Beschäftigung zu erzielen, wobei sie nur mit einem sehr unregelmäßigen und ungesicherten und zudem oft relativ geringen Einkommen rechnen können.[61] 1988 waren von den als erwerbstätig eingestuften 10-Jährigen und Älteren 1 Prozent Arbeitgeber/innen, 31 Prozent Arbeitnehmer/innen, 28 Prozent Selbständige (ohne Angestellte) und 2 Prozent unbezahlte Arbeitskräfte im Familienbetrieb. Besonders zu beachten ist an dieser Statistik die hohe Zahl jener, deren Beschäftigtenstatus nicht spezifiziert wurde (37 Prozent).[62]

In dieser Zeit des Rückganges von formellen Arbeitsplätzen stieg die Zahl der informell Beschäftigten. Nach einer Untersuchung aus dem Jahr 1985 waren schon zu dieser Zeit 54,6 Prozent aller Erwerbstätigen im informellen Sektor beschäftigt.[63]

Die Art der informellen Beschäftigung variiert von Mais- und Kasavabraten am Straßenrand bis zum wandernden Handel (meist Burschen ziehen mit einer gerade noch tragbaren Tafel, auf der verschiedenste Kleinwaren befestigt sind, durch die Straßen und von Restaurant zu Restaurant); von Handwerker/inne/n und Bauarbeiter/inne/n bis zu Süßwarenverkäufer/inne/n etc. Insbesondere in low-cost-housing-areas findet man vor allem Frauen, die niedrigprozentige alkoholische Getränke herstellen und verkaufen (etwa aus Kochbananen und Hirse) oder die abends Fische, Kasava, Mais, Fleisch braten bzw. grillen.[64] Eine Studie von 1981 über den informellen Sektor in der Arusha Region weist folgende Verteilung von informell Beschäftigten nach Branchen aus: 37 Prozent im Bereich Holz, 34 Prozent: Textilien, 13 Prozent: „basic manufacture", 8 Prozent: Tourismus, 5 Prozent: Nahrungsmittel, 4 Prozent: Dienstleistungen.[65] Für den Arusha District dürfte insbesondere der Prozentsatz für Holz wesentlich niedriger sein.

Einkommensmäßig weitete sich in der Zeit von 1977 bis 1985 der Unterschied zwischen schlecht und sehr gut verdienenden Gruppen markant aus. Zudem nahm die Gruppe der schlecht Verdienenden bzw. die Anzahl der als arm eingestuften Haushalte stark zu (der Anteil der „armen" sowie über ein geringes Einkommen verfügenden

---

[60] Nach ebd., Tab. 15, S. 162.
[61] Siehe Nnunduma; Zacharia: Urban and Housing Indicators Study for the Municipality of Arusha, a. a. O., 3.
[62] Nach The United Republic of Tanzania: Tanzania Sensa 1988. Population Census, Regional Profile: Arusha, a. a. O., Tab. 17, S. 241.
[63] Siehe Nnunduma; Zacharia: Urban and Housing Indicators Study for the Municipality of Arusha, a. a. O., Annex 1, xxix (nach meiner Ausgabe!)
[64] Beobachtung des Autors, 1996.
[65] Siehe Mboya S. D. Bagachwa: The Urban Informal Enterprise Sector in Tanzania: A Case Study of Arusha Region, Dar es Salaam: Economic Research Bureau, University of Dar es Salaam, 1981 (E. R. B. Paper 81.4), Tab. 5, S. 15.

Haushalte stieg von 52,8 Prozent im Jahr 1977 auf 89 Prozent im Jahr 1985). In der gleichen Zeit erhöhte sich der Preisindex für den Lebensunterhalt der Stadtbewohner/innen (Güter und Dienstleistungen) um ein Sechsfaches.[66] Diese Trends dürften sich im wesentlichen fortgesetzt haben.[67]
Nach den Angaben der Wochenzeitung The East African galten für jeweils 100-Kilogramm Säcke am städtischen Markt von Arusha Anfang November folgende Preise: Mais 6500 TSH, Reis 30.000, Hirse 12.000, Bohnen 20.000.[68] Nach den Angaben eines Restaurant-Betreibers waren folgende Beträge zu bezahlen: Mais 250 TSH (für jeweils ein Kilogramm!), Weizenmehl 350 bis 400 TSH, Reis 350 bis 400 TSH, Kartoffeln 100 TSH; fünf Tomaten 100 TSH, 12 Kochbananen 500; ein Kilogramm Steak (Rindsfilet) 1800 TSH, ein Kilogramm gemischtes Rindfleisch mit Knochen 1400 TSH, ein Huhn 1500 bis 2000 TSH. Für eine Mahlzeit, die aus Ugali (aus Mais), gemischtem Gemüse und ein wenig Fleisch besteht und für fünf Personen zubereitet wird, kosten die Zutaten nach seiner Berechnung mindestens 2000 TSH. Für einen USD erhielt man zu dieser Zeit etwa 600 TSH.

Infrastruktur

Wie bereits erwähnt, hat Arusha sehr gute Verkehrsverbindungen, sowohl national als auch international, aufzuweisen. Innerhalb der Stadt sind die Hauptdurchzugsstraßen asphaltiert, wobei teilweise Belagsreparaturen dringend anstünden. Kilometermäßig betrachtet, ist vermutlich der Großteil der Straßen nicht asphaltiert bzw. anderweitig nicht gut befestigt. Das ergibt eine enorme Staubentwicklung während trockener Tage und schlammige Straßen während der Regenzeiten. Nur teilweise gibt es klar ausgewiesene Gehsteige entlang der Straßen. Größere Verkehrsstaus bilden sich (noch) selten, was vor allem damit zusammenhängt, daß nur wenige Bewohner/innen von Arusha ein eigenes Fahrzeug besitzen (1985 kamen auf 1000 Menschen 38 Fahrzeuge, davon 14 Kleinwagen und 10 Kleinlastkraftwagen[69]). Ampeln gibt es keine, trotzdem läuft der Straßenverkehr relativ geregelt ab, wenn sich auch insbesondere die Fahrer der öffentlichen Kleinbusse teilweise nicht sehr diszipliniert verhalten. Die Straßen teilen sich die Autofahrer/innen mit den Radfahrer/inne/n sowie einigen Motorradfahrer/inne/n, Lastkraftwagenfahrern und Handkarrenziehern/-schiebern.
Als öffentliche Verkehrsmittel dienen einige Kleinbusse, die entlang der Hauptverkehrsverbindungen unterwegs sind, und (relativ viele) Taxis.
Die eigenen Füße zählen für die meisten zu den Hauptfortbewegungsmitteln. 1977 wurden entsprechend dem Ergebnis einer Erhebung 81 Prozent aller Wege zu Fuß zurückgelegt, 4 Prozent mit dem Fahrrad, 6 Prozent mit dem Auto oder Taxi und 9 Pro-

---

[66] Siehe Ardhi Institute: Arusha Master Plan Review, a. a. O., 85.
[67] Vgl. ebd., 89.
[68] Siehe *The East African*, November 4-10, 1996, 28.
[69] Siehe Ardhi Institute: Arusha Master Plan Review, a. a. O., 154.

zent mit dem Bus. Für 1985 wurden folgende Zahlen erhoben: 50 Prozent zu Fuß, 14 mit dem Fahrrad, 7 mit dem Auto/Taxi, 21 Prozent mit dem Bus, dazu 3 Prozent mit Motorrädern und 4 Prozent mit Kleinlastwagen.[70]
Nach einem Survey von 1985 liegt der Arbeitsplatz von 87 Prozent aller Beschäftigten innerhalb von vier Kilometern Entfernung, 58 Prozent benötigen weniger als 30 Minuten, um zur Arbeitsstelle zu kommen. Die häufigsten Ziele sind Themi, Unga Ltd. und das Stadtzentrum.[71]

Die Straßen, Wege und Plätze Arushas sind in der Nacht nur sehr spärlich beleuchtet. Ein wenig Licht kommt von Geschäften und Lokalen sowie von Autoscheinwerfern. Öffentliche Straßenlaternen sind nur sehr selten zu finden, und diese wenigen sind nicht funktionsbereit. Das gilt für die gesamte Stadt. In low-cost-housing-areas wie Unga Ltd. brennen vereinzelt Öllampen vor einem Haus, sehr selten ist irgendwo ein elektrisches Licht eingeschaltet. Wenn man nachts unterwegs ist und man den Weg nicht selber durch eine Taschen- oder Öllampe beleuchten kann, ist es ratsam, sehr genau acht zu geben, um nicht in einen offenen Abwasserkanal zu steigen oder in ein Loch zu fallen, abgesehen davon, daß das Risiko, Opfer eines Überfalles zu werden, in der Dunkelheit deutlich steigt.

1985 gab es in der ganzen Stadt 3289 Telephonanschlüsse, acht öffentliche Telephonzentralen und 19 vermietete Telephonzellen. Das System hatte zu dieser Zeit bereits beinahe das Limit an Anschlüssen erreicht.[72] Seither wurde es ausgebaut, sodaß im November 1996 die Zahl an Anschlüssen 6395 betrug, wobei 3801 Anträge auf Neuanschlüsse wegen der neuerlichen Erschöpfung der Kapazität bisher noch nicht berücksichtigt werden konnten. Für 1997 war eine Erweiterung geplant.[73]

1984 war der Stromverbrauch nach Konsument/inn/engruppen folgendermaßen aufgeteilt: 59,3 Prozent für Industrie, 23,2 Prozent für Haushalte, 17,49 für kommerzielle Betriebe, 0,01 Prozent für öffentliche Straßenbeleuchtung.[74] Nach einer Umstrukturierung der Tarifgruppen gab es im November 1996 ungefähr 40 industrielle Kund/inn/en und 23.000 Haushalte als Stromabnehmer/innen, wobei letzterer Kategorie auch (industrielle) Kleinbetriebe zugeordnet sind. Der jährliche Verbrauch beträgt derzeit 1,05 Millionen Megawattstunden.[75]

In Arusha gab es 1994 13 Nursery Schools, 22 Primary und 8 Secondary Schools sowie ein technisches College und mehrere berufsbildende Schulen. In den 260 Klassenzimmern der Primary Schools wurden im selben Jahr 16.117 Schüler/innen von 547 Lehrer/inne/n unterrichtet. Was die Primary School-Bildung anlangt, so wurde 1994 mit den 22 Schulen beinahe der Bedarf gedeckt (um eine Schule zu wenig).[76]

---

[70] Siehe Ardhi Institute: Arusha Master Plan Review, a. a. O., 157.
[71] Siehe ebd., 153.
[72] Siehe ebd., 162.
[73] Auskunft der staatlichen Tanzania Telecommunications Company Ltd., November 1996.
[74] Siehe Ardhi Institute: Arusha Master Plan Review, a. a. O., 190.
[75] Nach einer Information der staatlichen Tanzania Electric Supply Company (TANESCO), November 1996.
[76] Siehe Nnunduma; Zacharia: Urban and Housing Indicators Study for the Municipality of Arusha, a. a. O., 5 und Tab. 1, S. 5.

Die Alphabetenrate (bei Männern) lag 1994 bei 76 Prozent, die Alphabetinnenrate bei 60 Prozent.[77] Nach der Volkszählung 1988 konnten 76 Prozent der Bevölkerung ab fünf Jahren Kiswahili lesen und schreiben (81 Prozent der männlichen und 71 Prozent der weiblichen Bewohner/innen in jener Altersgruppe).[78] Arusha Stadt wies damit im Vergleich zur gesamten Arusha Region eine merklich höhere Alphabetisierungsrate auf (für Arusha Region: insgesamt 49 Prozent; 54 Prozent der Männer und 43 Prozent der Frauen).[79] Ob die Zahlen, verglichen mit den Angaben für 1994, auf einen Rückgang der Alphabetisierung in Arusha Stadt hinweisen, ist nicht eindeutig zu bestimmen, da unterschiedliche Instrumentarien zur Messung verwendet wurden (ein Rückgang ist jedoch nicht unwahrscheinlich).

Von den mindestens Fünfjährigen hatten 1988 23 Prozent (noch) nie die Schule besucht (19 Prozent der Männer und 27 Prozent der Frauen). In der Altersgruppe der mindestens Zehnjährigen finden sich 14 Prozent, die (noch) nie die Schule besucht hatten (9 Prozent der Männer und 18 Prozent der Frauen der entsprechenden Altersgruppe).[80]

Das Gesundheitswesen ist für die einkommensschwachen Bevölkerungsgruppen aufgrund der (hohen) Kosten nur sehr bedingt zugänglich[81], wobei man allerdings einschränkend berücksichtigen muß, daß ein Teil der Medikamente in öffentlichen Einrichtungen zu sehr niedrigen Preisen abgegeben wird und ärztliche Behandlung nicht überall kostspielig ist (siehe unten). Jedenfalls sind die Gesundheitseinrichtungen für die gesamte Bevölkerung nicht ausreichend. Es gibt einige kleinere Einrichtungen, darunter mehrere Apotheken, die ungleichmäßig über das Stadtgebiet verteilt sind, sowie ein größeres Spital (Arusha Regional Hospital), das personell unterbesetzt ist.[82]

Das staatliche Arusha Regional Hospital verfügte im Dezember 1996 über 380 Betten, wobei bis zu knapp 500 Patient/inn/en stationär behandelt wurden, was nichts anderes heißt, als daß manche Patient/inn/en zu zweit in einem Bett oder am Boden bzw. lediglich auf einer Matratze lagen. Die durchschnittliche tägliche Anzahl an stationären Patient/inn/en betrug 1996 etwa 400. Diese sowie die ambulanten Patient/inn/en werden von sieben Ärzt/inn/en betreut (darunter vier Fachärzt/-e/innen), von sechs Assistant Medical Officers und 160 Krankenpfleger/inne/n (letztere mit unterschiedlichem Ausbildungsgrad).[83]

---

[77] Siehe ebd., 3.
[78] Nach The United Republic of Tanzania: Tanzania Sensa 1988. Population Census, Regional Profile: Arusha, a. a. O., Tab. 6, S. 72. Alphabetismus wurde als Fähigkeit Kiswahili zu lesen und zu schreiben definiert; die Zahlen dürften allerdings wegen falscher Angaben (Alphabetismus als Statussymbol) etwas überhöht sein (siehe ebd., 69).
[79] Nach ebd., Tab. 6, S. 71.
[80] Nach ebd., Tab. 8, S. 89.
[81] Siehe Nnunduma; Zacharia: Urban and Housing Indicators Study for the Municipality of Arusha, a. a. O., 3.
[82] Siehe Ardhi Institute: Arusha Master Plan Review, a. a. O., 140-141.
[83] Nach Angaben des Arusha Regional Hospitals.

Tabelle 28: *Daten zum Gesundheitswesen im Arusha District, 1995*

Anzahl von Spitälern (staatliche und private)	6
Anzahl von Betten insgesamt	650
Anzahl von Health Centres[a] (staatliche und private)	4
Anzahl von Apotheken (staatliche und private)	76
Anzahl von Ärzt/inn/en	86
Anzahl von Clinical Officers[b]	42
Anzahl von ausgebildeten Krankenpfleger/inne/n	150
Anzahl registrierter „traditioneller" Heiler/innen	50
Durchschnittl. tägl. Anzahl v. Patient/inn/en pro Arzt/Ärztin sowie Clinical Officer	20-30
Durchschnittl. Anspruchnahme eines Spitalsbettes je Patient/in (in Tagen)	2-3

[a] Mit stationärer Aufnahme in der Regel bis maximal sechs Tagen, bei länger notwendiger Behandlung erfolgt die Überweisung in ein Spital.
[b] Im Ausbildungsgrad zwischen ausgebildeten Krankenpfleger/inne/n und Ärzt/inn/en

Quelle: Angaben der Stadtverwaltung

Zur Zeit befindet sich das Gesundheitswesen Tansanias in einer Übergangsphase. In einigen Jahren soll die Behandlung grundsätzlich über ein Versicherungssystem abgegolten werden, wofür jeder natürlich seinen finanziellen Beitrag leisten muß. Bis dahin (bzw. seit wenigen Jahren) muß jede/r Patient/in einen Pauschalbeitrag zur Behandlung leisten (im Dezember 1996: 300 TSH pro Behandlung bzw. Einweisung, unabhängig von der Art der Krankheit und Dauer des Spitalsaufenthaltes). Ebenso muß pro Medikament, das im Krankenhaus verfügbar ist, ein genereller Betrag bezahlt werden (50 TSH). Im Verlgeich dazu sind Medikamente, die in einer privaten Apotheke zu kaufen sind, um ein Vielfaches teurer, und für eine allgemeine privatärztliche Beratung muß man im Schnitt etwa 1000 TSH bezahlen, für spezifische Behandlungen extra.[84] Das bedeutet, daß zur Zeit ein staatliches Spital wie das Arusha Regional Hospital grundsätzlich und de facto beinahe allgemein zugänglich ist, im Gegensatz natürlich zu privatärztlicher Behandlung. Wesentlich eingeschränkt wird diese Feststellung allerdings dadurch, daß es teils enorme Probleme mit medikamentöser Versorgung in den Spitälern gibt, was zur Folge hat, daß man die Medikamente in privaten Apotheken kaufen muß, wo sie in der Regel sehr teuer sind. Über diesen Umweg wird für viele eine ärztliche Betreuung fast unerschwinglich.

---

[84] Nach Angaben des Arusha Regional Hospitals.

Haushalt, ehelicher Status

Tabelle 29: *Bevölkerung pro Haushaltsgröße (private Haushalte)*[a]
im Arusha District, 1988

Haushaltsgröße	Bevölkerung	Haushaltsgröße	Bevölkerung
1 Person	6767	*9 Personen*	7721
2 Personen	11906	*10 Personen*	7873
3 Personen	14396	*11 Personen*	3010
4 Personen	14197	*12 Personen*	2570
5 Personen	15855	*13 Personen*	2007
6 Personen	14613	*14 Personen*	1076
7 Personen	13146	*15 Personen u. mehr*	4747
8 Personen	11009	gesamt	130893

[a] 97 Prozent der Gesamtbevölkerung Arushas lebte 1988 in privaten Haushalten

Quelle: The United Republic of Tanzania: Tanzania Sensa 1988. Population Census, Regional Profile: Arusha, a. a. O., Tab. 20, S. 283.

In einem durchschnittlichen Haushalt lebten 1988 4,2 Personen. Dabei gab es größere Differenzen zwischen den einzelnen Wards. Terrat ist der Bezirk mit den durchschnittlich größten Haushalten (6,2 Personen), der Bezirk mit den kleinsten ist Daraja Mbili (3,4 Personen); in Unga Ltd. betrug die durchschnittliche Größe laut der Volkszählung 3,5 Personen, in Ngarenaro 4,2 und in Sombetini 4,3 Personen (siehe Tabelle 26).

1988 waren in Arusha von der Bevölkerungsgruppe von 10 Jahren und darüber 52 Prozent unverheiratet, 43 Prozent verheiratet, drei Prozent geschieden und zwei Prozent verwitwet.[85] Als unverheiratet galten dabei jene, die nie geheiratet hatten, als verheiratet jene, die mit einem/einer andersgeschlechtlichen Parter/in zusammenlebten, als geschieden jene, die vom/von der Ehepartner/in getrennt lebten, egal ob formell geschieden oder informell, als verwitwet jene, deren Ehepartner/in verstorben war und die nicht wieder geheiratet hatten.[86]

Folgende Tabelle schlüsselt diese Angaben nach Geschlecht und drei Altersgruppen auf, wobei ich die Altersgruppen auch nach der Relevanz für meine weiter unten folgenden Fallstudien gewählt habe.

---

[85] Nach The United Republic of Tanzania: Tanzania Sensa 1988. Population Census, Regional Profile: Arusha, a. a. O., Tab. 4, S. 62.
[86] Siehe ebd., 57.

Tabelle 30: *Ehelicher Status nach drei Altersgruppen und Geschlecht, Arusha District, 1988 (in Prozent der jeweiligen Altersgruppe)*

	ehelicher Status											
	unverheiratet			verheiratet			getrennt			verwitwe(r)t		
Alter	*m*	*w*	*ges*	*m*	*w*	*ges*	*m*	*w*	*ges*	*m*	*w*	*ges*
20-24	89	46	67	11	51	32	0	3	2	0	0	0
35-39	9	9	9	88	77	84	2	10	5	1	5	2
50-54	5	4	4	90	68	81	4	13	7	2	16	7

w........weiblich
m........männlich
ges.....gesamt (männlich und weiblich)

Quelle: Nach den Daten von The United Republic of Tanzania: Tanzania Sensa 1988. Population Census, Regional Profile: Arusha, a. a. O., Tab. 4, S. 62. (Zur Definition des jeweiligen ehelichen Status siehe den Text unmittelbar vor meiner Tabelle!)

Die Daten der Tabelle weisen darauf hin, daß es für den Großteil der Bevölkerung sehr wichtig ist, eine Familie zu gründen (nur vier Prozent der 50- bis 54-Jährigen waren unverheiratet). Im Vergleich mit den Daten der Volkszählung von 1978 stieg der Anteil der Unverheirateten in der gesamten Arusha-Region (!) bis 1988 allerdings ein wenig an, was die Autor/inn/en des Berichtes auf die schwierige ökonomische Lage des Landes zurückführen (immer mehr können oder wollen sich demnach eine Familiengründung nicht mehr leisten).[87] Die Tabelle zeigt weiters, daß Frauen im Durchschnitt früher heiraten als Männer und daß deutlich mehr Frauen derzeit geschieden sind als Männer (Männer heiraten anscheinend nach einer Scheidung eher als Frauen).

Wohnen

Der Master Plan von 1987 stellte eine zunehmende Verdichtung der Bebauung sowohl in formellen als auch informellen Siedlungen fest. Zudem erhöhte sich die Anzahl von Personen pro Raum; belegten 1977 im Durchschnitt 1,7 Personen einen bewohnbaren Raum, so betrug der entsprechende Wert 1985 2,7 Personen. In manchen Gebieten wie Tindiga (Unga Ltd.) registrierte man eine Zahl von durchschnittlich 3 Personen pro Raum. Die Wohndichten waren bereits 1985 teilweise doppelt so hoch wie vom zuständigen Ministerium als zulässig festgesetzt.[88] Bei der Volkszählung 1988 lebten 36 Prozent aller Bewohner/innen Arushas in einem privaten Haushalt, dem ein Raum zur Verfügung stand, 21 Prozent in einem Haushalt mit zwei Räumen, 19 Prozent mit drei,

---

[87] Siehe ebd., 58.
[88] Siehe Ardhi Institute: Arusha Master Plan Review, a. a. O., 93.

10 Prozent mit vier und 5 Prozent mit fünf Räumen; der Rest in Haushalten mit sechs Räumen oder mehr. 54 Prozent, die einem Haushalt mit vier Personen angehörten, bewohnten gemeinsam (also zu viert) einen Raum, 24 Prozent zwei, 14 Prozent drei und 7 vier Räume oder mehr.[89]
Die hohe Bebauungsdichte äußert sich in „low-cost-housing-Gebieten" wie Unga Ltd. auch darin, daß viele Häuser nur über schmale Fußwege zugänglich sind.[90]
Der Großteil der Häuser (86,4 Prozent), die in der Zeit zwischen 1975 und 1985 erbaut wurden, geht auf private Initiativen und Ressourcen zurück. Über 60 Prozent aller Mieter/innen bewohnten ein privat errichtetes Haus, sodaß bereits zu dieser Zeit der öffentliche Wohnbau den Großteil der Mieter/innen nicht versorgen konnte.[91] Mitte der 90er Jahre waren nicht ganz 14 Prozent der Wohnhäuser im Besitz der öffentlichen Hand.[92] 1988 bewohnten 25 Prozent aller Haushalte eine Unterkunft, die ihnen gehörte, 73 Prozent waren Mieter/innen.[93]
Trotz dieser privaten Initiativen besteht teils ein eklatanter Mangel an Wohnraum. 1985 erhob man einen Bedarf an beinahe 19.000 Wohneinheiten, nicht einmal 11.000 Einheiten standen regulärerweise zur Verfügung.[94] Unter anderem mit diesem Mangel hängt der Zuwachs an informellen Siedlungen sowohl im Bereich des low-cost-housings als auch in den „gehobenen" Kategorien zusammen (zwischen 1975 und 1985 hat sich, wie schon erwähnt, die Fläche für informelle Niederlassungen beinahe verdreifacht).[95]
Eigenen Beobachtungen zufolge lebt der weitaus überwiegende Teil der Menschen in Häusern ohne Stockwerke (lediglich Erdgeschoß).[96] Nur wenige Häuser (unter anderem einige von öffentlicher Hand errichtete) sind mehrstöckig. Ein großer Anteil der Häuser in Gebieten wie Unga Ltd. ist aus Lehm errichtet, mit einer stützenden Holzkonstruktion, und mit Wellblech gedeckt. Meist wohnen einige Familien in diesen Häusern, die in der Regel aus mehreren Räumen bestehen. Teils sind die Räume um einen Innenhof angeordnet, teilweise (seltener) ist jeder Raum von außen zugänglich. Die Wohnhäuser in den wohlhabenderen Bezirken östlich des Themi Rivers bestehen mehrheitlich ebenfalls nur aus dem Erdgeschoß. Sie sind aus Ziegeln errichtet und in der Regel mit Zementmörtel verputzt. In diesen Gebieten findet man viele Einfamilienhäuser.

---

[89] Nach The United Republic of Tanzania: Tanzania Sensa 1988. Population Census, Regional Profile: Arusha, a. a. O., Tab. 20, S. 283.
[90] Eigene Beobachtung 1996.
[91] Siehe Ardhi Institute: Arusha Master Plan Review, a. a. O., 93.
[92] Siehe Nnunduma; Zacharia: Urban and Housing Indicators Study for the Municipality of Arusha, a. a. O., 18.
[93] Nach The United Republic of Tanzania: Tanzania Sensa 1988. Population Census, Regional Profile: Arusha, a. a. O., Tab. 21, S. 297.
[94] Siehe Mashingia: Improvement of Engarenarok Unplanned Settlement, a. a. O., 11.
[95] Siehe Ardhi Institute: Arusha Master Plan Review, a. a. O., 280-281.
[96] Bezüglich baulicher Charakteristika der Wohnhäuser vgl. auch Nnunduma; Zacharia: Urban and Housing Indicators Study for the Municipality of Arusha, a. a. O., 16-17.

Bezüglich der Wasserversorgung ist der Volkszählung von 1988 zu entnehmen, daß zu dieser Zeit 83 Prozent aller privaten Haushalte grundsätzlich Leitungswasser verwendeten, 8 Prozent Brunnenwasser und 9 Prozent Wasser aus anderen „Quellen" (etwa Seen oder Flüssen).[97] Aus den Daten zur Volkszählung geht allerdings nicht hervor, wieviele Haushalte Wasser ins Haus eingeleitet hatten und wieviele es auf eine andere Art besorgen mußten.

Der Großteil der Bevölkerung Arushas, der in privaten Haushalten lebte, verwendete 1988 Grubenklosetts (pit latrines) (73 Prozent), ein wesentlich geringerer Anteil verfügte über ein wassergespültes Klosett im Haus selber (18 Prozent) oder zur gemeinsamen Benutzung mit anderen Haushalten (6 Prozent). Drei Prozent hatten grundsätzlich keinen Zugang zu irgendwelchen Toiletten.[98]

1985 entsorgten 84 Prozent der Bevölkerung ihre flüssigen Abfälle in „on-site waste disposal systems", also unmittelbar beim Haus (davon 17 Prozent in septischen Becken [septic tanks] und 67 Prozent in Gruben [pit latrines]), der Rest war an ein Abwassersystem angeschlossen.[99]

33 Prozent der Bevölkerung, die in privaten Haushalten lebte, hatten 1988 Zugang zu elektrischem Strom in ihrer Wohnung, 67 Prozent hatten keinen Strom in ihrer Unterkunft.[100] 1985 verwendeten circa 90 Prozent aller Haushalte zum Kochen entweder Holz oder (Holz-) Kohle, nur etwa 10 Prozent benutzten dafür die teureren Brennstoffe Gas und Kerosin sowie elektrischen Strom.[101]

Soziale und ökologische Probleme

Auf einige soziale Probleme bin ich bereits implizit in den obigen Ausführungen etwa zur Wohnsituation bzw. zum Arbeitsmarkt eingegangen. An dieser Stelle möchte ich auf die schwierige Situation von Straßenkindern hinweisen, deren Zahl in letzter Zeit markant zugenommen hat.[102] Ohne daß es genaue Daten darüber gibt, kann man anhand der Beobachtungen einer Straßenkinderhilfsorganisation (CHISWEA) den rapiden Anstieg wenigstens ungefähr abschätzen. Während man 1993 insgesamt 97 Straßenkinder in Arusha registrierte, stieg die entsprechende Zahl bis 1995 auf 350. Der Großteil der Kinder stammt aus der Arusha Region und angrenzenden Regionen, eini-

---

[97] Nach The United Republic of Tanzania: Tanzania Sensa 1988. Population Census, Regional Profile: Arusha, a. a. O., Tab. 21, S. 297.
[98] Nach ebd., Tab. 22, S. 306.
[99] Siehe Ardhi Institute: Arusha Master Plan Review, a. a. O., 204.
[100] Nach The United Republic of Tanzania: Tanzania Sensa 1988. Population Census, Regional Profile: Arusha, a. a. O., Tab. 23, S. 315.
[101] Siehe Ardhi Institute: Arusha Master Plan Review, a. a. O., 196.
[102] Folgende Ausführungen stützen sich auf ein unveröffentlichtes Manuskript (Simon B. Panga: The Problem of Street Children - „Arusha Experience". The Factors and Circumstances that Propel Children into Street Life, Arusha, 1996) sowie auf eigene Beobachtungen.

ge kommen aus Mwanza oder Dar es Salaam.[103] Als Hauptgründe für die Zunahme gibt die Studie folgende Faktoren an: zunehmende allgemeine Armut; Migration in Städte in der Hoffnung, der ländlichen Armut zu entkommen, ohne daß die Städte tatsächlich genügend Möglichkeiten bieten; familiäre Probleme einschließlich Vernachlässigung von Kindern aufgrund spezifischer Konstellationen (etwa Stiefkinder), Väter, die ihre (Ehe-) Frauen und Kinder schlecht oder gar mißhandeln, Familienstreitigkeiten mit Gewaltanwendung. Dazu kommen makrokulturelle Faktoren wie die teilweise Erosion verwandtschaftlicher Solidarität insbesondere im Gefolge der Kolonisation.[104] Einige Straßenkinder verbringen die ganze Zeit auf der Straße bzw. in Parks und auf Friedhöfen und haben die Verbindung zu ihrer Familie oder anderen Erziehungsberechtigten gänzlich abgebrochen, andere pflegen einen unregelmäßigen Kontakt zu ihrer Familie, wieder andere kehren abends gewöhnlich nach Hause zurück.[105] Viele der Straßenkinder verfügen über keinen Platz, wo sie in Sicherheit und geschützt vor ungünstigen Witterungsverhältnissen schlafen können, ihre physische Verfassung ist meist schlecht aufgrund der schwierigen Lebensverhältnisse und nicht zuletzt wegen inadäquater Versorgung mit Nahrungsmitteln (oft müssen sie mangels besserer Alternativen verdorbene Nahrung, die sie auf einem Abfallplatz finden, essen). Vielfach haben sie die Schule nie regelmäßig besucht, sodaß sie oft weder lesen noch schreiben können - obwohl sie häufig über enorme Kreativität und große Intelligenz verfügen. Sie müssen meist bereits in sehr frühen Jahren für ihren Lebensunterhalt aufkommen, indem sie in Abfallhaufen nach Eßbarem und Verkaufbarem suchen, indem sie sich als Straßenhändler/innen ein wenig Geld verdienen, durch ein in der Regel schlecht bezahltes und recht ungeschütztes Dienstverhältnis etwa in Hotels oder privaten Haushalten, durch Prostitution, Diebstahl und Bettelei.

Mit den schlechten Lebensverhältnissen geht meist eine Reihe psychischer Probleme einher bis zur Geringschätzung der eigenen Person, wobei diese eigene Abwertung nicht zuletzt mit den Reaktionen der Öffentlichkeit auf sie zu tun hat, die sie vielfach als Taugenichtse, Diebe und schlechthin unerwünschte Personen abstempelt. Dazu kommen Konflikte und nicht selten rauhe Umgangsformen innerhalb der Gruppe von Obdachlosen. Oft fehlt ihnen jegliche familiäre Zuneigung, sie sind ständiger Unsicherheit ausgesetzt und verfügen nur über ein sehr mangelndes Netzwerk sie unterstützender Menschen.[106] (Festzuhalten ist freilich auch, daß die Solidarität gerade unter den Ärmsten sehr ausgeprägt sein kann.)

Ökologische Probleme schlagen sich etwa in der Verschmutzung von Luft, Wasser und Land nieder. Eine der Verursacherinnen ist die Industrie aufgrund oft mangelhafter Abluftfiltersysteme und schlechter Entsorgung von festen und flüssigen Abfällen.[107] Mehr als die Hälfte aller flüssigen Abfälle (in den frühen 90er Jahren insgesamt

---

[103] Siehe Panga: The Problem of Street Children, a. a. O., 14. Die Zahlen beziehen sich nicht nur auf Kinder, die von CHISWEA betreut wurden!
[104] Siehe ebd., 15-17; 1-3.
[105] Siehe ebd., 1.
[106] Siehe ebd., 5 u. 20.
[107] Siehe Ardhi Institute: Arusha Master Plan Review, a. a. O., 116.

sieben Millionen Liter täglich) wird nicht entsorgt[108], von den festen Abfällen (170 Tonnen täglich) konnten 1985 täglich maximal 30 Tonnen fachgerecht deponiert werden[109]. Ein Hauptgrund für ökologische Probleme in Arusha liegt wohl im mangelnden ökologischen Bewußtsein.[110] Jegliche Art von Abfall wird fast überall einfach weggeworfen (Abfallkübel gibt es ja kaum) und meist am nächsten Tag zu kleinen Haufen zusammengekehrt und verbrannt (nicht zuletzt wegen dieser Art der Müllentsorgung wirkt die Stadt recht sauber, wenn man einmal von der schlechten Luft rund um den brennenden Müll absieht); man kann Automechaniker sehen, wie sie Altöl in den Kanal schütten; vor allem Busfahrer verschmutzen die Luft, indem sie ihre Motoren aufheulen lassen, um auf sich aufmerksam zu machen und damit um Kund/inn/en zu werben.

An windigen und trockenen Tagen ist die Luft voll von aufgewirbeltem Sand insbesondere von den unasphaltierten Straßen.

In den low-cost-housing-areas sind die Umweltverhältnisse in der Regel um einiges schlechter als in anderen Wohngebieten, da die Einrichtungen zur Abfallentsorgung unzureichend sind (um nur ein Beispiel zu nennen: vielfach findet man offene Kanäle, in denen fauliges und mit allerlei Abfällen vermischtes Wasser steht).

Freizeit, Gesellschaftsleben, „Hochkultur"

Vor allem die Oberschicht hat Zugang zu einer Reihe von Sportclubs, wo man alle möglichen Sportarten praktizieren kann. Im Review des Arusha Master Plans werden 1987 folgende erwähnt: Gymkhana Club, Hellenic Club, Arusha Institute, AICC Sport Club, YMCA Sports Club, Arusha Sports Club.

Zur Austragung größerer öffentlicher sportlicher Wettkämpfe eignet sich das Sheikh Amri Abeid Stadium im Kaloleni Ward, das 2,7 Hektar groß ist und über 5000 Sitzplätze verfügt.[111] Öffentlich zugänglich sind zwei Sportplätze, einer primär zum Fußballspielen, der andere eignet sich auch für Basketball. Die meisten Sportplätze befinden sich bei Schulen.[112]

Im Stadtzentrum werden zwei Kinos mit jeweils rund 500 Sitzen betrieben (Metropole und Elite Cinema), die primär „Sex and Crime"-Filme US-amerikanischer und asiatischer Herkunft vorführen und in der Regel nur wenig frequentiert sind (mit einer Auslastung von teils weit unter 10 Prozent der Kapazität). Vor allem schlechter verdienende Bevölkerungsgruppen gehen eher in Lokale, wo Videos gezeigt werden, als ins Kino.[113] Ständiges Theater gibt es derzeit keines, ebenso keine Galerien oder

---

[108] Siehe Nnunduma; Zacharia: Urban and Housing Indicators Study for the Municipality of Arusha, a. a. O., 13.
[109] Siehe Ardhi Institute: Arusha Master Plan Review, a. a. O., 213.
[110] Im folgenden nach eigenen Beobachtungen, 1996.
[111] Siehe Ardhi Institute: Arusha Master Plan Review, a. a. O., 220-221.
[112] Nach Angaben des zuständigen Amtes der Stadtverwaltung, November 1996.
[113] Eigene Erhebungen, 1996.

Austellungsräume für moderne Kunst im engeren Sinn; für Großkonzerte wird manchmal das Stadium benutzt, kleinere Konzerte finden vor allem in Hotels statt.[114] Das National Museum hat in Arusha zwei Branchen, das Natural History Museum und das Azimio Museum. Im National History Museum wird in 18 Schaukästen, einem Tafelbild und einer Rekonstruktion menschlicher Fußabdrücke die Frühgeschichte des Menschen dargestellt. Die gezeigten Knochen sind bis auf wenige Ausnahmen Kopien entsprechender Funde. Daneben sind einige frühe Steinwerkzeuge sowie Knochen ausgestorbener Tiere zu sehen. Im Azimio Museum wird in Schautafeln und Fotos, die teils unbeschriftet oder handbeschriftet sind, und mit gedruckten oder handschriftlichen Erklärungen sowie mittels einiger „historischer" Gegenstände (wie die Unabhängigkeitsfackel) die jüngere Geschichte Tansanias (vor allem Kolonialzeit und nachkoloniale Zeit) gezeigt, wobei ein Schwerpunkt auf die Arusha-Deklaration von 1967 gelegt wurde (zur Arusha-Deklaration siehe weiter oben) und die dargestellte Geschichte über die Präsidentschaft Nyereres nicht hinausgeht. Die ganze Ausstellung hat in zwei Räumen Platz. Die Besucher/innenfrequenz ist recht gering; neben einigen wenigen Tourist/inn/en kommen vor allem Schulklassen in diese Museen.[115]

Es gibt vier ständige Diskotheken: Metropole, Arusha by Night, Cave und Saba Saba, wobei vor allem erstere stark von der einheimischen Bevölkerung frequentiert werden und insbesondere das letztere gerne von Tourist/inn/en besucht wird.[116]

Diese genannten Freizeiteinrichtungen sind vermutlich für den Großteil der Stadtbevölkerung für ihr Gesellschaftsleben weniger relevant als ihre eigenen Häuser, als Restaurants und Bars. Nicht zuletzt erfüllen Kirchen und Moscheen bzw. ihre Gemeinden neben der Funktion religiöser Erbauung ganz wesentliche gesellschaftliche bzw. soziale Aufgaben.

---

[114] Nach Angaben des zuständigen Amtes der Stadtverwaltung, November 1996.
[115] Eigene Erhebungen, 1996 und Auskunft seitens der Museen, November 1996.
[116] Eigene Erhebungen, 1996.

II. Die Fallstudien

Ich werde im folgenden die Lebensgeschichten und jetzigen Lebensverhältnisse von acht Personen darstellen, die zur Zeit in Arusha in einer low-cost-housing-area wohnen. Danach werde ich versuchen, die acht Einzelfälle zu kontextualisieren und zu interpretieren. Im letzten Abschnitt der gesamten Arbeit werde ich jene Beispiele noch einmal in einen weiteren Zusammenhang stellen und vor dem Hintergrund der allgemeinen Ausführungen beleuchten. Ich möchte bereits an dieser Stelle darauf hinweisen, daß sich meine Interpretationen entsprechend der allgemeinen Themenstellung vor allem auf die kulturelle Verortung konzentrieren werden, andere, etwa spezifisch biographische Analysen, werde ich kaum durchführen.

Den Fallstudien stelle ich einige Erörterungen und Ausführungen zur Methode voran. Ich werde grundsätzliche Fragen behandeln sowie meine konkrete Vorgangsweise beschreiben und auf die Situationen eingehen, in denen die Interviews stattfanden.

1. Zur Methode

Einige methodologische Überlegungen

Die folgenden qualitativen Fallstudien sollen, wie schon oben gesagt, Problemlagen konkretisieren und neue Einsichten in das Thema der gesamten Arbeit eröffnen. Ich verstehe diesen Teil meiner Dissertation nicht im Sinne einer strengen Überprüfung von Hypothesen, die im zweiten und dritten Teil der Arbeit entwickelt oder referiert wurden. Ich werde zwar Ergebnisse vergleichen, jedoch werde ich kaum Hypothesen aufgrund meiner Erhebungen widerlegen können, auch wenn es Widersprüche geben kann; es sind dies vielmehr Zusatzinformationen. Umgekehrt waren freilich die Thesen der vorangegangenen Teile der Arbeit leitend für die Fragestellungen, und sehr wohl möchte ich die Anwendbarkeit einiger Grundthesen in meinen Fallstudien erproben.

Durch die Vorarbeiten auf Makro-Ebene (vielleicht auch Meso-Ebene) hoffe ich, einen Überblick ermöglicht zu haben, klar ist allerdings dennoch, daß man damit kaum einen Grad der Repräsentativität der untersuchten Lebensgeschichten und Lebensverhältnisse, geschweige denn der Weltsichten jener Menschen (dazu gibt es für Arusha meines Wissens keine einzige wissenschaftliche Veröffentlichung), angeben kann.

Mir geht es hier aber auch gar nicht um Repräsentativität (im Sinne von repräsentativ für das Leben und für Lebensgeschichten von Bewohner/inne/n von Arusha oder ihrer Weltbilder). Eine qualitativ angelegte Forschung wie meine kann den Anspruch einer so verstandenen Repräsentativität allein aus Gründen des Aufwandes praktisch nicht erfüllen. Der Vorteil qualitativer Methoden liegt jedoch darin, verschiedenste Qualitäten individueller sozialer Tatbestände eher erfassen zu können. Wo es um Individualitäten geht, ist Repräsentativität im oben genannten Sinn zweitrangig. Aufgrund der Berücksichtigung mehrerer Lebensgeschichten war es möglich, ein relativ reichhaltiges Bild hinsichtlich der Themen, die ich untersuchen wollte, zu malen.

Ich führte hauptsächlich offene Interviews durch, zudem nutzte ich die Gelegenheiten für informelle Gespräche. Bei den Interviews ließ ich kein Aufnahmegerät laufen, obwohl ich das zunächst geplant hatte. Es stellte sich sehr bald heraus, daß die Atmosphäre der Interviews zu sehr darunter leiden würde, sodaß ich darauf verzichtete und alle mir wesentlich erscheinen Informationen aufschrieb. Die hier ausgewerteten Interviews führte ich allesamt selber auf Englisch.

Die Art der Unterkünfte konnte ich in der Regel selber sehen, zum Teil allerdings nicht alle Räume (sofern die betreffenden Personen überhaupt mehr als einen Raum bewohnten).

Wo es Möglichkeiten gab, die Interviewpartner/innen informell zu treffen, bzw. bei den Interviews selbst (in Fällen, wo mehrere Personen anwesend waren) stellte ich Beobachtungen an etwa darüber, wie sie mit ihren etwaigen Ehepartner/inne/n, ihren Kindern oder Verwandten, mit ihren Freund/inn/en umgingen und wie letztere sich gegenüber ersteren verhielten. Diese Beobachtungen fließen allerdings nur implizit und am Rande in die Beschreibung und Analyse ein; für eine detaillierte explizite Behandlung der sozialen Interaktionen wäre eine fundierte Erhebung notwendig gewesen, die ich jedoch aus zeitlichen und technischen Gründen (zum Beispiel Verständigungsschwierigkeiten) nicht durchführte. Die Methode der herkömmlichen teilnehmenden Beobachtung wäre natürlich eine nützliche Quelle zur Beschreibung ihrer gegenwärtigen Situation gewesen; sie schied aber ebenso vor allem aus zeitlichen Gründen aus (abgesehen von praktischen Problemen). Zudem darf man nicht übersehen, daß man als Weißer immer ein Außenseiter in einer Siedlung von Schwarzen bleiben wird, sodaß es mir schon dadurch verwehrt war, an ihrem Leben und ihrer Lebensweise tatsächlich teilzunehmen und ihr Leben aus einer Perspektive wahrzunehmen, die der ihren sehr ähnlich ist.

Bezüglich der Validität ist vermutlich die Frage aufzuwerfen, ob der/die Forscher/in nicht damit rechnen muß, von den Befragten absichtlich oder unabsichtlich Informationen zu erhalten, die nicht den Tatsachen entsprechen. Klarerweise muß ich wie jede/r empirische Sozialforscher/in mit falschen Angaben rechnen, ich hoffe allerdings, durch die mehrmaligen Treffen mit jenen Menschen, deren Leben ich untersuche, einerseits entsprechendes Vertrauen gewonnen zu haben und andererseits dadurch in der Lage gewesen zu sein, zumindest teilweise falsche Aussagen korrigieren zu können. Zudem kann ein Wunschbild bzw. eine Negativzeichnung (eine „Konstruktion" also, die - noch - nicht den Tatsachen entspricht) sehr viel Wahrheit über die Weltsicht des/der Informat/-en/-in ausdrücken.

Wesentlich war es jedenfalls, zu jenen Menschen, die ich befragte, eine vertrauensvolle Beziehung herzustellen. Vermutlich gewinnt man nur dadurch Zugang zu so manchen wertvollen Informationen. Dabei ist meines Erachtens unter anderem die

Wahrung von Intimität und Privatheit zu berücksichtigen.[1] Ich ging davon aus, daß ich zu bestimmten Informationen sozusagen keine Zugangsberechtigung habe, wobei diese Bereiche je nach interviewter Person unterschiedlich definiert waren. Während der eine, ohne daß ich ihn gefragt hätte, mit seinem freizügigen Liebesleben geradezu prahlte, wäre es gegenüber den meisten anderen meiner Meinung nach unangebracht gewesen, sie nach etwaigen außerehelichen Intimbeziehungen zu befragen. Wenn jemand Aspekte seiner jetzigen Lage darstellte, die man gemeinhin der engeren Privatsphäre zuordnen würde, und dies vor mehreren Freund/inn/en (nicht nur vor den engsten) und damit in einer gewissen Öffentlichkeit tat, nahm ich an, daß solche Informationen auch veröffentlicht werden können; wenn ich aber den Eindruck hatte, diese oder jene Aussage wäre in einer Runde mehrerer Personen nicht gefallen bzw. daß man mich deswegen eingeweiht hatte, weil man sich von mir als einem Freund womöglich eine Hilfe oder einen Rat erhoffte, verzichtete ich darauf, jene Informationen niederzuschreiben. Ein weiterer Punkt war die Respektierung der Privatsphäre hinsichtlich der Wohnräume. Wenn jemand damit einverstanden war, das Interview in der eigenen Wohnung zu führen (meistens diente ein- und derselbe Raum sowohl als Wohn- als auch als Schlafzimmer), freute ich mich darüber, da mir das die Gelegenheit gab, die Wohnverhältnisse und die Gestaltung des unmittelbaren Lebensraumes zu sehen. In Fällen, wo das Interview jedoch an einem anderen Ort geführt wurde, da die jeweiligen Interviewparter/innen es so wünschten, und ich auch nachher nicht eingeladen wurde, die Wohnräume bzw. den Wohnraum zu sehen, verzichtete ich darauf (in allen Fällen jedoch sah ich die Unterkunft wenigstens von außen).

Gegen diese Zurückhaltung kann man sicherlich teils gewichtige Einwände erheben, letztendlich muß es jedoch eine Entscheidung des/der Forscher/-s/-in bleiben, was man an die Öffentlichkeit tragen will und was nicht. Aus wissenschaftlicher Hinsicht ist meine Vorsicht zudem dadurch gerechtfertigt, daß ich aufgrund jener Limitierung keine Informationen unterdrücken mußte, die für meine Fragestellungen sehr relevant gewesen wären.

Wichtig erscheint mir weiters der Punkt der Gegenseitigkeit der Erwartungen. Als Sozialforscher/in sollte man sich meines Erachtens bewußt sein, daß man es nicht mit Objekten zu tun hat, die selber keine Bedürfnisse haben und sich ohne Ansprüche der Untersuchung aussetzen; man hat es vielmehr mit Subjekten zu tun, von denen man annehmen kann, daß auch sie (nicht nur der/die Forscher/in) sich von der Zusammenarbeit mit ihm/ihr etwas erwarten. Diese Erwartungen können ganz unterschiedlicher Art sein. Ich versuchte, diese Wechselseitigkeit der Erwartungen im Einzelfall zu be-

---

[1] Sehr eindringlich hat Tenbruck diese Problematik dargelegt. (Tenbruck: Die unbewältigten Sozialwissenschaften, a. a. O., bes. 203-230. Vgl. auch Norman Denzin: Whose Cornerville Is It, Anyway?, *Journal of Contemporary Ethnography*, 21/1 (1992), 120-132, hier 131.)
Es ist bezüglich folgender ethischer Überlegungen freilich festzuhalten, daß die Sinnhaftigkeit der Grundsätze argumentativ letztendlich nicht zu beweisen ist und ethische Prinzipien ihre Prüfung auch in der Praxis erfahren, wobei angenommen werden kann, daß zwischen Theorie und Praxis durchaus eine gewisse Kluft besteht. (Vgl. Gary Alan Fine: Ten Lies of Ethnography. Moral Dilemmas of Field Research, *Journal of Contemporary Ethnography*, 22/3 (1993), 267-294.)

rücksichtigen und zugleich jene Gratwanderung zu beschreiten zwischen distanzierter Indifferenz gegenüber den Einzelschicksalen und der Bereitschaft, mich emotional und aktiv in das Leben meiner Informant/inn/en einzulassen (vor allem im Sinne der Erfüllung - eines Teils - ihrer Erwartungen).[2]

Sowohl in den Zusammenhang der Wahrung von Intimität als auch der Wechselseitigkeit der Erwartungen fällt ein weiterer Punkt, nämlich das eigentümliche Verhältnis zwischen der Gewinnung von Informationen aufgrund von vertrauensvollen Beziehungen zu den Informant/inn/en und der professionellen Verwertung der Informationen in der Veröffentlichung[3]: ".. die professionelle Absicht hebt alle Bedingungen auf, unter denen Menschen sonst kundtun, mitteilen oder anvertrauen, was doch eigentlich ihre Individualität ausmacht: was sie denken, meinen, fühlen, wollen, wünschen und tun. Die Sozialforschung kann ohne Hintersinn und Hinterlist gar nicht auskommen."[4] Wahrscheinlich kann man letztendlich diese Hinterlist nicht vollständig vermeiden, jedenfalls aber kann man sie weitgehend beschränken. Abgesehen von groben Verletzungen ethischer Grundhaltungen, geht es um die Vermeidung subtilen Mißbrauchs des Vertrauens. Ich fragte mich, zum Beispiel bei der Interpretation der Daten stets, ob ich denn jene Information erhalten hätte, wenn der/die Informant/in gewußt hätte, wie ich interpretiere, und in Fällen, wo ich zu einem negativen Ergebnis dieser Überlegungen gekommen war, versuchte ich wenigstens noch vorsichtiger als ohnehin üblich zu sein, wenn ich nicht gar von der Erwähnung jenes Aspektes Abstand nahm, es sei denn, meiner Einschätzung nach war der Gewinn durch die Veröffentlichung um so vieles größer als die mögliche Beeinträchtigung des/der Informant/-en/-in (im Grunde eine sehr beinharte Überlegung). Für diese Einschätzung gibt es naturgemäß keine eindeutige und universelle Regel. Ich meine jedenfalls, daß gerade auch in diesem Punkt wissenschaftliche Neugierde in der nichtwissenschaftlichen Praxis ein Korrektiv haben sollte, indem ersteres auf letzteres bezogen wird.

Es wurden zudem jedem/jeder Informant/-en/-in von vornherein meine Absichten und Intentionen der Erhebung offengelegt.

Ich möchte zum Abschluß dieser Überlegungen, die in den Bereich der Forschungsethik fallen, nochmals klar machen, daß ich im Grunde einem diskursiven ethischen Relativismus verpflichtet bin; daß ich der Ansicht bin, daß man ethische Standpunkte zwar diskutieren, die Superiorität gewisser Standpunkte über andere jedoch in der Regel letztendlich nicht rational begründen kann. Zugleich würde ich niemandem

---

[2] Anschaulich werden einige Problempotentiale, die aus einer „Einmischung" in das Leben von Informant/inn/en, zumal wenn diese einer anderen Kultur und sozialen Schicht angehören als der/die Forscher/in, erwachsen können, z. B. bei Lea Jellinek aufgezeigt (Lea Jellinek: The Changing Fortunes of a Jakarta Street-Trader, in: Josef Gugler (Hg.): The Urbanization of the Third World, Oxford: Oxford University Press, 1988, 204-223, hier bes. 220-221.

[3] Vgl. Carolyn Ellis: Emotional and Ethical Quagmires in Returning to the Field, *Journal of Contemporary Ethnography*, 24/1 (1995), 68-98. Ellis liefert dort eine sehr aufschlußreiche Reflexion über ein Beispiel, in dem sich dieses eigentümliche Verhältnis sehr klar zeigte.

[4] Tenbruck: Die unbewältigten Sozialwissenschaften, a. a. O., 215. Angemerkt sei, daß man durchaus mit der Möglichkeit rechnen muß, daß jemand das, was, so Tenbruck, seine/ihre Individualität ausmacht, der Öffentlichkeit mitteilen *will*.

zustimmen, der ethische Standpunkte als ein für allemal gültig hinstellen möchte. Damit reduziert sich die Bedeutung obiger Überlegungen im wesentlichen darauf, Grenzen meiner Ergebnisse darzulegen.

Die Auswertung der Interviews erfolgt in zwei Schritten. Zuerst möchte ich die Lebensgeschichten als sinnvolle Folge von Tatsachen darstellen und die jetzigen Verhältnisse beschreiben. Daraufhin versuche ich, sie kultursoziologisch zu interpretieren, zu analysieren und zu vergleichen und dabei Bedeutungsgefüge herauszuarbeiten, einerseits innerhalb der Geschichten, andererseits in bezug auf den Kontext der Geschichten. Wie schon erwähnt, werde ich dabei primär auf die kulturelle Lokalisierung der Personen eingehen.

Zur Auswahl: Kriterien und Vorgangsweise

Die Auswahl der Personen, deren Lebensgeschichte ich aufzuzeichnen, deren jetzige Lebensverhältnisse ich darzustellen und deren kulturelle Verortung ich aufzuweisen versuche, erfolgte auf der Grundlage vor allem zweier Kriterien: Zugehörigkeit zu einer unteren sozioökonomischen Schicht mit entsprechend niedrigen Wohnstandards (wenn nicht gegenwärtig, so wenigstens während eines großen Teils des bisherigen Lebens); Kenntnis von Englisch, was bis auf zwei Fälle mit der Absolvierung einer Schulbildung, die über die Primary School (bzw. Middle School) hinausging, zusammenfiel.

Das erste Kriterium erscheint mir nicht zuletzt deshalb sinnvoll, weil es, wie oben dargestellt, zu erwarten ist, daß in Zukunft immer mehr Menschen in den Städten des tropischen Afrika jener Schicht zugehören werden und in entsprechend unzureichenden Verhältnissen wohnen müssen. Darüber hinaus erachte ich den Hinweis auf ihre Lebensverhältnisse auch im Sinne einer Sozialwissenschaft als „Kampfinstrument gesellschaftlicher Anklage"[5] - wie es Tenbruck vielleicht etwas pathetisch formulierte - mitbegründbar (meine Absicht ist es allerdings keineswegs, nur „anzuklagen", sondern in erster Linie darzustellen und zu erörtern - nicht nur die unbefriedigenden Seiten ihres Lebens, sondern auch die glücklichen und hoffnungsvollen; allein das Wissen um ihre Lebensverhältnisse kann aber wohlsituierte und gleichzeitig reflexionsbereite Europäer/innen zumindest nachdenklich stimmen). Das zweite Kriterium (Englischkenntnisse bzw. Schulbildung) hängt sowohl damit zusammen, daß ich nicht in der Lage bin, ein Interview auf Kiswahili zu führen und ich es vermeiden wollte, mit Übersetzer/inne/n zu arbeiten; es ist aber ganz wesentlich auch im Kontext der vorangegangenen Teile meiner Arbeit zu sehen, wo ich unter anderem auf die Funktion der Schulbildung in jenem Modernisierungsprozeß eingegangen bin, als ein Teil dessen die Verstädterung neben anderem aufzufassen ist. Mit den Beispielen versuche ich, Möglichkeiten und Grenzen der Anwendbarkeit jenes Erklärungszusammenhanges darzustel-

---

[5] Tenbruck: Die unbewältigten Sozialwissenschaften, a. a. O., 207.

len. Es geht dabei allerdings nicht im engeren Sinn darum, die Rolle der Schulbildung herauszufiltern (dazu hätte ich - optimalerweise - ein zweites Sample mit Leuten ohne über die Primary bzw. Middle School hinausgehende Schulbildung benötigt oder ansonsten die Einzelfälle ungleich detaillierter studieren müssen). Der Zweck liegt vielmehr darin zu untersuchen, wo sich einige schulisch gut gebildete Personen kulturell in der idealtypischen Dichotomie zwischen städtischem und ländlichem Leben verorten. Anhand der Interviews mit den beiden Personen, die keine Secondary School besucht haben, zeigt sich zudem, daß eine umfangreiche Schulbildung nicht notwendigerweise Voraussetzung dafür ist, um „moderne" bzw. „urbane" Lebensverhältnisse gegenüber „traditionellen" oder „ländlichen" vorzuziehen.

Die beiden genannten Kriterien zu verbinden, erschien mir vor allem deswegen lohnend, weil dadurch der Erklärungswert der Grundthese der Arbeit auf eine viel interessantere Probe gestellt wird als bei Fällen aus der Oberschicht; dort wäre es ja viel weniger zu erwarten, daß sie mit ihrem städtischen Leben unzufrieden wären und trotz ihrer Schulbildung und beruflichen Möglichkeiten lieber am Land leben würden als in der Stadt. Spannender schien es mir, anhand jener Leute, die unter kaum befriedigenden materiellen Verhältnissen leben, zu untersuchen, warum sie in der Stadt und nicht am Land leben bzw. ob sie hier oder dort leben wollen.[6]

Zusätzlich zu diesen ersten beiden Kriterien war ich darum bemüht, mich mit dem Leben gleich vieler Frauen wie Männer zu befassen und eine möglichst große Bandbreite in den Altersgruppen abzudecken. Damit wollte ich innerhalb einer Gruppe von Personen ähnlicher sozioökonomischer Schicht eine gewisse Variation berücksichtigen.

Die Anzahl der wiedergegebenen Lebensgeschichten beschränkt sich auf acht, weil noch mehr Beispiele keinen großen theoretischen Gewinn gebracht und zu keinem reichhaltigeren Resultat geführt hätten. Ausführlich befragt habe ich insgesamt 13 Personen, um die letztendliche Auswahl so treffen zu können, daß ich mich auf meines Erachtens recht aussagekräftige und theoretisch relevante Geschichten beschränken kann und daß zugleich eine gewisse Streuung hinsichtlich der Lebensverhältnisse (innerhalb des vorgegebenen Rahmens von low-cost-housing-Siedlungen), der kulturellen Verortung und der Altersgruppen besteht. Da es nicht um Repräsentativität geht, sondern um Konkretisierungen städtischer Lebensweisen und kultureller Verortungen von Städter/inne/n sowie um zusätzliche Einsichten, ist eine gezielte Auswahl methodologisch legitim.

Um zu meinen Interviewpartner/inne/n zu kommen, habe ich unterschiedliche Wege benutzt. Der erste Weg lief über einen jungen Tour-Guide, Waziri Rajabu, der mich bei der Ankunft in Arusha am Busbahnhof ansprach und mich fragte, in welches Hotel ich wollte, und mir seine Hilfe anbot (der tiefere Grund lag darin, mit mir später

---

[6] Hätte ich eine Studie der Unterschicht durchführen wollen, wäre es sicherlich notwendig gewesen, Interviews auch mit Angehörigen der Oberschicht zu führen, um die Selbstwahrnehmung der Unterschicht durch die Fremdwahrnehmung seitens der Oberschicht ergänzen zu können. Da dies jedoch keine Untersuchung der Sozialstruktur ist, sondern primär eine Erhebung der Lebensverhältnisse einzelner Personen einer bestimmten Schicht und eine Analyse ihrer kulturellen Verortung sein soll, waren derlei ergänzende Interviews nicht unbedingt notwendig.

ins Geschäft zu kommen und mich zu jener Tourenfirma zu vermitteln, in der er arbeitet; wie er mir später mitteilte, können Tourenführer auf diese Weise eine recht gute Provision verdienen). Er blieb extrem hilfsbereit, auch als ich ihm schon klar gemacht hatte, daß ich keine Tour buchen wollte. Nachdem ich mit seiner Hilfe ein Hotel gefunden hatte, lud ich ihn zu einem Abendessen ein, bei dem er mir versprach, mich mit einem seiner Freunde und Kollegen, nämlich Paul Mwale[7], bekannt zu machen, der in einer low-cost-housing-area wohnt. Waziri stellte mich weiters Fulgence Kitigwa vor, einem Verwandten von Herrn Mwale, der mich an Humphrey Shao Jr. zwecks eines Interviews weiterverwies. Es stellte sich allerdings heraus, daß Humphrey einer höheren Einkommensgruppe angehört, sodaß ich ihn nicht in meine Analysen einschloß, um hinsichtlich des ökonomischen Hintergrunds nicht zu große Differenzen innerhalb meiner Beispiele zu haben, was den Vergleich verkompliziert hätte. Humphrey machte mich aber darauf aufmerksam, daß ich sicherlich auch einige Frauen für ein Interview finden könnte, wenn ich mich unter den Lehrer/inne/n einer Primary School in einer low-cost-housing-area erkundigen würde, da viele von ihnen selber in Wohnungen mit niedrigem Standard leben. Es erwies sich nämlich zunächst als durchaus schwierig, Frauen für ein Interview zu finden, weil es weniger englischsprechende Frauen (nicht nur) in den low-cost-housing-areas gibt als Männer, weil ich als Mann insbesondere in einer männerdominierten Gesellschaft wie in Arusha viel eher an Männer verwiesen werde und weil vermutlich viele Männer den Frauen eine vielleicht sogar höhere Schulbildung, als sie selber haben, nicht gerne gönnen (Angst vor Statusverlust?) und ihre entsprechenden Fähigkeiten zu ignorieren versuchen und in diesem Sinne nicht bekannt geben. Als ein Begleiter von mir sich bei einem Mann, der gerade vor einem Haus arbeitete, erkundigen wollte, ob jemand zu Hause sei, der/die Englisch spricht und sich für ein Interview mit mir bereit erklären würde, antwortete der Mann bezeichnenderweise, daß niemand im Haus sei, es seien nur Frauen da.
In jener Primary School traf ich die Lehrerin Latifa Shaidi.
Fulgence vermittelte mich weiters an eine seiner Bekannten, Anna Maltine, die mich bei Ruth Wakabi einführte.
Zu Joseph Johne kam ich über dessen Freund Paul Mwale.
Einen weiteren Zugang erhielt ich über den Secondary School-Lehrer Peter Lohay, dessen Namen und Adresse ich in Dar es Salaam vom Bibliothekar Dr. Paul A. Manda aus Arusha erhielt. Auf letzteren hat mich der interimistische Vorstand des Department of Sociology and Anthropology der University of Dar es Salaam, Dr. Simeon Mesaki, aufmerksam gemacht. Mit Peter ging ich in eine low-cost-housing-area, um nach entsprechenden Interviewpartner/inne/n zu suchen. Peter, der natürlich Kiswahili spricht, hat einige Leute vor ihren Häusern angesprochen, ihnen auf Kiswahili mein Anliegen erklärt und gefragt, ob sie jemand kennen, der/die sich für ein Interview mit mir zusammensetzen würde. Herr Lohay selber hat in dieser Siedlung niemanden gekannt. Auf diese Weise stellte ich den Kontakt zu Chamungu Bakari her.

---

[7] Die Namen aller Personen, auf deren Lebensgeschichte ich eingehe, sind frei erfunden bzw. verändert.

Indirekt über Peter traf ich Ali Othman. Als ich nämlich ein über Peter Lohay angesetztes Interview mit einem gewissen Joseph führen wollte, war Joseph nicht wie vereinbart zu Hause (das Interview kam auch später nicht zustande). Als ich mich über Joseph bei dem Mann erkundigen wollte, der vor dem Haus Josephs schneiderte, merkte ich bald, daß ich mich nicht mit Kiswahili abmühen müßte, da dieser Mann ohnehin Englisch spricht. Nachdem ich erfuhr, daß er in einer low-cost-housing-area lebt, fragte ich ihn, ob ich mit ihm ein Interview führen könnte, wozu er sich gleich bereit erklärte.

Elizabeth Maloba lernte ich durch Chamungu Bakari und dessen Freund kennen, die mich nach dem Interview mit Herrn Bakari zu ihr führten.

Über Frau Maloba konnte ich den Kontakt zu Amina Siwale herstellen.

Es wäre möglich gewesen, mit meinen ansatzweisen Kiswahili-Kenntnissen selbständig nach Interviewpartner/inne/n zu fragen. Da ich auf andere Weise und irgendwie fast unverhofft und auf unterschiedliche Art zu den entsprechenden Leuten gefunden habe, konnte ich auf diesen Weg verzichten.

Die Interviews

Das erste Interview habe ich mit Paul Mwale geführt (29. 10. 1996), darauf folgten die Interviews mit Joseph Johne (29. 10.), Latifa Shaidi (1. 11.), Ali Othman (2. 11.), Chamungu Bakari alias Mister Baker (4. 11.), Elizabeth Maloba (7. 11.), Amina Siwale (9. 11.) und Ruth Wakabi (17. 11. 1996). Ich habe sie alle später noch einmal oder öfter getroffen, teils zufällig, teils um gezielt weitere Informationen einzuholen.

Im folgenden werde ich primär die Situationen der Interviews beschreiben; daneben werde ich (implizit oder explizit) auf das persönliche Verhältnis zwischen meinen Informant/inn/en und mir eingehen.

Bei allen Interviews schrieb ich die mir wichtig erscheinenden Informationen gleich mit, da ich kein Tonbandgerät laufen ließ. Ich hatte, wie schon oben erwähnt, zwar ursprünglich geplant, die Interviews auf Tonband aufzuzeichnen, doch erschien mir bereits bei den ersten Interviews eine Aufzeichnung als ein zu großer Störfaktor.

Das Interview mit Paul Mwale führte ich an einem Ort seiner Wahl, einem nahegelegenen Restaurant, in dem es nicht sehr ruhig war. Es dauerte circa zwei Stunden. Nach dem Interview diskutierten wir bei einem gemeinsamen Mittagessen im selben Restaurant weiter. Ungefähr zwei Monate später befragte ich ihn ein zweites Mal etwas ausführlicher, da ich erfahren hatte, daß sich seine berufliche Stellung verändert hatte. Ich traf ihn in seinem Büro, von wo wir in ein nahes Restaurant gingen, um dort zu Mittag zu essen. Die Atmosphäre beim zweiten Interview war wesentlich lockerer und recht freundschaftlich. Ein Grund dafür war natürlich, daß wir uns nun schon öfter gesehen hatten; für die größere Ungezwungenheit war vermutlich der Umstand mitverantwortlich, daß er sich nun beruflich in einer viel besseren Position befand als beim ersten Treffen, was nicht nur seine Selbstsicherheit förderte, sondern auch seine allgemeine Stimmung erhöhte.

Das Interview mit Joseph Johne fand in seinem Haus in Anwesenheit von Paul Mwale statt. Herr Mwale hatte mir den Weg zu seinem Freund gezeigt und war dann einfach bei uns sitzen geblieben. Ich habe nicht den Eindruck, daß seine Anwesenheit das Interview wesentlich färbte. Zudem frage ich mich, warum ich als unbekannter Forscher von Herrn Johne Angelegenheiten erfahren sollte, die er vor einem seiner engen Freunde verheimlichen würde (ich glaube auch gar nicht, daß er seinetwegen etwas nicht gesagt oder etwas gesagt hat). Paul Mwales Präsenz eröffnete andererseits aber die Möglichkeit, ihn vor allem zum Schluß in das Interview einzubinden, als einige Themen angesprochen wurden, die im Interview mit ihm noch nicht klar artikuliert worden waren. Ansonsten äußerte er sich nicht. Das Interview fand in einer recht ungezwungenen Atmosphäre und bei freundlicher Bewirtung statt. Einige Kinder von Herrn Johne waren in der Nähe wie auch seine Frau; sie verstehen im wesentlichen allesamt kein Englisch. Mein Verhältnis zu Joseph Johne würde ich als recht freundschaftlich beschreiben. Er vermittelte mir den Eindruck, mir gegenüber in den angesprochenen Bereichen sehr offen zu sein.

Latifa Shaidi interviewte ich in ihrer Wohnung, wobei sie eine Freundin mit dazu eingeladen hatte, die teilweise Verständigungsschwierigkeiten zu überwinden half. Ich nehme an, daß sich Frau Shaidi durch ihre Freundin beim Interview sicherer und wohler fühlte. Unsicherheiten hätten aufgrund von Sprachproblemen entstehen können sowie durch den Umstand, daß sie einem nur wenig älteren (weißen) Mann als Interviewer gegenüber saß. Vielleicht hätte sie es auch aufgrund ihrer Religion nicht für statthaft empfunden, mit einem fremden Mann alleine in ihrer Wohnung zu sein. Damit trug ihre Freundin dazu bei, daß das Interview in einer relativ lockeren Atmosphäre stattfand. Anwesend waren teilweise außerdem ihre und einige weitere Kinder. Im Hintergrund lief leise das Radio. Auch bei den weiteren Treffen erschien sie mir gegenüber etwas verlegen (beispielsweise sah sie im Gespräch in der Regel immer knapp an mir vorbei). Andererseits stellte sie am direktesten Forderungen an mich im Sinne finanzieller Unterstützung, wobei ihre Vorstellungen zum Teil vollkommen unrealistisch waren (aus diesem Grund konnte ich sie denn auch nicht erfüllen).

Ali Othman traf ich zum Interview am Abend nach seiner Arbeit, sodaß ich ihm vorschlug, zunächst etwas in einem nahen lokalen Restaurant zu essen, beim Essen und danach über sein Leben zu reden und anschließend zu seiner Unterkunft zu gehen. Herr Othman meinte mehrmals, wir sollten doch nur etwas trinken, er könne ja später zu Hause essen. Er wollte vermeiden, daß er mir irgendwelche Kosten verursacht, zumal er zunächst dachte, für mich sei ein Essen in einem Restaurant fast gleich teuer (gemessen am zur Verfügung stehenden Geld) wie für ihn. Zuerst schien es nicht ganz leicht, eine ungezwungene Atmosphäre zu schaffen. Recht bald aber kamen wir sehr gut ins Gespräch, bis er mir selbst sein größtes Problem anvertraute, das er wohl nicht so schnell jemandem weitersagen würde. (Ich werde in meiner Arbeit darauf nicht explizit eingehen, da es nicht für die Öffentlichkeit bestimmt ist und ohnedies keine besondere wissenschaftliche Relevanz hat.) Natürlich erzählte er mir davon nicht zuletzt deshalb, weil er hoffte, ich könnte ihm helfen (es lag ihm allerdings sehr fern, direkte Forderungen zu stellen). Zuvor schon hatte er mich in einer finanziellen Angelegenheit um Rat gefragt. Die Anfangsschwierigkeiten beim Interview könnten eventuell auch mit dem Rahmen des Interviews zusammenhängen; erst später nämlich erfuhr ich, daß er recht selten in Restaurants geht. Nach dem Interview (es war mittlerweile schon finster) gingen wir zu ihm nach Hause (er bewohnt mit seiner Frau einen kleinen Raum). Unbedingt mußte er mich mit einem Soda bewirten, und für einen der nächsten Tage lud er mich auf Ugali (ein lokales Gericht aus weißem Mais) ein. Danach begleitete mich Ali Othman fast ganz ins Stadtzentrum zurück, wo ich wohnte.

Ich traf Herrn Othman noch ein paar Mal an seiner Arbeitsstätte, er bzw. seine Frau luden mich später nochmals zum Essen ein. Es war ihm wichtig, ein Foto von uns gemeinsam machen zu lassen, wozu er sogar einen Fotografen engagieren wollte (was allerdings nicht notwendig war, da ich das Foto mit meiner Ausrüstung machen konnte). Er äußerte sich sehr erfreut darüber, mich getroffen zu haben, wobei es für ihn ausdrücklich ein wichtiger Aspekt unserer Beziehung war, daß ich aus Europa stamme; er habe sich schon lange einen Kontakt mit einem „Mzungu" (kiswahili: Weißer) gewünscht. Zugleich hatte ich den Eindruck, daß ich für ihn nicht irgendein beliebiger Mzungu war, sondern daß unser Verhältnis zu einem guten Teil von gegenseitiger zwischenmenschlicher Sympathie geprägt war.

Beim Interview mit Chamungu Bakari, das ich großteils in einem Raum eines Hauses führte, in dem seine Mutter wohnt - erst später gingen wir zu seiner Unterkunft -, waren einige junge Freund/-e/-innen von ihm anwesend, die manche Verständigungsschwierigkeiten zu beheben halfen und mit denen Herr Bakari einige Fakten-Details ausdiskutierte. Im selben Raum hielt sich noch eine Frau mittleren Alters auf mit ihrem Kind. Ein paar Mal kamen Leute herein, die meist gleich wieder gingen. Nach dem Interview lud ich ihn und zwei seiner Freunde auf ein Getränk ein, bei dem wir ein wenig weiterredeten. Danach stellten er und einer seiner Freunde mich einigen Frauen für ein Interview vor (im übrigen wurde danach angeblich das Gerücht verbreitet, ich wäre auf irgendein Abenteuer aus gewesen; der Grund, warum ich ihn bat, mir Frauen vorzustellen, lag darin, daß ich bereits genügend Männer interviewt hatte, es aber schwierig war, Frauen zu finden - siehe oben). Bevor ich wieder ins Stadtzentrum zurückging, ließen wir auf Vorschlag von Chamungu Bakari ein gemeinsames Foto von ihm, seinem Freund und mir machen. Er war sichtlich stolz auf das Interview; wie er mir später mitteilte, nahm er an, daß seine Freunde diesbezüglich ein wenig neidisch auf ihn gewesen wären. Zu Beginn des Interviews mit Herrn Bakari war ich mir nicht ganz sicher, ob er mir denn die Wahrheit erzählt, da einige Informationen jenen Angaben widersprachen, die er das erste Mal gemacht hatte, als wir den Termin vereinbart hatten. Nicht zuletzt die Reaktionen seiner anwesenden Freund/-e/-innen deuteten klar darauf hin, daß ihm in gleicher Weise zu trauen ist wie allen anderen Interviewpartner/inne/n. Einige informelle Treffen danach bekräftigten diese Einschätzung.

Zum Interview mit Elizabeth Maloba trafen wir uns an einem ausgemachten Ort in der Nähe ihres Hauses. Ich bat sie zwar, bei ihr zu Hause das Interview zu führen, wir gingen aber, was ich erst später bemerkte, zu einem Haus von Nachbar/inne/n, wo ich sie in einem Raum befragte, in dem sich etwa zehn Personen aufhielten, davon sprachen nur zwei (ein wenig) Englisch. Der Großteil der Anwesenden beobachtete uns still, einer, der an einem Tisch saß und ein Elektrogerät reparierte, mischte sich am Anfang kurz in das Interview ein. Nicht lange vor dem Ende des Interviews wurde ein Fernseher eingeschaltet. Ich hatte nicht den Eindruck, daß die anwesenden Leute das Interview störten. Ich nehme im Gegenteil eher an, daß Frau Maloba diese Situation lieber war als beim Interview alleine mit mir in ihrem Zimmer zu sein; wäre dem nicht so, hätte sie mich doch wohl in ihre Wohnung eingeladen. Beim nächsten Treffen allerdings, das ich wegen einiger weniger Zusatzinformationen gesucht hatte, lud sie mich in ihre Wohnung ein.

Das Interview mit Amina Siwale führte ich in ihrer Unterkunft. Bei der Befragung war außer ihrem einige Monate alten Kind niemand ständig anwesend, eine Stiefschwester, die im selben Haus wohnt, schaute kurz vorbei, ebenso wie ihr ältester Sohn. Unterbrochen wurde das Interview durch eine Verkostung eines tansanischen Bananenweins. Zuerst war es vermutlich ein wenig mühsam für sie, ihre etwas kompliziere Lebensgeschichte ganz schlüssig darzustellen; für mich war es schwierig, sie zu verstehen. Je länger das Interview dauerte, umso flüssiger wurde es. Zum Schluß zeigte sie mir ihre Fotos mit ihren Kindern und Männern. Nach etwas mehr als zwei Stunden waren wir fertig und gingen zurück zu einer ihrer Freundinnen, wo ich sie getroffen hatte. Ihre Lebensgeschichte gehört zu jenen, die mich während des Interviews am meisten berührten. Nachdem wir auch das Interview mit ihrer Freundin, deren Geschichte ich im folgenden nicht wiedergebe, abgeschlossen hatten, lud ich Frau Siwale mit ihrem Baby sowie ihre Freundin auf ein Essen in einem nahegelegenen Restaurant ein. Die Atmosphäre wurde dabei immer herzlicher. Sie fragten mich ein wenig aus über meine derzeitige Beschäftigung, bis wann ich mit dem Studium fertig sein und was ich danach machen würde. Sie zeigten sich für die Einladung sehr dankbar, und Frau Siwale lud mich für einen der nächsten Tage auf Chapati (ein lokales Gericht aus Weizenmehl) und Gemüse ein; sie „drohte" mir, sollte ich nicht kommen, würde sie das Essen zum Hotel bringen, in dem ich wohnte. Einen Fototermin hatten wir für denselben Tag schon vorher ausgemacht, nachdem ich gemerkt hatte, daß ihr Fotos recht wertvoll waren. Da ich für den Abend noch eine Vereinbarung mit Mister Baker in einem lokalen Restaurant hatte und es längst finster war, begleiteten mich Frau Siwale und ihre Freundin dorthin; falls Bakari nicht dort gewesen wäre, hätten sie mich zum nächsten Taxi geführt, damit mir nur ja nichts passiert.

Ich traf Asina Siwale später noch mehrmals, nicht zuletzt weil mir einige Details ihrer Lebensgeschichte unklar geblieben waren. Dabei entwickelte sich eine recht freundschaftliche Beziehung. Zweimal lud sie mich zu einem von ihr zubereiteten Essen ein.

Beim Interview mit Ruth Wakabi im Vor- bzw. Wohnzimmer ihres Hauses war großteils ihre jüngste Tochter anwesend, die nur sehr wenig Englisch versteht. Gegen

Methode

Ende kam ihr älterer Sohn nach Hause, er hörte eine Zeitlang beim Interview zu. Nachdem ich die wichtigsten Fragen zur Biographie gestellt hatte, wurde das Interview unterbrochen, um ein afrikanisches Kochbananengericht zu essen, das Frau Wakabis Tochter zubereitet hatte. Frau Wakabi war sehr gesprächig, sodaß das Interview zusammen mit dem Essen etwa zweieinhalb Stunden dauerte. Danach begleitete sie mich ein Stück des Weges zur Hauptstraße, wobei sie die Gelegenheit nutzte, auf einige Häuser in ihrer Umgebung hinzuweisen, die in traditioneller ländlicher Art errichtet waren, und mir ihre Abneigung gegen eine solche Art des Wohnens auszudrücken. Außerdem versuchte sie mir klar zu machen, wie wichtig der Glaube an Jesus Christus ist, um erlöst und gerettet zu werden. Dieser geradezu missionarische Eifer sowie ihre tiefe Religiosität äußerten sich auch in den beiden weiteren kurzen Treffen an ihrem Arbeitsplatz am Markt.

2. Einzeldarstellungen

In der Beschreibung möchte ich mit Ruth Wakabi beginnen, der ältesten Frau unter meinen Befragten; zuletzt werde ich auf den jüngsten Mann, Chamungu Bakari, eingehen. Diese Reihung entspricht bewußt ebensowenig einer theoretischen Ausrichtung wie der tatsächlichen zeitlichen Abfolge der Interviews (siehe oben).

Ruth Wakabi

Ich fange meine Darstellung mit einer Frau an, die unter anderem wegen ihres Alters keineswegs in den statistischen Durchschnitt der Bewohner/innen Arushas fällt. Im Vergleich zu den übrigen hier angeführten Beispielen ist sie zur Zeit äußerst wohlhabend, sie teilt mit den anderen aber eine Vergangenheit unter teilweise durchaus schwierigen ökonomischen Lebensverhältnissen.

Frau Wakabi wurde im Jahr 1937 in Kenia geboren, im Dorf Kambaa, Kiambu District. Ihre Eltern waren in der familieneigenen Landwirtschaft tätig, die recht groß ist und in einem fruchtbaren Gebiet liegt. Vor allem mit der Viehzucht und der Pflanzung von Tee konnte ihre Familie ein verhältnismäßig großes Einkommen erwirtschaften.

Ihre Eltern hatten insgesamt zehn Kinder (vier Söhne und sechs Töchter, Frau Wakabi ist die vorletzte), davon sind fünf zum Teil noch als Kinder, zum Teil im frühen Erwachsenenalter gestorben. Alle ihre Geschwister leben in Kenia. Einige haben die Secondary School besucht, eine Schwester, die heute Ärztin ist, besuchte die Universität. Ein Bruder betreibt eine Tankstelle bei Nairobi, andere Geschwister sind landwirtschaftlich beschäftigt. Alle sind verheiratet und haben Kinder.

Ihr Vater lebt noch, er ist ungefähr 1916 geboren, ihre Mutter verstarb 1979.

Frau Wakabi ist Kikuyu und eine sehr gläubige Christin (einer Pfingstgemeinde angehörend). Ihr Glaube ist prägend für ihre gesamte Lebensgestaltung und ihre Weltsicht, die Volksgruppenzugehörigkeit ist ihr im Vergleich dazu recht unwichtig. Sie bezeichnet sich als „new born Christian" bzw. als „saved", als „Erlöste" (ein in vielen Gebieten Afrikas gebräuchlicher Ausdruck), womit sie ihr inniges Bemühen hervorstreicht, sich voll und ganz in die Nachfolge Jesu Christi zu stellen und ihr Leben nach dem Evangelium Christi auszurichten. Frau Wakabi ist davon überzeugt, daß Gott ihr Leben letztendlich so gut gelenkt und geleitet hat, ohne Gottes Hilfe kann man ihrer Meinung nach nichts erreichen. Wenn es ein Problem gibt, bittet sie um den Beistand Gottes. Gott läßt sie nicht im Stich. Den Sonntag hält sie „heilig"; sie geht an diesem Tag nie ihrer Erwerbsarbeit nach, sondern besucht den Gottesdienst, liest die Bibel, erledigt einige kleinere Hausarbeiten und ruht sich aus.

Ihre Schulbildung, die sie mit etwa zehn Jahren begonnen hatte, schloß sie nach sieben Jahren Primary School in Kambaa ab. Unterrichtssprache war Englisch, was einer der Gründe ist, warum sie heute recht gut Englisch spricht. Sie ging sehr gerne zur Schule, doch einer weiteren Ausbildung stand ihre Hochzeit entgegen.

Unmittelbar nach der Schule, im Jahr 1962, heiratete sie nämlich, wobei sie ihre baldige Verehelichung unter anderem darauf zurückführt, daß sie damals sehr dick gewesen sei, was sie bei vielen Männern überaus begehrt machte. Noch im selben Jahr gebar sie ihr erstes Kind in Kenia. Erst danach siedelte sie mit ihrem Mann nach Tansania, Arusha. Ihr Gatte stammte aus Tansania (Singida Region) und fand in Arusha eine neue Arbeit als Schaffner in einem Überlandbusunternehmen. Er hatte zuvor als Schaffner in Nairobi gearbeitet.

Frau Wakabis Ehemann war nicht zur Schule gegangen, was sie darauf zurückführt, daß seine Eltern im „Busch" gelebt und den Sinn der Schulbildung nicht begriffen hatten. Für sie jedoch steht der hohe Wert der Schule außer Zweifel. Man lernt in der Schule viel Wissenswertes, die Schule erweitert den Horizont. Wenn man nicht schreiben und lesen kann, verliert man sogar den Überblick über die eigene Geschichte, da man sich keine Aufzeichnungen machen kann. In einer guten Schule lernt man fremde Sprachen, sodaß man sich mit Menschen aus einer anderen Kultur unterhalten kann. Eine umfangreiche Ausbildung erhöht außerdem die Chancen auf einen guten Arbeitsplatz. Ohne Schulbildung könnte man nicht einmal die Bibel lesen, was ihrer Meinung nach natürlich ein großes Manko wäre.

Bis 1980, dem Geburtsjahr ihres letzten Kindes, hatte sie neun Kinder zur Welt gebracht (sieben Mädchen und zwei Buben). Ihre Kinder sollten alle eine möglichst umfangreiche und qualitätsvolle Ausbildung absolvieren. Einige ihrer Kinder schickte sie nach Kenia zur Schule, vor allem zur Secondary School, da ihrer Meinung nach das Ausbildungsniveau dort höher war/ist und ihre Kinder teilweise die Gelegenheit hatten, bei deren Großvater bzw. später bei älteren Geschwistern, die in Kenia geblieben waren, zu leben.

Ihr erstes Kind, so wie alle nächsten sieben Kinder ein Mädchen, betreibt heute ein Kleidergeschäft bei Nairobi. Sie ist verheiratet, ihre beiden Kinder sind verstorben.
Die zweite Tochter lebt auf einer kleinen Landwirtschaft in einem kenianischen Dorf und handelt mit Hühnerfutter. Sie ist mit einem Arzt verheiratet und hat zwei Kinder. Extra hebt Frau Wakabi hervor, daß ihre Tochter gemeinsam mit ihrem Mann ein eigenes Auto besitzt.
Die Dritte ist selbständige Schneiderin und unterrichtet ihr Handwerk in einer Schule in Kenia. Sie wohnt mit ihrem Mann und den zwei Kindern in einem Dorf.
Die vierte Tochter hat sehr früh geheiratet und lebt in der Nähe von Nairobi. (Das war die Auskunft, die ich von Frau Wakabi über ihre vierte Tochter erhielt.)
Auf ihre fünfte Tochter ist Ruth Wakabi besonders stolz. Nachdem sie an der Universität in Nairobi studiert hatte (Frau Wakabi kann sich an das Studienfach nicht mehr erinnern), zog sie vor sechs Jahren nach Großbritannien, wo sie mit einem Afrikaner verheiratet ist und einen Beruf ausübt.
Ihre sechste Tochter lebt und arbeitet in Arusha. Gemeinsam mit ihrem Mann führt sie ein Kleidergeschäft. Sie hat drei Kinder.

Die letzte Tochter schließlich lebt bei Frau Wakabi. Sie hat sich geweigert, die Secondary School zu besuchen, und hat gleichzeitig keine Ambitionen, eine Erwerbsarbeit zu suchen. Frau Wakabi macht sich große Sorgen um sie; sie hofft, daß Gott ihre Bitten um sie ebenso erhört wie bezüglich ihres ersten Sohnes bzw. ihres achten Kindes. Er arbeitet heute nämlich sehr tüchtig am Hauptmarkt von Arusha, nachdem er zuvor die Secondary School abgebrochen hatte und seine Zukunft sehr ungewiß schien.

Ihr letztes Kind, ein Bub, ist noch im Schulalter. Er besucht zur Zeit eine Secondary School in Kenia und bewohnt ein Internat. Das Schulgeld für das erste Jahr bezahlt ihre Tochter, die in England lebt, für das weitere Geld muß Frau Wakabi aufkommen, wofür sie schon eifrig spart.

Bereits 1973, als sie eben erst ihr vorletztes Kind bekommen hatte, begann sie, als Marktfrau zu arbeiten, was umso notwendiger war, als ihr Mann zu trinken begonnen hatte und die Familie zunächst kaum mehr finanziell versorgte, später gar nicht mehr, bis überhaupt Frau Wakabi für den Unterhalt ihres Mannes neben dem ihrer Kinder aufkommen mußte. Nachdem er bereits fünf Jahre lang arbeitslos gewesen war und sich nur mehr betrunken hatte, kamen sie darin überein, daß er zu seinen Eltern zurückzieht. Dort starb er 1980 im Alter von etwa 50 Jahren.

Frau Wakabi hat um 3000 TSH monatlich einen Platz am Hauptmarkt von Arusha gemietet, wo sie vor allem verschiedene Sorten von Blattgemüse verkauft. Frühmorgens wird ihre Ware von den Landwirt/inn/en zum Markt gebracht, wo Frau Wakabi in der Regel eine Menge im Wert von 10.000 TSH einkauft. Wenn sie alles verkaufen kann, schlägt sie daraus einen Profit von ungefähr 4000 oder 5000 TSH täglich. Zusätzlich verkauft sie weiteres Gemüse, mit dem sie ihren Lebensunterhalt verdient (nach ihren Angaben etwa 2000 TSH täglich), die 4000 bis 5000 TSH an Gewinn aus dem Blattgemüseverkauf rührt sie nicht an; sie spart es, um Geld für Notfälle, für geplante Anschaffungen oder zur Unterstützung ihrer Kinder bereit zu haben. Außer der Platzmiete muß sie 3000 TSH jährlich an Lizenzgebühren aufbringen.

Üblicherweise verläßt sie ihr Haus um sechs Uhr morgens, um zum Bus zu gehen, mit dem sie zum Markt fährt. Um 18 Uhr schließt sie ihren Laden, um danach wieder nach Hause zu fahren. Mittagspause macht sie keine. Oft nimmt sie Tee mit und etwas Brot für zwischendurch. Ein kleines Mittagessen kauft sie sich am Markt; ihr Abendessen bereitet sie selber zu, wenn nicht ihre Tochter für sie kocht, die bei ihr lebt und einen Großteil der Hausarbeit besorgt.

Zunächst wohnte Ruth Wakabi mit meist vieren ihrer insgesamt neun Kinder (die anderen waren in Kenia) in einer low-cost-housing-area von Ngarenaro. Das Haus, von dem sie und ihr Mann zwei Räume gemietet hatten, bestand aus Lehm und war durch eine Holzkonstruktion gestützt. Die übrigen Hausmitbewohner/innen waren nicht mit ihnen verwandt. Nachdem ihr Mann zu seinen Eltern gezogen war, bewohnte sie zusammen mit ihren Kindern einen Raum. Für einige wenige Jahre mietete sie sich eine andere Unterkunft in Orugoro (nahe Arusha), wo sie in einem eigenen Garten Gemüse (auch zum Verkauf) pflanzen konnte. Seit 1995 lebt sie mit dem einen Sohn, der am

Markt arbeitet, und mit der jüngsten Tochter in einem eigenen Haus in Sombetini, Arusha.
Auch im Falle des Grundstückkaufes bzw. Hausbaues, glaubt sie, hat Gott ihr geholfen. Sie hatte bereits einen anderen Bauplatz im Auge, der relativ weit vom Stadtzentrum entfernt liegt und schwer mit einem Auto erreichbar ist. Sie ist überzeugt davon, daß Gott sie dazu brachte, sich nicht für dieses Grundstück zu entscheiden, sondern weiter zu suchen. Schließlich fand sie den Platz, auf dem sie ihr Haus errichten ließ und mit dessen Lage in einem nicht sehr dicht verbauten Gebiet, unweit vom Stadtzentrum und umgeben von Bananenpflanzungen, sie sehr zufrieden ist. Es war ihr besonders wichtig, daß sie ihr Haus nicht zu weit weg vom Stadtzentrum errichtet und daß es mit dem Auto gut erreichbar ist, etwa für den Krankheitsfall. Um eine Million TSH kaufte sie das Grundstück.

Das Haus, das kein oberes Stockwerk hat, bietet Platz für drei Schlafräume, eine Küche, ein Bad, eine Toilette und einen großen Vorraum, der zugleich als Wohnzimmer dient. Es ist aus Ziegeln gebaut, verputzt, ausgemalt und mit einem guten Wellblechdach gedeckt. Fließwasser und Strom sind im Haus verfügbar.

Frau Wakabi hat eine einzige Freundin; sie lebt in Arusha und ist etwa 40 Jahre alt. Sie will ganz bewußt keinen größeren Freundeskreis, aufgrund der Überzeugung nämlich, daß ein häufiger Kontakt zu vielen Freund/inn/en sie nur vom richtigen Weg abbringen würde; daß sie damit zu vielen Versuchungen ausgesetzt wäre und in ihrer Nachfolge Jesu behindert würde. Außerdem hält sie nichts vom Tratschen. Sie erledigt ihre Arbeiten alleine und unterhält sich mit ihren Kolleg/inn/en am Markt nur über das Geschäft. Sie betont aber gleichzeitig, daß sie zu allen freundlich und stets hilfsbereit ist. Ihre einzige Freundin besucht manchmal sie, manchmal kommt die Freundin zu ihr nach Hause. Regelmäßig treffen sie einander in der Kirche, wo Frau Wakabi viele weitere Leute kennt. Ihre Verwandten in Kenia besucht sie nur selten, selbst mit ihren Kindern, die dort leben, pflegt sie nur einen losen Kontakt. Ihr Verhältnis zu den Nachbarn beschreibt sie als sehr gut.

Der Sonntag ist der einzige Tag, an dem sie nicht zum Markt fährt. Wie schon erwähnt, nützt sie diesen Tag vor allem zu religiöser Einkehr und zum Ausruhen. Er unterscheidet sich damit markant von den übrigen sechs Wochentagen.

Sie lebt gerne in Arusha und zugleich gerne in Tansania. Hier in Tansania schätzt sie insbesondere den Umstand, daß sie ungestört ihrem Geschäft nachgehen kann, ohne daß sie jemand nach ihrer Herkunft oder ethnischen Zugehörigkeit fragt. Sie hält Tansania für ein sehr friedliches Land.

Die Stadt gefällt ihr deshalb, weil sie mit ihrem Handel ausreichend Geld verdienen kann. Gerade als Frau hat sie hier ihrer Meinung nach einen ungleich größeren Freiraum und mehr Selbstbestimmungsrechte als am Land. Ihr Vater hatte sie eingeladen, zu ihm auf seine Landwirtschaft zu ziehen, doch das kommt für sie nicht in Frage. In der Stadt kann sie machen, was sie will, und muß sich nicht mit den Vorstellungen ihres Vaters auseinandersetzen, der sich in ihre Lebensgestaltung einmischen würde. In der im Vergleich zum Land besseren Infrastruktur der Stadt, etwa im Bereich des Gesundheitswesens, liegt für sie ein weiterer Vorzug urbaner Lebensräume. Im allgemeinen hält sie die Landbewohner/innen zudem für recht arm und weniger zivilisiert als die Städter/innen (was sie negativ bewertet). Am Land kann manchmal sogar die Nahrung knapp werden, abgesehen davon, daß oft das Geld für Anschaffungen wie Kleider fehlt. Am Land leben die Menschen ihrer Darstellung nach meist in sehr schlechten Häusern, und außerdem teilen sie ihre Unterkünfte manchmal mit den Tieren - ein Zustand, der ihr überhaupt nicht zusagt.

Am Land würde sie nur leben, wenn sie eine große und ertragreiche Landwirtschaft hätte und sie sich zudem nicht in unmittelbarer Reichweite ihrer Verwandten - außer ihrer Kernfamilie (in ihrem Fall bestehend aus den eigenen Kindern und ihr) - befände. Doch selbst eine solche Option scheint sie de facto nicht vorzuziehen, da sie ihr Geld eben erst kürzlich in der Stadt investiert hat (Grundstückkauf und Hausbau) und sie Pläne geäußert hat, eventuell noch ein Haus in Arusha zu errichten, das sie vermieten könnte, um zusätzliches Einkommen zu generieren.

Um ihre Zukunft macht sie sich im Prinzip allerdings keine besonderen Gedanken, denn die liegt allein in den Händen Jesu Christi. Sie ist jederzeit bereit, ihr Erdendasein zu beenden. So weit sie aber ihre Zukunft plant, will sie so lange wie möglich als Marktfrau arbeiten und weiterhin in der Stadt und in Arusha leben, „because this is my place".

Amina Siwale

Frau Siwale, die immer in Arusha gelebt hat, wurde 1961 als einziges Kind ihrer Mutter in Arusha, Unga Ltd. (Tindiga), geboren. Als Frau Siwale fünf Jahre alt war, verstarb ihre Mutter an einer Krankheit (ihre Ausbildung hatte die Mutter nach vier Jahren Primary School beendet, beschäftigt war sie zu Hause gewesen). Ihr Vater, der ebenfalls vier Jahre Primary School absolviert hatte und ein Geschäftsmann in Arusha, Sombetini, ist (Besitzer und Betreiber einer Bar/eines Restaurants), heiratete nach dem Tod seiner Frau ein zweites Mal (insgesamt war er bis heute mit drei Frauen verheiratet); er ist Vater von neun Kindern. Nach dem Tod ihrer Mutter blieb Amina Siwale nicht beim Vater, sondern wurde zu einem mit zwei Frauen verheirateten Bruder ihres Vaters nach Kaloleni in Arusha gegeben (1966). Dieser Onkel, der 1984 verstarb, war öffentlich Bediensteter (Area Commissioner); er hatte die Secondary School absolviert. Seine erste Frau, die in die Primary School gegangen war und noch lebt, arbeitete zu Hause, seine zweite Frau war ebenso zu Hause beschäftigt, ihre Schulbildung reicht bis Standard 7 der Primary School. Mit der einen (ersten) Frau hatte ihr Onkel zwei Kinder (zwei Mädchen), mit der anderen (zweiten) fünf Kinder (vier Buben und ein Mädchen). Von diesen sieben Kindern besuchten die zwei Mädchen der ersten Frau die Secondary School; beide sind bereits verheiratet, ebenso wie ein Sohn der anderen Frau. Die übrigen Kinder schlossen mit der Primary ab und sind heute berufstätig. Frau Siwale hatte in dieser Familie eine Außenseiterposition inne; bevorzugt wurden vor allem die zwei Mädchen der ersten Frau, die älter als Frau Siwale sind. Als ihr Onkel starb, zog die zweite Frau mit ihren Kindern in ihre Heimat in die Kilimanjaro Region. Frau Siwale blieb kurz bei der ersten Frau und ihren zwei Töchtern, um sich aber noch im selben Jahr (1984) in Tindiga niederzulassen.

Vier Jahre zuvor (1980) hatte sie in einer Secondary School in Arusha ihre Schulbildung mit Form IV abgeschlossen.

Frau Siwale ist eine sehr gläubige, aber nicht doktrinäre oder fundamentalistische Mohammedanerin; sie geht in der Regel fünf Mal täglich in die Moschee zum Gebet. Ihre Volksgruppe sind die Chagga, wobei die ethnische Zugehörigkeit für sie nicht sehr wichtig ist. Manchmal spricht sie Chagga, meist aber unterhält sie sich auf Kiswahili.

1981 gebar sie ihr erstes Kind, einen Sohn, in der Zeit, als sie noch bei ihrem Onkel wohnte. Bis 1984 lebte und arbeitete sie zu Hause. Danach fand sie für zwei Jahre eine Beschäftigung als Sekretärin in Arusha; mittlerweilen hatte sie eine eigene Unterkunft bezogen, in der sie noch heute wohnt. Ihr erstes Kind betreute ihre Tante. 1986 brachte sie ihren zweiten Sohn zu Welt. Diese beiden Söhne haben denselben Vater, der in der Kilimanjaro Region lebt. Damals erhielt sie von ihm ein wenig Geld für die Kinder, heute zahlt er bis auf Ausnahmen nichts mehr. Ihr drittes Kind, einen Buben, bekam sie 1991, ihr viertes, ebenso männlichen Geschlechts, 1995; diese beiden Kinder haben wiederum denselben Vater, allerdings einen anderen als die ersten beiden. Er ist verheiratet und lebt in einem Dorf in der Arusha Region. Normalerweise sieht sie kein Geld von ihm. Obwohl sie an einer Stelle meinte, sie wolle nichts mehr von ihm wissen, sagte sie an anderer Stelle, sie würde ihn heiraten, wenn er sich von seiner Frau scheiden ließe. Seit der Geburt ihres zweiten Kindes generiert sie ihr Einkommen aus unterschiedlichen Formen selbständiger bzw. geschäftlicher und unselbständiger Aktivitäten.

Eine Haupteinnahmequelle war bis vor kurzem die Vermietung von mehreren Räumen ihres Hauses. Das Haus nämlich, das sie bewohnt, erhielt sie von ihrem Vater, der auch seinen anderen Kindern ein ähnliches Erbe vermachen konnte. Es liegt an der stark frequentierten Sokoine Road, sodaß es sich gut für geschäftliche Zwecke eignet. Es ist aus Ziegeln gebaut, die Wände sind teilweise verputzt. Der Fußboden ist betoniert. Von dem Haus, das aus insgesamt acht Räumen besteht, die U-förmig angeordnet sind, bewohnt sie selber nur einen kleinen Raum im Ausmaß von etwa 3,5 Mal 2 Metern. In diesem Raum hat eine Polstersitzgarnitur Platz, die zugleich als Bett dient, sowie ein kleiner Tisch und eine Kommode, unter anderem zur Aufbewahrung von Kleidern. Der Plafond, auf dem eine Leuchtstoffröhre montiert ist, besteht aus teilweise stark verzogenen Hartfaserplatten. Verschönert hat sie diesen Raum, den sie mit ihrem jüngsten Sohn teilt, mit ein paar Bildern, die an der Wand hängen, mit einer Wanduhr mit goldfarbener Umrandung und einem Schmetterling am Uhrzeiger sowie mit Tischtüchern bzw. Tüchern, die die Kommode abdecken. In einer Ecke steht eine relativ große Zimmerlampe. Sie besitzt einen Ventilator und neuerdings ein Radio, das sie bei einem Coca Cola-Gewinnspiel erhalten hat. (Da die allseits präsente Getränkefirma weiß, daß in Afrika Strom eine Mangelware ist und Batterien relativ teuer sind, ist dieses in Coca Cola-Rot gehaltene und mit einer großen Coca Cola-Aufschrift versehene Werbegeschenk mechanisch zu betreiben: man muß das Radio ähnlich einer Uhr aufziehen, etwa alle 30 Minuten.) Sie hat Strom in ihrem Raum, Wasser kauft sie an einer öffentlichen Wasserstelle. Toiletten befinden sich am Compound.

Der beschriebene Raum hatte ursprünglich ungefähr die doppelte Größe; er ist durch bemalte Hartfaserplatten abgeteilt, sodaß Frau Siwale straßenseitig einen Laden einrichten konnte, den ein Bananenweinhändler um 7000 TSH monatlich gemietet hat.

Zur Zeit ist diese Miete ihre einzige gesicherte Einnahmequelle, da sie ihr Haus renovieren will und deshalb momentan keine weitere Miete kassiert. Die Renovierung will sie mit dem Geld finanzieren, das sie vom Verkauf eines ihr gehörenden Grundstückes - ebenfalls vom Vater geerbt - erwartet (immerhin etwa 15.000.000 TSH). Bevor sie den Großteil ihrer Hausmitbewohner/innen und Geschäftstreibenden ausquartierte, erhielt sie zusätzliche Mieten für Unterkünfte in der Höhe von 16.000 TSH monatlich sowie weitere 15.000 TSH als Miete für eine Bar/ein Restaurant, die/das ebenfalls in ihrem Haus eingerichtet war. Gegenwärtig leben in ihrem Haus außer ihr und ihren Söhnen (die drei größeren bewohnen einen eigenen Raum) noch eine Stiefschwester und drei weitere Personen.

Als die Bar noch betrieben wurde, war sie dort beschäftigt. Ein unregelmäßiges Einkommen verschafft sie sich durch den Verkauf verschiedenster Lebensmittel an der Straße. Auf jeden Fall muß sie im wesentlichen alleine für den Unterhalt ihrer Familie aufkommen, auch ihr ältester Sohn verfügt über kein Einkommen. Unterstützt wird sie hin und wieder von ihrem Vater und selten von den Vätern ihrer Kinder.

Wenn sie ihr Haus renoviert hat, wird sie ihre Mieten erhöhen können und damit wieder auf einer etwas solideren finanziellen Basis stehen. Sollte sie die Gelegenheit bekommen, wieder als Sekretärin zu arbeiten, würde sie einen solchen Job sofort wieder annehmen, sobald ihr Kleinster nicht mehr ganz von ihr abhängig ist. Ansonsten würde sie das Kapital, das sie aus dem Grundstückverkauf erhofft, außer zur Renovierung dazu benutzen, Kleider einzukaufen, um damit zu handeln.

Obwohl sie anscheinend mit ihren Männern nicht unbedingt die besten Erfahrungen gemacht hat, würde sie heiraten, sollte sich eine einigermaßen akzeptable Gelegenheit ergeben.

Sie hat in Arusha sehr viele Freund/-innen/-e, auch einige Verwandte leben hier. Ihre Tante trifft sie etwa einmal monatlich, ebensooft ihren Vater; beide mischen sich nicht in ihr Leben ein. Mehr zu tun hat sie mit Freund/inn/en als mit Verwandten.

Sie geht keinen nennenswerten Hobbys nach. In ihrer Freizeit trifft sie gerne Freund/-innen/-e, und sollte das Geld dafür reichen, geht sie manchmal mit Freund/inn/en in ein Restaurant. Ansonsten fehlen ihr für Freizeitaktivitäten das Geld und zugleich die Zeit, da sie sich um ihre Kinder kümmern muß. Aus diesem Grund unterscheiden sich die Tage grundsätzlich wenig voneinander, die Wochenenden gestaltet sie ähnlich wie die übrigen Wochentage.

In der Stadt lebt sie trotz aller gegenwärtigen Schwierigkeiten lieber als am Land. Sie kann sich irgendwie durchschlagen und ausreichend Geld verdienen. In der Stadt ist alles erhältlich, von unterschiedlichen Nahrungsmitteln bis zu Kleidung und Luxusartikeln wie etwa einem Radio; „you get here any type of things".

Ein gewichtiger Grund für sie, in der Stadt zu leben, ist natürlich ihr eigenes Haus; zudem hat sie keine nahen Verwandten am Land, wo sie hinziehen könnte. Rein theoretisch hätte sie aber die Chance, mit dem Geld, das sie durch den Grundstückverkauf einnimmt, bzw. durch den weiteren Verkauf ihres Hauses eine kleine Landwirtschaft in einem Dorf zu erwerben. Sie investiert ihr Geld jedoch lieber in der Stadt, um hier ihre geschäftlichen Aktivitäten auszubauen.

Für sie ist es klar, daß das Leben in Europa oder den USA besser ist als in Tansania; daher würde sie jede gute Möglichkeit nützen, um auszuwandern. Freilich schätzt sie ihre Chancen dazu als sehr schlecht ein, sodaß sie sich in ihren Zukunftsplänen damit beschäftigt, wie sie ihre Situation hier in Tansania bzw. Arusha verbessern und auch ihren materiellen Wohlstand erhöhen kann.

Latifa Shaidi

Frau Shaidi lebt seit ihrer frühesten Kindheit in Arusha. Geboren wurde sie 1972 in einem Dorf in der Kilimanjaro Region (Marangu Village, Moshi District), doch bereits in ihrem ersten Lebensjahr übersiedelten ihre Eltern nach Arusha in jenes Stadtgebiet, wo sie noch heute lebt (Unga Ltd.). Ihr Vater ist ein selbständiger Geschäftsmann in der Textilbranche, ihre Mutter arbeitet zu Hause. Bevor die Eltern ihren Wohnsitz nach Arusha verlegten, bearbeiteten sie eine Landwirtschaft. Latifa Shaidi ist der Volkszugehörigkeit nach Chagga und bekennt sich zum Islam, folgt aber wie die meisten Muslime in Arusha nicht einer strengen Auslegung der islamischen Schriften.

Frau Shaidi hat zwei Schwestern und vier Brüder, sie selber wurde als fünftes Kind in ihrer Familie geboren. Eine Schwester, die ihre Schulbildung mit der Primary School abschloß, ist verheiratet, die andere geht noch zur Schule; zwei Brüder arbeiten als Berufskraftfahrer, die anderen beiden stehen noch in der Ausbildung in einem technischen Kolleg.

Die Primary und Secondary School (letztere für vier Jahre) besuchte sie in Arusha, danach absolvierte sie das zweijährige Teacher Training College in Singida, wobei sie im dortigen Internat lebte. Bevor sie im Jänner 1996 in einer Primary School in Unga Ltd. Kiswahili, Englisch, Mathematik und Civics (so etwas wie Staatsbürger/innenkunde) zu unterrichten begann, verbrachte sie ein Jahr in den National Services.

Seit 1995 ist sie mit einem Techniker verheiratet, der nach der Secondary School etwa zwei Jahre lang an der Universität ein technisches Studium betrieb, ohne aber einen Abschluß zu machen. Üblicherweise arbeitet er in Arusha, zum Teil wird er von seinem Arbeitgeber auch auswärts eingesetzt, sodaß er manchmal nur am Wochenende zu Hause ist. Noch im Jahr der Hochzeit gebar sie Zwillinge (zwei Buben). Auf die Frage, ob sie noch mehrere Kinder haben wollte, antwortete sie kurz und bündig: Nein, danke! Ein weiteres Kind könnte sie sich vorstellen, aber noch nicht so bald.

Gemeinsam mit ihrem Mann und ihren zwei Kindern bewohnt sie einen Raum in der Größe von etwa 16 Quadratmetern. Das Haus, von dem ihre Familie den einen Raum gemietet hat, besteht aus 10 Räumen, die in zwei Reihen ebenerdig angeordnet sind, mit den Türen jeweils nach außen, sodaß es keinen Innenhof gibt. Die Wände sind mit Zement gemauert, das Dach besteht aus Wellblech; ihr Zimmer hat eine Zwischendecke, sodaß das Wellblechdach nicht zugleich die Zimmerdecke ist. Im Zimmer stehen zwei Betten, ein Kasten bzw. eine Kredenz, ein kleiner Tisch und eine gepolsterte Sitzgarnitur. An den Wänden hängen einige Bilder (Reproduktionen) und gemusterte, flache, runde Flechtwerke. Der Boden ist betoniert.

Ins Zimmer ist elektrischer Strom eingeleitet; Fließwasser gibt es außerhalb des Hauses, wobei die Wasserstelle von allen weiteren Bewohner/inne/n des Hauses mitbenützt wird. Ebenso teilen sie sich zwei (nicht wassergespülte) Toilett-Anlagen.

Die Miete für den Raum beträgt 5000 TSH monatlich. An Fixkosten fällt weiters der Lohn für das Hausmädchen an, das während ihrer Abwesenheit die Hausarbeit macht und auf die Kinder schaut. Das Einkommen von Frau Shaidi beträgt derzeit 40.000 TSH pro Monat, ihr Mann verdient etwas mehr, sodaß das Gesamteinkommen der Familie 100.000 TSH übersteigt.

Die Hausmitbewohner/innen sind zum Teil Verwandte, zum Teil Leute, die sie vorher nicht gekannt hat. Die Nachbar/inne/n auch der angrenzenden Häuser kennt sie alle, nicht zuletzt, weil sie in diesem Gebiet aufgewachsen ist.

Zu ihren Verwandten, die großteils in ihrer Nähe wohnen, hat sie engen Kontakt, auch zu ihren Eltern, die sich aber in ihre Angelegenheiten kaum mehr einmischen, seit sie verheiratet ist. Nun bespricht sie alles Wichtige mit ihrem Mann in einem partnerschaftlichen Verhältnis und aus relativ gleichberechtigten Positionen heraus. Er ist nach ihrer Aussage nicht von der Art, daß er seiner Frau nur Vorschriften machen will, das tun ihrer Meinung nach nur die schlecht gebildeten Männer und Trunkbolde. Ihr Mann hilft ihr auch bei der Kindererziehung.

Eine wichtige Rolle in ihrem Leben spielen ihre Freund/-innen/-e. Wenn sie ein Problem hat, kann sie sich grundsätzlich sowohl an ihre Freund/-innen/-e wenden als auch an ihre Verwandten; de facto hängt es von der Art des Problems ab, wen sie letztendlich um Hilfe bittet.

An einem gewöhnlichen Arbeitstag muß sie gegen 7.30 Uhr in der Schule sein. Der Unterricht beginnt um acht Uhr und dauert mit Pausen bis 14 Uhr. In einer Klasse lernen teilweise bis zu 100 Schüler/inne/n, sodaß es nicht immer ganz leicht ist, im Unterricht voranzukommen. Trotzdem ist sie gerne Lehrerin, es ist fast so etwas wie ihr Hobby. Die Schule hält sie für sehr wichtig, da sie das Wissen und den geistigen Horizont erweitert. Der große Mangel an ihrer Arbeit ist für sie die geringe Bezahlung, sodaß sie ihren Beruf wechseln würde, wenn sie irgendwo anders mehr verdiente. Von 14 bis 14.30 Uhr müssen die Schüler/innen das Schulgebäude und den Vorplatz reinigen, danach kann auch sie nach Hause gehen. Bis sie daheim ist, ist es meist 15 Uhr. Am Nachmittag und Abend besorgt sie Hausarbeiten und kümmert sich um ihre Kinder. Zum Teil gibt sie Nachmittagsunterricht, was ihr ein willkommener Zusatzverdienst ist. Sie unterrichtet von Montag bis Freitag, Samstag und Sonntag ist die Schule geschlossen. Insgesamt etwa zwei Monate jährlich hat sie aufgrund der Schulferien Urlaub.

In ihrer Freizeit geht sie manchmal ins Kino. Gerne trifft sie sich mit ihren Freund/inn/en und Verwandten, allerdings in der Regel bei ihr zu Hause oder im Haus der Freund/-innen/-e und Verwandten. In ein Restaurant oder eine Bar geht sie gewöhnlich nur mit ihrem Mann, und das nicht allzu häufig.

Einige ihrer Verwandten leben am Land. Sie selber könnte es sich auch vorstellen, am Land zu wohnen und landwirtschaftlich zu arbeiten, wobei sie keine besonderen Ansprüche etwa an die Größe der Landwirtschaft oder die Ausstattung mit technischen Hilfsmitteln äußert. Sie hält eine landwirtschaftliche Tätigkeit mit einfachen Mitteln für besser als Fabrikarbeit oder andere städtische Arbeiten wie am Bau oder in einer Mechanikerwerkstätte. Überhaupt wenn jemand wenig Geld hat, ist das Landleben besser. In ihrer jetzigen Situation zieht sie es aber vor, in der Stadt zu bleiben, weil sie hier ihre Arbeit hat und eher Zuerwerbsmöglichkeiten wie Nachmittagsunterricht findet als am Land (wenn sie etwa dort Lehrerin wäre). Soziale (wie die Art der Beziehungen, Einfluß von Verwandten) und kulturelle Überlegungen spielen hierbei keine besondere Rolle (sie glaubt auch nicht, daß es speziell für Frauen einen Unterschied macht, ob man am Land oder in der Stadt lebt). Frau Shaidi ist in der Stadt vermutlich ähnlich in ein soziales Gefüge eingebunden wie andere Menschen am Land. Gleichzeitig geht sie offenbar von einer grundlegenden Gleichwertigkeit von Land- und Stadtleben aus. Standard der Entwicklung und des Fortschrittes sind für sie allerdings westliche Länder, wobei aber ein Land wie Tansania sich gar nicht erst darum bemühen sollte, ein gleiches Niveau zu erreichen wie bestimmte westliche Länder; Annäherungen seien aber erstrebenswert. (Damit wäre eine gewisse Überlegenheit derzeitiger städtischer Kultur und Lebensweise über ländliche im Normalfall impliziert - zur Interpretation siehe weiter unten!)

Tansania hält sie für ein sehr friedliches Land. Viele Menschen haben zwar mit einem sehr niedrigen Einkommen zu kämpfen, im allgemeinen wird die Situation aber immer besser.

Sie hofft, in Zukunft einen lukrativeren Job ausüben zu können. Gerade auch zu diesem Zweck würde sie gerne ihre Ausbildung erweitern und womöglich an einer Universität studieren. Wenn ihr das nicht gelingt, würde sie bis zu ihrer Pensionierung Lehrerin bleiben.

Eine Möglichkeit, ihr Leben zu verbessern, bestünde ihrer Ansicht nach in einem längeren Aufenthalt in Europa oder den USA (bisher war sie in keinem dieser Länder; ihr einziger und kurzer Auslandsaufenthalt führte sie nach Kenia). Wenn sie eine Möglichkeit dazu bekäme, würde sie sie nützen, sobald ihre Kinder zwei Jahre alt wären.

Sie wünscht sich, mit ihrer Familie bald ein eigenes Haus zu bewohnen. Zur Zeit reicht das Familieneinkommen allerdings nicht aus, um ein Grundstück kaufen und ein Haus errichten zu können bzw. ein fertiges Haus zu erwerben.

Elizabeth Maloba

Frau Malobas Wurzeln liegen in Kenia. Ihre Eltern, die zur Volksgruppe der Kamba gehören, stammen nämlich beide aus einem Dorf bei Machakos, unweit Nairobi. Ihr Vater zog mit ihrer Mutter 1968 nach Arusha (Unga Ltd. bzw. Tindiga), um hier als selbständiger Autoreifenhändler zu arbeiten; Arusha erschien ihm als sehr günstiger Ort für sein Geschäft. Ihre Mutter arbeitete im Haushalt. 1992 zogen ihre Eltern wieder nach Kenia zurück, da nach dem Tod ihrer Großmutter ansonsten niemand die familieneigene Landwirtschaft weitergeführt hätte. Daher bearbeitet jetzt ihre 38-jährige Mutter die Landwirtschaft, ihr 50-jähriger Vater betreibt nach wie vor einen Reifenhandel.

Frau Maloba wurde 1974 in Arusha geboren und wuchs bei ihren Eltern im Stadtteil Tindiga auf (sie hat bisher noch nie woanders als in Arusha gelebt). Sie gehört der römisch-katholischen Glaubensgemeinschaft an und ist sehr religiös. Sie bezeichnet sich als „Erlöste", „saved", was für sie bedeutet, eine wahre Jüngerin Jesu Christi zu sein, christliche Nächstenliebe zu üben bzw. sich sozial zu engagieren, die Bibel zu lesen und den Gottesdienst regelmäßig zu besuchen.

Sie ist die Drittgeborene unter neun Geschwistern (fünf Schwestern und drei Brüder). Keine ihrer Geschwister hat die Secondary School besucht (gleich wie ihre Eltern). Zwei Schwestern leben in Arusha, davon eine (20 Jahre alt) in ihrer Wohnung, die andere ist verheiratet. Die übrigen Geschwister sind mit ihren Eltern nach Kenia gezogen. Bis auf eine weitere Schwester, die verheiratet ist und ein Kind hat, leben alle bei ihren Eltern und besuchen noch die Primary School.

Nach der Primary School in Arusha schloß sie ebenfalls in Arusha im Jahr 1992 die Secondary School mit Form IV ab. In den darauffolgenden zwei Jahren besuchte sie einen Kurs für National Stock Keeping in Arusha. Nach mehreren Monaten auf Jobsuche wurde sie in einer Textilfirma in Arusha im Dezember 1995 angestellt, wo sie bis heute als Lagerverwalterin arbeitet.

Ihr Arbeitstag beginnt um 8.30 Uhr und endet ohne Pause um 16.30 Uhr. Normalerweise hat sie samstags und sonntags frei. Wenn sie an diesen Tagen arbeiten muß, bekommt sie immerhin das Doppelte ihres sonstigen Gehaltes, das ihrer Aussage nach mit 20.000 TSH monatlich selbst innerhalb der Branche relativ niedrig ist. Nach der Arbeit geht sie normalerweise nach Hause, kocht sich ein Abendessen, macht die übrige Hausarbeit und hat relativ viel Zeit für ihre Freizeitaktivitäten, da sie noch nicht verheiratet ist und keine Kinder hat.

Sie bewohnt gemeinsam mit ihrer Schwester ein etwa drei Mal vier Meter großes Zimmer eines achträumigen Hauses, in dem insgesamt beinahe 50 Menschen leben;

verglichen mit ihren Hausmitbewohner/inne/n kann sie sich als privilegiert einstufen, insofern sie ihren Raum nur mit ihrer Schwester teilen muß, die anderen Räume aber von mindestens sechs und maximal acht Menschen bewohnt werden. Außer ihrer Schwester sind alle Leute des Hauses keine Verwandten, ihr Verhältnis zu ihnen entspricht aber dem zu Verwandten, nicht zuletzt weil sie in diesem Haus und mit dem Großteil der hier lebenden Menschen aufgewachsen ist. Das Haus ist aus Lehm mit einer Holzkonstruktion gebaut und mit Wellblech gedeckt. An manchen Stellen sind beträchtliche Teile der Mauer abgebröselt. In ihrem Zimmer gibt es keinen Strom, das Wasser muß sie um 10 TSH pro 20 Liter an einer öffentlichen Wasserstelle kaufen; öffentlich sind auch die Toiletten. An Miete bezahlt sie für ihre Unterkunft 3000 TSH monatlich (ihre Schwester beteiligt sich nicht an den Mietkosten).

Da beide Elternteile aus Kenia stammen und nur zwei ihrer Schwestern in Arusha leben, sind ihre regelmäßigen Kontakte zu Verwandten auf diese zwei Schwestern beschränkt. Freund/-innen/-e dagegen hat sie sehr viele in Arusha bzw. Tindiga. Mit ihren Freund/inn/en verbringt sie denn auch viel von ihrer Freizeit, indem sie einander jeweils zu Hause besuchen oder manchmal, ein bis zwei Mal im Monat, gemeinsam in Bars oder Restaurants gehen (wegen der hohen Preise bzw. ihres niedrigen Einkommens ist das nicht öfter möglich). Ansonsten liest sie gerne Zeitungen und Magazine wie die Business Times, sieht recht häufig fern im Haus von Nachbar/inne/n (womit sie sich das Eintrittsgeld für das Kino ersparen kann). Sportliche Freizeitaktivitäten kommen zu einem großen Teil wegen einer Gehbehinderung nicht in Frage. Jedenfalls kann sie ihre arbeitsfreie Zeit so ziemlich nach ihrem Belieben gestalten (innerhalb ihrer finanziellen Grenzen natürlich), seit ihre Eltern wieder in Kenia leben. Es gibt in Arusha niemanden, der sich in ihr Leben einmischt und ihr Vorschriften machen will; diese Freiheit ist ihr sehr wertvoll.

Sie lebt gerne in Arusha und zugleich gerne in einer Stadt. Arusha gefällt ihr sehr gut, unter anderem wegen des sehr angenehmen Klimas und der damit zusammenhängenden guten Nahrungsmittelversorgung. Als Beeinträchtigung nennt sie die Überbevölkerung einiger Stadtteile, wo man zudem in der Regel keinen elektrischen Strom hat und man das Wasser kübelweise kaufen muß. Sie schätzt es, daß sie es hier mit Menschen unterschiedlicher Kulturen zu tun hat, wenngleich sie auch auf Konflikte zwischen den Ethnien hinweist - die aber insbesondere in Tansania ihrer Meinung nach nicht sehr ausgeprägt sind - und sie sich ebenso gerne mit Leuten ihrer Volksgruppe trifft. In der Stadt hat sie eine Arbeit, bei der sie trotz der spärlichen Bezahlung noch immer genug verdient, um ihren Unterhalt bestreiten zu können. Das Landleben ist für sie hingegen wenig attraktiv. Man verdient dort ihrer Einschätzung nach fast nichts, muß oft sehr weit zu einer Wasserstelle gehen, hat kein Kerosin zum Kochen, sondern muß vielfach mühsamerweise Feuerholz im Wald sammeln. Zudem gibt es gravierende Transportprobleme, man muß Unterhaltungsmöglichkeiten wie Fernsehen entbehren. Die Landbewohner/innen müssen hart arbeiten, haben fast keine Zeit zur Entspannung und sind obendrein dem Risiko von Mißernten ausgesetzt. Die Beschäftigungen in der

Stadt hingegen sind ihrer Ansicht nach meist weniger anstrengend, die Leute müssen nicht viel arbeiten und haben ausreichend Zeit für Unterhaltungen und zum „Relaxen".

Wenn sie Kenia und Tansania vergleicht (wegen ihrer Verwandten hielt sie sich des öfteren kurzzeitig in Kenia auf), so hält sie Kenia für wirtschaftlich fortgeschrittener; politisch ist die Situation aber in Tansania besser, die Kriminalitätsrate ist hier geringer, die Leute sind sehr offen und nicht besonders anfällig für interethnische Auseinandersetzungen. Obwohl sie sich in Tansania recht wohl fühlt, will sie gerne zu ihren Verwandten nach Kenia ziehen, wenn sie dort Aussicht auf eine Arbeit hat. Im übrigen möchte sie dann nur möglichst kurz bei ihren Eltern am Land leben, gerade solange, bis sie in einer nahen Stadt eine Wohnung beziehen kann.

Trotz ihres Wunsches, bei ihren Verwandten zu leben, würde sie, wenn sie die Gelegenheit hätte, noch lieber als nach Kenia nach Europa oder in die USA gehen und, falls sie eine Arbeit findet, dort bleiben. Sie möchte gerne ein „modernes" Leben führen, was für sie zur Zeit am ehesten in einer afrikanischen Stadt möglich ist (nicht am Land); viel „modernere" und aus ihrer Sicht höhere Standards könnte man freilich in Europa oder in den USA erreichen. Daß Tansania jemals das anzustrebende Niveau an Lebensqualität dieser Länder erreichen wird, hält sie für nicht sehr wahrscheinlich.

Abgesehen von diesen Plänen möchte sie heiraten und drei Kinder bekommen sowie ein eigenes Haus beziehen. Sie würde trotz ihrer Kinder weiter arbeiten gehen, allerdings hofft sie, eine Beschäftigung zu finden, bei der sie mehr als jetzt verdient.

Joseph Johne

Joseph Johne ist kein gebürtiger Bewohner von Arusha, er ist auch kein geborener Städter. Trotzdem zieht er zur Zeit eine Stadt als Wohnraum vor, obwohl er die Möglichkeit hätte, am Land zu leben (siehe weiter unten).
Er wurde 1946 im Rubya Village, Muleba District, Kagera Region geboren. Seine Eltern, die beide nicht mehr leben, besaßen eine Landwirtschaft mittlerer Größe. Herr Johne ist der jüngste von seinen Geschwistern, er hat zwei Brüder und eine Schwester.

Zu seiner Schulzeit bestand noch das System mit Primary, Middle und Secondary School. Die Primary School besuchte er ab 1958 in seinem Heimatdorf, die Middle in dessen Nähe; beide dauerten jeweils vier Jahre. Danach lebte er vier Jahre lang in einem Internat in der Stadt Bukoba, um die Secondary School zu absolvieren (bis 1969). Wenn er seine Ausbildung in der Kolonialzeit mit der nach der Unabhängigkeit vergleicht, so schneidet die Schule während der Kolonialzeit besser ab, da die Beurteilungen objektiver gewesen seien und die Standards höher. Was den Lernstoff anlangt, erinnert er sich an einige Veränderungen etwa im Fach Geschichte, wo nun der Schwerpunkt nicht mehr auf „Weltgeschichte" (so drückte er sich aus, gemeint ist vielmehr die europäische Geschichte), sondern auf afrikanische Geschichte gelegt wurde.
Seine anderen Geschwister schlossen ihre Schulbildung mit der Primary School ab. Da der Vater von Herrn Johne früh gestorben war, mußten die älteren Geschwister einer-

seits seine Arbeitskraft ersetzen (der ältere Bruder mußte zudem so etwas wie die Rolle des Mannes im Haus erfüllen - er betreibt die Landwirtschaft, die er von seinen Eltern übernommen hat, noch heute), andererseits war kein Geld vorhanden, um die Schulbildung für alle zu finanzieren. Herr Johne als der jüngste war von diesem Druck, den Vater zu ersetzen, am wenigsten betroffen, und da sein Onkel für das Schulgeld aufkam, stand einer weiteren Ausbildung nichts im Wege. Seine Schulbildung schloß er mit der East African School Certificate Examination 1969 erfolgreich ab. Besonders wichtig ist es ihm, daß diese Prüfung in Großbritannien zusammengestellt worden war. Seine Geschwister leben alle in bzw. in der Nähe seines Heimatdorfes und sind landwirtschaftlich beschäftigt. Seinen Angaben nach können sie dem Stadtleben nur wenig abgewinnen, sie ziehen ihr Landleben vor.

Von 1970 bis 1972 war er in der Armee tätig. Aufgrund von nepotistischen Vorgesetzten (so seine Ausdrucksweise), die ihn ungerecht behandelten und benachteiligten, verließ er mehr oder weniger freiwillig die Armee, in der er an sich gerne geblieben wäre. In seiner Armeezeit lernte er das Stadtleben von Dar es Salaam ein wenig kennen und schätzen, untergebracht war er allerdings in einer Kaserne.

Seit 1973 lebt er in Arusha. In diesem Jahr begann er, bei der East African Community (EAC) in der Lohnverrechnung zu arbeiten. Er hielt diesen Posten bis 1978, einige Monate nach der Auflösung der EAC, inne. Danach fand er eine Arbeitsstelle in einem Büro bei der staatlichen Tanzanian Tourist Cooperation (er war für die Kontrolle der Schulden zuständig), wobei er etwa gleich viel wie bei der EAC verdiente und über ein zufriedenstellendes Einkommen verfügen konnte. Seit 1985 ist er privater Taxifahrer mit eigenem Auto (Peugeot 404, siebensitzig, Baujahr 1967 - über dessen Alter und Zustand scherzt er selber), mit einer kurzen Unterbrechung, als er 1994 in einem Hotel in Arusha als Buchhalter beschäftigt war. Falls er eine Gelegenheit bekäme, würde er sofort wieder im Bereich der Buchhaltung arbeiten. Andererseits ist er auch mit seinem jetzigen Beruf einigermaßen zufrieden.

1973 heiratete er in Arusha eine Frau aus seiner Heimat, die er selber ausgesucht hatte (nicht in allen meinen Beispielen ist dies der Fall). Sie hatte ihre Schulbildung mit sieben Jahren Primary School abgeschlossen. 1974 bekamen sie das erste Kind; als seine Frau 1984 verstarb, hatte sie drei Kinder (zwei Mädchen, einen Buben) zur Welt gebracht. 1989 heiratete er zum zweiten Mal. Mit seiner zweiten Frau (Absolventin einer Primary School) hat er zwei Töchter, die jüngste ist zwei Jahre alt. Seine älteste Tochter ist verheiratet. Sie hat die Secondary School abgeschlossen, seine weiteren Kinder im Schulalter besuchen gerade die Schule, davon eine Tochter die Secondary School, wofür er im Jahr zur Zeit 20.000 TSH als Schulgeld bezahlen muß. Seinen Kindern, auch seinen Töchtern, eine gute Ausbildung zukommen zu lassen, ist ihm ein großes Anliegen. In der Zeit zwischen dem Tod seiner ersten Frau und der erneuten Vermählung erledigte eine Tochter eines seiner Brüder die Hausarbeit.

An einem normalen Arbeitstag fährt er in der Früh mit seinem Auto in die Stadt, um auf Kund/inn/en zu warten bzw. sie zu chauffieren. Sowohl zu Mittag als auch abends ißt er zu Hause gemeinsam mit seiner Familie. Nach einer Mittagsruhe fährt er meist gegen 17 Uhr nochmals in die Stadt, um bis etwa 22 Uhr seinem Geschäft nachzugehen. Am frühen Nachmittag zu Hause zu bleiben, ist unter anderem damit begründbar, daß es zu dieser Zeit meist nur wenig Geschäft gibt, da die Leute eher die Busse verwenden, die am späteren Abend nicht mehr verkehren und die am frühen Vormittag und am späten Nachmittag übervoll sind.

Herr Johne kommt primär mit dem Taxifahren für das Einkommen der Familie auf, wobei allerdings die Verdienstmöglichkeiten gerade auch aufgrund des schlechten Zustandes seines Fahrzeuges nicht allzu großartig sind. Das Auto ist vom Rost in Mitleidenschaft gezogen, einzelne Teile des Autos scheinen eine recht lose oder fragile Bindung zum Gestell zu haben, die Reifen waren zur Zeit des Interviews zum Teil bis auf das Gewebe durchgefahren. Wenn er auf einem Taxistandplatz auf Kund/inn/en wartet, zur gleichen Zeit wie andere Taxis mit größerem Komfort und am gleichen Ort, dann hat er oft das Nachsehen, da die Kund/inn/en in der Regel die besseren Autos vorziehen. Dennoch, wenn er den ganzen Tag über arbeitet - mit einer mehrstündigen Unterbrechung zu Mittag bzw. am Nachmittag -, kann er im Schnitt etwa drei bis vier Fahrten verzeichnen. Pro Fahrt kassiert er, wie branchenüblich, 1000 TSH als Pauschalpreis (es soll aber vorkommen, daß ahnungslose Kund/inn/en wie Tourist/inn/en ein Mehrfaches verrechnet bekommen), es sei denn, die Fahrt geht über die Stadtgrenzen hinaus oder ist extra lang; an Treibstoffkosten fallen für drei bis vier Fahrten etwa 1000 TSH an an, womit also im Schnitt maximal 3000 TSH übrig bleiben. Davon sind Erhaltungskosten für das Auto (die Anschaffung kann man als abgeschrieben berechnen) bzw. anfallende Reparaturen abzuziehen. Für einen neuen Autoreifen müßte er etwa 40.000 TSH bezahlen, ein gebrauchter, mit dem er einige Monate fahren kann, kostet ungefähr 15.000 TSH. Zusätzlich dazu schlagen sich Steuern und Lizenzgebühren von jährlich etwa 60.000 TSH zu Buche.

Die finanziellen Möglichkeiten der Familie werden ein wenig erweitert durch geschäftliche Aktivitäten seiner Frau (Herstellung und Verkauf eines lokalen, leicht alkoholischen Getränks aus Kochbananen und Hirse; Verkauf gebratener Fische vor dem Haus) sowie durch Pachteinkünfte, die er für drei ihm gehörende lebensfähige Landwirtschaften bezieht (einen Teil davon bewirtschaftet sein Bruder kostenlos). Diese Besitzungen in seinem Heimatdorf hat er zum Teil käuflich erworben, zum Teil aus dem Familieneigentum übernommen. Auf einer dieser Landwirtschaften steht ein Haus, das er besitzt, sodaß er an sich jederzeit auf das Land ziehen könnte.

Für seine jetzige Unterkunft braucht er keine Miete zu bezahlen, da er seit 1991 der Eigentümer jenes Grundstückes und Hauses ist, das er in Tindiga gekauft bzw. das er errichtet hat. (Zuvor hatte er in einigen verschiedenen Häusern gelebt, teils Häuser der Arbeitgeber, teils Häuser niedrigen Standards, wo er sich eingemietet hatte.) Von den acht Räumen des Hauses bewohnt er mit seiner Familie vier, die restlichen vier hat er vermietet, was das Haushaltsbudget weiter aufbessert. Das Haus besteht aus Lehmmauern mit einer Holzkonstruktion, Wellblech bzw. andere Bleche überdecken die Gemäuer. Er hat weder Strom noch Wasser im Haus; das Wasser ist an einer öffentlichen Wasserstelle zu kaufen, ebenso öffentlich sind die Toiletten, die er und seine

Familie benutzen. Er hat kein großes Bedürfnis, irgendwoanders hinzusiedeln, wo er vielleicht Wasser und Strom im Haus hätte. Abgesehen davon, daß es fraglich ist, ob er sich ein besseres Haus leisten könnte, spricht gegen eine Übersiedlung der Umstand, daß das Haus und das Grundstück ihm gehören. Zum anderen meinte er scherzhaft, daß seine Familie so groß ist, daß ihm eine Übersiedlung zu viele Kopfschmerzen bereiten würde. Ein weiterer Faktor ist vermutlich der, daß er ohnehin nicht plant, hier den Rest seines Lebens zu verbringen. In etwa zehn Jahren, also wenn er um die 60 Jahre alt ist, will er in sein Haus am Land einziehen.

Dieses Vorhaben hat nichts damit zu tun, daß er sich jetzt in der Stadt nicht wohl fühlen würde. Ganz im Gegenteil, „city life is good", nicht nur wegen der Erwerbsmöglichkeiten. An der Stadt gefällt ihm das „social life": In der Stadt treffen sich Menschen verschiedener Herkunft, verschiedener Abstammung, Sprache, Kultur, Lebens- und Denkgewohnheiten. Es gibt eine Vielfalt, die einen nicht beschränkt auf den Umgang bloß mit Verwandten oder Menschen gleicher Volksgruppe (in seinem Fall Haya). In der Stadt ist man in Notfällen nicht auf Verwandte allein angewiesen, man kann sich an Freund/-e/-innen und Verwandte gleichermaßen wenden. Er selber hat viele Freund/-e/-innen in der Stadt und hat viel mehr mit Freund/inn/en als mit Verwandten zu tun. Von seinen Nachbar/inne/n kennt er die meisten, aber nicht alle. Die Stadt ist für ihn ein Ort, wo er weitgehend nach seinen Vorstellungen leben kann, ohne daß sich Verwandte in seine Angelegenheiten einmischen; diese Freiheit, die ihm sehr wertvoll ist, hätte er besonders als junger Mensch am Land nicht gehabt. Entsprechende Freiheiten bestehen für ihn in Arusha insbesondere deshalb, weil nur einige weit entfernt Verwandte hier leben. Wenn er als alter Mann auf das Land ziehen wird, dann würde man nicht mehr in seine Angelegenheiten dreinreden, da gäbe es auch gar nichts, was Verwandte beanstanden könnten; da könnte höchstens er die jüngeren Leute zurechtweisen, was er aber nicht tun will, weil er über Vorschriften selber auch nicht gerade froh war.

Am Stadtleben schätzt er weiters Unterhaltungsmöglichkeiten wie Fernsehen, er kann in Bars und Restaurants Freunde treffen. Solche Gelegenheiten gibt es am Land viel seltener, wenn überhaupt. Medizinische Versorgung liegt wegen der zumeist hohen Kosten gewöhnlich außerhalb seiner Reichweite, trotz der örtlichen Nähe; nur in Notfällen kann er sie für sich und seine Familie beanspruchen.

Ihm gefällt das moderne städtische Leben sowohl hinsichtlich sozialer Freiheiten als auch hinsichtlich materieller Standards (wenngleich er selber so manches davon nur vom Sehen kennt). Allerdings glaubt er, daß er sich im eigenen Alter am Land wohler fühlen wird. Die Bedürfnisse eines alten Mannes sind eben andere als die eines jungen. Im Alter ist es auch gut, unter Verwandten zu leben.

Die Landbewohner/innen hält er im allgemeinen für kulturell, sozial und materiell rückständig; sie hätten einen engen Horizont, da sie im wesentlichen nichts anderes als ihre eigene Lebensweise und Kultur kennenlernen können. Ihre geistige Flexibilität ist seiner Meinung nach nicht durch eine Vielfalt, wie sie in Städten herrscht, gefordert und ist daher entsprechend wenig entwickelt. Er glaubt, daß sich die meisten Landbewohner/innen auch selber als rückständig einstufen.

Als Leitlinie für die Entwicklung sollten europäische bzw. „westliche" Länder gelten, deren Standards sich Afrika annähern sollte.

Die gegenwärtige Situation Tansanias sei zwar besser als noch vor einigen Jahren, vor allem wegen des jetzigen Mehr-Parteien-Systems. Wirtschaftlich hat das Land seiner Meinung nach vor allem wegen schlechten finanziellen Managements zu kämpfen und wegen der egoistischen Führungsschicht. Um einiges besser sei die Lage noch zur Kolonialzeit gewesen, er würde sogar für heute die Kolonialist/inn/en als Herrscher/innen den einheimischen Machthaber/inne/n vorziehen. Seiner Ansicht nach war während der Kolonialzeit die Ausbildung besser, weil es keine Bestechung von Lehrer/inne/n gegeben habe. Heute hingegen würden viele Zeugnisse einfach gekauft. Dementsprechend minderwertig sei die Bildung jener Absolvent/inn/en, und entsprechend ungenügend ihre Leistung im Berufsleben. Besonders bemängelt er die schlechte Englisch-Ausbildung. Auch das Rechtssystem bzw. die Rechtssprechung waren seines Erachtens während der Kolonialzeit fairer. Der Kolonialismus hat in seinen Augen viel Rückständiges beseitigt und im Gegenzug den Fortschritt eingeläutet. Das gilt auch für die Religion. Joseph Johne, der römisch-katholischen Glaubens und dem seine Religion sehr wichtig ist, meint, daß es vor den europäischen Missionar/inn/en in Afrika gar keine Religion gegeben hat.

Paul Mwale

Paul Mwale wurde 1957 im Dorf Iguguno, Iramba District, Singida Region geboren. Er gehört der Volksgruppe der Miramba an und bekennt sich zum Christentum lutherischer Denomination. Die Volksgruppenzugehörigkeit hält er für relativ unwichtig. In diesem Sinn verwendet er in Arusha üblicherweise Kiswahili anstatt der Sprache seiner Volksgruppe, selbst mit seiner Frau, die ebenso eine Miramba ist, unterhält er sich auf Kiswahili. Nur wenn er in sein Heimatdorf fährt und sich mit seinen Eltern unterhält, spricht er Miramba.

Der Glaube ist ihm sehr wichtig, wenngleich er sich nicht ganz streng an manche Vorschriften seiner Religionsgemeinschaft hält und an den religiösen Feiern seiner Kirche unter anderem berufsbedingt nicht sehr häufig teilnimmt.

Die Eltern von Paul Mwale, zur Zeit in den Mitt-Sechzigern, betreiben nach wie vor eine kleine Landwirtschaft, wobei sie keine größeren technischen Geräte wie einen Traktor einsetzen, da ihr Betrieb für eine solche Investition bei weitem zu wenig Ertrag abwirft. Über die Deckung des Eigenbedarfs an Grundnahrungsmitteln reicht der Ertrag nicht weit hinaus, sodaß sie selbst für Anschaffungen wie Kleider nur über sehr wenig Geld verfügen. Wenn es die finanzielle Lage erlaubt, sendet Herr Mwale daher Geld an seine Herkunftsfamilie.

Seine Eltern haben insgesamt sechs Kinder, zwei Töchter und vier Söhne, wobei Paul Mwale der Drittgeborene ist. Bis auf einen Bruder, der zu Hause bei seinen Eltern in der Landwirtschaft arbeitet, verheiratet ist und Kinder hat, leben alle in Arusha bzw. in Außenbezirken der Stadt. Ein Bruder ist in der Tourismus-Branche beschäftigt, einer ist Verkäufer im Hauptmarkt von Arusha, seine Schwestern arbeiten zu Hause bei ihren Familien.

Die Primary School besuchte er in seinem Heimatdorf. Nach vier Jahren Secondary School in Moshi mußte er seine Schulbildung abschließen (Form IV), da die Eltern nicht länger für die anfallenden Kosten aufkommen konnten. Zu der Zeit in Moshi wohnte er im Internat der Schule. Von allen seinen Geschwistern konnte er am längsten die Schule besuchen; seine Brüder und Schwestern mußten ihre Ausbildung mit der Primary School beenden. Daß er die Chance hatte und die anderen nicht, lag primär an seinen besseren Leistungen.

Nicht zuletzt um Geld für seine Familie zu verdienen, anstatt seinen Eltern als Schüler weiterhin finanziell zur Last zu fallen, verpflichtete er sich 1976 für zehn Jahre für die Armee. Eine wesentliche Motivation, sich der Armee anzuschließen, bestand in der Aussicht auf ein relativ hohes Einkommen; seine Hoffnungen erfüllten sich allerdings kaum, sodaß er seine Eltern nur geringfügig unterstützen konnte. Erst mit den Jahren und mit weiterer Ausbildung hätte er so weit in der militärischen Hierarchie aufsteigen können, um gut zu verdienen. Auf das Drängen seiner Eltern ließ er seinen Vertrag nach zehn Jahren jedoch nicht mehr verlängern (er hatte den Rang eines Leutnants). Seine hatten große Sorge, ihren Sohn in einem eventuellen Kriegsfall zu verlieren, so wie es vielen bekannten Familien gegangen war, deren Söhne wie auch Herr Mwale im Krieg gegen Idi Amin in Uganda eingesetzt worden waren. Er selber wäre gerne weiter bei der Armee geblieben.
Während seiner Armee-Zeit lebte er unter anderem in Dar es Salaam, Arusha und Moshi, wobei er in Dar es Salaam nicht in der Kaserne wohnte, sondern in einer Privatunterkunft in der Stadt. Das Leben in Dar es Salaam konnte er kaum genießen, da er wegen des relativ geringen Einkommens sehr sparen mußte. Nicht nur Unterhaltungsmöglichkeiten schienen ihm zu teuer, auch das Lebensnotwendige kostete ihm zu viel Geld, um sich in dieser Großstadt wirklich wohl fühlen zu können.

In den Jahren zwischen 1976 und 1986 hielt er sich für sechs Monate zwecks militärischer Ausbildung in der Sowjetunion auf. Auslandserfahrung konnte er bisher weiters in Kenia sammeln, wo er etwa einmal im Jahr Freunde besucht, und - bedingt - in Uganda, wo er gekämpft hat.

Nachdem er die Armee verlassen hatte, verbrachte er ein Jahr zu Hause bei seinen Eltern und arbeitete auf ihrer Landwirtschaft, bis er für einige Jahre in Usukuma (Shinyanga Region), nahe Mwanza, für eine Firma nach Mineralien suchte. Dabei hätte er der landwirtschaftlichen Arbeit viel abgewinnen können, nur sah er in ihr keine Zukunft für sich selber. Zu sehr wäre er abhängig vom Ernteerfolg. Bei schlechten Ernten gibt es zu wenig Geld etwa für die Kleidung, selbst die Nahrungsmittel können zumindest saisonal knapp werden.

1992 besuchte er einen sechsmonatigen Kurs im Mweka Wildlife College, Mweka, unweit Arusha, um sich als Tour-Guide mit entsprechenden Kenntnissen für das Touren-Gehen sowie im Bereich der ostafrikanischen Fauna und Flora ausbilden zu lassen. Dazu angeregt wurde er von einem seiner Brüder, der erfolgreich als Tour-Guide arbeitet(e).

Seit 1992 lebt er in Arusha, wo er nach dem College etwa zwei Jahre lang in jener Tourismusfirma Erfahrungen sammelte, in der sein Bruder arbeitet - allerdings im Sinne eines Praktikums, was unter anderem bedeutete, daß er kein reguläres Grundeinkommen erhielt, sondern je nach Touren bezahlt wurde. 1994 fand er einen Job bei einer Tourismusagentur, bei der er bis vor kurzem arbeitete. Sein Einsatzgebiet waren Walking Safaris bzw. Donkey Treks zum Ngorongoro-Krater, die sieben Tage und teils länger dauerten. Ende November 1996 bekam er überraschend ein lukratives Angebot bei einem anderen Safariunternehmen, wo er nun primär für das Management verantwortlich ist; er selber führt keine Touren mehr.

Er mag seine Arbeit einschließlich den Umgang mit den Tourist/inn/en. Man müsse nur darauf achten, daß man sie nicht zur sehr anstrengt, dann können sie nämlich auch unangenehm werden. Falls sein Bruder den Plan realisieren kann, eine eigene Touren-Firma zu gründen, will er dort eventuell im nächsten oder übernächsten Jahr einsteigen. Daß sein Bruder so erfolgreich ist, verdankt er nach Paul Mwales Einschätzung vor allem einigen günstigen Zufällen; dessen Startpostion war ja wegen der geringeren Schulbildung um einiges schlechter als die von Herrn Mwale.

Nach Arusha zog er gemeinsam mit seiner Frau. Die Hochzeit fand schon lange vorher statt, für einander ausgesucht wurden sie noch als Jugendliche von ihren Eltern. Zunächst lebte seine Frau ohne ihn bei seinen Eltern, erst seit 1992 leben sie zusammen. Mittlerweilen haben sie einen eineinhalb Jahre alten Sohn und eine achtmonatige Tochter. Mehr als drei Kinder möchte er nicht.

Mit seiner jetzigen Lebenssituation ist er nicht zufrieden. Sein Verdienst war zumindest bis vor kurzem zu gering, um sich ein angenehmes Leben samt guter Unterkunft leisten zu können. Sein Grundgehalt betrug etwas mehr als 30.000 TSH monatlich, dazu kamen Provisionen, wenn er Tourist/inn/en für eine Safari gewann. Wenn er etwa drei Personen für eine fünftägige Tour finden konnte, bekam er extra nicht ganz 30.000 TSH dazu. Allerdings gelang es aufgrund des großen Wettbewerbs um Tourist/inn/en nur selten, so viel an Provision zu erhalten, sodaß er sein durchschnittliches Monatseinkommen in den wenigen Monaten der Hochsaison mit 60.000 TSH bezifferte. Während einiger Wochen der schwachen Saison verdiente er gar nichts. In dieser Zeit lebte er üblicherweise mit seiner Familie bei seinen Eltern und verbrachte damit gleichzeitig seinen Urlaub. Seine Frau, die die Primary School besucht hat, kann aufgrund der kleinen Kinder keiner Erwerbsarbeit nachgehen, sodaß die Familie voll auf Herrn Mwales Einkommen angewiesen ist. Er hat allerdings den Plan (so drückte er sich jedenfalls aus, vielleicht haben er und seine Frau den Plan auch gemeinsam ausgedacht), daß seine Frau einen kleinen Laden mit Lebensmitteln aufmacht, wobei sie

dafür Kapital benötigen, das sie von seinem erfrolgreichen Bruder ausborgen zu können hoffen.
Mit dem Wechsel zur neuen Firma ist sein Grundgehalt auf 40.000 TSH gestiegen, für jede Tour, die seine Firma über seine Vermittlung durchführen kann (sei es durch direktes Anheuern von Tourist/inn/en, sei es über Reisebüros, die er für die Firma anwerben konnte), bekommt er 20.000 TSH extra an Provision. Insgesamt ist sein Einkommen jetzt deutlich höher als zuvor, sodaß er hofft, bald eine neue Wohnung mieten zu können.

Er lebt (noch immer) mit seiner Familie in einem Gebäude, das aus sechs kleinen, etwa zwei Mal vier Meter großen Räumen besteht, die so in zwei Dreierreihen angeordnet sind, daß sie einen kleinen Innenhof bilden, der nach vorne und hinten durch eine Mauer, in der sich ein Eingang bzw. Ausgang befindet, abgeschlossen ist. Zwei Räume davon bewohnt er mit seiner Familie, die anderen vier Räume werden von insgesamt sechs weiteren Personen genutzt, die weder Verwandte sind noch Bekannte oder Freunde waren, bevor sie in dieses Haus eingezogen waren. Die Mauern bestehen aus Lehm und werden mittels einer Holzkonstruktion stabilisiert, die Innenmauern sind verputzt, und der Fußboden ist betoniert; das Haus ist mit teilweise löchrigem Wellblech gedeckt. Wasser ist an einer öffentlichen Wasserstelle zu kaufen. Elektrischen Strom gibt es im Haus ebensowenig wie eine Toilett-Anlage, letztere befindet sich in der Nähe des Hauses und ist öffentlich zugänglich. Gekocht wird mit Kerosin oder Kohle. Der Besitzer des Hauses ist ein Onkel von Herrn Mwale, der irgendwo außerhalb Arushas lebt. Trotz dieses Verwandtschaftsverhältnisses muß er pro Raum 6000 TSH monatlich an Miete bezahlen, womit 12.000 TSH seines Einkommens bereits vergeben sind. Weitere etwa 4000 TSH fallen an Kosten für das Wasser an. Der Rest muß für Nahrungsmittel, Kleidung, medizinische Versorgung im ärgsten Notfall und allenfalls Unterhaltung, Transport etc. reichen.

Den Tag verbringt er meist bei der Arbeit (das Büro befindet sich in einem anderen Stadtteil Arushas im Arusha International Conference Centre), auch wenn er nicht unbedingt dort sein muß. Zum einen trifft er dort viele seiner Freund/-e/-innen, zum anderen wird er nicht von den kleinen Kindern gestört. Nach Hause kommt er erst am Abend, um sein Abendessen einzunehmen (zu Mittag ißt er meist in einem Restaurant in der Nähe seines Arbeitsplatzes) und um sich auszurasten. Seine Frau akzeptiert das, Erklärungsbedarf gibt es nur dann, wenn er nicht zu Hause nächtigt (was aus beruflichen Gründen teilweise nötig ist). Nur wenig Zeit verbringt er mit seinen Kindern und seiner Frau, auch gemeinsame Besuche von Freund/inn/en sind nicht sehr häufig.

Seine Freund/-e/-innen hat er, wie gesagt, zu einem großen Teil bei der Arbeit, recht engen und häufigen Kontakt pflegt er außerdem mit seinen Geschwistern. Er hält seine Beziehungen zu Freund/inn/en und Verwandten für gleich wichtig. Seine Nachbar/inne/n kennt er alle. Einen beträchtlichen Einfluß üben seine Eltern auf ihn und ebenso seine anderen Geschwister aus. In der Stadt zu leben, bedeutet für ihn also keineswegs, sich verwandtschaftlicher Kontrolle zu entziehen.

Wenn er nicht bei der Arbeit ist, bzw. nach der Arbeit geht er gerne in Bars und Restaurants, um Freunde zu treffen, sich mit ihnen zu unterhalten und, wenn das Geld vorhanden ist, ein paar Flaschen Bier zu trinken. Zur Entspannung sieht er sich des öfteren Videos an bzw. Fernsehsendungen. Da er kein eigenes Gerät hat, geht er zu diesem Zweck in ein Lokal, wo man für 200 TSH zwei Stunden lang fernsehen kann. Das Kino ist um ein Mehrfaches teurer. Für ihn hat das Fernsehen die Funktion der Unterhaltung und Abwechslung in seinem städtischen Alltag. Würde er am Land leben und keinen Zugang dazu haben, ginge es ihm nicht ab.

In Arusha hat er sich wegen der Arbeit niedergelassen, nicht weil ihm die Stadt so gut gefällt; „city life is tough", alles ist so teuer. Er würde im Grunde viel lieber am Land leben, wobei er als Begründung die dortigen niedrigen Lebenshaltungskosten anführt. Die Vorliebe für das Land gilt freilich nur unter der Voraussetzung, daß er eine Arbeit hat, die ihm gefällt bzw. die einen zufriedenstellenden Ertrag abwirft. Er würde gerne auf das Land ziehen, wenn er dort eine große Landwirtschaft hätte, eigene Kühe, einen Traktor. Ansonsten ist für ihn das Landleben nicht erstrebenswert, er findet vielmehr, daß die Leute am Land in der Regel ein rückständiges Leben führen. Die Stadt bietet ihm unter den gegebenen Umständen trotz aller Probleme am ehesten die Möglichkeit zu einem Leben nach seinen Vorstellungen.

Wenn ihm jemand das nötige Kapital borgen würde, würde er am liebsten eine eigene Tour-Company gründen. Eine zweite Möglichkeit, sein Einkommen und damit seine Lebensverhältnisse zu verbessern, sieht er in der Kooperation mit einem Europäer, mit dem er gemeinsam eine Tourismus-Firma führen könnte. Der Europäer wäre primär für das Kapital und die Werbung in Europa zuständig, er für die Organisation und Durchführung vor Ort.

Die Zukunft seiner Kinder hält er in seiner jetzigen Situation für schwer planbar. Es ist für ihn ganz klar, daß sie eine umfangreiche Schulbildung absolvieren sollten, um gute Chancen für das Berufsleben zu haben, nur kann er bei seinem derzeitigen Einkommen keinesfalls davon ausgehen, daß er die Ausbildung finanzieren wird können.

Die allgemeine Situation seines Landes hält er für sehr unbefriedigend. Sowohl in politischer, wirtschaftlicher und sozialer Hinsicht ist Tansania allzuweit entfernt von europäischen Standards, die als Orientierungspunkte dienen sollten; Orientierungspunkte, die Tansania aber kaum in absehbarer Zeit erreichen wird, denen sich sein Land aber annähern sollte.

Ali Othman

Ali Othman, der seit fast 20 Jahren Schneider ist, wurde im Dorf Kisangara, Mwanga District, Kilimanjaro Region im Jahr 1958 als dritter unter sechs Geschwistern (eine Schwester, vier Brüder) geboren. Seine Eltern (die Mutter ist schon gestorben) bearbeiteten eine nicht allzu kleine Landwirtschaft, allerdings mit sehr einfachen Mitteln und ohne den Einsatz größerer technischer Geräte. Heute bewirtschaftet sie einer seiner Brüder, wobei er sich für die größeren Arbeiten einen Traktor ausleihen kann. Da das Einkommen trotzdem sehr gering ausfällt, sendet Herr Othman manchmal Geld und Waren nach Hause. Die Schwester, die die Secondary School besuchte, ist verheiratet und betreibt ein Geschäft in Dar es Salaam. Ein Bruder, der ebenfalls die Secondary School absolvierte, arbeitet in einem Büro eines Ministeriums in Mwanga. Die beiden anderen Brüder schlossen ihre Schulbildung mit der Middle bzw. Primary School ab; der eine arbeitet als Fischer, der andere ist ein recht erfolgreicher Schneider in Arusha. Zwei seiner Brüder sind nicht verheiratet.

Er gehört der Volksgruppe der Mbare an und ist ein sehr religiöser Moslem. Normalerweise geht er fünf Mal täglich in die Moschee zum Gebet, das jeweils etwa 15 Minuten dauert (um 5, 13, 16, 19 und 20 Uhr).

Seine Schulbildung war entsprechend dem damaligen System in vier Jahre Primary und vier Jahre Middle School untergliedert (er besuchte diese Schulen in Moshi). 1972 schloß er die Middle School ab. Damals wurde noch mehr Wert auf Englisch gelegt, sodaß er recht gut Englisch versteht und spricht, außerdem bildet er sich diese Sprachkenntnisse durch regelmäßiges Lesen weiter.

Nach der Schule arbeitete er fünf Jahre lang an der elterlichen Landwirtschaft, um sich danach in Moshi als Schneider auszubilden. Sechs Monate lang dauerte die entsprechende theoretische Schulung, an die ein 18-monatiges Praktikum bei einem Schneider anschloß. Seither arbeitet er selbständig, zunächst in Moshi. 1988 übersiedelte er nach Arusha, nachdem sein Geschäft in Moshi nicht zufriedenstellend verlaufen war und ihm sein Bruder eine Arbeit in Arusha vermittelt hatte. Hier ging er eine Kooperation mit einer Frau ein, die die nötige technische Ausstattung besaß und die Stoffe kaufte; er war für das Schneidern zuständig. Bei dieser Frau hatte er seine Unterkunft (in Unga Ltd.). Aufgrund finanzieller Differenzen gab er nach einem Jahr die Zusammenarbeit mit ihr auf, um sich wieder ganz selbständig zu machen. Er mietete sich eine Nähmaschine (für etwa 2000 TSH monatlich), mit der er innerhalb von zwei Jahren genug verdienen konnte, um sich eine eigene (natürlich fußbetriebene) Maschine kaufen zu können (allerdings keine Singer, sondern eine billigere Butterfly, für die er 68.000 TSH bezahlen mußte).

1987 heiratete er eine heute 28-jährige Frau aus Moshi, die den Chagga angehört und die Primary School abgeschlossen hat. Das zweite Jahr ihrer Ehe lebten sie getrennt; seine Frau war bei ihren Eltern geblieben, da ihnen das Geld für das Leben in Arusha gefehlt hatte. Bis jetzt haben sie noch keine Kinder, hoffen jedoch, möglichst bald eines zu bekommen; vor allem seiner Frau wären Kinder sehr wichtig, aber auch ihm, insbesondere weil Kinderlosigkeit in seiner Gesellschaft gemeinhin als Zeichen des Versagens gilt. Seine Frau verdient abends ein wenig Geld durch den Verkauf gebratener Fische vor ihrem Haus (seiner Schätzung zufolge liegt ihr täglicher Gewinn bei etwa 300 TSH; er meint, daß ein solches Einkommen ausreichend ist für eine Frau). Ihre Kund/inn/en stammen aus der unmittelbaren Umgebung, und obwohl sie etwa der gleichen Schicht wie sie selber angehören, können sie sich die Aufbesserung ihres Abendmahls durch die Fische leisten, da der Preis recht niedrig ist (zwischen 30 und 100 TSH, je nach Größe). Die gut schmeckenden (eigene Einschätzung aufgrund einer Kostprobe), aber recht kleinen und eher dürren Fische essen ihre Kund/inn/en zu Hause als Beilage zum Hauptgericht.

Wenn das Schneiderei-Geschäft sehr gut geht (insbesondere vor großen Feiertagen), kann er pro Tag bis zu 2000 TSH verdienen, in schlechten Zeiten bringt er es nicht einmal auf 100 TSH. Sein Hauptbereich ist die Herrenbekleidung, seltener näht er Damenkleider. Primär näht er neues Gewand, daneben macht er Ausbesserungen. Für einen Herrenanzug verlangt er üblicherweise 18.000 TSH, für eine einzelne Hose 3000 TSH, jeweils für das Nähen alleine. An einem Anzug arbeitet er etwa eine Woche lang. Seine Werkstätte hat er unter dem Vordach eines einfachen Wohnhauses in Unga Ltd. untergebracht; teilweise ist sein Arbeitsplatz zusätzlich durch einen Mauervorbau geschützt. Für diese Werkstätte, die nicht größer ist, als daß er für die Nähmaschine, seinen Stuhl und einen Sack, in dem er die Stoffe aufbewahrt, Platz hat, sowie für die Miete der Nähmaschine und die Lagerung seiner Materialien in einem Raum des Hauses bezahlt er 5000 TSH monatlich an Miete (seine eigene Nähmaschine steht zu Hause; der Vermieter vergab den Platz, wo er näht, nur zusammen mit der Nähmaschine). Es ist besser, hier zu nähen und die Miete zu bezahlen als zu Hause zu arbeiten, weil hier viele Leute vorbeigehen und er dadurch leichter an potentielle Kund/inn/en gelangt. Neben der Miete muß er jährlich 5000 TSH als Lizenzgebühr bezahlen. Insbesondere aufgrund seiner Sparsamkeit konnte er 100.000 TSH als Reserve bzw. für eine spätere Investition erwirtschaften. Zur Zeit liegt dieses Geld auf der Bank, nachdem er sich die Idee aus dem Kopf geschlagen hat, eine weitere Nähmaschine zu kaufen und jemanden anzustellen.

Sein Arbeitstag beginnt um acht Uhr und endet abends um 18.30 Uhr. Gegliedert wird der Tag durch die Gebete in der Moschee und durch eine einstündige Mittagspause, die er zu Hause (circa 10 Gehminuten von der Werkstätte entfernt) verbringt. Häufig arbeitet er sieben Tage in der Woche. Wenn er sich frei nimmt, dann sicherlich nicht sonntags, denn an diesem Tag haben die Leute leichter Zeit und sind eher in der Stimmung, sich ein neues Gewand anzuschaffen, als unter der Woche. Sinnvoller ist es für ihn, montags nicht zu arbeiten, weil eventuelle Kund/inn/en an diesem Tag meist am wenigsten Geld haben.

Seit 1989 bewohnt er mit seiner Frau ein etwa drei Mal vier Meter großes Zimmer eines achträumigen Hauses in Tindiga. Das Haus besteht aus Lehmmauern, gestützt durch eine Holzkonstruktion, es hat einen erdenen Fußboden und ist überdeckt mit Wellblech. Die Räume öffnen sich zu einem sehr schmalen Mittelgang. Wie alle Häuser dieser Art isoliert es den Lärm von anderen Räumen kaum ab, sodaß man angefangen vom Liebesleben bis zum Streit der Nachbar/inne/n, vom Kindergeschrei bis zur Radiomusik alles mithören kann oder wohl eher muß; insbesondere kann dadurch die Nachtruhe empfindlich gestört werden - alles Gründe, weshalb Herr Othman sobald als möglich ein eigenes Haus bauen möchte. Der Raum, der ein kleines Fenster hat, ist durch einen Vorhang teilbar, der die Schlafstelle abschirmt. Er muß Platz bieten für eine Kredenz, eine kleine gepolsterte Sitzgelegenheit, eine zusätzliche Nähmaschine, einige größere Behälter. Außerdem wird normalerweise im Zimmer mit einem Kerosinbrenner gekocht, der auf den Fußboden hingestellt wird. Als ich dort war, hingen Kleidungsstücke an einer Leine. Auf der Nähmaschine stand eine Flasche, in der eine grüne Pflanze eingefrischt war. In ihren Raum ist kein elektrischer Strom eingeleitet, als Beleuchtung dient eine Öllampe. Wasser ist an einer öffentlichen Wasserstelle zu kaufen, Toiletten werden mit anderen Leuten mitbenutzt. An Miete müssen er und seine Frau monatlich 3000 TSH bezahlen.

Die übrigen Haubewohner/innen hat er erst kennengelernt, als er hier einzog.

In seiner (spärlichen) Freizeit ist er gerne zu Hause und liest Zeitungen und Magazine und hört Radio (Batteriebetrieb). Blues bzw. Musik von Lionel Richey oder Elton John hört er am liebsten. In Bars oder Restaurants geht er sehr selten, nicht zuletzt weil er es sich nicht leisten kann. Würde er sich einen solchen Luxus gönnen, wäre er seiner Einschätzung nach bald bankrott. Einen Luxus allerdings konnte er sich nicht ganz abgewöhnen, nämlich das Rauchen. Seine Embassy-Zigaretten kauft er stückweise (Preis: je 30 TSH), um nicht versucht zu sein, die ganze Packung innerhalb kurzer Zeit wegzurauchen; aufgrund dieser Strategie kommt er mit etwa drei Zigaretten täglich aus.

Feste besucht er vor allem zu den „heiligen Zeiten". Als er noch jünger war, hat er im Gegensatz zu heute gerne getanzt.

Seine Freund/-e/-innen trifft er sowohl in der Freizeit als auch bei der Arbeit, wenn sie bei ihm vorbeischauen. Er hat einige, aber nicht sehr viele Freund/-e/-innen. Eine sehr wichtige Bezugsperson ist sein Bruder, der in Arusha als Schneider lebt. Seine anderen Verwandten trifft er nur ein paar Mal jährlich, da sie zu weit entfernt von ihm leben. Zu seinen Nachbar/inne/n hat er regelmäßigen Kontakt.

Herr Othman ist zwar nicht ausgesprochen begeistert vom Stadtleben, bei den gegebenen Bedingungen hält er es aber noch immer für besser, in der Stadt zu leben als am Land. Hier kann er einer Arbeit nachgehen, die ihm gefällt und die nicht so schwer ist wie eine wenig ertragreiche landwirtschaftliche Tätigkeit (falls man keine modernen Geräte einsetzen kann). Besäße er aber eine Landwirtschaft mit einer guten technischen Ausstattung (zum Beispiel mit Traktor), würde er lieber am Land leben und arbeiten.

Wie schon angesprochen, hofft er, möglichst bald ein eigenes Haus bauen zu können. Das Geld für ein Grundstück hätte er bereits gespart (er müßte nach seinen Angaben für einen entsprechenden Bauplatz etwa 100.000 TSH bezahlen), er benötigt aber noch zusätzliche finanzielle Mittel für den Bau des Hauses. Einen Teil des Hauses würde er vermieten, um die finanzielle Grundlage zu verbessern.

Wenn er zurückblickt, so war seine Lebenssituation vor einigen Jahren besser als heute. Er hält fest, daß es, wie überall, auch in Tansania darauf ankommt, wieviel Geld man verdient. So kann er nicht allgemein sagen, ob sich die Lage für Tansania verbessert oder verschlechtert hat; jenen, die gut verdienen, geht es eben besser, anderen schlechter.

Westliche Länder sind für ihn hinsichtlich ihrer sozioökonomischen Standards Vorbilder, nur meint er, daß afrikanische Länder nicht leicht deren Niveau erreichen können. Obwohl er noch nie Tansania verlassen hat, würde er nach Europa gehen, entweder um nur kurz das dortige Leben zu studieren oder aber - falls er einen Job fände - um sich dort niederzulassen, da das Leben in Europa seiner Meinung nach besser ist. Er würde seine tansanischen Freund/-e/-innen und Verwandten zwar vermissen, doch Freund/-e/-innen kann man seiner Einschätzung nach überall gewinnen.

Chamungu Bakari alias Mister Baker

Wenn ich nun mit dem jüngsten Mann in meiner Runde abschließen werde, werde ich damit zugleich ein Beispiel eines überzeugten Städters darstellen: „I am a city boy."

Seine Beheimatung in der Stadt fällt mit seinem Geburtsort zusammen. Er wurde 1974 in Arusha (Unga Ltd.) geboren. Seine Mutter, die aus Arusha stammt und die Secondary School besucht hat, lebte hier, als sie sein Vater, ebenfalls ein Secondary School-Absolvent und späterer Rezeptionist bei einer technischen Firma in Arusha, kennenlernte. Sein Vater, gebürtig in Tanga, zog nach Arusha, um seine zukünftige Frau zu verehelichen. Heute lebt nur noch seine Mutter, sein Vater ist 1987 in relativ jungen Jahren verstorben. Seine Mutter ist in den Worten ihres Sohnes eine Geschäftsfrau; sie verkauft an einem kleinen Stand am Markt in der Nähe von Unga Ltd. Nahrungsmittel verschiedener Art.

Seine drei Schwestern leben alle in Arusha Region in einem Dorf; eine Schwester, vom Beruf Näherin, besuchte die Secondary School, eine weitere hat den Secondary School-Abschluß noch vor sich. Die dritte, die mit der Primary abschloß, ist verheiratet und hat sechs Kinder. Seine drei Brüder haben die Primary School besucht, leben in einem Dorf in der Arusha Region und sind allesamt ohne ständige Arbeit. Herr Bakari ist der Fünftgeborene.

Der Volksgruppenzugehörigkeit nach ist er Sambara. Er ist ein Moslem, dem die Religion zwar wichtig ist, der aber nicht in die Moschee zum Gebet geht („I don't know why I should go to the Mosque"). Als einen Grund dafür gibt er an, sich permanent um Geld sorgen zu müssen, sodaß er keine Zeit für den Besuch der Moschee erübrigen kann.

Von 1982 bis 1989 besuchte er die Ngarenaro Primary School in Arusha, um danach ein Jahr lang in Kitedo zu arbeiten (als Mineraliensucher).

Sein Großvater mütterlicher Seite, der in einer Streichholz-Firma als Vorarbeiter beschäftigt ist und sich bereit erklärte, für das Schulgeld aufzukommen, motivierte ihn dazu, die Secondary School zu besuchen, und zwar in dessen Nähe (Kilimanjaro Region), um bei ihm wohnen zu können. So schloß Herr Bakari seine Ausbildung 1995 mit Form IV ab. Weiter in die Schule zu gehen, reizt ihn nicht, „I want to find money". Wäre er aber finanziell abgesichert, würde er seine Ausbildung fortsetzen, vor allem da er sich bei besserer Schulbildung größere berufliche Chancen ausrechnet.

Nach der Secondary School zog er nach Arusha zurück, um zunächst bei einem Freund zu wohnen. Heute lebt er bei einem anderen Freund in Unga Ltd. Mit zwei Freunden teilt er sowohl einen Raum mit den Ausmaßen von höchstens 2 Mal 2,5 Metern als auch das eine Bett in diesem Raum, in dem sich noch eine Kommode befindet, auf der man notfalls sitzen kann. Über dem Bett und damit in gut sichtbarer Position ist ein relativ großer Lautsprecher eines Radios/Kassettenrekorders montiert (diese Anbringung ist natürlich auch aus akustischer Hinsicht vorteilhaft), der mit Batterien betrieben wird, da es in seinem Zimmer keinen (anderen) elektrischen Strom gibt. Innen ist das Gebäude mit Zementmörtel verputzt, außen sieht man, daß die Mauer aus Lehm mit einer Holzkonstruktion besteht; überdacht ist es mit Wellblech. Seine Unterkunft ist ein eigenständiger Teil eines sehr eng verbauten kleinen Compounds, auf dem acht Personen leben. Außer seinen Freunden hat er seine jetzigen unmittelbaren Nachbar/inne/n vor dem Bezug des Raumes nicht gekannt. Die weitere Nachbarschaft kennt er nicht; sie interessiert ihn nicht besonders, und außerdem kommt er meist sehr spät nach Hause, weshalb ihm selbst die Gelegenheit für einen regelmäßigen Kontakt fehlt. Allerdings kennt er sehr viele Menschen in diesem Gebiet, da er hier aufgewachsen ist. Das Wasser muß er sich an einer öffentlichen Wasserstelle besorgen, die Toiletten benutzt er gemeinsam mit einigen weiteren Personen.

Für seine Unterkunft braucht er keine Miete zu bezahlen, da sie der Mutter eines seiner Wohnungskollegen gehört.

Herr Bakari hat keine ständige Arbeit, obwohl er jeden Job annehmen würde; je nach Gelegenheit arbeitet er immer wieder meist entweder als Hilfsarbeiter beim Hausbau oder als Karrenzieher bzw. -schieber. Ein solcher Karren (mkokoteni) hat in der Regel eine Achse mit gummibereiften Rädern, ist etwa so breit wie ein Auto und hat eine Ladefläche von etwas mehr als einem Quadratmeter, auf der Waren unterschiedlichster Art transportiert werden können; vorne bzw. hinten (je nachdem, ob man den Karren schiebt oder zieht) ist ein Gestänge montiert, mit dem man den Wagen schieben oder ziehen kann. Herr Bakari muß für einen derartigen Karren 200 TSH pro Tag an Leihgebühr bezahlen. Um zu Aufträgen zu gelangen, fährt er zu potentiellen Kund/inn/en und bietet seinen Dienst an. Pro Fahrt bekommt er meist 200 bis 500 TSH, abhängig von der Art der zu transportierenden Ware, von ihrer Größe und von der Länge des Weges. Wenn er wie üblich etwa zwölf Stunden am Tag arbeitet, kann er bis zu 4000 TSH an einem Tag verdienen, wenn er Pech hat, bringt er nicht mehr als 1000 TSH zusammen.

Mit diesen Gelegenheitsarbeiten verdient er genügend Geld, um regelmäßig in Bars und Restaurants oder zum Fernsehen zu gehen, wöchentlich mindestens einmal eine der vier ständigen Diskos der Stadt zu besuchen (Eintritt zwischen 500 TSH und 4000 TSH, je nach Disko und Tag unterschiedliche Preise). In seiner Freizeit ist er häufig mit Freund/inn/en zusammen, oder er fährt zu seinen Geschwistern auf Besuch. Er hört gerne Musik, wobei die Palette an Stilrichtungen groß ist; am liebsten aber hört er US-amerikanische Sänger/innen und Gruppen, nicht mag er dagegen indische und arabische Musik. Manchmal sieht er sich einen Film im Kino an.

Mehr zu tun hat er mit seinen vielen Freund/inn/en als mit Verwandten, nicht zuletzt weil sich nur einige Verwandte in seiner Nähe aufhalten, die anderen wie erwähnt in Dörfern der Arusha Region leben oder in Dar es Salaam, andere gar in Kenia. Bei Problemen wendet er sich jedenfalls viel eher an Freund/-e/-innen als an Verwandte. Obwohl seine Mutter nicht allzu weit von ihm entfernt lebt, kann sie ihm keine Vorschriften mehr über seinen Lebenswandel machen. Er fühlt sich frei, das zu tun, was ihm beliebt.

Er ist weder verheiratet noch hat er Kinder. Daher kann er sich die vielfältigen Freizeitaktivitäten leichter leisten als etwa ein Vater mit ähnlichem Einkommen. Der Umstand, daß er noch ledig ist, gibt ihm die Freiheit, mehrere Freundinnen zu haben (ohne daß ich ihn danach gefragt hätte, gab er stolz eine Zahl von sechs Freundinnen an; diese sechs sind ihm jedoch noch nicht genug) - vor Aids hat er im übrigen keine Angst. In drei Jahren will er heiraten und fortan einer Frau treu bleiben; drei Kinder soll seine Frau gebären.

Chamungu Bakari alias Mister Baker lebt gerne in der Stadt („I like to stay in the city"). Hier kann er meistens genügend Geld verdienen und trotz aller Schwierigkeiten einer Arbeit nachgehen, die er einer landwirtschaftlichen Beschäftigung vorzieht; er meint, um als Landwirt zu arbeiten, sei er zu schwach. Hier hat er seine vielen Freund/-e/-innen und die Freiheit, sein Leben nach eigenem Belieben zu gestalten.

Noch lieber als in Tansania in einer Stadt zu leben, würde er ins Ausland gehen, entweder in die USA, nach Südafrika oder Australien, eventuell nach Europa. Er kennt diese Länder zwar kaum, ist aber davon überzeugt, daß das Leben dort besser sein muß. Mit dem Hinweis auf die Lebensverhältnisse in Unga Ltd. stellte er mir die rhetorische Frage, wer denn etwa freiwillig hier bleiben wollte. Allerdings ist er sich seiner Chancen, einmal im Ausland leben zu können, nicht gerade sehr sicher. Was die Zukunft betrifft, so ist für ihn sowieso das Meiste offen. Beim letzten Treffen vor meiner Abreise aus Tansania eröffnete er mir seinen Plan, für vielleicht ein paar Monate aufs Land zu seinem Onkel zu ziehen, um auf dessen scheinbar großen Landwirtschaft genügend Geld zu verdienen und danach ein „Business" in der Stadt eröffnen zu können. Er möchte als Fotograf zu arbeiten. Trotz dieses Vorhabens und seines Wunsches, in drei Jahren eine Familie zu gründen, scheint er im wesentlichen von einem Tag auf den anderen zu leben und zu versuchen, jeweils wenigstens so viel zu verdienen, daß er über die Runden kommt, und bei alledem möglichst viel Genuß und Freude am Leben zu haben.

3. Kontextualisierungen, Interpretationen, Vergleiche

Zunächst möchte ich kurz die Biographien in den Kontext der allgemeinen Ausführungen über Arusha stellen. Was das Alter betrifft, liegen meine Beispiele mit durchschnittlich 36 Jahren bereits im oberen Bereich. Sie haben in der Mehrzahl eine Schulbildung absolviert, die über den üblichen Ausbildungsgrad hinausgeht. Einkommensmäßig liegen sie im unteren Feld; sie sind aber mehrheitlich immerhin erwerbstätig und somit nicht den untersten ökonomischen Schichten zuzuordnen. Dennoch zählen ihre Wohnverhältnisse bis auf eine Ausnahme zu den einfachsten (allerdings ist der Anteil jener, die unter ähnlichen Bedingungen leben, an der Gesamtbevölkerung Arushas relativ groß). Was den ehelichen Stand betrifft, liegen sie für ihre Altersgruppe nicht weit vom statistischen Durchschnitt (mit der wesentlichen Ausnahme von Frau Siwale: in ihrer Altersgruppe waren 1988 nur 9 Prozent der Frauen unverheiratet) ebenso wie bezüglich ihrer Herkunft (die Hälfte von ihnen und nicht mehr lebte von früher Kindheit an in Arusha).

Die einzelnen Lebensgeschichten weisen eine Reihe unterschiedlicher, aber auch ähnlicher Züge auf. Frau Wakabi scheint eine Frau zu sein, die sich wohl gerade auch wegen ihrer familiären Probleme (vor allem im Zusammenhang mit dem Alkoholismus ihres Mannes) zu einer willensstarken, selbständigen und resoluten Persönlichkeit entwickelt hat. Sie scheint recht genau zu wissen, was sie will, und möchte ihre Unabhängigkeit und Selbständigkeit so weit als möglich bewahren. Sie pflegt nur wenige Kontakte, um nicht von dem Weg, den sie als den richtigen einschätzt, abzukommen. Sie hat in der Stadt einen Lebensraum gefunden, der ihr insbesondere als Frau am ehesten die Chance bietet, nach ihren Vorstellungen zu leben. Sie hat sich in Arusha ihr Zuhause eingerichtet und denkt nicht daran, wenigstens im Ruhestand auf das Land zu ihren Verwandten zu ziehen. Ein bedeutender Zug ihrer Geschichte ist ja gerade ihr Wille, ohne die Einmischungen seitens Verwandter auskommen zu können. Am Land würde sie nur leben, wenn sie sich ihrer Unabhängigkeit von der weiteren Verwandtschaft gewiß wäre und wenn sie sich zudem materielle Verhältnisse schaffen könnte, die in etwa einem „modernen" Standard entsprechen. Sie möchte sich sozusagen nicht auf die Ebene der vielen ihrer Meinung nach wenig zivilisierten Landbewohner/innen stellen. Frau Wakabi erscheint mir durch und durch als Geschäftsfrau, die weiß, wie man im Handel Geld verdienen kann, und zugleich als überaus gläubige Christin. Neben ihrer Erwerbstätigkeit und der regelmäßigen Teilnahme an religiösen Feiern findet sie keinen Platz für nennenswerte Freizeitbeschäftigungen.

Müßte ich sie kurz charakterisieren, so würde ich sie als überzeugte Christin und kluge Geschäftsfrau mit starkem eigenem Willen und einer gewissen Altersweisheit beschreiben.

Amina Siwale ist ebenso eine Frau, die sich aus eigener Kraft durchschlägt (im übrigen bleibt ihr gar nicht viel anderes übrig). Allerdings scheint sie mir gerade in ihrer jetzigen schwierigen finanziellen Lage sozusagen verwundbarer. Gegenwärtig kann sie allein aufgrund ihres ungesicherten Einkommens nicht genau das tun, was sie will, sondern muß sich (mehr als andere) nach den Möglichkeiten richten und sich bei bestimmten Personen (vor allem ihrem Vater) gutstellen.

Ein prägender Faktor in ihrem Leben war wohl der frühe Tod ihrer Mutter und die darauffolgende Kindheit und Jugendzeit bei ihrem Onkel bzw. dessen einer Frau, wobei sie sich schlechter als die Kinder ihres Onkels behandelt fühlte.

Obwohl sie weiß, daß sie finanziell von einer dauerhaften Beziehung mit einem Mann unabhängig ist (sein kann) und sie mit den Männern nicht gerade die besten Erfahrungen gemacht hat, würde sie eine Ehe keinesfalls kategorisch ausschließen. Sie ist nicht Alleinerzieherin aus Überzeugung, sondern aufgrund der Umstände. Lieber würde sie mit einem Mann zusammenleben, der sie und die Familie unterstützt.

Frau Siwale hat einen recht großen Freundeskreis, mit den Verwandten hat sie weniger zu tun. Allerdings scheint insbesondere ihr Vater in finanziellen Notzeiten eine wichtige Rolle als Unterstützer zu spielen.

Sie lebt gerne in der Stadt und plant ihre Zukunft als Stadtbewohnerin. Sie will sich mit dem Geld aus dem Grundstücksverkauf nicht eine ländliche Existenz aufbauen, sondern in der Stadt geschäftstätig sein und damit zugleich dort bleiben, wo sie ihr bisheriges Leben verbracht hat, und jene Tätigkeiten ausüben, die sie beherrscht (in der Landwirtschaft etwa hat sie keine nennenswerte Erfahrung gesammelt). Als Grund für die Bevorzugung der Stadt gibt sie jedoch nicht an, daß sie hier aufgewachsen ist, sondern daß man in der Stadt eine große Palette von Waren kaufen und Dienstleistungen in Anspruch nehmen kann. Wenn sie also die Stadt als Lebensraum bevorzugt, so hat das damit zu tun, daß sie die materiellen Möglichkeiten der Stadt hochschätzt, daß sie Tätigkeiten beherrscht, die eher in der Stadt als am Land Gewinn bringen; wohl erst an dritter Stelle sind kulturelle und soziale Faktoren (wie Kontakte zu Freund/inn/en versus Verwandten) relevant.

Wenn man annimmt, daß die Schule auch in Tansania im wesentlichen von städtischen Kulturmustern geprägt ist und damit eine Weltsicht vermittelt, die städtische Lebensformen höher einschätzt als ländliche, und wenn man zugleich weiß, daß die Person, mit der man es zu tun hat, den Lehrer/innenberuf ausübt, würde man wohl annehmen, daß auch diese Person nicht zuletzt aus kulturellen Gründen die Stadt bevorzugt. Dem ist jedoch nicht so bei Frau Shaidi, die seit einem Jahr in einer Primary School unterrichtet. Es mag sein, daß Frau Shaidi in dieser Hinsicht eine Ausnahme darstellt, es kann aber ebenso der Fall sein, daß die langjährigen Bemühungen der tansanischen Regierung, den Wert ländlicher Lebensformen und ländlicher Tätigkeiten auch in der Schulbildung hervorzuheben, die gewünschten Früchte trägt. Freilich, Regel läßt sich aus einem Einzelfall keine ableiten.

Frau Shaidi, die im wesentlichen ihr ganzes bisheriges Leben in der Stadt Arusha verbracht hat, lebt zwar nicht ungerne in der Stadt, vor allem weil sie hier bessere Erwerbsmöglichkeiten vorfindet (etwa Nachmittagsunterricht), sie ist aber keinesfalls dem Landleben bzw. einer landwirtschaftlichen Tätigkeit grundsätzlich abgeneigt. Sie ist der Ansicht, daß es auch im besonderen für Frauen keinen prinzipiellen Unterschied ausmacht, ob sie am Land oder in der Stadt leben, wenn es um ihre Entfaltungsmöglichkeiten und Rechte geht; entscheidend sind ihrer Meinung nach die je spezifischen Umstände. Wie ich bereits oben vermerkt habe, ist ihre Bewertung von Stadt und Land ganz wesentlich vor dem Hintergrund ihrer sozialen Beziehungen zu sehen. Sie ist in der Stadt in ein soziales Gefüge eingebunden, das sich kaum von dem unterscheidet, welches sie am Land höchstwahrscheinlich vorfinden würde. Der wesentlichste Unterschied wäre wohl der, daß sie am Land vermutlich bei den Eltern ihres Mannes leben würde, in der Stadt aber mit ihrem Mann und den Kindern alleine ihren unmittelbaren Lebensraum (Unterkunft) teilt. Diesen wahrscheinlichen Unterschied hält sie offenbar nicht für relevant.

Eine gewisse Widersprüchlichkeit in ihren Ausführungen taucht dort auf, wo sie westliche Lebensstandards für erstrebenswert und das Leben in westlichen Ländern für besser hält und gleichzeitig derzeitige städtische und ländliche Verhältnisse in Tansania als gleichwertig einstuft, obwohl im allgemeinen westliche Lebensstandards in tansanischen Städten eher erfüllt werden als am Land. Sie würde sogar gerne für längere Zeit in Europa oder den USA leben, womit nocheinmal nahegelegt wird, daß sie das derzeitige gewöhnliche Leben am Land in Tansania letztendlich doch nicht für erstrebenswert erachtet. Eigentlich möchte sie ein „modernes" Leben führen, das sich vom Landleben in Tansania sicherlich unterscheidet. Ich nehme an, um diesen Widerspruch aufzulösen, muß man zwei Ebenen unterscheiden. Zum einen die Ebene des ihr Naheliegenden und relativ leicht Realisierbaren: In ihrer jetzigen Situation unterscheidet sich ihr Lebensstandard nicht allzu sehr von einem Standard, den sie am Land erwarten könnte. Insofern würde es für sie keine besonders große Veränderung bedeuten, wenn sie auf das Land ziehen würde. Zum anderen die Ebene des Erwünschten: Sie würde gerne in einem „schönen" Haus mit allem Komfort leben, sie besäße gerne ein Auto etc., allerdings läßt sich all das in naher Zukunft kaum verwirklichen. Wenn sie also „realistisch" ist, sind für sie Stadt und Land gleichwertig, wenn sie jedoch ihren Wünschen freien Lauf läßt und ihre Werthaltungen nicht durch das Realisierbare korrigiert, ist bei den derzeitigen Verhältnissen das Landleben in Tansania nicht erstrebenswert und sind ihre Vorstellungen in einer tansanischen Stadt eher erfüllbar. Zugleich muß natürlich festgehalten werden, daß damit keine Präferenz hinsichtlich spezifischer ländlicher versus städtischer sozialer Interaktionsmöglichkeiten und kultureller Muster ausgedrückt ist, sondern lediglich bestimmte materielle Standards höher bewertet werden als andere, wobei diese nicht grundsätzlich auf die Stadt beschränkt sind, sondern sich prinzipiell ebenso am Land verwirklichen ließen.

Anders verhält es sich bei Frau Maloba. Sie zieht die Stadt nicht nur wegen materieller Standards vor, sondern ebenso wegen im weitesten Sinn kultureller Möglichkeiten. Sie lebte bisher immer in Arusha und möchte weiterhin in einer Stadt leben. Sie schätzt es, daß es in der Stadt eine große Vielfalt an Ethnien und Kulturen gibt, wenngleich sie auch auf das darin liegende Konfliktpotential verweist. Sie hat viel Kontakt zu Freund/inn/en; abgesehen von ihren zwei Schwestern, die in Arusha leben, trifft sie ihre Verwandten eher selten (was natürlich zu einem großen Ausmaß damit zu tun hat, daß sie in Kenia leben). Sie hat Zeit für Hobbies wie Lesen, Freund/-innen/-e Treffen oder Fernsehen. Wenn sie das Geld hat, geht sie gerne mit Freund/inn/en in eine Bar oder ein Restaurant. Sie ist der Ansicht, daß am Land ihre Freizeitaktivitäten wesentlich eingeschränkt wären, zum einen, weil bestimmte Möglichkeiten in der Regel nicht vorhanden sind (zum Beispiel ein Fernseher), zum anderen, weil am Land ihrer Meinung nach wenig Zeit für Hobbies und zum „Relaxen" bleibt. Das Landleben hält sie für mühsam, man muß sehr hart arbeiten, und die Infrastruktur ist mangelhaft. Bei dieser Beschreibung des Landlebens muß man vermutlich ihre physische Verfassung mitbedenken: Wegen ihrer Gehbehinderung wären für sie etwa landwirtschaftliche Tätigkeiten ohne Zweifel äußerst beschwerlich, ihre Mobilität wäre aufgrund kaum vorhandener Transportmöglichkeiten sehr eingeschränkt. Ausschlaggebend für ihre Bevorzugung städtischen Lebens sind aber eben nicht nur solche Faktoren, sondern ebenso soziale und kulturelle. Unterstrichen wird das dadurch, daß sie zwar in der Nähe ihrer Verwandten leben und daher nach Kenia ziehen möchte, allerdings nicht um bei ihren Eltern am Land zu leben, sondern in einer nahen Stadt. Ihre Freiheit, ihr Leben innerhalb der finanziellen Möglichkeiten nach ihren Vorstellungen zu gestalten und sich nicht nach ihren Eltern oder anderen Verwandten richten zu müssen, ist ihr zu wertvoll, als daß sie bei ihren Eltern wohnen würde.

Wenngleich es ihr wichtig ist, sich nicht allzu weit entfernt von ihren Verwandten aufzuhalten, würde sie bei gegebener Möglichkeit nach Europa oder in die USA auswandern. Sie möchte ein „modernes" Leben führen, was ihrer Meinung nach in diesen Ländern eher möglich ist als in Tansania oder Kenia.

Herr Johne ist ebenso ein überzeugter Städter. Lediglich die letzten Jahre seines Lebens möchte er am Land verbringen, wo er geboren wurde und wo er eine Landwirtschaft besitzt. Im hohen Alter könnte er vieles, was er an der Stadt so schätzt, nicht mehr nützen bzw. wären Nachteile am Land nicht mehr relevant. Zu den städtischen Vorzügen zählt er die Vielfalt städtischen Lebens und die Differenziertheit städtischer Kultur. Er kann sich seine Freund/-e/-innen selber suchen und ist nicht von Verwandten abhängig. Insbesondere kann er in der Stadt sein Leben nach seinen eigenen Vorstellungen einrichten, ohne daß Verwandte etwas mitzureden hätten, und er kann die Unterhaltungsmöglichkeiten der Stadt entsprechend seiner finanziellen Mittel genießen. Die Landbewohner/innen hält er für kulturell und geistig rückständig. Tansania sollte „westliche" Lebensstandards anstreben. Er meint, daß der Kolonialismus ein Vorteil für Afrika war und daß die Kolonialist/inn/en bessere Herrscher/innen waren als die Afrikaner/innen heute. Er scheint den Kolonialismus zu verherrlichen insbesondere angesichts gegenwärtiger Verhältnisse, die er kritisiert. Herr Johne ist der Ansicht, daß jene, die in den Büchern schreiben, daß das Kolonialsystem ungerecht war, keine Ahnung von den jetzigen Verhältnissen hätten und damit keinen objektiven Vergleich anstellen könnten; diese Autor/inn/en seien wegen ihrer Oberschichtenzugehörigkeit zu weit entfernt von der täglichen Realität der meisten Afrikaner/innen. Seine Hochschätzung des Kolonialismus hängt wohl auch unmittelbar mit der Abwertung ländlicher Kulturen zusammen. Es kann Herrn Johne, den Antitraditionalisten, nicht sonderlich stören, daß der Kolonialismus unter anderem zu einem beschleunigten kulturellen Wandel weg von „traditionellen" ländlichen zu „modernen" Lebensformen geführt hat, im Gegenteil, dieser Wandel bedeutet für ihn Fortschritt.

In der Biographie von Paul Mwale ist es bezeichnend, daß seine Eltern noch ganz wesentlich in seinen Lebenslauf eingriffen, als er bereits erwachsen war. So verließ er wegen ihnen die Armee, und die Eltern suchten für ihn seine Frau aus. Sowohl in beruflicher als auch in privater Hinisicht blieben seine Eltern maßgeblich. Noch heute üben sie seiner eigenen Einschätzung nach einen wesentlichen Einfluß auf ihn aus. Auch mit seinen Geschwistern pflegt er einen engen Kontakt, sodaß, wie bereits darauf hingewiesen, für ihn das Leben in der Stadt keineswegs mit (einer gewissen) Freiheit von verwandtschaftlicher Kontrolle zu tun hat. Neben diesen Beziehungen sind ihm freilich auch die Kontakte zu seinen Freund/inn/en wichtig.

Das Stadtleben hat er nie wirklich genossen, schon während der Armeezeit in Dar es Salaam nicht; das hat sich bis heute nicht grundlegend verändert. Er lebt ungern in der Stadt, insbesondere wegen der hohen Lebenshaltungskosten. Zudem findet er in kulturellen Aspekten der Stadt keinen besonderen Vorzug, mögliche soziale Freiheiten wie Unabhängigkeit von Verwandten können für ihn - wie eben ausgeführt - ebenso kein Argument für die Stadt liefern.

Lieber als in der Stadt würde er in einem Dorf leben und eine Landwirtschaft betreiben, das freilich nur unter der Voraussetzung, daß er mit modernen technischen Hilfsmitteln ausgerüstet und sein Betrieb sehr ertragreich ist. Da diese Bedingung nicht erfüllt ist, lebt er eben in der Stadt, wo er unter den gegebenen Umständen noch immer bessere Verhältnisse vorfindet als am Land, das er im allgemeinen als rückständig einstuft.

Ein spannungsvoller Aspekt in seinem derzeitigen Leben ist gewiß der Kontrast zwischen seiner Wohnung und seinem Arbeitsplatz. Um diese Spannung aus einer spezifischen Perspektive heraus zu verdeutlichen: Ich bin mir sehr sicher, daß jene Tourist/inn/en, die bei ihm eine Tour zum Ngorongoro buchen, sich überhaupt keine adäquate Vorstellung von seinen Wohnverhältnissen machen können. Der Kontrast zwischen dem Reichtum der meisten Tourist/inn/en, mit denen er zu tun hat, bzw. dem AICC, wo seine Firma ihr Büro hat, und seinen sehr einfachen Verhältnissen zu Hause dürfte wohl einer der Gründe sein, warum er sich nur sehr selten bei seiner Familie aufhält, selbst wenn er nicht zur Arbeit gehen müßte. Seine derzeitige Arbeit bzw. der Wohlstand, den er an seinem Arbeitsplatz nicht nur bei den Tourist/inn/en, sondern selbst bei seiner Firma (zum Beispiel gute Autos) erlebt, dürfte zudem einer der Gründe sein, warum er sich mit einfacher landwirtschaftlicher Tätigkeit nicht zufrieden gibt, wiewohl er an sich das Landleben bevorzugt.

Ali Othman ist in die Stadt primär wegen seines Berufes gezogen. Das Schneiderei-Geschäft läuft eben in einer Stadt besser als in einem Dorf. Im Grunde genommen ist ihm aber ein ländlicher Lebensraum lieber. Er würde eine Landwirtschaft bearbeiten, wenn eine moderne technische Ausrüstung dafür zur Verfügung hätte, etwa einen Traktor und nötige Zusatzgeräte. Gleich wie Herr Mwale hat er jedoch nicht die

Ressourcen und die Möglichkeit, ein solches Landleben zu führen, was ihm als beste Alternative die Schneiderei in der Stadt übrig läßt.
Städtische Möglichkeiten etwa im Bereich der Unterhaltung und der Freizeitgestaltung nutzt er kaum. Nur selten geht er in Bars oder Restaurants, nur zu den „heiligen Zeiten" besucht er Festveranstaltungen. Seine engen sozialen Kontakte beschränken sich im wesentlichen auf einige wenige Freund/-e/-innen sowie auf seinen Bruder, der ebenfalls in Arusha lebt. Die übrigen Verwandten trifft er regelmäßig, aber selten, da sie doch in einiger Entfernung von ihm leben und er sich ungern die Zeit nimmt, lange Reisen zu machen, und das dafür nötige Geld lieber spart. Sparsamkeit ist denn auch einer der Gründe, warum er kaum in Bars geht, ich denke aber, daß auch sein Bedürfnis danach nicht sonderlich groß ist. Seine Freizeit verbringt er lieber zu Hause beim Musik Hören oder Lesen.
Bei der Wahl seines Lebensraumes sind materielle Überlegungen von zentraler Bedeutung. Er möchte sich dort niederlassen, wo er sich möglichst komfortable Verhältnisse schaffen kann, soziale Aspekte spielen dabei expliziterweise eine untergeordnete Rolle. Zur Zeit lebt er aus diesem Grund in Arusha, er könnte es sich aber auch vorstellen, sich in Europa niederzulassen, falls er eine Gelegenheit dazu hätte und in Europa arbeiten könnte. Für ihn ist es gewiß, daß es den meisten Europäer/inne/n besser geht als den meisten Afrikaner/inne/n; in diesem Sinne sollten die afrikanischen Länder versuchen, sich europäischen bzw. „westlichen" materiellen Standards anzunähern.

Herr Bakari beschreibt sich selber als „city boy". Er ist in Arusha geboren, und wenngleich seine Mutter in unmittelbarer Nähe seiner Wohnung lebt, übt sie seiner Einschätzung nach keinen nennenswerten Einfluß auf seinen Lebenswandel aus, ebensowenig wie andere Verwandte, die allerdings nicht in Arusha leben. Freund/-e/-innen hat er sehr viele; mit ihnen verbringt er seine Freizeit, mit ihnen feiert er Feste. Er nutzt die Unterhaltungsmöglichkeiten der Stadt, etwa Diskotheken, er geht gerne mit Freund/inn/en in Bars oder sieht sich einen Fernsehfilm an. Für ihn bietet die Stadt also sowohl hinsichtlich seiner sozialen Beziehungen Vorteile, indem er sich seine Freund/-e/-innen selber suchen kann und er nicht auf Verwandte hören muß, als auch hinsichtlich der Freizeitgestaltung. Darüber hinaus findet er in der Stadt materielle Verhältnisse, die in der Regel noch immer besser sind als am Land. Freilich, zufrieden ist er mit seiner Situation keineswegs. Seine unmittelbaren Pläne laufen darauf hinaus, seine Position in Tansania zu verbessern, wenn er aber die Möglichkeit hätte, würde er gerne in den Westen ziehen, da das Leben dort seiner Meinung nach um vieles angenehmer ist.
Ein interessanter Aspekt seiner Selbstdarstellung ist die Wahl seines Rufnamens: Mister Baker. Er wollte mir zuerst seinen eigentlichen Namen gar nicht verraten. Mir scheint, daß dieser englische Name deutlich auf seine „westliche" Orientierung und daß die Anrede mit „Mister" auf seine Ambitionen, vielleicht doch einmal ein „big man" zu werden, hinweist.

Um die kulturelle Verortung jener Personen, deren Lebensgeschichte und jetzigen Lebensverhältnisse ich dargestellt habe, prägnanter fassen zu können, werde ich die

Biographien und Selbstdarstellungen noch einmal vor dem Hintergrund von Modernismus- und Urbanismus-Konzepten untersuchen.

Es ist mir wichtig zu betonen, daß ich von einem partiellen Modernismus[1] - nämlich einem materiellen - spreche, der sich vor allem auf materielle Aspekte bezieht, wohingegen der Begriff des Urbanismus, wie ich ihn hier verstehe, neben grundlegenden materiellen insbesondere kulturelle und soziale Bereiche umfaßt. Mit dem Begriff des materiellen Modernismus versuche ich das zu benennen, was das „moderne Leben" in den Augen meiner Interviewpartner/innen ausmacht. Dabei ist freilich die Problematik, ob und inwieweit es einen partiellen materiellen Modernismus ohne einen kulturellen und sozialen Modernismus de facto überhaupt geben kann, von der Tatsache auseinanderzuhalten, daß es Menschen gibt, die lediglich einen partiellen Modernismus (und nicht einen vollständigen Modernismus) anstreben.

Materielle Modernist/inn/en sind in meiner Diktion jene, die sogenannte „moderne" Lebensstandards anstreben (wobei der Zusammenhang zwischen einem philosophisch bestimmten Modernismus und modernen Lebensstandards wohl ein sehr vager ist; der Begriff „modern" wird hier in einer seiner umgangssprachlichen Bedeutungen verstanden). Moderne Lebensstandards sind für meinen Kontext exemplifiziert insbesondere in westeuropäischen und nordamerikanischen (eventuell bestimmten asiatischen) Ländern. Ein materiell modernes Leben zeichnet sich aus durch einen großen Wohnkomfort (in der Regel Häuser aus Ziegeln und Beton bzw. Stahl und Glas, mit elektrischem Strom, Fließwasser und Wasserklosetts in den Wohnungen und einer nicht allzu großen Anzahl von Menschen pro Raum), durch eine „moderne" Infrastruktur (gute, asphaltierte Straßen, einwandfrei und flächendeckend vorhandene Telekommunikation, Abwasser- und Müllentsorgung, öffentliches und tatsächlich zugängliches Gesundheits- und Schulwesen, bequemer öffentlicher Verkehr), womöglich eigenes Auto (nicht zuletzt als Statussymbol). Ohne hier eine vollständige Liste angeführt, geschweige denn eine Definition versucht zu haben, soll diese Beschreibung den Begriff eines materiellen Modernismus für meinen Zusammenhang ausreichend bestimmen. Wichtig ist es jedenfalls, daß er die Form sozialer Beziehungen und kultureller Werte im wesentlichen nicht betrifft. Zugleich ist natürlich festzuhalten, daß der materielle Modernismus auf höherer Ebene betrachtet eine kulturelle Erscheinung bzw. mit Werthaltungen untrennbar verknüpft ist.

Als kulturelle (inklusive soziale) Urbanist/inn/en möchte ich solche Menschen beschreiben, die für sich das Potential städtischen Lebens, das in der Begünstigung bestimmter sozialer Interaktionen und kultureller Werte besteht, maßgeblich nutzen; Interaktionen und Werte, die damit zusammenhängen, daß die Stadt ein dicht besiedelter Ort ist von so vielen Menschen, daß man sie nicht mehr alle kennen kann, wobei zur Quantität der Menschen die Qualität ihrer kulturellen Vielfalt in der Regel hinzu-

---

[1] Bezüglich partieller Modernisierung siehe Dietrich Rüschemeyer: Partielle Modernisierung, in: Wolfgang Zapf (Hg.): Theorien des sozialen Wandels, Königstein/Ts.: Verlag Anton Hain Meisenheim, [4]1979, 382-396. Vgl. auch van der Loo; van Reijen: Modernisierung, a. a. O., 21-22; Wehling: Die Moderne als Sozialmythos, a. a. O., 144-145.

kommt. Beispiele solcher Interaktionsmuster und Werte sind die Betonung des Individualismus und damit implizit eine relativ große Unabhängigkeit von Verwandten, insbesondere den Eltern, eine relativ freie Wahl von nahen Bezugspersonen, eine gewisse Freiheit gegenüber überlieferten Vorstellungen im Bereich des Lebenswandels (zum Beispiel sexuelle Beziehungen) oder der Religion.[2]

Es ist ziemlich eindeutig, daß Frau Wakabi, Frau Maloba, Herr Johne und Herr Bakari als Urbanist/inn/en zu bezeichnen sind. Ihre Lebensweisen sind auf dem Land viel schwieriger realisierbar als in der Stadt, und dies nicht wegen heutiger spezifischer Verhältnisse, sondern aufgrund von Mustern, die in einer Stadt an sich viel eher vorfindbar sind als am Land. Für sie sind Städte vom Prinzip her eher geeignet, nach ihren Vorstellungen zu leben, als ländliche Gebiete bzw. Dörfer. Für Herrn Mwale, Herrn Othman und Frau Shaidi hängt die Wahl einer Stadt als Lebensraum hingegen primär mit materiellen Standards zusammen, die derzeit, aber nicht prinzipiell, eher in einer Stadt erfüllbar sind als am Land. Sie sind damit offensichtlich dem materiellen Modernismus zuzuordnen. Wenn sie die gewünschten materiellen Standards am Land vorfinden würden, würden sie ebenso gerne oder gar lieber am Land leben; kulturelle Muster und soziale Interaktionsmöglichkeiten einer Stadt spielen für sie keine besondere Rolle. Frau Siwale ist meines Erachtens eingeschränkterweise Urbanistin. Als Begründung für die Bevorzugung der Stadt gibt sie zuerst materielle Faktoren an, erst danach scheinen kulturelle und soziale Aspekte relevant zu sein.

Alle Personen, die ich interviewt habe, sind der Überzeugung, daß das Leben in Europa oder den USA oder auch Australien besser sei als in Afrika bzw. Tansania (Frau Wakabi hat sich dazu allerdings nicht explizit geäußert). Sie alle streben „moderne" Lebensstandards in Bezug auf materielle Verhältnisse an. Einem „traditionellen" ländlichen Leben können sie (letzten Endes) nicht viel abgewinnen. Damit konkretisieren alle meine Beispiele je unterschiedliche Arten, wie Strategien der Modernisierung in Tansania (in einer allgemeinen Hinsicht exemplarisch für Afrika) wenigstens im Bereich angestrebter materieller Lebensverhältnisse „gefruchtet" haben.

Um abschließend noch auf die Rolle der Schule in der kulturellen Verortung einzugehen ist festzuhalten, daß es - wie zu erwarten - in meinen Beispielen keine zwingende Verbindung zwischen der Dauer des Schulbesuchs und einer ausgeprägten Neigung zum Urbanismus im kulturellen Sinn gibt. So ist Frau Wakabi, die nur sieben Jahre zur Schule gegangen war, eine ausgesprochene Urbanistin (sie ist aber immerhin vom hohen Wert der Schule überzeugt), Frau Shaidi, die selber Lehrerin ist, legt keine besondere kulturelle Vorliebe für die Stadt an den Tag. Hier könnten sich freilich auch die unterschiedlichen Lehrpläne und Lehrinhalte ausgewirkt haben: Während Ruth Wakabi ihre Schulbildung noch während der Kolonialzeit absolvierte, hat Latifa Shaidi die Schule in einer Zeit weitgehender afrikanischer Selbstbestimmung besucht. Wie

---

[2] Ein weiterer Aspekt des Urbanismus wäre der weitgehende Bedeutungsverlust ethnischer Zugehörigkeiten. Inwieweit dies in den genannten Fällen eine Rolle spielt, habe ich nicht ausdrücklich untersucht. Wichtiger schien mir die Berücksichtigung von Verwandtschaftsbeziehungen. Im allgemeinen dürfte die Ethnizität in einer Stadt wie Arusha, in der es keine klar dominante ethnische Gruppe gibt, von sekundärer Bedeutung sein.

dem auch sei, es dürfte ohnehin klar sein, daß die Schule nur ein Faktor ist, der den Urbanismus begünstigen kann (unter sehr spezifischen Umständen kann die Schule dem Urbanismus wohl auch entgegenwirken). Bezeichnend allerdings ist es, daß alle Personen letztendlich moderne materielle Standards anstreben. Die Schule dürfte eine wichtige Funktion zumindest im Sinne der Forcierung jenes allgemeinen Modernisierungsprozesses erfüllen, den vermutlich alle afrikanischen Länder mit dem Kolonialismus (zwangsweise und/oder teils als Nebeneffekt) eingeschlagen und nach der Kolonialzeit weiterverfolgt haben.

ZWISCHEN MATERIELLEM MODERNISMUS UND URBANISMUS - Zusammenfassendes und Praxis-Bezogenes

Ich habe meine Beschreibung und Analyse der Verstädterung im tropischen Afrika mit einer Erörterung des Stadtbegriffs und der sozialen und kulturellen Bedeutung der Stadt aus eurozentrischer Perspektive begonnen. Bereits weiter oben habe ich dargestellt, inwieweit bestimmte Aspekte jenes Stadtbegriffs für die afrikanische Verstädterung relevant sind, wobei ich auf historische Differenzierungen hingewiesen habe. Es dürfte klar sein, daß ein Stadtbegriff, der für Afrika fruchtbar und der historisch nicht zu sehr eingeschränkt sein soll, insbesondere die Landwirtschaft als einen Aspekt der funktionalen Differenzierung stärker berücksichtigen und die Beschäftigung der Städter/innen nicht unbedingt als primär nicht-landwirtschaftlich bestimmen sollte. Hinsichtlich der kultursoziologischen Bedeutung afrikanischer Städte dürfte jenes Zwischenresümee zutreffen, das ich weiter oben zum Abschluß der Erörterungen zur sozialen und kulturellen Bedeutung der Stadt gezogen habe: die Stadt als Lebensraum, der eine große Bandbreite an Lebensweisen eher ermöglicht bzw. toleriert als das Land bzw. das Dorf.[1] Man findet in afrikanischen Städten eine ausgeprägte Pluralität an Lebensformen, die sowohl solche Aspekte einschließt, die herkömmlicherweise mit der Stadt verbunden werden, wie Individualismus, Anonymität, Auflösung verwandtschaftlicher Beziehungen und größere Bedeutung frei gewählter Freundschaften, eine Pluralität, die ebenso solche Facetten umfaßt, die gemeinhin als ländlich eingestuft werden, wie das große Gewicht verwandtschaftlicher Beziehungen, ein hohes Maß an sozialer Kontrolle sowie die Verläßlichkeit sozialer Netzwerke. Auf einer höheren Abstraktionsstufe vereint damit die Stadt „typisch städtische" und „typisch ländliche" Muster. Natürlich finden sich heute auch am Land beide Züge, die Pluralität dürfte in Städten jedoch eindeutig größer sein. Damit ist ein weiterer wichtiger Punkt berührt worden: Stadt und Land sind erwartungsgemäß auch in Afrika realiter nicht als streng trennbare Gegensätze oder Dichotomien zu verstehen, sondern als ein Kontinuum mit graduellen Unterschieden.

Wenn manche Stadtbewohner/innen im tropischen Afrika eher „städtische", andere eher „ländliche" Lebensweisen verfolgen, impliziert dies natürlich unterschiedliche individuelle kulturelle Verortungen. Ein Teil der Stadtbevölkerung nützt die kulturelle Pluralität der Städte in dem Sinn, daß sie ihre sozialen Interaktionen ähnlich gestalten wie Landbewohner/innen. Der Vorzug der Städte liegt für sie primär darin, ihre materielle Situation zu verbessern, wenngleich dies mittelfristig oft nur bei einem Wunsch bleibt. Wie die Fallbeispiele aus Tansania gezeigt haben, kann man keinesfall generell davon ausgehen, daß sich Menschen bei der erstbesten Gelegenheit am Land niederlassen würden, wenn sie in städtischen Verhältnissen leben, welche als sehr ungünstig erscheinen. Sie würden ihren eigenen Aussagen zufolge nur dann aufs Land ziehen,

---

[1] Vgl. Bloom; Ottong: Changing Africa, a. a. O., 254-255.

wenn sie am Land etwa „moderne" Arbeitsverhältnisse vorfänden. Dieser Anspruch bedeutet keine generelle Ablehnung der Landwirtschaft, wohl aber einfacher landwirtschaftlicher Methoden, die einen hohen Einsatz an manueller Arbeit erfordern, ohne daß sie einen Ertrag abwerfen, der einen gesicherten Lebensunterhalt garantiert, welcher über die Befriedigung primärer Bedürfnisse hinausreicht. Man möchte ein modernes Leben führen in materieller Hinsicht, ohne aber soziokulturelle Aspekte der Modernität übernehmen zu wollen; man verfolgt keinen umfassenden Modernismus, sondern einen partiellen, eben einen materiellen Modernismus (diesen Begriff habe ich weiter oben eingeführt - Teil D.II.3). Man lebt in der Stadt, weil man hier gegenwärtig bessere materielle Lebensverhältnisse vorfindet oder vorzufinden hofft; könnten die materiellen Modernist/inn/en am Land einen ähnlichen Lebensstandard erhoffen, würden sie nach Möglichkeit durchaus am Land leben. Belegt wurde der materielle Modernismus in den tansanischen Fallbeispielen; er läßt sich darüber hinaus aus den Darstellungen etwa zu den Gründen der Land-Stadt-Migration erschließen, beispielsweise wenn aus vielen Studien hervorgeht, daß der Hauptgrund für die Migration ökonomische Überlegungen waren. Viele Befragte geben an, in die Stadt gezogen zu sein, um ein höheres Einkommen zu erzielen, wodurch sie ihren materiellen Wohlstand erhöhen könnten. Demnach könnten sie ebenso am Land bleiben, wenn sie dort entsprechende Verdienstmöglichkeiten vorfänden. Diese vorderhand ökonomischen Motive für die Migration erweisen sich bei näherer Untersuchung vielfach als kulturelle (so wie der materielle Modernismus ein kulturelles Phänomen ist). Den Migrant/inn/en geht es meist um die Verwirklichung einer bestimmten Vorstellung von einem guten Leben (im allgemeinen gleichzusetzen mit einem „modernen" Leben), nicht um die bloße Sicherung ihrer Existenz (bezeichnenderweise zählen die Migrant/inn/en in der Regel nicht zu den Ärmsten). Diese Vorstellungen sind natürlich kulturell bedingt bzw. von Werten geprägt.

Andere Stadtbewohner/innen wiederum sind als Urbanist/inn/en aufzufassen. Ihnen geht es zwar ebenso um einen möglichst hohen materiellen Lebensstandard, für sie spielen jedoch daneben soziokulturelle Faktoren eine wesentliche Rolle. Sie gestalten ihr Leben deutlich anders als die meisten Dorfbewohner/innen. Sie versuchen, sich ihr Leben nach eigenen, individuellen Vorstellungen einzurichten, ohne von Verwandten oder Dorfältesten korrigiert zu werden. Sie wählen sich ihre Sozialkontakte möglichst nach ihren Vorstellungen und knüpfen ihr soziales Netz nach eigenen Bedürfnissen. Sie orientieren sich nicht grundsätzlich an überlieferten Wertvorstellungen, sondern handeln weitgehend entsprechend persönlichen Anschauungen. Für sie würde es nicht reichen, befriedigende materielle Verhältnisse vorzufinden, ihnen geht es vielmehr um die individuelle Freiheit in der Gestaltung ihrer Lebensweise. Dazu kommen Annehmlichkeiten im Bereich der kulturellen und sozialen Infrastruktur von Städten.[2] In dieser Gruppe finden sich insbesondere Menschen, die eine relativ umfangreiche Schulbil-

---

[2] Ich möchte hier keineswegs eine simple „bright lights"-Theorie wiedererstehen lassen, wonach die hellen Lichter der Stadt im konkreten und übertragenen Sinn die Migration veranlassen. Nachgewiesen ist es jedoch, daß wichtige Migrationsgründe etwa im Bereich der städtischen Bildungsmöglichkeiten liegen.

dung absolviert haben. Gerade aufgrund der Schulbildung ziehen sie einerseits berufliche Tätigkeiten vor, die in den Städten eher angeboten werden. Andererseits beeinflussen die Schulen die Werthaltungen der Schüler/innen und Student/inn/en, meist in Richtung moderner Einstellungen. Daraus folgt häufig eine Präferenz für Lebensweisen, die in Städten leichter realisierbar sind als am Land. Auf Menschen, die als Urbanist/inn/en einzustufen sind, bin ich in den Einzeldarstellungen von Bewohner/inne/n Arushas eingegangen. Entsprechende Nachweise finden sich ebenso in den allgemeinen Ausführungen städtischer Lebensformen im tropischen Afrika (etwa im Abschnitt B.III.5 bei der Darstellung von Grundzügen städtischer Lebensweisen im tropischen Afrika), die ich hier nicht wiederholen muß.

Von beiden Ausprägungen, sowohl vom materiellen Modernismus als auch vom Urbanismus, läßt sich eine deutliche Verbindung zum Kolonialismus bzw. zu kolonialistischen Menschenbildern herstellten. Ich möchte hier keineswegs die Behauptung aufstellen, daß nur der Kolonialismus damit zu tun habe und es derartige Ausprägungen in vorkolonialen afrikanischen Städten nicht gegeben habe. Der Kolonialismus trug meines Erachtens jedoch wesentlich zur Verbreitung des Modernismus und Urbanismus bei. Seine abwertenden Vorstellungen bezüglich afrikanischer Kulturen, die mit der Zeit auch unter Afrikaner/inne/n zumindest in Teilbereichen Akzeptanz fanden, beschleunigten den sozialen Wandel und gaben ihm die Richtung vor: Anzustreben sei eine moderne Gesellschaft nach dem Muster westlicher Kulturen. Der Urbanismus wiederum hängt mit dem Modernismus vielfach zusammen (Stichworte: Individualismus, Differenzierung, Innovation).
Kolonialistische Ideologien lassen sich nicht nur in Verbindung bringen zu kulturellen Orientierungen von Stadtbewohner/inne/n, sondern ebenso zum Verlauf der Verstädterung im tropischen Afrika. Wie gezeigt wurde, bestanden afrikanische Städte schon lange vor ersten kolonialen Kontakten. Das Ausmaß der Verstädterung nahm jedoch seit dem Kolonialismus markant zu, wobei dieser Trend in nachkolonialer Zeit noch verstärkt wurde. Hierfür spielten natürlich ökonomische Verhältnisse, darunter die umfassende Einbindung der afrikanischen Wirtschaft in die Weltwirtschaft, eine bedeutende Rolle. Hinter diesen Trends stehen jedoch auch veränderte kulturelle Orientierungen. Eine isolierte ideengeschichtliche Erörterung kann städtische Wachstumsraten im Detail (zum Beispiel im Ländervergleich) sicher nicht erklären, sie kann jedoch die Grundtendenz plausibel machen bzw. Teilerklärungen liefern. Ich habe darauf hingewiesen, daß es gerade auch nachkolonialen Politiker/inne/n um die Modernisierung ging, wobei damit verbundene Werthaltungen nicht zuletzt im expandierenden Schulwesen ein Vehikel zu deren Verbreitung fanden. Die Neubewertung des vielfältigen Erbes afrikanischer Kulturen führte kaum so weit, daß sie die Modernisierung und Urbanisierung wesentlich beeinflußt hätte.

Wenn die Verstädterung und städtische Lebensweisen im tropischen Afrika zutreffend und in wesentlichen Punkten mit der idealtypischen Dichotomie von materiellem Modernismus und Urbanismus erfaßt werden können, leiten sich daraus klare politische Richtlinien ab, sofern man als zusätzliche Prämisse die Absicht der politischen

Strateg/inn/en annimmt, sich im Prinzip nach den Wünschen der Bevölkerung richten zu wollen. Da es, wie die bisherigen Ausführungen gezeigt haben, keineswegs nur ökonomische Motive gibt, in die Stadt abzuwandern bzw. in der Stadt zu bleiben, wäre es verfehlt, städtische Probleme allein durch ökonomische Maßnahmen am Land eindämmen zu wollen, und zwar durch Maßnahmen, welche auf die wirtschaftliche Förderung ländlicher Regionen abzielen und die Abwanderung eindämmen sollten.[3] Klarerweise sind derartige Schritte zweckmäßig, insbesondere wenn man die materiellen Modernist/inn/en im Auge hat. Eine ausgewogene Strategie müßte jedoch ebenso kulturelle Aspekte berücksichtigen und es respektieren, daß viele Menschen aus soziokulturellen Gründen die Stadt als Lebensraum vorziehen. Darüber hinaus fehlt ja einem großen Teil derzeitiger Stadtbewohner/innen eine realisierbare Option, sich am Land niederzulassen. Daher müßte eine Politik, die die Hebung des Lebensstandardes (nach je spezifischen Kriterien) zum Ziel hat, sowohl die Verhältnisse am Land als auch in der Stadt zu verbessern suchen. (Daß Handlungsbedarf besteht, wurde hinlänglich dargestellt.) Entwicklungsplanung, die nicht darauf achtet, würde über die Köpfe der Betroffenen hinweg konzipiert. Meines Erachtens sollte der Versuch unternommen werden, das städtische Leben selbst annehmlicher zu gestalten, parallel zur Förderung ländlicher Gebiete.

An den Anfang meiner Ausführungen stellte ich einen Satz Boteros aus dem 16. Jahrhundert, der eine Meinung wiedergibt, die in der vorliegenden Arbeit sowohl vielfach bestätigt als auch - scheinbar - widerlegt wurde. Angesichts umfangreicher städtischer Probleme scheint die Frage berechtigt zu sein, ob ein Großteil der zugewanderten Stadtbewohner/innen, sofern sie tatsächlich in der Hoffnung auf ein besseres und glücklicheres Leben in eine Stadt gezogen waren, nicht in ihrer Hoffnung getäuscht wurden. Auf der anderen Seite hat es sich gezeigt, daß heutige afrikanische Städte Lebensformen ermöglichen, die in ländlichen Gebieten kaum realisierbar sind. Dabei werden städtische Lebensformen (einschließlich bestimmter beruflicher Chancen) von vielen Menschen überaus hoch bewertet. So möchte ich meine Arbeit mit jenen Aussagen schließen, die ich ebenso bereits an den Anfang der Untersuchung setzte. Sie stammen von Paul Mwale und Ruth Wakabi, die in Arusha leben:
„Das Leben in der Stadt ist hart." - „In die Stadt, dort gehöre ich hin."

---

[3] Vgl. auch Imoagene: Some Sociological Aspects of Modern Migration in Western Africa, a. a. O., v. a. 355-356.

LITERATURVERZEICHNIS

Abegunde, M. A. A.: Aspects of the Physical Environment of Lagos, in: Ade Adefuye, Babatunde A. Agiri, Jide Osuntokun (Hg.): History of the Peoples of Lagos State, Lagos: Lantern Books, 1987, 6-15.

Abu-Lughod, J.: New York and Cairo: a View From Street Level, *International Social Science Journal*, 125 (1990), 307-318.

Abumere, S. I.: Nigeria, in: James D. Tarver (Hg.): Urbanization in Africa. A Handbook, Westport, Connecticut-London: Greenwood Press, 1994, 262-278.

Abungu, George H. O.; Mutoro, Henry W.: Coast-Interior Settlements and Social Relations in the Kenya Coastal Hinterland, in: Paul J. J. Sinclair, Thurstan Shaw, Bassey Andah, Alex Okpoko (Hg.): The Archaeology of Africa. Food, Metals and Towns, London-New York: Routledge, 1993, 694-704.

Acham, Karl: Philosophie der Sozialwissenschaften, Freiburg-München: Karl Alber, 1983.

Achanfuo-Yeboah, D.: Grounding a Theory of African Migration in Recent Data on Ghana, *International Sociology*, 8/2 (1993), 215-226.

Adams, William Y.: Nubia. Corridor to Africa, Princeton: Princeton University Press, 1977.

Adams, William Y.: The First Colonial Empire: Egypt in Nubia, 3200-1200 B. C., *Comparative Studies in Society and History*, 26/1 (1984), 36-71.

Adefuye, Ade: Oba Akinsemoyin and the Emergence of Modern Lagos, in: ders., Babatunde A. Agiri, Jide Osuntokun (Hg.): History of the Peoples of Lagos State, Lagos: Lantern Books, 1987, 33-46.

Adefuye, Ade; Agiri, Babatunde A.; Osuntokun, Jide: Introduction: Towards a Comprehensive History of the Peoples of Lagos State, in: dies. (Hg.): History of the Peoples of Lagos State, Lagos: Lantern Books, 1987, 1-5.

Adepoju, Aderanti: Migration in Africa. An Overview, in: Jonathan Baker, Tade Akin Aina (Hg.): The Migration Experience in Africa, Uppsala: Nordiska Afrikainstitutet, 1995, 87-108.

Adepoju, Aderanti: Rural-Urban Socio-Economic Links: the Example of Migrants in Southwest Nigeria, in: Samir Amin (Hg.): Modern Migrations in Western Africa, London: Oxford University Press, 1974, 127-136.

Aderibigbe, A. B.: Early History of Lagos to About 1850, in: ders. (Hg.): Lagos: The Development of an African City, London: Longman, 1975, 1-26.

Adesina, Segun: The Development of Western Education, in: A. B. Aderibigbe (Hg.): Lagos: The Development of an African City, London: Longman, 1975, 124-143.

Adick, Christel: Die Universalisierung der modernen Schule. Eine theoretische Problemskizze zur Erklärung der weltweiten Verbreitung der modernen Schule in den letzten 200 Jahren mit Fallstudien aus Westafrika, Paderborn-München-Wien-Zürich: Ferdinand Schöningh, 1992.

Africa South of the Sahara 1996, Ghana: Statistical Survey, London: Europa Publications, 1995, 448-452.

Africa South of the Sahara 1996: Kenya: Statistical Survey, London: Europa Publications, 1995, 505-510.

Africa South of the Sahara 1996: Nigeria: Statistical Survey, London: Europa Publications, 1995, 725-730.

Africa South of the Sahara 1996: Tanzania: Directory, London: Europa Publications, 1995, 963-970.
Africa South of the Sahara 1996: Tanzania: Statistical Survey, London: Europa Publications, 1995, 959-963.
Agiri, Babatunde A.: Architecture as a Source of History: The Lagos Example, in: Ade Adefuye, Babatunde A. Agiri, Jide Osuntokun (Hg.): History of the Peoples of Lagos State, Lagos: Lantern Books, 1987, 341-350.
Agiri, Babatunde A.; Barnes, Sandra: Lagos Before 1603, in: Ade Adefuye, Babatunde A. Agiri, Jide Osuntokun (Hg.): History of the Peoples of Lagos State, Lagos: Lantern Books, 1987, 18-32.
Ajaegbu, H. I.: Urbanization in Africa, in: Reuben K. Udo (Hg.): Population Education Source Book for Sub-Saharan Africa, Nairobi: Heinemann Educational Books, 1979, 87-96.
Ake, Claude: Ideology and Objective Conditions, in: Joel D. Barkan (Hg.): Politics and Public Policy in Kenya and Tanzania, Revised Ed., New York u. a.: Praeger, 1984, 127-139.
Akinjogbin, I. A.; Adediran, Biodun: Pre-Colonial Nigeria: West of the Niger, in: Richard Olaniyan (Hg.): Nigerian History and Culture, Harlow: Longman, 1985, 35-55.
Akintola-Arikawe, J. O.: The Rise of Industrialism in the Lagos Area, in: Ade Adefuye, Babatunde A. Agiri, Jide Osuntokun (Hg.): History of the Peoples of Lagos State, Lagos: Lantern Books, 1987, 104-127.
Albert, Hans: Traktat über kritische Vernunft, Tübingen: J. C. B. Mohr (Paul Siebeck), [2]1969.
Alder, Graham: Tackling Poverty in Nairobi's Informal Settlements: Developing an Institutional Strategy, *Einvironment and Urbanization,* 7/2 (1995), 85-107.
Altner, Günter: Darwin, seine Theorie und ihr Zustandekommen, in: ders. (Hg.): Der Darwinismus. Die Geschichte einer Theorie, Darmstadt: Wissenschaftliche Buchgesellschaft, 1981, 5-8.
Amin, Samir: Die ungleiche Entwicklung. Essay über die Gesellschaftsformationen des peripheren Kapitalismus, Hamburg: Hoffmann und Campe, 1975 (franz. Orig. 1973).
Amin, Samir: Introduction, in: ders. (Hg.): Modern Migrations in Western Africa, London: Oxford University Press, 1974, 65-124.
Amin, Samir: Migrations in Contemporary Africa. A Retrospective View, in: Jonathan Baker, Tade Akin Aina (Hg.): The Migration Experience in Africa, Uppsala: Nordiska Afrikainstitutet, 1995, 29-40.
Amis, Philip: Introduction: Key Themes in Contemporary African Urbanisation, in: Philip Amis, Peter Lloyd (Hg.): Housing Africa's Urban Poor, Manchester-New York: Manchester University Press, 1990, 1-31.
Amis, Philip: Squatters or Tenants: The Commercialization of Unauthorized Housing in Nairobi, *World Development,* 12/1 (1984), 87-96.
Andreasen, Jørgen: Urban-Rural Linkages and Their Impact on Urban Housing in Kenya, in: Jonathan Baker (Hg.): Small Town Africa. Studies in Rural-Urban Interaction, Uppsala: The Scandinavian Institute of African Studies (Nordiska afrikainstitutet), 1990, 161-171.
Ankerl, Guy: Urbanization Overspeed in Tropical Africa, 1970-2000. Facts, Social Problems, and Policy, Geneva: INU Press, 1986.
Ansprenger, Franz: Auflösung der Kolonialreiche, München: Deutscher Taschenbuch Verlag, [2]1973.
Ansprenger, Franz: Politische Geschichte Afrikas im 20. Jahrhundert, München: C. H. Beck, 1992.

d'Arboussier, Gabriel: Die theoretischen Grundlagen der RDA (1948), in: Rainer Falk, Peter Wahl (Hg.): Befreiungsbewegungen in Afrika. Politische Programme, Grundsätze und Ziele von 1945 bis zur Gegenwart, Köln: Pahl-Rugenstein, 1980, 111-116.

Ardhi Institute: Arusha Master Plan Review. Draft Master Plan Interim Stage, Dar es Salaam: Ardhi Institute, 1987.

Arhin, Kwame; Afari-Gyan, Kwadwo (Hg.): The City of Kumasi Handbook. Past, Present and Future, Legon: Institute of African Studies, University of Ghana, 1992.

Arifalo, S. O.: Panafricanism and the Organisation of African Unity, in: Richard Olaniyan (Hg.): African History and Culture, Lagos: Longman: 1982, 127-149.

Aseka, E. M.: Urbanisation, in: William R. Ochieng' (Hg.): Themes in Kenyan History, Nairobi: East African Educational Publishers, ^{2}1993 (^{1}1990), 44-67.

Awotona, Adenrele: The Urban Poor's Perception of Housing Conditions, in: Robert W. Taylor (Hg.): Urban Development in Nigeria. Planning, Housing and Land Policy, Aldershot u. a.: Avebury, 1993, 130-144.

Babiker, Abdel Bagi A. G.: Socio-Economic Changes among the Nuba Migrants in Khartoum/Omdurman, Taking into Consideration their Contacts to Home Villages, in: Fouad N. Ibrahim, Helmut Ruppert (Hg.): Rural-Urban Migration and Identity Change. Case Studies from the Sudan, Bayreuther geowissenschaftliche Arbeiten Bd. 11, Bayreuth: Druckhaus Bayreuth Verlagsgesellschaft, 1988, 95-112.

Bagachwa, Mboya S. D. : The Urban Informal Enterprise Sector in Tanzania: A Case Study of Arusha Region, Dar es Salaam: Economic Research Bureau, University of Dar es Salaam, 1981 (E. R. B. Paper 81.4).

Bahrdt, Hans Paul: Die moderne Großstadt, in: Otto Walter Haseloff (Hg.): Die Stadt als Lebensform, Berlin: Colloquium, 1970, 142-152.

Baker, Jonathan: The Gurage of Ethiopia: Rural-Urban Interaction and Entrepreneurship, in: ders. und Poul Ove Pedersen (Hg.): The Rural-Urban Interface in Africa. Expansion and Adaptation, Uppsala: Nordiska Afrikainstitutet (The Scandinavian Institute of African Studies), 1992, 125-147.

Baker, Pauline H.: Urbanization and Political Change. The Politics of Lagos, 1917-1967, Berkeley u. a.: University of California Press, 1974.

Balogun, Olajide Ola: Road Congestion and Traffic Composition in Lagos Metropolitan Area of Nigeria: Analysis and Solutions, Diss., Wien 1993.

Barkan, Joel D.: Divergence and Convergence in Kenya and Tanzania: Pressures for Reform, in: ders. (Hg.): Beyond Capitalism vs. Socialism in Kenya and Tanzania, Boulder-London: Lynne Rienner, 1994, 1-45.

Barkan, Joel D.: Preface, in: ders. (Hg.): Beyond Capitalism vs. Socialism in Kenya and Tanzania, Boulder-London: Lynne Rienner, xiii-xiv.

Barker, D.; Ferguson, A. G.: A Goldmine in the Sky Faraway: Rural-Urban Images in Kenya. *Area,* 15/ 3 (1983), 185-191.

Beach, David N.: The Shona and Zimbabwe 900-1850. An Outline of Shona History, Gwelo: Mambo Press (London: Heinemann), 1980.

Beach, David: The Shona and their Neighbours, Oxford-Cambridge, Mass.: Blackwell, 1994.

Becker, Charles M.; Hamer, Andrew M.; Morrison, Andrew R.: Beyond Urban Bias in Africa. Urbanization in an Era of Structural Adjustment, Portsmouth: Heinemann, London: James Currey, 1994.

Bello, S.: Birnin Zaria, in: Garba Ashiwaju et al. (Hg.): Cities of the Savannah (A History of Towns and Cities of the Nigerian Savannah), Lagos: The Nigeria Magazine, ohne Jahresangabe, 77-81.
Benevolo, Leonardo: Die Geschichte der Stadt (ital. Orig. 1975), Frankfurt am Main: Campus, [4]1990.
Berry, L.: Tanzania: Physical and Social Geography, in: Africa South of the Sahara 1996, London: Europa Publications, 1995, 948.
Bertaux, Pierre: Afrika. Von der Vorgeschichte bis zu den Staaten der Gegenwart, Frankfurt am Main: Fischer, 1993 ([1]1966).
Bhabha, Homi K.: The Other Question: Difference, Discrimination and the Discourse of Colonialism, in: Francis Barker, Peter Hulme, Margaret Iversen, Diana Loxley (Hg.): Literature, Politics and Theory. Papers from the Essex Conference 1976-84, London-New York: Methuen, 1986, 148-172.
Binns, Tony: Tropical Africa, London-New York: Routledge, 1994.
Birmingham, David: Makers of the Twentieth Century: Kwame Nkrumah, London: Cardinal, 1990.
Bitterli, Urs: Die „Wilden" und die „Zivilisierten". Grundzüge einer Geistes- und Kulturgeschichte der europäisch-überseeischen Begegnung, München: C. H. Beck, [2]1991.
Blakemore, Kenneth; Cooksey, Brian: A Sociology of Education for Africa, London: George Allen & Unwin, 1981 ([1]1980).
Blankson, Charles C. T.: Housing Estates in Ghana: A Case Study of Middle- and Low-Income Residential Areas in Accra and Kumasi, in: R. A. Obudho, Constance C. Mhlanga (Hg.): Slum and Squatter Settlements in Sub-Saharan Africa. Toward a Planning Strategy, New York-Westport-London: Praeger, 1988, 53-70.
Bloch, Dieter: Fakten-Zahlen-Übersichten, in: Einhard Schmidt-Kallert: Ghana (unter Mitarbeit von Erhard Hofmann), Gotha: Justus Perthes, 1994, 215-232.
Bloom, Leonard; Ottong, Joseph Gabriel: Changing Africa. An Introduction to Sociology, London-Basingstoke: Macmillan, [3]1994 ([1]1987).
Boateng, E. A.: Ghana. Physical and Social Geography, in: Africa South of the Sahara 1996, London: Europa Publications, 1995, 435.
Bogonko, Sorobea Nyachieo: A History of Modern Education in Kenya (1895-1991), Nairobi: Evans Brothers, 1992.
Bolte, Karl Martin; Kappe, Dieter; Schmid, Josef: Bevölkerung. Statistik, Theorie, Geschichte und Politik des Bevölkerungsprozesses, Opladen: Leske Verlag + Budrich GmbH, [4]1980.
Bosl, Karl: Die Grundlagen der modernen Gesellschaft im Mittelalter. Eine deutsche Gesellschaftsgeschichte des Mittelalters, Stuttgart: Anton Hiersemann, 1972 (Teil II).
Breitengroß, Jens Peter: Wirtschaft und Wirtschaftspolitik in Tansania, in: Werner Pfennig, Klaus Voll, Helmut Weber (Hg.): Entwicklungsmodell Tansania: Sozialismus in Afrika. Geschichte, Ökonomie, Politik, Erziehung, Frankfurt-New York: Campus, 1980, 133-167.
Brendel, Otto: Über Entstehung und Funktion der Stadt in den alten Hochkulturen, in: Haseloff (Hg.): Die Stadt als Lebensform, Berlin: Colloquium, 1970, 20-28.
Brown, Beverly; Brown, Walter T.: East African Trade Towns: A Shared Growth, in: W. Arens (Hg.): A Century of Change in Eastern Africa, The Hague-Paris: Mouton, 1976, 183-200.
Buah, F. K.: A History of Ghana, London-Basingstoke, Macmillan, 1980.
Buchert, Lene: Education in the Development of Tanzania 1919-90, London u. a.: James Currey u. a., 1994.

Bugnicourt, Jacques: Dakar Without Bounds, in: Brian Brace Taylor (Hg.): Reading the Contemporary African City. Proceedings of Seminar Seven in the Series Architectural Transformations in the Islamic World, Dakar, Senegal, November 1982, Singapore: Concept Media (for Aga Khan Award for Architecture), 1983, 27-42.

Buren, Linda van: Kenya. Economy, in: Africa South of the Sahara 1996, London: Europa Publications, 1995, 498-505.

Buren, Linda van: Tanzania: Economy, in: Africa South of the Sahara 1996, London: Europa Publications, 1995, 952-958.

Burrows, Sally: The Role of Indigenous NGOs in the Development of Small Town Enterprises in Ghana, in: Jonathan Baker, Poul Ove Pedersen (Hg.): The Rural-Urban Interface in Africa. Expansion and Adaptation, Uppsala: Nordiska Afrikainstitutet (The Scandinavian Institute of African Studies), 1992, 187-199.

Bussagli, Mario: Indien, Indonesien, Indochina; m. e. Beitr. v. Arcangelo Santoro, in der Reihe Weltgeschichte der Architektur, Stuttgart: Deutsche Verlags-Anstalt, 1985, (ital. Orig. 1981).

Byaruhanga-Akiiki, A. B. T.: Africa and Christianity: Domestication of Christian Values in the African Church, in: Jacob K. Olupona, Sulayman S. Nyang (Hg.): Religious Plurality in Africa. Essays in Honour of John S. Mbiti, Berlin-New York: Mouton De Gruyter, 1993, 179-195.

Byerlee, Derek; Tommy, Joseph L.: Rural-Urban Migration, Development Policy and Planning, in: Reuben K. Udo (Hg.): Population Education Source Book for Sub-Saharan Africa, Nairobi: Heinemann Educational Books, 1979, 216-225.

Carr-Hill, Roy A.: Social Conditions in Sub-Saharan Africa, Basingstoke-London: Macmillan, 1990.

Chandler, Tertius; Fox, Gerald: 3000 Years of Urban Growth, New York-London: Academic Press, 1974.

Chazan, Naomi; Mortimer, Robert; Ravenhill, John; Rothchild, Donald: Politics and Society in Contemporary Africa, Boulder, Col.: Lynne Rienner Publishers, 1992 (Second Ed.).

Chege, Michael: The Return of Multiparty Politics, in: Joel D. Barkan (Hg.): Beyond Capitalism vs. Socialism in Kenya and Tanzania, Boulder-London: Lynne Rienner, 1994, 47-74.

Childe, V. Gordon: Die Evolutionstheorie in der Ethnographie (engl. Orig. 1951), in: Günter Altner (Hg.): Der Darwinismus. Die Geschichte einer Theorie, Darmstadt: Wissenschaftliche Buchgesellschaft, 1981, 303-317.

Chittick, H. Neville; Rotberg, Robert I.: Introduction, in: dies. (Hg.): East Africa and the Orient. Cultural Synthesis in Pre-Colonial Times, New York-London: Africana Publishing Company, 1975, 1-15.

Chittick, Neville: The Peopling of the East African Coast, in: ders. und Robert I. Rotberg (Hg.): East Africa and the Orient. Cultural Synthesis in Pre-Colonial Times, New York-London: Africana Publishing Company, 1975, 16-43.

Cipolla, Carlo M.: Wirtschaftsgeschichte und Weltbevölkerung, München: Deutscher Taschenbuchverlag, 1972 (engl. Orig. 1962).

Clout, Hugh (Hg.): The Times London History Atlas, London: Times Books (Harper Collins), ²1994.

Cohen, William B.: The French Encounter with Africans. White Response to Blacks, 1530-1880, Bloomington-London: Indiana University Press, 1980.

Cole, P. D.: Lagos Society in the Nineteenth Century, in: A. B. Aderibigbe (Hg.): Lagos: The Development of an African City, London: Longman, 1975, 27-58.

Cole, Patrick: Modern and Traditional Elites in the Politics of Lagos, London: Cambridge University Press, 1975.
Connah, Graham: African Civilizations. Precolonial Cities and States in Tropical Africa: An Archaeological Perspective, Cambridge u. a.: Cambridge University Press, 1987.
Cooksey, Brian; Court, David; Makau, Ben : Education for Self-Reliance and Harambee, in: Joel D. Barkan (Hg.): Beyond Capitalism vs. Socialism in Kenya and Tanzania, Boulder-London: Lynne Rienner, 1994, 201-233.
Coquery-Vidrovitch, Catherine: Africa. Endurance and Change South of the Sahara, Berkeley u. a.: University of California Press, 1988 (franz. Erstausgabe 1985).
Coquery-Vidrovitch, Catherine: The Process of Urbanization in Africa (From the Origins to the Beginning of Independence), *African Studies Review*, 34/1 (1991), 1-98.
Court, David: The Education System as a Response to Inequality, in: Joel D. Barkan (Hg.): Politics and Public Policy in Kenya and Tanzania, Revised Ed., New York u. a.: Praeger, 1984, 265-295.
Crowther, Geoff; Finlay, Hugh: East Africa. A Travel Survival Kit, Hawthorn: Lonely Planet, [3]1994 ([1]1987).
Dare, Leo: Politics since Independence, in: Richard Olaniyan (Hg.): Nigerian History and Culture, Harlow: Longman, 1985, 189-210.
Darkoh, Michael B. K.: Tanzania's Growth Centre and Industrial Decentralisation Strategy, Report for the Organisation of Social Science Research in Eastern Africa (OSSREA), Nairobi, 1990.
Darwin, Charles: Recapitulation of the Arguments Pro and Contra Natural Selection (Orig. 1859), in: Günter Altner (Hg.): Der Darwinismus. Die Geschichte einer Theorie, Darmstadt: Wissenschaftliche Buchgesellschaft, 1981, 27-51.
Das offizielle Programm der Nigerianischen Jugendbewegung (1938), in: Rainer Falk, Peter Wahl (Hg.): Befreiungsbewegungen in Afrika. Politische Programme, Grundsätze und Ziele von 1945 bis zur Gegenwart, Köln: Pahl-Rugenstein, 1980, 70-72.
Davidson, Basil (in Zusammenarbeit mit F. K. Buah und der Beratung von J. F. Ade Ajayi): The Growth of African Civilisation. A History of West Africa 1000-1800, London: Longman, [4]1976 ([1]1965).
Davidson, Basil: Modern Africa, London-New York: Longman, [3]1984 ([1]1983), u. a. 3-18.
Davidson, Basil: The Black Man's Burden. Africa and the Curse of the Nation-State, London: James Currey, 1992.
Davidson, Basil: The Lost Cities of Africa, Boston-Toronto: Little, Brown & Company, 1959.
Dekret des Nationalkonvents über die Abschaffung der Negersklaverei in den Kolonien vom 4. 2. 1794, in: Walter Grab (Hg.): Die Französische Revolution. Eine Dokumentation, München: Nymphenburger Verlagshandlung, 1973, 222.
DeLancey, Virginia: The Economies of Africa, in: April A. Gordon, Donald L. Gordon: Understanding Contemporary Africa, Boulder-London: Lynne Rienner Publishers, 1992, 87-121.
Denzin, Norman: Whose Cornerville Is It, Anyway?, *Journal of Contemporary Ethnography*, 21/1 (1992), 120-132.
Department of Resource Survey and Remote Sensing (Kenya) and Centre de Recherche, d'Echanges et de Documantation Universitaire (France): Kenya from Space: An Aerial Atlas, Nairobi: East African Educational Publishers, 1992.
Depret, Roland: The Assimilation of Traditional Practices in Contemporary Architecture, in: Brian Brace Taylor (Hg.): Reading the Contemporary African City. Proceedings of Semi-

nar Seven in the Series Architectural Transformations in the Islamic World, Dakar, Senegal, November 1982, Singapore: Concept Media (for Aga Khan Award for Architecture), 1983, 61-72, hier 70-72.
Desselberger, Hermann: Kolonialherrschaft und Schule in Deutsch-Ostafrika, in: Werner Pfennig, Klaus Voll, Helmut Weber (Hg.): Entwicklungsmodell Tansania: Sozialismus in Afrika. Geschichte, Ökonomie, Politik, Erziehung, Frankfurt-New York: Campus, 1980, 94-118.
Dickson, Kwamina B.: A Historical Geography of Ghana, Cambridge: Cambridge University Press, 1969, 70.
Dierse, Ulrich; Scholtz, Gunter: Geschichtsphilosophie, in: Joachim Ritter (Hg.): Historisches Wörterbuch der Philosophie, Bd. 3, Basel-Stuttgart: Schwabe & Co, 1974, 416-439.
Dike, Azuka A.: Misconceptions of African Urbanism: Some Euro-American Notions, in: R. A. Obudho, Salah El-Shakhs (Hg.): Development of Urban Systems in Africa, New York: Praeger, 1979, 19-30.
Donner-Reichle, Carola: Ujamaadörfer in Tanzania. Politik und Reaktionen der Bäuerinnen, Hamburg: Institut für Afrika-Kunde, 1988.
Drakakis-Smith, David: The Third World City, London-New York: Routledge, ^{3}1992 (^{1}1987).
Dubet, François; Lapeyronnie, Didier: Im Aus der Vorstädte. Der Zerfall der demokratischen Gesellschaft, Stuttgart: Klett-Cotta, 1994 (franz. Orig. 1992).
Eberdorfer, Heinz: Africa Utopica. Das Bild Afrikas und der Afrikaner in literarischen Utopien und utopischen Projekten, in: *Geschichte und Gegenwart* (1987), 54-72; 117-143.
Echeruo, Michael J. C.: Victorian Lagos. Aspects of Nineteenth Century Lagos, London-Basingstoke: Macmillan, 1977.
Eisemon, Thomas Owen: Benefiting from Basic Education: A Review of Research on the Outcomes of Primary Schooling in Developing Countries, Buffalo, N. Y.: Comparative Education Center, State University of New York at Buffalo, ^{2}1988 (^{1}1987).
Ellis, Carolyn: Emotional and Ethical Quagmires in Returning to the Field, *Journal of Contemporary Ethnography*, 24/1 (1995), 68-98.
Endruweit, Günter: Modernisierung, in: ders. u. Gisela Trommsdorff (Hg.): Wörterbuch der Soziologie, München: Deutscher Taschenbuchverlag, 1989, 454-455.
Epstein, A. L.: The Network and Urban Social Organisation (orig. publ. 1961), in: Scenes from African Urban Life: Collected Copperbelt Papers, Edinburgh: Edinburgh University Press, 1992, 49-87.
Etherton, David: Mathare Valley. A Case Study of Uncontrolled Settlement in Nairobi, Nairobi: University of Nairobi, 1971.
Etta, Florence Ebam: Gender Issues in Contemporary African Education, *Africa Development*, 19/4 (1994), 57-84.
Fadayomi, T. O.; Titilola, S. O.; Oni, B.; Fapohunda, O. J.: Migrations and Development Policies in Nigeria, in: Moriba Toure, T. O. Fadayomi (Hg.): Migrations, Development and Urbanization Policies in Sub-Saharan Africa, Dakar: CODESRIA, 1992, 51-111.
Falk, Rainer; Wahl, Peter (Hg.): Befreiungsbewegungen in Afrika. Politische Programme, Grundsätze und Ziele von 1945 bis zur Gegenwart, Köln: Pahl-Rugenstein, 1980.
Falk, Rainer: Einleitung: Politische Entwicklungstendenzen und soziale Grundlagen der nationalen Befreiungsbewegung in Afrika, in: ders. und Peter Wahl (Hg.): Befreiungsbewegungen in Afrika. Politische Programme, Grundsätze und Ziele von 1945 bis zur Gegenwart, Köln: Pahl-Rugenstein, 1980, 13-42.

Falk, Rainer; Wahl, Peter: Vorbemerkungen, in: diess. (Hg.): Befreiungsbewegungen in Afrika. Politische Programme, Grundsätze und Ziele von 1945 bis zur Gegenwart, Köln: Pahl-Rugenstein, 1980, 47-58.

Falola, Toyin; Adebayo; Akanmn: Pre-Colonial Nigeria: North of the Niger-Benue, in: Richard Olaniyan (Hg.): Nigerian History and Culture, Harlow: Longman, 1985, 56-96.

Faluyi, Kehinde: The Awori Factor in the History of Lagos, in: Ade Adefuye, Babatunde A. Agiri, Jide Osuntokun (Hg.): History of the Peoples of Lagos State, Lagos: Lantern Books, 1987, 229-239.

Fapohunda, Olanrewaju J.; Lubell, Harold (unter Mitarb. v. Jaap Reijmerink, Meine Pieter van Dijk): Lagos. Urban Development and Employment, Geneva: International Labour Office, 1978.

Feldbauer, Peter; Velasco, Patricia Mar: Megalopolis Mexiko, in: Peter Felbauer, Erich Pilz, Dieter Rünzler, Irene Stacher (Hg.): Megastädte. Zur Rolle von Metropolen in der Weltgesellschaft, Wien-Köln-Weimar: Böhlau, 1993, 239-264.

Ferraro, Gary P.: Nairobi: Overview of an East African City, *African Urban Studies*, 3 (1978-79), 1-13.

Fine, Gary Alan: Ten Lies of Ethnography. Moral Dilemmas of Field Research, *Journal of Contemporary Ethnography*, 22/3 (1993), 267-294.

Fischer Weltalmanach 1997, Frankfurt am Main: Fischer, 1996.

Fischer, Claude S.: To Dwell Among Friends. Personal Networks in Town and City, Chicago-London: University of Chicago Press, 1982.

Fischer, Claude S.: Toward a Subcultural Theory of Urbanism, *Amercian Journal of Sociology*, 80 (1975), 1319-41.

Foster, Philip: Education and Social Change in Ghana, London: Routledge & Kegan Paul, ^{3}1971 (^{1}1965).

Freeman, Donald B.: A City of Farmers. Informal Urban Agriculture in the Open Spaces of Nairobi, Kenya, Montreal-Kingston-London-Buffalo: McGill-Queen's University Press, 1991.

Freund, Bill: The Making of Contemporary Africa. The Development of African Society since 1800, London-Basingstoke: Macmillan, 1984.

Friedmann, John; Wulf, Robert: The Urban Transition. Comparative Studies of Newly Industrializing Societies, London: Edward Arnold, 1976.

Gambari, Ibrahim A.: British Colonial Administration, in: Richard Olaniyan (Hg.): Nigerian History and Culture, Harlow: Longman, 1985, 159-175.

Gambishi, Bernadetta N. J.: Industrialization and Urban Development in Tanzania 1969-1981: The Case of Arusha and Morogoro Towns, Thesis, Dar es Salaam: University of Dar es Salaam, 1983.

Garlake, Peter: The Kingdoms of Africa, Oxford: Elsevier-Phaidon, 1978.

Gbadamosi, G. O.: Patterns and Developments in Lagos Religious History, in: A. B. Aderibigbe (Hg.): Lagos: The Development of an African City, London: Longman, 1975, 173-196.

Gellar, Sheldon: The Colonial Era, in: Phyllis M. Martin, Patrick O'Meara (Hg.): Africa, Bloomington: Indiana University Press, ^{2}1986, 122-140.

Gilbert, Alan; Gugler, Josef: Cities, Poverty, and Development. Urbanization in the Third World, Oxford: Oxford University Press, 1987 (ELBS Edition; ^{1}1981).

Girouard, Mark: Die Stadt. Menschen, Häuser, Plätze. Eine Kulturgeschichte, Frankfurt am Main-New York: Campus, 1987, 343-348 (engl. Orig. 1985).

Glaser, Hermann: Die Kulturstadt und die Zukunft der Industriegesellschaft (aus der Reihe der „Wiener Vorlesungen im Rathaus", Bd. 9), Wien: Picus, 1991.
Gnielinski, Stefan von: Ghana. Tropisches Entwicklungsland an der Oberguineaküste, Darmstadt: Wissenschaftliche Buchgesellschaft, 1986.
Gordon, Donald L.: African Politics, in: April A. Gordon, Donald L. Gordon: Understanding Contemporary Africa, Boulder-London: Lynne Rienner Publishers, 1992, 51-85.
Gould, Stephen Jay: Der falsch vermessene Mensch, Frankfurt am Main: Suhrkamp, ²1994 (engl. Orig. 1981).
Graft-Johnson, K. E. de: The Evolution of Elites in Ghana, in: P. C. Lloyd (Hg.): The New Elites of Tropical Africa. Studies Presented and Discussed at the Sixth International African Seminar at the University of Ibadan, Nigeria, July 1964, London: Oxford University Press, 1966, 104-115.
Griffeth, Robert: The Hausa City-States from 1450 to 1804, in: Robert Griffeth, Carol G. Thomas (Hg.): The City-State in Five Cultures, Santa Barbara: ABC-Clio und Oxford: Clio, 1981, 143-180.
Grohs, Gerhard: Tanzania - Zur Soziologie der Dekolonisation, in: ders. und Bassam Tibi (Hg.) Zur Soziologie der Dekolonisation in Afrika, Frankfurt a. M.: Fischer, 1973, 123-145.
Gugler, Josef (Hg.): The Urbanization of the Third World, New York: Oxford University Press, 1988.
Gugler, Josef: The Rural-Urban Interface and Migration, in: Alan Gilbert, Josef Gugler: Cities, Poverty, and Development. Urbanization in the Third World, Oxford: Oxford University Press, 1987 (ELBS Ed., Orig.: 1981), 49-64.
Gugler, Josef; Ludwar-Ene, Gudrun: Gender and Migration in Africa South of the Sahara, in: Jonathan Baker, Tade Akin Aina (Hg.): The Migration Experience in Africa, Uppsala: Nordiska Afrikainstitutet, 1995, 257-268.
Gutkind, Peter C. W.: The Energy of Despair: Social Organization of the Unemployed in Two African Cities: Lagos and Nairobi. A Preliminary Account. *Civilisations*, XVII, 1967, 186 ff.
Gutkind, Peter C. W.: Urban Anthropology. Perspectives on 'Third World' Urbanisation and Urbanism, Assen: Van Gorcum & Comp. B. V., 1974.
Hake, Andrew: African Metropolis. Nairobi's Self-Help City, London: Chatto & Windus, 1977.
Halliman, Dorothy M.; Morgan, W. T. W.: The City of Nairobi, in: W. T. W. Morgan (Hg.): Nairobi: City and Region, Nairobi: Oxford University Press, 1967, 98-120.
Halmashauri ya Manispaa ya Arusha: Program/Mpango wa Maendeleo 1996-2000, Arusha: Ukumbi wa Minisipa, 1996.
Hamish, Main; Williams, Stephen W. (Hg.): Environment and Housing in Third World Cities, Chicester u. a.: John Wiley & Sons, 1994.
Hance, William A.: Population, Migration, and Urbanization in Africa, New York-London: Columbia University Press, 1970.
Hanga, Sylvester: Tanzania Tourism Wakes Up From a Long Slumber, *The East African*, November 18-24, 1996, Beilage „Tourism", 10.
Harber, Clive: Politics in African Education, London-Basingstoke: Macmillan, 1989.
Harding, Leonhard: Einführung in das Studium der Afrikanischen Geschichte, Münster-Hamburg: Lit, 1994.

Hardoy, Jorge E.; Mitlin, Diana; Satterthwaite, David: Environmental Problems in Third World Cities, London: Earthscan, ²1993.
Hardoy, Jorge E.; Satterthwaite, David: Squatter Citizen. Life in the Urban Third World, London: Earthscan, 1989.
Hart, J. K.: Migration and the Opportunity Structure: a Ghanaian Case-Study, in: Samir Amin (Hg.): Modern Migrations in Western Africa, London: Oxford University Press, 1974, 321-339.
Havnevik, Kjell J.: Tanzania. The Limits to Development from Above, Uppsala: Nordiska Afrikainstitutet, 1993.
Hecklau, Hans: Ostafrika (Kenya, Tanzania, Uganda), in der Reihe Wissenschaftliche Länderkunden, Bd. 33, Darmstadt: Wissenschaftliche Buchgesellschaft, 1989.
Hegel, Georg Wilhelm Friedrich: Enzyklopädie der philosophischen Wissenschaften im Grundrisse (1830), Dritter Teil: Die Philosophie des Geistes. Mit den mündlichen Zusätzen, Werke in zwanzig Bänden, Bd. 10, Frankfurt a. M.: Suhrkamp, 1970.
Hegel, Georg Wilhelm Friedrich: Vorlesungen über die Philosophie der Geschichte, Werke in zwanzig Bänden, Bd. 12, Frankfurt a. M.: Suhrkamp, 1970.
Herbst, Jeffrey : The Politics of Reform in Ghana, 1982-1991, Berkeley u. a.: University of California Press, 1993.
Herder, Johann Gottfried: Auch eine Philosophie der Geschichte zur Bildung der Menschheit (1774), in: ders.: Werke in zwei Bänden, Bd. 2, hg. v. Karl-Gustav Gerold, München: Carl Hanser Verlag, 1953, 9-97.
Herder, Johann Gottfried: Ideen zur Philosophie der Geschichte der Menschheit, Werke (in zehn Bänden), Bd. 6, hg. v. Martin Bollacher, Frankfurt a. M.: Deutscher Klassiker Verlag, 1989.
Herder, Johann Gottfried: Werke (in zehn Bänden), Bd. 6, hg. v. Martin Bollacher, Frankfurt a. M.: Deutscher Klassiker Verlag, 1989.
Herlyn, Ulfert: Individualisierungsprozesse im Lebenslauf und städtische Lebenswelt, in: Jürgen Friedrichs (Hg.): Soziologische Stadtforschung (Sonderheft 29 der *Kölner Zeitschrift für Soziologie und Sozialpsychologie*), Opladen: Westdeutscher Verlag, 1988, 111-131.
Himbara, David: Kenyan Capitalists, the State, and Development, Nairobi: East African Educational Publishers, 1994.
Hodgkin, Thomas: Nationalism in Colonial Africa, London: Frederick Muller, ⁴1962 (¹1956).
Hofmann, Erhard: Moderne Migrationsstrukturen in Kumasi/Ghana. Eine empirische Studie über den Zusammenhang zwischen Wanderungsverhalten und Zugang zu städtischen Ressourcen, Düsseldorfer Geographische Schriften, Bd. 33, Düsseldorf: Geographisches Institut der Heinrich-Heine-Universität Düsseldorf, 1994.
Hofmann, Erhard: Stadtfunktionen und Stadtentwicklung, in: Einhard Schmidt-Kallert: Ghana (unter Mitarbeit von Erhard Hofmann), Gotha: Justus Perthes, 1994, 127-140.
Holm, Morgens: Survival Strategies of Migrants to Makambako - an Intermediate Town in Tanzania, in: Jonathan Baker, Poul Ove Pedersen (Hg.): The Rural-Urban Interface in Africa. Expansion and Adaptation, Uppsala: Nordiska Afrikainstitutet (The Scandinavian Institute of African Studies), 1992, 238-257.
Home, R. K.: Urban Growth and Urban Government: Contradictions in the Colonial Political Economy, in: Gavin Williams (Hg.): Nigeria. Economy and Society, London: Rex Collings, 1976, 55-75.

Horton, Robin: African Traditional Thought and Western Science, in: ders.: Patterns of Thought in Africa and the West. Essays on Magic, Religion and Science, Cambridge: Cambridge University Press, ²1994 (¹1993), 197-258 (als Artikel zuerst 1967).

House, William J.; Ikiara, Gerrishon K.; McCormick, Dorothy: Urban Self-Employment in Kenya: Panacea or Viable Strategy, *World Development*, 21/7 (1993), 1205-1223.

Hull, Richard W.: African Cities and Towns before the European Conquest, New York: W. W. Norton & Company, 1976.

Hume, David: Of National Characters, in: Essays. Moral, Political, and Literary, hg., Vorw., Fußnoten u. Glossar von Eugene F. Miller, Indianapolis: Liberty Classics, 1985, 197-215.

Huntingford, G. W. B.(Hg. und Übers.): The Periplus of The Erythraean Sea, London: The Hakluyt Society, 1980.

Imoagene, Oshomha: Some Sociological Aspects of Modern Migration in Western Africa, in: Samir Amin (Hg.): Modern Migrations in Western Africa, London: Oxford University Press, 1974, 343-356.

Ishumi, Abel G. M.: The Urban Jobless in Eastern Africa. A Study of the Unemployed Population in the Growing Urban Centres, with Special Reference to Tanzania, Uppsala: Scandinavian Institute of African Studies, 1984.

Isichei, Elizabeth: A History of Nigeria, London: Longman, 1984 (¹1983).

Jamal, Vali; Weeks, John: Africa Misunderstood or Whatever Happened to the Rural-Urban Gap?, Basingstoke-London: MacMillan, 1993.

Jarmon, Charles: Nigeria. Reorganization and Development Since the Mid-Twentieth Century, Leiden u. a.: E. J. Brill, 1988.

Jellinek, Lea: The Changing Fortunes of a Jakarta Street-Trader, in: Josef Gugler (Hg.): The Urbanization of the Third World, Oxford: Oxford University Press, 1988, 204-223.

Johnson, G. Wesley: African Political Activity in French West Africa, 1900-1940, in: J. F. A. Ajayi, Michael Crowder (Hg.): History of West Africa, Bd. 2, London: Longman, 1974, 542-567.

Kahama, C. George: Tanzania into the 21st Century, Dar es Salaam: Tema Publishers Company, 1995.

Kamuzora, C. Lwechungura: Monitoring Population Growth in Arusha Region: Population Data Collection Systems and Suggestions for Improvement, Dar es Salaam: University of Dar es Salaam, 1981.

Karashani, Bob: Economy Boosted but a Tough First Year for Mkapa, *The East African*, November 18-24, 1996, New Focus S. 17.

Kayongo-Male, Diane: Slum and Squatter Settlement in Kenya: Housing Problems and Planning Possibilities, in: R. A. Obudho, Constance C. Mhlanga (Hg.): Slum and Squatter Settlements in Sub-Saharan Africa. Toward a Planning Strategy, New York-Westport-London: Praeger, 1988, 133-144.

Keller, Edmond J.: Decolonization, Independence, and Beyond, in: Phyllis M. Martin, Patrick O'Meara (Hg.): Africa, Bloomington: Indiana University Press, ²1986, 141-156.

Ki-Zerbo, Joseph: Die Geschichte Schwarz-Afrikas, Frankfurt am Main: Fischer, 1990.

Kieß, Walter: Urbanismus im Industriezeitalter. Von der klassizistischen Stadt zur Garden City, Berlin: Ernst & Sohn, 1991.

Kirkman, James: Some Conclusions from Archaeological Excavations on the Coast of Kenya, 1948-1966, in: Neville Chittick, Robert I. Rotberg (Hg.): East Africa and the Orient. Cultural Synthesis in Pre-Colonial Times, New York-London: Africana Publishing Company, 1975, 226-247.

Knauder, Stefanie: The Twofold Gap - Conditions of Third World Urban, Semi-Urban and Rural Dwellers. Mozambique as an Example, Wien, 1996 (unveröffentlicht und vorläufig).

Knauder, Stefanie: The West African New Elite: Value Systems Old and New, Thesis, Brooklyn College, 1975.

Kobishchanov, Yuri M.: Axum, London: Pennsylvania State University Press, 1979, 1-34.

Koch, Hansjoachim W.: Der Sozialdarwinismus. Seine Genese und sein Einfluß auf das imperialistische Denken, München: C. H. Beck, 1973.

Kolb, Frank: Die Stadt im Altertum, München: C. H. Beck, 1984.

Konchora, Justin: No End to City Rot, *Daily Nation*, Nairobi, November 26, 1996, S. 22.

Kostof, Spiro: Das Gesicht der Stadt. Geschichte städtischer Vielfalt, Fankfurt am Main-New York: Campus, 1992, 40 (engl. Orig. 1991).

Kpedekpo, G. M. K.: Sources and Uses of Population Data, in: Reuben K. Udo (Hg.): Population Education Source Book for Sub-Saharan Africa, Nairobi: Heinemann Educational Books, 1979.

Kramer, Fritz: Verkehrte Welten. Zur imaginären Ethnographie des 19. Jahrhunderts, Frankfurt a. M.: Syndikat, 1977.

Krammer, Alois: Gegenwartskunst in Kenia - Über sechs moderne Maler. Eine kunstwissenschaftliche Untersuchung unter besonderer Berücksichtigung von kulturellen und sozialen Aspekten, Essen: Die Blaue Eule, 1994.

Krokfors, Christer: Poverty, Environmental Stress and Culture as Factors in African Migrations, in: Jonathan Baker, Tade Akin Aina (Hg.): The Migration Experience in Africa, Uppsala: Nordiska Afrikainstitutet, 1995, 54-64.

Krupat, Edward: People in Cities. The Urban Environment and Its Effects, Cambridge-New York u. a.: Cambridge University Press, [4]1989 ([1]1985).

Kulaba, Saitiel M.: Urban Growth and the Management of Urban Reform in Tanzania, Second Report, Dar es Salaam: Centre for Housing Studies, Ardhi Institute, 1985.

Laar, A. J. M. van de: Toward a Manpower Development Strategy in Tanzania, in: Lionel Cliffe, John S. Saul (Hg.): Socialism in Tanzania, Vol. 2: Policies. An Interdisciplinary Reader, Dar es Salaam: East African Publishing House, 1973, 224-245.

Lambert, Michael C.: From Citizenship to *Négritude:* „Making a Difference" in Elite Ideologies of Colonized Francophone West Africa, *Comparative Studies in Society and History*, 35 (1993), 239-262.

Länderstudien in: James D. Tarver (Hg.): Urbanization in Africa. A Handbook, Westport, Connecticut-London: Greenwood Press, 1994 (vor allem Filipe R. Amado, Fausto Cruz, Ralph Hakkert: Angola, 105-124; Gabriel Tati: Congo, 125-140; Philippe Antoine, Aka Kouame: Côte D'Ivoire, 141-164; Habtemariam Tesfaghiorghis: Ethiopia, 181-197; Robert A. Obudho: Kenya, 198-212; Sekouba Diarra, Aka Kouame, Richard Marcoux, Alain-Michel Camara: Mali, 230-245; S. I. Abumere: Nigeria, 262-278; Philippe Antoine, Gora Mboup: Senegal, 279-297; Carole Rakodi: Zambia, 342-361

Langley, J. Ayodele: Pan-Africanism and Nationalism in West Africa, 1900-1945. A Study in Ideology and Social Classes, Oxford: Oxford University Press u. Clarendon Press, [2]1978 ([1]1973).

Lawal, A. A.: Trade and Finance of the Lagos Colony 1861-1906, in: Ade Adefuye, Babatunde A. Agiri, Jide Osuntokun (Hg.): History of the Peoples of Lagos State, Lagos: Lantern Books, 1987, 65-84.

Lee-Smith, Diana: Squatter Landlords in Nairobi: A Case Study of Korogocho, in: Philip Amis, Peter Lloyd (Hg.): Housing Africa's Urban Poor, Manchester-New York: Manchester University Press, 1990, 175-187.

Lee-Smith, Diana: Urban Management in Nairobi: A Case Study of the Matatu Mode of Public Transport, in: Richard E. Stren, Rodney R. White (Hg.): African Cities in Crisis. Managing Rapid Urban Growth, Boulder u. a.: Westview Press, 1989, 276-304.

Legum, Colin: Pan-Africanism and Nationalism, in: Joseph C. Anene, Godfrey N. Brown (Hg.): Africa in the Nineteenth and Twentieth Centuries, Ibadan: Ibadan University Press u. a., 1981 (^{1}1966), 529-539.

Lepsius, M. Rainer: Nation und Nationalismus in Deutschland, in: Michael Jeismann, Henning Ritter (Hg.): Grenzfälle. Über neuen und alten Nationalismus, Leipzig: Reclam, 1993, 193-214.

Lerner, Daniel: Die Modernisierung des Lebensstils: eine Theorie (engl. Orig. 1958), in: Wolfgang Zapf (Hg.): Theorien des sozialen Wandels, Königstein/Ts.: Verlag Anton Hain Meisenheim, ^{4}1979, 362-381.

Levtzion, Nehemia: Ancient Ghana and Mali, London: Methuen & Co, 1973.

Lewis, I. M.: Introduction, in: ders. (Hg.): Islam in Tropical Africa, London: Oxford University Press, 1966, 1-96.

Lewis, Oscar: Die Kinder von Sánchez: Selbstporträt einer mexikanischen Familie, Bornheim-Merten: Lamuv, ^{2}1984 (amerik. Orig. 1961).

Lipton, Michael: Why Poor People Stay Poor. A Study of Urban Bias in World Development, London: Temple Smith, 1978 (paperback ed.; ^{1}1977).

Loo, Hans van der; Reijen, Willem van: Modernisierung. Projekt und Paradox, München: Deutscher Taschenbuchverlag, 1992 (niederl. Orig. 1990).

Loth, Heinrich: Propheten - Partisanen - Präsidenten. Afrikanische Volksführer und ihre Widersacher, Berlin: VEB Deutscher Verlag der Wissenschaften, 1973.

Lugalla, Joel L. P.: Socialist Construction and the Urbanization Process in Tanzania, Diss., Universität Bremen, 1989.

Lühring, Joachim: Urbanisierung und Entwicklungsplanung in Ghana. Eine wirtschafts- und sozialräumliche Untersuchung unter besonderer Berücksichtigung der Entstehung, Problematik und Überwindung innerstädtischer und regionaler Ungleichgewichte, Hamburg: Institut für Afrika-Kunde, 1976.

Lutte, Dan: Arusha: Mecca of Tourism, *The Arusha Times,* November 1-15, 1996, Tourism Supplement 7, S. 11.

Mabogunje, Akin L.: Introduction: Cities and Africa's Economic Recovery, in: James D. Tarver (Hg.): Urbanization in Africa. A Handbook, Westport, Connecticut-London: Greenwood Press, 1994, xxi-xxxii.

Mabogunje, Akin L.: Nigeria: Physical and Social Geography, in: Africa South of the Sahara 1996, London: Europa Publications, 1995, 705-706.

Mabogunje, Akin L.: Urbanization in Nigeria, London: University of London Press, 1968.

Macharia, Kinuthia: Social Networks: Ethnicity and the Informal Sektor in Nairobi (Working Paper No. 463), Nairobi: Institute for Development Studies, University of Nairobi, 1988.

Mackenroth, Gerhard: Bevölkerungslehre. Theorie, Soziologie und Statistik der Bevölkerung, Berlin u. a.: Springer, 1953.

Maier, Jörg; Huber, Andreas (unter Mitarb. v. P. O. Adeniyi u. H. Baer): Lagos. Stadtentwicklung einer afrikanischen Metropole zwischen hoher Dynamik und Chaos, Köln: Aulis-Verlag Deubner, 1989.

Malpezzi, Stephen; Tipple, A. Graham; Willis, Kenneth G.: Cost and Benefits of Rent Control in Kumasi, Ghana (INU Report 51), Washington, D. C.: World Bank, 1989.
Manshard, Walther: Die Städte des tropischen Afrika, Berlin-Stuttgart: Gebrüder Borntraeger, 1977.
Marcus, Harold G.: A History of Ethiopia, Berkeley u. a.: University of California Press, 1994.
Marris, Peter: Family and Social Change in an African City. A Study of Rehousing in Lagos, London: Routledge & Kegan Paul, ²1966 (¹1961).
Mashingia, Verdiana A.: Improvement of Engarenarok Unplanned Settlement, Arusha Municipality, Diploma Project, Department of Urban and Rural Planning, Ardhi Institute, Dar es Salaam, 1986.
Mathew, Gervase: The Dating and Significance of the *Periplus of the Erythrean Sea*, in: Neville Chittick, Robert I. Rotberg (Hg.): East Africa and the Orient. Cultural Synthesis in Pre-Colonial Times, New York-London: Africana Publishing Company, 1975, 147-163.
Matthews, Graham: Tanzania: Recent History (auf der Grundlage eines früheren Artikels von John Lonsdale), in: Africa South of the Sahara 1996, London: Europa Publications, 1995, 949-952.
Maxon, Robert M.: East Africa. An Introductory History, Nairobi: Heinemann Kenya, 1989.
Maxon, Robert: The Years of Revolutionary Advance, 1920-1929, in: William R. Ochieng' (Hg.): A Modern History of Kenya, 1895-1980, Nairobi: Evans Brothers (Kenya), 1989, 71-111.
Mba, Harold Chike: Public Housing Policies and Programs: An Analysis, in: Robert W. Taylor (Hg.): Urban Development in Nigeria. Planning, Housing and Land Policy, Aldershot u. a.: Avebury, 1993, 117-129.
Mbuyi, Kankondé: Kinshasa: Problems of Land Management, Infrastructure, and Food Supply, in: Richard E. Stren, Rodney R. White (Hg.): African Cities in Crisis. Managing Rapid Urban Growth, Boulder u. a.: Westview Press, 1989, 149-175.
McCaskie, T. C.: Ghana. Resent History, in: Africa South of the Sahara 1996, London: Europa Publications, 1995, 436-441.
McCaskie, T. C.: Nigeria: Recent History, in: Africa South of the Sahara 1996, London: Europa Publications, 1995, 706-717.
McIntosh, Susan Keech; McIntosh, Roderick J: Recent Archaeological Research and Dates from West Africa, *Journal of African History,* 27 (1986), 413-442.
McIntosh, Susan Keech; McIntosh, Roderick: Cities without Citadels: Understanding Urban Origins Along the Middle Niger, in: Paul J. J. Sinclair, Thurstan Shaw, Bassey Andah, Alex Okpoko (Hg.): The Archaeology of Africa. Food, Metals and Towns, London-New York: Routledge, 1993, 622-641.
Melber, Henning: Der Weißheit letzter Schluß. Rassismus und kolonialer Blick, Frankfurt am Main: Brandes und Apsel, 1992.
Melber, Henning: Erziehung zum Vertrauen in die eigene Kraft. Anspruch und Wirklichkeit, in: Werner Pfennig, Klaus Voll, Helmut Weber (Hg.): Entwicklungsmodell Tansania: Sozialismus in Afrika. Geschichte, Ökonomie, Politik, Erziehung, Frankfurt-New York: Campus, 1980, 402-422.
Mercier, P.: Élites et forces politiques, in: P. C. Lloyd (Hg.): The New Elites of Tropical Africa. Studies Presented and Discussed at the Sixth International African Seminar at the University of Ibadan, Nigeria, July 1964, London: Oxford University Press, 1966, 367-380.

Meyns, Peter: Die Landwirtschaft Tansanias nach der Nahrungsmittelkrise von 1974/75, in: Werner Pfennig, Klaus Voll, Helmut Weber (Hg.): Entwicklungsmodell Tansania: Sozialismus in Afrika. Geschichte, Ökonomie, Politik, Erziehung, Frankfurt-New York: Campus, 1980, 168-203.

Michels, Joseph W.: Axumite Archaeology: An Introductory Essay, in: Yuri M. Kobishchanov: Axum, London: Pennsylvania State University Press, 1979, 1-34.

Miller, Christopher L.: Theories of Africans. Francophone Literature and Anthropology in Africa, Chicago-London: University of Chicago Press, 1990.

Miller, Eugene F.: Fußnote, in: David Hume: Of National Characters, in: Essays. Moral, Political, and Literary, hg., Vorw., Fußnoten u. Glossar von Eugene F. Miller, Indianapolis: Liberty Classics, 1985, 197-215, hier 208.

Miller, Max; Singh, Ram N.: Urbanization during the Postcolonial Days, in: James D. Tarver (Hg.): Urbanization in Africa. A Handbook, Westport, Connecticut-London: Greenwood Press, 1994, 65-79.

Miller, Norman N.: Kenya. The Quest for Prosperity, Boulder: Westview Press, London: Gower, 1984.

Miner, Horace: The Primitive City of Timbuctoo, Princeton: Princeton University Press, 1953.

Mingione, Enzo: The New Urban Poverty and the Underclass: Introduction, *International Journal of Urban and Regional Research,* 17 (1993), 324-326.

Mirtschink, Bernhard: Zur Problematik der historischen Rolle christlicher Mission im Kontext kolonialer Gesellschaft, in: Werner Pfennig, Klaus Voll, Helmut Weber (Hg.): Entwicklungsmodell Tansania: Sozialismus in Afrika. Geschichte, Ökonomie, Politik, Erziehung, Frankfurt-New York: Campus, 1980, 119-132.

Mitullah, Winnie V.: State Policy and Urban Housing in Kenya: The Case of Low Income Housing in Nairobi, Working Paper No. 485, Nairobi: Institute for Development Studies, University of Nairobi, 1992.

Mlay, Wilfred: Assessment of Inter- and Intra-Regional Migration in Arusha Region, Dar es Salaam: University of Dar es Salaam, 1981.

Mohiddin, Ahmed: African Socialism in Two Countries, Totowa: Barnes & Noble Books, 1981.

Morgan, Robert W.: Migration into Lagos, Nigeria, in: Reuben K. Udo (Hg.): Population Education Source Book for Sub-Saharan Africa, Nairobi: Heinemann Educational Books, 1979, 256-270.

Morgan, W. T. W.: Nairobi: City and Region, Nairobi: Oxford University Press, 1967.

Mosha, A. C.: Slum and Squatter Settlements in Mainland Tanzania, in: R. A. Obudho, Constance C. Mhlanga (Hg.): Slum and Squatter Settlements in Sub-Saharan Africa. Toward a Planning Strategy, New York-Westport-London: Praeger, 1988, 145-157.

Mudimbe, V. Y.: The Idea of Africa, Bloomington u. a.: Indiana University Press u. a., 1994.

Mulusa, Thomas: Pluralistic Education in Sub-Saharan Africa. An Overview, *Prospects,* 22/2 (1992), 159-170.

Munro-Hay, Stuart: State Development and Urbanism in Northern Ethiopia, in: Paul J. J. Sinclair, Thurstan Shaw, Bassey Andah, Alex Okpoko (Hg.): The Archaeology of Africa. Food, Metals and Towns, London-New York: Routledge, 1993, 609-621.

Muro, Rangya K. N.: A Redevelopment Plan for Arusha Central Area, Dissertation, Department of Urban and Rural Planning, Ardhi Institute, Dar es Salaam, 1989.

Murray, Jocelyn: Tanzania, in: ders. (Hg.): Cultural Atlas of Africa, Oxford: Phaidon, 1981, 189-191, hier 189;
Museveni, Yoweri Kaguta: Vortrag bei einem Seminar über politische Systeme, organisiert v. d. Uganda Think Tank Foundation in Zsarb. m. d. Friedrich Ebert Stiftung, am 13. 12. 1994 in Kampala (nach einer unveröffentlichten deutschen Übersetzung).
Nairobi City Council: Nairobi International Show 1996, Nairobi 1996.
Nation Team: Armed Crime in City on the Rise, Daily Nation, Nairobi, November 13, 1996, S. 2.
Nduka, Otonti: Colonial Education and Nigerian Society, in: Gavin Williams (Hg.): Nigeria. Economy and Society, London: Rex Collings, 1976, 90-105.
Ndulu, Benno J.; Mwega, Francis W.: Economic Adjustment Policies, in: Joel D. Barkan (Hg.): Beyond Capitalism vs. Socialism in Kenya and Tanzania, Boulder-London: Lynne Rienner, 1994, 101-127.
Neubert, Dieter: Sozialpolitik in Kenya, Münster: Lit, 1986.
Ngom, Thiécouta: Appropriate Standards for Infrastructure in Dakar, in: Richard E. Stren, Rodney R. White (Hg.): African Cities in Crisis. Managing Rapid Urban Growth, Boulder u. a.: Westview Press, 1989, 177-202.
Ngombale-Mwiru, K.: The Arusha Declaration on Ujamaa na Kujitegemea and the Perspectives for Building Socialism in Tanzania (erstmals 1967), in: Lionel Cliffe, John S. Saul (Hg.): Socialism in Tanzania, Vol. 2: Policies. An Interdisciplinary Reader, Dar es Salaam: East African Publishing House, 1973, 52-61.
Ngugi wa Thiong'o: Decolonising the Mind. The Politics of Language in African Literature, London u. a.: James Currey u. a., [3]1989 ([1]1986).
Nkrumah, Kwame: Africa Must Unite, London: Panaf, 1985 ([1]1963).
Nkrumah, Kwame: Was zu tun ist (engl. Orig.: Towards Colonial Freedom, 1947).
Nnunduma, Bakar J.; Zacharia, Martin L.: Urban and Housing Indicators Study for the Municipality of Arusha, Dar es Salaam: Centre for Human Settlements Studies (CHS), Ardhi Institute, 1995, 1.
Nukunya, G. K.: Tradition and Change in Ghana. An Introduction to Sociology, Accra: Ghana University Press, 1992.
Nyerere, Julius: Die Erklärung von Arusha, 1967, in einer Übersetzung des Wiener Instituts für Entwicklungsfragen, Wien, o. J.
Nyong'o, Peter Anyang': The One-Party State and its Apologists: The Democratic Alternative, in: ders. (Hg.): 30 Years of Independence in Africa: The Lost Decades?, Nairobi: Academy Science Publishers, 1992, 1-8.
Nzewunwa, Nwanna: Pre-Colonial Nigeria: East of the Niger, in: Richard Olaniyan (Hg.): Nigerian History and Culture, Harlow: Longman, 1985, 20-34.
O'Connor, Anthony: The African City, London u. a.: Hutchinson, [2]1986 ([1]1983).
O'Connor, David: Urbanism in Bronze Age Egypt and Northern Africa, in: Paul J. J. Sinclair, Thurstan Shaw, Bassey Andah, Alex Okpoko (Hg.): The Archaeology of Africa. Food, Metals and Towns, London-New York: Routledge, 1993, 570-586.
O'Toole, Thomas: The Historical Context, in: April A. Gordon, Donald L. Gordon: Understanding Contemporary Africa, Boulder-London: Lynne Rienner Publishers, 1992, 21-49.
Oakes, Guy: Die Grenzen kulturwissenschaftlicher Begriffsbildung (Heidelberger Max Weber-Vorlesungen 1982), Frankfurt am Main: Suhrkamp, 1990.
Oberai, A. S.: Population Growth, Employment and Poverty in Third-World Mega-Cities. Analytical and Policy Issues, Houndsmills, London: Macmillan, 1993.

Obudho, R. A.: Historical Perspective of Urbanization, in: ders. (Hg.): Urbanization and Development Planning in Kenya, Nairobi: Kenya Literature Bureau, 1981, 5-36.
Obudho, R. A.; Aduwo, G. O.: Small Urban Centres and the Spatial Planning of Kenya, in: Jonathan Baker (Hg.): Small Town Africa. Studies in Rural-Urban Interaction, Uppsala: The Scandinavian Institute of African Studies (Nordiska afrikainstitutet), 1990, 51-68.
Obudho, R. A.; Mhlanga, Constance C.: The Development of Slum and Squatter Settlements as a Manifestation of Rapid Urbanization in Sub-Saharan Africa, in: dies. (Hg.): Slum and Squatter Settlements in Sub-Saharan Africa. Toward a Planning Strategy, New York-Westport-London: Praeger, 1988, 3-29.
Obudho, Robert A.: Kenya, in: James D. Tarver (Hg.): Urbanization in Africa. A Handbook, Westport, Connecticut-London: Greenwood Press, 1994, 198-212.
Obudho, Robert A.; Obudho, Rose A.: The Growth of Africa's Urban Population, in: James D. Tarver (Hg.): Urbanization in Africa. A Handbook, Westport, Connecticut-London: Greenwood Press, 1994, 49-64.
Odada, John E.; Otieno, James O. (Hg.): Socio-Economic Profiles, Nairobi: Government of Kenya, Ministry of Planning and National Development & UNICEF, 1990.
Olaniyan, Richard: African History and Culture: an Overview, in: ders. (Hg.): African History and Culture, Lagos: Longman, 1982, 1-12.
Olaniyan, Richard: Islamic Penetration of Africa, in: ders. (Hg.): African History and Culture, Lagos: Longman, 1982, 38-55.
Olaniyan, Richard: The Atlantic Slave Trade, in: ders. (Hg.): Nigerian History and Culture, Harlow: Longman, 1985, 113-122.
Oliver, Roland: The African Experience, London: Pimlico, 1993 ([1]1991).
Olurode, Lai: Women in Rural-Urban Migration in the Town of Iwo in Nigeria, in: Jonathan Baker, Tade Akin Aina (Hg.): The Migration Experience in Africa, Uppsala: Nordiska Afrikainstitutet, 1995, 289-302.
Omoni, Oluwole: Colonial Policies and Independence Movements, in: Richard Olaniyan (Hg.): African History and Culture, Lagos: Longman, 1982, 81-110.
Onibokun, Adepoju G.: Urban Growth and Urban Management in Nigeria, in: Richard E. Stren, Rodney R. White (Hg.): African Cities in Crisis. Managing Rapid Urban Growth, Boulder u. a.: Westview Press, 1989, 69-111.
Onokerhoraye, Andrew Godwin: Urbanism as an Organ of Traditional African Civilization: The Example of Benin, Nigeria, *Civilisations*, 25/3-4 (1975), 294-306.
Opala, Ken: Drastic Transformation, *Daily Nation (Beilage: Wednesday Magazine)*, Nairobi, November 13, 1996, S. IV.
Osterhammel, Jürgen: Kolonialismus. Geschichte - Formen - Folgen, München: C. H. Beck, 1995.
Osuntokun, Jide: Introduction of Christianity and Islam in Lagos State, in: Ade Adefuye, Babatunde A. Agiri, Jide Osuntokun (Hg.): History of the Peoples of Lagos State, Lagos: Lantern Books, 1987, 128-141.
Othman, Haroub: President Mkapa Must Learn to Listen to All Tanzanians, *The East African*, November 18-24, 1996, New Focus S. 17.
Oucho, John O.: Urban Migrants and Rural Development in Kenya, Nairobi: Nairobi University Press, 1996.
Ouedraogo, Jean-Bernard: The Girls of Nyovuuru. Dagara Female Labour Migrations to Bobo-Dioulasso, in: Jonathan Baker, Tade Akin Aina (Hg.): The Migration Experience in Africa, Uppsala: Nordiska Afrikainstitutet, 1995, 303-320.

PADCO: Arusha, Tansania: Master Plan and Five-Year Development Program, Parts I and II, Washington, D. C.: PADCO, 1970.
Panga, Simon B.: The Problem of Street Children - „Arusha Experience". The Factors and Circumstances that Propel Children into Street Life, Arusha, 1996.
Pankhurst, Richard: History of Ethiopian Towns. From the Middle Ages to the Early Nineteenth Century, Wiesbaden: Franz Steiner, 1982.
Park, Robert E.: The City: Suggestions for the Investigation of Human Behavior in the Urban Environment, in: ders., Ernest W. Burgess, Roderick D. McKenzie: The City, Chicago-London: University of Chicago Press, 1984 (^{1}1925), 1-46.
Parnwell; Mike: Population Movements and the Third World, London-New York: Routledge, 1993.
Peil, Margaret: Lagos. The City is the People, London: Belhaven Press, 1991.
Peil, Margaret: The Small Town as a Retirement Centre, in: Jonathan Baker, Tade Akin Aina (Hg.): The Migration Experience in Africa, Uppsala: Nordiska Afrikainstitutet, 1995, 149-166.
Peil, Margaret; Sada, Pius O.: African Urban Society, Chichester u. a.: John Wiley & Sons, 1984.
Peters, Carl: Das Deutsch-Ostafrikanische Schutzgebiet, München-Leipzig: R. Oldenbourg, 1985.
Peters, Carl: Die afrikanische Arbeiterfrage (1901), in: ders.: Gesammelte Schriften, Bd. 1, a. a. O., 413-419.
Peters, Carl: Die Deutsche Emin-Pascha-Expedition (1891), in: ders.: Gesammelte Werke, Bd. 2, a. a. O., 1-481.
Peters, Carl: Die Gründung von Deutsch-Ostafrika (1906), in: ders.: Gesammelte Schriften, Bd. 1, a. a. O., 117-283.
Peters, Carl: Gefechtsweise und Expeditionsführung in Afrika (1892), in: ders.: Gesammelte Schriften, a. a. O., 515-528.
Peters, Carl: Gesammelte Schriften, hg. v. Walter Frank, Bd. 1-2, München-Berlin: C. H. Beck'sche Verlagsbuchhandlung, 1943.
Peters, Carl: Kolonialpolitik und Kolonialskandal (1907), in: ders.: Gesammelte Schriften, Bd. 1, a. a. O., 439-442.
Peters, Carl: Lebenserinnerungen (1918), in: ders.: Gesammelte Schriften, hg. v. Walter Frank, Bd. 1, München-Berlin: C. H. Beck'sche Verlagsbuchhandlung, 1943, 13-116.
Phillipson, David. W.: African Archaeology, Cambridge: Cambridge University Press, ^{2}1993.
Prisching, Manfred: Soziologie. Themen - Theorien - Perspektiven, Wien-Köln-Weimar: Böhlau, ^{3}1995 (erg. und überarb. Aufl.).
Promo C - Rome: Nairobi and its Horizon, Nairobi, 1992.
Rakodi, Carole: Zambia, in: James D. Tarver (Hg.): Urbanization in Africa. A Handbook, Westport, Connecticut-London: Greenwood Press, 1994, 342-361.
Rambonnet, Danielle de L.; Günzel, Eckart, Wolf, Karl Georg: Housing - Kenya - Zambia. Politische und wirtschaftliche Determinanten für die Wohnversorgung der unteren Einkommensschichten von Kenya und Zambia, Berlin: TU Berlin, 1976.
Redfern, Paul: Fresh Hope For Regional Tourism, Despite Downturn, *The East African*, November 18-24, 1996, 23.
Reimers, Fernando: Education and Structural Adjustment in Latin America and Sub-Saharan Africa, *Int. J. Educational Development*, 14/2 (1994), 119-129.

Remy, Dorothy: Underdevelopment and the Experience of Women: a Nigerian Case Study, in: Gavin Williams (Hg.): Nigeria. Economy and Society, London: Rex Collings, 1976, 123-134.

Republic of Kenya: Kenya Population Census 1989, Vol. I, Nairobi: Central Bureau of Statistics, Office of the Vice-President, Ministry of Planning and National Development, März 1994.

Republic of Kenya: Kenya Population Census 1989, Vol. II, Nairobi: Central Bureau of Statistics, Office of the Vice-President and Ministry of Planning and Ministry of National Development, April 1994.

Republic of Kenya: Welfare Monitoring Survey II, 1994, Basic Report, Nairobi: Central Bureau of Statistics, Office of the Vice-President and Ministry of Planning and National Development, Mai 1996.

Resch, Erich: Nairobi. Wirtschaftliche Bedeutung, funktionale Struktur und Probleme einer Primate City in Ostafrika, Dipl.-arb., Klagenfurt, 1992.

Riddell, J. Barry: Things Fall Apart Again: Structural Adjustment Programmes in Sub-Saharan Africa, *Journal of Modern African Studies,* 30/1 (1992), 53-68.

Robertson, Claire: Social Change in Contemporary Africa, in: Phyllis M. Martin, Patrick O'Meara (Hg.): Africa, Bloomington: Indiana University Press, [2]1986, 249-264.

Ross, Marc Howard: The Political Integration of Urban Squatters, Evanston: Northwestern University Press, 1973.

Ruppert, Helmut: The Migration of the Zaghawa to Khartoum/Omdurman Conurbation, in: Fouad N. Ibrahim, Helmut Ruppert (Hg.): Rural-Urban Migration and Identity Change. Case Studies from the Sudan, Bayreuther geowissenschaftliche Arbeiten Bd. 11, Bayreuth: Druckhaus Bayreuth Verlagsgesellschaft, 1988, 63-76.

Rüschemeyer, Dietrich: Partielle Modernisierung, in: Wolfgang Zapf (Hg.): Theorien des sozialen Wandels, Königstein/Ts.: Verlag Anton Hain Meisenheim, [4]1979, 382-396.

Rüstow, Alexander: Ortsbestimmung der Gegenwart. Eine universalgeschichtliche Kulturkritik, Bd. 1, Erlenbach-Zürich: Eugen Rentsch, 1950.

Saad, Elias N.: Social History of Timbuktu: The Role of Muslim Scholars and Notables 1400-1900, Cambridge u. a.: Cambridge University Press, 1983.

Sada, P. O.; Adefolalu, A. A.: Urbanisation and Problems of Urban Development, in: A. B. Aderibigbe (Hg.): Lagos: The Development of an African City, London: Longman, 1975, 79-107.

Sandbrook, Richard: The Politics of Basic Needs. Urban Aspects of Assaulting Poverty in Africa, Toronto-Buffalo: University of Toronto Press, 1982.

Satzinger, Walter: Stadt und Land im Entwicklungsland. Ein Beitrag zur Diskussion über die urbane Befangenheit von Entwicklungsplanung und Entwicklungsprozeß am Beispiel Tansanias, Bielefelder Studien zur Entwicklungssoziologie, Bd. 46, Saarbrücken-Fort Lauderdale: Verlag Breitenbach, 1990.

Satzinger, Walter: Stadt, Land, Region: Die raumordnungspolitische Dimension der tansanischen Entwicklungsstrategie, in: Werner Pfennig, Klaus Voll, Helmut Weber (Hg.): Entwicklungsmodell Tansania: Sozialismus in Afrika. Geschichte, Ökonomie, Politik, Erziehung, Frankfurt-New York: Campus, 1980, 340-373.

Saunders, Peter: Social Theory and the Urban Question (2nd ed.), London u. a.: Hutchinson Education Ltd, 1986.

Schäfers, Bernhard: Stadt und Kultur, in: Jürgen Friedrichs (Hg.): Soziologische Stadtforschung (Sonderheft 29 der *Kölner Zeitschrift für Soziologie und Sozialpsychologie*), Opladen: Westdeutscher Verlag, 1988, 95-110.

Schildkrout, Enid: Ethnicity, Kinship, and Joking Among Urban Immigrants in Ghana, in: Brian M. Du Toit, Helen I. Safa (Hg.): Migration and Urbanization. Models and Adaptive Strategies, The Hague-Paris: Mouton, 1975, 245-263.

Schmid, Josef: Einführung in die Bevölkerungssoziologie (unter Mitarb. v. Helmut Bauer u. Bettina Schattat), Reinbek bei Hamburg: Rowohlt, 1976.

Schmidt-Kallert, Einhard: Ghana (unter Mitarbeit von Erhard Hofmann), Gotha: Justus Perthes, 1994.

Schmitter, Jörg-Peter: Wohnungsbau in Westafrika. Untersuchungen zur Verbesserung des offiziellen Wohnungsbaus in Kamerun und Ghana, Darmstadt: Verlag für wissenschaftliche Publikationen, 1984.

Schneider, Harold K.: Traditional African Economies, in: Phyllis M. Martin, Patrick O'Meara (Hg.): Africa, Bloomington: Indiana University Press, [2]1986, 181-198.

Schwab, William A.: The Sociology of Cities, Englewood Cliffs, New Jersey: Prentice Hall, 1992.

Schwerdtfeger, Friedrich W.: Traditional Housing in African Cities. A Comparative Study of Houses in Zaria, Ibadan, and Marrakech, Chichester u. a.: John Wiley & Sons, 1982.

Sender, John; Smith, Sheila: The Development of Capitalism in Africa, London-New York: Methuen, 1986.

Senghor, Léopold Sédar: Rede in Straßburg vor der Ad-hoc-Versammlung zur Vorbereitung einer Europäischen Politischen Gemeinschaft (1953), in: Rainer Falk, Peter Wahl (Hg.): Befreiungsbewegungen in Afrika. Politische Programme, Grundsätze und Ziele von 1945 bis zur Gegenwart, Köln: Pahl-Rugenstein, 1980, 107-109.

Serpell, Robert: The Significance of Schooling. Life-Journeys in an African Society, Cambridge: Cambridge University Press, 1993.

Shillington, Kevin: History of Africa, London-Basingstoke: MacMillan Education, [2]1991.

Siddle, David; Swindell, Kenneth: Rural Change in Tropical Africa. From Colonies to Nation-States, Oxford, Cambridge, Mass.: Basil Blackwell, 1990.

Simmel, Georg: Die Gross-Städte und das Geistesleben, in: ders.: Das Individuum und die Freiheit. Essais, Frankfurt am Main: Fischer, 1993, 192-204 (Orig. 1903).

Simon, David: Cities, Capital and Development. African Cities in the World Economy, London: Belhaven Press, 1992.

Sinclair, Paul J. J.; Pikirayi, Innocent; Pwiti, Gilbert; Soper, Robert: Urban Trajectories on the Zimbabwean Plateau, in: Paul J. J. Sinclair, Thurstan Shaw, Bassey Andah, Alex Okpoko (Hg.): The Archaeology of Africa. Food, Metals and Towns, London-New York: Routledge, 1993, 705-731.

Sinclair, Paul J. J.; Shaw, Thurstan; Andah, Bassey: Introduction, in: dies. u. Alex Okpoko (Hg.): The Archaeology of Africa. Food, Metals and Towns, London-New York: Routledge, 1993, 1-31.

Sjoberg, Gideon: The Preindustrial City. Past and Present, New York: Free Press, 1960.

Smith, Abdullahi: The Early States of the Central Sudan, in: J. F. A. Ajayi, Michael Crowder: History of West Africa, Vol 1, London: Longman, 1971, 158-201.

Smith, M. G.: Government in Zazzau, 1800-1950, London u. a.: Oxford University Press, 1960.

Soremekun, Fola: The British Penetration and Conquest, in: Richard Olaniyan (Hg.): Nigerian History and Culture, Harlow: Longman, 1985, 138-158.

Southall, Aidan (Hg.): Urban Anthropology. Cross-Cultural Studies of Urbanization, New York-London-Toronto: Oxford University Press, 1973.

Stacher, Irene: Nairobi: Eine afrikanische Metropole, in: Peter Feldbauer, Erich Pilz, Dieter Rünzler, Irene Stacher (Hg.): Megastädte. Zur Rolle von Metropolen inder Weltgesellschaft, Wien-Köln-Weimar: Böhlau, 1993, 191-216.

Sterbling, Anton: Modernisierung und soziologisches Denken. Analysen und Betrachtungen, Hamburg: Verlag Dr. R. Krämer, 1991.

Stren, Richard E.: The Administration of Urban Services, in: ders, Rodney R. White (Hg.): African Cities in Crisis. Managing Rapid Urban Growth, Boulder u. a.: Westview Press, 1989, 37-67.

Stren, Richard; Halfani, Mohamed; Malombe, Joyce: Coping Urbanization and Urban Policy, in: Joel D. Barkan (Hg.): Beyond Capitalism vs. Socialism in Kenya and Tanzania, Boulder-London: Lynne Rienner, 1994, 175-200.

Stübing, Harald, Die maskierte Moderne. Untersuchungen zur Konstitution der Gegenwart, Diss., Berlin 1987.

Suret-Canale, Jean: French Colonialism in Tropical Africa, 1900-1945, London: C. Hurst & Company, 1971 (franz. Orig. 1964).

Sutton, J. E. G.: Towards a Less Orthodox History of Hausaland, *Journal of African History*, 20/2 (1979), 179-201.

Syagga, P. M.: A Perspective on Policy and Practice of Providing Low Cost Housing in Developing Countries in Africa, in: C. K. Omari, L. P. Shaidi (Hg.): Social Problems in Eastern Africa, Dar es Salaam: Dar es Salaam University Press, 1991, 102-119.

Syagga, Paul Maurice; Kiamba, Johnstone Mutisya: Urbanization and Housing Problems in Africa, in: C. K. Omari, L. P. Shaidi (Hg.): Social Problems in Eastern Africa, Dar es Salaam: Dar es Salaam University Press, 1991, 120-136, hier v. a. 122-128.

Synge, Richard: Ghana. Economy, in: Africa South of the Sahara 1996, London: Europa Publications, 1995, 441-447.

Synge, Richard: Nigeria: Economy, in: Africa South of the Sahara 1996, London: Europa Publications, 1995, 717-725.

Tarver, James D. (Hg.): Urbanization in Africa. A Handbook, Westport, Connecticut-London: Greenwood Press, 1994 (vor allem Filipe R. Amado, Fausto Cruz, Ralph Hakkert: Angola, 105-124; Gabriel Tati: Congo, 125-140; Philippe Antoine, Aka Kouame: Côte D'Ivoire, 141-164; Habtemariam Tesfaghiorghis: Ethiopia, 181-197; Robert A. Obudho: Kenya, 198-212; Sekouba Diarra, Aka Kouame, Richard Marcoux, Alain-Michel Camara: Mali, 230-245; S. I. Abumere: Nigeria, 262-278; Philippe Antoine, Gora Mboup: Senegal, 279-297; Carole Rakodi: Zambia, 342-361).

Taylor, Robert W.: Introduction, in: ders. (Hg.): Urban Development in Nigeria. Planning, Housing and Land Policy, Aldershot u. a.: Avebury, 1993, 5-9.

Taylor, Robert W.: The Historical Context, in: ders. (Hg.): Urban Development in Nigeria. Planning, Housing and Land Policy, Aldershot u. a.: Avebury, 1993, 25-43.

Tenbruck, Friedrich H.: Die unbewältigten Sozialwissenschaften oder Die Abschaffung des Menschen, Graz-Wien-Köln: Styria, 1984.

Tesfaghiorghis, Habtemariam: Ethiopia, in: James D. Tarver (Hg.): Urbanization in Africa. A Handbook, Westport, Connecticut-London: Greenwood Press, 1994, 181-197.

Teuteberg, Hans Jürgen: Historische Aspekte der Urbanisierung: Forschungsstand und Probleme, in: ders. (Hg.): Urbanisierung im 19. und 20. Jahrhundert. Historische und geographische Aspekte, Köln-Wien: Böhlau, 1983, 2-34.

The East African, November 4-10, 1996, 28.

Theunynck, Serge: A Sterilizing Capital: Nouakchott, in: Brian Brace Taylor (Hg.): Reading the Contemporary African City. Proceedings of Seminar Seven in the Series Architectural Transformations in the Islamic World, Dakar, Senegal, November 1982, Singapore: Concept Media (for Aga Khan Award for Architecture), 1983, 133-146.

Tipple, A. Graham: Upgrading and Culture in Kumasi: Problems and Possibilities, in: R. A. Obudho, Constance C. Mhlanga (Hg.): Slum and Squatter Settlements in Sub-Saharan Africa. Toward a Planning Strategy, New York-Westport-London: Praeger, 1988, 71-87.

Todaro, M. P.: A Model of Labour Migration and Urban Unemployment in Less Developed Countries, *American Economic Review,* 59 (1969), 138-148.

Todaro, M. P.: Income Expectations, Rural-Urban Migration and Employment in Africa, *International Labour Review,* 104 (1971), 387-413.

Traeder, Heide: Tansania - Außenpolitik zwischen Abhängigkeit und Disengagement, in: Werner Pfennig, Klaus Voll, Helmut Weber (Hg.): Entwicklungsmodell Tansania: Sozialismus in Afrika. Geschichte, Ökonomie, Politik, Erziehung, Frankfurt-New York: Campus, 1980, 241-260.

Trager, Lillian: Women Migrants and Rural-Urban Linkages in South-Western Nigeria, in: Jonathan Baker, Tade Akin Aina (Hg.): The Migration Experience in Africa, Uppsala: Nordiska Afrikainstitutet, 1995, 269-288.

Trimingham, J. S.: The Phases of Islamic Expansion and Islamic Culture Zones in Africa, in: I. M. Lewis (Hg.): Islam in Tropical Africa, London: Oxford University Press, 1966, 127-139.

Umeh, Louis C.: The Building of a New Capital City: The Abuja Experience, in: Robert W. Taylor (Hg.): Urban Development in Nigeria. Planning, Housing and Land Policy, Aldershot u. a.: Avebury, 1993, 215-228.

Umeh, Louis C.: Urbanization Trends and Housing, in: Robert W. Taylor (Hg.): Urban Development in Nigeria. Planning, Housing and Land Policy, Aldershot u. a.: Avebury, 1993, 103-116.

UNCHS: An Urbanizing World. Global Report on Human Settlements 1996, Nairobi: UNCHS, 1996.

UNCHS: National Trends in Housing-Production Practices, Vol. 4: Nigeria, Nairobi, 1993.

UNCHS: Population, Urbanization and the Quality of Life, Nairobi, 1994.

Undugu Society of Kenya: Experiences in Community Development. Biennal Report (1990-1991), Nairobi, 1991.

UNESCO: Weltbildungsbericht 1995, Bonn: UNESCO, 1996 (engl. Orig. 1995).

United Nations: Growth of the World's Urban and Rural Population, 1920-2000, New York: United Nations, 1969.

United Nations: World Urbanization Prospects: The 1994 Revision, New York: United Nations, 1995.

United Republic of Tanzania: 1988 Population Census: National Profile. The Population of Tanzania: The Analytical Report, Dar es Salaam: Bureau of Statistics, President's Office, Planning Commission, 1994.

United Republic of Tanzania: National Report on Human Settlements Development in Tanzania, Prepared For Habitat II, Dar es Salaam, 1996.

United Republic of Tanzania: Selected Statistical Series: 1951-1993, Dar es Salaam: Bureau of Statistics, President's Office - Planning Commission, 1995, 1;

United Republic of Tanzania: Tanzania Sensa 1988, 1988 Population Census: Preliminary Report, Dar es Salaam: Bureau of Statistics, Ministry of Finance, Economic Affairs and Planning, 1989.

United Republic of Tanzania: Tanzania Sensa 1988. Population Census, Regional Profile: Arusha, Dar es Salaam: Takwimu - Bureau of Statistics, President's Office, Planning Commission, 1991.

Uwechue, Raph(Hg.): Makers of Modern Africa. Profiles in History, London: Africa Books, ^{2}1991.

Vaa, Mariken: Paths to the City: Migration Histories of Poor Women in Bamako, in: Jonathan Baker (Hg.): Small Town Africa. Studies in Rural-Urban Interaction, Uppsala: The Scandinavian Institute of African Studies (Nordiska afrikainstitutet), 1990, 172-181.

Vaillant, Janet G.: Black, French, and African. A Life of Léopold Sédar Senghor, London-Cambridge, Mass.: Harvard University Press, 1990.

Vaughan, James H.: Population and Social Organization, in: Phyllis M. Martin, Patrick O'Meara (Hg.): Africa, Bloomington: Indiana University Press, ^{2}1986, 159-180.

Veit, Winfried: Zu Theorie und Praxis sozialistischer Entwicklungswege in Afrika, in: Werner Pfennig, Klaus Voll, Helmut Weber (Hg.): Entwicklungsmodell Tansania: Sozialismus in Afrika. Geschichte, Ökonomie, Politik, Erziehung, Frankfurt-New York: Campus, 1980, 33-41.

Vergara, Paola Mortari: China, in: Mario Bussagli: China, Japan, Korea, Himalaja; m. Beitr. v. Paola M. Vergara, Chiara S. Antonini, Adolfo Tamburello, in der Reihe Weltgeschichte der Architektur, Stuttgart: Deutsche Verlags-Anstalt, 1985, 45-138 (ital. Orig. 1981).

Voll, Klaus: Politik und Gesellschaft in Kenia. Zur Evolution einer afrikanischen Gesellschaft während der britischen Kolonialherrschaft, Frankfurt a. M.-Berlin u. a.: Peter Lang, 1995 (als Diss. Berlin 1979).

Vorlaufer, Karl: Kenya (Klett/Länderprofile - Geographische Strukturen, Daten, Entwicklungen), Stuttgart: Klett, 1990.

Wahlmanifest der Volkskongreß-Partei Ghanas - CPP (1954), in: Rainer Falk, Peter Wahl (Hg.): Befreiungsbewegungen in Afrika. Politische Programme, Grundsätze und Ziele von 1945 bis zur Gegenwart, Köln: Pahl-Rugenstein, 1980, 63-70.

Walker, Richard: Kenya. Recent History, in: Africa South of the Sahara 1996, London: Europa Publications, 1995, 492-498.

Walmsley, Dennis J.: Urban Living. The Individual in the City, Harlow, Essex: Longman Scientific & Technical, 1988.

Weber, Max: Die „Objektivität" sozialwissenschaftlicher und sozialpolitischer Erkenntnis (1904), in: ders.: Gesammelte Aufsätze zur Wissenschaftslehre, hg. v. J. Winckelmann, UTB für Wissenschaft, Tübingen: J. C. B. Mohr (Paul Siebeck), ^{7}1988, 146-214.

Weber, Max: Die Stadt, Erstabdruck im *Archiv für Sozialwissenschaft und Sozialpolitik*, 47 (1921), 621 ff, hier zit. n. ders.: Die nichtlegitime Herrschaft (Typologie der Städte), in: ders.: Wirtschaft und Gesellschaft. Grundriß der verstehenden Soziologie, Tübingen: J. C. B. Mohr (Paul Siebeck), ^{5}1976, 727-814.

Weber, Max: Wissenschaft als Beruf (1919), in: ders.: Gesammelte Aufsätze zur Wissenschaftslehre, a. a. O., 582-613.

Weeks, John: Economic Aspects of Rural-Urban Migration, in: James D. Tarver (Hg.): Urbanization in Africa. A Handbook, Westport, Connecticut-London: Greenwood Press, 1994, 388-407.
Wehling, Peter: Die Moderne als Sozialmythos. Zur Kritik sozialwissenschaftlicher Modernisierungstheorien, Fankfurt-New York: Campus, 1992.
Weisner, Thomas S.: Kariobangi: The Case History of a Squatter Resettlement Scheme in Kenya, in: W. Arens (Hg.): A Century of Change in Eastern Africa, The Hague-Paris: Mouton, 1976, 77-99.
Whittington, Dale; Lauria, Donald; Choe, Kyeongae; Hughes, Jeffrey; Swarna, Venkateswarlu; Wright, Albert: Household Sanitation in Kumasi, Ghana: A Description of Current Practices, Attitudes, and Perceptions, *World Development*, 21/5 (1993), 733-748.
Wilks, Ivor: Asante in the Nineteenth Century. The Structure and Evolution of a Political Order, London: Cambridge University Press, 1975.
Williams, B. A.: The Federal Capital: Changing Constitutional Status and Intergovernmental Relations, in: A. B. Aderibigbe (Hg.): Lagos: The Development of an African City, London: Longman, 1975, 59-78.
Wilson, Henry S.: African Decolonization, New York u. a.: Edward Arnold, 1994.
Winchester, N. Brian: African Politics Since Independence, in: Phyllis M. Martin, Patrick O'Meara (Hg.): Africa, Bloomington: Indiana University Press, ^{2}1986, 297-308.
Winters, Christopher: The Classification of Traditional African Cities, *Journal of Urban History*, 10/1 (1983), 3-31.
Wirth, Louis: Urbanism as a Way of Life, *The American Journal of Sociology*, 44/1 (1938), 1-24.
World Bank: Education in Sub-Saharan Africa. Policies for Adjustment, Revitalization, and Expansion, Washington: World Bank, ^{3}1989 (^{1}1988).
Wright, H. T.: Trade and Politics on the Eastern Littoral of Africa, AD 800-1300, in: Paul J. J. Sinclair, Thurstan Shaw, Bassey Andah, Alex Okpoko (Hg.): The Archaeology of Africa. Food, Metals and Towns, London-New York: Routledge, 1993, 658-672.
Wurster, G.; Ludwar-Ene G.: Commitment to Urban Versus Rural Life Among Professional Women in African Towns, in: M. Reh, G. Ludwar-Ene (Hg.): Gender and Identity in Africa, Münster-Hamburg: Lit, 1994, 153-167.
Yeager, Rodger: Tanzania. An African Experiment, Boulder: Westview Press, 1982.
Young, Crawford: Ideology and Development in Africa, New Haven-London: Yale University Press, 1982.
Young, Crawford: The African Colonial State in Comparative Perspective, New Haven-London: Yale University Press, 1994.
Yusuf, Ahmed Beitallah: A Reconsideration of Urban Conceptions: Hausa Urbanization and the Hausa Rural-Urban Continuum, *Urban Anthropology*, 3/2 (1974), 200-221.
Zapf, Wolfgang: Modernisierung und Modernisierungstheorien, in: ders. (Hg.): Die Modernisierung moderner Gesellschaften. Verhandlungen des 25. Deutschen Soziologentages in Frankfurt am Main 1990, Frankfurt-New York: Campus, 1990, 23-39.
Zwanenberg, Roger van: History & Theory of Urban Poverty in Nairobi, Nairobi: University of Nairobi, 1972.
Zymelman, Manuel: Science, Education, and Development in Sub-Saharan Africa, Washington, D. C.: World Bank, ^{2}1993 (^{1}1990).

Sozialwissenschaftliche Studien zu internationalen Problemen/Social Science Studies on International Problems

Herausgegeben von/Edited by
Prof. Dr. Diether Breitenbach und Dr. Manfred Werth

1 Breitenbach; Danckwort: Probleme der Ausbildung und Anpassung von Praktikanten aus Entwicklungsländern. 1966. 95 S., ISBN 3-88156-000-9

2 Vante: Entwicklungsländer, Entwicklungshilfe, Ausbildungshilfe. 1966. 214 S., ISBN 3-88156-001-7

3 Gechter: Die Fortbildung deutscher Landwirte in den USA. 1966. 237 S., ISBN 3-88156-002-5

4 Sproho: Arbeits- und Lebensverhältnisse von Praktikanten aus Entwicklungsländern. 1967. 196 S., ISBN 3-88156-003-3

5 Freitag: Florestan Fernandes. Brasilien aus der Sicht eines brasilianischen Sozialwissenschaftlers. 1969. 81 S., ISBN 3-88156-005-X

6 Albrecht: Innovationsprozesse in der Landwirtschaft. Eine Analyse der „adoption"- und „diffusion"-Forschung in Bezug auf landwirtschaftliche Beratung. 1969. 362 S., ISBN 3-88156-006-8

7 Schneider: Landwirtschaftliche Innovationsbereitschaft in Westkamerun. 1969. 80 S., ISBN 3-88156-007-6

8 Eckensberger: Methodenprobleme der kulturvergleichenden Psychologie. 1970. 127 S., ISBN 3-88156-008-4

9 Dittmann: Technische Ausbildung in Kenia. Erfolgskontrolle einer Handwerkerschule. 1972. 79 S., ISBN 3-88156-015-7

10 Zimmermann: Auslandsstudium und nationale Orientierung senegalesischer Akademiker. 1972. 212 + XXXV S., ISBN 3-88156-016-5

11 Schönherr: Berufliche Diversifikation und Führungsmodernisierung im ländlichen Indien. 1972. 57 S., ISBN 3-88156-017-3

12 Grohs: Traditionelle Erziehung und Schule in Nordnigeria. 1972. 112 + XXXIX S., ISBN 3-88156-018-1

13 Ruf: Bilder in der internationalen Politik. Analyse und Bedeutung von „Images" in der Poliztikwissenschaft. 1973. 139 S., ISBN 3-88156-020-3

14 Dittmann: Kultur und Leistung. Zur Frage der Leistungsdisposition bei Luo und Indern in Kenia. 1973. 287 S., ISBN 3-88156-021-1

15 Eger: Familienplanung in Pakistan. 1973. 146 S., ISBN 3-88156-022-X

16 Britsch: Einzelbetriebliches Wachstum in der Landwirtschaft. 1973. 301 S., ISBN 3-88156-023-8

17 Bergmann; Thie:Die Einstellung von Industriearbeitern zu Entwicklungspolitik und Entwicklungshilfe. 1973. 118 S., ISBN 3-88156-024-6

18 Schulz: Landwirtschaftliche Neuerungsverbreitung an der Elfenbeinküste. 1973. 448 S., ISBN 3-88156-020-3

19 Bethke: Bergbau und sozialer Wandel in Indien. 1973. 240 + LXI S., ISBN 3-88156-026-2

20 Breitenbach: Auslandsausbildung als Gegenstand sozialwissenschaftlicher Forschung. 1974. 465 S., ISBN 3-88156-027-0

21 Werlhof: Prozesse der Unter-Entwicklung in El Salvador und Costa Rica. 1975. 605 S., ISBN 3-88156-038-6

22 Rudersdorf: Das Entwicklungskonzept des Weltkirchenrats. 1975. 355 S., ISBN 3-88156-039-4

23 Becker-Pfleiderer: Sozialisationsforschung in der Ethnologie. Eine Analyse der Theorien und Methoden. 1975. 169 + XXXI S., ISBN 3-88156-040-8

24 Bodenstedt (Hg.): Selbsthilfe: Instrument oder Ziel ländlicher Entwicklung. 1975. 106 S., ISBN 3-88156-041-6

25 Ehrenberg: Die indische Aufrüstung 1947 – 1974. 1975. 406 S., ISBN 3-88156-042-4

26 Eger: Familienplanungsprogramme oder Änderung der sozio-ökonomischen Verhältnisse? 1975. 360 S., ISBN 3-88156-043-1

27 Kordes: Curriculum-Evaluation im Umfeld abhängiger Gesellschaften. Quasiexperimentelle Felduntersuchung eines Schulversuchs zur Ruralisierung der Grunderziehung in Dahome (Westafrika). 1976. 613 S., ISBN 3-88156-046-7

28 Schönmeier: Berufliche Orientierung somalischer Jugendlicher. Die Wahrnehmung der beruflichen Umwelt. 1976. 445 S., ISBN 3-88156-055-6

29 Löber: Persönlichkeit und Kultur auf Trinidad. Ein Vergleich zwischen Afrikanern und Indern. 1976. 465 S., ISBN 3-88156-058-0

30 Göricke: Revolutionäre Agrarpolitik in Äthiopien. Traditionelle Agrarverfassungen und ihre Veränderung durch die Landreformgesetzgebung von 1975. 1977. 291 S., ISBN 3-88156-073-4

31 Rhie: Community Development durch Selbsthilfegruppen. 1977. 223 S., ISBN 3-88156-078-7

32 Grüner: Zur Kritik der traditionellen Agrarsoziologie in der Bundesrepublik Deutschland. 1977. 196 S., ISBN 3-88156-080-7

33 Hundsdörfer: Die politische Aufgabe des Bildungswesens in Tanzania. 1977. 293 S., ISBN 3-88156-082-3

34 Steinhoff: Prestige und Gewinn: Die Entwicklung unternehmerischer Fähigkeiten in Taiwan 1880 – 1972. 1978. 220 S., ISBN 3-88156-092-0

35 Chen: Ein makroökonometrisches Modell für Taiwan. 1978. 401 S., ISBN 3-88156-093-9

36 Fohrbeck: Eine neue Weltwirtschaftsordnung? Grenzen u. Möglichkeiten. 1978. 149 S., ISBN 3-88156-094-7

37 Heuwinkel: Autozentrierte Entwicklung u. d. neue Weltwirtschaftsordnung. 1978. 160 S., ISBN 3-88156-095-5

38 Kolodzig: Das Erziehungswesen in Tanzania. Historische Entwicklung und Emanzipation von der kolonialen Vergangenheit. 1978. 230 S., ISBN 3-88156-096-3

39 Wöll: Die Slums von Lissabon. Ein empirischer Beitrag zu einer interkulturell vergleichenden Theorie des Phänomens Slum. 1978. 350 + XVII S., ISBN 3-88156-100-5

40 Schepers: Beratung in der entwicklungspolitischen Zusammenarbeit. 1978. 360 S., ISBN 3-88156-104-8

41 Pfleiderer-Becker: Tunesische Arbeitnehmer in Deutschland. Eine ethnologische Feldstudie über die Beziehungen zwischen sozialem Wandel in Tunesien und der Auslandstätigkeit tunesischer Arbeitnehmer. 1978. 142 S., ISBN 3-88156-105-6

42 Bauer: Kind und Familie in Schwarzafrika. Der Einfluß von Verwandtschafts- und Familienstrukturen auf familiale Erzieherrollen. 1979. 313 S., ISBN 3-88156-123-4

43 Kushwaha: Kommunikationsaspekte der Familienplanung im ländlichen Indien. 1979. 356 S., ISBN 3-88156-124-2

44 Leber: Agrarstrukturen und Landflucht im Senegal. Historische Entwicklung und sozio-ökonomische Konse_quenzen. 1979. 142 S., 8 Karten. ISBN 3-88156-125-0

45 Leber: Entwicklungsplanung und Partizipation im Senegal. Aspekte der Planungsbeteiligung in peripheren Ländern Afrikas. 1979. 294 S., 8 Karten. ISBN 3-88156-126-9

46 Matzdorf: Wissenschaft, Technologie und die Überwindung von Unterentwicklung. Zur Kritik herrschender Entwicklungs- und Technologiekonzepte und zur Problematik eines autonomen, sozialistischen Weges. 1979. 322 S., ISBN 3-88156-127-7

47 Römpczyk: Internationale Umweltpolitik und Nord-SüdBeziehungen. 1979. 303 S., ISBN 3-88156-129-3

48 Rauls Schulische Bildung und Unterentwicklung in Paraguay. 1979. 185 S., ISBN 3-88156-137-4

49 Dabisch: Pädagogische Auslandsarbeit der Bundesrepublik Deutschland in der Dritten Welt. 1979. 258 S., ISBN 3-88156-138-2

50 Hoffmann: Vom Kolonialexperten zum Experten der Entwicklungszusammenarbeit. Acht Fallstudien zur Geschichte der Ausbildung von Fachkräften für Übersee in Deutschland und in der Schweiz. Vorwort von Winfried Böll. 1980. 337 S., 10 ganzseit. Fotos, ISBN 3-88156-142-0

51 Alt: Ägyptens Kopton – Eine einsame Minderheit. Zum Verhältnis von Christen und Moslems in Ägypten in Vergangenheit und Gegenwart. Hrsg. von der Arbeitsgruppe Bielefelder Emtwicklungssoziologen und der Kübel-Stiftung GmbH. 1980. 220 S., ISBN 3-88156-144-7

52 Liem: Die ethnische Minderheit der Überseechinesen im Entwicklungsprozeß Indonesiens. Ein Beitrag zur Forschung interethnischer Vorurteile in der Dritten Welt. 1980. 626 S., ISBN 3-88156-145-5

53 Spessart: Garant oder Gegner? Militärregierung und städtische Marginalität in Lima, Peru, 1968 – 1975: Vier Fallstudien. 1980. XVIII + 499 S., 6 Abb. ISBN 3-88156-149-8

54 Schultz: Frühkindliche Erziehung in Afrika südlich der Sahara. Eine Erörterung im Hinblick auf Vorschulerziehung. 1980. 307 S., ISBN 3-88156-152-8

55 Glaeser: Factors Affecting Land Use and Food Production. A Contribution to Ecodevelopment in Tanzania. 1980. 238 p., ISBN 3-88156-151-X

56 Dederichs: Elterliche Erziehung und Genese des Leistungsmotivs in Ghana. Eine empirische Studie über schichtspezifische Sozialisationsbedingungen bei Jugendlichen in Accra. 1980. 168 S., ISBN 3-88156-155-2

57 Glaeser: Ökoentwicklung in Tanzania. Ein empirischer Beitrag zu Bedürfnissen, Selbstversorgung und umweltschonender Agrartechnologie im kleinbäuerlichen Betrieb. 1981. V + 209 S., ISBN 3-88156-161-7

58 Heuer; Oberreit (Hg.): Peru – Kolonisation und Abhängigkeit. Untersuchungen zur neuen Strategie ausländischer Interessen am peruanischen Agrarsektor. 1981. 192 S., ISBN 3-88156-165-X

59 Hendrichs: Die Wirtschaftsbeziehungen der Deutschen Demokratischen Republik mit den Entwicklungsländern. 1981, V + 88 S., ISBN 3-88156-171-4

60 Ralle: Modernisierung und Migration am Beispiel der Türkei. 1981. VI + 175 S., 4 Ktn., ISBN 3-88156-173-0

61 Wollmann: Mangelernährung und ländliche Entwicklung. Theoretische und praktische Ansatzpunkte einer grundbedürfnisorientierten Entwicklungspolitik. 1981. VII, 140 S., ISBN 3-88156-174-9

62 Fürst: Staat, Kapital und Regionalproblem in Peru, 1968 – 1978. Zum Zusammenhang zwischen assoziiertkapitalistischer Entwicklung und strukturell heterogener Raumformation im industriellen Akkumulationsprozeß ökonomisch nicht entwickelter Länder. Teil I: Untersuchung. VII, 584 S.; Teil II: Anmerkungen und statistischer Anhang, VII, 285 S.;1981. Gesamtausgabe ISBN 3-88156-176-5

63 Bhatty: The Economic Role and Status of Women in the Beedi Industry in Allahabad, India. A Study Prepared for the International Labour Office within the Framework of the World Employement Programme. 1981. II, 97 p., ISBN 3-88156-192-7

64 Döbele: Entwicklung und Unterentwicklung. Das Beispiel Iran. 1982. XI + 388 S., ISBN 3-88156-201-X

65 Schnuer: Der Technologie-Transfer als Lehr- und Lernproblem. 1982. 203 S., ISBN 3-88156-204-4

66 Michl: Erziehung und Lebenswelt bei den Buschleuten der Kalahari. Ein Beitrag zur vergleichenden Erziehungswissenschaft. 1982. 131 S., ISBN 3-88156-205-2

67 Meyer: Ziele, Konfliktbereitschaft und Bedingungen der iranischen Erdölpolitik 1970 – 1980. Vom Schahregime zur Islamischen Republik. 1982. XII, 395 S., ISBN 3-88156-208-7

68 Eger,: Das Comilla-Genossenschaftsprogramm zur ländlichen Entwicklung in Bangladesh – Erfolg oder Mißerfolg? 1982. 99 S., ISBN 3-88156-209-5

69 Rabenau: Struktur, Entwicklung und Ursachen der südkoreanischen Einkommensverteilung von 1963 – 1979. 1982. VI, 95 S., ISBN 3-88156-210-9

70 Chahoud: Entwicklungsstrategie der Weltbank: Ein Beitrag zur Überwindung von Unterentwicklung und Armut? 1982, VI, 515 S., ISBN 3-88156-211-7

71 Drathschmidt: Portugiesischer Kulturimperialismus in Angola. Ein halbes Jahrtausend „christlichen Imperiums". 1982. III, 120 S., ISBN 3-88156-213-3

72 Meinardus: Marginalität – Theoretische Aspekte und entwicklungspolitische Konsequenzen. 1982. IV, 125 S., ISBN 3-88156-226-5

73 Kenn: Kapitalistischer Entwicklungsweg und Gewerkschaften im unabhängigen Indien. 1982. 352 S., ISBN 388156-227-3

75 Fohrbeck: Gewerkschaften und neue internationale Arbeitsteilung. 1982. 334 S., ISBN 3-88156-229-X

76 Welzk: Nationalkapitalismus versus Weltmarktintegration? Rumänien 1830 – 1944. Ein Beitrag zur Theorie eigenständiger Entwicklung. 1982. 199 S., ISBN 3-88156-231-1

77 Welzk: Entwicklungskonzept Zentrale Planwirtschaft – Paradigma Rumänien. 1982. X, 519 S., ISBN 3-88156-232-X

78 Ummenhofer: Ecuador: Industrialisierungsbestrebungen eines kleinen Agrarstaates. 1983. XI, 336 S., 29 Abb., ISBN 3-88156-239-7

79 Petzold: Entwicklungspsychologie in der VR China. Wissenschaftsgeschichtliche Analyse, entwicklungspsychologische Forschung und ihre Anwendung. 1983. XIII, 346 S., ISBN 3-88156-240-0

80 Hoffmann: Frauen in der Wirtschaft eines Entwicklungslandes: Yoruba-Händlerinnen in Nigeria. Eine ethnosoziologische Fallstudie aus der Stadt Ondo. 1983. 245 S., 5 Abb. 14 Fotos, ISBN 3-88156-242-7

81 Lehberger: Die Arbeits- und Lebensbedingungen in Südkorea in der Phase der exportorientierten Industrialisierung (1965 – 1980). 1983. X, 124 S., ISBN 3-88156-243-5

82 Reiter: Regionale wirtschaftliche Zusammenarbeit von Staaten der Dritten Welt. Eine theoretische und empirische Analyse der ASEAN (Association of South-East Asian Nations). 1983. 337 S., ISBN 3-88156-245-1

83 Forster: Heirat und Ehe bei den Akan in Ghana. Ein Vergleich traditioneller und städtischer Gesellschaftsformen. 1983. 142 S., ISBN 3-88156-246-X

84 Kappel; Metz; Wendt: Technologieentwicklung und Grundbedürfnisse. Eine empirische Studie über Mexiko. Vorwort von Karl W. Deutsch. Aus dem Internationalen Institut für Vergleichende Gesellschaftsforschung, Wissenschaftszentrum Berlin. 1983. XXIV, 379 S., ISBN 3-88156-250-8

85 Fiedler: Wandel de Mädchenerziehung in Tanzania. Der Einfluß von Mission, kolonialer Schulpolitik und nationalem Sozialismus. 1983. 450 S., 5 Ktn. 37 Fotos, ISBN 3-88156-252-4

86 Schröer: Frelimo und Industriearbeiter in postkolonialen Konflikten. Zur Politik der mosambikanischen Befreiungsfront seit ihrer Machtübernahme. 1983. 317 S., ISBN 3-88156-255-9

87 Goldberg: 50 Jahre Partido Aprista Peruano (PAP) 1930 – 80. Eine sozio-ökonomische Analyse zur Erklärung der Politik Perus. 1983. IX, 660 S., ISBN 3-88156-256-7

89 Mittendorff: Das Zentrum von Bogotá. Kennzeichen, Wandlungen und Verlagerungstendenzen des tertiären Sektors. 1984. XV, 349 S., ISBN 3-88156-261-3

90 Wortmann: Gewerkschaftliche Solidarität mit der Dritten Welt? Veränderte Interessen in der neuen internationalen Arbeitsteilung. 1984. 111, 129 S., ISBN 3-88156-263-X

91 Hennings: Samoa zwischen Subsistenzwirtschaft und Marktorientierung: Die Evaluation des Rural Development Programms 1977 –1983. 1984. 89 S., 1 Karte. DM 14,–. ISBN 3-88156-267-2

92 Frey-Nakonz: Vom Prestige zum Profit: Zwei Fallstudien aus Südbenin zur Integration der Frauen in die Marktwirtschaft. 1984. VII, 380 S., ISBN 3-88156-270-2

93 Spinatsch: Boda: ein Dorf am Rande der Welt. Eine Untersuchung zur politischen Ökonomie der Unterentwicklung in einem ostbengalischen Dorf, im Nationalstaat Bangladesh und in der Weltgesellschaft. 1984. VIII, 292 S., 4 Karten, ISBN 3-88156-274-5

94 Delhaes-Guenther: Internationale und nationale Arbeitskräftewanderungen: Eine Analyse der süditalienischen Migration. 1984. 315 S., ISBN 3-88156-276-1

97 Busch; Grunert; Tobergte: Strukturen der kapitalistischen Weltökonomie – Zur Diskussion über die Gesetze der Weltmarktbewegung des Kapitals. 1984. 119 S., ISBN 3-88156-282-6

98 Wahnschafft: Zum Entwicklungspotential des Klein(st)gewerbes: Der „informelle" Sektor in thailändischen Fremdenverkehrsorten. 1984. XI, 357 S., ISBN 3-88156-284-2

99 Bäbler: Das Bild der Dritten Welt im Neuen Deutschland und in der Neuen Zürcher Zeitung. Ein Vergleich zwischen östlicher und westlicher Berichterstattung über die Dritte Welt, mit einer Einführung zur Entstehung und Anwendung der UNESCO-Mediendeklaration. 1984. 94 S., ISBN 3-88156-293-1

100 Institut für Iberoamerika-Kunde (Hg.): Berufsorientierte Bildungsplanung in Paraguay. Beiträge von U. Fanger, J.D. Franco und G. Kratochwil, zusammengestellt von U. von Gleich. 1985. 283 S., ISBN 3-88156-297-4

101 Bretschneider: Arbeitsteilung und Patrilokalität in Wildbeutergesellschaften. Eine Überprüfung ethnologischer Hypothesen durch Pfadanalyse. 1985. IX, 161 S., ISBN 3-88156-305-9

102 Jaenicke: Die internat. Zuckerübereinkommen von 1977 u. 1984. 1985. XIII, 154 S., ISBN 3-88156-309-1

103 Mahrad: Die Außenpolitik Irans von 1950 bis 1954 und die Aufnahme der Beziehungen zwischen Iran und der Bundesrepublik Deutschland. 1985. 280 S., ISBN 3-88156-316-4

104 Müller: Bedingungen und Auswirkungen schulischer Sozialisation in Kamerun im regionalen Kontext des Departement Adamaoua. 1985, IV, 237 S., ISBN 3-88156-318-0

105 Gormsen: Das Kunsthandwerk in Mexiko als regionaler Entwicklungsfaktor unter dem Einfluß des Tourismus. 1985, VI, 220 S., 32 Fotos, ISBN 3-88156-319-9

106 Koch: Genossenschaftspolitik in den Philippinen. Zur Analyse des staatlichen Genossenschaftssektors. 1985. 189 S., ISBN 3-88156-321-0

107 Pak: Familienformen und die Lage der Frau in Japan und Korea im 19. Jahrhundert. 1985. V, 125 S., ISBN 3-88156-322-9

108 Blumbach: Arbeiterkultur und gewerkschaftliche Organisation bei Ghanaischen Eisenbahnarbeitern. Sozialwissenschaftliche Interpretation von Lebenserinnerungen. 1985. IV, 230 S., ISBN 3-88156-324-5

109 Jesel: Kulturelle und biologische Aspekte generativen Verhaltens in ostafrikanischen Gesellschaften. 1985. 170 S., ISBN 3-88156-325-3

110 Daffa; Drebber; Färber; Haile; Klocke; Lange; Michel; Sundag; Walter: Muß das reiche Afrika hungern? Ursachen und Hintergründe der jüngsten Hungerkatastrophen in Afrika. 1986. 237 S., ISBN 3-88156-327-X

111 Ferreira; Clausse: Closing the Migratory Cycle: The Case of Portugal. 1986. 270 p., ISBN 388156-331-8

112 Ochoa Westenenk: Industrialisierung und Strukturkrise: Zur Entwicklungsökonomie Spaniens. 1986. 372 S., ISBN 3-88156-334-2

113 Kievelitz: Minderheitengewalt und ihre Auswirkungen: Eine empirische Analyse und theoretische Modellentwicklung am Beispiel der Molukker in Holland und Oglala in den USA. 1986. V, 185 S., ISBN 3-88156-335-0

114 Götz: Familie und Matrifokalität in der Karibik. 1986. I, 134 S., ISBN 3-88156-336-9

115 Nuß; Welter: Deutschland im Urteil afrikanischer Lehrer. Eine Befragung in Lesotho zu Ausbildungs- und Rückkehrerproblemen von Stipendiaten, die in der Bundesrepublik zum „Technischen Lehrer" ausgebildet wurden (with 12 pp. English Summary). Vorwort von L. Ramalho. 1986. X, 245 S., ISBN 3-88156-337-7

116 Heinz: Ursachen und Folgen von Menschenrechtsverletzungen in der Dritten Welt. 1986. XIV, 634 S., ISBN 3-88156-342-3

117 Goldschmidt: Social-psychological determinants of rural-urban migration in Kenya. An eco-psychological village study on social change in the Heru District. 1986. VIII, 306 p., ISBN 3-88156-345-8

118 ElManar: „Nützlicher Bürger" oder „gläubiger Bürger"? Eine ideologiekritische Inhaltsanalyse zur Doppelstrategie von Traditionalisierung und Modernisierung in den Schulbüchern der marokkanischen Oberstufe. 1986. VI, 236 S., ISBN 388156-346-6

119 Wörthmüller: Patienten zweiter Klasse. Gesundheitspolitik und pharmazeutische Industrie in Kolumbien. 1986. VI, 240 S. + 15 S. Anhang. ISBN 3-88156-352-0

120 Müller: Die Rolle der Frau in Sri Lanka. Aspekt der weiblichen Geschlechtsrolle in privaten und öffentlichen Lebensbereichen Sri Lankas. 1987. V, 179 S., ISBN 3-88156-358-X

122 Förster; Holzhauser: Biogas im ländlichen Milieu. Zielgruppen und Trägerorganisationen in der Elfenbeinküste. 1987. 111, 189 S., ISBN 3-88156-370-9

123 Filp: Erstes Schuljahr in Chile. Eine empirische Untersuchung über die Wirkung des Kindergartenbesuchs und des Lehrerverhaltens auf die Schulleistungen von Kindern aus verschiedenen sozialen Schichten. 1987. 213 S., ISBN 3-88156-376-8

124 Baumann: Sozialgeschichtliche und entwicklungstheoretische Betrachtungen des ländlichen Raumes – dargestellt am Beispiel der Nordregion Luxemburgs. 1987. 200 S., ISBN 3-88156-382-2

125 Kröger: Die Implementierung der "Education for Self- reliance" an einer tanzanischen Sekundarschule. 1987. 251 S., ISBN 3-88156-389-X

126 Dabisch: Die Pädagogik Paulo Freires im Schulsystem. Eine empirische Untersuchung zu Übertragungsmöglichkeiten der Pädagogik Paulo Freires. 1987. 237 + 8 S., ISBN 3-88156-390-3

127 Yi: Staat und Kapitalakkumulation in ostasiatischen Ländern: Ein Vergleich zwischen Korea und Taiwan. 1988. 167 S., ISBN 3-88156-393-8

128 Sripraphai; Sripraphai: Future Anticipations in a Thai Village. 1988, XII, 370 S., ISBN 3-88156-394-6

129 Meyns(Hg.): Agrargesellschaften im portugiesisch sprechenden Afrika. 1988. II, 274 S., ISBN 3-88156-401-2

130 Schreiner: Die Wirtschaftsentwicklung Costa Ricas unter besonderer Berücksichtigung der Auseinandersetzungen zwischen Monetaristen und Keynesianern. 1988. 432 S., zahlr. Abb., ISBN 3-88156-404-7

131 Ciecior: Habitat und Technikos. Elemente des Woh-nungsbaus und der Technologie in Venezuela. 1988. 240 S., ISBN 3-88156-406-3

132 Nimsdorf(Hg.): Anatomie einer Revolution. Herrschaft, Krise und Umbruch in den Philippinen. 1988. XIV, 248 S., ISBN 3-88156-408-X

133 Kolland: Technologische Sachzwänge und kulturelle Identität. Transnationale Unternehmen im mexikanischen Entwicklungsprozeß. 1988. III, 226 S., ISBN 3-88156-411-X

134 Meyer: Beyond the Mask. Toward a transdisciplinary approach of selected social problems related to the evolution and context of international tourism in Thailand. 1988. XII, 533 S., ISBN 3-88156-415-2

135 Herrmann: Der Beitrag der Industrie zur ländl. Entwicklung in Kenia. 1988. 401 S., ISBN 3-88156-416-0

136 Benterbusch: Ländliche Armut trotz Entwicklungsprogrammen. Eine Untersuchung zum Beitrag des Staates, internationaler Geber und Nichtregierungsorganisationen zur ländlichen Entwicklung in der Dritten Welt. 1988. VIII, 106 S., ISBN 3-88156-422-5

137 Walz: Das Projekt "Operation Flood" des Welternährungsprogramms der Vereinten Nationen in Gujarat/Indien. Soziokulturelle Aspekte unter besonderer Berücksichtigung der Rolle der Frau. 1989. VI, 72 S., ISBN 3-88156-431-4

138 Mehlem: Der Kampf um die Sprache – Die Arabisierungspolitik im marokkanischen Bildungswesen (1956 – 1980). 1989. 166 S., ISBN 3-88156-438-1

139 Lutterbach: Costa Ricas Grenzen der Autonomie. Zur Außenpolitik eines Kleinstaates in Mittelamerika. 1989. 300 S., ISBN 3-88156-442-X

140 Sarrar: Zukunftsvorstellungen und Wertorientierung. Sozialpsychologische Analysen von Schüleraufsätzen aus Jordanien. 1989. III, 213 S., ISBN 3-88156-443-8

141 Traub: Market-Oriented Crop Diversification and Regional Development in Northeast Thailand. 1989. XV, 314 p., ISBN 388156-452-7

142 Hock: Lebensgestaltung von Frauen ländlicher Herkunft in Meso-Mexiko. Veränderungen von 1930 –1980. 1989. 11, 156 S., ISBN 3-88156-454-3

143 Bekele: Gesellschaftsformation und Artikulation von Produktionsweisen. Eine historische und analytische Untersuchung über die Gesellschaftsformationen in Äthiopien und die Ursachen der Unterentwicklung. 1989. XII, 449 S., ISBN 3-88156-456-X

144 Kreile: Zimbabwe: Von der Befreiungsbewegung zur Staatsmacht. 1990. III, 236 S., ISBN 3-88156-462-4

145 Aschenbrenner: Kultur – Kolonialismus – Kreative Verweigerung. Elemente einer antikolonialistischen Kulturtheorie. 1990. 620 S., ISBN 3-88156-467-5

146 Klemp, Ludgera; Donner-Reichle, Carola: Frauenwort für Menschenrechte. Beiträge zur entwicklungspolitischen Diskussion. 1990. I, 264 S., ISBN 3-88156-475-6

147 Stapelfeldt: Verelendung und Urbanisierung in der Dritten Welt. Der Fall Lima/Peru. 1990. 465 S., ISBN 3-88156-477-2

148 Biermann: Zambia – Unterminierte Entwicklung. Weltmarkt und Industrialisierung ca. 1900 – 1986. 1990. VII, 318 S., ISBN 3-88156-479-9

149 Bühler: Das Bürgerhaus der Kolonialzeit in Puebla. 1990. V, 352 S., ISBN 3-88156-482-9

150 Stahl: Nuklearhandel zwischen Entwicklungsländern. Argentinien, Brasilien und Indien als neue Exportstaaten von Kerntechnologie. 1990. 407 S., ISBN 3-88156-487-X

151 Böhmer-Bauer: Nahrung, Weltbild und Gesellschaft. Ernährung und Nahrungsregeln der Maasai als Spiegel der gesellschaftlichen Ordnung. 1990. III, 161 S., ISBN 3-88156-492-6

152 Stienen; Wolf: Integration – Emanzipation: Ein Widerspruch. Kritische Analyse sozialwissenschaftlicher Konzepte zur „Flüchtlingsproblematik". 1991. III, 344 S., ISBN 3-88156-496-9

153 Hartmann: Das politische System der Nyakyusa. Überlegungen zu einer Kontroverse. 1991. VII, 216 S., ISBN 3-88156-500-0

154 Schmidt: Zimbabwe: Die Entstehung einer Nation. 1991. IV, 185 S., ISBN 3-88156-501-9

155 Hessler: Umwelt und Entwicklung im ländlichen Raum. Der Beitrag von Agroforstsystemen zur ländlichen Entwicklung am Beispiel des Hochlandes von Ecuador. 1991. V, 255 S., ISBN 3-88156-504-3

156 Verein zur Förderung von Landwirtschaft und Umweltschutz in der Dritten Welt e. V. (Hg.): Von der Rhetorik zur Realität: Zur Krise der „Integrierten ländlichen Entwicklung" in den Tropen und Subtropen. Soziale, politische, ökonomische und ökologische Aspekte des standortgerechten Landbaus. 1991. I, 135 S., ISBN 3-88156-505-1

157 Harneit-Sievers: Zwischen Depression und Dekolonisation: Afrikanische Händler und Politik in Süd-Nigeria, 1935-1954. 1991. XVII, 432 S., ISBN 3-88156-507-8

158 Reusch; Wiener (Hg.): Geschlecht – Klasse – Ethnie. Alte Konflikte und neue soziale Bewegungen in Lateinamerika. 1991. 210 S., ISBN 3-88156-510-8

159 Heinz: Indigenos Populations, Ethnic Minorities and Human Rights. 1991. IX, 224 p., ISBN 3-88156-511-6

160 Grunert: Technologische Innovationen und internationaler Handel. Eine theoretische u. empirische Analyse der außenwirtschaftl. Beziehungen der kapitalistischen Industrieländer. 1991. 347 S., ISBN 3-88156-512-4

161 Kosaka-Islelf: Integration südostasiatischer Flüchtlinge in der Bundesrepublik Deutschland und in Japan. Eine international vergleichende Studie zur Lage einer neuen Minderheit. 1991. 364 S., ISBN 3-88156-517-5

162 Pezaro: Normenwandel und Normenkonflikte im Akkulturationsprozeß. Zur Orientierung in einer fremden Kultur am Beispiel eritreischer Flüchtlingsfrauen im Sudan. 1991. XI, 439 S., ISBN 3-88156-518-3

163 Schönmeier (Hrsg): Prüfung der Möglichkeiten eines Fachkräfteprogramms Mosambik. 1991. XVIII, 304 S., ISBN 3-88156-519-1

164 King; Fiedler(eds): Lamburn, Robin: From a Missionary's Notebook. The Yao of Tunduru and other Essays. 1991. 240 p., 3 photop., ISBN 3-88156-520-5

165 Bremm-Gerhards: Chancen solarer Kochkisten als ange- paßte Technologie in Entwicklungsländern. 1991. 140 S., ISBN 3-88156-521-3

166 Schönmeier (Hrsg): Prüfung der Möglichkeiten eines Fachkräfteprogramms Vietnam. 1991. XIII, 466 S., ISBN 3-88156-523-X

167 Biermann: Kolonie und City – Britische Wirtschaftsstrategie und -politik in Tanganyika, 1920 – 1955. 1991. VII, 164 S., ISBN 3-88156-524-8

168 Klar: Soziokulturelle Auswirkungen von Entwicklungsprojekten. Das Beispiel Südostasiens. 1991. XI, 115 S., ISBN 3-88156-536-1

169 Wolff: Ecofarming im Spannungsfeld zwischen Technologie und Politik. Ein agrarsoziologischer Beitrag anhand eines Beispiels aus Brasilien. 1992. V, 163 S., ISBN 3-88156-541-8

170 Krewer, Bernd: Kulturelle Identität und menschliche Selbsterforschung. Die Rolle von Kultur in der positiven und reflexiven Bestimmung des Menschseins. 1992. VII, 430 S., ISBN 3-88156-546-9

171 Keil, Marion: Die Vernetzung von Voluntary Organizations in Indien am Beispiel Andhra Pradesh. 1992. 202 S., ISBN 3-88156-547-7

172 Prinz, Manfred F.: Die kulturtragenden Institutionen Senegals. Zwischen kolonialem Erbe und Unabhängigkeit. 1992. 232 S., ISBN 3-88156-554-X

173 Guggeis, Karin: Der Mohr hat seine Schuldigkeit noch nicht getan. Afrikanische Bevölkerungsgruppen in aktuellen deutschen Erdkundeschulbüchern. 1992. 140 S., 6 Foto-S., ISBN 3-88156-560-4

174 Diarra, Abdramane (Hg.): Demokratisierung und Entwicklungsprobleme in Afrika. 1992. VII, 200 S., ISBN 3-88156-561-2

175 Ferreira, Eduardo de Sousa; Taveira, Elisa; Rato, Helena: The European Community and the Mediterranean. Consequences of the Second Enlargement. l992. VII, 189 p., ISBN 3-88156-564-7

176 Krämer, Maren: Raumwirtschaftliche Konzentration und regionalpolitische Steuerung. Eine empirische Analyse der Philippinen. 1992. 365 S., ISBN 3-88156-565-5

177 Oppermann, Martin: Tourismus in Malaysia. Eine Analyse der räumlichen Strukturen und intranationalen Touristenströme unter besonderer Berücksichtigung der entwicklungstheoretischen Problematik. 1992. X, 239 S., ISBN 3-88156-567-1

178 Weisser, Gabriele: Frauen in Männerbünden. Zur Bedeutung der Frauen in den Bünden der Yoruba. 1992. IX, 164 S., 6 Foto-S., ISBN 3-88156-571-X

179 Dreier, Wilhelm: Umkehr zur Zukunft. Sozialethische Wegzeichen in ein postkolonialistisches Zeitalter. 1992. 255 S., ISBN 388156-572-8

180 Schroeder, Joachim: Schule der Befreiung? Die Kernschule als Lehrstück für Schulreformen in Lateinamerika. 1992. 410 S., 4 farbige Foto-S., ISBN 3-88156-573-6

181 Möllers, Wolfgang: People Power macht nicht satt. Die Philippinen unter Corazon Aquino. 1992. 283 S., ISBN 3-88156-574-4

182 Waniorek, Karsten: So denken sie nicht oder der Einfluß soziokultureller Dimensionen auf die Akzeptanz von Entwicklungsprojekten am Beispiel Ecuador. 1993. II, 357 S., ISBN 3-88156-580-9

183 Bruhn-Wessel, Thomas; Schönmeier, Hermann W.; Zirbes-Horr, Andrea: Berufsfördernde Maßnahmen zur Integration von Flüchtlingen im Saarland. 1993. VI, 186 S., ISBN 3-88156-583-3

184 Hellstern, Elke: Soziale Differenzierung und Umweltzerstörung. Bäuerliches Wirtschaften in einer Bergregion der Dominikanischen Republik. 1993. 299 S., ISBN 3-88156-584-1

185 Streiffeler, Friedhelm: Endogene Entwicklungsvorstellungen in Zaire. Eine vergleichende Untersuchung bei den Komo und Yira (Nande). 1993. IX, 332 S., ISBN 3-88156-596-5

186 Tröger, Sabine: Das Afrikabild bei deutschen Schülerinnen und Schülern. 1993. 187 S., 4 Foto-S., ISBN 3-88156-598-1

187 Koch, Roland: Entwicklungschutz statt Entwicklungshilfe. Die Bedeutung entwicklungspolitischer Theorien und Strategien für den ländlichen Raum in der Dritten Welt. 1993. II, 188 S. + 6 S. ISBN 3-88156-602-3

188 Sckeyde, Arno: Biogastechnologie in Burundi: Eine empirische Studie der Adoption und Diffusion im Innovationsprozeß. 1993. 254 S., ISBN 3-88156-606-6

189 Spang-Grau, Inka: Die Handstrickerinnen von Istanbul: Eine wirtschafts- und sozialgeographische Studie über einen Zweig exportorientierter Heimarbeit in der Türkei. 1994. XII, 316 S., ISBN 3-88156-617-1

190 Warning, Claudia: Partizipation bei Maßnahmen der Wohnungsversorgung: Erfahrungen aus den Slums von Bombay. 1994. XVI, 288 S., ISBN 3-88156-619-8

191 Kohlweg, Karin: Die Situation der Dalits in Indien: Eine Evaluierungsstudie in Tamil Nadu. 1995, 200 S., ISBN 3-88156-633-3

192 Engelhard, Kerstin: Frauenförderung als entwicklungspolitische Aufgabe: Eine entwicklungspolitische Analyse am Beispiel der Rolle der Frau in ausgewählten Wirtschaftszweigen Marokkos. 1995. 320 S., ISBN 3-88156-634-1

193 Frank, Claus-Günter: Schulreformen an deutschen Auslandsschulen: Dargestellt an der Einführung der Neuen Sekundarstufe an der Deutschen Schule Lissabon. 1994. VI, 450 S., ISBN 3-88156-635-X

194 Augustat, Karin: Frauen und Bodenerosion: Eine entwicklungsethnologische Fallstudie in den West-Usambara-Bergen, Tanzania. 1994. 240 S., ISBN 3-88156-636-8

195 Kamya, Andrew: Youth Unemployment and Urban Informal Sector. A Case Study in Zambia. 1995, VI, 140 S., ISBN 3-88156-640-6

196 Hauff, Michael von (Hrsg.): Economic Cooperation between Germany and India. 1995, 112 S., ISBN 3-88156-646-5

197 Backhaus, Annette: Frauen in der Frauenförderung. Von der „Überlebensressource" zum Subjekt der Veränderung. 1995, 372 S., ISBN 3-88156-658-9

198 Beier, Christoph: Dezentralisierung und Entwicklungsmanagement in Indonesien. Beobachtungen zur politisch-administrativen und zur wissenschaftlichen Kommunikation: Ein systemtheoretischer Versuch. 1995, XX, 422 S., und 166 S. Anhang mit zahlr. Karten, ISBN 3-88156-659-7

199 Kersting, Norbert: Urbane Armut. Überlebensstrategien in der „Dritten Welt". 1996, 277 S., ISBN 3-88156- 667-8

200 Melsbach, Gerlind: Existenzbedingungen in einem philippinischen Dorf. Eine haushaltsbezogene Untersuchung aus geschlechterdifferenzierter Perspektive. 1996, X, 392 S. + 92 S. Anhang, ISBN 3-88156-671-6

201 Kellner, Alexander: Entwickeln oder entwickeln lassen? Viehzüchterprojekte bei den Maassai in Tanzania und den Borana in Äthiopien aus ethnologischer Sicht. 1996, VIII, 154 S., ISBN 3-88156-672-4

202 Rauch, Theo: Ländliche Regionalentwicklung im Spannungsfeld zwischen Weltmarkt, Staatsmacht und kleinbäuerlichen Strategien. 1996, VIII, 332 S., ISBN 3-88156-673-2

203 Koppenleitner, Andrea: Stützpfeiler der Gesellschaft. Frauen von Wanderarbeitern in Haiti. 1995, XII, 228 S., ISBN 3-88156-688-0

204 Kurths, Kristina: Private Kleinbetriebe in Vietnam. Rahmenbedingungen und Hemmnisse ihrer Entwicklung. 1997, XVIII, 282 S., ISBN 3-88156-693-7

205 Mohamedou, Eliza: The Interaction Between Supply and Demand of Infrastructure Regarding Private Manufacturing Companies: The Case of the Islamic Republic of Mauritania. 1997, XVI, 332 S., ISBN 3-88156-698-8

206 Hortt, Guido: Die Beziehung Gesellschaft – Natur im südamerikanischen Gran Chaco. Ein Beitrag zur Umweltproblematik der Entwicklungsländer. 1998, 406 S. ISBN 3-88156-706-2

207 Krammer, Alois: Über die Verstädterung im tropischen Afrika und ihre kulturellen Grundlagen. Eine soziologische, kultur- und ideengeschichtliche Untersuchung vor dem Hintergrund des Kolonialismus. 1998, 446 S., ISBN 3-88156-714-3

Verlag für Entwicklungspolitik Saarbrücken GmbH
Auf der Adt 14 · D-66130 Saarbrücken/Germany
Tel. (0 68 93) 98 60 94 · Fax 98 60 95 · eMail: vfesbr@aol.com